U0861666

南水北调中线水源工程

征地移民安置与生态环境保护实践回顾

尹忠武　刘正兵　主编

长江出版社
CHANGJIANG PRESS

编委会

主　任　马水山

副主任　李　飞　曹俊启　贺良铸

委　员　刘正兵　尹忠武　谈华炜　吕　涛

刘兆孝　陈泽涛　江进辉　宋为群

翁家清　朱春芳　齐耀华　王　孟

编纂人员

主　编　尹忠武　刘正兵

副主编　吕　涛　齐耀华　江进辉　宋为群　刘兆孝　谈华炜
陈泽涛　逄智堂　张　季

撰写人员

第一篇

第一章　黄邦炜　逄智堂
第二章　黄邦炜　逄智堂
第三章　黄邦炜　逄智堂
第四章　张　季

第二篇

第五章　逄智堂　黄邦炜
第六章　逄智堂　敖　禹　陈　章　闫慧玉　何丽琼　黄邦炜
钟　磊　冯秋生　王　凯　汪　斌　黄舒缘　张乐群
第七章　汪　斌　陈晓庆　逄智堂　陈正友
第八章　陈晓庆　陈　章　陈　璐　苏晓燕
第九章　汪　斌　张　汉　逄智堂　敖　禹　陈　章　张保华
第十章　黄邦炜　逄智堂
第十一章　逄智堂　曾光辉　黄舒缘
第十二章　敖　禹　逄智堂
第十三章　王　凯　陈晓庆　汪　斌　逄智堂
第十四章　马雅文　杨荣华

第三篇

第十五章　江　民　徐　霞　肖奇骏　李　波
第十六章　刘　成　丁　赛　张　兴　刘　伟
第十七章　雷晓琴　王　慎　徐　帆　徐　敏　李　聪
第十八章　张昕川　张　季　张　兴　李　振　张成玉
第十九章　李　振　王一然　王宇圻
第二十章　徐　帆　吴　慧　王　慎

大事记　陈思尧

后　记　冯秋生

PREFACE

前言

南水奔流不息，润泽北方大地。

“南方水多，北方水少，如有可能，借点水来也是可以的。”1952年，一代伟人毛泽东提出高瞻远瞩的战略设想，开启了我国水资源优化配置的孜孜探索。为了实现“借水”的伟大构想，在接下来的半个世纪里，无数专家学者不畏艰难，对南水北调工程进行了深入研究、论证、规划、设计、实施。历经十几年的艰辛建设，南水北调中线工程犹如一颗璀璨的明珠，在2014年12月12日，正式迎来了通水的历史性时刻。这一时刻，凝聚着无数人的心血和汗水，展现了我国人民的智慧和力量，成为中华民族伟大复兴征程中的一座伟大丰碑。

南水北调中线工程是国家水网的重要组成部分，是实现我国水资源优化配置、促进经济社会可持续发展、保障和改善民生的重大战略性基础设施。这一伟大工程，不仅是水资源优化配置的壮丽实践，更是人类智慧与毅力的结晶，为南北水资源的平衡与协调发展，谱写了恢宏篇章。截至2023年底，南水北调中线一期工程累计调水总量突破600亿m^3，丹江口水库陶岔断面水质稳定在地表水Ⅱ类及以上标准，直接受益人口超1.08亿，为沿线经济社会高质量发展提供了有力的水资源支撑和水安全保障。它宛如一条奔腾不息的巨龙，不仅缓解了北方地区的水资源短缺问题，更为北方大地带来了勃勃生机和无限希望。

中线工程，难在移民。移民安置极具挑战性和艰巨性，在工程界号称“第一难”。南水北调中线水源工程涉及34.5万人的生产和生活安置，可谓难上加难。在党中央、国务院坚强领导下，一场国家行动浩浩荡荡展开，规划、管理及建设等有关各方密切协作，河南、湖北两省举全省之力，在不到3年的时间里，完成了数十万移民的安置和大量设施重建，时间之短、强度之大、难度之高，举世罕见，创造了工程移民史上的奇迹。2014 年 12 月 31 日，习近平总书记发表 2015 年新年贺词指出："南水北调中线一期工程正式通水，沿线 40 多万人移民搬迁，为这个工程作出了无私奉献，我们要向他们表达敬意，希望他们在新的家园生活幸福。"

中线工程，重在生态。丹江口库区及其上游流域作为南水北调中线工程的水源地，是全国最大的饮用水水源保护区，是全国重点生态功能区，是生态环境部确定的"新三湖"之一。党中央、国务院历来高度重视水源区生态保护和水质改善，坚持遵循科学规律，科学确定工程规模和总体布局，坚持山水林田湖草沙一体化保护和系统治理，处理好发展和保护、利用和修复的关系，加强环境保护、水土保持和生态修复，加强水源涵养，确保"一泓清水永续北上"。

实践证明，党中央关于南水北调工程的决策是完全正确的。守好一库碧水，确保"一泓清水永续北上"，是南水北调中线水源工程的长期战略目标。

2021 年 5 月 14 日，习近平总书记在河南省南阳市主持召开推进南水北调后续工程高质量发展座谈会并发表重要讲话。他强调，南水北调工程事关战略全局、事关长远发展、事关人民福祉，要深入分析南水北调工程面临的新形势、新任务，完整、准确、全面贯彻新发展理念，按照高质量发展要求，统筹发展和安全，坚持节水优先、空间均衡、系统治理、两手发力的治水思路，遵循确有需要、生态安全、可以持续的重大水利工程论证原则，立足流域整体和水资源空间均衡配置，科学推进工程规划建设，提高水资源集约节约利用水平。习近平总书记的重要指示为新时期南水北调工作迈上新台阶指明了方向。

作为南水北调中线水源工程建设及运行管理单位，南水北调中线水源有限责任公司在圆满完成各项建设任务后，在水利部、长江水利委员会的领导下主动作为，积极探索并会同库区各级人民政府共同构筑工程安全、供水安全、水质安全的坚强防线，有效提高了丹江口库区及其上游流域水质安全保障能力。

为总结提炼南水北调中线水源工程在移民安置与生态保护方面的规划设计、管理、实施等先进经验及成果，南水北调中线水源有限责任公司组织开展《南水北调中线水源工程征地移民安置与生态环境保护实践回顾》编纂工作，由长江勘测规划设计研究有限责任公司主编，长江水资源保护科学研究所等单位参加撰写。全书包括工程概况、征地移民安置和生态环境保护 3 篇共计 20 章，重点回顾了南水北调中线水源工程建设征地移民安置与生态环境保护工作历程，梳理了各级人民政府、项目法人等主要做法，全面展现了丹江口水库移民及生态保护工作的巨大成就，总结了移民及生态环境保护工作中的创新举措和经验。结合新时期、新形势和新要求，分析了移民发展致富和生态环境保护面临的困难与挑战，提出了相应措施建议，展望了移民安稳致富和丹江口水库绿色发展前景。本书具有史实性、指导性和实用性，可为水利水电开发、工程征地移民及生态环境保护提供借鉴。

在本书编纂过程中，河南省水利厅、湖北省水利厅等单位给予了大力支持，专家组提供了宝贵的意见和建议。在此，谨向上述各相关单位和个人表示诚挚的敬意和由衷的感谢！

编委会

2025 年 6 月

CONTENTS

目录

第一篇 工程概况

第二篇 征地移民安置

CHAPTER 01

第一篇

工程概况

南水北调，利国利民。南水北调工程是国家的战略性工程，缓解了我国北方缺水的局面，优化了水资源配置格局，支撑着受水区和水源区的经济社会发展，促进了生态文明建设，有力地推进了国家重大战略的实施，成为新中国70多年发展历程中浓墨重彩的一笔。本篇着重介绍南水北调工程的总体情况，从初期工程和大坝加高工程两个方面，对丹江口水利枢纽、丹江口水库移民，以及环境保护与水土保持等内容进行简要介绍。

第一章 南水北调工程

南水北调工程包括东、中、西三条线路，在21世纪初，东线、中线一期工程正式启动实施，并于2014年顺利完成一期工程建设任务。

第一节 20世纪末我国水资源状况

我国水资源总量为28412亿m^3，人均水资源占有量为2109m^3，仅为世界人均水资源占有量的28%，水资源禀赋并不优越，且地域分布不均。我国水资源分布南多北少，与生产力布局不相适应。南方水量充沛，河网密布，尤以长江的水资源丰富而稳定，长江水资源总量为9958亿m^3。20世纪末，流域内总用水量1802.1亿m^3，向外流域调水90.4亿m^3。预测到2030年，长江流域总需水量2351亿m^3，在满足长江本流域的用水需求后，尚有富余水量可供外调。相比之下，北方则十年九旱，缺水少雨，尤以华北平原水资源供需矛盾最为突出。与长江流域相邻的黄河、淮河、海河流域，人口、耕地、国内生产总值均超过全国的1/3，区内土地资源丰富，光热条件好，有丰富的能源和矿产资源，是我国重要的粮食生产和工业基地。主要城市有首都北京，还有天津、石家庄、邯郸、新乡、郑州、平顶山、南阳、徐州、济宁、济南、青岛、烟台、兰州、西安、太原、呼和浩特、西宁等，具有承东启西、优势互补的有利条件，在我国经济社会发展中具有重要的战略地位。然而，黄河、淮河、海河流域的水资源总量仅占全国的7%，人均水资源占有量不足450m^3，是我国水资源供需矛盾最为突出的地区。全年降水约80%集中在6—9月，特别是黄淮海平原，7—8月的降水量占全年的60%～70%，且多以暴雨形式出现，出现汛期常发生洪涝灾害、非汛期又严重缺水的现象。

随着经济社会发展、人口增加，以及自然条件的变化，我国在水资源领域面临着五大严峻挑战：

1. 水旱灾害依然频繁，并有加重的趋势

我国水资源时空分布不均，与土地资源分布不相匹配，南方水多、土地少，北方水少、土地多。耕地面积的一半以上处于水资源紧缺的干旱、半干旱地区，约1/3的耕地面积位于受洪水威胁的大江大河中下游地区。加之受季风气候的影响，干旱和洪涝引发的自然灾害成为我国造成损失最为严重的自然灾害。

20 世纪 70 年代，我国农田受旱面积平均每年约 1100 万 hm^2，近 50 多年来，我国平均每年受旱面积达到 2217 万 hm^2。进入 20 世纪 90 年代，随着全球气候变暖趋势加剧，我国北方干旱频繁发生，年均受旱面积上升至 2711 万 hm^2，因旱灾减产粮食约占同期全国平均粮食产量的 5%。1950—2000 年，年均农田受洪涝灾害面积为 937 万 hm^2；而 1990—2000 年，年均受洪涝灾害面积为 1580 万 hm^2，因水灾减产粮食约占同期全国平均粮食产量的 3%。

2. 农业用地减少，农业用水短缺程度加剧

随着经济社会发展和城市化的推进，土地被大量占用，非农业灌溉用水需求急剧增加，农业与工业、农村与城市、生产与生活、生产与生态等诸多用水矛盾进一步加剧。尽管我国采取了最严格的耕地保护措施，但仍有大量的农田和农业灌溉水源被城市和工业占用，耕地资源减少的势头难以逆转，水资源短缺的压力进一步增大。

1980—2004 年，我国经济发展速度较快，全国总用水量增加了 25%，然而农业用水量基本保持不变。全国农业用水量在总用水量中所占比例不断下降，由 1980 年的 88% 下降到 2004 年的 66%。

3. 水土流失尚未得到有效控制，生态脆弱

我国山地、丘陵众多，季风性暴雨极易造成水土流失。同时，对水土资源不合理的开发利用加剧了水土流失状况。根据公布的全国第二次水土流失遥感调查结果，我国水土流失面积达 356 万 km^2，占国土面积的 37%，每年流失的土壤总量达 50 亿 t。严重的水土流失，导致土地退化、生态恶化，造成河道、湖泊泥沙淤积，加剧了江河下游地区的洪涝灾害。由于干旱和过度放牧，草原出现退化、沙化现象。

4. 污染负荷急剧增加，加重了水体污染

2003 年全国废污水排放总量达 680 亿 t，比 1980 年增加了一倍多。大量的工业和生活污水未经处理直接排入水体，农业生产中大量使用化肥和农药，使得部分水体污染严重。水污染不仅加剧了灌溉可用水资源的短缺，成为制约粮食生产用水的重要因素，而且直接威胁到饮水安全和农作物安全，造成了巨大经济损失。

5. 农村水利基础设施还不完善

我国约 55% 的耕地还未配备灌排设施，农村有 3 亿多人存在饮水不安全的问题。全国灌溉面积中有 1/3 以上是中低产田，已有的灌排工程大多修建于 20 世纪 50—60 年代，受当时经济和技术条件的限制，一些灌排工程存在标准低、配套不全的情况。经过几十年的运行，这些工程老化严重、效益衰减，灌溉用水效率低，在节约用水和提高土地粮

食生产率方面仍有较大潜力。

长期以来，我国经济社会发展一直受到缺水问题的困扰，水资源紧缺已成为制约国民经济发展的瓶颈。尤其是在北方地区，受沙漠化扩大、降水量减少、旱灾频繁、地下水位降低等因素影响，水资源危机已成为所有资源危机中最为严峻的问题。

由于全球气候变暖，我国北方降水减少，以至于黄河出现自然断流现象。黄河自然断流始于1972年，主要发生在下游的山东河段。1972—1996年，有19年出现断流，平均4年断流3次。1987年以后几乎连年断流，其断流时间不断提前，断流范围不断扩大，断流频次不断增多，断流历时不断延长。1995年，地处河口段的利津水文站，断流历时达122天，断流河面上延至河南省开封市以下的陈桥村附近，长度达683km，占黄河下游(花园口以下)河道长度的80%以上。1996年，地处济南市郊的泺口水文站于2月14日就开始断流，利津水文站该年先后断流7次，历时达136天。1997年，黄河断流历时达226天，为历史上断流历时最长的年份。

黄河下游1972—1996年因断流和供水不足造成工农业经济损失累计约268亿元，年均损失超过11亿元。20世纪90年代，由于断流日趋严重，年均损失已达36亿元。农田受旱面积累计470万hm^2，粮食减产986亿公斤。胜利油田因减少注水，减产原油数十万吨。黄河水每年给山东带来的经济效益达100亿元，然而断流却影响了山东经济发展，1997年那次历史上持续时间最长的断流，给山东省造成了上百亿元的直接经济损失。以滨州地区为例，仅1992—1998年，由于断流和污染就造成工农业损失158亿元，其中农业损失4亿元，全区还投入抗旱资金35亿元。黄河断流使三角洲面临严重的水资源危机，直接影响了可持续发展战略的实施。黄河断流也打乱了人们的正常生活和工作秩序，山东东营、滨州、德州等城市经常因供水不足而限时限量供水。

水资源的短缺和时空分布不均的状况，已经严重阻碍了生产要素的合理流动，抑制了资源潜力的发挥，成为制约资源配置效率提高的关键基础性约束因素之一。改善水资源的时空分配状况，对于促进生产要素合理流动、提高资源配置效率、发挥西北和华北地区的资源优势和增长潜力，推动这两个地区在更广范围内、更深层次上、更多领域内与全国其他地区和世界各国的经济交流与合作，具有重要意义。在我国北方干旱缺水、仅靠该地区自身无法调剂解决的情况下，在更大范围内进行水资源调配，即实施南水北调工程已刻不容缓。只有如此，才能缓解华北平原的水资源危机，为开发西北干旱地区创造条件，从而更好、更充分地综合利用我国的水土资源。

进入20世纪80年代，我国北方遭遇持续干旱，河流干涸，华北地区地下水位以平均每年1m的速度下降，从南到北"渴"声一片。北方因缺水，每年经济损失高达近6000亿元，有700万人和几千万牲畜饮水困难，3亿多人无法获得健康卫生的饮用水，一些大型工业建设项目难以投资落地，制约了经济社会发展。由于不得不过度利用地表水，大量超采地下水、抢用农业及生态用水，造成了地面下沉、海水入侵、生态恶化，以及黄淮河流域水污染严重的形势，进一步加剧了水资源的短缺。由于资源性缺水，即使充分挖掘节水、治污、挖潜的潜力，黄淮海流域仅靠当地水资源也无法支撑其经济社会可持续发展。为缓解黄淮海流域日益严峻的水资源短缺问题，改善生态环境，促进黄淮海流域的经济发展和社会进步，中央决定在加大节水、治污力度并推动污水资源化的同时，从水量相对充沛的长江流域调水，实施南水北调工程。

实施跨流域调水工程，利用长江流域的水资源缓解相邻流域的缺水状况，是实现我国水资源优化配置、支撑全国经济社会发展的迫切需求，对协调我国北方地区东、中、西部可持续发展对水资源的需求，具有重大的战略意义，关乎今后经济社会可持续发展和子孙后代的长远利益。

第二节　工程研究及论证过程

长期以来，南水北调工程始终受到党中央、国务院的高度重视，也备受社会各界的广泛关注。自 20 世纪 50 年代至 21 世纪初，南水北调工程的决策过程主要经历了以下 4 个阶段。

一、1952—1957 年伟大设想与前期研究

1952 年 10 月 30 日，毛泽东主席亲临黄河视察。其间，时任黄河水利委员会主任王化云向毛主席汇报了引江济黄的设想。毛泽东主席在听取汇报后，高瞻远瞩地指出："南方水多，北方水少，如有可能，借点水来也是可以的。"第一次提出了南水北调的宏伟设想。

1953 年，新中国开始执行第一个"五年计划"。同年 2 月 19—22 日，毛泽东主席从武汉乘坐"长江"舰东行至南京视察长江。19 日，在听取长江水利委员会（1956 年以前、1989 年以后为长江水利委员会，以下简称"长江委"；1956—1989 年为长江流域规划办公室，以下简称"长办"）主任林一山关于长江治理工作的汇报后说："南方水多，北方水少，能不能借点水给北方？"他用铅笔指向地图上的腊子口、白龙江、西汉水，最后指向汉江和丹江口，每一处都问到引水的可能性。林一山主任一一做了回答。毛泽东主席指示要对汉江引水方案作进一步研究，并组织人员进行实地勘察，有了新进展立即汇报。回到武汉后，林一山主任根据毛泽东主席的指示，开始了前期的调研工作，根据进展情况，先后七次向毛泽东主席作了汇报。

二、1958—1977 年工程规划与初期工程建设

1958 年 2 月 27 日，周恩来总理在视察三峡途中，提出将丹江口工程列入第二个"五

年计划”。同年3月，中共中央政治局在成都召开扩大会议上，毛泽东主席提出：“打开通天河、白龙江与洮河，借长江济黄，丹江口引汉济黄，引黄济卫，同北京连起来。”4月5日，中共中央政治局成都会议批准：“由于丹江口工程条件比较成熟，应争取在1959年作施工准备或者正式开工。”同年，周恩来总理批示：“远景南水北调，中期引汉济黄、济淮（淮河），近期引丹灌溉至（邓州）刁河以南。”

1958年8月，中共中央政治局在北戴河召开扩大会议上，通过了《中共中央关于水利工作的指示》，指出：“全国范围的较长远的水利规划，首先是以南水（主要是长江水系）北调为主要目的，即将江、淮、河、汉、海各流域连接为统一的水利系统的规划……应加速制定。”这是首次正式提出制定“南水北调”的规划，同时会议决定动工兴建丹江口水库，将其作为向北方调水的水源地。

1958年9月1日，谋划数年的丹江口水利枢纽工程终于开工建设（图1-1）。历经15年的艰苦施工，初期工程于1973年顺利建成。

图1-1　1958年丹江口水利枢纽工程开工典礼

同期，长办编制了《长江流域综合利用规划要点报告》（图1-2），提出了从长江上、中、下游引水的南水北调总体布局。

到了20世纪70年代中后期，我国华北地区面临着严峻的水资源困境。持续干旱不断加剧，工农业生产快速发展，用水需求激增，致使该地区水荒严重。黄河频繁断流，生态环境日益恶化，京津地区城市用水也陷入紧张状态。南水北调规划设计的重点聚焦到向华北平原供水的中、东线工程上。

图 1-2　长办编制的《长江流域综合利用规划要点报告》

三、1978—1990 年调水论证与适时决策

1978 年，第五届全国人民代表大会第一次会议通过的《政府工作报告》正式提出："兴建把长江水引到黄河以北的南水北调工程。"同年 10 月，水电部以急件形式发出了《关于加强南水北调规划工作的通知》，要求抓紧进行南水北调规划的修改、补充及上报工作。

1979 年 12 月，水利部成立南水北调规划办公室，负责统筹领导、协调南水北调工作。1980 年 3 月，水利部提出《南水北调中线引汉工程规划要点补充报告》，初步明确了中线工程的线路走向和里程；同年 4 月，水利部、交通部、电力部、中国科学院及沿线 4 省（直辖市）联合查勘了南水北调中线线路。

1980 年 7 月 22 日，中共中央副主席邓小平视察丹江口水利枢纽工程，详细询问了丹江口水利枢纽初期工程建成后防洪、发电、灌溉效益，以及大坝二期加高的相关事宜。

1981 年 4 月，水利部下达《南水北调中线规划和科研工作计划》，指定长办为南水北调中线规划的负责单位。1983 年，国家计划委员会（1998 年更名为国家发展计划委员会，以下简称"国家计委"，2003 年改组为国家发展和改革委员会，以下简称"国家发展改革委"）将南水北调中线规划列为国家"六五"计划前期工作的重点项目。1987 年 6 月，长办提出《南水北调中线规划报告》，确定的供水规模：丹江口水库初期供水 100 亿 m^3，后期供水 230 亿 m^3。

1988 年 6 月 9 日，国务院领导批示：南水北调必须以解决京、津及华北地区用水为主要目标，按照谁受益、谁投资的原则，由中央和地方共同负担工程费用。

四、1991—2002年规划批复与开工准备

1991年3月，第七届全国人民代表大会第四次会议通过的《国民经济和社会发展十年规划和第八个五年计划纲要》明确提出："八五"期间要开工建设南水北调工程。同年11月，水利部南水北调规划办公室主持会议，审查通过长江委编制的《南水北调中线工程可行性研究报告》，经修改、完善后，于1993年1月6日正式上报水利部并抄报国家计委。

1992年10月12日，国家领导人在党的十四大报告中指出："集中必要的力量，高质量、高效率地建设一批重点骨干工程，抓紧长江三峡水利枢纽、南水北调、西煤东运新铁路通道、千万吨级钢铁基地等跨世纪特大工程的兴建。"1995年6月6日，国务院领导主持召开国务院第71次总理办公会，专题研究南水北调问题。会议认为，南水北调是一项跨世纪的重大工程，一定要慎重研究，充分论证，科学决策。主要供水目标是京、津及华北地区。

1995年11月，南水北调工程论证委员会召开第一次会议。1996年3月，南水北调工程论证委员会会议讨论通过《南水北调工程论证报告》。1996年3月，南水北调工程审查委员会召开第一次会议。1997年3月，南水北调工程审查委员会召开第二次会议。会议就一些重大问题达成以下共识：建设南水北调工程是必要的；经过长期的酝酿和论证，南水北调工程确定为东、中、西线三条线路的工程。三条线路工程的共同目标都是解决北方地区的缺水问题，但各条线路工程所处的地理位置不同，有各自的合理供水范围，不能相互代替。根据国家财力的可能和经济发展的需要，按照中、东、西的顺序组织实施；赞同中线工程大坝加高调水145亿m^3方案作为中线工程的实施方案。1998年2月，南水北调工程审查委员会召开第三次会议，审议通过了《南水北调工程审查报告》，确定优先实施中线工程，审定的规模：大坝加高调水145亿m^3，最终调水220亿～230亿m^3。

1999年6月，国家领导人在黄河治理开发工作座谈会上指出："为从根本上缓解我国北方地区严重缺水的局面，兴建南水北调工程是必要的，要在科学选比、周密计划的基础上抓紧制定合理的切实可行的方案。"为落实会议精神，在认真分析和总结以往大量前期工作成果的基础上，水利部于2000年9月提出了《南水北调工程实施意见》。该意见重点分析了北方地区面临的缺水形势，对南水北调工程的总体布局、近期实施方案、投资结构与筹资方式、生态建设与环境保护等主要方面进行了分析论证，并先后征求了国家计委、中国国际工程咨询公司（以下简称"中咨公司"）和部分资深专家的意见（图1-3）。

图 1-3　院士专家讨论《南水北调工程实施意见》

2000 年 9 月，国务院领导主持召开南水北调工程座谈会，听取国务院有关部门领导和各方面专家对南水北调工程的意见。专家一致认为，南水北调工程势在必行，应尽快开工建设，并就南水北调工程的总体布局、建设原则、实施步骤，以及需要注意解决的一些重要问题发表了意见。此次座谈会提出中线工程多年平均调水宜为 130 亿～140 亿 m^3，推荐在丹江口水库大坝加高的基础上，分两期建设，逐步扩大调水规模的方案。国务院领导指出，南水北调工程是解决我国北方水资源严重短缺问题的特大型基础设施项目，南水北调工程的规划和实施要建立在节水、治污和生态环境保护的基础上，务必做到"先节水后调水、先治污后通水、先环保后用水"。南水北调工程的实施势在必行，但是各项前期准备工作一定要做好，关键在于做好总体规划，全面安排，有先有后，分步实施。

2000 年 10 月，党的十五届五中全会通过的《中共中央关于制定国民经济和社会发展第十个五年计划的建议》中指出："加紧南水北调工程的前期工作，尽早开工建设。"这表明，历经多年酝酿的南水北调工程，已基本具备实施条件，各项准备工作将进一步加快步伐。

2000 年 12 月，国家计委、水利部在北京联合召开了南水北调工程前期工作座谈会。会议部署了南水北调工程的总体规划工作，要求南水北调工程沿线各省（直辖市）抓紧编制城市水资源规划，重点开展节水、治污、供水、水资源配置和水价调整等专项规划，切实将"三先三后"的原则落到实处。总体规划要在认真做好水资源合理配置的基础上，开展需调水量预测与分析；根据统筹兼顾、全面规划、分期实施的原则，研究论证南水北调工程的总体布局和分期实施方案，按照适应社会主义市场经济体制的要求，进一步推进水利工程建设与管理体制的改革。要通过南水北调工程的兴建，促进节约用水、水污染防治和生态系统修复，保障经济社会的稳定发展。

2002年5月，国务院领导考察南水北调中线工程，实地察看了丹江口水利枢纽、陶岔渠首闸、穿越黄河工程、百泉灌区、石津干渠古运河枢纽、瀑河水库、永定河倒虹吸工程等中线调水的关键性工程项目，看望了丹江口库区移民，并强调要切实解决好调水工程的突出问题。一是生态问题。南水北调必须将生态建设与环境保护摆在突出位置。调水不仅要使北方干旱地区受益，也要保证水源地区生态不受较大影响，实现调水区和受水区经济、社会、生态的协调发展。水源地区要大力推进退耕还林、封山育林工作，严格控制污染物排放，保障水源永远是一库清水。调水沿线要加强污染防治、绿化建设，努力把调水渠道打造成"清水走廊""绿色长廊"。二是移民问题。要高度重视库区移民工作，重点解决好移民的生计问题，切实把移民安置好、稳定住，并帮助他们脱贫致富。三是节水问题。解决北方地区水资源短缺，必须把重点放在节水上。要调整经济结构，发展节水型工业、节水型农业，建设节水型城市和节水型社会。

2002年8月，国务院领导主持召开国务院第137次总理办公会，听取了水利部领导关于《南水北调工程总体规划》的汇报。会议审议并通过了《南水北调工程总体规划》，原则同意成立国务院南水北调工程领导小组，原则同意江苏三阳河、山东济平干渠工程年内开工。同年10月，国务院领导主持召开国务院第140次总理办公会，批准了丹江口水库大坝加高工程的立项申请，要求抓紧编制《丹江口水库库区移民安置规划》。

2002年10月，国家领导人主持召开中央政治局常委会，听取了国家计委主任和水利部部长受国务院委托所作的《南水北调工程总体规划》汇报，审议并通过了经国务院同意的《南水北调工程总体规划》。同年10月，水利部受国家计委委托，向全国人大常委会财经委、环资委、农委汇报了《南水北调工程总体规划》。

2002年11月，党的十六大报告中提出："抓紧解决部分地区水资源短缺问题，兴建南水北调工程。"

2002年12月，国务院正式批复了国家计委和水利部联合上报的《南水北调工程总体规划》(图1-4)，批复意见指出，南水北调工程是缓解我国北方水资源严重短缺局面的重大战略性基础设施，关系到今后经济社会可持续发展和子孙后代的长远利益；批复意见要求根据前期工作深度，先期实施东、中线一期工程，西线工程先继续做好前期工作。

2002年12月27日，南水北调工程开工典礼在北京人民大会堂和江苏省、山东省施工现场同时举行(图1-5)。国务院领导在人民大会堂主会场宣布工程正式开工，标志着南水北调工程进入实施阶段。

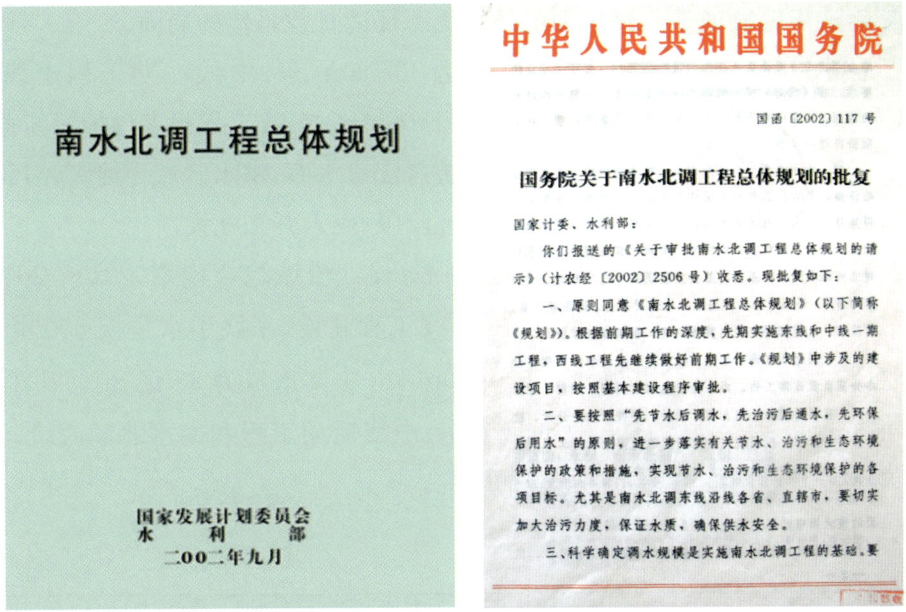

南水北调工程总体规划

国家发展计划委员会
水　　利　　部
二〇〇二年九月

中华人民共和国国务院

国函〔2002〕117号

国务院关于南水北调工程总体规划的批复

国家计委、水利部：

你们报送的《关于审批南水北调工程总体规划的请示》（计农经〔2002〕2506号）收悉。现批复如下：

一、原则同意《南水北调工程总体规划》（以下简称《规划》）。根据前期工作的深度，先期实施东线和中线一期工程，西线工程先继续做好前期工作。《规划》中涉及的建设项目，按照基本建设程序审批。

二、要按照“先节水后调水，先治污后通水，先环保后用水”的原则，进一步落实有关节水、治污和生态环境保护的政策和措施，实现节水、治污和生态环境保护的各项目标。尤其是南水北调东线沿线各省、直辖市，要切实加大治污力度，保证水质，确保供水安全。

三、科学确定调水规模是实施南水北调工程的基础。要

图 1-4　2002 年国务院正式批复《南水北调工程总体规划》

图 1-5　2002 年南水北调工程开工典礼在人民大会堂举行

第三节　工程总体布局

自 20 世纪 50 年代起，经过长期的勘测、规划和研究，在分析比较 50 多种规划方案的基础上，逐步形成了分别在长江下、中、上游调水的东、中、西线三条调水线路。通过三条调水线路，将长江、黄河、淮河和海河四大江河相互沟通，构成“四横三纵”的中国大水网，达成我国水资源南北调配、东西互济的总体配置格局。按照批复的总体规划，南水北调工程从长江下、中、上分东、中、西三条线路调水，规划调水总规模 448 亿 m^3，其中东线 148 亿 m^3，中线 130 亿 m^3，西线 170 亿 m^3。这一工程能够基本缓解受水区水资源严重

短缺的状况，逐步遏制因严重缺水而引发的生态环境日益恶化的局面。

工程规划的东、中、西线干线总长度达 4350km，东、中线一期工程干线总长为 2899km，沿线 6 省(直辖市)一级配套支渠约 2700km。东线工程起点位于江苏省扬州市江都水利枢纽；中线工程起点位于汉江中上游丹江口水库，供水区域为河南、河北、北京、天津 4 省(直辖市)；西线工程仍处于前期论证阶段，尚未开工建设。

2012 年，国务院正式批复了长江委编制的《长江流域综合规划(2012—2030 年)》。该规划提出：2020 年前，完成南水北调东、中线工程建设，东线引水规模 500m^3/s，年调水量 87 亿 m^3；中线一期引水规模 350～420m^3/s，年调水量为 95 亿 m^3。2020 年后至 2030 年，根据经济社会发展需求，适时启动东、中线后期工程和南水北调西线一期工程建设；开展南水北调西线工程后期规模的研究。

南水北调工程总体布局见图 1-6。

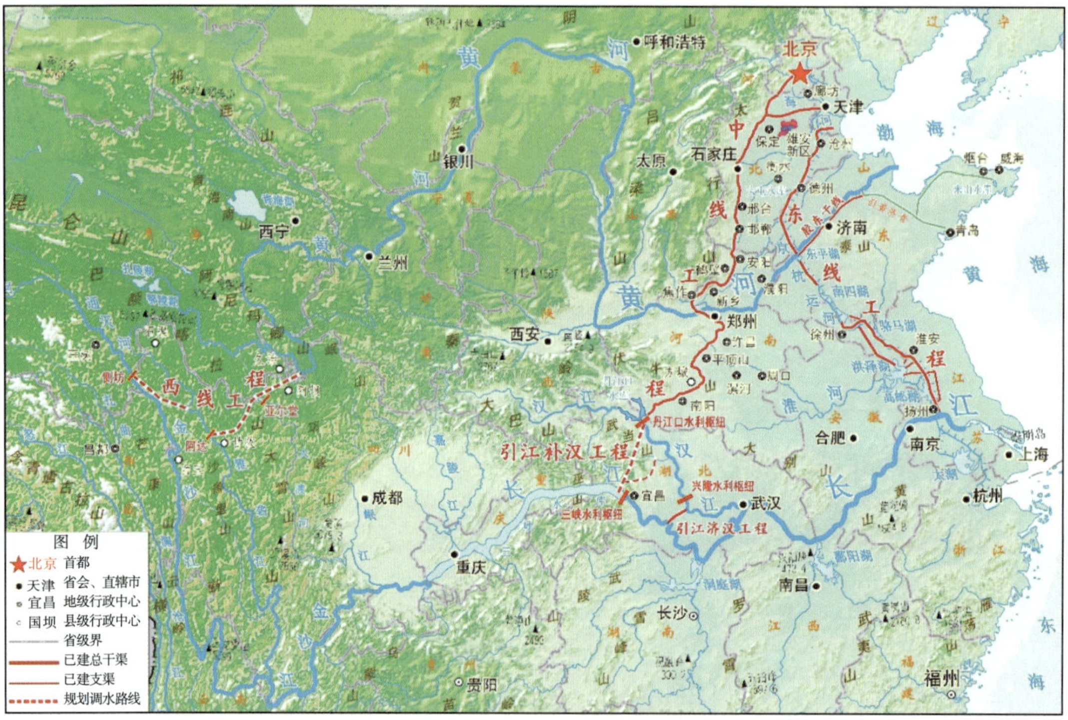

图 1-6　南水北调工程总体布局图

对于中线后期工程，《长江流域综合规划(2012—2030 年)》提出，由于汉江承担了南水北调中线和引汉济渭调水任务，为维持本流域合理的水资源开发利用和良好的生态环境，同时满足向外流域调水的需求，要求根据汉江流域经济社会发展状况及水资源利用程度，尽快启动从长江干流引水补充汉江的研究工作，并相机实施。长江三峡水库作为我国战略水源地，水量丰沛，可作为南水北调中线工程后续水源向汉江补水，即引江补汉工程。2017 年 4 月，水利部以“水规计〔2017〕169 号”批复引江补汉工程规划任务书；2022 年 6 月，国家发展改革委以“发改农经〔2022〕978 号”批复引江补汉工程可行性研究报告；2023 年 9 月，水利部以“水许可决〔2023〕45 号”批复引江补汉工程初步设计报告。目前，该工程正在实施中。

第四节 中线一期工程

中线一期工程由水源工程、输水工程和汉江中下游治理工程三部分组成。以 2010 年为规划水平年，供水目标以北京、天津、河北、河南 4 省（直辖市）主要城市生活、工业供水为主，兼顾生态和农业用水。受水区总面积约 15 万 km^2，主要供水范围为北京市，天津市，河北省的邯郸、邢台、石家庄、保定、衡水、廊坊等 6 个省辖市及 14 个县级市和 65 个县城，河南省的南阳、平顶山、漯河、周口、许昌、郑州、焦作、新乡、鹤壁、安阳、濮阳等 11 个省辖市及 7 个县级市和 25 个县城。

一、水源工程

水源工程包括丹江口大坝加高、丹江口水库移民和陶岔渠首枢纽。

(一)丹江口大坝加高

丹江口大坝按最终规模加高完建，即在现有基础上加高 14.6m，坝顶高程达 176.6m（吴淞高程，下同），正常蓄水位由 157m 提高到 170m，相应库容达到 290.5 亿 m^3，增加库容 116 亿 m^3，水库由年调节水库变为不完全多年调节水库；兴利库容增加 49.5 亿～88.3 亿 m^3，防洪库容增加 33 亿 m^3。丹江口水库的开发任务由防洪、发电、灌溉、航运调整为防洪、供水（含灌溉）、发电、航运等，供水成为优先于发电的任务。

加高后的丹江口大坝见图 1-7。

图 1-7 加高后的丹江口大坝

(二)丹江口水库移民

水库移民涉及河南省淅川县，湖北省丹江口市、武当山特区、郧阳区、郧西县、张湾区。中线一期大坝加高需搬迁安置移民 34.5 万人。图 1-8 为建成的移民集中居民点及移民生产安置项目。

图 1-8　丹江口库区移民安置项目

(三)陶岔渠首枢纽

陶岔渠首枢纽是丹江口水利枢纽的副坝,也是输水工程的渠首闸。引水闸于 1974 年建成,运行现状为向河南省刁河灌区供水。丹江口大坝加高后,为适应加高后的挡水和引水条件,需移址重建。重建后的陶岔渠首枢纽工程(图 1-9)由左右岸混凝土重力坝、引水闸和电站等组成,重力坝坝顶高程 176.6m,轴线长 265m,共由 15 个坝段组成。

图 1-9　重建后的陶岔渠首枢纽工程

2008 年 12 月,国务院南水北调工程建设委员会办公室(以下简称"国务院南水北调办")、水利部《关于南水北调中线一期陶岔渠首枢纽工程建设管理有关事宜的通知》,明确委托水利部淮河水利委员会的工程建设管理单位承担陶岔渠首枢纽工程的建设管理工作,相关建设管理纳入南水北调工程建设管理体系。为此,后续在水源工程相关描述中均不再涉及陶岔渠首枢纽内容。

2012 年 11 月,国务院南水北调办以"国调办投计〔2012〕262 号"批复《南水北调中线水源工程供水调度运行管理专项工程初步设计报告》,增加供水调度运行管理专项建设内容,包括开发建设丹江口水库新增供水功能所需的业务应用系统、应用支撑平台和必要的基础设施。至此，水源工程调整为丹江口大坝加高、丹江口库区移民及供水调度运行管理专项3个设计单元工程。

二、输水工程

输水工程总干渠（图1-10至图1-13）南起陶岔渠首，北至北京团城湖及天津市，总长1432km。其中，渠首至北拒马河段长1196km，采用明渠输水；北京段长80km，采用PCCP管及暗涵输水；天津干线全长156km，采用暗涵输水。

图1-10 南水北调中线工程总干渠

图1-11 湍河渡槽

图1-12 沙河渡槽

图 1-13　穿黄工程北岸出口

三、汉江中下游治理工程

调水后丹江口水库下泄水量减少，势必对汉江中下游地区两岸取水及航运产生一定影响。鉴于调水对汉江中下游的影响，且考虑环境问题的复杂性和敏感性，决定在汉江中下游兴建 4 项治理工程，即兴隆水利枢纽、引江济汉、部分闸站改造和局部航道整治工程。汉江中下游治理工程的建设目标：结合当地水利规划，采取必要且合理的工程措施，满足汉江中下游地区生活、工业、农业、生态和航运用水需求，减少或消除调水对汉江中下游地区的不利影响。

（一）兴隆水利枢纽

兴隆水利枢纽（图 1-14）是汉江干流规划中的最下游梯级。其作用在于壅高水位、增加航深，以此改善回水区的航道条件，并提高罗汉寺闸、兴隆闸等闸站的引水能力。

图 1-14　兴隆水利枢纽工程

（二）引江济汉

引江济汉工程（图 1-15）是从长江荆州引水至汉江高石碑，以补充兴隆—汉江河口段的流量，进而满足该河段灌溉、航运和生态用水的需求。

图 1-15 引江济汉工程(荆州闸)

(三)部分闸站改造

南水北调中线工程调水后,汉江中下游水位有所下降。为保证现有灌区的正常引水,需对因此受影响的从汉江取水的沿岸闸站进行改造。

(四)局部航道整治

南水北调中线工程调水后,汉江中下游下泄流量发生变化,对航运产生一定影响。因此,需对局部航道进行整治,以恢复并改善航运条件。

第二章 丹江口水利枢纽

丹江口水利枢纽初期工程的开发任务为防洪、发电、灌溉、航运、养殖，并作为南水北调中线工程的水源。该工程于1958年9月开工建设，1973年底全部建成；丹江口大坝加高工程于2005年1月开始进行前期准备工作，2013年8月加高工程顺利通过蓄水验收。

第一节 初期工程

1958年4月，中共中央政治局决定兴建丹江口水利枢纽工程。1958年6月，《丹江口水利枢纽设计要点报告》获得批准。批准的工程规模：水库正常蓄水位170m，死水位150m；枢纽布置河床部位为混凝土重力坝和坝后式电站，两岸为黏土心墙土石坝；电站装机容量735MW。在右岸预留通航建筑物位置，暂不兴建。同年9月，工程正式开工兴建。工程开工后，根据国民经济发展需要，电站装机容量增至900MW，通航建筑物工程同期兴建，采用升船机方案。

工程施工初期，由于施工准备及施工设备不足，主要靠人工及半机械化施工，而且对大型工程缺乏施工经验，已浇筑的混凝土出现了裂缝、架空等质量问题。1962年2月，暂停混凝土坝施工。停工期间，进行质量问题研究及补强处理，同时开展机械化施工准备工作。

停工期间，有关部门研究并决定丹江口水利枢纽工程分期兴建。1964年底，恢复大坝混凝土浇筑。1966年6月，经国务院批准，工程初期规模为坝顶高程162m、水库正常蓄水位155m，后期规模水库正常蓄水位仍为170m。此后，丹江口水利枢纽初期规模据此方案进行设计与施工。

丹江口水利枢纽初期工程包括长2494m的拦河大坝，装机容量900MW的水电站和150吨级升船机。另外，在陶岔及清泉沟分别修建了灌溉引水渠道及引水隧洞。

1967年7月，大坝开始拦洪；同年11月，下闸蓄水；1968年10月，第一台机组发电；1973年底，全部建成。混凝土坝高程100m以下按后期最终规模兴建，混凝土坝下游需加高的部位已预留键槽；两岸土石坝按初期规模建设。

初期工程建成运行以来，在防洪、发电、灌溉、航运和水产养殖等方面，发挥了巨大的社会效益和经济效益。

1. 防洪

1973年初期工程建成运行以来，汉江中下游形成了以丹江口水库为主，由两岸堤防、杜家台分洪工程及中下游临时分蓄洪民垸组成的防洪体系，初步扭转了武汉市及江汉平原1200万人口和120万hm^2耕地受洪水严重威胁的被动局面，有效保障了荆楚大地人民的生命财产安全。截至2012年底，丹江口工程共拦蓄10000m^3/s以上的洪峰87次，避免了12次下游民垸分洪和33次杜家台滞洪区分洪，大大减轻了武汉及长江荆江段的防洪压力，减免经济损失近465亿元，创造了显著的社会效益。1998年8月，当长江发生特大洪水时，汉江也相应发生大洪水，通过丹江口水库超蓄、削峰、调洪等方式，发挥了任何其他工程所不可替代的重大作用。它不仅解决了汉江中下游的防洪问题，而且也缓解了长江中游汉口河段的洪水压力。

2. 发电

丹江口水力发电厂1968年第一台机组投产发电，1973年初期规模建成，厂内装有6台单机容量为15万kW的混流式水轮发电机组，总装机容量90万kW。其最大年发电量达54.12亿kW·h(1975年)，年均发电量38.3亿kW·h，是汉江流域最大的水电厂。1980年，华中电网成立后，丹江口水力发电厂承担华中电网调频、调峰和事故备用的任务，曾作为华中电网直调电厂，目前由湖北电网负责调度。1996年12月15日，该厂累计发电量突破1000亿kW·h大关，成为当时全国第3个发电量过千亿千瓦时的水电厂。

3. 灌溉

引水灌溉是丹江口水利枢纽的一项重要任务。初期工程规模下，可引水量40亿m^3，能够满足唐白河流域1000万余亩(1亩≈0.067hm^2)农田的灌溉用水需求。第一阶段可引水量15亿m^3，可为湖北、河南两省唐白河地区控制灌溉面积为360万亩(其中，河南150万亩，湖北210万亩)的农田提供自流灌溉水源。引丹灌区位于汉江中游左岸，处于丹江与唐白河之间，属于国家大型灌区。全国排名第21位、湖北第2位，是湖北省襄阳市(原襄樊市，2010年更名为襄阳市)最大的灌区。该灌区粮食产量占襄阳市总产量的1/3，灌溉面积210万亩，担负着襄阳“一市三区”及襄北农场132万人的生活用水和180万头大牲畜的饮水安全任务，是引、提、蓄相结合的综合功能较完善的灌区。刁河灌区作为引丹灌溉第一期工程，控制灌溉面积150万亩，受益范围涉及河南省邓州市、淅川县和新野县等地区。

4. 航运

丹江口水库蓄水后，在改善汉江通航条件、促进上下游水运事业发展方面发挥了很大作用。建库后，水库上游航道有了显著改善。加之水库的调节作用，汉江中下游洪峰被大幅削减，使中水位持续时间延长，枯水期流量加大、水位变幅减小、航深增加，航运技术经济指标提高，航运事业有了较大发展。大坝升船机通航系统无偿提供船只过坝4105次，过船吨位约33万吨，过船数量4734条，产生了较大的社会效益。

5. 水产养殖

丹江口初期工程建成以后，其上游形成了93万亩水面，为淡水渔业发展创造了有利条件。从1986年开始，国家大力扶持并鼓励开发丹江口水库的渔业资源，渔业发展在库区经济社会发展、安置移民就业等方面，发挥了明显的社会效益和经济效益。

第二节 大坝加高工程

丹江口大坝加高工程按最终规模加高完建，即在已建成的初期工程基础上，不仅混凝土坝加高14.6m，左右岸土石坝也进行了延长并相应加高。加高后，坝顶高程达到176.6m，大坝总长3.45km，坝前正常蓄水位由157m提高到170m，死水位为150m，相应库容为290.5亿m^3；溢流坝段堰顶高程由138m加高至152m；升船机进行相应改建，规模由150吨级提高到300吨级。大坝加高工程实施后，水库由年调节水库变为不完全多年调节水库。挡水建筑物的洪水标准按1000年一遇洪水设计，按可能最大洪水(10000年一遇洪水加大20%)校核。

水库运行调度方式：5月初至6月20日，库水位逐渐降低到夏季汛限水位160m。若汛期未发生洪水时，水库按不高于防洪限制水位运行。其中，夏汛期6月21日至8月20日，防洪限制水位为160m；8月21—31日为夏汛期向秋汛期的过渡期；秋汛期时段为9月1日至10月10日，9月1—30日防洪限制水位为163.5m，10月1日起，水库可逐步充蓄至正常蓄水位170m。

丹江口水库工程特性指标见表2-1。

表2-1　　丹江口水库工程特性指标

项目	单位	初期	最终规模
坝顶高程	m	162.0	176.6
正常蓄水位	m	157.0	170.0
正常蓄水位相应库容	亿m^3	174.5	290.5
死水位	m	140.0	150.0
死水位相应库容	亿m^3	76.5	126.9
极限消落水位	m	139.0	145.0
极限消落水位相应库容	亿m^3	72.3	100.0
主汛期—汛后调节库容	亿m^3	48.7～102.2	98.2～190.5
夏—秋汛防洪限制水位	m	149.0～152.5	160～163.5

此外，在上游库区内距离陶岔渠首约10km处设有董营副坝；在左坝头穿铁路处，离左岸土石坝坝头200m左右设有左坝头副坝，两副坝均为均质土坝。

加高丹江口大坝，不仅能提高向北方调水的保证率，满足向北方送水的现实需求，还完善了汉江中下游防洪体系，是解决汉江中下游及武汉地区防洪问题最经济、最有效、最关键的措施。加高后的丹江口水库成为多年调节水库，有利于平稳下泄水量，保障中下游地区的生态和生活用水。

1. 防洪

丹江口大坝加高后，增加防洪库容32.8亿(夏汛期)～26.29亿m^3(秋汛期)，进一步提升了丹江口水库的调洪能力，使汉江中下游防洪状况得到显著改善。通过与杜家台分洪和堤防配合，可将汉江中下游地区的防洪标准从20年一遇提高到100年一遇，大大减少了汉江中下游地区的洪灾损失；即使遇到1935年同级别的大洪水，中游民垸基本上无须分洪就能确保遥堤安全。

2. 供水

南水北调中线一期工程年调水规模95亿m^3，远期调水规模130亿m^3。丹江口大坝加高后，能向北京、天津、河北、河南、湖北等地区提供毛供水量95亿m^3，扣除河南刁河灌区现状引水量后的新增供水量为89亿m^3，至总干渠各分水口的总净供水量为79亿m^3。

3. 发电

丹江口大坝加高后，水库正常蓄水位170m，装机容量900MW，死水位150～145m，其有效调节库容达163.5亿～190.5亿m^3，为多年调节水库。丹江口电站是中南地区少有的优质电源点，在满足供水要求后，作为骨干电站在华中电网中充分发挥其调峰、调频、调相及提供备用容量的作用。

4. 灌溉

由于引水水头提高，更加有利于向河南省南阳市唐白河流域刁河以南地区与湖北省鄂北地区(老河口、襄阳、枣阳、随州、孝感等地)供水，改善当地农业灌溉和生态环境用水条件，促进经济社会协调、可持续发展。

5. 航运

丹江口大坝加高及升船机改造升级后，可通航300吨级驳船。

第三章 丹江口水库移民

丹江口水库移民分为初期工程移民和大坝加高工程移民两个阶段。

第一节 初期工程移民

一、百废待兴的时代背景

中国历朝历代都重视兴修水利，信奉“水利兴则国兴”的治水理念。新中国成立之初，共和国的缔造者们比历史上任何一个时期都更加注重大兴水利、根除水患。新中国成立初期，毛泽东主席先后视察黄河、长江、淮河等，勾勒出新中国水利建设的蓝图。汉江历来洪涝灾害频发，给中下游富饶的江汉平原造成严重威胁。为治理汉江，1950 年 7 月，成立了汉江治本委员会，开启了汉江整体治理的考察、规划工作。1954 年，长江中下游发生特大洪水，江汉平原尤其是武汉等沿江大中城市受灾严重，更加坚定了中央人民政府治理汉江的决心。

1953—1957 年，我国顺利实施了第一个五年计划，工农业生产大幅提高，初步形成了社会安定、民风良好的局面。在这样的大好形势下，1958 年 2 月，《人民日报》发表了《鼓足干劲，力争上游》的社论。1958 年 5 月，中共八大二次会议正式通过了“鼓足干劲、力争上游、多快好省地建设社会主义”的总路线。丹江口水利枢纽工程正是在当时全民“大跃进”的浪潮中开工建设。移民迁移开始时，全国正处于“三大改造”“跑步进入共产主义”“一大二公”“共产风”“一平二调”等氛围中，大家只讲牺牲奉献，不计个人得失。经济建设领域的“大跃进”本身已超出了国家的承受能力，三年困难时期又不期而至。1960—1961 年，国家提出“调整、充实、巩固、提高”的方针。1966—1973 年，在各级“革命委员会”“军管委员会”指令下，移民分批搬迁。

二、移民搬迁总体情况

初期移民搬迁经历了实物指标调查及规划研究（1952—1957 年）、初期搬迁（1958—

1964 年)、大规模连续移民(1965—1975 年)、移民遗留问题处理(1976—1994 年)等 4 个阶段。

(一)第一阶段:水库移民准备阶段(1952—1957 年)

本阶段移民工作的重点是查明水库淹没影响情况。1953 年 5 月,长江委在查勘选择丹江口坝址过程中,对丹江口库区涉及的湖北省均县(1983 年 8 月更名为丹江口市)、郧县(2014 年 12 月更名为郧阳区)、郧西县,河南省淅川县和陕西省白河县的社会经济情况(包括人口、土地和粮食产量等)进行了调查,并提交了查勘报告。

1953 年 8 月,中国科学院地理研究所和长江委组成汉江工作队,对丹江口库区社会经济情况作了进一步的调查,基本查明了水库 150～200m 各级高程的水库淹没情况,并编制完成了《丹江口水库损失调查报告》。经与湖北、河南两省协商,确定了各级水位淹没处理原则,并估算了投资金额,为编制《汉江流域规划》、选定丹江口作为第一期工程和研究丹江口水库移民安置规划工作提供了第一手资料。

1956 年 12 月至 1957 年上半年,为配合丹江口水利枢纽工程正常蓄水位的选择,同时进一步做好移民安置规划工作,长办调查队入驻库区,会同湖北、河南、陕西 3 省的均县、郧县、郧西县、淅川县、邓县和白河县有关部门,按水库坝前水位 120～200m 不同高程,对丹江口库区淹没实物指标和社会经济情况开展了大规模调查研究。此次调查涉及 3 省 6 县,总面积达 1650km^2。为了全面论证和选定正常蓄水位的经济合理性,调查队分 11 个不同蓄水位进行调查和分析研究,分级调查的水库坝前水位包括 120m、140m、160m、170m、175m、180m、185m、190m 和 200m 等。此次大规模调查以正常蓄水位 175m(平水,不考虑水库回水)作为基本方案,并于 1958 年提出《丹江口水库初步设计阶段调查报告》。水库淹没影响主要涉及湖北省郧阳地区的郧县和均县,以及河南省南阳地区的淅川县和邓县等 4 县 146 个乡、3215 个自然村,涉及移民户 9 万户,总人口 40 万人,房屋 26.6 万间,耕地 67.57 万亩。1958 年 3 月,长办提出《丹江口水库初步设计阶段技术经济调查报告》,并在此基础上完成了淹没处理措施的拟定和投资概算。

(二)第二阶段:库区移民初期搬迁阶段(1958—1964 年)

根据中共中央成都会议精神,丹江口水利枢纽工程于 1958 年 9 月 1 日正式开工。按正常蓄水位 170m 的方案,根据“三年建成,两年扫尾”的施工进度安排,丹江口工程总指挥部要求,1960 年汛前完成高程 120m 以下居民的迁移,1961 年汛前将坝前水位 170m 接 20 年一遇洪水淹没线以下的居民全部迁走。

为配合工程建设,长办对丹江口水库移民问题进行研究,但由于工程建设时间紧迫,本阶段所提出的移民方案仅具有方向性和轮廓性,然后由地方人民政府负责包干安置。1958年方案，设计蓄水位比较了165m、170m、175m和180m 4种方案，对移民方案也相应做了安排。1959年设计蓄水位定为170m，根据对各县大体的移民安置计划的调查了解，改变了以前以外迁为主的方案，确定以后靠本社安置为主，对于本社安置确实存在困难的，由县内其他公社解决。唯有淅川县结合支边远迁青海，规划外迁8.6万人。1962年，重新研究正常蓄水位，在此期间，长办对库区各县及安置区进行调查，先后调查了均县、郧县、淅川、桐柏、邓县、鸭河口灌区，并编写了调查报告。1963年根据调查报告，考虑生产发展规划，制定了全库移民安置方案。该方案分近期（150m）和远景（175m）两期安排移民。近期移民23.6万人，其中各县内安置17.3万人，外迁6.3万人。远景移民46.8万人，其中各县内安置、外迁各23.4万人。但由于丹江口水库正常蓄水位未定，地方也未将移民迁安工作提上议事日程，因此制定的移民方案也未落实，亦未上报。

本阶段移民工作的重点是库区3座县城的迁建，初步方案如下：郧县县城后靠五阳岭，淅川县城迁上集，均县县城迁丹江口（部分居民迁龙口镇）。除迁龙口镇因水源不便而失败外，其余方案均未有大的改变。在农村移民安置方案方面，在设计蓄水位未定之前，曾提出库区各县小部分采取县内安置，大部分外迁至襄阳专区、荆州专区和邓县。1959年正常蓄水位定为170m以后，确定移民主要在本县内安置，仅淅川县结合支边外迁8万余人，由于各种因素，该方案最终也未落实。在此期间，由于工程拟于1962年汛前建成发电，从1958年起结合支边，移民迁安工作就已经开始。但由于当时安置区未落实，迁安工作仓促，加上施工进度放缓，移民经费标准偏低，出现大量返迁现象。当时陆续动迁近10万人，除均县、淅川城镇移民及少部分农村移民安置下来外，其余人员纷纷从青海、邓县等地返迁库区。大量移民返迁给国家和动迁移民造成很大损失，并给后续的移民工作带来不利影响。

据统计，1958—1960年，全库区共动迁移民达10万余人，有效安置移民仅约3万人，其中城镇移民约2万人，农村移民1万余人。这一时期的农村移民，基本上与县城搬迁同步进行。但农村移民面宽线长，工作量大，任务更艰巨，加之时间紧迫，没有符合实际的移民安置规划方案，所以移民的生产、生活、房屋建设，一概未做具体安排。当时的指导思想主要是一切为水库按时蓄水让路，先搬出来再说。为了服从施工计划安排，库区内各级人民政府号召移民“自由选点搬迁”、提倡“邻找邻，亲投亲”以及“发钱到户”等措施。

丹江口水库移民工作是在“大跃进”的形势下进行的，出现了片面强调移民为水库让路、不尊重科学、不讲求效果等问题，致使大批移民迁而复返，造成了资源浪费和经济损失，库区3座县城的建设也遗留了不少问题。

(三)第三阶段:大规模连续移民阶段(1965—1975年)

1964年12月7日,国务院下达对丹江口水库续建工程规模的批复文件,同意按"防洪发电结合方案"进行设计。1964年12月26日,丹江口大坝恢复混凝土浇筑作业,启动复工续建。1965年5月,长办提出《丹江口水利枢纽续建工程初步设计报告》,确认工程最终规模为正常蓄水位170m方案;同时提出初期工程建设规模:正常蓄水位145m,坝顶高程152m。1965年8月,水电部、湖北省人民委员会和长办联名上报国务院《关于丹江口水利枢纽建设标准的请示》,建议安装6台机组,并提议将大坝在原定方案(坝顶高程152m)的基础上抬高10m,即坝顶高程提升至162m。1966年6月23日,国务院批准了上述请示。

1966年7月,长办提出《丹江口水利水电枢纽设计蓄水位145m水库移民安置规划报告》,对水库淹没、移民安置方案、移民补助标准与经费预算,以及移民安置中存在的问题,提出了相应的解决建议。根据该报告,当正常蓄水位为145m时,水库的淹没范围涉及湖北省的均县、郧县和河南省的淅川县。据1965年调查数据,全库除前期已迁出库区的移民外,还需移民17.9万人。145m方案移民分三批迁移,第一、二、三批实际动迁数约为21.2万人。

1969年8月,长办革委会提出《关于丹江口水库蓄水位从145m上升到155m的移民调查报告》。1972年5月8日,国务院下发《关于提高丹江口水利枢纽蓄水位和移民问题的批复》,同意将水库蓄水位提高至155m,并确定移民水位为157m。145～155m增加的移民数(实际动迁数)约10.7万人。1974年10月21日,汉江流域出现较大洪水,丹江口水库坝前水位超蓄,达到157.7m,比正常蓄水位高出2.7m,处于设计移民线上的库边移民遭受临时洪水灾害。1975年2月14日,国家计委下达《关于丹江口水库蓄水位和今后调度运用意见》,将丹江口水库的最高蓄水位定为157m,移民高程为159m。155～157m增加的移民约6.3万人。从正常蓄水位145m增加至157m,共增加移民约17.1万人,又分三批迁移(第四、五、六批)。

至此,丹江口水库初期工程建设规模确定,正常蓄水位157m,在移民水位159m以下,全库六批移民实际动迁的总人数约38.3万人。在38.3万移民中,农村移民36.3万,城镇移民2万人(不含停工前迁移的城镇人口)。农村移民安置总体情况:前三批移民(147m以下)以外迁安置为主,后三批移民(147～159m)以内安为主。按安置去向划分,本县后靠内安的人数21.1万人,约占农村移民总数的55%;迁至外县、外省安置的人数17.2万人,约占农村移民总数的45%。

初期工程外迁的17.2万移民,基本上采取整社、整队连干部带移民成建制外迁的方式。绝大部分安置在汉江中下游工程防洪、灌溉受益区，即湖北省钟祥、宜城、荆门、襄阳、沔阳、随县、枣阳、汉阳、京山、南漳、汉川和河南省邓县等12个县（市、区），安置人数为15.8万人，约占外迁移民总数的92%；少部分安置在湖北省十堰、嘉鱼、武昌等县（市），另有少量自主外迁，共1.4万人，约占外迁移民总数的8%。总体来说，这一阶段外迁移民大多数逐步稳定下来，并融入安置区。

在10年间完成如此巨大的水库移民迁安工作，为水库按时蓄水和工程及时发挥效益奠定了基础。然而，“重搬迁、轻安置”的做法导致了诸多遗留问题，留待将来扶持解决。

本阶段既是丹江口水库移民大规模搬迁的阶段，也是水库移民理论形成和发展的阶段。移民搬迁出现问题后，周恩来总理代表党中央、国务院作了重要指示。他提出，“要认真研究水库移民问题”“我们是社会主义国家，不能以水赶人”“国家要对移民负责到底”。1965年，长办主任林一山根据中央重要指示精神，总结当时丹江口水库移民工作经验，明确提出“移民工程”的概念，他说：“使移民工作从方向到政策等原则问题落到实处，这种落实的具体措施就叫作水库移民工程。”“增垦水平梯田是移民工程的关键。”“以移民投资来兴建移民工程，用移民安置的措施来促进山区的建设发展，可以做到一举多得。”

根据这一概念，移民工作者积极开展求证和探索工作，1970年开始了移民工程试点。经过3年努力，以均县凉水河区三官庙为代表的移民试点工程初具规模，并取得了一定成果，之后相关经验得以推广，移民工程理论初步形成。

（四）第四阶段：库区移民遗留问题处理阶段（1976—1994年）

丹江口水库初期工程的移民搬迁始于“大跃进”年代（1958年），搬迁高峰出现在“文革”期间（1966—1976年）。当时，国力和经济还很薄弱，如此庞大规模的水库移民迁安工程尚无前例可循。由于对移民工作的艰巨性和复杂性认识不足，在实施过程中存在“重工程、轻移民”现象，实施“以水赶人、先迁后安”的搬迁方式，并且不顾环境条件盲目后靠，致使出现移民返迁、流散的现象。加之工程建设进度决策难定，蓄水位屡次抬高，导致部分内安移民在库边“滚雪球”式的多次重复搬迁，少则2～3次，多则5～6次，群众生产生活长期辗转不安，造成了大量遗留问题，严重影响库区、安置区社会和谐稳定。这些问题若不采取有力措施及时解决，过去付出巨大代价的移民工作成果将不能巩固，大量移民生产落后、生活贫困局面将得不到改善。

为此，在初期移民搬迁安置后的1975—1994年，丹江口水库移民工作转入长期遗留问题处理阶段。1981年，水利部向国务院呈报《关于解决丹江口水库移民遗留问题的报告》，就解决丹江口水库移民遗留问题的方针、政策提出了建议。长办受水利部委托，于1982年会同河南、湖北省人民政府及移民主管部门对丹江口水库移民遗留问题进行调查，1983年编制了《丹江口水库移民遗留问题处理规划及经费总概算》。经多位中央领导同志视察并向中央反映，经反复讨论认为：应本着对移民负责到底的精神和能够逐步达到并超过原来生活、生产水平的原则，有计划、有步骤地分期安排处理丹江口水库移民遗留问题。国务院于1984年6月批复了水电部《关于丹江口水库移民遗留问题处理意见的请示》，决定由国家统筹一笔专项经费（总额控制在3亿元），用于解决丹江口水库移民遗留问题，计划分10年安排，逐步解决移民遗留问题。此后，丹江口水库移民实现了由单纯补偿性移民安置工作向开发性移民安置工作的健康发展转变。丹江口水库开发性移民工程方针、政策的确立，标志着水库移民安置工作进入了崭新的历史时期。

1985—1994年，国家累计投入3.2亿元，用于开荒造地，改善农田排灌条件，改善库周基础设施，维修加固改造危房，修建医院、校舍等。这些举措解决了大部分移民出行、上学、就医、供水等困难，移民生产和生活条件得到了较大改善；库区多种经营迅速发展，基地建设初具规模，工业开始起步，第二、三产业势头看好。10年扶持，让广大移民深切体会到党和政府的关怀，同时也激发了移民自力更生、艰苦创业的积极性，成效显著。

三、水库移民理论探索

初期工程水库移民走过了一条极不平坦的道路。面对艰巨复杂的移民搬迁及生活贫困而导致的部分移民问题，各方都采取了积极而慎重的态度，从实际出发，对移民工作规律和相应理论进行了多方面探索。

20世纪60年代，长办主任林一山针对丹江口水库移民提出了“移民工程”的概念；20世纪80年代，中央领导总结新中国成立30多年来以丹江口水库为代表的大中型水利水电工程移民的历史经验教训，又提出了“开发性移民”方针，使移民工作走向了由“补血”到“造血”、由单纯性补偿移民安置转移到开发性移民安置的健康发展轨道，不仅成功地解决了移民遗留问题，还确保了工程效益的发挥。

由此可见，20世纪我国水库移民理论两次大的飞跃，都基本建立在丹江口水库这一重大实践的移民基础上。这两个重大理论的实质是解决我国突出的水资源开发中的移民问题；核心是必须重视水库移民工作，像重视工程一样重视移民安置，移民安置应该严格按照工程体系进行可行性研究、勘测设计和实施；前提是开发，重点是安置，不能就事论事，仅仅把水库移民搬迁出去，必须把补偿性的移民安置变为开发性的移民安置，使移民安居乐业，长治久安。

四、初期工程移民安置特点

丹江口水库初期工程移民安置工作的主要特点：一是移民数量大、搬迁强度大，库区每年平均需迁出5万人；二是搬迁时间紧迫，移民前期准备工作仓促；三是淹没地区集中，安置地区分散[涉及河南、湖北2省19个县(市)]；四是移民搬迁安置遗留问题逐步暴露，断续处理，出现与处理交替；五是移民安置规划设计前期无统一规范，1984年、1986年，国家才分别颁布《水利水电工程水库淹没处理设计规范(试行)》及《水利水电工程水库淹没实物指标调查细则》；六是水库移民安置实践促使水库移民理论出现“移民工程”“开发性移民”两次大的飞跃，为水库移民理论形成奠定了基础。

丹江口水库初期移民搬迁安置历时20余年。处于新中国成立初期、国力有限、热情高涨、强调艰苦奋斗的年代，人的物质需求被降到了最低限度，移民工作烙下了强烈的时代痕迹。

第二节　大坝加高工程移民

一、移民总体情况

丹江口水库大坝加高工程移民经历了前期论证(1991—2008年)、初步设计(2002—2010年)、移民搬迁安置实施(2008—2012年)、蓄水验收(2013—2014年)等4个阶段。

(一)坝区移民安置规划及实施情况

丹江口大坝加高工程，坝区建设征地涉及丹江口市大坝、丹赵路和三官殿等3个办事处的3个村、5个组和5个居委会。永久征地2310.26亩，临时用地4568亩。坝区移民从2005年5月26日正式动迁，到6月28日搬迁结束。

实际生产安置人口540人，分配给移民耕园地共473.21亩。实际搬迁安置移民2006人，其中，农村移民643人，约占实际搬迁安置移民数量的32.05%；城镇居民、单位和企业移民1363人，约占实际搬迁安置移民数量的67.95%。采取两种安置方式：一是在丹江口市城区和郊区自主分散购房安置1303人；二是建设水源新村、竹园坡、杨家岔和港口新区4个居民点，安置移民703人，其中，水源新村、竹园坡、杨家岔3个点分别安置农村移民480人、56人和34人，港口新区安置城镇移民133人。

此外，异地复建单位、企业5家，一次性补偿单位、企业14家。复建四级公路1.04km，通信线路7.61km，有线电视9.7km，输水管道4.40km，满足了移民生产、生活安置的需要。

(二)库区移民规划情况

2010 年 5 月，国务院南水北调办批复《南水北调中线一期工程丹江口水库初步设计阶段建设征地移民安置规划设计报告》(以下简称《初步设计规划报告》)。基准年为 2002 年，规划设计水平年为 2013 年。根据《初步设计规划报告》，丹江口水库蓄水位抬高淹没影响涉及河南省淅川县，湖北省丹江口市、武当山特区、郧县、郧西县和张湾区等 6 个县(市、区)的 40 个乡(镇)、429 个村、2372 个组、15 座城(集)镇、585 家单位、161 家工业企业及若干专业项目。淹没影响区总面积 307.7km^2，其中耕地面积 22.3 万亩、园地面积 3.34 万亩。区内有人口 22.43 万人，其中农户 20.37 万人；各类房屋 623.98 万 m^2，其中农房 490.63 万 m^2。规划生产安置人口 28.3 万人，规划搬迁安置人口 34.5 万人。将迁建 16 个城(集)镇，复建和一次性补偿 160 家工业企业，复(改)建等级公路 326.33km，码头 54 座，库周道路 1594.49km；新建、迁建、改造、加固 35kV 变电站 7 座，加固 110kV 变电站 2 座，复建电力线路 822.01km、通信线路 1255.54km、广播电视线路 1011.29km、供水管道 14.80km、水文(位)站 35 个、库周水准观测路线 3104.7km，对影响城(集)镇安全的郧县和安阳集镇库岸进行治理，整治长度 5883.74m。

(三)库区移民搬迁安置实施情况

2010 年 5 月国务院南水北调办批复《初步设计规划报告》后，丹江口水库移民工作转入实施阶段。根据库区实际情况，河南、湖北两省分别确定了“四年任务、两年完成”“四年任务两年基本完成、三年彻底扫尾”的移民安置工作总体目标。在两省党委、政府坚强领导下，举全省之力，于 2012 年全面完成了丹江口水库移民搬迁安置任务，实际生产安置人口 30.96 万人，实际搬迁安置移民 33.59 万人(湖北省郧县有 1.24 万淹地不淹房人口，由初步设计规划确定的远迁调整为就近造地生产安置，不再搬迁)，其中，农村移民 30.82 万人，约占实际搬迁安置移民的 91.76%；城镇居民、单位和企业移民 2.77 万人，约占实际搬迁安置移民的 8.24%。与此同时，库区规划迁建的城(集)镇、工业企业、专业项目等迁(复)建工作也同步完成，直接受淹没影响的各项功能全面恢复。

二、大坝加高工程移民安置特点

(一)淹没影响范围广、农村移民数量多

2003 年实物指标调查成果显示，水库淹没涉及的乡、村、组数量分别占库区县(市、区)乡、村、组建制总量的 52.6%、30.8%、23.4%。水库淹没实物数量相当于金沙江下游乌东德、白鹤滩、溪洛渡和向家坝 4 座梯级水电站淹没实物数量之和，在国内仅次于长江三峡工程淹没损失，位居全国第二。

水库淹没涉及县(市、区)均属国家级贫困县，根据2007年统计资料，全库区总人口275.9万人，其中农业人口200.4万人，占库区总人口的72.63%；人均耕地1.1亩，人口密度194人/km^2。总体而言，库区各县(市、区)以农业经济为主，工业基础薄弱，经济发展水平低下。丹江口大坝加高后，水库淹没人口22.4万人，其中农业人口20.4万人，占水库淹没人口的90.8%；淹没耕园地25.6万亩。丹江口水库淹没对象集中在农村，水库淹没严重影响了原本落后的库区农业经济。因此，农村移民安置是丹江口水库移民安置规划的重点和难点。

(二)库区经济基础薄、水质保护要求严

丹江口库区位于汉江上游，地处鄂西北和豫西南，属秦巴山偏远山区，具有典型的“老、边、穷、库”特点。库区内重峦叠嶂，沟壑纵横，高差大、坡度陡、切割深、地形破碎，山区、丘陵、平原兼有、地形复杂。库区位于河南、湖北、陕西3省交界地带，远离省会城市或省内发展核心区，区域边缘化趋势明显。库区对外通达性差，交通问题成为制约库区经济社会发展的瓶颈。受地理位置、资源分布、开发能力等因素影响，库区基本公共服务水平整体落后。教育设施整体落后，医疗卫生条件差，农技推广服务不足，农业科技应用水平低，现代农业发展缓慢，科技支撑当地发展的潜力没有充分体现；库区劳动力文化程度低，技能和经营能力不足，农户家底薄、生产积累少，抵御市场风险能力弱。

作为南水北调中线工程的调水源头，丹江口水库因其调水规模大、受益人口多、受益范围广而成为国家重要的战略水资源库。其社会效益、生态效益、经济效益巨大，是国家置办的水资源“家底”，也是国家一级水源保护区、中国重要的湿地保护区、国家级生态文明示范区，具有国内其他水源地难以替代的特殊地位和作用。在库区移民安置中，一方面要注重库区经济发展，维护库区移民的生存权、发展权；另一方面，要保证水库水质，确保水源地和库区生态环境的可持续发展，这让丹江口水库移民安置陷入了水源保护与库区发展的两难困境。

(三)库区环境容量紧、就近后靠安置难

丹江口水库库周90%以上是农村居民，土地是其赖以生存的根本。初期工程移民38.3万人，其中21.1万人就地后靠，加之部分外迁移民返迁(返回原籍)挤插生活在库周，造成库区土地环境容量非常紧张，长期依赖初期工程形成的大片消落地成为库区社会稳定的主要原因之一。丹江口大坝加高后，又将淹没影响河南、湖北两省土地面积307.7km^2，初期工程消落区将淹没殆尽，使原本有限的土地资源变得更加紧张。种植业环境容量分析显示，大坝加高工程淹没涉及的村民小组人均耕园地(初期工程土地征收线上)仅有0.96亩，其中人均0.5亩及以下的村民小组近400个。随着续建工程完工，库区坡度平缓的口粮田再度被大面积淹没，加之25°以上坡耕地按国家规定全部退耕还林，剩余耕园地负荷加重，库区人口、资源和生态环境矛盾更加突出，就近后靠安置难度加大。

（四）新老移民互交织，搬迁安置难度大

丹江口水利枢纽工程分初期工程和大坝加高工程两期建设。初期工程21.1万人在157m水位以上就近后靠安置。大坝加高后将再次产生34.5万水库移民，工程分期建设形成了“同一水库，两次移民”的局面，部分大坝加高移民为初期工程移民，形成新老移民互交织的复杂局面。

初期工程建设已淹没了库区的良田沃土，产生了大量的移民搬迁。在当时特殊的历史背景和移民政策下，初期工程移民只是采取了补助和救济的行政命令式搬迁，未对移民的个人财产进行合理补偿，仅用少量现金补助，标准低且不与财产原值挂钩，对非农设施及其他公共设施等不可迁移的财产均未给予补偿。不注重移民的安置效果及后期发展，未将移民安置列入工程建设统筹考虑，未编制详细的移民安置规划。由于采用“滚雪球”式搬家及外迁移民返迁，使库周人口过于密集，耕地不足，房屋陈旧狭小，较多移民仍生活在贫困线下，遗留问题多。

因此，丹江口水库移民有别于其他新建水库，既有水位抬高产生的新移民，也有初期工程后靠的老移民。由于库区后靠老移民在1958—1975年已经历过一次搬迁，目前生活基本稳定，当再次面临迁移时，移民心理更加敏感和脆弱。加之库周部分初期工程返迁移民外迁意愿不强，故土难离情节浓厚，外迁阻力大，安置难度大。

第四章 环境保护与水土保持

南水北调中线水源工程环境保护与水土保持相关工作最早可追溯到20世纪70年代,从工程规划阶段重视水源区水质保护及对调水区的水生态影响、编制规划环境影响专章开始,到可行性研究阶段环境影响报告书全面分析论述南水北调中线工程环境影响并提出移民安置的环境保护和水土保持要求,继而丹江口大坝加高单项工程环境影响与水土保持专题论证中进一步深化和细化工程建设环境保护、水土保持措施,再到移民安置环境保护和水土保持初步设计将生态环境保护的要求落实到每一个居民点,从规划、可研到设计、施工、验收,40多年的持续工作充分展示了全社会环保意识和理念的不断提升。

第一节 工程环保规划

南水北调中线水源工程规划阶段主要指20世纪60年代到21世纪初,南水北调工程从宏伟构想一步步走向规划方案落地的过程,其间经历了不同引调水方案的研判、调水规模拟定等。在此期间,从生态环境保护视角开展了各类基础调查与专题研究,主要集中在水源区水环境保护、水源下游区环境不利影响分析与制定减缓措施等方面。这些调查、分析、研究也是我国全面、系统地开展水利工程生态环境保护的代表性成果,当代水利工程生态环境影响分析与评价的思路、方法与体系被认为是在这一时期建立与完善的。1987年长江委编制完成了《南水北调中线规划报告》,1991年又完成了《南水北调中线规划报告(1991年9月修订)》,在湖北、河南两省一致同意"大坝加高引水"的基础上,推荐丹江口大坝加高、调水145亿 m^3 的方案。1995年,《南水北调中线工程环境影响报告书》相继通过了水利部的初审和国家环境保护总局的终审。1995—1998年,在水利部和国家计委组织的南水北调工程论证、审查中,又对中线大坝加高调水和大坝不加高调水的多种方案进行了研究,仍推荐大坝加高调水145亿 m^3 的方案。长江委于2001年9月完成《南水北调中线工程规划(2001年修订)》。在中线工程规划修订过程中,规划环境影响分析聚焦于工程建设对丹江口库区、对汉江中下游及河口区以及总干渠沿线及受水区的生态与环境影响，提出了分析结论及环境保护措施。

第二节 丹江口水利枢纽环境保护与水土保持

南水北调中线工程规划落地后，在开展工程可行性研究工作时，《丹江口大坝加高工程库区移民安置规划》尚未编制完成。因此，丹江口大坝加高环境影响评价工作中，对于水库淹没与移民的环境影响以及由水库淹没与移民引起的其他环境影响(包括对生态的影响、对库区人群健康的影响、对景观与文物的影响)只进行了宏观评价，水土保持报告对移民安置部分的内容也只提出了水土流失防护要求。2012 年国务院南水北调办批复的《南水北调中线一期丹江口水库建设征地移民安置工程环境保护和水土保持(生态修复、水质监测、环境科研部分)初步设计》的相关工作，主要围绕丹江口枢纽水源区水安全保障开展设计和实施。

丹江口大坝加高工程环境保护内容以原国家环境保护总局《关于丹江口水利枢纽大坝加高工程环境影响报告书审查意见的复函》为主要依据，主要包括水质保护、环境空气质量保护、噪声防治、施工区人群健康、坝区移民安置环境保护、施工区生态保护等相关内容。

水土保持内容以《水利部关于丹江口水利枢纽大坝加高工程水土保持方案的批复》为主要依据，措施内容包括土石方优化平衡措施、表土保护与防护措施、料场防护措施、渣场治理措施等。

第三节 移民安置环境保护与水土保持

可行性研究阶段，在《南水北调中线一期工程环境影响复核报告书》中提出了移民安置区环境保护措施要求。可研阶段移民安置区环保措施侧重于移民安置区产业调整、城(集)镇环保措施总体要求、工业企业迁建过程中的环保要求以及防护工程建设过程中的环保要求等大方向、大尺度的措施，具体包括促进农业安置可持续发展、扩大和改善移民环境容量、农村移民安置区人群健康保护、提高移民素质、促使移民尽快融入当地社会经济环境等措施。在初步设计阶段，《南水北调中线一期工程丹江口水库建设征地农村移民安置工程环境保护初步设计报告》和《南水北调中线一期工程丹江口水库建设征地城(集)镇迁建环境保护初步设计报告》中提出的集中居民点环境保护包括水环境保护、生态环境保护、噪声防护和生活垃圾处理。迁建集镇环境保护设计包括水环境保护、生态环境保护、噪声防护、大气环境保护、生活垃圾处理和人群健康保护。

《南水北调中线一期工程丹江口水库建设征地移民水土保持方案报告书》中提出，水土流失治理措施体系由预防措施、临时措施和治理措施构成。治理措施包括工程措施、植物措施、土地综合措施等，工程措施包括挡土墙、排水工程、护坡工程等，植物措施包括植物护坡、公路行道树、种草和绿化等，土地综合措施主要是表土临时覆盖、表土剥离、土地整治。初步设计阶段对移民安置区的水土保持措施进行了细化设计，进一步明确了各移民安置点的措施工程量。

实施阶段，南水北调中线水源有限责任公司（以下简称“水源公司”）与河南、湖北两省移民主管部门签订投资、责任双包干协议，由两省移民主管部门实施移民安置环境保护和水土保持工作。2013 年两省移民安置环境保护和水土保持工作基本完成，2018 年两省分别完成了环境保护和水土保持的省级自验工作。

CHAPTER 02

第二篇

征地移民安置

南水北调中线水源工程搬迁安置移民34.5万人，约占中线工程建设征地移民总量的84%，是中线工程征地移民工作的主战场，也是我国继三峡库区移民后最大的移民工程。2021年5月，习近平总书记在河南省南阳市主持召开推进南水北调后续工程高质量发展座谈会，指出南水北调工程的实施积累了6条宝贵经验，要在后续工程规划建设过程中运用好，其中一条就是“集中力量办大事，从中央层面统一推动，集中保障资金、用地等建设要素，统筹做好移民安置等工作”。南水北调中线水源工程移民安置任务在三年内全面完成，是执政者高瞻远瞩、坚强领导的结果，是参与各方分工协作、倾力付出的结果，是移民工作者主动探索、勇于实践的结果，是移民群众舍小家为国家、无私奉献的结果。本篇将回顾这段波澜壮阔的历程。

第五章　前期论证

中线工程前期研究始于20世纪50年代初，此后的半个多世纪，长江委会同有关单位开展了大量前期工作，取得了丰富的勘测、水文、科研和规划设计成果。

第一节　工作过程

一、中线工程规划论证

（一）前期研究

自1952年国家领导人提出南水北调的宏伟设想以来，长办对汉江引水方案进行了研究，并开展了大量前期调研工作。1958年，在北戴河召开的中央政治局扩大会议上正式提出制定“南水北调”的规划，丹江口水利枢纽工程于同年开工建设。1959年，长办编制了《长江流域综合利用规划要点报告》，提出从长江上、中、下游引水的南水北调总布局。20世纪70年代中后期，南水北调规划设计的重点集中在向华北平原供水的中、东线工程上。

（二）规划提出

1978年，第五届全国人民代表大会第一次会议通过的《政府工作报告》正式提出“兴建把长江水引到黄河以北的南水北调工程”这一论述。1983年，国家计委将南水北调中线规划列为国家“六五”计划前期工作的重点项目。1987年，长办完成《南水北调中线规划报告》[图5-1(a)]。1991年对该报告进行初步修订，推荐丹江口水库大坝加高、调水145亿m^3的方案。

（三）规划修订

2001年，根据水利部统一部署，长江委牵头开展了南水北调中线工程规划修订工作。在此次规划修订过程中，除对受水区进行需水预测外，还针对中线工程中的一些重大技术问题开展专题研究，编制并提出了《汉江丹江口水库可调水量研究》《供水调度与调蓄研究》《总干渠工程建设方案研究》《生态与环境影响研究》《综合经济分析》《水源工程建设方案比选》等6个专题研究报告。2001年7—8月，水利部南水北调规划设计管理局(以下简称“调水局”)组织有关专家对这6个专题进行评审。在此基础上，长江委编制完成《南水北调中线工程规划(2001年修订)》[图5-1(b)]。2001年9月，水利部主持召开《南水北调中线工程规划(2001年修订)》审查会。审查结果认为，《南水北调中线工程规划(2001年修订)》达到规划阶段的深度和要求，多数专家同意规划修订的主要结论，并赞成推荐方案。

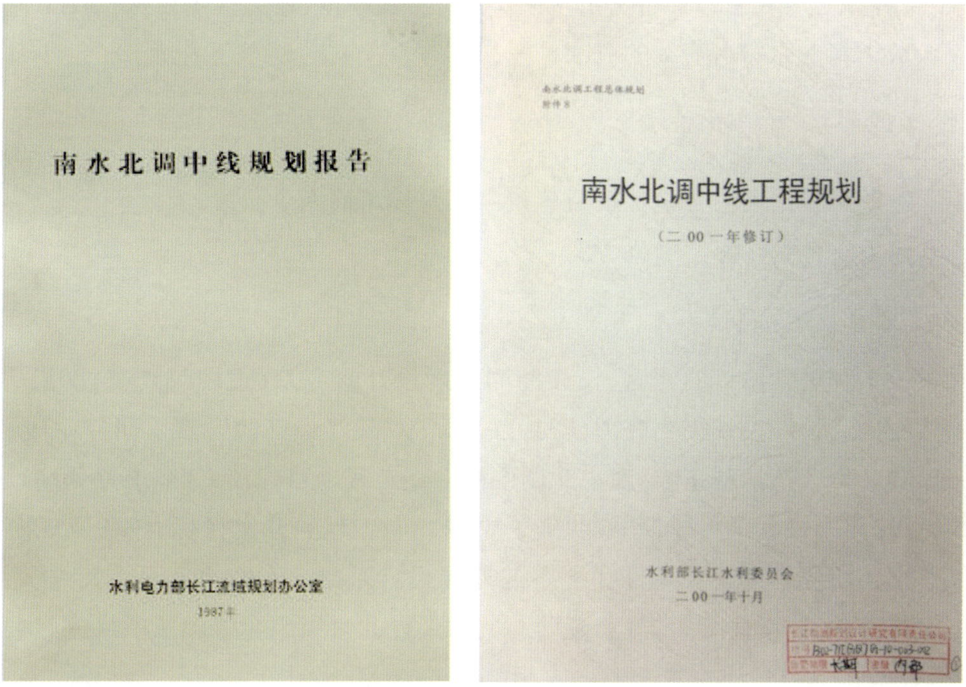

(a)《南水北调中线规划报告》　　(b)《南水北调中线工程规划(2001年修订)》

图5-1　南水北调中线工程规划成果

(四)规划批复

2002年12月23日，国务院正式批复国家计委、水利部联合上报的《南水北调工程总体规划》。

(五)规划内容

国家计委、水利部编制的《南水北调工程总体规划(2002年9月)》采用了长江委《南水北调中线工程规划(2001年修订)》的主要方案及成果。

《南水北调中线工程规划(2001年修订)》在全面调查分析京、津及华北平原严重缺水形势、受水区需水量、丹江口水库可调水量、引汉水与当地水联合运用情况、建设方案比选的基础上，按水源选择、丹江口水库大坝近期是否加高、汉江中下游工程建设项目、总干渠分期建设与一次建成方案比较、总干渠线路方案及输水形式、工程建设分期等问题，组合研究了4大类共19种具有代表性的方案，并进行了综合比较。推荐了丹江口水库大坝加高、汉江中下游建设兴隆水利枢纽和引江济汉等工程，近期以明渠为主调水95亿m^3、后期调水130亿～140亿m^3的方案。按规划方案实施，可基本解决受水区2010年与2030年水平年主要城市的缺水问题，缓解农业与生态用水短缺状况，并可以有效地保证水源区城市与农业用水，保护和改善水源区生态环境。规划分3个阶段实施：近期（2010年）从汉江调水，以城市生活、工业供水为主，适当兼顾生态与农业用水；后期（2030年）、远景（约2050年）可进一步扩大引水规模，还可视需要从长江干流引水，以适应未来华北平原对水资源的需求。

二、中线一期工程论证

中线一期工程论证主要包括项目建议书和总体可研两个阶段。

（一）项目建议书阶段

1. 项目建议书编制

在中线工程规划修订的同时，长江勘测规划设计研究院（隶属长江委，2021年6月企业名称变更为长江设计集团有限公司，以下简称“长江设计院”）着手研究中线一期工程，并于2002年6月编制完成《南水北调中线一期工程项目建议书（征求意见稿）》（以下简称《项目建议书》），《项目建议书》明确了中线一期工程的开发目标、任务及规模，阐明了中线一期工程优越的建设条件和扎实的勘测设计基础。2002年6月，水利部水利水电规划设计总院（以下简称“水规总院”）和调水局在北京组织会议，对《项目建议书》进行了审查。

2. 项目建议书修订

2003年，长江设计院根据国务院批复的中线工程规划修订成果，对《项目建议书》进行了修订工作。2003年4月，水规总院会同调水局主持召开会议，对修订后的《项目建议书》进行复审。与会专家分规划、工程设计、地质勘测、环境移民和概算等专业组，进行了认真讨论和审查。

3. 项目建议书修编

长江设计院于2003年6月修改完成《项目建议书》并上报水利部。2004年，随着中线工程前期工作的不断深入，长江设计院陆续完成《南水北调中线一期工程总干渠总体设计》《南水北调中线京石段应急供水工程可行性研究报告》《丹江口水利枢纽大坝加高工程可行性研究报告》《穿黄工程可行性研究报告》等成果。根据水规总院对《南水北调中线一期工程总干渠总体设计》的审查意见，中线一期工程的建设项目、规模及标准进行了适当调整。同时，根据对丹江口库区移民占地实物指标的复核结果，遵照党中央、国务院的有关精神及国家颁布的有关法规，库区移民规划安置标准予以适当提高。此外，受十年来库区及沿线城乡发展、移民安置政策调整以及线路调整等因素影响，最新的移民安置规划成果表明，移民投资有了一定幅度的提高，为使《项目建议书》的投资规模更符合实际情况，根据水利部的要求，长江设计院对原《项目建议书》进行修编。

4. 项目建议书评估

2004年8月，受国家发展改革委委托，中咨公司组织专家对《项目建议书》进行评估。会议评估认为，《项目建议书》总体符合国务院批复的《南水北调工程总体规划》，内容全面，满足本阶段的深度要求。专家组评估后指出，南水北调中线一期工程项目的建设不仅十分必要而且相当紧迫，建设规模合理。

5. 项目建议书批复

2005年5月30日，国家发展改革委以发改农经〔2005〕922号文正式批复了《项目建议书》。

6. 项目建议书内容

根据批复的《项目建议书》，中线一期工程多年平均调水量95亿m^3，保证率75%时调水量约91亿m^3，保证率95%时特枯年调水量约62亿m^3，可基本满足受水区2010年水平年城市78亿m^3的缺水要求。一期工程渠首设计引水流量$350m^3/s$，加大流量$420m^3/s$，总干渠长1427km。

(二)总体可研阶段

1. 总体可研任务缘由

南水北调中线工程规划论证历时较长，按照历史沿革形成的工作分工，长江委具体负责规划研究的前期工作。2003年，根据工程开工建设的计划要求，有关部委决定以分段(项)的方式开展可行性研究及初步设计，分段(项)进行审查及报批工作，并对工作分工作出相关部署，明确长江设计院作为中线工程设计的技术总负责单位，其主要职责为:编制作为各相关设计院开展单项工程可行性研究、初步设计基础的总干渠总体设计及各类设计大纲，对全线主要设计原则、设计标准及设计条件进行统一规定。此后，长江设计院及各省(直辖市)设计院分别开展分段(项)工程可行性研究及初步设计工作，水规总院组织对分段(项)工程设计进行审查，并分别报批。

2. 总体可研编制

2004年8月，根据国务院相关会议精神，水利部部署开展中线一期工程总体可研相关工作。由于丹江口大坝加高工程枢纽工程建设区和水库淹没影响区的初步设计阶段建设征地移民安置规划均已完成初步成果。在此基础上，长江设计院于2005年1月编制完成《南水北调中线一期工程可行性研究总报告(送审稿)》及附件四《工程建设征地移民规划设计报告・第一分册・水源工程》。随后,长江设计院以各有关设计单位完成的分段(项)工程可行性研究、初步设计成果为基础,于2005年2月编制完成《南水北调中线一期工程可行性研究总报告》(以下简称《可研总报告》),该成果体系由总报告、专题报告、附件、附表集组成,共计106册。

3. 总体可研修编

2005年4月,针对分段(项)工程审查中存在的一些问题,水利部先后在武汉和北京召开了南水北调中线一期工程总体可研审查准备工作会议。会议要求各有关设计单位在原工作的基础上,结合水规总院对分段(项)工程的审查意见,抓紧修改并完善各分段(项)工程设计成果。长江设计院据此对《可研总报告》进行修编。

4. 总体可研审查

2005年9月,水规总院在北京主持召开会议,对《可研总报告》进行了审查。长江设计院根据审查意见,以及国家发展改革委对《项目建议书》的批复意见和水利部的指示精神,在《可研总报告》体系中增加了《综合管理信息系统专题研究》与《总干渠黄河以南渠道一次建成专题研究》,全部成果共计108册。2006年1月,水利部完成对《可研总报告》的审查,并向国家发展改革委报送了修订后的《可研总报告》(2005年12月)。

5. 总体可研评估

2006年3月,中咨公司受国家发展改革委委托,在北京主持召开会议,对修订后的《可研总报告》进行了咨询评估,提出了《关于南水北调中线一期工程可行性研究总报告的咨询评估报告》。

6. 总体可研修订

2007年4—7月,国家审计署对南水北调工程进行了以《可研总报告》为重点的全面审计,提出了《关于南水北调中线一期工程建设管理审计情况的报告》。为落实评估和审计意见,2007年9月21日,水利部会同国务院南水北调办在北京召开2007年南水北调工程第二次前期工作会议,会议明确对《可研总报告》进行修订。根据会议确定的修订原则,长江设计院主要对投资估算进行了调整,并针对投资变化,对工程管理、工程建设征地、工程投资估算、经济评价等进行了修订,同时按照修订后的投资重新测算了水价。

7. 总体可研批复

2008年10月,国务院第32次常务会议审议批准了《可研总报告》。11月8日,国家发展改革委印发《国家发展改革委关于审批南水北调中线一期工程可行性研究总报告的请示的通知》。

第二节 工作组织

丹江口水库初期工程和项目前期阶段的移民工作管理主体先后由水电部、水利部主导;长江委作为中线工程的主要勘测规划设计单位,参与移民规划领导工作并提供技术支撑。

一、水利(水电)部

丹江口水库初期工程和项目前期阶段的移民工作管理主体先后由水电部、水利部主导。大坝加高工程可行性研究阶段移民规划设计工作的组织与初期工程的管理一脉相承,具有延续性。因此,本章对水利(水电)部南水北调管理工作的历史沿革也一并介绍。

水利(水电)部作为国家水行政主管部门,负责南水北调工程的前期工作,具体承担部门经历水电部南水北调规划小组、水利部南水北调规划办公室、调水局等阶段的历史沿革。具体职责包括承担南水北调前期工作的组织、协调和管理,以及负责南水北调运行的具体管理工作,并协调全国跨流域调水工程相关工作。移民规划前期的各项准备及基础工作均由水利部负责,包括组织实物调查、审查移民安置规划设计大纲、开展移民安置规划等工作,以及各项移民安置规划的协调工作。

(一)水电部南水北调规划小组

1978 年,水电部以〔78〕水电规字第 168 号文批准成立。

(二)水利部南水北调规划办公室

1979 年,水利部以〔79〕水规字第 57 号文《关于加强南水北调规划工作及成立南水北调规划办公室的通知》批准成立水利部南水北调规划办公室,明确其任务是:“统筹各线调水规划工作,并对整个南水北调规划进行综合研究。”1992 年 1 月,水利部以《关于南水北调规划办公室由部直接管理的通知》将水利部南水北调规划办公室由水规总院代管改为由部直接管理。1995 年 5 月,根据水利部《关于变更水利部南水北调规划办公室管理体制的通知》,将水利部原南水北调规划办公室由部直接管理改为与水规总院合署办公,实行“一个机构,两块牌子”的管理模式。

(三)水利部调水局

1997 年 5 月,根据中编办字〔1997〕73 号文,南水北调规划办公室更名为南水北调规划设计管理局(调水局)。1999 年 5 月,根据《关于南水北调规划办公室更名及管理体制调整问题的通知》,调水局被调整为由水规总院代管,继续承担南水北调前期工作的组织、协调和管理职责,以及负责南水北调运行的具体管理工作和协调全国跨流域调水工程相关工作。1999 年 5 月，水利部发布《关于南水北调规划办公室更名及管理体制调整问题的通知》，将水利部南水北调规划办公室更为现名，由水规总院代管。2003 年 2 月，水利部印发《关于明确南水北调规划设计管理局管理体制及“三定”方案的通知》，决定调水局为部直属事业单位，不再由水规总院代管。2011 年 3 月，水利部作出《关于水利部南水北调规划设计管理局主要职责内设机构和人员编制的批复》，明确调水局除继续承担南水北调前期工作的组织、协调和管理职责外，还增加承担南水北调运行具体管理工作和全国跨流域调水工程相关工作的职责。

二、长江委

长江委作为技术支撑单位，受水利部委托，主要负责对南水北调中线工程及其移民工作进行技术经济分析、论证，编制项目建议书和可行性研究报告，同时协调河南、湖北两省及地方各级人民政府做好规划的配合工作。长江设计院按照水利部和长江委的工作安排，承担具体勘测规划设计的技术性工作。

第三节　主要结论及工作成果

一、初步可行性研究

(一)进行淹没实物调查，编制实物调查报告

水利部于 1990 年 10 月 15 日以《关于加快南水北调中线工程前期工作的通知》要求：“当前要加快该项工程的前期工作，抓紧完成丹江口水利枢纽后期完建工程及调水方案的可行性研究和设计任务书工作。”1990 年 11 月 13 日，又在《关于商请开展丹江口库区调查的函》中指出：“根据国务委员邹家华 10 月 17 日视察丹江口水利枢纽时关于进一步开发汉江的指示，经商请国家计委，决定进行丹江口库区调查工作。”并商请地方“加强对这项工作的领导，组织各方面力量……会同长江委联合进行丹江口水库库区内贵省一侧的调查工作”。

长江委根据水利部部署，结合过去的工作基础，立即安排开展丹江口水利枢纽后期完建工程提高水位的淹没实物指标重新普查工作，以满足国家决策的需要。1990 年 11 月至 1991 年 1 月，长江委会同相关省、地、县(市)人民政府共同完成了库区主要淹没实物指标普查工作，并于 1991 年 3 月编制完成了《丹江口水利枢纽后期完建工程淹没实物指标调查报告》，满足了国家决策的需要。

(二)开展移民安置规划，编制规划专题报告

1991 年 4 月 18 日，水利部通过水规〔1991〕19 号文，要求长江委会同地方：“……尽

快开展水库淹没处理及移民安置的规划工作……以满足国家决策的需要”。据此，长江委会同地方人民政府，在淹没实物指标调查的基础上，于 1991 年 4—6 月，完成了水库淹没处理及移民安置规划的外业查勘调查。同年 9 月，编制完成了《丹江口水利枢纽后期完建工程淹没处理及移民安置规划》专题报告。

1991 年 11 月，水利部对《南水北调中线工程初步可行性研究报告》(以下简称《初步可行性研究》)进行审查，指出应对报告部分内容作必要补充。据此，长江委对报告进行补充、完善，并于 1992 年 11 月编制完成《丹江口水库后期完建工程库区淹没处理及移民安置规划专题报告》，对移民生产安置、工程防护、土地资源、库区水产等方面进行了补充和完善，具体为：在土地资源调查分析的基础上，针对丹江口水库后期工程移民的特殊性，对安置标准作了适当调整，逐组、村、乡进行了人口与资源的安置平衡，考虑了涉及村组今后的发展对环境容量的要求；在不影响水库工程效益的前提下，本着节约土地、减少淹没损失、减轻移民安置难度的原则，完成了 13 处工程防护的研究工作；城镇厂矿迁建规划及专业设施复建规划，均按有关规定进行。

(三)配合初步可研审查，修订中线工程规划

1992 年，长江委提出《初步可行性研究》后，水利部组织各领域专家对主要专题进行分项评审，并于 1994 年审查通过《初步可行性研究》。1995—1998 年，根据国务院第 71 次总理办公会议精神，水利部和国家计委分别组织专家对南水北调工程进行了全面论证和审查，同时对中线大坝加高调水和不进行大坝加高调水的多种方案进行了补充研究，长江委和有关省、市还开展了初步设计准备工作。在此基础上，长江委修订完成《南水北调中线工程规划》，并于 2001 年 9 月通过水利部组织的专家审查。

二、项目建议书

(一)项目建议书编制

2002 年 6 月，长江设计院按水利部要求，编制完成了《项目建议书》。该《项目建议书》进一步明确了一期工程的开发目标、任务和规模，阐明了中线工程优越的建设条件和扎实的勘测设计基础。同月，水规总院和调水局组织会议对《项目建议书》进行审查。

2002 年 9 月，国家计委与水利部联合提出了《南水北调工程总体规划报告》，国务院以国函〔2002〕117 号文批复“原则同意《南水北调工程总体规划报告》”，并要求所涉及的建设项目按照基本建设程序审批。据此，长江设计院对《项目建议书》的建设资金筹措方案进行调整，按国家计委〔2002〕10 号文、水规总院〔2002〕116 号文、2002 年底的价格水平，重新计算了中线工程的总投资。2003 年 4 月，水规总院对修改后的《项目建议书》进行复审，长江设计院按照审查意见对《项目建议书》再次进行了修改，并上报待批。

(二)项目建议书修订

2003 年 6 月,长江设计院完成《项目建议书》的修改工作并上报水利部。随后,根据水利部要求,对该《项目建议书》进行了修订。

2004 年 8 月,修订后的《项目建议书》通过了中咨公司的评估,2005 年 5 月,国家发展改革委以发改农经〔2005〕922 号文予以批复。

与原《项目建议书》内容相比,修订后的《项目建议书》对水库淹没影响区的建设征地范围、主要实物指标、移民安置规划、补偿投资估算等内容均进行了修订;枢纽工程建设区对补偿投资按最新补偿标准进行了修订。除此之外,其余内容与原《项目建议书》内容保持一致。

三、总体可行性研究

(一)报告编制过程及成果

1. 水利部部署总体可研工作

根据国务院有关会议精神,水利部部署开展中线一期工程总体可研相关工作。2004 年 7 月 20 日,水利部印发的《关于进一步做好南水北调东线、中线一期工程前期工作的通知》中明确提出,抓紧开展东线、中线一期工程总体可行性研究工作,按程序报国务院审批。

2004 年 8 月 5 日,水利部再次印发《关于进一步加强南水北调东线、中线一期工程总体可行性研究工作的通知》,责成长江委负责组织南水北调中线一期工程可行性研究总报告的编制工作,并要求参加此项工作的各单位严格按照可研总报告设计工作大纲的要求,按时向技术总负责单位提交达到设计深度要求的单项工程可行性研究成果,以保障可研总报告编制目标的按时实现。

2004 年 12 月 2 日,水利部办公厅印发《关于印发南水北调中线一期工程总体可研报告编制工作会议纪要的通知》,要求努力做好可研总报告的编制工作,明确可研总报告由长江设计院主编,各省(直辖市)设计院参与编制,在此基础上各方权益共享、责任共负。

2. 编制可行性研究总报告

按照水利部对南水北调中线一期工程总体可研工作的要求,《可研总报告》应于 2005 年初完成。长江设计院以已编制完成的初步设计成果初稿为基础,于 2005 年 1 月编制完成《南水北调中线一期工程可行性研究总报告(送审稿)》及附件四(《工程建设征地移民规划设计报告・第一分册・水源工程)。2005 年 9 月,水规总院对《可研总报告》进行了审查。此次审查充分认可本阶段规划成果,建议在居民点基础设施建设费中按人均 200 元增列移民双瓮厕所和沼气池建设补助费,以有效解决移民搬迁后生活能源问题，并保持安置区环境卫生；建议适当调减机耕道、库周交通、库区移民临时搬迁道路等项目的补偿单价；鉴于部分设计工作深度已超过可行性研究阶段的深度，建议基本预备费率按 12.5%计取。根据审查意见，长江设计院于 2005 年 11 月上旬提出修改成果。水规总院于 11 月中旬对修改成果再次核查，根据核查意见，长江设计院于 2005 年 12 月完成《可研总报告》修订工作。

2006 年 1 月，水利部完成对《可研总报告》的审查，并向国家发展改革委报送了修订后的《可研总报告》。

(二)《可研总报告》的评估及修订

1.《可研总报告》评估

2006 年 2—3 月，中咨公司受国家发展改革委委托，对《可研总报告》进行了评估，并提出《关于南水北调中线一期工程可行性研究总报告的咨询评估报告》。评估报告指出，根据建设社会主义新农村的要求和库区移民未来生产发展需求，县内移民安置环境容量偏紧，应适当增加外迁移民数量；建议将复建的三门塘大桥桥位下移 2km 左右，与规划的郧县县城汉江二桥相结合，以最大限度地发挥移民补偿资金的作用；对受影响的引丹灌区项目及采取的措施进行分析论证，提出有效解决处理方案并估算相应投资；应在以省为单位平衡的基础上，分析村级生产费用平衡问题，避免造成部分外迁移民村出现较大的生产资金缺口；应按砖混结构标准考虑移民建房困难补助房屋；应增列安置区征地地面附着物补偿费；鉴于丹江口工程已经运行 30 多年，大坝加高后水库正常蓄水位仅抬高 13m，且库区已根据有关专业规范进行坍岸滑坡预测与处理，建议将地质灾害预测防治费调减为 0.50 亿元；增列 0.60 亿元，用来解决引丹灌区施工期间对居民生活用水的影响问题；建议库区淹没处理基本预备费分项目按不同费率计列。

2.《可研总报告》审计

2007 年 4—7 月，国家审计署对南水北调中线工程进行了以《可研总报告》为重点的全面审计，提出了《关于南水北调一期工程建设管理审计情况的报告》。

3.《可研总报告》修订

为落实评估和审计意见，水利部和国务院南水北调办于 2007 年 9 月 21 日在北京召开“2007 年南水北调工程第二次前期工作会议”，确定对《可研总报告》进行修订。根据评估报告和审计报告中提出的相关意见和建议，长江设计院于 2007 年 9 月对《可研总报告》的投资估算进行了调整。

4.《可研总报告》批复

2008 年 11 月 8 日，国家发展改革委以发改农经〔2008〕2973 号文批复了《可研总报告》。至此，南水北调中线一期工程正式转入初步设计阶段。

第六章 初步设计

南水北调中线丹江口水库大坝加高工程坝区、库区初步设计阶段建设征地移民安置规划设计工作，从 2001 年启动，至 2010 年完成，前后历时 10 年。其间主要开展了实物指标调查(复核)、农村移民安置规划、城(集)镇迁建规划、工业企业迁建规划、专业项目复建规划、库底清理规划、防护工程规划、文物保护规划、移民补偿投资概算、移民迁建进度及分年投资计划等工作。2004 年 8 月，水源公司成立后，作为项目法人，全程参与各项工作中并履行职责。

第一节 管理体制机制

南水北调工程不同于一般的水利工程，其移民工作管理体制机制与工程、移民特点，以及时代背景密切相关，始终处于不断调整、完善的过程中。在初步设计阶段，移民工作管理进入了一个新时期。

在 2003 年国务院南水北调工程建设委员会(以下简称“南水北调建委会”)成立以及 2004 年水源公司成立之前，水利部先后由南水北调规划办公室、调水局等部门承担南水北调中线水源工程前期工作的组织、协调和管理职责，以及南水北调运行具体管理工作和协调全国跨流域调水工程相关工作。初步设计阶段移民规划前期各项准备及基础工作均由水利部负责，具体包括组织实物指标调查、审查移民安置规划设计大纲、开展移民安置规划等工作，以及协调各项移民安置规划。河南、湖北两省根据水利部的安排，承担省辖范围内的移民安置规划管理工作，组织本省移民实物指标调查、规划编制、协调和检查监督等工作。长江委是南水北调工程的规划设计单位。2003 年初，为加快南水北调中线一期工程前期工作步伐，做好丹江口水利枢纽大坝加高工程水库移民规划工作，经与河南、湖北两省人民政府协商，并报请水利部同意，成立丹江口水库移民规划工作领导小组。长江委为领导小组组长单位，河南、湖北两省人民政府为副组长单位，调水局、移民局、长江设计院，河南和湖北两省中线办、移民办(局)、国土资源厅，以及十堰市、南阳市人民政府为成员单位。领导小组下设办公室，办公室设在长江委，负责日常工作。

2003年7月31日，国务院决定成立南水北调建委会。同年8月4日，国务院办公厅以国办发〔2003〕71号文批准国务院南水北调办作为南水北调建委会的办事机构，承担南水北调工程建设期的工程建设行政管理职能。依照南水北调建委会《关于〈南水北调中线水源工程项目法人组建方案〉的批复》，按照政企分开、政事分开、政资分开的原则，水利部于2004年8月组建了水源公司。

经国务院同意，南水北调建委会印发的《南水北调工程建设征地补偿和移民安置暂行办法》规定："南水北调工程建设征地补偿和移民安置工作，实行国务院南水北调工程建设委员会领导、省级人民政府负责、县为基础、项目法人参与的管理体制。"国务院于2006年颁布实施的《大中型水利水电工程建设征地补偿和移民安置条例》（以下简称《移民安置条例》）规定："移民安置工作实行政府领导、分级负责、县为基础、项目法人参与的管理体制。"上述规定，不仅体现了从中央到地方各级人民政府在移民安置工作中的政府主导作用，而且也针对新形势下项目法人在移民安置工作中的职责提出了明确要求。

一、国务院南水北调工程建设委员会

南水北调建委会由国务院总理或副总理，以及各有关省（直辖市）人民政府和国务院有关部门主要负责人组成，负责制定南水北调工程征地补偿和移民安置的重大方针、政策、制度，并研究解决重大问题。国务院有关部门和有关省（直辖市）人民政府作为成员，各负其责，做好征地移民安置工作。

二、国务院南水北调工程建设委员会办公室

国务院南水北调办是南水北调建委会的办事机构，承担着南水北调工程建设行政管理职能，负责组织制定南水北调工程征地移民安置的管理办法，指导南水北调工程移民安置工作，协调落实南水北调工程移民安置中的重大政策和措施，监督移民安置的实施等相关事宜。

三、地方人民政府

省级人民政府是本省行政区域内征地移民工作的责任主体。根据南水北调建委会制定的统一政策，制定本省的实施细则，解决本地带有个性特征的问题；确定本行政区域内负责南水北调工程建设征地补偿和移民安置工作的主管部门；落实市、县各级地方人民政府在征地移民安置工作中的主体责任；组织并督促本省有关部门按照各自职责做好征地补偿和移民安置的相关工作。

（一）河南省

河南省南水北调丹江口库区移民安置组织机构沿革主要分为两个阶段：2003年至

2009年7月，主要由河南省人民政府移民工作领导小组负责；2009年8月以后，主要由河南省南水北调丹江口库区移民安置指挥部负责，而日常工作由河南省移民办负责。

库区南阳市、淅川县及外迁安置区市、县人民政府在河南省人民政府的领导和河南省移民办的指导下，负责本辖区内的移民安置工作。

（二）湖北省

2002年至2008年11月，湖北省移民局作为省级主管部门，负责征地移民安置工作。2008年12月，为加强对湖北省南水北调中线工程丹江口水库移民工作的领导和管理，湖北省人民政府成立了湖北省南水北调中线工程丹江口水库移民工作领导小组，日常工作仍由湖北省移民局负责。

库区十堰市、丹江口市、武当山特区、郧县、郧西县、张湾区及外迁安置区的市、县人民政府在湖北省人民政府的领导及湖北省移民局的指导下，负责本辖区内的移民安置工作。

四、水源公司

作为南水北调中线水源工程建设的项目法人，水源公司参与坝区征地移民安置规划的各项工作，负责组织库区征地移民安置初步设计报告的编制、咨询讨论、审查和报批工作。

五、规划编制单位

长江设计院具体承担丹江口水库大坝加高工程初步设计阶段的移民安置规划设计工作，包括前期开展实物指标调查、编制征地移民安置规划设计大纲，以及受水源公司委托，编制初步设计阶段的移民安置规划报告等方面。

六、咨询审查单位

水规总院、中咨公司等为南水北调工程的主要咨询审查单位。其中，水规总院是南水北调工程及移民安置规划工作的监督检查及审查机构，受水利部、国务院南水北调办、南水北调工程设计管理中心（以下简称“设管中心”）等单位委托，对规划设计单位提交的各类规划设计成果进行检查、技术审查。中咨公司是规划成果的咨询评估单位，受国家发展改革委、设管中心等委托，对移民安置规划成果进行咨询评估，并负责核定补偿投资概算。

第二节　工作过程

一、坝区工作过程

(一)大坝加高工程

大坝加高工程坝区初步设计阶段建设征地移民安置工作从 2001 年开始，至 2010 年结束，历时 10 年。其中，2002—2004 年为征地红线调整确定、实物指标调查及规划、补偿投资概算编制时期；2005—2010 年为规划成果审查、核定和再调整时期。

长江设计院承担大坝加高工程坝区建设征地移民安置规划设计工作。为全面完成丹江口水利枢纽大坝加高工程设计，长江设计院于 2001 年实测了原大坝左、右两岸约 30km^2、比例尺为 1∶500 的大比例专用地类地形图。

2002 年 1—2 月，长江设计院会同湖北省移民局、十堰市移民局、丹江口市移民局及汉江水利水电(集团)有限责任公司(以下简称“汉江集团”)的有关部门，组成了一支 40 余人的联合调查组。按初步设计阶段的深度要求，该调查组对坝区施工占地红(黄)线范围内实物指标进行了全面调查。湖北省移民局对调查成果进行认定，并形成了会议纪要。2004 年 12 月，长江设计院根据左、右两岸施工道路详图设计成果，对补充范围内的实物指标进行了调查。随后，长江设计院按照实物指标调查复核确认成果以及相关规范要求，开展了农村移民安置规划设计、城区居民和单位迁建规划设计、工业企业迁建规划设计、专业项目处理规划设计、建设征地移民安置补偿投资概算等工作，并编制完成了《丹江口水利枢纽大坝加高枢纽工程初步设计阶段坝区施工占地移民规划设计报告》(以下简称《坝区初设规划报告》)，经水规总院两次审查后形成《坝区初设规划报告》(审定稿)。

2005 年 3 月，国家发展改革委对《坝区初设规划报告》的投资概算进行了评审核定。

2005 年 5 月，受湖北省移民局委托，长江设计院与丹江口市移民局、汉江集团共同编制完成《丹江口水利枢纽大坝加高工程坝区施工征地移民安置实施规划报告》(以下简称《坝区实施规划报告》)。经湖北省移民局组织评审后，于 2005 年 6 月修改形成了《坝区实施规划报告》(审定稿)。

2005 年 10 月，在丹江口大坝加高工程建设期间，长江设计院对土石料场用地变化进行了复核调整；对王家营施工场地、武警三中队军营、汤家沟垃圾场、长江科学院抗冲磨试验场、老虎沟电站等项目进行了补充规划和投资调整，并将上述内容和增加的投资纳入《可研总报告》。

2008 年 10 月，国家发展改革委批复了《可研总报告》。

2009年7月，受水源公司委托，长江设计院以《可研总报告》批复的坝区移民投资为基础，对2004年编制的初步设计进行了补充完善，编制完成了《南水北调中线一期工程丹江口大坝加高工程初步设计阶段坝区建设征地移民安置规划补充报告》(以下简称《坝区初设规划补充报告》)。

2010年，国务院南水北调办批复了《坝区初设规划补充报告》。

在《坝区初设规划报告》和《坝区初设规划补充报告》编制过程中，水源公司领导多次组织慰问规划设计人员，并了解规划情况、编制进度；在报告编制完成后，水源公司组织了报告的初审工作，并对修改后的报告按程序报审。

(二)董营副坝

董营副坝建设征地原被列入陶岔渠首枢纽工程，其征迁规划设计工作从2002年开始，至2009年结束。长江设计院于2002年9月完成实物指标调查工作，2005年12月编制完成可行性研究阶段征地拆迁安置规划设计报告，2007年3月编制完成初步设计阶段征地拆迁安置规划设计报告。2009年8月，国务院南水北调办以国调办投计〔2009〕165号文对陶岔渠首工程初步设计建设征地拆迁安置规划设计报告进行了批复。

2012年，根据国务院南水北调办国调办投计〔2012〕50号文要求，董营副坝建设征地补偿项目被调整到丹江口水利枢纽大坝加高工程中。

二、库区工作过程

从2003年实物指标调查工作开始，至2010年国务院南水北调办批复修订后的初步设计阶段规划设计成果，前后历时8年，丹江口水库大坝加高工程水库初步设计阶段建设征地移民安置规划工作全面结束。水源公司参与了实物调查抽样复核工作，牵头开展试点规划工作，组织对初设规划修订大纲的审查，参与初设规划的修订、补充、完善，协调征求两省及地方各级人民政府意见，组织专题规划成果初审，参加专题及汇总规划成果的水规总院复审和中咨公司评估，协助规划成果报批，发挥了重要作用。

(一)实物指标调查

为保证实物指标调查工作的有序进行，长江设计院于2002年3月开始编制《丹江口水利枢纽大坝加高工程初步设计阶段水库淹没实物指标调查大纲(讨论稿)》(以下简称《实物指标调查大纲》)；2002年9月，水规总院会同调水局在北京主持召开了《实物指标调查大纲》审查会。2002年10月，长江设计院按审查意见修改完成了《实物指标调查大纲》，该大纲成为大坝加高工程初步设计阶段水库淹没实物指标调查工作的重要技术指导性文件。

自2003年2月9日开始，至4月28日结束，河南、湖北两省联合调查组顺利完成丹江口水库初步设计阶段水库淹没实物指标调查工作。前后历时78天，参加调查的人员约800人。实物指标调查成果得到了地方人民政府的确认。2003年6月，长江设计院编制完成了《南水北调中线一期工程丹江口水利枢纽大坝加高工程初步设计阶段水库淹没实物指标调查报告》(以下简称《实物指标调查报告》)，并于7月通过水规总院审查。2003年2月15日，针对《实物指标调查大纲》中未明确的具体问题，制定了10条调查补充规定，主要涉及库边地段人口登记、库区移民户渔业财产登记、门楼、屋内地坪、屋基、谷仓、沟渠田坎、厕所、特殊房屋结构和房屋基础等内容；2003年4月10—11日，长江委在武汉主持召开了《丹江口水利枢纽大坝加高工程初步设计阶段水库淹没实物指标调查有关问题处理方法》讨论会，对超出《实物指标调查大纲》规定范围的14种人口的调查登记及规划处理方式、淹没房屋指标及结构、利用消落地的人口安置等问题形成了明确结论，该结论作为实物指标调查的重要依据之一。

2004年7月，水利部发出《关于加强丹江口水库大坝加高工程实物指标复核工作的通知》，指示长江委对库区增长幅度较大的城镇人口和工矿企业等指标进行抽样复核。2004年8月，水源公司获批成立，公司成立后立即参加了复核工作。复核工作于2004年9月3日开始，同年9月28日外业工作结束。2004年10月，长江委提出了《南水北调中线一期工程丹江口水利枢纽大坝加高工程初步设计阶段水库淹没实物指标抽样复核报告》(以下简称《实物指标复核报告》)。

(二)框架报告编制

为满足南水北调中线工程开工建设要求，为上级决策提供必要依据，长江设计院于2003年7月编制了《南水北调中线一期工程丹江口水利枢纽大坝加高工程初步设计阶段水库建设征地移民规划设计框架报告》(以下简称《框架规划报告》)。《框架规划报告》从保证移民利益和满足安置后可持续发展的需求出发，确定了以土为本、大农业安置的生产安置方式。同时，鉴于丹江口库区安置容量有限的实际情况，以及丹江口水库作为水源工程的客观要求，明确了农村移民以出县外迁安置为主，在本省内安置为辅的原则。《框架规划报告》进行了无防护方案和防护方案比较，基本明确了库区能够安置的移民数量及需外迁的移民数量，基本落实了外迁移民的安置区域和生产安置方案，在此基础上估算了移民安置所需资金数量，为初步设计报告的编制打下了基础。

(三)试点规划

自2003年初开展水库淹没实物指标调查以来，由于各种因素，丹江口水库移民一直未能实施搬迁。在此期间，国家移民政策发生了较大调整，移民工作的总体环境也发生了很大变化。为维护移民群众切身利益，客观反映变化情况，保障库区社会稳定，探索研究新形势下征地移民安置的新思路，并积累安置经验，国务院南水北调办根据国务院有关要求，决定开展丹江口水库移民试点工作。

为确保试点工作有序开展，水源公司组织长江设计院于2007年11月上旬编制完成了《南水北调中线一期工程丹江口水库建设征地移民安置试点方案工作细则》，作为试点方案编制的重要技术指导性文件。

2007年11月下旬至2008年1月中旬，水源公司组织长江设计院的技术人员深入淅川县、丹江口市及郧县库区的试点村组，与地方部门组成联合工作组，全面开展试点规划外业工作。

2008年3月，长江设计院编制并提出《南水北调中线一期工程丹江口水库建设征地移民安置试点规划报告》(以下简称《试点规划报告》)初稿。2008年4月和5月，水源公司、水规总院分别组织会议，对《试点规划报告》进行了初审和复审。长江设计院根据两次审查会意见进一步进行了修改、完善。2008年9月、10月，国家发展改革委、国务院南水北调办分别核定和批准了试点移民规划和投资概算。

此次试点工作为下一步开展大规模搬迁积累了经验，《试点规划报告》的相关成果内容纳入初设阶段移民安置规划成果中。

(四)初步设计规划及修订

1. 初设规划大纲编制

2003年4月，长江设计院在征求长江委委内相关专家意见和水利部移民开发局及河南、湖北两省意见的基础上，编制完成了《南水北调中线一期工程丹江口水利枢纽大坝加高工程初步设计阶段水库建设征地移民安置规划设计大纲(送审稿)》(以下简称《初设规划大纲》)。2003年7月28—29日，水规总院主持召开会议，对长江委报送的《初设规划大纲》进行审查；同年8月，水利部批准了修改后的《初设规划大纲》，并将其作为初步设计阶段移民安置规划编制的主要依据和最重要的技术指导性文件。

2. 开展移民安置规划设计

为确保移民安置规划工作的顺利开展，长江设计院先后编制了《南水北调中线移民安置规划设计工作计划》《丹江口水利枢纽大坝加高工程移民外迁安置区环境容量初步调查方案》，并陆续开展了库区外业工作(2003年6—8月)和外迁安置区外业工作(2003年7—9月)，于2004年上半年进一步优化细化规划方案，同年10月，编制完成《南水北调中线一期工程丹江口水利枢纽大坝加高工程初步设计阶段水库建设征地移民规划设计报告(送审稿)》(以下简称《规划报告》)。

3. 初设规划大纲修订

2006年，国务院南水北调办要求长江设计院结合地方人民政府对移民安置的要求，考虑国务院颁布修订的《移民安置条例》，对水利部于2003年8月批准的《初设规划大纲》进行修订。2006 年 3 月 29—31 日，水源公司组织召开《初设规划大纲》审查会，随后长江设计院根据审查意见修改、完善后上报，国务院南水北调办于 2006 年 4 月正式批复修订后的《初设规划大纲》。

4. 初设规划补充完善

2006 年 6—8 月，根据国务院南水北调办的统一部署，长江设计院按照新的《初设规划大纲》要求，对前期完成的规划成果进行了全面补充、修改、完善。

2006 年 7 月，水源公司组织长江设计院编制完成《农村移民出县外迁安置对口衔接方案》。根据多指标综合评分法，对库区以村民小组为单元、安置区以村为单元进行了初步对接；对河南、湖北两省 53 个外迁安置区的环境容量、集中居民点基础设施规划指标等进一步复核和落实。

5. 初设规划成果编制

2006 年 6 月至 2007 年 5 月，水源公司组织长江设计院陆续编制完成了《丹江口水利枢纽大坝加高工程初步设计阶段农村移民安置规划设计报告》《丹江口水利枢纽大坝加高工程初步设计阶段城（集）镇迁建规划报告》《丹江口水利枢纽大坝加高工程初步设计阶段专业项目恢复改建规划设计报告》和《丹江口水利枢纽大坝加高工程初步设计阶段工业企业淹没处理及补偿投资核算报告》。

在上述规划成果的基础上，水源公司于 2007 年 6 月组织长江设计院编制完成《初步设计规划报告（送审稿）》。《初步设计规划报告（送审稿）》成果体系包括主报告及 9 个附件，共计 221 册设计报告和 133 册地质勘察报告，并报送相关审查单位进行审查。

6. 初设规划修订

2008 年 10 月 22 日，国务院南水北调办在北京主持召开丹江口库区移民设计工作协调会。会议研究部署了丹江口库区移民初步设计及移民实施方案编制、报送、审批等相关工作。会议认为，自 2003 年 2 月国务院办公厅下发“停建令”以来，水源公司会同河南、湖北两省组织长江设计院，及时开展了丹江口库区移民初步设计工作，并已初步完成了有关设计成果。随着库区经济社会的发展，同时考虑到国家有关水库移民政策的调整和有关设计规范修订，对现有的库区移民初步设计成果进行修订是十分必要的。国家发展改革委和国务院南水北调办已于 2008 年 9 月、10 月分别核定和批准了库区移民试点规划和投资概算，10 月 21 日召开的国务院常务会议审议通过了中线、东线工程总体可研报告。因此，初步设计需依据国家批准的总体可研报告，结合批准的库区移民试点规划尽快进行全面修订。

2008 年 10 月，国务院南水北调办批准《南水北调中线一期工程初步设计阶段丹江口水库建设征地移民安置规划设计（修订）工作大纲》（以下简称《初设规划大纲（修订）》）。据此，水源公司组织长江设计院对前期完成的初步设计规划成果进行全面修订，并组织编制了移民补偿投资概算单价构成分析、工业企业淹没处理及补偿投资核算、城（集）镇移民迁建规划设计、农村移民安置规划设计等分项成果，先后通过了由水源公司组织的初审、水规总院组织的复审和中咨公司进行的咨询评估。

在前述各专题报告审查、咨询、完善的基础上，水源公司组织长江设计院编制完成《初步设计规划报告》。经水源公司初审、水规总院复审、中咨公司咨询评估，国务院南水北调办于2010年5月以国调办征地〔2010〕74号文正式批复。修订后的初步设计规划设计成果包括各类规划设计报告共223册。

第三节 坝区移民安置规划设计

从2001年开始，大坝加高工程的坝区建设征地移民安置规划设计工作逐步展开，直至2010年全部完成，其间经历了多次调整与修改。水源公司成立后，充分发挥其在丹江口市天时、地利、人和的优势，积极参与相关工作，并力所能及地提供了各种便利条件。

一、坝区征地范围

坝区征地范围作为工程建设的一项重要指标，2002—2004年，历经3个阶段，由参建各单位共同参与协商、讨论，经多次比选设计，最终得以确定。

2002年初步设计开始阶段，按建设征地需求，在1∶500专用地类地形图上提出了黄线（大）、红线（小）两种方案。其中，黄线方案面积1.81km^2，较大程度满足了施工和管理用地需求，但涉及人口和房屋较多，搬迁安置难度大。经比较，黄线方案比红线方案多涉及汉江集团钢厂职工825人，职工宿舍面积近4万m^2。经各方协商，最终放弃了该方案。

2002—2004年，针对红线方案内居民、单位、企业较多且混杂的实际情况，结合建设单位和丹江口市人民政府的意见，在满足工程建设施工和管理用地的前提下，尽量减少拆迁量。长江设计院移民专业和施工专业密切配合，开展精细设计，逐块对范围进行优化，多次对坝区征地范围进行比选调整，最终确定了坝区施工征地红线范围。

二、移民安置思路和方法

丹江口大坝紧邻丹江口市城区。在规划设计阶段，左岸为主城区，右岸为城郊农村。其征地范围在城市规划区范围内，国有土地和集体土地并存。坝区左岸城区人口密度5133人/km^2，城区北受丹江口水库限制，东有金岗山阻隔，南受市域行政地界局限，西要跨越汉江，建设用地紧张。左岸分布众多单位、企业和城区居民，征地条件复杂。左岸居民大部分是初期工程移民安置或受各种因素影响被迫返迁的移民及其家属，当时大多处于下岗或买断工龄状态，谋生技能不足，现有住房面积小、质量差，安置难度较大。坝区右岸属农村，耕地资源少，居民大多依托城区生活，居住条件和环境相对较好，基础设施相对完善。

针对大坝建设区左岸位于城区、右岸位于农村的特点，分别拟定移民安置方案：左岸城区以现状为基础，充分考虑居民生产生活习惯等因素，使移民开发与资源综合开发利用、生态环境保护相协调，采取统一规划与自主安置相结合的方式。在政府扶持、政策优惠和各方支援的基础上，加大移民培训力度，提高移民劳动力素质，促进就业和增收。右岸农村坚持以人为本，以大农业安置为基础，结合环境容量分析结论，合理确定农村移民种植业安置标准，确定以发展菜地为主，采取集中安置与分散建房相结合的方式。

三、移民安置规划方案

（一）建设征地实物

据 2004 年 12 月编制完成的《坝区初设规划报告》，坝区建设永久占地 1.54km^2，临时用地 3.04km^2。征地范围内总人口 2572 人，房屋 10.18 万 m^2。涉及城市道路、电力、通信、管道等若干专项设施。

（二）移民安置规划

1. 农村移民安置规划

农村移民生产安置按照由近及远的原则，选择蔡湾村、马湾村、安乐河村、红土垭村和尖山村，规划通过调整和开垦耕地、园地的方式进行安置。为便于生产，采取集中与分散建房相结合的方式进行搬迁安置。

2. 城区居民和单位迁建规划

城区居民及单位迁建工作，结合丹江口市城市总体规划、土地利用规划，按原规模、原标准或恢复原功能和节约用地的原则，采取统一规划与自主安置相结合的方式进行安置。

各单位及其主管部门提出具体安置办法，经充分征求丹江口市人民政府意见后形成实施方案。丹江口市所属城区居民和部分需复建的单位，由丹江口市统一规划，迁至交通局仓库、航运公司宿舍区及丹江口市化肥厂等集中安置；不属于丹江口市管辖的单位，如石油分公司宿舍区、汉丹铁路工区、汉江集团下属的单位及其居民等，由其主管单位确定内部复建或补偿。对于不需要复建的单位，采取一次性补偿。

3. 工业企业迁建规划

企业迁建由地方人民政府或主管部门结合企业的实际情况、丹江口市的总体规划，制定具体方案。其遵循的原则是：满足丹江口市城市总体规划的要求，做到统一规划、合理布局；按照技术可行、经济合理的原则确定迁建方案；企业迁建新址尽可能少征或不占耕地、不拆迁居民房屋。

企业迁建按全部征用和部分征用，分别采取不同的方式进行处理。

4. 专业项目复建规划

专业项目复建规划包括公路、输变电线路、通信线路、有线电视线路、供水管道等复建规划，以及其他专项规划。

线路、管道等专项规划主要考虑恢复其原功能，结合施工总体布置情况，根据施工区地形条件，在确保施工顺利的情况下，就近、就地进行复建或改建。复建或改建时，若投资超过其原规模、原标准，超出部分不计算在移民补偿投资内。

其他专项规划，如长江委王家营水文站，根据水文局意见，选择在大坝左岸合适地点重建，涉及的水文设施在施工完毕后，根据需要合理布设；汉江集团小水电无复建条件，按其装机容量进行一次性补偿。

四、主要成效

在大坝加高工程初步设计批复前，为加快实施地上附着物拆迁、补偿和清理工作，促进临建工程早日建设，水源公司与湖北省移民局签订《南水北调中线水源工程前期施工准备工程坝区征地移民投资委托协议》，明确按照鄂移〔2004〕231号文拟定的临时控制标准开展坝区征地移民工作，并及时筹措、拨付资金，保障了坝区建设征地和移民安置工作的顺利开展。

丹江口市人民政府组织移民、市政、城建、公安、维稳等多个部门，以及涉及乡（镇）、街道办、村委会，成立了移民工作领导小组。在建设单位的密切配合下，仅用时两个月就基本完成坝区征地工作。坝区土地征收按时完成，为主体工程全面开工、顺利建设提供了有力保障。

丹江口坝区移民有其特殊性，此地处于城乡接合部，人口构成复杂，包括一期移民、返迁户、居民、农民、渔民，许多人无固定职业。考虑到移民住房等实物量少的特点，相关部门首次对移民实施住房困难补助。

坝区移民安置时间紧迫、任务繁重，在以丹江口市人民政府为主导，参建各方和移民共同努力下，两年内基本完成了各项拆迁补偿及安置工作，为大坝加高工程的顺利建设奠定了良好基础。坝区经济社会协调发展，社会治安稳定，无上访事件，移民安居乐业，均表明坝区移民安置成效较好。坝区移民居住环境优美、配套设施完善、生产方式成熟稳定，为南水北调新时期移民工作开了好头，起到了引领和示范作用。

坝区移民作为南水北调中线工程首批移民，在当时的形势下受到社会各界的高度关注。坝区移民搬迁建设自始至终得到党和国家各级领导的关心。2006 年 6 月，国家领导人考察了丹江口大坝加高施工现场和移民新村建设情况，亲切慰问了建设者和坝区移民，并听取长江委和湖北省人民政府的有关工作汇报。国务院南水北调办领导多次莅临丹江口市，检查指导坝区移民生产、生活安置工作。湖北省有关领导，省、市移民主管部门领导也多次到现场指导检查。

坝区移民集中居民点建设于 2006 年 5 月开工，到 2007 年 1 月完工，在 2007 年 2 月春节前首批坝区移民顺利入住。

第四节　库区移民安置规划设计

库区移民安置规划设计主要包括征地范围及实物指标调查（复核）、农村移民安置规划、城（集）镇迁建规划、工业企业迁建规划、专业项目复建规划、库底清理规划、防护工程规划、文物保护规划、移民补偿投资概算、移民迁建进度及分年投资计划等内容。

一、征地范围及实物指标调查

在参加调查的全体工作人员的共同努力下，以及地方各有关部门的大力配合、各级领导的关心指导下，调查工作于 2003 年 2 月 9 日开始，至 4 月 28 日结束，历时 78 天。6 月 3—17 日完成库区丹江口市、郧县剩余的滑坡、坍岸和浸没区调查。至此，调查任务按计划圆满完成。实物指标调查部分现场工作见图 6-1 至图 6-7。2003 年 6 月，《实物指标调查报告》编制完成并通过审查。

图 6-1　调查工作人员驻船

图 6-2 长江委领导现场了解调查情况

图 6-3 长江设计院现场调查人员

图 6-4 水利部移民局、调水局、长江委领导听取地方干部汇报

图 6-5 长江设计院会同水源公司开展调查

图 6-6 实物指标调查现场工作座谈会

图 6-7 淅川县实物调查成果认定会

长江设计院于 2002 年 3 月编制了《实物指标调查大纲》。2002 年 9 月，水规总院会同调水局在北京主持召开《实物指标调查大纲》审查会。审查认为，丹江口水库加高淹没处理和移民安置工作情况复杂、任务艰巨。为贯彻落实十五届五中全会“加紧南水北调

前期工作，尽早开工建设”的精神，根据丹江口水利枢纽大坝加高工程的实施进程，对水库淹没实物指标进行全面调查是十分必要的。会议就调查依据、范围、方法、内容、深度、组织分工等提出了具体修改意见。其后，长江设计院根据审查意见进行了修改、完善，于2002年10月提出《实物指标调查大纲》审定稿，作为大坝加高工程初步设计阶段水库淹没实物指标调查工作的重要技术指导性文件。

调查范围为丹江口水库淹没区和由于水库蓄水造成的淹没影响区。淹没区土地的调查范围为初期工程土地征用线以上、大坝加高工程土地征用线以下的区域；淹没区房屋、人口等的调查范围为初期工程土地征用线以上、大坝加高工程人口迁移线以下的区域。淹没影响区为有资质的地质部门鉴定，由水库蓄水引发的滑坡、坍岸、浸没区域，以及失去生产生活条件的孤岛、库边地段。

初期水库正常蓄水位157m土地征用线以下的土地已在初期工程中被征用，不再作为实物指标调查，只调查157m以下的构筑物、设施、林木。为了解丹江口水库初期工程库周移民情况，在实物指标调查过程中，对157m土地征用线以下的消落区进行登记。

为满足工程施工进度要求，实现连续、有序移民，丹江口水库淹没区移民迁移线按161m、165m、170m三级进行调查。157m、161m、165m、170m回水水面线分别简称为Ⅰ、Ⅱ、Ⅲ、Ⅳ线。

丹江口水利枢纽大坝加高工程淹没影响涉及各类人口22.4万人，其中农户(含建成区农户)20.4万人；各类房屋624万m^2；土地面积307.7km^2(其中淹没区302.5km^2，影响区5.2km^2)。淹没涉及等级公路247.47km，其中大中型桥梁35座2174延米，机耕道999.7km，码头86处，停靠点383处；电力线路580.3km，通信线路954.9km，广播电视线路820.5km；水电站9座、装机容量3940kW；抽水泵站138座，总装机容量27899kW；供水管道30.80km；水文、水位站35个；Ⅰ～Ⅳ等水准点92个。

二、移民安置规划指导思想

丹江口水库移民安置规划是在总结初期移民搬迁安置的经验教训、借鉴其他水库移民安置经验的基础上，针对丹江口库区实际情况，根据当时国家对经济社会发展、资源环境保护，特别是农业发展、农民致富、新农村建设等相关政策提出的。其指导思想和原则，主要体现在以下几个方面。

(一)坚持“以人为本”

丹江口水库建设征地移民安置规划设计坚持以“以人为本”作为指导思想，即以丹江口水库移民为重点，将促进移民增收致富和实现库周群众共享发展作为规划的出发点和落脚点，以公平、公正、公开的原则，处理移民安置过程中产生的各种利益问题。在生产安置中，充分尊重移民的意愿、耕作习惯等，以不降低移民生活水平为准则；在搬迁安置中，结合移民的生活习俗、发展需求和实际情况，确定建设标准。总之，改变了重工程建设轻移民安置的做法，制定适宜的安置措施，激励广大移民群众的积极性、弘扬主人翁精神，把“非自愿移民”尽量变为“愿意移民”，发挥移民的主观能动性，促进移民与原居民的尽快融合，增强移民发展动力。

（二）坚持外迁为主，省内安置

外迁为主，是根据丹江口库区安置容量有限的实际情况，以及丹江口水库作为水源工程的客观要求做出的必然选择。丹江口水库库周90%以上是农村居民，初期工程移民中21.1万人就地后靠，加之返迁移民返回原籍、挤插库边，致使土地环境容量非常紧张。丹江口大坝加高后，又淹没两省土地307.7km^2，使原本有限的土地资源变得更加紧张。为使移民搬迁后的生活不低于原有水平，防止库周过度开发和挤占生产资源、恶化生态环境，保证库区自然生态环境良性循环，为库周农村提供可持续发展机会，农村移民必须以出县外迁安置为主。

但是，外迁对移民造成的文化断裂、语言差异、民俗和生活习性长期不易融合等问题，在过往的水库建设中逐渐暴露。考虑到丹江口水库新老移民交织、故土难离的心态，加之社会环境、相关政策和指导思想的转变，类似长江三峡工程移民在全国范围内大规模的安置已难以实现。因此，两省决定，出县外迁的移民均在本省内进行安置，以此尽量减少外迁对移民产生的各种影响，让移民更快安居乐业。

（三）坚持以土为本，大农业安置

丹江口水库的主要淹没对象位于农村，农村移民是否稳定，是库区和移民安置区长治久安的制约因素，而土地是农村移民赖以生存的根本。水利水电工程移民安置的宗旨是要恢复农村移民的生活条件和水平，要达到这个目的，只有采取以土为本、以农为本的生产安置方式，才能最大限度地让移民恢复原有的生产生活方式，并在恢复的基础上谋求发展。农村移民大多文化水平不高，耕作是谋生的主要手段，且缺乏其他劳动和生产技能，综合素质较差，抗市场风险能力较低。非农安置后，其生产生活水平的恢复受到劳动技能和综合素质的限制，同时受市场大环境的制约，一旦经济形势不稳定或发生经济危机，移民容易受到冲击，陷入穷困潦倒的境地。土地为农村移民“安得稳”的有力保障。土地作为一种资源，可重复利用、永久耕种，不但可以解决其本人的生产出路，还可以解决其子孙后代的生存问题。从保证和维护移民利益的角度出发，也决定了采用以土为本、大农业安置的方式。

（四）移民搬迁后生活水平达到或超过搬迁前生活水平，为移民和原居民共同奔小康创造条件

明确提出移民安置后生产生活应达到的“果”，对移民安置前的规划及落实过程中的生产资料、安置标准的配置的“因”提出要求，倒置地看待“因果关系”，实际上是对移民生产资源配置、生活设施规划标准等一系列与移民安置相关要素提出目标要求，以此确保移民搬迁后生活水平达到或超过搬迁前生活水平。同时，要求为移民和原居民共同致富奔小康创造条件，这是因为部分移民搬迁前生产生活条件较差，而选择的安置区有较丰富的土地资源，较好的区位条件，交通较为便利，水、电等基础设施条件较好，如果仅要求移民搬迁后生活水平达到或超过搬迁前生活水平，与安置区相比，移民仍会处于落后状态，难以与安置区原居民共同致富。规划需充分考虑移民发展要求，为库区和安置区的社会稳定奠定基础。

三、农村移民安置规划

(一)规划内容

农村移民安置规划主要包括生产安置人口和搬迁安置人口计算、环境容量分析、生产安置规划、搬迁安置规划、库周淹没线上受影响服务设施规划、农副业迁建规划、小型水利水电设施规划、库周移民搬迁临时道路及设施规划等其他项目迁建规划等内容。

(二)规划标准

1. 生产安置标准

丹江口水库农村移民主要采取种植业和投亲靠友两种安置方式。根据《移民安置条例》，两者均为有土安置，其中种植业安置由政府统一安排生产用地，投亲靠友主要是移民户利用亲友关系自主寻找土地。

(1)种植业安置标准

生产安置配置耕园地的标准是移民搬迁安置后能否安稳致富的关键，不仅要考虑淹没区、安置区的人均土地标准，还要分析淹没区、安置区土地质量的差异，综合各种因素分析确定。种植业安置标准在调查当时移民的生产生活水平、收入构成、人均粮食占有量、人均年纯收入的基础上，对大量数据信息进行分析，并倾听地方人民政府、移民等各方诉求，综合分析各种因素后确定。

1)大纲规定标准。

根据《初设规划大纲(修订)》，种植业安置标准如下。

①人均耕园地标准。

在本组以外的农村调地安置移民：大棚菜地 0.4 亩，水田、水浇地和果园 1.05 亩，旱地 1.4 亩。

②其他土地。

按调整耕园地面积总和的 6%计列。

2)规划时采用的标准。

①河南。

与《初设规划大纲(修订)》相同。

②湖北。

库区,与《初设规划大纲(修订)》相同;外迁安置区,根据湖北省人民政府办公厅《关于做好丹江口水利枢纽大坝加高工程库区移民外迁安置规划工作的通知》的要求,外迁移民按人均1.5亩的标准调整耕园地,其他土地仍按调整耕园地面积总和的6%计列。

(2)投亲靠友条件

由移民本人向各级人民政府提出申请,并提供由安置地村民小组群众、村民委员会、乡(镇)、县级人民政府出具的接收证明,经迁出地村委会、所在乡(镇)人民政府、县级移民局审核后,纳入投亲靠友安置范围。

2. 迁建建设标准

在满足移民生活需要的前提下,本着节约用地、切实保护耕地的原则,以征地区和移民安置区实际情况为基础,确定了符合国家及相关行业规定的建设标准。

1)结合人均建设用地指标,综合确定居民点人均建设用地标准为80m^2;考虑居民点排水、生产灌溉需要,结合村台建设,增加坑塘面积5m^2/人。

2)考虑到人有生老病死,在外迁安置区每个居民点,按4m^2/户标准征收土地,作为移民村公益性墓地。

3)移民宅基地按户布置。根据两省土地管理实施办法,每户宅基地标准不高于:河南167m^2/户、湖北140m^2/户。

4)居民点道路。

对外交通:根据居民点规模和重要性合理配置,原则上每个居民点规划1个对外交通出口。道路建设标准:600人以下的居民点,路面宽3.5m,路基宽4.5m;600人以上(含600人)的居民点,路面宽4.5m,路基宽5.5m,均采用硬化路面。

点内道路红线宽度:小型村4.5～6.5m,大中型村10m,特大型村12～16m。其中,车行道宽度:小型村3.5m,中型村主路6m、支路3.5m,大型村主路6～8m、支路3.5m,特大型村主路8～12m、支路6m、巷路3.5m。居民点内车行道全部硬化。

5)供水:人均生活用水100L/d(含畜禽用水)。水质必须满足现行《生活饮用水卫生标准》(GB 5749)的有关规定,水量满足居民生活用水需要。

6)排水:采用雨污合流制。居民点雨水通过排水沟排入天然冲沟、沟渠或塘堰,排水沟结构型式、断面尺寸根据当地村庄建设情况合理确定。生活污水经分户设置的沼气池处理后,排入雨水系统。特大型村在室外排水系统末端设置地埋式污水处理设备,经处理后排至居民点外的沟渠或河道。

7)供电:生活用电 300W/人,生产用电 15W/亩。

8)通信线路覆盖率 100%,通信电缆容量按入户率 50%计算。

9)有线电视线路:根据居民点具体条件确定,原则上就近接线。

10)学校、村委会、文化室、医疗点、环卫等公共建设设施,根据当地具体条件合理配置。

(三)安置区选择及环境容量分析

1. 安置区选择

丹江口水库库周 90%以上是农村居民,以土为生既是传统,也是生存的必要条件。初期工程移民 38.2 万人,其中 21.1 万人就地后靠,加之返迁移民返回原籍、挤插库边,土地环境容量非常紧张,移民心理脆弱,大量初期工程形成的消落地的使用成为库区社会稳定的主要条件之一。丹江口大坝加高后,又将淹没两省土地达 307.7km^2,使原本有限的土地资源变得更加紧张。受库区环境容量限制,为确保水源地的一库清水,80%的农村移民需出县外迁安置,大量移民的外迁更增加了农村移民安置的复杂性。

为实现移民"搬得出、稳得住、逐步能致富"的目标,并为移民和原居民共同奔小康创造条件,按照"外迁为主、省内安置"的规划原则,分库区、外迁安置区进行选择。迁入地人民政府均选择自然条件较好、经济相对发达、土地容量较为充裕的地区作为移民安置区。同时,采用多目标综合评价方法对迁出地、迁入地进行排序,按"迁安条件基本相当"的原则进行对接;居民点接收人数不能超过环境容量分析时确定的可接收的最大人口数量。为便于邻里、干群关系的相对稳定,考虑移民社会关系调整等因素,外迁移民原则上以村为单位、以组为单元成建制搬迁,一个移民村尽量在一个乡(镇)或相邻乡(镇)安置,不跨县安置,一个组尽量不拆分。对接方案充分听取当地人民政府及移民的意见,移民村与迁入乡的对接方案以县级(或乡镇)人民政府意见为准。

最终确定的安置区域涉及两省 58 个县(市、区)、248 个乡(镇)、1207 个村、107 个单位,移民生产用地面积 38.84 万亩。其中,县内种植业安置区域涉及两省库区 6 个县(市、区)、44 个乡(镇)、283 个村、26 个单位(镇属林场或园艺场),安置移民生产用地面积 6.97 万亩;外迁安置区域涉及两省 15 个地区(含湖北省监狱管理局)所属的 52 个县(市、区),共 204 个乡(镇)、924 个村、81 个单位(农场、林场、监狱农场),安置移民生产用地面积 31.87 万亩。

2. 环境容量分析

移民环境容量是指在一定的范围和时期内,在保证自然生态向良性循环演变,且保证当地居民生活水平不明显降低的前提下,该区域经济所能吸纳和供养移民人口的数量。移民环境容量分析旨在解决农村移民的去向问题,为制定移民安置规划方案提供依据。环境容量分析要求将移民与环境紧密结合，为了保护环境，必须妥善解决移民安置问题；要使移民安置长治久安，必须保护好环境。二者互为条件、相互依存，成为判断环境状况好坏与移民安置能否成功的关键。土地承载力是丹江口库区农村移民安置环境容量分析的重点。

（四）生产安置规划

至规划设计水平年，全库区农村规划生产安置人口 28.34 万人，其中县内安置 5.55 万人，出县外迁安置 22.79 万人。安置方式：种植业安置 28.09 万人，安置区域涉及两省 58 个县（市、区）、248 个乡（镇）、1207 个村、107 个单位，移民生产用地 38.84 万亩（其中，耕园地 36.65 万亩，其他土地 2.19 万亩），人均安置标准 1.39 亩（其中，耕园地 1.31 亩，其他土地 0.08 亩）；投亲靠友安置 0.25 万人；其他方式安置移民 16 人。

其中，县内种植业安置区域涉及两省库区 6 个县（市、区）、44 个乡（镇）、283 个村、26 个单位（镇属林场或园艺场）。安置移民的生产用地 6.97 万亩（其中，耕园地 6.58 万亩，其他土地 0.39 万亩），人均安置标准 1.31 亩（其中，耕园地 1.24 亩，其他土地 0.07 亩）。

外迁安置区种植业安置涉及两省 15 个地区的 52 个县（市、区）、204 个乡（镇）、924 个村、81 个单位。移民生产用地 31.87 万亩（其中，耕园地 30.07 万亩，其他土地 1.80 万亩），人均安置标准 1.40 亩（其中，耕园地 1.32 亩，其他土地 0.08 亩）。

（五）搬迁安置规划

结合生产安置情况，到规划设计水平年，农村规划搬迁安置人口 7.74 万户、31.72 万人。建房方式：规划修建 1399 个集中居民点，集中建房安置 28.00 万人，居民点建设占地 3.59 万亩。其中，200 人（含 200 人，下同）以下的小型村 1001 个，201～600 人的中型村 332 个，601～1000 人的大型村 50 个，1000 人以上的特大型村 16 个；分散建房安置 3.05 万人；进集镇建房安置 0.67 万人。安置去向：县内建房安置 8.87 万人，出县外迁建房安置 22.85 万人。

（六）农村其他项目处理

农村其他项目处理主要包括库周淹没线上受影响服务设施规划、农副业迁建、小型水利水电设施规划、库区移民搬迁临时道路及设施规划等。

1. 库周淹没线上受影响服务设施规划

移民出县外迁后，位于淹没线上且服务移民村的学校、医疗点等单位，由于服务对象发生变化，需进行调整。对部分失去功能的设施给予适当补助（按淹没线下房屋及附属建筑物补偿单价的一半计算）。全库区淹没线上失去 60％以上服务对象的单位和宗教设施共有 189 个，主要是幼儿园、小学、供销社、粮站、信用社、福利院、教会等，总占地面积 744.72 亩，总房屋面积 16.39 万 m^2。

2. 农副业迁建

主要是小型砖瓦窑、石灰窑、采石场及农副产品加工等采集、加工项目，具有生产规模小、设备简单、容易迁建的特点。淹没处理方案：给予农副业一次性补偿，按原规模、原标准计列新址征地费、设施设备补偿费等相关费用。全库区淹没线下农副业设施共663处。

3. 小型水利水电设施规划

主要是乡（镇）以下的村集体或个体所有规模较小的设施，按实物指标一次性补偿给权属人，全库区共有332处。

4. 库区移民搬迁临时道路及设施规划

"停建令"发布后，库区农村生产配套、基础设施建设、移民村淹没线下道路建设等基本停止，导致部分移民村淹没线下交通条件较差，需要修建临时道路与现有公路相接，以方便移民搬迁。临时道路分整修和新建两类，位于淹没线下且仅需满足移民搬迁一次性需要，一般根据地形进行挖方，路面简单铺装砂石混合料。其他临时设施包括搬迁临时停车场地等，根据搬迁需要整修。库区临时搬迁道路及设施补助费按规划搬迁安置人口每人100元计算，并由地方人民政府统筹安排。

四、城（集）镇迁建规划

南水北调中线一期工程丹江口水利枢纽大坝加高工程实施后，水库淹没影响范围涉及河南省淅川县，湖北省丹江口市、武当山特区、郧县、郧西县和张湾区等6个县（市、区）。其中，淹没涉及居民，单位的乡（镇）有37个。移民迁移线下总人口17457人，其中居民8853人，户口在厂（单位）的职工8604人。淹没影响各类房屋面积96万 m^2，其中居民房屋面积31万 m^2，单位房屋面积65万 m^2。

（一）淹没概况及特点

1. 城（集）镇淹没概况

淹没影响涉及的37个乡（镇），分为以下4种情况。

1）15个城（集）镇建成区受淹（影响），分别为淅川县马蹬场镇、老城镇，丹江口市大坝办事处、六里坪镇、均县镇、土台乡集镇、浪河镇、丁家营镇，郧县城关镇、柳陂镇、辽瓦场镇、茶店镇，郧西县天河口场镇，张湾区方滩乡集镇和黄龙镇。其中，马蹬场镇基本全淹；均县镇淹没比例较小，主要位于水库形成后的孤岛上；其余13个城（集）镇均部分淹没。对于淹没影响较多的集镇，编制迁建详细规划；对于淹没影响较小的集镇，不进行迁建规划设计，建设费用按综合指标推算，并由地方人民政府确定迁建方案。

2）淅川县滔河镇仅淹没涉及19家镇外单位，集镇建成区并未受淹。由于水库蓄水后，集镇成为三面环水、一面靠山的绝地，且周边农村移民大部分出县外迁，失去了发展空间和服务对象，因此对集镇内的33家行政单位实施搬迁。

3)丹江口市三官殿办事处只涉及3家单位，其中镇内1家、镇外2家，仅按实物指标予以补偿。

4)其他20个乡(镇)仅有镇外单位受淹。

根据淹没影响的程度，对15个受淹(影响)的城(集)镇和仅淹没镇外单位的滔河镇，共16个城(集)镇纳入了迁建规划范围。其中，马蹬、六里坪、均县、土台、浪河、城关、柳陂、辽瓦、天河口、方滩、黄龙等11个城(集)镇淹没影响较大，需编制迁建详细规划；老城、滔河、丹江口市大坝办事处、丁家营、茶店等5个城(集)镇淹没影响比重较小，不进行迁建规划设计，其新址征地和镇内基础设施建设等相关费用按11个城(集)镇的综合指标推算，实施时由地方政府确定具体复建地点及迁建方案。

纳入迁建规划范围的16个受淹没影响的城(集)镇，经济多以农业为主，第二、三产业为辅，但部分城(集)镇第二、三产业发展较快，已形成较大规模。城(集)镇内基础设施配套较完善，卫生所和中、小学校齐备。镇内一般建有停车场和集贸市场，有较完善的道路系统，多为硬化路面，货物流通十分便利。水源主要来自附近江河的地表水，经水厂净化后通过给水管道输配。排水体制为雨污合流，排水设施较完善，但部分城(集)镇排水暗沟堵塞较严重，导致雨污水排泄不畅，严重影响环境。供电电源依靠华中电网，供电保证率较高。城(集)镇已开通程控电话，移动电话网络覆盖所有城(集)镇，有线电视普及率较高。丹江口库区公路运输已形成以国道、省道为主骨架，以重要城(集)镇为节点，辐射到各乡(镇)的公路网格局，受淹没影响的城(集)镇对外交通以公路为主、水运为辅，较为便利。

2. 城(集)镇淹没特点

丹江口库区纳入迁建规划范围的16座城(集)镇，具有以下特点。

(1)建制类别多

丹江口库区受淹城镇类型较多，既有像丹江口市和郧县县城这样的区域性中心的中等规模城市，也有规模较小的一般场镇。按规模和等级划分，可分为县城、建制镇、乡政府驻地集镇、一般场镇4类，其中以建制镇、乡政府驻地集镇居多。

(2)局部受影响多

根据淹没调查结果，马蹬场镇淹没建成区11.92hm^2，淹没占比达91.69%，基本全淹。13个城(集)镇部分受淹，淹没影响程度轻重不一。例如，郧县县城受淹占比仅占5%；六里坪镇淹没建成区34.1hm^2，淹没占比28.1%；土台集镇淹没建成区5.6hm^2，淹没占比21.7%；黄龙镇淹没建成区7.5hm^2，淹没占比25.0%；浪河镇淹没建成区34.5hm^2，淹没占比45.1%。而有些城镇淹没占比较大，原有功能基本丧失，如柳陂镇淹没建成区 30.3hm^2，淹没占比 69.4%；天河口场镇淹没建成区 2.7hm^2，淹没占比 78.6%，方滩集镇淹没建成区 4.8hm^2，淹没占比 75.0%。淅川县滔河镇仅淹没涉及 19 家镇外单位，集镇建成区主体并未受淹，但水库蓄水后，集镇将成为三面环水、一面靠山的库边地段，并且周边农村移民大部分出县外迁，失去发展空间和服务对象。因此，丹江口库区移民安置规划将其列为淹没处理对象，对滔河集镇建成区内的所有单位实施搬迁。

(3)地质灾害影响突出

辽瓦场镇只有部分低洼地带被淹，大部分建成区未受淹；均县镇局部受淹，但淹没线上剩余集镇区域在地势上成为一个突出的半岛；而且两个集镇均处在膨胀土地区，水位上涨后，场地的膨胀土地基将遇水湿陷，从而产生严重的地质灾害，严重威胁居民生命财产安全。这两个集镇虽仅局部受淹，但因丹江口水库蓄水后会引发地质灾害，集镇需要整体搬迁。

(二)迁建方式及规模

1. 规划思路及方法

城(集)镇迁建规划任务主要包括：确定城(集)镇新址及迁建规模；编制城(集)镇迁建详细规划；确定城(集)镇新址占地实物指标及占地人口安置措施；编制部分淹没的城(集)镇功能恢复规划；编制受淹单位迁建规划等。

规划思路：根据淹没特点，因地制宜、因镇施策，立足移民搬迁需求，兼顾长远发展。对于全淹的马蹬集镇、受地质灾害影响的辽瓦场镇和均县镇，需进行整体搬迁，在本镇内择优选址，进行复建；对于淹没占比较大的浪河、柳陂、郧县城关、天河口和方滩集镇进行异地复建；对于半淹城镇，原则上充分利用和依托老城镇，在紧邻老城镇的周边选择迁建用地，复建受淹没影响的功能，并使新老镇区融为一体。在选址和规划过程中，以近期满足移民搬迁需求为立足点，同时兼顾远期发展，在选址上为远期发展留有空间，储备较为充足的用地，在规划布局上，移民迁建和远期发展统筹兼顾，近期的移民迁建尽量紧凑集中，以便尽快建成，让移民尽早重建家园。同时，在道路交通、公用工程设施、公共服务设施上尽可能兼顾长远，为移民城镇的长远发展留有余地，奠定基础。

针对半淹城镇数量多的特点，在规划方法上通过采用工程技术措施，尽量实现新老镇区有机融合、功能互补、设施共联共享。例如，针对半淹城镇淹没区一般淹没较浅的特点，规划采取对淹没区回填垫高的方式，在集镇原址复建，使迁建区与未受淹没影响的老镇区在用地上连成一体，再通过与老镇对接道路和市政管网，使基础设施上连成一体。新老镇区通过共享公共服务设施，进一步促进新老镇区在经济、文化、教育、医疗等各方面有机融合。这种规划方法，不仅节约了土地，而且淹没线上保留的部分也可以通过更新改造重新焕发活力，实现了新老镇区的共同发展，不失为一种较好的处理方法，值得借鉴和推广。

对像滔河镇这样失去服务对象的集镇，拟对集镇内的33家行政单位实施搬迁，迁至本镇靠近服务对象的相对中心位置，焕发集镇活力。

2. 迁建方式选择

根据城(集)镇的淹没情况和淹没特点，并依据县域城(集)镇体系规划和县域经济、交通发展规划，以及辖区内交通条件和地形地质条件，确定了各城(集)镇的淹没处理方式，并据此开展选址工作。其中，异地迁建8个，分别为马蹬、均县、浪河、柳陂、郧县城关、辽瓦、天河口和方滩集镇；后靠迁建3个，分别为六里坪、土台和黄龙镇，其中六里坪镇新址位于岗河支流铁环沟、杨家川一带，可与六里坪老镇区连成一片。

老城、丹江口市大坝办事处、丁家营、茶店等4个城(集)镇均采用后靠迁建的方式，滔河集镇只对镇内行政单位进行搬迁。由于老城、丹江口市大坝办事处、丁家营、茶店等4个城(集)镇淹没影响占比较小，均未进行迁建规划，其新址征地费用和基础设施建设费用按11个城(集)镇的综合指标推算，实施时由地方人民政府确定具体迁建方案。

3. 迁建规划规模

(1)城(集)镇级别

丹江口库区淹没影响涉及16个城(集)镇，依据淹没时的性质和功能，划分为县城、建制镇、集镇3级。

1)县城：指县级市人民政府驻地所在的建制市和县人民政府驻地所在的建制镇，共2个，分别为丹江口市大坝办事处和郧县城关镇。

2)建制镇：指经省级人民政府批准设置的建制镇(县城除外)，共8个，分别为淅川县老城镇，丹江口市六里坪镇、均县镇、浪河镇、丁家营镇，郧县柳陂镇、茶店镇和张湾区黄龙镇。

3)集镇：指乡人民政府所在地和经县级人民政府确认由集市发展而成的作为农村一定区域经济、文化和生活服务中心的非建制镇，共6个，分别为淅川县马蹬场镇、滔河镇，丹江口市土台乡集镇，郧县辽瓦场镇，郧西县天河口场镇和张湾区方滩乡集镇。

(2)城(集)镇性质

根据城(集)镇性质和在各自区域内承担的功能，以及县域城镇体系规划中确定的性质和职能，确定淹没城(集)镇的迁建规划性质如下，以此作为指导城(集)镇的规划布局和公共设施的配置。

1)马蹬场镇：规划并入马蹬镇(即黄庄集镇)，成为马蹬镇的重要组成部分，是以居住为主，兼有公共服务职能的新小区。

2)六里坪镇:作为全镇的政治、经济、文化中心,是一座以农副产品加工和商贸服务为主的新型小城镇。

3)均县镇:作为全镇的政治、经济、文化中心,是一个以发展农副产品加工、建筑建材和商贸服务为主的新型小城镇。

4)土台乡集镇:作为土台乡的政治、经济、文化中心,是以生活服务和农副产品集散、加工为主的农村集镇。

5)浪河镇:作为全镇的政治、经济、文化中心,是以农副产品加工和商贸服务为主的新型小城镇。

6)郧县城关镇:江南长岭片区是郧县政治、经济、文化副中心,工业零配件加工和商贸基地;移民迁建区是郧县城关镇的综合性移民新区,是江南长岭片区的生活服务中心和居住区。

7)柳陂镇:作为柳陂镇政治、经济、文化中心,是郧县县城总体规划中确定的郧县"一江(汉江)二桥(郧县汉江公路大桥、郧县汉江二桥)四镇(城关镇、茶店长岭区、柳陂三门区及柳陂镇)"格局中重要的"一镇"和重要组团,逐步发展成为具有"临江亲水"、滨江旅游特色,以及以商贸、汽配加工、建筑建材、农产品加工、饮食服务、文化娱乐等多种经营为主的新型小城镇。

8)辽瓦场镇:作为柳陂镇辽瓦办事处所在地,是柳陂镇一定范围内的农副产品集散地。

9)天河口场镇:规划并入观音镇,成为观音镇的重要组成部分,是以居住为主,兼有公共服务职能的新小区。

10)方滩乡集镇:作为方滩乡的政治、经济、文化中心,是以发展货物转运、商贸、旅游为主的库区新型集镇。

11)黄龙镇:移民迁建区为黄龙镇镇区的重要组成部分,是全镇的政治中心,是以发展农副产品、建筑建材和商贸服务为主的新型小区。

(3)人口规模

城(集)镇人口规模由常住人口、寄籍人口、功能调整影响人口、新址占地人口及规划需进入城(集)镇建房的农村移民 5 个部分组成。各类人口基数以 2003 年淹没实物指标调查数为准,自然增长年限为 11 年,年自然增长率为 9‰。

经统计,全库区 14 个城镇人口规模为 27081 人(不含丹江口市大坝办事处和淅川县滔河集镇)。

(4)用地规模

1)滔河集镇。

按搬迁的行政单位原占地面积,并考虑部分公共道路用地,确定其建设用地规模为 12.20hm^2。

2)大坝办事处。

按试点搬迁的居民、单位及试点后规划进镇的单位占地统计，建设用地共计 9.79hm^2。其中，试点搬迁的居民、单位占地 5.51hm^2，规划非试点进镇单位占地 4.28hm^2。

3)老城、丁家营、茶店 3 个集镇。

均未做迁建规划。为统一标准，集镇建设用地计算方法调整为与大坝办事处一致，进镇单位采用 2003 年调查占地指标，居民按照 80m^2/人计算，总建设用地为 8.30hm^2。其中，老城集镇 2.19hm^2，丁家营镇 4.35hm^2，茶店镇 1.76hm^2。

4)其他 11 个集镇。

建设用地标准为：县城 70m^2/人，建制镇、集镇 80m^2/人。

自 2003 年初开始丹江口水库淹没实物指标调查工作以来，受淹的工业企业一直未得到处理。随着市场条件的变化和当地城镇规划及建设情况，部分工业企业的淹没处理方案较总体可研发生了变化。其中，原马蹬场镇内的受淹企业由进镇复建调整为全部在镇外复建，原位于六里坪、浪河、郧县城关镇内的企业全部调整为进入当地工业园区复建。因此，在修订时参考《城市规划资料集 第 3 分册：小城镇规划》的规定，对上述 4 个城(集)镇，在按迁移人口和相应人均标准计算的占地规模基础上，马蹬、六里坪、浪河等 3 个集镇按 10%的比例，郧县城关镇按 15%的比例，扣除了企业用地面积，共计 12.95hm^2。在按比例扣除企业用地面积后，11 个城(集)镇的迁建用地规模实际为 192.93hm^2。

此外，16 个城镇迁建规划用地规模为 223.22hm^2。

(三)迁建新址选择

11 个城(集)镇迁建区用地选择如下。

1. 马蹬场镇

用地选择靠近过境公路(上九路 S335 线)的新址中部的Ⅱ类、Ⅲ类和Ⅳ类用地。规划范围为东侧靠近马蹬一中和居民区，南侧紧靠马蹬场镇镇区，北侧靠近 S335 公路，长约 350m、宽 180m 的区域。

2. 六里坪镇

根据地形特点及新址与老镇区的衔接关系，用地选择主要为襄十高速公路边的Ⅰ类用地。规划范围为铁环沟与杨家川两片地块。

3. 均县镇

用地选择在黑沟两侧、塘沟、黄峰渠两侧的Ⅰ类用地，以及黄峰渠两侧部分Ⅱ、Ⅲ类用地。规划范围为新址南部黑沟两侧、塘沟及黄峰渠两侧的东西向条状地带。

4. 土台乡集镇

用地选择在易家沟两侧的Ⅰ类及Ⅱ类用地。规划范围为新址中部、土台乡卫生院以南的平缓地段，北东侧与原土台乡人民政府和粮管所相接。

5. 浪河镇

用地选择襄渝铁路和小河之间适宜的Ⅰ类建筑场地，以及部分Ⅱ、Ⅲ类建筑场地。规划范围为襄渝铁路以北、小河以南的一、二级阶地，以及青石铺一带的条带状区域。

6. 郧县城关镇

移民迁建区用地选择斜坡地Ⅲ类建筑场地和条状岗顶Ⅱ类建筑场地。规划范围为新址中部的汉江右岸斜坡阶地和山冈。

7. 柳陂镇

用地选择新址中部的Ⅱ类和Ⅲ类场地。规划范围在元田沟、周家沟、老龙王沟一带。

8. 辽瓦场镇

用地选择为新址上部Ⅲ类场地及部分Ⅰ类、Ⅱ类和Ⅳ类场地。规划范围为行洪区北部斜坡地。

9. 天河口场镇

用地选择为朱家坪的Ⅰ类场地。规划范围为大麦峪河以北、场地西部公路以北的平缓区域。

10. 方滩乡集镇

用地选择为黄方公路北侧的Ⅰ类建筑场地。规划范围为紧靠黄方公路北侧，西起茅岗坪，东至龚家院子一带。

11. 黄龙镇

用地选择为新址东部的Ⅰ类场地。规划范围为G316南侧的阶地，以及西北与老镇区相接的地段。

(四)迁建规划设计

丹江口库区城(集)镇迁建规划设计的主要原则为布局合理、功能齐全、方便生活、有利生产。以丹江口市均县镇迁建规划为例，简要介绍如下。

均县镇作为全镇的政治、经济、文化中心，是一座以发展农副产品加工、建筑建材和商贸服务为主的新型小城镇。虽然均县镇基本不受淹，但是水库蓄水后将成为孤岛，且处在膨胀土区，是受地质影响需整体搬迁的集镇。新址选在黑沟两侧和塘沟、黄峰渠两侧的东西向狭长带状地块。依据当时的地形及对外交通条件，规划结构采用“一轴两翼”的带状布局：以贯穿全镇的东西主街道为“主轴”，在镇区东西两端各规划布置 1 个片区，形成镇区的“两翼”。均县镇移民迁建规划总平面见图 6-8。

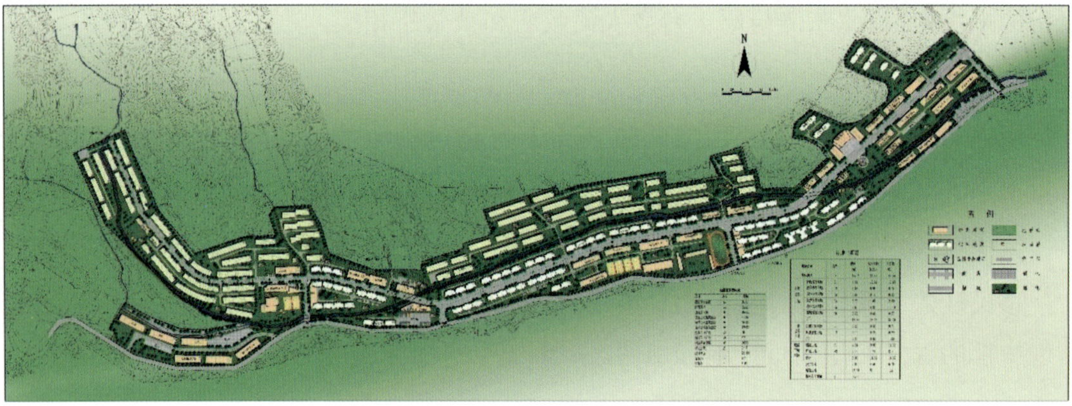

图 6-8 均县镇移民迁建规划总平面图

1. 用地布局规划

居住用地主要布置在镇区西部和中部，行政管理用地主要布置在镇区东部和中部主干路两侧。

2. 居住建筑规划

规划居住建筑主要集中布置成 2 片。镇区西部规划布置 1 片，以城镇型住宅为主；镇区中部规划布置 1 片，其中主街道以北的居住建筑为城镇型住宅，以南为农户型住宅。迁建区规划住宅 884 套，其中城镇型住宅 375 套，农房型住宅 509 套。

3. 公共设施规划

主要的公共设施集中布置在集镇东部，以东部中心的镇人民政府和广场为核心，布置迁建的主要行政管理单位。在镇区东部的主街道两侧，布置百货商场、供销社、粮油公司、集贸市场等；均县中学布置在镇区中部、主干路南侧；小学布置在居民集中的西部片区的中部，同时在小学附近配置一所幼儿园。全镇共淹没影响单位 58 家，其中迁入新区 36 家，规划用地 11.76hm^2。

4. 道路交通规划

均县镇对外交通主要为公路和水路。对外公路依托六均公路；水路利用丹江口水库航道，在镇区东侧设客货运码头。

为适应新址用地狭长的特点，镇区路网结构采用“一横四纵”，即规划 1 条与六均公路平行的东西主干路；为加强与六均公路的联系，规划 4 条南北向道路，连通镇区主干路和六均公路。

5. 公用工程规划

在镇区东部规划1座供水能力1500t的水厂，水源取自丹江口水库。迁建区采用分片分流排水体制，雨水按分片汇集、就近排入黄峰河的原则进行布置。生活污水按分片经支管排入污水干管，先经化粪池集中处理，再经地埋式污水处理设备处理达标后排入黄峰河，在镇区内分片规划有4套污水处理系统。迁建区采用集中供电，10kV电力线沿公路接入，规划设有7台315kVA/10kV箱式变电站和2台200kVA/10kV箱式变电站。通信所和广播电视站规划布置在镇区中部，电话普及率为100%，共计884门电话。

(五)局部受淹城(集)镇的功能恢复

1. 功能影响概况

因丹江口水库大坝加高，局部受淹城(集)镇原有功能的相对完整性遭到破坏，沿江道路、码头、商业、公共服务设施受到影响；城(集)镇库岸线发生变化，导致淹没线下的城(集)镇管网系统被中断，淹没线上的市政公用设施功能部分丧失。因此，恢复局部受淹城(集)镇的功能十分必要。

根据现场调查，淅川县老城镇，丹江口市六里坪镇、浪河镇、土台乡集镇，郧县城关镇、柳陂镇，郧西县天河口场镇，张湾区黄龙镇和方滩乡集镇等9个局部受淹的城(集)镇需要恢复旧城功能。

2. 功能恢复规划任务

1)保持受淹后城(集)镇剩余部分功能的完整性，恢复城(集)镇布局的合理性和连续性，归顺城(集)镇库岸线，对因淹没而中断的道路、市政管线设施等进行恢复规划工作，保证城(集)镇剩余路网和市政公用设施的正常运行。

2)加强新旧城区间的联系，延伸道路路网和市政公用管线设施，使其成为有机整体。

3. 功能恢复规划原则

分析研究城(集)镇淹没线上保留建成区受水库淹没影响的主要功能，按照原有的建设标准，统筹考虑、合理布局。通过实施适当的工程措施，恢复功能，完善设施，改善线上保留建成区居民的生产生活条件，使其与迁建区一起共同构成和谐统一、功能齐全、布局合理的新型城(集)镇。

4. 功能恢复规划

(1)道路交通的恢复

对中断的道路就地抬高复建或在淹没线以上重新规划，保证原有城区道路系统的通畅，恢复原有的城市道路功能。

(2)市政公用设施的恢复

给排水管线与电力电信线路沿规划道路架设，并与城区给排水管网、电力电信网络连接，保证部分淹没城(集)镇水、电等基础设施的正常运行。

5. 规划实例

丹江口水库大坝加高后，水库淹没至淅川县老城镇南端的黄冠地毯厂。老城镇的淹没占比较小，建成区大部分得以保留，但镇区对外出口被淹没中断，失去了对外联系通道。为恢复老城镇的对外交通，引导镇区用地向北发展，规划对集镇北端与X011线的连接路——原老(城)上(集)路进行改造，改造长度1km，道路等级为四级，以利于老城镇向北发展。

为保持剩余镇区功能的完整性，规划对因淹没中断的基础设施进行恢复。规划由镇卫生院门诊部至明德小学之间新修1条主街道，与复建的三级公路X011线相连，全长550m，红线宽12m，需要拆迁房屋1308.27m^2。给水管在卫生院门诊部人民路处接入后，沿规划新修的主街道布置，长550m。规划10kV电力线从卫生院门诊部沿规划道路接入镇区东南侧陈岭村坡头35kV变电站，线路长度350m。规划从位于人民路与文明路交会处的有线电视机房和位于镇人民政府北侧的电信机房处，架设有线电视线路和通信线路至卫生院门诊部，然后沿新修主街道一侧布置，长度分别为1000m、780m。

五、工业企业迁建规划

工业企业迁建规划内容包括：根据淹没影响情况，结合当地资源和市场预测，在国家产业政策、地区经济发展，以及城市总体规划指导下，编制工业企业淹没处理方案及迁建规划。同时，借鉴国有资产评估理论和方法，结合移民政策，核算受淹企业补偿投资。

(一)规划设计过程

2003年2—6月，长江设计院完成了工业企业淹没影响实物指标调查；同年7月，完成工业企业淹没处理及迁建规划外业工作，同时委托有资产评估资质的单位对受淹工业企业进行迁建补偿评估。2004年10月，根据各企业淹没处理方案及评估成果，提出《南水北调中线一期工程丹江口水库初步设计阶段建设征地工业企业淹没处理及补偿投资核算报告(送审稿)》(以下简称《工业企业淹没处理报告》)。2007年10月至2008年7月，4家受淹企业被纳入了试点范围，其补偿投资由国家发展改革委核定。2008年10月，根据《初设规划大纲(修订)》，按淹没处理方案不变的原则，对未被纳入试点范围的157家工业企业的补偿投资重新进行核算，对已随市场条件发生变化的项目进行适当修改和调整；11月，委托有资质单位对其中的设备重置价值重新进行评估；12月下旬，提出《工业企业淹没处理报告(初稿)》。在历经2009年1月的初步审查会、2月的复审会和2010年1月的投资概算咨询评估后，于2010年3月正式提出《工业企业淹没处理报告》。

(二)淹没对象及特点

丹江口水库大坝加高淹没涉及161家工业企业，其中丹江口市65家，武当山特区11家，郧县47家，张湾区2家，淅川县36家。涉及工业企业淹没影响特点如下。

1. 企业规模普遍较小

丹江口水库淹没影响的工业企业分布在河南省淅川县，以及湖北省丹江口市、武当山特区、郧县、张湾区5县(市、区)的27个乡(镇)。总体而言，除郧县、丹江口市、淅川县部分企业外，大部分涉淹企业固定资产少，规模较小。就淹没影响房屋而言，超过$5000m^2$的有16家，仅占总数的9.9%；$2000\sim5000m^2$的有20家，占总数的12.5%；小于$2000m^2$的125家，占总数的77.6%。另外，专用设施较少，设备比较简单。

2. 行业分散、部分企业不符合国家环保政策

丹江口水库淹没影响的工业企业涉及建材、机电、轻纺、化工、医药等多个领域。其中，24家企业从事与汽车零配件有关的产品生产，占企业总数的14.9%；73家从事预制板、红砖、砂石、大理石、胶合板等建材加工，占企业总数的45.3%；其余64家分散在轻纺、化工、医药、机电等多个领域，占企业总数的39.8%。在73家建材行业中，有近20家为国家禁止继续生产的实心红砖、小水泥等生产企业，这些企业技术装备落后，资源能源消耗大，对生态环境有不利影响。

3. 淹没房屋比重大，镇外企业较多

在161家工业企业中，房屋淹没比例大于75%的企业112家，占企业总数的69.6%；镇外企业109家，占企业总数的67.7%。

(三)处理程序

丹江口库区工业企业迁建规划分为实物指标调查、淹没处理及迁建规划方案确定、补偿费用评估和补偿投资核算4步完成。

1. 实物指标调查

初步设计阶段需了解建设征地区涉及工业企业的数量及分布情况，并对全厂基本情况与淹没情况进行调查。工业企业征地影响实物指标的调查确认工作分两个阶段完成。

(1)实物调查阶段

“停建令”发布后，丹江口水库开展了枢纽工程建设区与水库淹没影响区范围内各

类实物指标的全面调查。为在相对较短的时间内摸清淹没影响企业的分布及淹没影响情况，并保持与农村、城(集)镇调查同步，本阶段工业企业实物调查重点在于建设征地范围内实物指标的详细调查。调查工作分为调查前培训、企业自查和现场调查三步完成。

1)调查前培训。

由企业主管部门申报可能位于淹没影响区的企业名单，并通知相关企业负责人、财会人员参加工业企业实物指标调查培训会议。培训会上，调查人员发放调查表格，讲解调查目的、内容、方法及填表要求，并对调查进度做出了初步安排。

2)企业自查。

企业相关人员依据《实物指标调查大纲》要求，对企业房屋、设施、设备等固定资产及企业生产经营状态进行清查，填写调查表格。

3)现场调查。

现场调查包括淹没影响范围认定与淹没影响区指标调查。调查人员首先与测量人员一起确认淹没影响范围，判断企业是否属于淹没影响区。若企业有实物资产位于淹没影响区，调查人员则根据企业填报表格，逐栋核查房屋结构，丈量建筑面积；核实设备的规格、型号、台数及设施的类型、结构、数量等技术指标；并依据固定资产账本、财务报表等填写企业资产情况与经营情况。最终，调查成果及调查表经企业负责人、填表人及调查人共同签字盖章认可。

(2)规划阶段

2003 年 7 月开始，长江设计院开展库区 161 家企业迁建规划与补偿评估工作。由于工业企业涉及行业较广，自制、非标及专业设施设备较多，且调查人员对相关行业熟悉程度有限，在实物指标调查阶段，存在部分项目调查不全不细的情况，导致调查成果不能完全满足补偿评估的要求。因此，初步设计阶段实物调查工作包括两部分：一是由专业人员对淹没线下固定资产实物的结构、性能、规格、型号、数量、使用状况及搬迁拆卸难易程度进行实地勘察、核实、鉴定；二是根据基本确定的淹没处理方案，对需要异地迁建的部分受淹企业淹没线上房屋、设施、设备等固定资产实物进行补充调查。

丹江口库区工业企业实物调查分阶段完成，不仅保障了调查工作整体进度要求，也使实物调查成果更全面、更准确，为企业补偿投资评估及核算提供了翔实的基础资料。

2. 淹没处理及迁建规划方案确定

企业淹没处理方案与企业受建设征地影响程度、国家产业政策、地区产业发展规划以及土地利用规划等因素密切相关。技术可行、经济合理的淹没处理方案是企业得到科学合理补偿，顺利实施迁(改)建的基本前提。因此，企业迁建规划的工作重点是分析各家企业的具体淹没影响情况及生产经营情况，与企业业主及主管部门共同拟定企业淹没处理方案，确定搬迁去向(镇内/镇外)。

企业淹没处理方案包括异地迁建、后靠复建、一次性补偿与防护 4 种类型。在具体工作中，设计人员根据企业淹没影响程度、生产经营情况以及所处位置，经多方论证比选，并充分征求企业意见后，最终确定企业的淹没处理方案与淹没线上的随迁指标。企业迁(改)建方案分为复建、转产、关停破产和防护 4 种，主要由企业业主及主管部门依据淹没处理方案，结合地区经济产业结构调整、产品结构调整、职工安置、技术改造及环境保护要求自主分析确定。

2003 年 7 月至 2006 年 7 月，设计人员与企业共同完成工业企业淹没处理及迁建规划方案的确定工作。

(1)全淹企业

可选择后靠复建、异地迁建、一次性补偿或防护的方式。

在 161 家工业企业中，全淹企业 101 家，除湖北省郧县巢丝厂采取工程防护外，其他企业均不具备防护或后靠复建条件。淹没处理方案确定为异地迁建 76 家，一次性补偿 24 家。在一次性补偿的企业中，11 家为不符合国家产业政策、不符合环保要求的砖厂等企业；其余 13 家根据企业意见一次性补偿，不再复建。

规划为异地复建或一次性补偿的企业，淹没线上的指标随迁。

(2)部分受淹企业

淹没处理方案需要根据具体情况具体分析。

若主要生产车间在淹没线以上，仅辅助生产车间、设施及办公、生活房屋淹没，且具备后靠复建条件的企业，原则上采用后靠复建方式；主要生产车间在淹没线下的企业，考虑就近复建或异地迁建；对于淹没深度小、防护方案简便易行、运行维护方便的企业，应采取防护措施；不符合国家产业政策、不符合环保要求的企业，可实施关、停、并、转及破产等方式，妥善安置企业职工。

在 161 家工业企业中，部分受淹企业 60 家。经分析，均无防护条件，规划异地迁建 17 家，后靠复建 25 家，一次性补偿 18 家。

3. 补偿费用评估

为全面、真实、公允地评价库区工业企业受淹没影响的固定资产价值量及淹没损失，为国家进行合理补偿提供科学依据，2003 年 6 月，长江设计院委托具有资产评估资质的单位，对丹江口库区受淹工业企业进行迁建补偿评估。2004 年 8 月，评估单位提交了《南水北调中线工程丹江口库区受淹工业企业迁建补偿评估报告》。

与以产权置换为目的的资产评估不同，工业企业迁建按原规模、原标准或恢复原有生产能力的原则进行补偿评估，评估方法主要采用复原重置法。在评估过程中，按被评资产的具体情况，分别采用直接法、类比分析法、典型测算法等进行计算与比较验证，确定重置单价，进而计算重置全价。

由于与初步设计价格水平不同，在后续的补偿投资核算中，设计单位主要采用江河评估公司提供的企业房屋、设施、设备的重置单价、成新率、综合补偿系数，以及流动资产搬迁费、停产损失费等各类参数。

4. 补偿投资核算

由于各种因素，补偿评估存在价格水平与初步设计价格水平不一致、部分项目与库区同类型项目补偿标准不一致、线上随迁指标判别不准确等问题。为保证企业、居民、单位等补偿的公平合理，长江设计院以淹没处理方案为基础，参照资产评估结果，按类别和用途对工业企业补偿投资进行了逐厂逐项核算。

按照移民补偿政策，工业企业补偿投资包括新址征地及基础设施建设费、户口在厂移民搬迁费、房屋补偿费、设施补偿费、设备补偿费、流动资产搬迁费、停产损失、房屋装修补助费等8项内容，而评估补偿费仅包括房屋补偿费、设施补偿费、设备补偿费、流动资产搬迁费及停产损失费5项，且已评估的项目存在与库区同类型项目标准不统一、线上随迁数量不准确的现象。另外，评估补偿费评估基准期为2002年12月31日，与最终明确的初步设计价格水平年不一致。为保证补偿公平合理，设计单位最终以淹没处理方案为基础，参照资产评估结果，采用统一的标准对企业补偿投资进行了逐厂逐项核定。

（四）规划成果

丹江口水库大坝加高工程淹没影响工业企业161家，户口在厂人数3150人，厂区占地0.29万亩，各类房屋38万m^2。

161家工业企业淹没处理方案：异地迁建93家，后靠复建25家，一次性补偿42家，工程防护1家。迁建规划方案：结合技术改造进行搬迁建设93家，转产或合并转产25家，关停破产42家，工程防护1家。161家工业企业补偿总投资为8.78亿元。

（五）典型案例

1. 湖北太平汽车附件集团有限公司茶店分厂

该企业位于十堰市神定河右岸，是一家符合国家产业政策且生产经营良好的部分受淹企业。172m水位时，该企业一面临水、三面环山，且厂区与外界唯一交通联系——附件厂大桥被淹没，同时后靠无足够用地。考虑到该厂生产工艺的配套要求，经论证分析，规划将全厂淹没部分以及淹没线上生产部分搬迁至该集团所在地——十堰市白浪经济开发区，而淹没线上生活部分留置原地。

2. 淅川县皇冠地毯集团有限公司

该企业位于淅川县老城镇，是一家正常生产经营的县属国有龙头企业，主要从事地毯加工，职工人数超过1500人。该企业部分受淹，淹没线下主要有洗染车间、脱水车间、平毯晒图车间、锅炉房、染房、合纱车间、食堂及部分职工宿舍；淹没线上主要有织毯车间、办公室、展销大厅及职工宿舍等。由于地毯编织属于劳动密集型行业，老城镇及周边乡（镇）受淹及农村移民外迁，将使企业失去相当一部分熟练工人及加工网点，企业的生产经营将受到严重影响。此外，该企业化验、染色所排放的污水中含二氧化硫等多种对人体有害的物质，为保护丹江水质，该企业不宜在库边复建。综合考虑该企业在地方经济中的重要地位，规划将其异地搬迁至县城工业园区。

3. 淅川县老城镇狮子岗机砖厂

淅川县老城镇镇外村集体企业，1982年8月投产，主要生产设施为20门轮窑，生产经营状况良好。该企业为2008年试点搬迁企业，因不符合国家产业政策，规划方案为一次性补偿。

丹江口水库工业企业搬迁实施顺利，主要原因是企业淹没处理践行了实事求是、兼顾各方利益的基本原则，淹没处理及迁建规划方案切实可行，补偿费用评估及投资核算合理，为企业搬迁及后续发展创造了有利条件。

六、专业项目复（改）建规划

专业项目复（改）建规划作为丹江口水库建设征地移民安置规划的重要组成部分，主要包括交通复建规划、电力复建规划、通信设施处理规划、广播电信设施处理规划等内容。

专业项目复（改）建规划工作，以专业项目淹没实物指标调查成果为基础，依据国家有关政策、行业标准和规程规范，确定恢复（改）建公路、电力、电信、广播电视线路等项目的规划布局、建设标准、技术指标等，并开展典型设计。

（一）交通复建规划

实物指标调查时，丹江口库区已形成以国道、省道为主骨架，以重要城镇为节点，辐射到各乡（镇）的公路网格局。G70高速公路（福州至银川）湖北段已全部建成通车，该路在丹江口市土关垭镇进入库区，途经丁家营、武当山、六里坪、十堰，经柳陂境过汉江、青曲镇，进入郧西县河夹镇、县城出库区；G316（福州至兰州）在丹江口市土关垭镇进入库区，经浪河、丁家营、武当山、六里坪、十堰市、柏林镇，在张湾区黄龙镇出库区；G209（北海至呼和浩特）在丹江口市六里坪进入库区，经十堰（六里坪镇至十堰市段与G316并线）、郧县柳陂过汉江、郧县县城、杨溪铺、谭山镇，在淅川县姬家堰过丹江后从寺湾出库区。库区水运在交通运输网中也占有重要地位。丹江口水库汉江干流通航河段上至陕西省洋县，下至华中主要城市武汉，通航里程1313km。库区内可以通航的主要支流有丹江、堵河、淅河等，水库沿岸有近百个码头和数百个停靠点。

交通项目主要包括公路和码头，公路复建规划只含等级公路、大中型桥梁。等级以下公路（机耕道）纳入农村库周交通恢复规划处理，城镇内的道路路段纳入城镇迁建规划处理。为保证规划方案经济合理、切实可行，规划过程中，在全库区选择了较为重要和具有代表性的公路和码头进行了典型设计，典型设计项目中二级、三级公路、大型桥梁均达到相应专业初步设计阶段的深度。

1. 公路复建

全库区淹没影响公路总长 247.47km，其中淹没公路 242.11km，受影响公路 5.36km。按等级划分，二级路 26.08km、三级路 60.81km、四级路 160.58km；按行政区域划分，河南淅川县淹没公路 75.10km，湖北省 5 县（市、区）淹没影响公路 172.37km。

库区公路以淹没为主，受影响公路仅涉及丹江口市、武当山特区境内的 G316 和郧县 G209 的少数路段。公路复建规划是在综合分析其原有功能、淹没影响程度、交通发展规划、移民安置规划等因素基础上，按照《公路工程技术标准》（JTG 1301—2003）的有关规定，通过在 1∶10000 地形图上选线、实地踏勘定线、征求各方意见、调整修改及方案比选后提出。

全库区共复（改）建等级公路 326.33km（其中，二级 41.61km、三级 102.11km、四级 182.61km），其中淹没复建 319.00km，浸泡影响路基加固 7.33km。若将线路、桥梁分开统计，则线路长 314.95km（其中，改线复建 290.67km，原路基抬高 16.95km，浸泡影响路基加固 7.33km）；大中型桥梁 78 座，长 11376.6 延米，其中特大桥 3 座，长 3286.2 延米，大桥 22 座，长 4885.4 延米，中桥 53 座，长 3205.0 延米。

2. 码头复建

丹江口水库水位抬高后，淹没影响各类码头共 86 座。其中，河南省淅川县 12 座；湖北省共 74 座，包括丹江口市 25 座、郧县 43 座、郧西县 1 座及张湾区 5 座。

库区码头既有市、县交通和航运部门直接管理的，也有企业自建自管的，还有个人投资兴建的。水库蓄水后，这些码头设施基本全部被淹没，功能全部丧失。码头复建规划是根据淹没实物指标，在综合分析其原有功能、淹没影响程度、各区县水运发展规划、移民搬迁规划等因素的基础上，通过现场踏勘，并充分征求地方主管部门及各权属单位意见后提出的。

库区共规划复建各类码头 54 座。其中，城区客运、货运及专用码头 23 座，集镇客货码头 27 座，汽渡码头 4 座。另外，对 30 座不复建的码头给予一次性补偿。河南省淅川县复建码头 12 座，其中，城区码头 1 座，集镇码头 9 座，汽渡码头 2 座。湖北省复建码头 42 处，其中，城区码头 22 座，集镇码头 18 座，汽渡码头 2 座。另外，对 30 座不复建的码头给予一次性补偿。

（二）电力复建规划

库区电力电网建设始于 20 世纪 60 年代，经过几十年的建设与发展，调查时已初具规模。库区各县(市、区)主要电源为丹江口电站和华中电网,其次为地方电网及小水电。各县(市、区)电网以2～3座110kV变电站为中心,以110kV输电线为主干,35kV线路为分支,各乡(镇)35kV变电站为节点,通过10kV配电线路从各节点辐射到街道、工矿企业和农村居民点。通过农网改造,农村供电保证率进一步提高,村级通电率已达100%。

电力设施作为专业项目的重要组成部分,其复建规划主要包括受淹变电站和电力线路的复建规划。为确保规划方案经济合理、切实可行,在规划过程中,在全库区选择了较为重要且具有代表性的电力设施进行了典型设计,达到初步设计阶段深度。

淹没35kV变电站2座,分别为河南省淅川县宋岗变电站和清泉沟变电站,容量28500kVA;另有4座变电站高程在淹没线附近,出线及站房基础受水库蓄水影响,其中河南1座,为盛湾35kV变电站,湖北3座,分别是110kV武当山变电站、35kV浪河变电站和110kV大桥变电站。

淹没电力线路580.3km(河南323km、湖北257.3km),其中110kV线路31.1km(河南9.1km、湖北22km),35kV线路33.5km(河南12.8km、湖北20.7km),10kV线路515.7km(河南301.1km、湖北214.6km)。淹没农村配电变压器590台,其中河南326台,湖北264台。

库区电力线路淹没影响主要集中在河南省淅川县、湖北省丹江口市和郧县,湖北省郧西县和张湾区淹没影响较小。库区110kV和35kV电力线路淹没影响是局部性,而农村10kV配电线路淹没影响较大。

全库区共规划新建35kV变电站4座,迁建35kV变电站1座,改造35kV变电站1座,另有3座受影响,采用工程加固措施处理。全库区共复建电力线路822.01km(河南487.6km、湖北334.41km),其中复建110kV电力线路46.47km(河南21.8km、湖北24.67km),35kV电力线路112.26km(河南79.8km、湖北32.46km),10kV电力线路663.28km(河南386.0km、湖北277.28km)。此外,根据农村移民安置规划,复建农村变压器590台,其中河南326台,湖北264台。

(三)通信设施复建规划

实物指标调查时,库区通信正处于快速发展时期,整个通信能力水平、网络技术层次和业务功能都有了质的飞跃。通信业务有长、短途固定电话,移动电话,以及基于基础电信网络的数据、图像、多媒体通信与信息服务,同时还开通了小灵通、ETS 450无线接入业务。通信网络遍布城乡、电信线路四通八达,已全面实现了传输光纤化、交换程控化,并逐步向宽带化、数字化、智能化迈进。

通信设施作为专业项目的重要组成部分,其复建规划主要包括受淹通信线路的复建规划。为保证规划方案经济合理、切实可行,在规划过程中,在全库区选择了较为重要且具有代表性的通信设施进行了典型设计，达到初步设计阶段深度。

库区共淹没通信线路总长954.86km，其中长途通信干线32.47km，国防通信干线13.50km，移动通信网线路154.75km，县域基本网线路754.14km。

库区共规划复建通信线路总长1255.54km，其中长途通信干线40.13km，国防通信干线23.6km，移动通信网线路251.65km，县域基本网线路940.16km，迁建电信分局1个，模块局25个。

(四)广播电视设施复建规划

通过“广播电视覆盖工程”和“村村通工程”的建设，库区广播电视事业发展迅速。在调查期间，已形成了以市、县广播电视台为中心，以乡(镇)广播电视站为基础，以光缆干线传输为主，中波、调频、无线发射差转等多种传输手段相结合，星网结合有线无线并举、城乡一体化的广播电视网络，有线电视网络覆盖了库区各市、县、乡、村。

广播电视设施作为专业项目的重要组成部分，其复建规划主要包括受淹局(站)的设备及杆线的复建规划。为保证规划方案经济合理且切实可行，在规划过程中，在全库区选择了较为重要且具有代表性的广播电视设施进行典型设计，达到初步设计阶段深度。

淹没涉及湖北省十堰市广电局所属的广电光缆主干线路，以及丹江口市、郧县、郧西县、张湾区等县属传输网络线路。淹没广播电视线路820.45km，其中河南省228.74km，湖北省591.71km。还淹没了湖北省郧县广播电视站1处，郧西县有线电视机房1处。

库区共规划复建广播电视线路1011.29km(其中河南省360.79km，湖北省650.50km)，复建广播电视机房6处，调频发射站1处。

七、库底清理规划

对丹江口水库开展库底清理，是保证水库水质安全的重要措施之一，能为水库的正常运行和水质安全提供保障。在2003年丹江口水库全面实物指标调查阶段，工作重点聚集于主要补偿补助实物，未全面开展库底清理相关调查。按照南水北调中线一期工程2014年汛后通水的建设要求，丹江口水库库底清理工作必须在2013年底前完成。为全面了解清理对象和数量，确保清理质量，2012年水源公司委托长江设计院开展丹江口水库库底清理补充调查和规划设计工作，对清理范围、对象、数量等进行复核、细化、补充，重新分析计算库底清理所需费用，并编制库底清理概算专题报告。

(一)规划方法

1. 查清清理实物量

库底清理规划以2003年实物指标调查为基础，结合河南、湖北两省人民政府批准的实施规划报告，复核、查清各项清理量。清理实物量原则上采用2003年实物指标调查成果。当移民搬迁安置过程中实际兑付量与2003年实物指标调查成果不一致时，按两省人民政府批准的实施规划报告数据计列。对于需要清理的特殊项目，采取补充外业调查数据的方式。规划期间，若部分清理对象因已拆迁、现场无法核实时，则采取抽样调查、收集实际补偿兑付清单、查看库底清理资料等方法进行测算。卫生清理和固体废物清理专业性较强，其清理指标由地方卫生、环保部门提出，联合工作组进行合理性检查并现场核实。建(构)筑物清理、林木清理指标以设计单位为主提出。

2. 提出清理方案

根据清理对象的特点，按照国家相关法律法规和水库库底清理的行政法规、管理规定及技术要求，分别提出科学合理、切实可行的库底清理规划方案。卫生清理和固体废物清理方案直接采用专业部门制定的处置措施。建(构)筑物清理、林木清理清理方案以设计单位为主提出。对于湖北省丹龙工贸化工有限公司、丹江口市第一造纸厂、郧县博达丰工贸有限公司、郧阳造纸厂等可能对水环境影响较大的重要清理项目，要按照“依法清理、科学清理、资源利用和经济合理”的原则，对清理方案进行技术经济论证和方案比选，并单独编制清理方案。

3. 合理确定清理费用

为保证清理质量，库区采取边搬迁、边清理的工作程序。移民搬迁后，开展一般卫生清理，并完成房屋和一般附属建筑物清理。因此，房屋和一般附属建筑物的清理单价参考国家批准的《初步设计规划报告》标准。特殊附属构筑物、专项设施清理单价参照湖北省房屋修缮工程预算定额统一基价表相关拆除子目重新分析。卫生清理、固体废物清理、林木清理单价，若国家法规有明确规定，按国家法规执行；若国家法规无明确规定，执行两省法规；若两省法规亦无明确规定，参照《水利建筑工程概算定额》和已建水库的有关标准，并结合丹江口水库实际情况，合理确定。

(二)清理对象

丹江口水库库底清理分为一般清理和特殊清理。一般清理对象包括卫生清理、固体废物清理、建(构)筑物清理、林木清理和易漂浮物清理5个部分。

1. 卫生清理

卫生清理包括一般污染源、传染性污染源和生物类污染源等3个方面。

(1)一般污染源

一般污染源包括化粪池、沼气池、粪池、公共厕所、牲畜栏、污水池、普通坟墓、网箱等。

(2)传染性污染源

传染性污染源包括传染病疫源地、医疗卫生机构工作区和医院垃圾、兽医站、屠宰场及牲畜交易所、传染病死亡者墓地和病死牲畜掩埋地等。

(3)生物类污染源

生物类污染源主要指居民区、集贸市场、仓库、屠宰场、码头、垃圾堆放场200m区域内及耕作区的鼠类。

2. 固体废物清理

固体废物清理包括生活垃圾、工业固体废物、危险废物、废放射源、固体废物清理后原址被污染的土壤等5个方面。

(1)生活垃圾

指在日常生活中或者为日常生活提供服务的活动中产生的固体废物。

(2)工业固体废物

指在工业生产活动中产生并堆存而未处理处置的各种固态、半固态废弃物。符合下列条件之一的工业固体废物,应予以处理:①工厂污水收集和处理设施(包括污水管道、沟渠及处理设施)中积存的各种污泥;②不属于危险废物的废弃尾矿渣;③化工、化肥、农药、染料、油漆、石油,以及电镀、金属表面处理等生产车间、仓库的建筑废物;④其浸出液中一种或一种以上有害成分浓度等于或大于工业固体废物与污染土壤处理鉴别标准表所列指标的工业固体废物。

(3)危险废物

指列入《国家危险废物名录》或者根据国家规定的危险废物鉴别标准和鉴别方法认定的,具有腐蚀性、毒性、易燃性、反应性和感染性等一种或一种以上危险特性,以及不排除具有以上危险特性的固体废物,主要包括:①列入《医疗废物分类目录》的各种医疗废物;②电镀污泥、废酸、废碱、废矿物油、矿渣等,以及列入《国家危险废物名录》的各种废物及其包装物;③根据《危险废物鉴别标准》检测被确认具有危险特性的废物及其包装物;④化工、化肥、农药、染料、油漆、石油,以及电镀、金属表面处理等废弃的生产设备、工具、原材料和产品包装物及废弃的原材料和药剂;⑤农药销售点和储存点积存、散落、遗落的废弃农药及其包装物等。

(4)废放射源

指由于超过使用期限或其他原因而废弃的放射源,包括用于食品辐照和工业应用中的废弃放射源、用于放射诊断的X射线机中的废弃放射源、其他医用废弃放射源、用于标定放射性仪器的废弃放射源、火灾报警器中的废弃放射源等。

(5)被污染的土壤

指危险废物、磷石膏等工业固体废物清理后的原址中的土壤。

3. 建(构)筑物清理

建(构)筑物清理包括建筑物清理和构筑物清理。

(1)建筑物

建筑物指用于生产生活的各种房屋,包括农村居民、城镇居民、单位、工业企业的各类房屋。

(2)构筑物

构筑物指非居住性的各类构筑物,包括大中型桥梁、围墙、独立柱体、砖(瓦、石灰)独窑、砖厂砖窑、各类杆塔、闸坝、烟囱、牌坊、水塔、储油罐、水泥窑、冶炼炉、地窖、地下室、人防工程、井巷工程等地上、地下设施。

4. 林木清理

林木清理包括成片林木(含灌木林)和零星树木(含绿化树和行道树)。

5. 易漂浮物清理

易漂浮物清理包括建(构)筑物清理后易漂浮的材料,如废弃的木质门窗、木质杆材、油毡、塑料等;伐倒的树木及其枝丫;田间和农舍旁堆置的秸秆等。

特殊清理是指为开发利用水库水域,在水库淹没区修建捕捞场、游泳场、水上运动场、航道、港口、码头、泊位、供水工程取水口、疗养区等项目所在区域,以及《南水北调中线一期工程丹江口水库库底清理技术要求》(以下简称《库底清理技术要求》)规定外的其他清理工作。需要特殊清理的,由受益人编制清理方案,按规定申报审批,清理费用按照"谁受益、谁投资"的原则由受益人自行承担。补充规划不包括特殊清理对象。

(三)清理范围

清理范围包括淹没区域和淹没线上搬迁区域两部分。

1. 淹没区域

1)卫生清理范围:移民迁移线以下的区域(含初期工程征用线以下,下同)。

2)固体废物清理范围:移民迁移线以下的区域。

3)建(构)筑物清理范围:移民迁移线以下的区域。

4)林木清理范围:正常蓄水位 170m 以下的区域。

5)易漂浮物清理范围:移民迁移线以下的区域。

2. 淹没线上搬迁区域

为便于管理,对淹没影响区和淹没线上应搬迁对象的建(构)筑物和一般污染源进行清理。其中，淹没影响区包括因水库蓄水后可能诱发的滑坡、坍岸、孤岛，以及失去生产生活条件的库边地段；淹没线上应搬迁对象指淹地不淹房需搬迁农户、居民，以及功能受影响已纳入补偿范围的单位、企业等。由于淹没线上失去功能的单位只给予适当补助，因此不纳入清理范围。

（四）主要规划成果

丹江口水库库底清理主要清理任务为：卫生清理消毒面积 178 万 m^2，清运污物 23 万 m^3，回填坑穴 26 万 m^3，消耗漂白粉 306t、$0^{\#}$ 柴油 220t、鼠药 43t；固体废物清理生活垃圾 10 万 m^3、工业固体废物 75 处 18 万 m^3、危险废物 4 处 0.02 万 m^3、污染土壤 54 处 17 万 m^3；建（构）筑物清理房屋 957 万 m^2，其他建（构）筑物若干；林木清理成片林地 13 万亩、零星树木 226 万株；易漂浮物清理淹没线下农户秸秆和柴垛 5 万处。

八、防护工程规划

为减少水库淹没损失，降低移民安置难度，保护和充分利用土地资源，根据《移民安置条例》和相关规范，在丹江口水库大坝加高工程移民安置规划过程中，对有条件防护的库边浅水区、临时淹没区及具有重要经济价值的防护对象，开展了工程防护研究工作。

1991 年，在丹江口水库大坝加高工程可行性研究阶段，在长江设计院和地方人民政府的配合下进行了实地查勘。在综合考虑防护工程难易程度、防护效益等因素的基础上，初步选择了丹江口市浪河、小店子、六里坪村、六里坪镇、温坪，郧县县城、龙门塘、柳陂，淅川县白亭、钟观、下集、吴店，郧西县天河口等 13 处防护区开展了规划工作。

2003 年，丹江口水库大坝加高工程初步设计阶段，在编制《框架规划报告》时，长江设计院再次对防护工程进行了实地查勘，新增武当山特区遇真宫、丹江口市孙家湾两处防护区。2004 年 2 月，调水局等单位组成丹江口水库库区防护工程考察调研组，对库区防护工程进行了考察调研，并对防护工程规划工作提出了意见和建议。

2004 年 8 月，结合调水局等单位对防护工程的考察调研意见，长江设计院完成了 15 处防护工程规划工作。

2004 年 9 月 20—22 日，江河水利水电咨询中心在武汉组织召开了丹江口水利枢纽大坝加高工程库区防护工程专题研究报告咨询会。国务院南水北调办环境与移民司（2009 年后单设征地移民司、环境保护司）、调水局、水源公司、水规总院、湖北及河南两省南水北调工程领导小组办公室、移民办（局）、库区各县（市、区）人民政府等参加了会议。经充分讨论，各方对丹江口水库防护工程认识达成一致，会议主要结论如下。

1）遇真宫作为武当山古建筑群的重要组成部分，对其进行保护具有特殊的社会、文化、旅游及经济价值。建堤防护可作为保护方案之一，但最终方案的确定应尊重文物主管部门意见。

2)六里坪镇防护工程节约了不可再生的土地资源,且垫高方案和移民搬迁投资基本相当。但考虑到地方经济社会发展的用地需要,根据审查意见和地方人民政府意见,六里坪镇采取就近后靠迁建方案。

3)郧县县城的大防护方案具有一定的防护效益,但是防护区地势低洼,土地利用不便,区内来水全部需要泵站抽排,运行费较高,且防护工程建成后,区内居民生活环境较差;小防护方案的经济指标很差。经综合比较,建议放弃防护,进行塌岸治理。

4)柳陂防护工程虽然防护对象较多,具有一定的财务效益,但是国民经济效益较差。此外,防护区集雨面积大,地势低,排水困难;防护工程挤占丹江口水库有效库容较大,对水库防洪、调水、发电效益有一定影响;防护坝坝基及坝肩防渗难度较大;建成后防护区内居民长期生活在水库常水位以下,其生产生活环境较差。经综合比较,建议放弃防护。

5)其余 11 处防护工程均放弃防护。

综上所述,水源公司通过组织大量的分析论证工作,并结合地方人民政府意见,15 处防护工程中,除遇真宫防护工程外,其他 14 处防护工程调整为移民搬迁安置方案。其后,经过论证审批,遇真宫调整为部分顶升结合低地垫高的保护方案。

九、文物保护规划

丹江口水库位于汉江上游下段,地处鄂西北与豫西南交界处的大巴山、秦岭与江汉平原过渡地带,是长江、黄河流域古代文化相互交流、碰撞、融合的重要过渡地带。这里的文化遗存对于研究中华文化多元一体化格局的形成,以及中华文明进程具有不可替代的作用,其意义十分重大。

党和国家高度重视南水北调工程文物保护工作,历任党和国家领导人都曾对水库淹没区文物保护作出过重要批示或指示。南水北调建委会要求:"对工程占地和淹没区的文物,要按照保护为主、抢救第一、合理利用、加强管理的方针,制定保护方案,并纳入移民安置规划。"2003 年 6 月,国家文物局、水利部联合印发《关于做好南水北调东、中线工程文物保护工作通知》,强调文物保护工作是南水北调工程的重要组成部分,并对工程建设部门及时提供工程线路设计图纸、落实文物保护经费、处理施工中意外发现文物的保护等 6 个方面问题提出了原则性意见。

水源公司作为南水北调中线水源工程项目法人,本着对历史高度负责的态度,积极参与了文物保护规划及实施工作。

(一)丹江口水库初期工程文物保护主要工作

1957 年,为配合丹江口水库初期工程建设,库区的文物工作在艰难和曲折中拉开帷幕。1957—1979 年,相关部门对郧县青龙泉、大寺、朱家台和淅川下集(沟湾)、下王岗等古遗址,以及郧县徐家坪、郧县一中和淅川下寺等古墓群进行了发掘工作,对武当山净乐宫等石构件进行了搬迁；1994—1995 年，长江委与文物考古界一起，对加高工程淹没区和初期工程消落区进行了全面调查，共同确认文物点 287 处，牵头编制了《丹江口水库淹没区文物古迹调查报告》，并多渠道申请经费，支持了淅川和尚岭、徐家岭、郭庄等古墓群发掘，以及丹江口市净乐宫复建的前期设计等工作。

(二)丹江口大坝加高工程文物保护主要工作

随着丹江口大坝加高工程的实施，丹江口库区将新增大量受淹没及影响的文物古迹。

2004 年 5 月，国家文物局会同国家发展改革委、水利部和国务院南水北调办，联合成立南水北调东中线一期工程文物保护工作协调小组，专门负责协调南水北调工程文物保护前期工作，以及工程施工过程中出现的文物保护问题。协调小组多次开展联合调研，并联合印发文件，推进南水北调工程文物保护工作顺利开展。

在 2009 年库区文物保护初步设计批复前，2005 年、2007 年、2008 年，国务院南水北调办先后以《关于南水北调东、中线一期工程控制性文物保护方案的批复》《关于南水北调东、中线一期工程第二批控制性文物保护方案的批复》《关于南水北调中线一期丹江口库区 2008 年文物保护项目的批复》批复相关文物保护项目。按照以上文件要求，水源公司积极配合地方文物部门，分 2005 年、2007 年和 2008 年 3 个批次上报库区控制性文物保护项目，累计获得国家批复投资 19120 万元(含 500 万元遇真宫前期工作经费)。2009 年 10 月，国务院南水北调办对库区文物保护初步设计报告进行批复，核定除前三批控制性文物外的文物保护投资 22525.45 万元。

批复的文物保护项目中涉及地上文物武当山遇真宫。

武当山遇真宫位于丹江口库区南端、武当山山下，是武当山古建筑群主体建筑“九宫九观”之一。就这一建筑所处的总体布局而言，遇真宫位于“治世玄岳”牌坊之后，是武当山古建筑群的第一座大型主体建筑。据文献记载，明初著名道士张三丰在此结庵修炼，名曰“会仙馆”。永乐十年(公元 1412 年)，明成祖敕建遇真宫，五年后竣工，其主体由中宫、西宫和东宫 3 个部分构成，被周长 857m 的宫墙环绕。中宫现存宫门、宫墙、龙虎殿、真仙殿残迹、配殿等 30 间建筑，建筑面积 1459m^2。东宫、西宫地面的建筑已经全部被毁，仅保留了建筑遗址。

遇真宫古建筑群总占地面积 56780m^2。宫墙内占地面积约 28000m^2。其中，东宫遗址占地面积 7700m^2，西宫遗址占地面积 11822m^2，中心区(中宫)占地面积 8400m^2。1959 年，遇真宫被公布为湖北省重点文物保护单位。1994 年，遇真宫作为武当山古建筑群的组成部分，被列入《世界文化遗产名录》。2006 年，遇真宫被公布为全国重点文物保护单位。

丹江口水库大坝加高后，遇真宫处在水库淹没线以下，必须进行抢救性保护。遇真宫作为工程涉及的唯一一处世界文化遗产，备受关注。按照有关规定，其保护方案必须由国家文物局审批，并报联合国教科文组织中国委员会备案。为保护遇真宫，国家有关部门组织专家进行了深入细致的勘察设计。湖北省文物局于2004年4月组织完成了《南水北调中线工程丹江口水库淹没区湖北省文物保护规划》，并召开了专家论证会。与会专家认为，遇真宫作为特殊项目，应单独编制保护方案。同时，应以“不改变文物原状，减少对文物的干预”“全面地保存、延续文物的真实历史信息和价值”“保护与文物本体相关的历史、人文和自然环境”为目标，组织相关单位就遇真宫保护方案进行实地调研，并初步形成了抬升、防护、搬迁3种保护思路。

随后，从2004年底开始，有关方面又组织进行了多次研究论证。2006年7月，国家文物局在北京组织专家对湖北省文物局上报的3种保护方案进行评审后做出批复，同意采取工程防护的思路对遇真宫进行保护（图6-9）。

图6-9 2006年7月遇真宫保护方案专家论证会

在国家文物局下达这一批复意见后，水源公司认为防护方案存在较大风险，南水北调工程蓄水后难以保证遇真宫万无一失。本着对历史负责的态度，为确保遇真宫这一世界文化遗产的绝对安全，水源公司以“中水源移〔2007〕53号”函报国务院南水北调办表示反对，建议重新论证。为此，国务院南水北调办领导专门与国家文物局进行了沟通。2007年4月，国务院南水北调办致函国家文物局，转送了水源公司对丹江口库区遇真宫遗址保护的有关建议。该建议明确提出，由于工程防护方案的深化设计在设计标准、汛期排涝、防护区内浸没侵蚀、运行管理等方面存在风险，防护方案无法确保遇真宫绝对安全，建议另择方案。

2007年7月，国家文物局向国务院南水北调办综合司发出《关于丹江口库区遇真宫保护事宜的意见函》。这份公函提出，采用工程防护方案对遇真宫实施保护是严格按照南水北调工程文物保护工作的程序，在征求专家意见后确定的；如确需变更，应由水源公司与湖北省文物局协商，组织专家对变更遇真宫保护方案的可行性和必要性进行论证；之后，按程序报批。

2007 年 7 月 27 日，湖北省移民局在北京组织召开了遇真宫保护方案专家论证会（图 6-10），来自文物和水利两方面的专家共 14 人参加了会议。此外，来自国家文物局、国务院南水北调办、湖北省文物局、湖北省移民局、水源公司、长江设计院、清华大学文化遗产保护中心等单位的代表也参加了会议。与会专家对遇真宫保护方案进行了热烈讨论。会议决议，由国务院南水北调办负责组织、协调有关单位尽快开展遇真宫保护方案风险评估工作。

图 6-10　2007 年 7 月武当山遇真宫文物保护方案论证会

2007 年 9 月 27 日，国务院南水北调办环境与移民司会同国家文物局文物保护司协商遇真宫保护工作相关事宜。双方认为，应按照 2007 年 7 月 27 日在北京召开的遇真宫保护方案专家论证会意见，由水源公司委托相关专业单位，进一步开展遇真宫保护工程防护方案的风险分析。形成科学的风险分析报告后，经由湖北省移民部门和文物部门，上报至国务院南水北调办和国家文物局。国家文物局将与国务院南水北调办共同商议研复，若有必要，可再次邀请专家论证。

2008 年 3 月，国家发展改革委发出《关于核定南水北调东中线一期工程丹江口库区 2008 年文物保护项目投资概算的通知》，核拨遇真宫保护工程前期工作经费 500 万元。

2009 年 10 月，国务院南水北调办发出《关于南水北调东、中线一期工程初步设计阶段文物保护方案的批复》，明确指出："丹江口库区遇真宫、遇真宫泰山庙和遇仙桥等 3 个项目保护经费暂按 5644.41 万元计列，待保护方案确定后，以核定的投资为准。"

2009 年 11 月，经报请国务院南水北调办、国家文物局同意，湖北省文物局在北京召开了武当山遇真宫防护方案风险评估论证会（图 6-11）。会后，长江设计院根据专家意见，针对遇真宫防护工程技术及管理运行风险，进行了深入分析研究，提出"建议放弃防护，重点研究采用垫高或顶升保护方案"。

图 6-11 2009 年 11 月武当山遇真宫防护方案风险评估论证会

2009 年 12 月，湖北省文物局将论证会专家组意见、长江设计院意见和武当山特区管委会关于整体抬高复原保护遇真宫的请求上报国家文物局。2010 年 2 月，国家文物局以《关于遇真宫保护工程的意见》批复同意采取原地垫高方案保护遇真宫，并要求湖北省文物局组织有资质的单位，抓紧制定切实可靠的遇真宫垫高保护工程设计方案。至此，在水源公司力排众议的坚持下，遇真宫保护方案经文物、水利专家多方论证，终于从最初的工程防护方案变更为垫高保护方案。

2011 年 6 月 15 日，国家文物局批复遇真宫垫高保护工程设计方案，保护工程投资概算 18524.11 万元。该工程内容包括文物修缮工程，山门、东、西宫门顶升工程，地下基础垫高工程和考古发掘工作。遇真宫保护工程是南水北调工程中保护级别最高、单体投资额度最大的文物保护项目，体现了我国在大型基本建设中对文化遗产保护的高度重视。2011 年 6 月，相关部门对南水北调中线一期工程武当山遇真宫垫高保护工程初步设计概算进行了批复，核定投资 12379.7 万元（扣除 500 万元前期工作经费），至此库区文物保护共批复总投资 54025.15 万元。

（三）文物保护成果

1. 规划批复情况

2005 年、2007 年、2008 年、2009 年，国务院南水北调办先后根据《关于南水北调东、中线一期工程控制性文物保护方案的批复》《关于南水北调东、中线一期工程第二批控制性文物保护方案的批复》《关于南水北调中线一期丹江口库区 2008 年文物保护项目的批复》和《关于南水北调东、中线一期工程初步设计阶段文物保护方案的批复》等文件，共批复文物保护项目 274 处。其中，地下文物保护项目 239 处，地面文物 35 处，考古发掘面积 66.61 万 m^2，地面文物保护项目建筑面积 2.19 万 m^2。

2. 实施情况

在实施过程中，河南、湖北两省文物局根据国家文物局《南水北调东、中线一期工程文物保护管理办法》和丹江口库区文物保护相关管理办法的规定，针对地下文物埋藏情况的不可预见性和地面文物保存的实际情况，在履行相关程序后，对部分项目进行了调整。最终，共完成文物保护项目 280 处。其中，地下文物保护项目 243 处，考古发掘面积 68.60 万 m^2，出土文物 20 万余件(套)；地面文物保护项目 37 处，建筑面积 2.26 万 m^2。

3. 重点文物发掘成果

(1)湖北郧县辽瓦店子遗址

辽瓦店子遗址位于湖北省郧县柳陂镇辽瓦村四组。2005—2011 年，为配合南水北调中线工程建设，根据湖北省文物局的工作安排，武汉大学考古学与博物馆系、湖北省文物考古研究所对该遗址进行了多次发掘，发掘面积达 13500m^2。通过系统的发掘和整理，发现辽瓦店子遗址存在一批新石器时代晚期、夏、商、西周、东周、汉、唐、宋等几个重要时期的丰富文化遗存，特别是夏、商、两周时期的遗存，其保持之完好、内涵之丰富、意义之重要，引起了学术界的广泛关注，并被评为“2007 年度全国十大考古新发现”(图 6-12)。

图 6-12 2007 年郧县辽瓦店子遗址考古发掘现场

研究表明，辽瓦店子遗址扼守汉江通道要塞，出土大量新石器时代、夏、商、两周时期的遗迹、遗物，且很多遗存都是首次新发现，填补了这一区域文化发展的空白。辽瓦店子遗址夏及商早期的遗存总体自身特点突出，部分受陕东南同时期文化的影响，同中原二里头文化也有一定的联系。商代中期和中原典型的商文化如出一辙。商晚、周初的文化面貌又呈现出浓厚的自身特点，出现一组以扁足鬲为代表的新器物群。西周中期，典型的周文化侵入此地并迅速发展，西周中期以后到东周则属楚文化的范畴。总之，辽瓦店子遗址文化序列完整、特征鲜明，可作为汉江上游区域文化发展序列的标尺。

(2)遇真宫垫高工程

遇真宫(图 6-13)是世界文化遗产武当山古建筑群的重要组成部分，属武当山九宫之一，也是南水北调工程涉及最大的文物保护对象。

图 6-13　遇真宫远景(遇真宫文物保护工程实施前)

经专家多年反复评审、论证，由国务院南水北调办、国家文物局批复确定，采取原地垫高、局部顶升的方案对武当山遇真宫实施垫高保护工程。工程内容包括文物保护工程、土石方垫高工程、山门和宫门顶升等，于 2011 年 10 月全面动工。在工程实施前，湖北省文物考古研究所对遇真宫东宫、中宫及宫外附属遗迹进行了考古清理，并采用数字激光扫描仪对遇真宫正门、中宫、东宫、西宫及外墙等现有建筑进行精密扫描，系统留存了遇真宫的各类历史信息。2012 年 8 月至 2013 年 1 月，武当山遇真宫的山门及两翼琉璃墙体、东西宫门原地抬升 15m，克服了多项技术难题，实现了多项技术重大突破，创造了我国乃至世界古建筑整体顶升之最：顶升高度最高、一次顶升数量最多、被顶升建筑年代最久远。2015 年 7 月，顶升及垫高工程通过了阶段性验收。宫门顶升启动见图 6-14，遇真宫垫高现场见图 6-15，垫高后的遇真宫见图 6-16。

2016 年 10 月，经过两年多的垫高体沉降观测、文物复建基础地质勘察与专家论证，武当山遇真宫原地垫高保护工程的文物复建正式启动。在复建过程中，严格遵循“不改变原状”的原则，“复活”历史文物。根据遗留下来的古建筑构件，采用“等比”修复方式，使用糯米浆掺白灰砂土工艺砌墙，确保遇真宫复建后的体式特征、风格手法、构造特点和材料质地等“原汁原味”。2019 年 9 月，武当山遇真宫垫高保护工程顺利通过国家技术性验收(图 6-17)。

图 6-14 宫门顶升启动

图 6-15 遇真宫垫高现场

图 6-16 垫高后的遇真宫

图 6-17 2019 年 9 月，武当山遇真宫垫高保护工程国家技术性验收

2021 年 7 月，在福州召开的联合国教科文组织第 44 届世界遗产大会通过的决议，高度赞赏了我国在实施武当山遇真宫抬升项目和制定、实施遗产管理规划等方面做出的努力。

十、移民安置补偿投资概算

(一)编制工作程序

南水北调中线一期工程移民搬迁规模庞大、复(改)建工程项目繁多，前期工作周期较长。2003—2010 年，移民安置规划编制工作历时 8 年。移民安置补偿投资概算编制工作流程见图 6-18。

(二)概算编制思路

在现行的政策体系及技术经济文件框架范围内，严格执行国家和两省的政策及标准，打足用好，全面、充分保障移民合法权益，确保移民生活达到或超过原有水平。

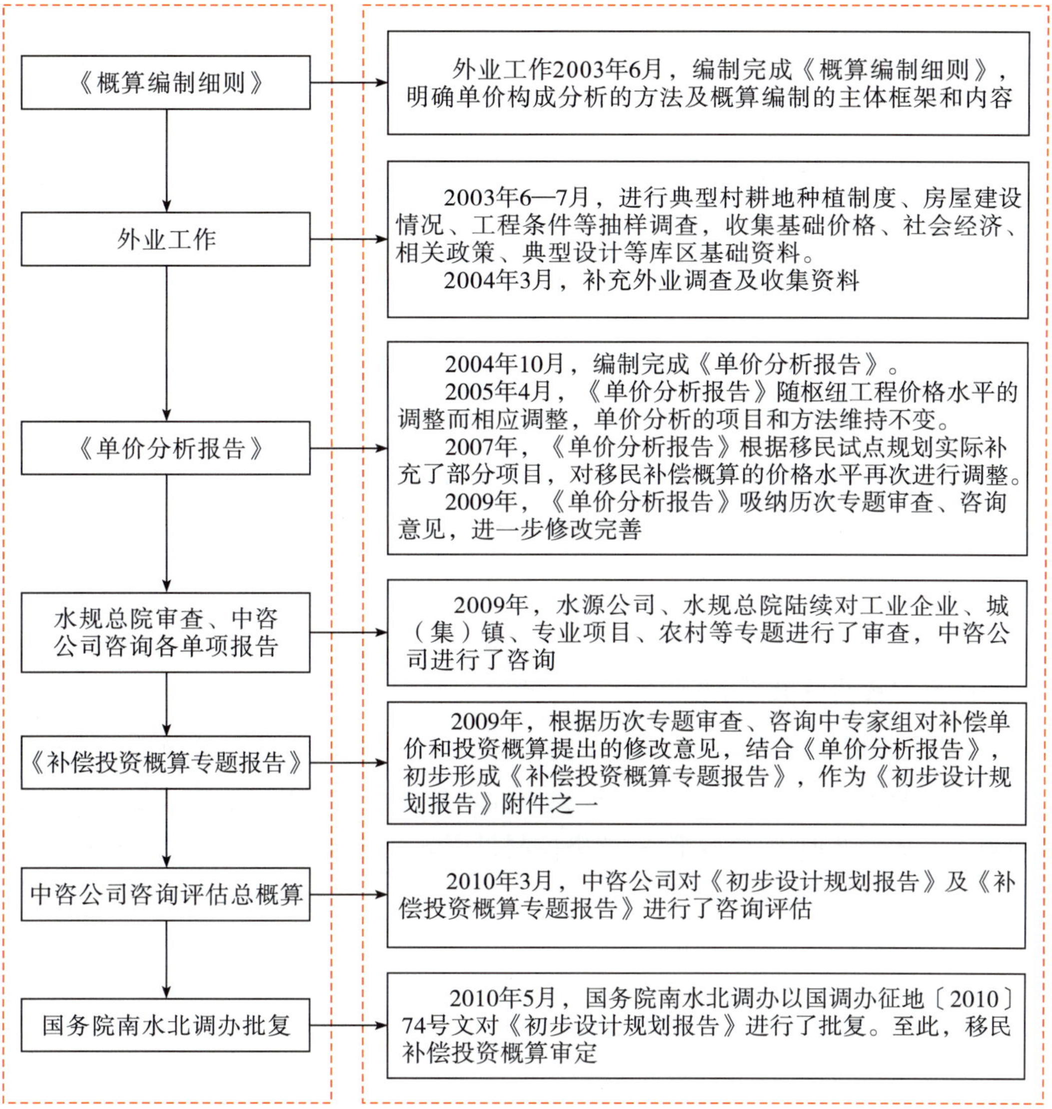

图 6-18　移民安置补偿投资概算编制工作流程

(三)概算编制原则

在初设阶段，移民政策与标准处于变化较大的特殊时期，移民安置及补偿政策的调整，对概算编制提出了更高要求。在市场经济体制下，移民的维权意识增强，对补偿项目和标准的诉求不断提高；同时，地方经济建设需要更高的起点，涉及行业（专业）概算编制的精细化程度加深等，以上种种因素综合作用，对概算编制提出了更高要求。因此，在概算编制时应遵循了以下原则。

1. 严格执行国家和两省政策及标准

当国家法规有明确规定时，执行国家法规；当国家法规无明确规定时，执行两省规定；当两省亦无明确规定时，参照已(在)建水库的有关标准，并结合库区实际情况处理。正确处理国家、集体、个人利益，维护移民合法权益，确保移民生活水平达到或者超过原有水平。

2. 界定边界条件，合理选择计算方法

移民补偿投资概算的计算范围、方法需与实物指标调查、移民安置规划相结合。补偿补助类在分析实物指标及规划指标特点的基础上，确定补偿项目及计算方法，全面、合理地计算补偿投资；工程建设类根据项目类型、规模、所属行业、地区，选取相应的行业编制规定、定额计算，综合单价借鉴清单计价方法，全面反映规划、设计所需达到的深度。

3. 理论与实践结合，合理确定补偿项目

在试点规划过程中，根据移民安置的实际需要，对移民安置补偿投资概算项目进行了延展，对计算方法进行了探索，并积累了经验。在初设阶段进行补偿投资计算时，延续了试点规划的成果。同时，对试点规划中反映出的问题做了进一步深入研究，增加了部分项目，调整了部分标准，使概算更符合库区实际情况。

4. 落实移民安置政策，及时进行合理调整

自总体可研批复以来，《移民安置条例》颁布，两省的耕地占用税等税费标准相继调整，有关部门根据实际情况对有关问题提出处理意见，行业概算编制规定也进行了更新、调整等。面对新形势、新政策，在严格控制投资规模的前提下，注重政策运用的时效性，用好、用足补偿政策。

(四)主要做法

1. 因势而变，适时调整价格水平

价格水平年指计算移民补偿投资时所采用的政策法规、基础价格对应的基准时间，通常以月、季度、年为单位。丹江口水库移民补偿投资对应的价格水平年，随着移民规划工作的推进进行了数次调整。

1)2008 年以前，从 2003 年《南水北调中线丹江口水利枢纽大坝加高工程库区移民安置补偿投资概算编制细则》(以下简称《概算编制细则》)、2004 年《南水北调中线一期工程丹江口水库建设征地初步设计阶段移民补偿概算单价构成分析报告》(以下简称《单价分析报告》)，到 2005 年《规划报告》，移民安置补偿投资概算所采用的价格水平均与枢纽工程一致，有关税费等政策文件则是按报告编制完成时国家和两省最新的现行标准计取。

2)2008 年 10 月，丹江口库区开展了移民安置试点工作，在《试点规划报告》中，考虑到 2004—2007 年物价变化较大，故采用了 2007 年第三季度的价格水平，有关税费按 2008 年 3 月底以前国家或地方公布的最新标准计取。

3)按照国务院统一部署,丹江口库区移民搬迁安置任务必须在2013年底前全部完成。为加快征地移民工作进度,满足水库移民搬迁安置实施工作的要求,长江设计院于2008年12月编制完成《初设规划大纲(修订)》,该大纲经设管中心审查,同意价格水平暂按2008年第三季度确定。

4)2008年以后,国际国内经济形势发生变化,物价水平起伏较大,也给丹江口库区移民初步设计投资概算编制工作带来较大影响。为合理确定丹江口库区移民投资价格水平,更好地维护移民群众利益,南水北调建委会于2009年3月12日以《关于确定丹江口水库建设征地移民安置规划初步设计价格水平年的函》对初步设计阶段的价格水平进行了最终确认,即以2008年全年平均价格水平作为丹江口水库建设征地移民安置规划设计(修订)概算的编制依据。

2. 结合实际,合理确定补偿单价

(1)耕地年产值

虽然河南和湖北两省库区和外迁安置区同种农产品的价格差别不大,但鉴于其光、热、水、肥、土等条件存在一定差异,且作物品种、农民种植习惯也不尽相同,因此耕地年产值按河南库区、湖北库区、河南安置区、湖北安置区等4组分别进行分析。

1)农作物产量分析。

①资料来源。

主产品基准年(2008年)产量依据两省库区及外迁安置区前三年(2005—2007年)国民经济统计资料所反映的耕地面积、主要农产品生产情况综合分析确定。国民经济统计资料包括省、市、县(市、区)统计年鉴和乡(镇)统计年报。在资料采用时遵循了以下两个原则:尽量逼近库区及安置区的农作物生长情况;同一级别的统计资料相对完整。根据以上原则,库区主要采用乡(镇)统计年报中淹没涉及村的统计数据,外迁安置区主要采用安置涉及县(市、区)的统计数据。

②产量处理。

由于水田、旱地的耕地年产值差别较大,而在统计资料中农作物播种面积及产量并未按水田、旱地分类,无法体现同时种植在水田和旱地中的农作物(如小麦、玉米、棉花等)亩产量差别。因此,在分别进行水田、旱地农产品亩产量分析时,参考了农田浇灌效益等相关资料,对不同地类中农作物亩产量进行了调整。

③规划水平年产量测算。

规划水平年产量以基准年产量为基础,按一定的年均增幅和增长年限推算。经综合分析《2008年中国统计年鉴》及两省统计年鉴所反映的长序列数据,确定稻谷、小麦、玉米等作物的年均增幅为1%。根据农村移民搬迁进度安排,综合搬迁年限为3.3年,主产品产量增长年限为3.5年。

2)耕作制度分析。

①调查方法。

根据耕作制度因自然条件差异存在一定的多样性,但在一定范围内具有趋同性的特点,在调查方法上采用抽样调查法。在选取样本时,首先,以乡(镇)为单位,选择淹没耕地或调整耕地比重较大的典型村作为初选样本;然后,结合年报数据分析,征求当地村组干部意见,进一步筛选具有广布性和代表性的村作为最终样本;最后,采用面询、问卷调查等方式,结合现场踏勘,确定样本的主要耕作制度。

②合理性分析。

首先,根据当地农业部门提供的农业技术推广资料及相关文献,从农作物生长特点等方面,对轮(套)作制度进行合理性分析。然后,对于种植制度没有延续性的,进行了调整。如2004年以前,库区黄姜种植面积大、经济效益好。最后,受政策及市场影响,黄姜种植比例大幅萎缩,价格下降幅度非常大。因此,在计算土地亩产值时,对原本种植黄姜的水田、旱地,分别按水稻—小麦、小麦—玉米的耕作方式对亩产值进行了调整。

(2)房屋补偿单价

房屋补偿单价分析主要采用概算指标法计算其重置全价,具体采用了以下两种方法。

1)典型样本还原法。

农村房屋多以农户自建为主,没有可利用的施工图或耗量指标,单价分析主要采用此方法。首先,在库区的已建房屋中,按不同结构抽取典型样本,现场绘制设计图,量算并记录建筑结构型式及尺寸。其次,根据绘制的设计图及现场记录,将其还原为新建房屋,按《全国统一建筑工程预算工程量计算规则》计算基础工程、墙体工程、楼地面工程、屋面工程、装饰工程等分部工程量。然后,将分部工程量代入相应的建筑工程定额,计算、汇总人工、材料耗量,并进行合理性分析,得到百平米建筑工程人工、材料耗量指标。最后,参照相关费用指标及取费标准,计入次要材料费用、机械台班费、安装工程费、建筑安装工程其他费、设计费等其他费用,形成完整的单价。

人工预算价按行业概(估)算编制规定执行,即以定额人工费单价为基础,按概算编制时最新的配套人工费调整文件进行调整。其中,在进行房屋单价分析时,考虑到全库采用统一的补偿单价,人工预算价未完全按两省各自规定分别取河南43元/工日、湖北44元/工日,而是统一采用了较高的44元/工日。

材料预算价格由材料原价、运杂费和采购及保管费等组成。房屋补偿涉及库区和外迁安置区,范围较广,材料价格采用两省建设工程造价信息中的市预算价的平均值。考虑到已发布的建设工程信息价已包括原价、一定范围内运杂、采保等费用,为满足移民实际建房需要,钢材、木材、水泥等主要材料在采用信息价时,再计入3%的增运费,砂、石、砖、瓦等地材直接采用信息价。

2)资料分析法。

对于办公科研、文化教育等单位的公建房屋,选取有代表性房屋的建筑设计图及预(决)算资料,分析其每百平米耗量指标。同时,对照《建设工程投资估算手册》等相关资料中同类建筑工程的消耗指标进行合理性分析,参照相关费用指标及取费标准,计入相关费用,形成完整的单价。

(3)建房困难补助费

初设规划编制时,两省并没有出台建房困难户补助政策。在制定补助标准时,主要对以下两个问题进行了研究。

1)征地地上附着建筑物的概念。

根据《移民安置条例》释义,征地地上附着建筑物不仅包括房屋,也包括附属建筑物。试点规划时,将房屋、附属建筑物的补偿费均计入"被征收土地上的附着建筑物的补偿费用",用于建房费用平衡。但是在试点移民搬迁安置过程中,移民群众反映基本用房不应包括晒场等家居必需的附属建筑物,若将实物指标中的所有附属建筑物纳入建房费用平衡,难以恢复基本生活功能。因此,在2010年《初步设计规划报告》中,附属建筑物补偿费不再纳入建房费用平衡。

2)基本用房的标准。

由于初期存在反复搬迁的情况,部分移民人均房屋面积少,为合理确定基本用房标准,对河南南阳市、湖北十堰市农村人均房屋情况进行了调研,两市2002年农村人均房屋面积约$25m^2$。同时,结合丹江口水库淹没区人均房屋面积$23.98m^2$的情况,确定建房困难补助按人均房屋面积$24m^2$计算。

考虑保护环境及建筑材料供应情况,移民新建房屋以砖混结构为主,最终确定基本用房的建房标准为$24m^2$砖混结构住房。

(4)搬迁补助单价

依据《水利水电工程建设征地移民设计规范》(SL 290—2003,以下简称《移民设计规范》),搬迁费包括移民在搬迁时的车船运输、食宿、医药、误工、物资损失和临时住房补贴。

在以上补助项目中,车船运输、食宿等均与搬迁距离相关。丹江口水库移民安置具有县内安置量少但相对集中,外迁安置区量大但相对分散的特点。因此,县内安置按最大合理距离30km考虑,外迁安置根据交通部门提供的客运里程表,并运用地图进行校核,以县(市、区)为单位确定平均运输距离。由于搬迁补助具有普惠性,且从规划到实施过程中交通状况仍有改善空间,实施时到各居民点的对接人数可能还有变化。因此,在最终确定搬迁距离时,对外迁安置的车船运输、食宿等补助计算,采用了按搬迁安置人数加权平均的方法,一个省统一设定为一个平均搬迁距离,即河南省外迁安置平均搬迁距离 276km，湖北省 356km。

考虑到移民搬迁路途较远，途中可能会有意外事故或意外伤害发生。为保障移民利益，在制定搬迁补助标准时，在原规范的基础上，根据中国人寿保险公司制定《国寿旅游意外保险条款》的有关规定，增加了一项“路途意外伤害保险”，分别承保县内搬迁 10 天、外迁搬迁 30 天的保险，保障收益分别为 20 万元/人和 11 万元/人。

3. 实事求是，优化增列补偿项目

(1)不断完善现有政策

从 2003 年开始进行单价分析，到 2010 年概算审定，跨越 8 年。在概算编制过程中，2006 年《移民安置条例》修订发布，移民安置补偿投资概算在新政策发布的情况下，遇到新情况、新问题。对现有政策进行细化、完善，使移民群众充分享受新政成果，是初设概算的指导思想之一。对现有政策的完善，在不断深化理解的同时，更重要的是通过实践来集思广益，使政策经受实践的检验，具有更强的操作性。例如，对于建房困难补助和附属建筑物的理解，经反复研究，在补偿项目设置中增列建房困难补助，不再将附属建筑物补偿费纳入建房困难补助费进行平衡。

(2)用足用活已有政策

1)生产安置增补费。

生产安置是移民安置工作的重中之重。受丹江口移民生产安置标准高于淹没前的人均水平、外迁安置区耕地年产值高于库区等方面的因素影响，总体上移民种植业安置费用高于水库淹没土地补偿及安置补助费。为解决这一资金缺口，增列了移民生产安置增补费。在概算中，以村为单位进行生产安置补偿费与生产安置投资的平衡。当移民生产安置投资大于生产安置补偿费时，计算生产安置增补费；当移民生产安置补偿费大于生产安置投资时，余额不予扣除，用于发展本村经济。

2)有关税费。

在实物指标调查阶段，未进行淹没影响基本农田的范围确认和数量调查。但根据两省耕地占用税缴纳标准，占用基本农田的，适用税额在基本税额的基础上提高 50%。各方研究认为，两省基本农田比例较大(＞85%)，且面积在年度间基本稳定，保护基本农田是我国的重要国策，南水北调工程作为惠及民生、以社会效益为重的工程，更应承担起必要的社会职责。因此，各方最终决定：基本农田的耕地占用税纳税额，可按两省土地利用总体规划确定的基本农田比例计算耕地占用税。这样，既避免了在实施时资金出现较大缺口，又体现了南水北调工程执行国家政策的责任感。

(3)结合实际增列项目

1)农村学校、医疗网点调整补助费。

《移民设计规范》规定：“文化、教育、医疗卫生等事业单位迁建补偿费，按照重建原有房屋和搬迁原有设施进行计算。”考虑到文教卫事业建设需结合服务对象重新配置资源，丹江口移民又以出县外迁为主，除库区进城(集)镇建房的农户，若按迁建方式计算文教卫投资，在实际操作中不便于实施。因此，在概算中计列“农村学校、医疗网点调整补助费”。另外，由于丹江口大坝加高为续建工程，初期工程移民搬迁仓促，安置简单，且受当时移民政策影响，补偿标准低，致使移民搬迁安置后基础差、底子薄、起点低，缺乏自我发展能力，很多村组集体财产很少甚至没有。概算中参照社会主义新农村标准，增列“移民新村村委会及文化活动室补助费”。

2)其他新增项目。

为解决农村移民搬迁后生活能源问题，以及保持安置区环境卫生，初设概算按户均标准计列了“移民新村双瓮厕所、沼气池补助费”；为解决非淹没涉及乡(镇)和外迁安置区移民搬迁导致的道路压占损坏和电力、通信增容等问题，初设概算按人均标准计列了“出乡(镇)安置移民安置区专业项目增容费”。

3)基本预备费。

考虑到丹江口库区移民多次搬迁、库区经济发展相对落后、移民生活困难和历史遗留问题较多等特殊情况，根据第四次南水北调建委会纪要明确的“移民预备费标准可根据实际需要做适当调整”的精神，将基本预备费费率提高 1 个百分点，即按农村移民安置补偿费、城(集)镇迁建补偿费、工业企业迁建补偿费、专业项目恢复(改)建补偿费、库底清理费、其他费用等 6 项之和的 11%计算。

(4)价差处理

2010 年底至 2011 年，移民安置进入全面建设的高峰时期。此时，无论是人工还是建筑材料均呈现供不应求的态势，人工费用和材料价格上涨幅度都远远高于预计水平。在此特殊情况下，2011 年 8 月，长江设计院编制完成《南水北调中线一期工程丹江口水库移民房屋及点内基础设施补偿投资价差分析报告》(以下简称《价差分析报告》)，水源公司以中水源移〔2011〕156 号文将《价差分析报告》报送国务院南水北调办。国务院南水北调办设管中心委托水规总院对该报告进行了审查，随后以国调办征移〔2011〕223 号文对该报告进行了批复。

(五)丹江口水库移民安置补偿投资

国家累计批准的丹江口水库移民安置补偿总投资共 516 亿元。

十一、移民迁建进度及分年投资计划

(一)编制迁建进度及分年投资计划的作用

1. 编制价差预备费的基础

根据《移民设计规范》，价差预备费以分年度静态投资为计算基数，按照枢纽工程概

(估)算编制所采用的价差预备费率计算。

2. 指导移民安置实施及分期拨款的依据

移民迁建进度安排符合湖北、河南省委、省政府对丹江口水库移民搬迁安置任务的总体要求,是对实现总体要求的细化分解,能够有效指导移民安置实施工作,为移民补偿资金及时拨付到位提供了技术支持。

3. 提高移民安置效率

移民迁建进度安排注重移民生产安置与生活安置、移民搬迁与工程项目建设之间的衔接关系,可提高移民安置效率,保证丹江口水库移民安置工作有序、高效进行。

(二)编制迁建进度及分年投资计划的控制因素

1. 总体进度要求

试点规划移民搬迁安置任务于2009年完成。

根据南水北调中线一期工程在2014年汛后通水的建设目标,以及湖北、河南省委、省政府对丹江口水库移民搬迁安置任务的总体要求,非试点项目迁建进度及分年投资按5年(2009—2013年)安排。其中,①农村移民按“四年任务、两年完成”编制,按2010年、2011年两年安排。②河南省除与农村移民搬迁安置相关项目外,其他项目按2010年20%、2011年40%、2012年40%的迁建进度安排。③湖北省其他项目迁建进度按2010—2012年安排。

在搬迁顺序安排上,河南省要求按照“村级班子凝聚力和战斗力强的优先、移民群众搬迁积极性高的优先、先易后难”原则,以村为单位整建制搬迁;湖北省要求按照“先外迁后内安,先难后易,先低后高”的原则搬迁。

2. 控制节点要求

河南省移民迁建以农村为主线,分年迁建进度以整建村为单位,满足迁移数量要求;专业项目则以公路工程为控制性工程。

湖北省移民迁建以农村为主线,优先满足农村外迁移民要求;城(集)镇迁建将建设周期较长、迁建难度较大的项目优先安排;专业项目以公路工程为控制性工程,迁建进度安排控制好年度投资额的比例关系,并与城(集)镇迁建等有效衔接。

3. 优先顺序及关联

贯彻“突出重点,远近结合;移民进度与工程进度相衔接;在资金到位的情况下,移民宜早不宜晚”的方针,重点处理好移民生产安置与搬迁安置的关系,以及移民搬迁安置与基础设施建设、专业项目复(改)建的关系。在考虑优先顺序及相互衔接关系时,采用了以下方法。

1)移民迁建进度与工程进度相衔接,满足工程蓄水时间要求,按照“先低后高、先淹先搬”的原则进行。

2)为满足移民正常生产、生活需要,恢复必要的系统功能,与优先迁建项目恢复功能需求密切相关的部分,适当提前建设。

3)根据移民工程项目建设周期的需要,在资金到位、搬迁强度允许的情况下,尽可能缩短工期。能一次性复建的项目尽量一次完成,以充分发挥移民补偿投资的效益。

4)以农村移民安置为重点,生产安置先于搬迁安置。为使移民搬迁后尽快恢复生产、生活,将开荒改造及征收生产用地适当提前安排。由于土地开发至熟化需要一定时间,因此开荒改造尽量提前开展;而征收现有熟地则安排在移民搬迁前农作物收获后进行。

5)居民点及城(集)镇新址征地及“三通一平”(通水、通电、通路、平整土地),先行安排在移民搬迁前一年完成,为移民建房适当留足时间。居民点及城(集)镇对外连接基础设施及与之相关的专业项目(如集镇码头),安排在征地当年或前一年完成,为集镇建设准备好外部条件。

6)移民个人补偿补助费根据移民搬迁建房进度安排相应投资。

7)规划迁往城(集)镇内的单位、工业企业,与居民迁建基本同步。

8)有旧城功能恢复要求的城(集)镇,按原址移民(含单位、工业企业)全部搬迁完毕后再行安排。

9)建筑物清理、卫生清理安排在搬迁完毕后进行,林木清理在最后一年完成。

10)其他费用中,前期费用提前安排,分年投资计划参照直接费比例计算。

第五节 咨询、审查与审批

从2002年进行实物指标调查准备工作,到2010年国家批准《初步设计规划报告》,历时9个年头。其间经历了水源公司、水规总院、中咨公司、国家发展改革委、国务院南水北调办等部门组织的270余次审查、咨询。其过程大体可分为原初设规划(2002年至2007年6月)、试点规划(2007年10月至2008年10月)、初设修订(2008年11月至2010年5月)3个阶段。每个阶段的审查和咨询活动都体现了当时背景下各方对移民安置工作的认识,使丹江口水库移民安置规划设计成果不断完善。水源公司成立后,按规定组织了对初步成果审查,成果修改后上报至国家批复。

一、审查审批机制

(一)原初设规划阶段(2002年至2007年6月)

本阶段,根据有关规定,丹江口水库建设征地移民安置规划设计审批机制主要内容如下。

1. 长江委组织初审

由长江委主持，对有关成果进行讨论，水利部移民开发局、调水局及河南、湖北两省有关部门及特邀专家、水源公司等参加。

2. 水规总院审查

由水规总院或由水规总院会同调水局等组织审查，水源公司等参加。

3. 水利部批复

由水利部下达批复意见。

(二)试点规划及初设修订阶段(2007年10月至2010年5月)

本阶段，根据国务院南水北调办颁布的《南水北调工程初步设计管理办法》，丹江口水库建设征地移民安置规划设计审批机制如下。

1. 项目法人组织初审

由水源公司组织对有关成果进行初审，并征求河南、湖北两省南水北调办事机构等有关单位的意见。

2. 国务院南水北调办组织技术审核

根据国务院南水北调办的工作安排，分为试点和非试点两个阶段，技术审查等有关日常协调工作由设管中心负责，具体技术审查委托水规总院组织专家进行，水源公司等参加。

3. 国务院南水北调办组织概算审核

根据国务院南水北调办的工作安排，由设管中心委托中咨公司组织专家进行初步设计概算评审工作，水源公司等参加。

4. 国家发展改革委核定概算

由国务院南水北调办将审定的工程初步设计概算报国家发展改革委核定。

5. 国务院南水北调办批复

由国务院南水北调办根据技术审查报告和国家发展改革委核定的初步设计概算，以及水规总院对水源公司报送的库区征地移民投资建议计划、价差、新增投资等审查意见等，予以批复。

二、有关情况及审批明确的主要内容

(一)原初设规划阶段(2002年至2007年6月)

1. 调查大纲审查

2002年9月,水规总院会同调水局在北京召开会议,对长江委报送的《实物指标调查大纲》进行审查,审查意见修改完善后作为实物指标调查工作的依据。

2. 实物指标调查报告审批

实物指标外业调查工作结束后,长江设计院完成资料整理、数据复核,于2003年6月编制《实物指标调查报告》并上报水利部。同年7月30—31日,水规总院组织专家对该报告进行了审查,基本同意该报告作为初步设计阶段移民安置规划和补偿投资概算的依据。长江设计院根据审查意见于2003年8月修改完成《实物指标调查报告》。

2004年7月,水利部印发《关于加强丹江口水库大坝加高工程实物指标复核工作的通知》,要求长江委对库区近年增长幅度较大的城镇人口、工矿企业等指标进行抽样复核。为做好实物指标复核工作,长江委制定了《淹没实物指标复核方案》并上报调水局。经上级同意后,长江委成立了抽样复核领导小组,下设河南、湖北两个复核工作大组,水源公司等参加。复核工作于2004年9月3日开始,9月28日结束。2004年10月,长江委提出了《实物指标复核报告》。复核报告表明,抽样复核的淹没占地、人口、房屋相对误差分别为−1.46%、−0.55%、−0.51%,误差均低于允许误差值(±5%),认为实物指标调查成果精度满足《实物指标调查大纲》要求。

3. 初设规划大纲及规划设计成果审批

2003年6月底至10月,长江设计院开展库区农村、城(集)镇、工业企业、专业项目复建规划及防护工程设计、各类概算基础资料的收集工作,并会同河南、湖北两省移民主管部门对外迁安置区开展了环境容量初步调查,着手编制《初设规划大纲》。2003年7月28—29日,水规总院主持召开会议,对长江委提交的《初设规划大纲》进行审查。审查认为:该大纲基本符合有关法律和规范要求,可作为南水北调中线一期工程丹江口水利枢纽大坝加高工程初步设计阶段水库建设征地移民设计工作的依据。水利部于2003年8月批准了修改后的《初设规划大纲》,并以此作为初步设计阶段移民安置规划编制的主要依据和最重要的技术指导性文件。

2003年9月28日,由长江委组织,调水局及两省有关部门对长江设计院编制的《框架规划报告》进行了讨论。2003年11月18日,由长江委组织,南水北调建委会、水利部规计司、调水局、水规总院、水利部移民开发局等单位专家参加的研讨会上,参会专家对《框架规划报告》提出了很多宝贵意见,长江设计院根据与会专家的意见对《框架规划报告》进行了再次修改，完成报告终稿。

2004 年 10 月，长江设计院编制完成了《规划报告》。2005 年 1 月 23—26 日、4 月 13—16 日，水规总院组织，水源公司等单位参加，对《规划报告》的分城(集)镇、工业企业、农村移民、专业项目和补偿投资估算等 5 个专题进行了预审。

2005 年 9—12 月，长江设计院根据水规总院两次预审意见，对规划方案进行了修改完善；同时，与枢纽工程一致，按 2004 年第三季度价格水平对补偿单价进行调整，编制完成了《南水北调中线一期工程可行性研究总报告》(送审稿)及附件四(《工程建设征地移民规划设计报告・第一分册・水源工程》)。在《可研总报告》审查前，移民规划前期各项准备工作及基础工作均由水利部负责；在《可研总报告》审查后，移民规划工作转由国务院南水北调办负责。

2006 年，国务院南水北调办要求长江设计院结合地方人民政府对移民安置的要求，并考虑国务院即将颁布修订后的《移民安置条例》，对水利部 2003 年 8 月批准的《初设规划大纲》进行修订。2006 年 3 月 29—31 日，水源公司组织召开《初设规划大纲》审查会并提出审查意见。长江设计院修改完善后，国务院南水北调办于 2006 年 4 月正式批复修订后的《初设规划大纲》。

2006 年 12 月，长江设计院编制完成《丹江口水利枢纽大坝加高工程初步设计阶段农村移民安置规划设计报告(讨论稿)》。2007 年 1 月 7—10 日，水源公司组织召开讨论会。根据讨论会意见，长江设计院按 2004 年第三季度价格水平编制了移民补偿投资，并于 2007 年 6 月编制完成《初步设计规划报告》待审。

(二)试点规划阶段(2007 年 10 月至 2008 年 10 月)

自 2003 年初开展水库淹没实物指标调查以来，由于各种因素，丹江口水库移民一直未实施搬迁。2007 年 10 月 25 日，国务院南水北调办在北京主持召开南水北调工程丹江口水库库区移民试点工作会议。会议认为，根据加快南水北调工程建设和维护移民群众切身利益的需要，开展丹江口水库库区移民试点工作十分必要。试点工作要认真贯彻中共十七大精神，全面落实科学发展观。通过试点工作，了解和把握新形势下移民工作的新特点，锻炼队伍、增强信心，为开展大规模搬迁安置积累经验。

为维护移民群众切身利益，客观反映变化情况，保障库区社会稳定，探索研究新形势下征地移民安置新思路，取得安置经验，国务院南水北调办根据国务院有关要求，于 2007 年 10 月至 2008 年 7 月组织长江设计院有序开展试点规划相关工作。长江设计院于 2007 年 11 月上旬编制完成了《南水北调中线一期工程丹江口水库建设征地移民安置试点方案工作细则》。2007 年 11 月至 2008 年 1 月，长江设计院工程技术人员深入淅川、丹江口市及郧县库区试点村组，与地方部门组成联合工作组，全面开展试点规划外业工作。在此期间，水源公司两次到现场了解工作进展情况，督促试点方案编制工作，听取设计单位、县(市)人民政府和移民局的意见,并将试点方案编制过程中反映的一些问题专题上报国务院南水北调办业务主管部门。2008 年 1 月 26 日,国务院南水北调办在郑州召开丹江口库区移民试点工作座谈会,了解初设阶段和试点方案移民安置规划情况。同年 3 月 7 日,水源公司组织召开试点方案咨询会,对实物指标复核、农村移民安置规划、投资概算等问题进行讨论并形成咨询意见。对以上会议提出的问题进行认真研究和落实后,长江设计院于 2008 年 3 月中旬提出《试点规划报告(初稿)》。同年 4 月和 5 月,水源公司、水规总院分别组织会议,对《试点规划报告》进行了初审和复审。长江设计院根据审查意见对《试点规划报告》进一步修改、完善。

国务院南水北调办在征求两省人民政府意见后,上报国家发展改革委核定投资,2008 年 9 月,国家发展改革委核定试点规划投资概算 25.28 亿元。同年 10 月,国务院南水北调办以国调办环移〔2008〕152 号文正式批复《试点规划报告》。国家发展改革委按 2007 年第三季度价格水平,于 2008 年 9 月、2009 年 1 月分别核定了试点规划涉及的移民安置补偿费和农村移民生产安置增补费。

(三)初设修订阶段(2008 年 10 月至 2010 年 5 月)

2008 年 10 月 31 日,南水北调建委会第三次全体会议在北京召开,确定结合试点规划对已完成的初步设计规划成果进行全面修订。2008 年 10 月,国务院南水北调办批准了《初设规划大纲(修订)》,长江设计院据此对前期完成的初步设计规划成果进行全面修订。

为保证移民安置补偿投资的科学合理性,在开展规划设计报告修订之前,长江设计院在 2004 年完成的《单价分析报告》基础上,补充收集了相关基础资料,结合试点过程中发现的问题,对补偿单价进行了修正,于 2009 年 3 月中旬编制完成了《单价分析报告(初稿)》。2009 年 3 月 25—28 日,水源公司在郑州主持召开了《单价分析报告》初步审查会。2009 年 8 月 9—11 日,水规总院在北京对《单价分析报告》进行了审查。

2008 年底,长江设计院提出了《南水北调中线一期工程丹江口库区建设征地初步设计阶段工业企业淹没处理及补偿投资核算报告(初稿)》。2009 年 1 月 13—17 日,水源公司在武汉组织召开了企业迁建规划报告初步审查会。2 月 27—28 日,水规总院在北京对企业迁建规划报告进行了审查。2010 年 1 月 20—25 日,中咨公司对工业企业补偿投资概算进行了咨询评估。

2009 年 2 月,长江设计院编制完成《南水北调中线一期工程丹江口水库初步设计阶段建设征地城(集)镇移民迁建规划设计报告(初稿)》。2 月 25—26 日,水源公司在北京召开城(集)镇迁建规划报告初步审查会。4 月 17—20 日,水规总院在北京对城(集)镇迁建规划报告进行了审查。12 月 16—18 日,水规总院对城(集)镇迁建规划报告进行了复审。2010 年 1 月 20—25 日,中咨公司对城(集)镇迁建补偿投资概算进行了咨询评估。

2009年4月上旬，长江设计院编制完成《南水北调中线一期工程丹江口水库建设征地初步设计阶段农村移民安置规划设计报告（初稿）》。5月15—17日，水源公司在郑州主持召开农村规划报告初步审查会。7月11—14日，水规总院在北京对农村规划报告进行了审查。8月12—13日，水规总院对农村规划报告进行了复审。9月18—26日，中咨公司对农村移民安置补偿投资概算进行了咨询评估。国务院南水北调办于9月27日以国调办征地〔2009〕181号文印发了《关于南水北调中线一期工程丹江口水库初步设计阶段建设征地农村移民安置规划设计报告（技术部分）的批复》，于11月19日以国调办征地〔2009〕215号文印发了《关于南水北调中线一期工程丹江口水库初步设计阶段建设征地农村移民安置规划设计报告（直接费概算）的批复》。

2009年4月中旬，长江设计院提出了《南水北调中线一期工程丹江口水库建设征地初步设计阶段专业项目恢复（改）建规划设计报告（初稿）》。4月24—28日，水源公司在丹江口市主持召开了专项规划报告初步审查会。6月15—19日、8月9—11日，水规总院在北京分别对专项规划报告进行了审查和复审。同年12月9—14日，中咨公司对专项补偿投资进行了咨询评估。

在上述成果基础上，长江设计院于2009年12月下旬编制完成《初步设计规划报告（送审稿）》。2010年1月11—13日，水规总院在北京召开会议，对《初步设计规划报告》进行了审查，长江设计院根据审查意见对报告进行了修改完善。3月12—15日，中咨公司对总概算进行了咨询评估。长江设计院根据专家咨询意见，于3月下旬完成《初步设计规划报告》修改。2010年5月，国务院南水北调办以“国调办征地〔2010〕74号”文对《初步设计规划报告》进行了批复。

三、其他相关规划的审批情况

丹江口水库移民安置规划还涉及环境保护规划、水土保持规划和文物古迹保护规划，由相关专业单位单独编制并审批。环境保护规划、水土保持规划审批情况在本书第三篇中描述，本篇简要介绍文物古迹保护规划审批情况。

2004年5月，国家发展改革委、国务院南水北调办、国家文物局和水利部共同成立南水北调工程文物保护工作协调小组，以共同确定南水北调工程文物保护前期工作程序、文物保护原则和范围、保护方案编制审查和投资。这一共同决策机制的建立，有力地保证了南水北调工程前期工作的顺利进行。该协调小组《南水北调工程文物保护工作协调小组第一次会议纪要》确定，丹江口库区文物保护规划由长江委组织。2004年9月，长江委成立了南水北调中线工程丹江口水库文物保护前期工作领导小组，确保了丹江口水库文物保护前期工作的顺利进行。

为规范工程所涉及的文物保护工作，根据调水局《关于编制南水北调工程文物保护专题报告工作大纲的函》的要求，长江设计院、中水淮河工程有限责任公司和中国文物研究所编制了《南水北调东、中线一期工程文物保护专题报告编制工作大纲》。2004 年 8 月 2—3 日，水规总院组织，水源公司等参加，对其进行了审查。根据审查意见，长江设计院进行了修改、完善。该工作大纲为南水北调东、中线工程文物调查和规划工作的依据。

2004 年 9 月，长江委组织召开会议，水源公司等参加，讨论并通过长江设计院组织编写的《丹江口水利枢纽大坝加高工程水库淹没区文物保护专题报告编制细则》，作为丹江口大坝加高工程水库淹没区文物调查和规划工作的操作性文件。

根据《南水北调工程文物保护工作协调小组第一次会议纪要》要求，长江设计院牵头编制了《南水北调中线工程丹江口水库文物保护前期工作计划》《南水北调中线工程丹江口水库文物保护专题报告》等，相关研究工作成果集中反映在《可研总报告》附件四《工程建设征地移民规划设计报告》第四分册《文物保护规划》(2005 年 12 月)。

2005 年、2007 年、2008 年、2009 年，国务院南水北调办先后以《关于南水北调东、中线一期工程控制性文物保护方案的批复》《关于南水北调东、中线一期工程第二批控制性文物保护方案的批复》《关于南水北调中线一期丹江口库区 2008 年文物保护项目的批复》和《关于南水北调东、中线一期工程初步设计阶段文物保护方案的批复》批复了文物保护项目。

四、历次审批解决的主要问题

(一)原初设规划阶段

本阶段，审查重点解决了规划水平年、生产安置方案、搬迁安置方案、补偿投资概算编制等方面的重大政策性问题。

1. 规划水平年

根据丹江口大坝加高和中线输水的初步计划，确定规划水平年为 2009 年。

2. 生产安置方案

一是生产安置人口按《中华人民共和国土地管理法》和《水利水电工程建设征地移民设计规范》(SL 290—2003)规定计算。二是农村移民以农业安置为主。三是安置标准方面，应根据库区移民生产资源现状和收入水平，结合安置区农村生产和资源状况，本着使移民搬迁后的生活水平不低于搬迁前，并逐步能致富的目标，按后靠和出县外迁两种安置方式合理分析确定。四是根据建设社会主义新农村的要求和库区移民未来的生产发展，适当增加外迁移民数量。

3. 搬迁安置方案

对库周淹没线以上、受淹没影响的分散居民和单位，进一步分析研究，提出相应的处理措施。

4. 补偿投资概算编制

价格水平年与主体工程一致。移民补偿项目应执行《移民安置条例》规定。耕地补偿补助倍数按16倍计列。以省为单位平衡，增列农村移民生产安置补助费。同意按人均24m² 砖混房屋计算建房困难补助。

(二)试点规划阶段

试点规划按实施阶段深度进行设计，试点规划一旦批准，将马上转入实施。因此，审查解决的问题主要涉及移民的实物指标、居民点建设标准、补偿投资概算等方面。

1. 实物指标

2003年实物到试点规划编制期间，倒塌后新建的房屋按原面积、新结构计列；未按“停建令”规定建设的新房屋不计入实物指标；符合国家法律及“停建令”规定的新增人口计入实物指标。

2. 居民点建设标准

居民点人均建设用地由80m² 提高至85m²。居民点对外道路，路面材料由泥结碎石调整为硬化路面；600人以上的居民点，路面宽度由3.5m提高至4.5m。居民点内道路，所有车行道全部水泥硬化，大中型居民点的主街道车行道宽度由6m提高到6～12m。

3. 补偿投资概算

价格水平年调整为2007年第三季度。两省房屋及附属建筑物等个人财产的补偿采用统一单价。移民搬迁运输车辆由1户1辆10t货车调整为1户2辆5t货车，提高移民搬迁途中食宿费、医药费、误工补助费标准。调增移民过渡期生活补助费，移民新村双瓮厕所、沼气池补助费标准，外迁移民生活安置补助费标准。对移民村的渔船、网箱养殖、库汊养鱼等渔业生产资料全部进行补助。位于淹没线上且服务移民村的小学、医疗点、供销社等单位，由于移民搬迁失去了服务对象，对其未淹没的房屋和附属建筑物按库区补偿单价的50%给予适当补助。对抗震设防烈度为Ⅶ度和Ⅷ度的居民点以户为单位单独计列抗震处理措施费。对建设场地岩土具有膨胀性的居民点，单独计列膨胀土地基处理费等。这一系列的调整，共增加投资36亿元。

此外，本阶段审查还对以下问题提出了建议：一是整村搬迁后淹没线上剩余的土地，建议在移民安置中尽可能充分利用。二是建议国家有关部门抓紧研究、确定水源地保护范围和措施，结合水源地保护要求和丹江口库区移民实际情况，尽快提出对留居人口的安置标准和线上园林地等剩余土地资源处置方案。

(三)初设修订阶段

本阶段主要是对 2007 年 6 月完成的初设规划成果进行修订，在完善方案后，审查并解决的问题主要涉及补偿投资概算，其具体内容如下。

1)价格水平年调整为 2008 年全年平均价格水平。将移民试点中与移民个人利益直接相关的直接费，如房屋、附属设施、土地等的补偿标准，将其调整至与库区移民规划初步设计标准一致，增加的投资计入《初步设计规划报告》，由地方人民政府包干使用。

2)将试点规划批准的项目，计入《初步设计规划报告》。

3)考虑丹江口水库移民人口众多，且初期工程和大坝加高工程移民项目交替，协调工作量大，不可预见因素多，因此将基本预备费提高 1 个百分点，按 11%计列。同时，以概算中直接费、实施管理费、移民机构开办费、技术培训费、监理监测评估费为计算基础，按照总体可研确定的 2.5%的价格指数和年度投资来计算价差等。

第七章　实施准备

由设计蓝图转为现实的移民安置实施阶段，是工作中最艰难、矛盾最突出、任务最艰巨的攻坚阶段。

第一节　组织建设

以国务院南水北调办为主导，河南、湖北两省移民主管部门及水源公司等相关单位共同参与的工作机构体系，使得这项庞大而复杂的移民安置工作得以有序、高效实施。

一、国务院南水北调办

在实施阶段，国务院南水北调办继续履行南水北调工程建设行政管理职责。结合《国务院办公厅关于印发国务院南水北调工程建设委员会办公室主要职责内设机构和人员编制规定的通知》，国务院南水北调办机构职责主要包括：一是指导、协调并监督南水北调工程移民安置规划的实施；二是参与编制移民安置年度计划，同时对执行情况进行监督检查；三是协调移民实施工作中的重大问题；四是负责南水北调移民工程的监督检查和经常性稽察工作；五是组织丹江口库区移民蓄水前终验工作。

二、两省移民主管部门

为保障移民安置顺利进行，河南、湖北两省人民政府均成立了高规格的跨部门领导小组，在省级层面负责具体实施工作。两省根据国务院南水北调办的政策指导，制定了详细的实施方案，对本省的移民搬迁、土地补偿、企业处理和专项复建等工作进行监督和管理。

(一)河南省移民安置实施管理机构

河南省根据“党委统一领导、党政齐抓共管，政府分级负责、县乡政府为主体，项目法人参与”的丹江口库区移民管理体制，省、市、县三级均成立了丹江口库区移民安置领导小组或指挥部，统一领导移民迁安工作。通过充实人员、增强工作力量，建立健全了移民管理机构，为移民安置工作提供了强有力的组织保障。

1. 河南省人民政府移民工作领导小组（2003年至2009年7月）

根据《关于成立省政府移民工作领导小组的通知》，河南省人民政府移民工作领导小组成立。领导小组下设办公室（以下简称“省移民办”），作为领导小组的日常办事机构，代表河南省人民政府负责全省水库移民工作的管理职责。

2003年，南水北调丹江口库区移民工作开始后，南水北调丹江口库区移民安置和干线征迁工作由省移民办负责，具体由省移民办规划计划处承办。2008年10月，库区试点移民开始实施后，省移民办规划计划处分为库区组和干线组，分别负责库区移民安置和干线征迁工作。

2. 河南省移民安置指挥部办公室（2009年7月后）

2009年7月，河南省南水北调丹江口库区移民安置指挥部（以下简称“河南省移民安置指挥部”）成立。指挥部下设办公室，作为日常办事机构，代表河南省人民政府负责全省南水北调丹江口库区移民安置工作。

河南省移民安置指挥部由省委副书记和副省长分别担任政委和指挥长，指挥部成员单位由相关省直部门（如水利、交通、财政、建设等部门）和沿线省辖市组成。指挥部办公室内设综合组、协调组、建设组、督查组、宣传组、稳定组6个组，工作人员从省直有关单位抽调，与原有工作脱钩，实行集中统一办公。

（二）湖北省移民安置实施管理机构

2008年12月4日，为强化对湖北省南水北调中线工程丹江口水库移民工作的领导和管理，湖北省人民政府成立湖北省南水北调中线工程丹江口水库移民工作领导小组，领导小组办公室设立于省移民局。2009年7月16日，为确保移民搬迁安置任务顺利完成，湖北省人民政府成立湖北省南水北调中线工程丹江口水库移民搬迁安置指挥部（以下简称“湖北省移民安置指挥部”），指挥部办公室设立于省移民局，负责日常工作。

湖北省移民安置指挥部的主要职责为：一是负责全省移民搬迁工作的组织、协调、指导、督查；二是组织制定全省移民搬迁实施方案；三是督促检查并指导移民搬迁工作，协调解决移民搬迁中的重大问题。指挥部下设综合协调组、交通运输组、安全保卫组、医疗卫生组、宣传报道组、信访稳定组、督办检查组、库区协调组、安置区协调组等9个组，具体负责移民搬迁的组织协调指挥工作。

三、水源公司

水源公司在工程建设期负责丹江口大坝加高、丹江口水库征地移民和水源工程运行管理专项的建设管理工作。在水库征地移民方面，水源公司按照国务院南水北调办的总体部署，积极配合河南、湖北两省移民主管部门以及长江设计院，跟踪移民实施进度，组织完成非省属项目的复建任务，参与移民安置实施管理，会同两省移民主管部门编制年度投资计划，负责筹措征地移民资金，参与征地移民验收工作等。

第二节　制度建设

为切实做好丹江口水库移民安置工作，河南、湖北两省结合实际情况，分别制定了移民安置相关政策，为南水北调丹江口水库移民安置实施提供了强有力的制度支撑，使移民安置做到了有法可依、有章可循。

一、河南省

（一）搬迁安置政策

为进一步落实国家有关部（委、局）出台的移民安置政策，做好移民安置工作，河南省委、省政府及有关厅（局）出台了相应政策措施，为确保河南省南水北调丹江口库区移民安置工作的顺利完成奠定了坚实基础。

为切实做好河南省丹江口库区移民安置工作，贯彻河南省委、省政府及有关厅（局）出台的总政策、基本政策精神，河南省移民安置指挥部、指挥部办公室，以及省移民工作领导小组、省移民办出台了一系列移民安置具体政策措施，涉及移民搬迁安置、新村建设、实施管理、人口管理、资金管理、监督管理、社会管理、奖惩措施、生产开发、后续帮扶、政策帮扶、信访稳定、组织保障、宣传报道、验收等方面（表 7-1）。

表 7-1　　河南省出台的移民安置政策

序号	文件名	文号
1	《河南省南水北调工程丹江口水库农村移民安置实施工作细则（试行）》	豫移办〔2008〕76 号
2	《河南省南水北调丹江口库区移民安置工作实施方案》	豫文〔2009〕114 号
3	《河南省南水北调丹江口库区试点移民搬迁实施方案》	豫移指〔2009〕4 号
4	《河南省南水北调丹江口库区第一批移民安置工作实施意见》	豫移指〔2009〕51 号
5	《河南省南水北调丹江口库区移民安置实施办法（试行）》	豫移指〔2009〕54 号
6	《河南省南水北调丹江口库区第一批移民搬迁实施方案》	豫移指〔2010〕19 号
7	《河南省南水北调丹江口库区第二批移民安置工作实施意见》	豫移指〔2010〕21 号
8	《关于南水北调丹江口水库建设征地南阳市农村外非试点项目实施意见的通知》	豫移指〔2010〕34 号
9	《关于推进南水北调丹江口库区社区移民安置工作的指导意见》	豫移指〔2011〕2 号
10	《河南省南水北调丹江口库区社区移民安置工作实施意见》	豫移指〔2011〕5 号

续表

序号	文件名	文号
11	《河南省南水北调丹江口库区第二批移民搬迁实施方案》	豫移指〔2011〕6 号
12	《河南省南水北调丹江口库区农村外项目实施工作意见》	豫移指办〔2011〕60 号
13	《关于进一步推进南水北调中线工程丹江口库区移民新村建设的意见》	豫政办〔2009〕11 号
14	《关于河南省丹江口库区移民安置试点新村建设和生产安置的实施意见》	豫移办〔2009〕8 号
15	《河南省南水北调丹江口库区移民新村建设工程质量和施工安全管理办法》	豫移指办〔2009〕21 号
16	《河南省南水北调丹江口库区移民新村房屋和市政道路工程质量考核标准(试行)》	豫移指办〔2009〕24 号
17	《关于印发〈河南省南水北调丹江口库区移民新村建设蒸压粉煤灰砖砌体工程质量控制措施〉的通知》	豫移指办〔2009〕27 号
18	《河南省南水北调丹江口库区移民新村建设招标、投标管理办法》	豫移指办〔2009〕5 号
19	《关于印发〈河南省南水北调丹江口库区移民新村房屋建设工程质量通病防治措施〉的通知》	豫移指办〔2010〕6 号
20	《河南省南水北调丹江口库区移民新村污水及垃圾处理工作实施意见》	豫移指〔2011〕8 号
21	《关于规范第二批移民新村建设部分工程部位做法的通知》	豫移指办〔2011〕24 号
22	《河南省南水北调中线工程文物保护工作暂行管理办法》	豫文物〔2005〕165 号
23	《河南省南水北调丹江口库区移民安置建设项目管理办法》	豫移指办〔2009〕19 号
24	《河南省南水北调丹江口库区移民安置计划管理办法》	豫移指办〔2009〕19 号
25	《关于切实做好南水北调丹江口库区移民安置对接工作的紧急通知》	豫移办〔2009〕73 号
26	《河南省〈南水北调工程征地移民档案管理办法〉实施细则》	豫移办〔2010〕32 号
27	《河南省南水北调丹江口库区移民人口管理办法》	豫移指〔2010〕1 号
28	《关于认真做好丹江口库区第一批原迁农村移民后期扶持人口核定登记工作的通知》	豫移〔2010〕12 号
29	《河南省南水北调工程建设征地补偿和移民安置资金管理办法(试行)》	豫移综〔2005〕69 号
30	《南水北调中线工程河南省征地移民资金会计核算补充规定》	豫移资〔2006〕8 号
31	《河南省南水北调丹江口库区移民安置实施规划以外项目经费管理暂行办法》	豫移指办〔2009〕13 号
32	《河南省南水北调丹江口库区移民基本预备费使用意见》	豫移指办〔2009〕19 号
33	《河南省南水北调丹江口库区移民迁安管理补助费分配使用管理办法(试行)》	豫移指办〔2010〕12 号
34	《河南省南水北调丹江口库区移民门楼院墙建设奖补办法》	豫移指办明电〔2010〕47 号
35	《关于进一步加强南水北调移民资金管理的通知》	豫移资〔2010〕13 号

续表

序号	文件名	文号
36	《关于南水北调干线征迁资金及丹江口库区征地移民资金使用核销的补充规定》	豫移资〔2010〕20 号
37	《关于印发〈南水北调丹江口库区移民实施管理费使用意见〉的通知》	豫移资〔2010〕44 号
38	《河南省南水北调丹江口库区农村移民基础设施和房屋价差等问题包干处理意见》	豫移指办〔2012〕36 号
39	《河南省南水北调工程丹江口库区移民安置工作督查办法》	豫移〔2008〕9 号
40	《河南省南水北调丹江口库区第二批移民新村工程建设第二次互督互查方案》	豫移指办〔2010〕102 号
41	《河南省 2011 年南水北调工程移民征迁资金专项效能监察工作实施意见》	豫移指办〔2011〕7 号
42	《关于加强和创新移民村(社区)社会管理的指导意见(试行)》	豫移〔2012〕30 号
43	《关于加强和创新移民村(社区)社会管理试点工作的意见》	豫移〔2012〕31 号
44	《关于加强和创新移民村(社区)社会管理的实施意见》	豫移办〔2013〕2 号
45	《河南省南水北调丹江口库区移民搬迁安置奖惩暂行办法》	豫移〔2009〕2 号
46	《河南省人民政府移民工作领导小组关于对我省南水北调丹江口库区试点移民建房搬迁给予奖励的通知》	豫移〔2009〕4 号
47	《河南省南水北调丹江口库区第二批移民新村工程建设先进施工、监理单位奖励办法》	豫移指办〔2010〕103 号
48	《河南省南水北调丹江口库区第一批移民新村工程建设奖励办法(试行)》	豫移指办〔2010〕3 号
49	《关于对我省南水北调丹江口库区第一批移民建房搬迁给予奖励的通知》	豫移指〔2010〕17 号
50	《关于对我省南水北调丹江口库区第二批移民建房搬迁给予奖励的通知》	豫移指〔2011〕4 号
51	《河南省南水北调丹江口库区社区移民安置考核奖惩办法》	豫移指〔2011〕9 号
52	《关于印发〈开展“大干 60 天，夺取移民新村建设全面胜利”劳动竞赛活动办法〉的通知》	豫移指办〔2011〕19 号
53	《河南省南水北调丹江口库区农村外项目实施工作考核奖惩办法》	豫移指办〔2011〕60 号
54	《关于我省南水北调丹江口库区试点移民生产开发工作指导意见》	豫移指〔2010〕11 号
55	《关于我省南水北调丹江口库区移民生产开发工作指导意见》	豫移指〔2010〕33 号
56	《关于切实做好南水北调丹江口库区第二批移民搬迁有关后续工作的通知》	豫移指〔2011〕10 号
57	《河南省南水北调丹江口库区第二批移民后续帮扶工作意见》	豫移指〔2011〕11 号

续表

序号	文件名	文号
58	《关于南水北调中线工程丹江口水库移民安置优惠政策的通知》	豫政〔2008〕56号
59	《关于加强南水北调丹江口库区移民后期帮扶工作的意见》	豫政〔2012〕63号
60	《关于印发〈省直单位支持南水北调丹江口库区移民安置配套政策措施分解任务〉的通知》	豫移指〔2009〕58号
61	《关于印发〈河南省南水北调丹江口库区移民群体性上访事件应急预案〉的通知》	豫移指〔2009〕5号
62	《关于印发〈信访突发事件应急预案〉的通知》	豫移办〔2009〕85号
63	《关于进一步规范信访工作程序的通知》	豫移办〔2010〕70号
64	《关于进一步完善移民信访稳定工作机制的实施意见》	豫移办〔2013〕3号
65	《关于建立信访突出问题集中会诊制度的通知》	豫移办〔2013〕75号
66	《关于成立河南省南水北调丹江口库区移民移民安置指挥部的通知》	豫文〔2009〕115号
67	《关于印发〈河南省南水北调丹江口库区移民安置指挥部领导分工〉的通知》	豫移指〔2009〕1号
68	《关于成立河南省南水北调丹江口库区移民安置指挥部办公室的通知》	豫移指〔2009〕2号
69	《关于省直单位分包南水北调丹江口库区移民迁安工作的通知》	豫移指〔2009〕3号
70	《关于南水北调丹江口库区移民迁安工作包县工作组有关管理问题的通知》	豫移指〔2009〕7号
71	《关于实行南水北调丹江口库区第一批移民迁安乡镇互派工作组制度的通知》	豫移指明电〔2009〕8号
72	《关于印发〈河南省南水北调丹江口库区移民安置指挥部办公室领导分工〉的通知》	豫移指办〔2009〕1号
73	《关于南水北调丹江口库区移民安置指挥部办公室实行联系人制度的通知》	豫移指〔2012〕9号
74	《关于继续实行省直部门对口帮扶南水北调丹江口库区移民工作责任制的通知》	豫移指〔2012〕10号
75	《关于成立河南省南水北调丹江口水库库底清理工作领导小组及办公室的通知》	豫移指〔2013〕4号
76	《关于成立河南省南水北调丹江口库区移民蓄水前初验委员会的通知》	豫移指〔2013〕5号
77	《关于印发〈河南省南水北调丹江口库区试点移民迁安工作集中宣传报道方案〉的通知》	豫移指〔2009〕6号
78	《关于印发〈河南省南水北调丹江口水库蓄水前验收实施方案〉的函》	豫移指办〔2013〕5号
79	《关于印发〈河南省南水北调丹江口库区移民蓄水前库底清理和农村外项目省级初验技术验收工作实施方案〉的函》	豫移指办〔2013〕6号

1. 搬迁政策

河南省委、省政府特别制定《河南省南水北调丹江口库区移民安置工作实施方案》。该方案明确要求，南水北调丹江口库区移民工作应以实现移民“搬得出、稳得住、能发展、可致富”为目标，以加快实施规划编制为突破口，以新村建设为主线，以调整土地为重点，加强组织领导，全面安排部署，大力开展宣传发动工作，凝聚各方力量，整合各类资源，实行分级负责机制，加速推进移民安置工作，努力实现和谐移民目标。

2. 新村建设政策

河南省人民政府办公厅印发的《关于进一步推进南水北调中线工程丹江口库区移民新村建设意见》明确提出，按照“生产发展、生活宽裕、乡风文明、村容整洁、管理民主”的要求，围绕增加移民收入、加快移民村发展，多措并举，强力推进，使移民新村成为“主导产业明确、移民生活宽裕、基础设施和公共服务设施完备、村容村貌整洁、文体教卫场所齐全、民主管理规范、村风民俗文明”的社会主义新农村示范村。坚持移民新村建设与社会主义新农村示范村建设和地区经济社会发展相结合，把国家的补偿政策用在刀刃上，把新农村建设资金用在移民安置身上，集成放大移民安置效应。

为促进移民安置区生产发展，高标准、高起点地将移民新村建设成为社会主义新农村示范村，河南省人民政府提出按照“搬得出、稳得住、能发展、可致富”的总体要求，通过采取相应措施，实现“八个一”的目标，即每个移民拥有一套符合基本居住条件的住房，每户移民有一个良好的人居环境，每个移民新村都是一个生态文明村，每个移民有一份基本的口粮田，每个移民新村制定一个生产发展“三步走”的规划，每户移民家庭转移一名劳动力，每个符合条件的移民享受一份国家后期扶持资金，每个符合条件的移民逐步办理一份养老保险。

移民新村建设是一项系统工程，必须有计划、分阶段地实施。为此要求：在移民搬迁当年，基本完成村外交通、电力、通信、广播电视等基本设施建设，以及村内基础设施、公共服务设施、教育场所建设，实现生产用地调整到位、承包到户，完善水利设施配套。在移民搬迁第二年，进一步完善村内基础设施、公共服务设施及教育、卫生、文化、体育等场所设施，完成村庄周围、道路两侧和村内的绿化建设，制定民主管理制度和村规民约，编制主导产业规划，开展移民培训，实施劳动力转移工程。在移民搬迁第三年，实施主导产业规划，继续实施劳动力转移工程，使移民生活水平达到或超过搬迁前水平，力争将移民新村建成当地社会主义新农村建设的示范村。

3. 实施管理政策

河南省移民安置指挥部办公室出台了一系列管理办法（意见），包括建设项目管理、计划管理、档案管理等。其中，建设项目管理方面，坚持公开、公平、公正和合法、规范、高效的原则，试行项目法人(责任单位)责任制、招标投标制、监理制和合同管理；移民安置计划管理实行“静态控制，动态管理，统筹安排，分级负责”的原则，建立了包括年度计划管理、日常投资计划管理、计划监督检查等内容的一整套完善管理制度，以此控制概算投资，并为投资下达、实施管理、检查验收、监督评估等工作提供依据；征地移民档案管理按照“统一领导、分级管理、县为基础”的原则，建立健全征地移民档案管理体系，确保征地移民档案完整、准确、系统、安全，并得到有效利用。

4. 人口管理政策

河南省移民安置指挥部办公室制定了《河南省南水北调丹江口库区移民人口管理办法》，加强丹江口库区移民人口管理，严格控制移民人口非正常增长，保证库区移民搬迁安置工作顺利进行，维护社会和谐稳定。

5. 资金管理政策

资金管理是移民搬迁安置管理工作的重点，也是难点之一。为保证安置工作顺利开展，在搬迁之前，河南省移民办在 2005 年即制定《河南省南水北调工程建设征地补偿和移民安置资金管理办法》，并于 2006 年又制定了《南水北调工程河南省征地移民资金会计核算补充规定(试行)》。在搬迁安置期间，省移民安置指挥部办公室依据实施进度的要求，结合实际情况，于不同时期，从农村外经费、基本预备费、基础设施以及价差和实施管理费等方面，分别制定了具体的资金管理政策，保证库区移民搬迁安置工作顺利进行，维护社会和谐稳定。

6. 监督管理政策

移民安置督查工作的基本任务是对移民安置工作情况进行全过程的监督管理。基本督查内容包括：移民安置方案确定、移民安置规划编制及修订等工作；移民安置情况，如农村移民安置进度和质量、城(集)镇迁建进度及质量、移民搬迁及库周专项工程建设进度及质量、工矿企业迁(改)建等处理情况、文物保护实施情况；移民后期扶持实施情况；移民资金管理情况；针对移民安置检查等提出问题的整改情况，以及群众反映问题的处理情况等。此外，对督查方式和程序、督查情况处理和责任追究、督查人员、被督查单位权利和义务作了明确规定。同时，在督查过程中及时发现问题，提出纠正意见，并多方面采取措施进行落实。

7. 社会管理政策

河南省人民政府移民工作领导小组制定了《关于加强和创新移民村(社区)社会管理的指导意见(试行)》等一系列文件，保证了移民在搬迁后的社会稳定。

8. 奖惩政策

河南省人民政府移民工作领导小组制定了《河南省南水北调丹江口库区移民搬迁

安置奖惩暂行办法》等一系列文件，加快移民搬迁安置进度，保证移民安置质量。为发挥搬迁过程中先进单位的表率作用，规范一些单位的不当举措，河南省人民政府移民工作领导小组也制定出台了相应奖惩措施。

9. 生产开发政策

河南省移民安置指挥部办公室颁布了《关于我省南水北调丹江口库区试点移民生产开发工作指导意见》等相关文件，对生产开发项目给予奖励，保证了移民在搬迁后生产生活水平得以提高。

10. 后续帮扶政策

河南省移民安置指挥部办公室发布《关于切实做好南水北调丹江口库区第二批移民搬迁有关后续工作的通知》等相关文件，保障移民搬迁后续工作顺利进行，及时解决移民群众的合理诉求，帮助移民尽快适应新的生产生活，确保社会稳定。

11. 政策帮扶

河南省人民政府印发了《关于南水北调中线工程丹江口水库移民安置优惠政策的通知》和《关于加强南水北调丹江口库区移民后期帮扶工作的意见》，明确了发展改革部门、财政部门、国土资源部门等16个相关部门在工作中需向移民安置区倾斜，各有关部门应通力合作，积极落实移民安置优惠政策，加快移民搬迁和安置进度，为丹江口水库大坝加高工程建设创造良好的社会环境。

12. 信访稳定政策

结合不同时期的实际情况，河南省移民安置指挥部办公室发布《关于印发〈河南省南水北调丹江口库区移民群体性上访事件应急预案〉的通知》等相关文件，制定了一系列信访政策，建立了信访应急预案，保障了移民搬迁顺利进行，维护了搬迁后社会稳定。

13. 组织保障政策

河南省委、省政府发布了《关于成立河南省南水北调丹江口库区移民安置指挥部的通知》，省移民安置指挥部办公室制定了一系列组织相关的政策，成立了移民安置指挥部、移民安置指挥部办公室、迁安工作包县工作组，并建立了迁安乡（镇）互派工作组制度等一系列工作组织及相关制度，同时明确了各岗位的职责，保障了搬迁安置工作的顺利进行。

14. 宣传报道政策

河南省移民安置指挥部办公室发布《关于印发河南省南水北调丹江口库区试点移民迁安工作集中宣传报道方案的通知》，明确试点搬迁期间宣传报道政策，为试点移民工作营造了良好的氛围，推动了试点移民搬迁工作的顺利开展。

15. 验收政策

河南省移民安置指挥部办公室制定了《河南省南水北调丹江口水库蓄水前验收实施方案》和《河南省南水北调丹江口库区移民蓄水前库底清理和农村外项目省级初验技术验收工作实施方案》，明确了验收的内容、组织与方法，保障了水库蓄水验收的顺利进行。

(二)搬迁配套政策

自河南省委、省政府印发《河南省南水北调丹江口库区移民安置工作实施方案》以后，省直有关部门和相关县(市、区)按照省委、省政府的统一部署，结合本单位的职责分工和移民实际情况，强化领导，精心安排，分别制定了移民迁安的具体配套政策，在项目、资金、政策、技术等方面积极开展移民帮扶工作。各项资金和帮扶政策的及时落实，为推进移民工作顺利进行、巩固移民迁安成果起到了重要作用。

1. 省政府出台的优惠政策

为做好南水北调丹江口库区的移民安置工作，河南省根据本省实际情况及时出台了《关于南水北调中线工程丹江口水库移民安置优惠政策的通知》，要求各级各部门要整合支农惠农资金和新农村建设资金，落实具体的优惠政策。为便于监督落实，河南省移民安置指挥部于2009年12月8日印发的《关于印发省直单位支持南水北调丹江口库区移民安置配套政策措施分解任务的通知》，进一步明确了省直单位落实移民安置优惠政策的具体任务。

2. 省直有关部门出台的优惠政策

涉及的省直36个部门均出台了具体的移民安置优惠政策。

河南省财政厅先后出台了《关于下达丹江口库区移民安置点专项补助的通知》等6项文件，对每个丹江口库区移民安置点专项补助50万元，主要用于饮水、村内道路、农田水利、沼气等移民生产生活基础设施建设；对移民建造自用住宅用地，凡新建住宅用地不超过规定标准面积的，按照当地适用税额减半征收耕地占用税，超过规定标准面积的，对超过部分按照当地适用税额全额征收耕地占用税；对移民迁安涉及的25个县(市、区)按每迁出一人200元、每迁入一人200元的标准进行补助；对按时完成建房搬迁的移民给予每人2000元以奖代补。

河南省国土资源厅出台了《关于印发南水北调丹江口库区移民安置配套政策措施落实方案的通知》等，对涉及南水北调移民的县(市、区)安置区域优先安排项目，对纳入当地土地整理规划的移民生产安置用地优先安排土地整理项目。

河南省住房和城乡建设厅出台了《关于南水北调丹江口库区移民安置工作的实施方案》，负责对移民建房、基础设施和公益设施建设进行指导，对招投标进行监督，对村庄规划、环境整治和污水处理给予指导。

河南省交通运输厅出台了《关于落实南水北调丹江口库区移民安置配套政策措施分解落实的实施方案》，为移民村对外连接路每千米补助 10 万～15 万元，在移民集中搬迁期间免除搬迁运输车辆过路过桥通行费。

河南省教育厅先后出台了《河南省教育厅南水北调丹江口库区移民安置配套政策措施落实方案》等 7 项移民涉教文件，为移民学校建设、移民学校管理、移民子女就学、移民教师安置提供了政策支持。

河南省体育局出台了《河南省南水北调丹江口移民安置配套体育设施工作方案》，对每个移民村投入 5 万元，其中省补助 3 万元，用于建设“一场两台”（一个混凝土标准篮球场，一副室外篮球架，两副室外乒乓球台），其余 2 万元由有关省辖市配置体育健身器材。

河南省人力资源和社会保障厅出台了《关于进一步做好南水北调丹江口库区移民安置工作的通知》《关于大力开展“四送”活动着力抓好十五项移民安置对口帮扶措施落实的通知》等文件，大力促进库区移民转移就业，努力实现凡是有转移就业愿望的库区移民零就业家庭至少一人相对稳定就业的目标。加大库区移民培训力度，根据库区移民的培训意愿分期分批开展职业技能培训，使每一位有转移就业愿望的库区移民都能掌握一技之长；要求各有关地区积极探索解决库区移民养老保险问题的路子，争取尽早将库区移民全部纳入新型农村社会养老保险试点范围。

河南省外国专家局出台了《关于组织丹江口库区移民新村推荐“一村一品”引智示范基地的通知》，对经考察被确定纳入“一村一品”建设规划的，每个示范基地资助 3 万元扶持资金，并在项目上优先安排，引智上优先保障。

河南省卫生厅先后出台了《南水北调丹江口库区移民安置配套政策措施卫生工作落实方案》等 4 项移民涉卫文件，要求有关地区把移民新村卫生室纳入当地村卫生室建设计划，确保在移民搬迁当年村卫生室能够建成投入使用，确保移民搬迁安置前后新农合工作的连续性，确保为参合移民服务不断档；及时将移民新村的疾病预防控制、基本医疗、妇幼保健、卫生监督、健康教育等工作纳入管理范围。河南省卫生厅负责将移民新村村级卫生室建设纳入专项资金补助计划，每村补助 1 万元。

河南省环境保护厅出台了《关于做好南水北调丹江口库区移民迁安村帮扶工作的通知》《关于对南水北调丹江口库区移民安置村生态创建工作加强督导的通知》，要求各级环保部门将移民村纳入生态文明村建设范围。

河南省民政厅先后出台了《关于做好南水北调丹江口库区移民迁安相关工作的通知》等 3 个文件，要求各地认真做好库区移民优待抚恤、社会救助政策的衔接和延续工作，对库区移民中的困难家庭，及时纳入社会救助范围，并适当扩大救助覆盖面，对移民遭受暴雨、冰雹、洪涝等自然灾害的，给予及时救助，使库区移民感受到党和政府的关心。

河南省水利厅出台了《关于印发河南省南水北调丹江口库区移民新村农田水利基本建设实施方案》等两个文件，对有南水北调丹江口库区移民安置任务的25个县（市、区）移民新村在农田水利项目上优先安排，按50亩土地设置一眼机井的标准，对移民村进行灌溉设施建设；将移民新村优先纳入农村饮水安全工程项目，建设资金按每人500元的标准由中央和地方共同负担。

河南省农业厅出台了《关于贯彻落实河南省南水北调丹江口库区移民安置工作实施方案的意见》，将移民新村户用沼气建设纳入国债专项资金补助计划。按照国家补贴标准，户用沼气建设按每户1320～1650元的标准进行补助，每个移民新村沼气服务网点补助5万元。

河南省商务厅出台了《关于抓好河南省南水北调丹江口库区移民村“万村千乡市场工程”农家店建设的通知》，在规划“万村千乡市场工程”农家店建设中优先考虑移民村，做到每建设一个移民村布局一个农家店。

河南省工业和信息化厅出台了《关于做好移民迁安帮扶工作的通知》，在承接产业转移、产业集聚区建设、工业项目建设、中小企业融资、中小企业帮扶、就业安置、要素保障等7个方面，对有关市、县给予重点帮扶。

河南省林业厅出台了《关于印发河南省林业厅南水北调丹江口库区移民安置新村绿化配套措施实施方案的通知》，对移民新村的绿化进行规划指导和技术支持，并对每个移民新村补助绿化费5万元。

据不完全统计，省直有关部门已累计落实帮扶资金38亿元。如河南省国土资源厅已落实有移民安置任务的5个县（市）土地整理项目投资17亿元；河南省水利厅共安排25个县（市、区）农田水利和农村饮水安全工程建设资金10.53亿元；河南省工信厅支持资金2.56亿元，主要包括工业产品出口补贴、中小企业担保机构补助、工业项目贴息、节能减排补助资金等。

3. 市、县级政府出台的优惠政策

各地为做好移民搬迁安置工作，按照河南省委、省政府的统一安排，出台优惠政策，整合支农惠农资金，倾力支持移民。帮扶主要表现在以下几个方面。

（1）对新村建设进行补助

各地为把移民新村建设成社会主义新农村示范村，出台奖补政策。例如，平顶山市对建设二层房屋的移民户，每户最高奖励8000元；南阳市对按要求建房的给予每户1500～8000元以奖代补；郑州等地也出台了类似的措施。在新村建设中，由于设计标准提高，特别是2010年建筑材料价格上涨，房屋建设单价较高，在移民不愿多付钱的情况下，各地采用各种形式对施工企业进行补助，保障了新村建设的正常进行。例如，南阳市利用价差资金6000多万元，采取以奖代补的形式，分两个阶段开展移民新村建设争先创优活动，并协调电力部门保障新村建设用电，确定4家水泥生产企业为移民新村建设直供水泥。另外，各地还在移民村部、学校、超市、卫生室、屋顶防水、院墙门楼建设等方面给予了资金支持。

（2）对生产用地划拨进行补助

由于国家规划的征地和地面附属物补助标准偏低，实际工作存在困难。河南省部分地方出台了奖补政策，如郑州市对每亩土地另外奖补7000元，对每亩地面附属物奖补1500元；在生产用地分配过程中，个别地方还自筹资金，多征了一部分土地。

（3）对生产开发进行帮扶

各地为使移民早日致富，积极谋划移民培训就业和生产发展，在省直有关部门出台优惠政策的基础上，有关县（市、区）国土、水利、农业、人力资源和社会保障、扶贫等部门也下达配套资金，给予大力支持。

（4）对移民进行慰问

移民搬迁后，各地都采购了米、面、油、蔬菜等物资，制成满足一周生活的大礼包，挨家挨户送到移民手中；在冬季、元旦和春节来临之时，各级各部门又开展了内容丰富多彩的“送温暖”活动，通过送钱、送物、送文化、送科技、送医药等方式，受到了移民群众的热烈欢迎。

二、湖北省

（一）省级层面的政策

省级层面的移民政策是在国家层级移民政策的指导下制定的，是省级人民政府具体领导移民搬迁安置工作的行动指南，主要包括移民安置政策及其他配套政策。

1. 移民安置政策

湖北省南水北调丹江口库区移民安置具体政策主要包括省移民安置指挥部、省移民安置指挥部办公室、省移民局出台的一系列移民补偿标准、移民安置政策和优惠政策及工作安排等。

2008年11月24日，湖北省人民政府办公厅印发的《关于做好南水北调中线工程丹江口库区移民试点工作的通知》，明确了移民试点任务和工作安排、指导思想和基本原则及目标、扶持政策和组织领导。

2008年12月18日，湖北省移民局印发的《关于南水北调中线工程丹江口库区移民试点补偿标准的通知》对移民个人补偿标准（城镇、农村居民房屋和附属建筑物补偿单价、移民搬迁费、零星果木和其他项目补偿单价）、生产安置费补偿标准、基础设施费补偿标准、移民外迁奖励标准均有明确规定。

2009年8月12日，湖北省委召开专题会议研究南水北调中线工程移民新农村建设有关优惠政策，印发了《关于研究南水北调中线工程丹江口库区安置区移民新农村建设有关优惠政策的专题会议纪要》，要求安置区各级党委、政府和省直有关部门要紧紧围绕省委、省政府“四年任务两年基本完成，三年彻底扫尾”的总体目标，进一步明确目标、落实责任，采取有效措施，将移民搬迁安置与新农村建设和全面建设小康社会结合起来，按照控制规模、适当集中的原则，科学安排移民安置点布局，把房屋建筑设计、社会事业和基础设施配套按新农村建设标准一次规划到位。要通过将国家和省现有的各项支农、惠农政策和基础设施建设投入与移民补偿资金捆绑使用，优化规划、提高标准，以此进一步提高移民搬迁安置质量，充分调动广大移民搬迁积极性，加快搬迁安置进度；要拓宽移民的发展空间，提高发展起点，为未来发展打下良好基础，使移民安居乐业，维护库区安置区社会稳定。同时，要提高资金的使用效率，避免因低水平重复建设造成浪费，加快推进湖北省新农村建设进程。

2010年2月21日，湖北省人民政府下发的《关于全面推进南水北调中线工程丹江口水库移民工作的通知》，对南水北调丹江口库区移民工作的目标、原则、工作任务以及进度安排作出规定。该通知要求严格执行国家南水北调中线工程移民各项政策，积极出台配套措施。

2011年4月17日，湖北省委、省政府印发了《关于支持南水北调移民内安和丹江口库区跨越式发展的意见》，支持十堰市按期完成移民内安任务，促进库区实现科学发展、跨越式发展。

湖北省出台的移民安置政策见表7-2。

表7-2　　湖北省出台的移民安置政策

分类	政策名称	文号
征地补偿	《关于南水北调中线工程丹江口水库移民补偿标准的通知》	鄂移〔2010〕6号
	《关于南水北调中线工程丹江口水库移民房屋装修补助费标准的通知》	鄂移〔2010〕12号
	《关于南水北调中线工程丹江口水库外迁移民院墙和房屋装修补助标准的通知》	鄂移指办〔2010〕26号
	《关于南水北调中线工程丹江口水库外迁移民房屋完善和设施配套补助标准的通知》	鄂移〔2010〕17号
	《关于做好南水北调中线工程丹江口水库移民个人补偿补助价差资金兑付工作的通知》	鄂移〔2011〕68号

续表

分类	政策名称	文号
搬迁安置	省人民政府《关于南水北调中线一期工程湖北省丹江口水库建设征地移民安置实施规划工作大纲的批复》	鄂政函〔2009〕135 号
	省人民政府办公厅《关于成立湖北省南水北调中线工程丹江口水库移民搬迁安置指挥部》的通知	鄂政办发 2009〕67 号
	《关于南水北调中线工程丹江口库区移民工作安排的通知》	鄂移指〔2009〕1 号
	《关于落实南水北调工程丹江口水库外迁移民安置用地工作的通知》	鄂移指〔2009〕2 号
搬迁安置	湖北省移民局、湖北省国土资源厅、湖北省监狱管理局关于印发《省监狱管理局所属农场移民安置生产生活用地勘界与移交工作实施方案》的通知	鄂移〔2009〕223 号
	《湖北省人民政府关于全面推进南水北调中线工程丹江口水库移民工作的通知》	鄂政发〔2010〕11 号
	《关于印发〈湖北省南水北调中线工程丹江口水库外迁移民搬迁工作指导意见〉的通知》	鄂移指办〔2010〕16 号
	《关于印发〈湖北省南水北调中线工程丹江口水库大规模移民外迁实施方案〉的通知》	鄂移指〔2010〕5 号
后期扶持	湖北省政府关于印发《湖北省大中型水库移民后期扶持政策实施方案》的通知	鄂政发〔2006〕53 号
	《关于印发湖北省大中型水库移民后期扶持项目管理办法(试行)的通知》	鄂政办发〔2007〕118 号
资金管理	省政府办公厅转发省移民局《关于湖北省丹江水利枢纽大坝加高工程移民资金管理办法的通知》	鄂政办发〔2005 〕 45 号
	湖北省移民局关于印发《湖北省南水北调中线工程丹江口库区移民资金管理办法(试行)》的通知	鄂移〔2008〕235 号
	湖北省移民局关于印发《湖北省南水北调中线工程丹江口水库移民实施管理费使用管理办法》的通知	鄂移〔2010〕9 号
	《关于〈建立湖北省南水北调中线工程丹江口水库移民资金监督网〉的通知》	鄂监察发〔2010〕1 号
	《关于印发〈湖北省南水北调中线工程移民资金对接暂行办法〉的通知》	鄂财社发〔2011〕20 号
	《湖北省南水北调中线工程丹江口水库文物保护经费使用管理办法(试行)》	鄂文物综〔2007〕35 号

续表

分类	政策名称	文号
建设项目管理	《关于印发〈湖北省南水北调中线工程丹江口水库移民新村建房招标投标管理办法〉的通知》	鄂移指〔2009〕3 号
	《湖北省人民政府办公厅关于进一步加强建设工程管理工作的若干意见》	鄂政办发〔2010〕12 号
	省移民局关于印发《湖北省南水北调中线工程丹江口水库移民安置建设项目管理暂行办法》的通知	鄂移〔2010〕92 号
移民新村建设	省移民局、省住房和城乡建设厅《关于加强南水北调工程丹江口水库移民新村规划编制工作的通知》	鄂移〔2009〕192 号
	《关于加强南水北调中线工程丹江口库区移民住房建设质量安全管理工作的通知》	鄂建文〔2009〕188 号
	《关于南水北调中线工程丹江口水库移民农村建房指导价的通知》	鄂移指办〔2010〕3 号
	《关于南水北调中线工程丹江口水库移民房屋装修补助费标准的通知》	鄂移〔2010〕12 号
	《关于进一步加强外迁移民居民点房屋建设工作的通知》	鄂移指办〔2010〕6 号
	《南水北调中线工程丹江口水库外迁移民代表入驻安置区参与监督建房工作实施办法》	鄂移指办〔2010〕11 号
优惠政策	《关于研究南水北调中线工程丹江口库区安置区移民新农村建设有关优惠政策的专题会议纪要》	省委〔2009〕第 17 号
监督管理	省政府办公厅《关于开展南水北调中线工程丹江口水库移民安置督查工作的通知》	鄂政办电〔2010〕25 号
	省移民局《关于加强南水北调中线工程丹江口水库移民安置监督评估工作的通知》	鄂移〔2010〕51 号
	省政府办公厅《关于深入开展丹江口水库移民安置督查工作的通知》	鄂政办电〔2010〕184 号
奖惩办法	省委、省政府《关于表彰全省南水北调丹江口水库移民外迁工作先进单位和先进工作者的决定》	鄂文〔2010〕67 号
帮扶工作	《关于做好对口帮扶南水北调中线工程丹江口库区乡镇移民内安工作的通知》	鄂办文〔2011〕25 号
稳定工作	《关于做好南水调中线工程丹江口水库试点移民后续发展稳定工作的通知》	鄂移指〔2010〕3 号
	《关于开展南水北调中线工程丹江口水库移民矛盾化解问题整改月活动的通知》	鄂移指〔2010〕4 号
验收管理	《关于做好南水北调中线移民安置房屋竣工验收工作的通知》	鄂建文〔2010〕71 号

2. 移民安置配套政策

湖北省各部门还下发了关于南水北调工程建设征地和移民安置帮扶政策的配套政策(表 7-3)。

表 7-3 湖北省各部门下发的关于南水北调工程移民安置帮扶政策配套文件

部门	文件名称	文号
省供销合作总社	《关于切实抓紧做好丹江口库区安置区移民新村村级综合服务社建设工作的通知》	鄂移〔2010〕181 号
省档案局	《关于印发〈湖北省南水北调中线工程丹江口水库征地移民档案管理实施办法(试行)〉的通知》	鄂移〔2010〕145 号
省住房和城乡建设厅	《关于下达南水北调中线移民安置工程质量安全监督工作经费的通知》	鄂建〔2010〕22 号
	《关于做好南水北调中线移民安置房屋竣工验收工作的通知》	鄂建〔2010〕71 号
省委宣传部	《关于印发〈南水北调中线工程丹江口水库移民工作宣传方案〉的通知》	鄂宣文〔2009〕49 号
省人社厅	《关于进一步做好南水北调工程丹江口水库外迁移民就业工作的通知》	鄂人社函〔2011〕164 号

(二)市、县(市、区)配套政策

为了使移民安置工作全面展开、加快推进,十堰市人民政府就移民搬迁后土地及其他资源管理、内安移民生产安置、内安移民建房奖励等工作出台了具体政策(表 7-4)。

表 7-4 十堰市丹江口水库征地拆迁与移民安置具体政策

分类	政策名称	文号
奖惩办法	《关于南水北调中线工程丹江口水库移民内安建房奖励等有关问题的通知》	十移指办〔2011〕14 号
移民安置	《市人民政府关于加快推进南水北调丹江口库区内安移民生产安置工作的实施意见》	十政发〔2011〕31 号
迁出地土地及其他资源管理	《市人民政府关于做好库区移民搬迁后土地及其他资源管理工作的紧急通知》	十政发〔2010〕43 号

各外迁安置区也先后制定并印发了多个配套文件,为移民搬迁安置工作提供政策依据。以武汉市东西湖区为例,东西湖区人民政府就移民安置、资金管理、移民帮扶、移民新村建设等方面出台了具体政策(表 7-5)。

表 7-5 武汉市东西湖区丹江口水库移民安置具体政策

分类	政策名称	文号/时间
移民安置	《区委宣传部接收安置搬迁移民工作宣传方案》	2010 年 8 月 4 日
	《关于明确移民安置工作职责任务的通知》	东移指〔2010〕22 号
	《关于印发〈东西湖区接收安置丹江口市六里坪镇外迁移民工作方案〉的通知》	东移指〔2010〕40 号
资金管理	《关于印发〈东西湖区南水北调中线工程外迁移民安置资金管理办法〉的通知》	2009 年 12 月 31 日
	《区移民局、区财政局关于拨付南水北调移民特困救助资金的通知》	东移〔2011〕25 号
移民帮扶	《关于建立移民帮扶工作组的通知》	2010 年 10 月 9 日
移民新村建设	《关于印发〈东西湖区南水北调中线工程安置居民点建设管理办法〉的通知》	2009 年 12 月 31 日
区各单位移民安置工作方案	《区民政局关于接收安置丹江口市移民工作的实施方案》	2010 年 8 月 6 日
	《东西湖区交通局关于接收南水北调外迁移民安置工作进展情况汇报》	2010 年 8 月 5 日
	《农业局移民安置工作方案》	2010 年 8 月 9 日
	《区人口计生委关于做好丹江口移民计生服务管理工作的计划安排》	2010 年 8 月 6 日
	《区卫生局关于做好移民安置医疗保障的工作方案》	2010 年 8 月 6 日
	《自来水公司配合完成安置外迁移民工作方案》	2010 年 8 月 6 日
	《东西湖区教育局关于南水北调工程外迁移民子女入学工作实施方案》	2010 年 7 月
	《东西湖区广播影视局接收安置丹江口六里坪外迁移民宣传、网络建设工作方案》	2010 年

第三节 技术准备

在实施阶段规划设计工作方面，由河南、湖北两省移民主管部门分别委托完成。其中，河南省实施规划设计由长江设计院总成，黄河设计公司配合完成外迁集中居民点规划设计工作；湖北省实施规划设计由长江设计院总成，单项工程设计单位配合完成部分单项工程设计工作。

针对南水北调中线水源工程建设征地移民安置时间紧、任务重的特点，规划设计单位首先完成了以下技术准备工作，以保障实施设计的顺利高效开展。

一、编制实施规划工作大纲和细则

为保障实施设计工作以及移民安置实施工作的顺利开展，河南、湖北两省结合搬迁进度要求、试点工作经验及两省移民安置工作实际情况，会同长江设计院，在征求库区、安置区人民政府以及项目法人意见的基础上，分别编制了《南水北调中线一期工程丹江口水库河南省建设征地移民安置实施规划工作大纲》（以下简称《河南省实施规划工作大纲》）和《南水北调中线一期工程湖北省丹江口水库建设征地移民安置实施规划工作大纲》（以下简称《湖北省实施规划工作大纲》）。

（一）河南省实施规划工作大纲

2009 年 7 月，河南省移民办组织有关专家对《河南省实施规划工作大纲》进行了审查。鉴于《初步设计规划报告》尚未批准，暂时形成了《河南省实施规划工作大纲（试行）》，并将其作为第一批移民安置实施规划的编制依据。2010 年 5 月，《初步设计规划报告》获得批准后，河南省移民安置指挥部以豫移指〔2010〕14 号文对《河南省实施规划工作大纲》进行了批复。

《河南省实施规划工作大纲》明确了指导思想、工作原则及依据，其主要内容包括：农村移民安置规划原则、规划任务、规划深度、安置标准、移民安置方案优化整合、实物调查与公示复核、生产安置规划和搬迁安置规划、后期扶持规划、方案认定与审批、提交成果等方面。同时，该大纲对集镇迁建实施规划、工业企业迁（改）建实施规划、专业项目恢复改建实施规划、库底清理规划、安置总体进度计划以及实施组织管理等内容作出了明确规定，是指导规划设计单位以及各级地方移民实施机构落实国家和河南省各项政策、编制河南省丹江口水库移民实施设计的重要纲领性文件。

（二）湖北省实施规划工作大纲和细则

2009 年 6 月，湖北省人民政府以鄂政函〔2009〕135 号文对《湖北省实施规划工作大纲》进行了批复。《湖北省实施规划工作大纲》明确了湖北省主要移民安置规划任务、搬迁安置总体进度计划、工作依据及总体指导思想，对农村移民安置、城（集）镇迁建、工业企业迁建、专业项目复建、水库移民后期扶持措施、库底清理以及征地补偿和移民安置投资等方面作出了统筹安排，经批复确认后，作为实施规划编制的依据。

2010 年 4 月，为适应湖北省内安移民规模大、涉及范围广、迁复建项目多的实际情况，全面推进安置工作，湖北省移民局委托长江设计院，在《湖北省实施规划工作大纲》的基础上，编制完成了《南水北调中线一期工程湖北省丹江口水库建设征地库区移民实施规划工作细则》（以下简称《实施规划工作细则》）。《实施规划工作细则》作为湖北省内安移民安置实施设计的编制依据，对库区内安移民安置规划工作进行了统筹安排，对淹没影响区实物指标公示及复核、农村移民安置任务复核、城(集)镇迁建规划、工业企业迁建规划、专业项目复(改)建规划等内容进行了更为细致的说明,在指导内安移民安置实施规划过程中更具操作性。

二、编制居民点建设技术规定

由于河南、湖北两省参与居民点规划设计的单位数量较多,为科学、合理地完成实施设计工作,提高工作效率,并在不同设计单位之间统一方法、标准和深度,长江设计院作为技术总成单位,参照集镇建设规划编制内容,结合两省农村实际及移民意愿,分别针对两省编制了《农村集中居民点建设实施规划技术规定》,作为开展集中居民点规划设计工作的依据。

(一)河南省居民点建设技术规定

2009 年 10 月,长江设计院编制完成《南水北调中线一期工程河南省丹江口水库建设征地移民安置农村集中居民点建设实施规划技术规定(试行)》,经河南省移民办组织相关部门讨论后,作为开展第一批移民规划设计工作的依据。2010 年 8 月,第一批移民搬迁工作结束,经过试点和第一批居民点的建设实践,长江设计院对试行本进行了适当的补充和修订,编制完成《南水北调中线一期工程河南省丹江口水库建设征地移民安置农村集中居民点建设实施规划技术规定(修订本)》(以下简称《河南省居民点技术规定》),作为第二批居民点规划设计的依据。

为了协调居民点建设时间,为移民搬迁安置建设争取时间,《河南省居民点技术规定》中明确增加编制居民点新址征地及“三通一平”实施规划要点说明书,要求完成地质勘查初步评价、新址井位确定、井位至居民点供水管道连接、居民点外部电力、道路的连接、场地平整工程量,并以县为单位编制,提交各居民点“三通一平”的相关图纸。河南省移民主管部门组织专家审查后,以此作为各居民点征地及基础设施建设的依据,可尽早开工建设。

(二)湖北省居民点建设技术规定

2009 年 9 月,长江设计院编制完成《南水北调中线一期工程丹江口水库湖北省建设征地移民安置实施阶段农村集中居民点规划设计技术规定(试行)》(以下简称《湖北省居民点技术规定》),作为开展外迁安置区居民点规划设计工作的依据。2010 年 4 月,根据湖北省移民局要求,长江设计院又专门编制了《湖北省居民点技术规定》,对库区集中居民点的新址选择、地质勘察、规划设计等工作作出了详细规定。

根据居民点人口规模,移民新村居民点划分为小型村、中型村、大型村和特大型村。规划设计单位在确定的居民点类型基础上,开展居民点规划设计工作。居民点技术规定主要包括居民点建设条件调查分析、地形测绘及地质勘察、居民点规划设计依据、居民点性质、规模、总平面布置等，对规划区内住宅、道路、供水、排水、电力、电信、环境卫生等各项建设用地布局和建设要求进行了具体规定，并对居民点建设规划说明书的具体内容及图纸要求进行了明确。

第四节　实施设计

一、农村移民安置实施设计

农村移民安置实施设计重点开展了实物指标调查及复核、居民点优化整合及移民安置方案对接、生产安置实施设计和搬迁安置实施设计等工作。

(一)实物指标调查及复核

考虑到实物指标从调查到实施间隔较长，为准确反映实际情况的变化，切实保障移民权益，政府组织对原调查的淹没线下个人和集体财产再次进行公示，并分情况进行处理。一是对确有疑义的指标进行现场复核，以复核后的实物指标为准；二是根据有关规定，对确因生产生活特别需要，且无法采取其他措施替代的新增小型技术改造或简易配套项目等淹没线下实物，在出示省人民政府批文后进行补充调查登记；三是对淹没线上需处理的实物，在实施阶段进行全面调查，并按程序进行公示、复核，调查的内容、方法和标准与淹没线下实物指标调查一致，公示地点及程序相同；四是不需要复核的部分，以2003年调查的实物指标为准。

1. 淹没线下实物指标公示及复核

(1)土地

淹没线下土地的地类和面积，以2003年调查并经确认的实物指标为准。将受淹的大棚菜地、园地、林地等地面附着物指标(含初期工程土地征用线以下的成片林木)，分解到权属人。

国家质量监督检验检疫总局和国家标准化管理委员会联合发布《土地利用现状分类》(GB 21010—2010)，采用一级、二级两个层次的分类体系，共分12个一级类、56个二级类，与2003年的调查分类有所区别。考虑到《中华人民共和国土地管理法》仍按农用地、建设用地和其他用地区分，初设规划采用土地分类也是按国土资发〔2001〕255号文的分类标准。为保持移民政策连续性，在实施设计阶段，移民生产用地和居民点建设用地占用的地类划分仍执行国土资发〔2001〕255号文的规定，即农用地、建设用地、未利用地三大类，下分耕地、园地、林地、牧草地、养殖水面、其他农用地、交通用地、特殊用地和未利用地9个二级类。

(2)人口

库区各县(市、区)人民政府在人口复核前,按要求制定了具体的人口核定办法,以2003年调查的实物指标为基础,以户为单位,对2003年实物指标调查后至人口变动截止日期间的人口变化逐人进行核实。

户数也是一个非常重要的指标,不仅涉及一些以户为单位计算补偿补助费用的情况,移民宅基地也以户为单位进行分配。因此,在实物指标调查阶段,户数原则上以户口本为准,一个户口本就是一户;在实施设计阶段,原则上以2003年实物指标调查户数为准,移民户数自然增长在规划中解决。

库区各县(市、区)人民政府为人口复核工作的责任主体,长江设计院提供技术支持,复核后的成果纳入实施规划。

(3)房屋及附属建筑物

房屋、附属建筑物指标原则上以2003年实物指标调查成果为准,对错登、漏登指标按程序核实后予以纠正。从实物指标调查到移民搬迁,在近8年的时间里,库区部分移民房屋受自然灾害的影响已坍塌或成为危房;受"停建令"限制,群众不能也不愿投入资金新建或维修。为保障库区社会稳定,在实物指标复核时,对2003年登记在册、现已垮塌房屋的处理原则是:①为满足必需生活条件已经新建的,无论是否有新建房屋批文,全部按2003年库区淹没实物指标调查方法,复核新建房屋位置、结构和面积。根据"停建令"规定,复建房屋面积大于2003年调查面积的,采用2003年调查登记的数据,但房屋结构根据复建现状进行调整。②没有复建的,仍保留2003年调查的结构和面积。

2. 淹没线上实物指标调查

淹没线上需处理的实物指标,主要包括淹没线上搬迁人口(淹地不淹房需搬迁人口和库边影响人口)的线上实物指标,以及淹没线下远迁移民的线上实物指标两部分。在实施阶段,对线上需要处理的实物指标进行全面调查,并按照程序进行公示、复核,其调查内容、方法和标准与线下实物指标调查一致,公示地点和程序也相同。

在淹地不淹房需搬迁人口得到确认以后,需对其在淹没线上本村组范围内的房屋及附属建筑物、村组副业等各项实物指标进行全面调查;对出村外迁安置的淹没线下移民,要对其在本村组淹没线上的房屋及附属建筑物等进行补充调查。

3. 调查成果认定

实物指标调查成果实行三榜公示制度,组集体及农村居民个人的实物指标调查成果在本组范围内张榜公示;村集体实物指标调查成果在本村范围内张榜公示。具体实行三榜定案制:第一榜,在公布实物指标调查成果后的7天内,若对公示内容有异议,由权属人提出复核申请,并逐级提交汇总至联合调查组,联合调查组将统一对申请复核的实物指标进行现场复核；第二榜，针对完成复核申请后的调查成果进行第二榜公示，公示时间仍为 7 天，若对第二榜公示调查成果仍有异议，权属人在第二榜公示后的 7 天内再次提出申请，申请程序同第一榜；第三榜，公示经第二次复核的调查成果，公示时间仍为 7 天，此榜为终结榜。

实物指标公示复核无异议后，针对移民私有财产，需分户建档，由户主签字确认；对于集体财产，则分村、分项目分别建档，由村组负责人签字并加盖公章。淹没影响区实物指标的公示、复核工作，由各县（市、区）、乡（镇）组织，规划设计单位承担技术负责，双方共同完成。实物指标调查成果经调查者和被调查者签字认可，并完成公示后，由各县（市、区）人民政府签署意见进行认定。

（二）居民点优化整合及移民安置方案对接

在实施设计阶段，为更好地适应新农村建设发展的要求，将居民点和移民新村建设纳入城乡规划和新农村示范村、试点村范围。河南、湖北两省均对原初步设计规划的集中居民点进行了全面的优化与整合。优化整合工作按照“省统一领导，市县分级负责，移民参与，设计院技术论证，共同完成”的要求开展，由规划设计单位与地方人民政府共同研究完成。

1. 居民点优化整合原则

1）在安置移民时，尽量选择水土资源条件较好、区位优势明显、经济社会相对发达且交通条件便利的区域，尽量位于集镇、公路、学校、医院附近，以及其他条件较好的地方安置移民。

2）移民村原则上以村组为单位进行整建制安置。河南省提出每个安置点安置移民原则上不低于 500 人，有条件的地方，可通过整合使安置人数达到 1000 人以上；同时，为便于邻里、干群关系的相对稳定，外迁移民原则上以村为单位整建制搬迁，1 个村出县外迁集中安置的移民，不得跨县安置，村民小组原则上不拆分；对于移民规模在 300 人以下的中小型村，引导其整合 2 个或多个移民村组，在同一个居民点进行安置。通过规划设计，配套建设基础设施、公共服务设施完善的移民新村，既更容易达到社会主义新农村示范村的标准，也有利于今后的发展。

3）用于安置移民的土地应尽量做到集中连片，其土地质量和当地群众基本相当，且耕作半径适中。为减少移民之间产生攀比心理，确保几个相邻居民点的综合条件大体相当。为此，集中居民点应尽量选择在几个村的接合部位置，既可以保障调整给移民的土地相对集中连片，同时对安置区影响最小。

4）为保证移民安置对接的顺利完成，各地尽量预留出 20%以上的备选居民点，以供移民选择。同时，居民点优化整合方案需与对应的库区乡（镇）移民村安置任务相结合，做到有的放矢，减少工作中的弯路。

2. 居民点优化整合成果

河南、湖北两省均以长江设计院作为技术支撑，各县（市、区）则以初设规划为基础，对辖区内居民点进行全面排查。河南省在2009年7月上旬完成优化整合工作，将南阳、平顶山、漯河、新乡、许昌、郑州6个省辖市、25个县（市、区），原初步设计规划拟定的集中居民点562个整合调整为208个。其中，淅川县内集中居民点53个，出县外迁集中居民点155个；湖北省于2009年10月基本完成优化整合工作，整合后的外迁安置区集中居民点数量由初步设计规划的483个整合调整为176个，内安移民集中居民点数量由初步设计规划的327个整合调整为168个。

优化整合后的大部分居民点呈现出区位优越、交通便利、土质良好的特点。有的乡（镇）采取了全乡滚动调地的方法，为移民安置提供了较好的条件；有的乡（镇）对规模较小的居民点进行了整合，为移民的规模化安置创造了条件；还有的乡（镇）将国营农场和集体土地进行捆绑，为移民安置拓宽空间。通过运用这些行之有效的方法和手段，为移民安置方案对接工作顺利推进创造了条件。

3. 移民安置方案对接落实

鉴于初步设计规划确定的迁出乡与安置县的对接方案，是各级人民政府经过充分论证的结果，并经国家批准，已得到广大移民群众认可，因此，迁出乡与迁入县对接框架原则上保持不变。由于优化整合后，居民点的数量、位置、规模均发生了很大的变化，因此，本阶段的移民安置方案对接工作分两步完成：第一步是进行移民村与居民点的总体对接，第二步是进行移民村与居民点的具体对接。对接工作的重点是重新完成移民村与居民点的对接，并取得移民群众的接受与认可。

（1）总体对接

设计单位根据移民村和居民点的区位、经济发展水平、土地资源、基础设施状况、耕作习惯、发展第二三产业的环境与条件、生活习俗等因素，以库区的乡（镇）、安置区的县为单位，对所有移民村和居民点进行综合评价，按照“初步设计对接框架原则不变、迁安条件大体相当、任务容量基本匹配”的原则，提出总体对接方案。

在保持初步设计规划确定的对接大框架、安置任务原则不变的前提下，河南省移民办组织设计单位按“条件基本对应、容量基本匹配”的原则，提出了移民村与居民点的总体理论对接方案。2009年8月，库区各乡（镇）依据该理论对接成果，分赴外迁安置区，对分配的所有居民点开展实地考察对接工作，并提出调整意见。随后，河南省移民办对被库区乡（镇）否决的南阳市外居民点逐一进行考察，协调库区乡（镇）和安置区政府进一步沟通。同时，对库区乡（镇）提出的调整意见再次进行分析论证，最终形成了一套各方认可的总体对接方案。

湖北省外迁移民的总体对接工作由库区县(市、区)人民政府统一领导,以乡(镇)为单位,对安置区域进行全面整体选点,确定外迁安置区;内安移民的对接工作与外迁安置方案对接有所不同,由各县(市、区)分别开展,主要根据各地具体情况进行优化调整。其中,丹江口市内安移民的整体对接,先由乡(镇)(村组)干部根据市内安置移民数量,对初步设计规划的居民点进行优化,再由市移民安置指挥部组织有关领导及专家现场查看,确定整体对接方案;武当山特区在综合考虑库区现状、新区建设、旅游后劲和土地资源,并充分征求移民意愿的基础上,由地质、规划、环保、供水等部门对居民点新址进行查勘并出具确认意见后,再由特区移民安置指挥部以书面批复的形式确认整体对接方案;郧县、郧西县、张湾区居民点新址选择时,首先考虑原初步设计规划选定的居民点,并征求移民意愿,对需要调换的居民点新址,在地质、规划、环保、供水部门赴新址查勘并出具意见的基础上,由乡(镇)综合各方意见后,向县(区)移民安置指挥部提交申请,经批复确认。

(2)具体对接

由库区县(市、区)、乡(镇)组织移民村组干部、移民代表到总体对接选定的安置区县(市、区)对应的居民点,进行实地考察论证、沟通协商,以库区乡(镇)为主、安置地配合,全面了解居民点的位置、经济发展水平、环境状况、耕作习惯、生活习俗、生产用地范围、土地质量等情况,对各居民点的综合情况进行比较分析,完成移民村与居民点的定点具体对接工作,签订移民安置对接承诺书,并逐级上报审定。在移民村与居民点完成总体对接和具体对接后,进一步落实移民村与居民点对接的具体建房地点和生产用地位置,由移民村迁安组织与安置地乡(镇)政府签订移民安置确认书,最后对移民安置具体对接方案予以确认。

河南省丹江口库区出村集中安置的移民分别对接至南阳、平顶山、许昌、漯河、郑州、新乡等6个省辖市的25个县(市、区)、108个乡(镇、单位)的208个居民点。其中,淅川县内集中居民点53个,出县外迁集中居民点155个;湖北省丹江口库区外迁移民分别对接至武汉、襄阳、荆州、荆门、随州、仙桃、潜江、天门、黄冈等9个省辖(直管)市的21个县(市、区)、76个乡(镇)的192个居民点;内安移民涉及丹江口市、武当山特区、郧县、郧西县、张湾区5个县(市、区)的31个乡(镇)、168个居民点。

(三)生产安置实施设计

生产安置实施设计主要内容包括淹没线上土地资源复核、生产安置人口计算及复核、生产安置人口复核、生产安置实施方案编制及确认。

1. 淹没线上土地资源复核

在初步设计规划阶段,淹没线上土地资源采用图上勾画、村组确认的方式,并未进行现场调查。同时，由于“停建令”未对淹没线上建设进行限制，时隔多年，线上土地资源变化情况多且复杂。因此，为保障淹没线上留置居民的生产生活需求，在实施设计阶段，需对淹没线上土地资源进行现场复核。

主要针对耕园地面积进行复核，线上耕园地面积包括农民承包的土地、自留地和自主开垦的耕园地。在国家批准的初设规划基础上，根据土地详查资料和土地统计台账，逐块进行复核。对耕地地类发生改变的（如旱改水、旱改园等）、因基本建设已被占用的耕地、个别因村组行政界线误差、飞地等因素造成线上耕园地面积出现偏差的情况，经现场核实后予以纠正。同时，对那些土层薄、土壤养分含量不均匀、有机质含量偏低、产量没有保障的耕园地，经各方共同商定确定后，采取不计入面积或者按一定比例折算面积的方式处理。

（1）内业准备

收集并整理淹没涉及村组实物指标调查资料、地形图、土地详查资料、土地统计台账、土地承包证、退耕还林统计清单、线上耕园地变更等资料，运用地形图将土地征收线标绘在土地详查斑块图。在已标绘土地征收线的斑块图中，逐个查明淹没线上的土地斑块，查清土地详查资料或土地统计台账上对应各斑块的编号、地类和面积。同时，为确保淹没线上土地资源的可靠性，根据实际情况，对质量较差的土地设置一定的质量系数。

（2）实地核实

以村为单位，工作人员到田间地头进行实地查勘，逐块核实。若有两种或两种以上用途的土地只计一种；园地和经济林，若能提供土地承包证，按园地登记；提供林权证，按经济林登记；若同时提供土地承包证与林权证，以旧证为基础，并综合其他情况加以认定。对于不能提供使用权证的土地，根据相关档案资料，结合现状协商解决。已实施退耕还林的土地，纳入林地调查范畴；对于现有荒地，若已纳入造林规划，作为宜林荒地调查，其他作为未利用地调查。对斑块图上标示为裸岩的土地，现已被开垦成耕地，但土地质量非常差，基本只能依靠自然降水进行耕种的石渣地，仍按裸岩进行登记，不作为耕地。

（3）资料归纳

实地复核工作完成后，需对外业复核数据进行仔细校核，逐级汇总、复核成果。待参加复核工作的相关单位负责人签字盖章认可后，规划设计单位据此开展规划工作。

2. 生产安置人口计算及复核

（1）河南省土地整合及生产安置人口复核

1）淹没线上土地资源整合。

土地资源整合是根据本村组淹没线上剩余土地资源面积及质量状况，充分考虑村组淹地和淹房比例不平衡的问题，在充分利用线上剩余土地资源的基础上，拟定出更符合移民意愿、更有利于搬迁实施的移民生产安置方案的一种措施。

在初设规划时，直接以村民小组为单位计算生产安置人口，难免存在部分村组淹没人口较多、淹没土地较少，后靠建房人口多；而邻近村组淹没人口较少、淹没土地较多，淹地不淹房需搬迁人口多的情况；或者一个村绝大多数人均外迁安置，淹没线上仅剩下极少数人口和土地在原村组安置。若直接采用以组为单位计算生产安置人口，并以组为单位确定生产安置方案的方式，不能综合考虑相邻村组的情况，不仅存在浪费资源的现象，而且不利于移民搬迁后在社会适应性的调整和生产生活的发展。因此，在实施规划阶段，统筹考虑相邻村组的淹地、淹房情况，在征求地方人民政府和移民意愿的基础上，提出土地资源整合方案。土地整合在本乡(镇)范围内进行，以尽量保持村民小组整建制搬迁或留置作为基本原则，主要包括整体搬迁村(组)淹没线上土地资源整合和非整体搬迁村(组)淹没线上土地资源整合。

村组移民完成建制搬迁后，淹没线上存留的土地根据其数量和质量，在政府主导下，将可利用的土地调整至邻近受淹村组，以此作为移民安置容量；同时，当两个相邻组淹地和淹房比例严重不平衡时，将淹没人口较多的移民外迁进行生产安置，其淹没线上的土地调整至邻近淹没土地多的组，作为留置居民安置容量，不仅可充分利用资源、减少搬迁，而且为移民搬迁安置的顺利实施创造条件。

2)生产安置人口计算。

根据《中华人民共和国土地管理法》和《移民设计规范》，以村民小组为单位计算生产安置人口。

3)生产安置人口复核。

生产安置人口理论计算值仅仅是依据人口和土地情况计算的初步生产安置人口数，最终的生产安置人口确定受土地整合方案、后靠建房人口等因素的影响。

生产安置人口的复核是在理论计算的基础上，根据邻近村组人口和土地淹没影响情况拟定土地整合方案。其间，充分征求移民村、组意见及移民意愿，以各乡(镇)出具的关于土地整合安置方案的书面同意函为依据，根据确定的土地整合方案重新进行计算，并结合复核后的淹没影响人口，估算本村组后靠建房人口数量。

同时，为保障留置居民的土地资源数量，根据估算的本村组后靠建房人数，按照人均建房占地标准计算建房占地面积，并按一定比例推算后靠建房占用的耕园地数量，进而计算后靠建房占用耕园地的生产安置人口数量。

最后，由各乡(镇)组织移民村组，根据土地整合方案以及最终计算得出的生产安置人口数(含后靠建房占用耕地需安置的人口)，将生产安置人口落实到户到人。按照整户搬迁原则，在落实到户后，将每组生产安置人口数与计算得出的生产安置人口数进行比较，两者数量差值幅度不超过±3 人。规划设计单位根据生产安置人口落实到户资料及搬迁安置方案，对生产安置人口数进行最终修正，从而确定各村组生产安置人口数量。

(2)湖北省生产安置人口复核

由于地方人民政府是移民安置实施主体，在实施过程中，各县(市、区)为确保移民搬迁安置任务顺利完成，结合自身特点采取了不同的搬迁方式。丹江口水库农村移民安置工作分为试点外迁、大规模外迁和内安3个阶段。在各阶段工作开始前，长江设计院根据《初步设计规划报告》的相关成果，以组为单元，分别确定了各淹没涉及乡(镇)外迁、内安的生产安置和搬迁安置移民任务量，各县(市、区)人民政府将任务组织落实到户、到人。

湖北省在生产安置人口复核确认的过程中，根据《湖北省实施规划工作大纲》关于确定出县外迁和出组县内生产安置对象的规定，为使移民安置方案更符合实际情况，出县外迁和出组县内生产安置的移民可按淹没房屋、移民意愿、直系亲属赡养关系、地质条件、居住高程、淹没耕园地面积比例等因素综合确定。若按照上述因素确定有困难时，也可按《中华人民共和国村民委员会组织法》有关规定，由村民民主确定。具体办法由各县(市、区)人民政府制定。

在实施规划过程中，郧县、郧西县和张湾区3个县(区)对生产安置人口在初设规划基础上进行了重新复核计算。首先以村民小组为单位计算生产安置人口的理论值，在此基础上，根据实际落实到户、到人情况进行调整，确保整户搬迁得以实现。

丹江口市和武当山特区在最终生产安置人口复核确认有所不同，以丹江口市为例说明。根据丹江口市制定的《丹江口市南水北调中线工程库区移民身份确认办法》，库区生产安置人口确认的基本条件是：①生产安置人口是指因水库淹地、淹没影响和安置移民新占地而失去土地，需要村组重新调整土地或重新安置的农业人口。②户主及家庭组成人员常住在“三区”(水库淹没区、水库影响区及城集镇迁建、移民集中安置占地区)，有房产且有当地农业户籍的，确认为生产安置人口。③在“三区”原已分配承包责任地(口粮地)，并以承包责任地作为主要生活来源的农转非人口，可确认为生产安置人口；不以承包责任地作为主要生活来源的农转非人口，不得确认为生产安置人口。④居住在“三区”的非农人口、回原籍的离退休人员，不得确认为生产安置人口。

丹江口市为确保按时完成搬迁安置任务，鼓励搬迁，采取淹没线下优先外迁的政策。在以组为单位进行分析时，出现了部分非生产安置人口外迁的情况。按照湖北省生产安置人口总量控制的原则，采取分村平衡的方式，在以组为单位计算内安生产安置人口的基础上，若分村汇总出现负值，则按归零处理。考虑试点外迁和大规模外迁实际搬迁情况，并结合库区内安后靠规划生产安置人口的落实情况，丹江口市在生产安置人口复核确认工作中，采取生产安置人口初设规划任务量与实际相结合的方式确定。对地方人民政府实际落实的生产安置人口(远超初设规划总任务量)，需逐户分析搬迁安置半径(是否超过 3km),并按远迁和就近进行分类,以村为单位进行平衡。淹没涉及村生产安置人口,按以下几种情况分别复核确认:

①初设规划指标－实际远迁安置农业人口≤0。

计算生产安置人口＝实际远迁生产安置人口(含外迁和内安远迁)

实际生产安置人口＝实际远迁生产安置人口(含外迁和内安远迁)

②初设规划指标－实际远迁安置农业人口＜实际就近安置农业人口。

计算生产安置人口＝初设规划指标

实际生产安置人口＝实际远迁安置农业人口＋需就近安置生产安置人口

③初设规划指标－实际远迁安置农业人口≥实际就近安置农业人口。

计算生产安置人口＝实际远迁安置农业人口＋实际就近安置农业人口＋剩余指标

实际生产安置人口＝实际远迁安置农业人口＋实际就近安置农业人口＋不到户的剩余指标

按上述方法,实施设计阶段对丹江口市生产安置人口落实到户、到人。武当山特区实施规划生产安置人口的计算和复核方法与丹江口市类似。

除此之外,在初设阶段的环境容量计算中,虽已扣减移民居民点等迁建占用的耕园地,但当时并未计算迁建占用耕园地的生产安置人口。在实施规划过程中,考虑淹没线上剩余土地质量总体较淹没线下耕地差,且人均耕地面积较少等因素,为确保留置居民的生产生活,保障库区社会稳定,按照湖北省移民局要求,长江设计院对后靠居民点占用的耕园地计列了生产安置人口。

3. 生产安置实施方案编制及确认

丹江口库区农村移民生产安置主要采取种植业和投亲靠友两种安置方式,辅以少量进敬老院安置。根据《移民安置条例》,种植业安置和投亲靠友安置两者均为有土安置。其中,种植业安置由政府统一调整、安排生产用地;投亲靠友安置主要是移民户利用亲友关系自主寻找土地。根据环境容量复核结果和对接方案,以户为单位落实生产安置人口的安置途径、安置去向和接收地点,编制生产安置方案。

(1)种植业安置

丹江口大坝加高工程移民生产安置主要采用种植业安置的方式,通过整合外迁移民淹没线上剩余耕园地、有偿调整老居民的承包地、调整单位和集体土地、库区回填造地等方式安置移民。

1)环境容量复核分析。

种植业安置的基础工作是进行环境容量分析,包括淹没村种植业环境容量分析和非淹没村种植业环境容量分析。

淹没村种植业环境容量分析以村民小组为单位进行,首先是淹没涉及组,然后是本村其他非淹没涉及组。根据淹没线上剩余土地资源的面积及质量状况，考虑建设占地因素后，确定可供安置移民的耕园地数量和安置移民人数。为保障移民和原有居民的后续发展，建设占地不仅考虑了移民后靠建房占地，还根据村庄年报记载的年初、年末耕地平均减少情况，推算了老居民和当地经济发展的占地规模。对于本村不能安置，且初设规划中既有县内又有县外安置的情况，根据该村实际情况，在征求移民意愿的基础上，由移民所在县(市、区)、乡(镇)人民政府与设计单位共同论证后，确定安置去向。

非淹没村种植业环境容量分析以村为单位进行。根据国民经济统计年报、土地详查资料和土地统计台账，核实安置村的基本情况，主要包括全村农业人口数、总土地面积、总耕园地面积、人均耕园地面积等。现场逐块落实移民生产用地的位置、地块编号，以及生产用地范围内的各种地类、面积、权属关系等，将调整土地全部标示在 1∶10000 地形图或土地利用现状图上。

25°以上的耕园地不纳入环境容量分析范围，同时为尽可能降低对老居民生产生活的影响，河南省在调整老居民承包地时遵循以下原则：对于人均耕地≤2.0 亩的情况，调出的耕地比例原则上不高于 10%；对于人均耕地>2.0 亩的情况，调出的耕地比例原则上不高于 20%。按种植业安置标准，确定能够接纳的移民人数。湖北省原初设规划中外迁转成内安及其他因素，导致县内生产安置人口增加较多，主要集中在丹江口市的均县、六里坪、凉水河和郧县的城关、柳陂、谭家湾等乡(镇)。本着“以人为本”的原则，考虑到这些乡(镇)均位于城(集)镇周边，土地容量有限，居民对土地依赖的程度较低，且第三产业收入在其家庭主要收入中所占比例较大，在尊重移民个人意愿的基础上，实施设计阶段新增县内回填造地的安置区。最终核定回填造地地块 46 块，总面积 9638.15 亩，涉及 4 个县(市、区)，能够安置移民 18663 人。结合原有的开垦、改造、调整土地等安置方式，基本可满足外迁转内安生产安置人口对生产用地的需求。

2)种植业安置去向及标准。

种植业安置去向包括县内种植业安置和出县外迁种植业安置。在以村民小组为单位确定生产安置人口后，根据种植业环境容量的复核结果和投亲靠友安置移民的人数，确定出组种植业安置的移民人数，并落实到户、到人。

河南省规划种植业安置 160669 人，其中县内种植业安置 16531 人，出县种植业安置 144138 人。

湖北省规划种植业安置 145746 人，其中县内种植业安置 69075 人，出县种植业安置 76671 人。

县内安置移民种植业安置标准为：①在本组以外、离城镇较远的农村调地安置的移民，提供大棚菜地 0.4 亩，或水田、水浇地、果园 1.05 亩，或旱地 1.4 亩。②原人均耕园地面积小于上述标准，且移民在本组安置，安置标准应不高于原有水平。③在城(集)镇周围安置、不以土地为唯一谋业手段的移民，可根据移民意愿，适当降低土地安置标准。

出县外迁安置移民种植业安置标准为：河南省外迁安置移民提供大棚菜地0.4亩，或水田、水浇地、果园1.05亩，或旱地1.4亩。同时，按耕园地面积的6%计算其他土地面积，并由安置县（市、区）进行统筹使用；湖北省外迁移民耕园地面积不低于1.5亩/人。

（2）投亲靠友安置

在丹江口大坝加高移民安置方式中，投亲靠友安置本质上也是种植业安置，需由本人向移民所在县级人民政府提出申请，并提交接收地村民小组、村委会、乡级人民政府、县级人民政府出具的同意接收移民的证明材料，经移民所在村委会、乡（镇）人民政府、县级移民主管部门及同级人民政府逐级审查签署意见；并确认其在安置地具备土地等农业生产资料后，方可纳入投亲靠友安置范畴。最后，移民所在县级人民政府需与接收地县（市、区）人民政府、移民三方共同签订生产安置协议进行确认。

河南省投亲靠友安置包括亲友投靠、干部职工直系亲属投靠两种方式，全库区投亲靠友移民共552户1945人（其中，农业人口1888人、非农业人口57人）。其中，①亲友投靠指移民凭借亲友关系自行联系，并征得迁出地和迁入地同意后，自愿搬迁到亲友所在地安置。亲友投靠安置移民共222户852人，涉及河南省南阳市、开封市、新乡市、郑州市、焦作市、三门峡市，湖北省十堰市、荆门市，广东省清远市，四川省泸州市，陕西省安康市、宝鸡市等5省19个县（市、区）的38个乡（镇）、98个村。②干部职工直系亲属投靠指在淅川县内外的党政事业单位、国有和集体企业工作的正式干部职工的直系家属，若属于移民且自愿在县内安置，由本人向淅川县人民政府提出申请，并提供干部职工所在单位证明，经迁出村委、所在乡（镇）人民政府、淅川县移民局审核后，由淅川县人民政府统一调地进行集中或分散安置。干部职工直系亲属投靠移民330户1093人，全部由淅川县人民政府在县内统一安置。

湖北省投亲靠友安置包括自主投靠和投亲赡养抚养安置，涉及丹江口市和郧县的投亲靠友移民共335户768人（不含非农业人口17人）。其中，①自主投靠方式与河南省亲友投靠相同，是移民自行联系，并征得迁出地和迁入地同意，确认在迁入地能够享有土地等农业生产资料进行有土安置的方式，共计自主投靠166户。②投亲赡养抚养安置，是不再需要分配土地的投靠方式，共计投亲赡养安置602人。根据丹江口市《关于做好库区农村移民投亲赡养安置工作的通知》和郧县《南水北调中线工程丹江口库区郧县移民外迁试点工作投亲靠友及赡养抚养安置暂行办法》规定，投亲赡养抚养安置申请人需满足以下基本条件：申请人年龄要求男60岁及以上、女55岁及以上，不再具备生产能力，丧失或基本丧失劳动能力，或为未成年需抚养的幼童；申请人的子女或自己的三代以内直系亲属不属搬迁对象；申请人所投靠或被赡养的亲友必须是自己的亲生儿女或自己三代以内直系亲属，而且在其所在地有稳定的住所和相对稳定的收入。湖北省投亲靠友安置涉及湖北省十堰、武汉、荆门、宜昌、襄阳等市，以及河南、湖南、江苏、广东、重庆等省(直辖市)。

(3)其他安置方式

仅湖北省涉及进敬老院的安置方式，主要是针对五保户。五保户本人需向乡(镇)人民政府提出申请，经批准后由乡(镇)安排进入的敬老院进行安置，是一种不再分配土地的安置方式。

(四)搬迁安置实施设计

搬迁安置实施设计与生产安置实施设计紧密相关，主要内容包括确定搬迁安置人口、拟定搬迁安置方案、开展居民点规划设计等。

1. 搬迁安置人口复核

根据相关规范规定，搬迁安置人口包括淹没影响区人口、淹地不淹房需搬迁人口和库边影响人口 3 个部分。

(1)淹没影响区人口

淹没影响区人口根据实物指标调查公示核定的人口确定，淹地不淹房需搬迁人口结合生产安置人口情况和相关方案综合确定，库边影响人口根据实际情况确定。

(2)淹地不淹房需搬迁人口界定

当受淹没影响的村组淹没土地较多、淹没人口较少时，居住在淹没线上的人口没有足够的生产资料。若邻近村组既没有土地资源可以整合，也没有足够的安置容量，那么这部分居住在淹没线上且生产资料被淹的农户，就需要进行出村搬迁安置，即淹地不淹房需搬迁人口。

河南省淅川县制定了《关于丹江口库区淹地不淹房需搬迁人口界定的指导意见》，明确规定了淹地不淹房需搬迁人口的界定原则、工作程序及界定方法。首先，应以书面形式征求居住在淹没线上农户对搬迁或留置的意愿;在进行界定时，优先满足自愿搬迁移民的意愿。当自愿搬迁人数与线上搬迁基数不匹配时，均按照以下顺序确定搬迁人口，直至达到基数要求:①依靠淹没线下外迁移民赡养、抚养的直系亲属户优先搬迁。若被赡养、抚养人在淹没线上和线下均有赡养、抚养人，此时应尊重被赡养、抚养人的意见，使其在外迁或留置两种安置方式中选定一种。②按照农户居住主房室内地坪高程，依次由低到高确定搬迁对象。③主房室内地坪高程相同的农户，淹没耕园地比例较大的农户优先搬迁。

湖北省淹地不淹房需搬迁人口的界定方法与河南省基本一致。在实施设计阶段，湖北省郧县城关、柳陂、茶店等乡(镇)原规划的淹地不淹房需搬迁人口，大部分居住在城(集)镇周边，部分劳动力在集镇务工，移民强烈要求不外迁。经广泛征求村组及移民群众的意见，发现这部分人口主要分布在库周，可利用居民点建设弃土，采取回填造地的方式，解决其生产安置问题。因此，这部分淹地不淹房人口由初设规划的远迁安置调整为就近生产安置，不再进行搬迁。

(3)库边影响人口

库边影响人口指的是位于移民迁移线上，由于水库蓄水致使交通难以恢复，或恢复交通的经济合理性非常差，以及社会生存环境严重恶化等因素，需要搬迁安置的零星居住人口。

在实物指标调查期间，对淹没线上剩余居民5户左右、耕地20亩左右的村组，以及恢复交通困难的库边地段，经现场调查认定后，已将其纳入影响区范围进行调查，并统一进行规划。实施设计阶段，结合移民生产安置和搬迁安置方案，发现仍存在部分库边地段需要处理，主要是水库蓄水后形成的一些三面环水、一面靠山的绝地。处理方法是：由规划设计单位、地方人民政府和村组干部共同对现场进行查勘，提出初步范围及处理意见；规划设计单位进行基础设施功能恢复规划工作，测算投资金额，初步分析库边地段影响范围内的实物指标，测算搬迁投资，并进行技术经济比较；在征求库边地段影响范围内居民意愿和技术经济比较结果的基础上，确定是否将该地段纳入处理范围；若某地段被纳入处理范围，报省移民管理机构审定。经审定同意的人口统一安置，并计入搬迁安置人口，其中农业人口增列为生产安置人口；待移民搬迁完毕、移民人口最终核定后，规划设计单位对生产安置人口进行最终修订。

在经复核确定的淹没影响区人口的基础上，根据生产安置方案及整户搬迁原则，考虑库边影响人口因素，河南省农村共有搬迁安置人口165471人。其中，淹没影响区人口122680人、淹地不淹房需搬迁人口42664人、库边影响人口127人，涉及淅川县10个乡(镇)、168个村、1133个村民小组，湖北省农村共有搬迁安置人口143351人。其中，淹没影响区人口100476人、淹地不淹房需搬迁人口42633人、库边影响人口242人，涉及丹江口市、武当山特区、郧县、郧西县、张湾区5个县(市、区)的28个乡(镇)、232个村、900个村民小组。

2. 搬迁安置方案复核

根据生产安置规划方案，需分户确定建房地点和建房方式。搬迁建房方式包括分散建房(<80人)、进居民点集中建房(≥80人)、进集镇建房和自主分散购房4种方式。在丹江口大坝加高工程的移民建房中，以进居民点集中建房为主要方式。其中，河南、湖北进居民点集中建房人口分别占两省总搬迁安置人口的96.9%和87.0%。

搬迁安置去向即建房地点，主要指集中居民点所在的区域和位置，分为县内建房和出县外迁建房。当建房人数≥80人时，作为集中居民点进行统计，并需进行居民点规划设计；当建房人数<80人时，作为分散建房进行统计，在规划设计中不落实具体的建房

位置，仅根据分散建房的人数，按批准的人均标准计列新址征地费及基础设施建设费。

河南省规划3种建房方式，其中分散建房4458人、进集镇建房689人、居民点集中建房160324人（建设集中居民点208个）。安置去向分别为县内建房19139人，其中，分散建房4293人、进马蹬集镇建房689人、居民点集中建房14157人；出县外迁建房146332人，除投亲靠友165人分散建房外，其他146167人全部在省内集中建房。

湖北省规划4种建房方式，其中分散建房9592人、进集镇建房3685人、居民点集中建房124723人（建设集中居民点360个）。自主分散购房5351人。安置去向分别为县内建房65861人，其中，分散建房9571人、进集镇建房3685人、居民点集中建房47711人，自主分散购房4894人；出县外迁建房77490人，除投亲靠友478人分散安置外，其他77012人全部在省内集中建房。

3. 集中居民点规划复核与实施设计

河南省共规划修建集中居民点208个，其中小型村35个、中型村39个、大型村69个、特大型村65个。湖北省共规划修建集中居民点360个，其中，小型村199个、中型村108个、大型村22个、特大型村31个。

根据两省居民点设计技术规程，在开展居民点规划设计之前，需要完成居民点建设条件的调查分析、地形测量及地质勘察，确定选择的居民点应具备地理位置和地形地质条件适宜、交通便利、水量充足、水质良好、便于排水等基础条件。在此基础上，根据生产安置规划和搬迁安置规划确定居民点的人口规模，明确居民点性质，开展居民点规划设计工作。重点内容包括居民点规模确认、户型选择及确认、居民点总体布局及确认、居民点规划说明书编制等。

（1）居民点规模确认

居民点规模涉及用地规模、人口规模及规划户数，是居民点规划布局及点内基础设施规划设计的基础。

用地规模根据规范及初设规划确定的人均用地标准，按照规划进入居民点的搬迁安置人口数量计算。居民点人均建设用地标准为80m^2（不包含对外基础设施建设用地、坑塘用地、公益性墓地占地等）。同时，结合居民点台地布置、排水及生产用水等方面的需要，另规划出人均5m^2的坑塘用地，与建设用地一同统筹，用于确定居民点规划设计用地规模。

人口规模主要为规划进入居民点安置的搬迁人口数量，是计算用地规模的基础，也是计算规划户数的基础。

规划户数是居民点规划和编制概算的基数。在确定规划户数时，以移民村为单位，在现状户数的基础上，考虑一定的增长系数进行计算。移民新村居民点以移民房屋和道路为主，规划户数是计算移民房屋建设占地面积、进行居民点总体布局规划的基本条件。河南省农村移民宅基地标准为 167m²/户;湖北省农村移民宅基地标准不高于 140m²/户。

(2)户型选择及确认

户型选择及确定是居民点规划设计的基础工作。户型的选择由各县(市、区)移民主管部门结合本地实际情况,选择并提供 10～20 种经济适用的户型,印发到各移民村,广泛征求移民的意愿。在户型选择工作的组织方面,以安置区为主、迁出地配合;在户型选择过程中,有关的设计人员、工程造价人员和施工技术人员参与其中,为移民提供技术咨询和服务。当移民的户型确定后,移民村的迁安组织以书面形式出具确认书,规划设计单位再根据确定的户型及居民点规模,开展居民点总平面布置及后续的规划设计工作。

(3)居民点总体布局及确认

居民点总体布局及确认是居民点规划设计工作的关键环节,将直接影响到后续规划设计工作的开展。居民点总体布局规划分两步完成:一是初步规划,二是征求意见及确认。

1)初步规划。

规划设计单位根据已确认的户型,结合新址对外交通、地形等实际状况,在充分听取移民村迁安组织和安置地县(市、区)、乡(镇)人民政府及有关部门意见的基础上,对水、电、路等基础设施,以及宅基地、道路、配套设施、学校、环境卫生等项目进行合理规划布局,开展居民点总体布局的初步规划工作。

2)征求意见及确认。

规划设计单位在征求安置区和库区乡(镇)、住建部门、移民迁安组织对总体布局初步方案意见的基础上,提出最终总体布局方案。总体布局方案经迁安两地对接,由移民迁安组织和移民代表确认并签字认可后,作为下一步规划设计的基础依据。

经确认的总体布局不得随意变更;确属移民意愿需对原总体布局方案进行调整、变更的移民,要得到绝大多数移民群众的同意并签字认可,签字人数应不少于该安置点移民户的 80%。同时,对其他未签字户或不同意变更的移民应做好思想工作,在确保不影响社会稳定的情况下可作调整。

(4)居民点规划说明书编制

在已确认的平面总体布局基础上,依次完成道路工程、竖向工程、给排水工程、电力工程、通信和广播电视工程、防灾减灾规划、环境规划等,并计算居民点投资,编制集中居民点规划说明书。该说明书经审批通过后,将其作为居民点建设的依据。

河南省围绕"四年任务、两年完成"的总体目标,为保障搬迁安置进度,统筹推进各项工作。在编制居民点规划说明书之前,增设居民点新址征地和"三通一平"要点规划编制环节。规划设计成果需满足居民点建设用地勘测界定，以及开展征地、水、电、路、场地平整工作的需求。明确水源、供水设施及其位置，确定 10kV 线路接线方式、变压器容量及位置，完成对外连接路及村内主干道路规划设计等。以便于地方人民政府尽早开展新址征地及“三通一平”基础设施建设工作，缩短居民点完成时间，为大规模移民搬迁安置创造条件。

湖北省围绕“四年任务两年基本完成，三年彻底扫尾”的总体目标，为尽早启动移民新村征地及“三通一平”工作，在居民点建房人口规模尚未完全确定的情况下，规划设计单位也进驻安置区，开展地形测量、地质勘察及居民点规划设计工作。以初步确定的移民村外迁安置任务量为基础，着手编制居民点建设规划说明书，为大规模外迁集中居民点尽早启动新址征地和“三通一平”工程建设提供了保障。

二、农村外项目实施设计

农村外项目规划设计工作主要包括城(集)镇迁建、工业企业迁建、专业项目复建、库底清理等方面。农村外项目的实施设计主要由地方负责开展，采用任务和投资双包干的形式，由县(市、区)负责编制实施规划、制定实施计划并组织实施。例如，河南省淅川县制定了《淅川县南水北调丹江口库区集镇、单位、企业迁建及专业项目复建实施管理办法(试行)》，明确了具体实施方案。该方案遵循实事求是的原则，以初设规划成果为基础，结合专业管理实际情况处理淹没影响问题，严格执行“任务和投资双包干”政策。若因扩大规模、提高标准而增加的投资，由专业部门自行承担。在湖北省各县(市、区)人民政府作为农村外项目移民安置工作的责任主体、实施主体和管理主体，通过各县(市、区)移民安置指挥部、移民局具体委托设计并组织实施相关工作。

(一)城(集)镇迁建

丹江口大坝加高工程共规划迁建 16 个城(集)镇，分别为河南省淅川县马蹬场镇、老城镇、滔河集镇；湖北省丹江口市大坝办事处、六里坪镇、均县镇、浪河镇、丁家营镇、土台乡集镇，郧县城关镇、柳陂镇、茶店镇、辽瓦场镇，郧西县天河口场镇，张湾区黄龙镇、方滩乡集镇。城(集)镇总迁建人口规模达 2.7 万人，建设用地 223.2hm^2。新址占地涉及的生产安置人口 0.2 万，全部就近安置。

淅川县马蹬场镇在马蹬镇总体规划的基础上，编制了马蹬集镇复建修建性详细规划。集镇总体布局分为北部商业办公区和南部移民住宅区两大功能区；老城镇主要以恢复旧城功能为主，对中断的道路、电力、通信、广电工程线路等加以恢复；滔河集镇完成了控制性详细规划，同时针对镇内主干道路、供电、供水、排水等工程设施进行了规划建设。

湖北省涉及的 13 个城(集)镇中，六里坪、浪河、天河口 3 个集镇采取就地抬高的方式进行建设，丹江口市大坝办事处、丁家营、土台 3 个集镇实施后靠复建，均县、郧县城关、茶店、柳陂、辽瓦、黄龙、方滩 7 个集镇为异地迁建。丹江口市、郧县的城（集）镇搬迁复建工作由两县（市）移民安置指挥部具体负责。相关乡（镇）作为城（集）镇迁复建的责任主体、工作主体和实施主体，由各乡（镇）负责委托具备资质的设计单位完成集镇修建性详细规划、施工图设计，经评审通过后，分别由两县（市）移民安置指挥部审查、人民政府审批，并报十堰市备案，之后乡（镇）按项目管理程序组织实施。郧西县天河口场镇迁建方案由初设的异地搬迁调整为就地抬高后靠重建，经湖北省移民安置指挥部批准后，编制天河口集镇修建性详细规划，经专家评审、县人民政府审定批准后，进行施工图设计，最后由观音镇人民政府负责组织实施。张湾区黄龙、方滩两个集镇的迁建实施规划由张湾区移民安置指挥部委托长江设计院，在初设修建性详细规划的基础上进行编制。其中，黄龙镇新址变化经湖北省移民局批准后，开展施工图设计，由镇人民政府负责组织实施。

迁入集镇的单位，以迁入地乡（镇）人民政府作为管理主体，单位或其主管部门为实施主体，分别对实施方案、施工设计进行审核把关。对于不需要复建的单位，需提出资金使用和职工安置方案。该方案经单位或职工代表会议讨论通过，并逐级审批后，按一次性补偿方式处理，将补偿费直接兑付给权属人，由其自行处理。对于需要迁建的单位，在迁建前由本单位编制迁建实施方案，并以文件形式报经迁入乡（镇）人民政府、主管部门、行业主管部门和县（市、区）移民主管部门审核同意，获得县（市、区）人民政府批准后方可实施。国有、集体单位在迁建方案报批前，分别需提交领导班子会议和职工代表会议讨论通过。

（二）工业企业迁建

全库区受淹没影响的工业企业 161 家，其中规模相对较大的企业有 14 家。根据企业受影响程度和丹江口水库作为水源区的要求，并按照国家产业政策，综合企业及主管部门提出的规划方案，确定企业淹没处理方案为：异地迁建 93 家，后靠复建 25 家，一次性补偿 42 家，工程防护 1 家。迁建方案为：结合技术改造进行搬迁建设 93 家，转产或合并转产 25 家，关停破产 42 家，工程防护 1 家。

需要迁建的企业，在迁建前需自行编制迁建实施方案，并以文件形式，依次报经迁入乡（镇）人民政府、主管部门、行业主管部门和县（市、区）移民主管部门审核同意，最终获得县（市、区）人民政府批准后，方可实施。国有企业迁建方案报批前，应分别提交领导班子会议和职工代表会议讨论通过；股份制企业迁建方案报批前，应报经董事会讨论通过。上述会议记录经整理后，作为附件随迁建方案一同上报。迁入集镇的企业，以迁入地乡（镇）人民政府后作为管理主体，企业或其主管部门作为实施主体，分别对实施方案、施工设计进行审核把关。不需要复建的企业，应提出资金使用和职工安置方案，经企业班子会议和职工代表会议讨论通过，并逐级审批后，按一次性补偿方式处理，将补偿费直接兑付给权属人，由其自行处理。

（三）专业项目复建

专业项目主要包括公路、港口码头、电力设施、电信设施、广播电视设施、水利水电设施、库周基础设施、供水管道、防护工程等，主要由移民主管部门委托行业主管部门负责组织实施。对需要复建的项目，由建设单位负责，县（市、区）移民主管部门把关，按照批准的建设实施方案，组织技术人员或委托有资质的专业技术单位进行工程项目施工设计。对超规模、超标准的建设项目，建设单位必须落实超移民补偿投资来源，并出具超移民补偿投资自筹承诺书，经县（市、区）人民政府批准后，进行工程项目施工设计。设计单位编制的预算需经县（市、区）审计局审核把关，并由其出具审计报告后，方可办理报批手续。施工设计完成后，经县（市、区）移民主管部门审查、县（市、区）人民政府同意，按照行业管理部门项目管理规定进行评审、报批后实施。

（四）库底清理

2012 年 6 月，国务院南水北调办以国调办征移〔2012〕132 号文批复了《库底清理技术要求》。该文件明确库底清理内容包括卫生清理、固体废物清理、建（构）筑物清理、林木清理和易漂浮物清理等方面，同时要求河南、湖北两省以此为依据，抓紧开展库底清理工作。

2012 年 10 月，国务院南水北调办在北京组织召开第三季度丹江口库区移民进度商处会，要求长江设计院编制库底清理规划专项报告。为此，长江设计院编制了《南水北调中线一期工程丹江口水库库底清理规划专题报告编制工作计划》，并派遣人员赴丹江口库区，与地方人民政府及移民、交通、电力、广电、卫生、环保、林业等部门的有关人员组成联合工作组，对卫生、固体废物、建（构）筑物、林木、易漂浮物等的清理量进行了全面调查和复核。之后，长江设计院结合各县（市、区）卫生、环保部门牵头完成的卫生清理和固体废物清理规划成果，编制完成《南水北调中线一期工程丹江口水库库底清理专题报告》（以下简称《丹江口水库库底清理专题报告》），以及河南、湖北两省库底清理实施规划报告，作为地方实施库底清理工作的基础性文件。

2013 年 9 月，长江设计院受水源公司委托，依据初步设计报告和《库底清理技术要求》，结合河南、湖北两省批复的库底清理实施规划，认真核对库底清理的范围、数量、技术要求、价格水平等方面的变化情况，编制《丹江口水库库底清理专题报告》，并对投资变化进行对比分析。在完成上述工作的基础上，长江设计院编制完成《南水北调中线一期工程丹江口水库库底清理补充规划专题报告》。10 月，水源公司在武汉组织召开了专题报告的初步审查会。11 月，设管中心在北京组织召开了专题报告审查会。随后，设管中心分别在武汉、北京对库底清理概算进行了初步审查和复审。

2014 年 2 月 28 日，国务院南水北调办以国调办征移〔2014〕47 号文正式批复了《南水北调中线一期工程丹江口水库库底清理补充规划专题报告》。

河南、湖北两省的库底清理工作分为两个阶段：一是在每批次移民搬迁前后，对建筑物进行集中清理；二是在移民搬迁全部完成后，实施全面清理工作。

三、实施设计审批

南水北调建委会第三次全体会议确定了南水北调中线一期工程于 2014 年汛后通水的建设目标，要求丹江口水库移民安置任务在 2013 年底前全部完成。河南、湖北两省据此制定了相应的工作目标，积极推动设计及审查、审批工作，确保搬迁顺利实施，实现总体目标。

（一）河南省实施设计审批情况

河南省委、省政府根据南水北调中线工程建设要求，结合河南省实际情况，提出“四年任务、两年完成”的总体目标，将移民搬迁完成时间由原计划的 2013 年底提前至 2011 年 8 月底，并分两批完成搬迁工作。与移民搬迁进度相适配，农村移民安置实施设计工作分试点、第一批和第二批分别开展。规划设计单位分别编制了试点规划、第一批实施规划、第二批实施规划库底清理实施规划，经审查、批复后实施。

1. 试点规划

2008 年 5 月 6—9 日，受设管中心委托，水规总院在北京对《南水北调中线一期工程丹江口水库建设征地移民安置河南省试点规划报告（送审稿）》（以下简称《河南试点规划报告》）进行了审查。审查意见认为，报告内容较为全面，基本达到了规定的设计深度，安置方案基本落实，基本同意《河南试点规划报告》。同时，对农村移民安置试点规划、控制性专业项目、投资概算等提出了具体的修改意见和建议。

随后，国务院南水北调办在征求河南省人民政府对修改完善后的《河南试点规划报告》意见后，将其上报国家发展改革委核定投资。根据《国家发展改革委关于核定南水北调中线一期工程丹江口水库建设征地移民安置试点规划投资概算的通知》（该通知不含生产安置增补费），长江设计院再次对《河南试点规划报告》进行修改，并于 10 月下旬编制完成审定本。同时，长江设计院修改完成《试点规划报告》，国务院南水北调办以国调办环移〔2008〕152 号文对《试点规划报告》进行了批复。

河南省试点范围包括农村移民，以及 S335 线、小三峡大桥等控制性项目的迁（复）建，其中主要试点任务在农村。

2. 第一批实施规划

2010 年 4 月 12—15 日，河南省移民安置指挥部办公室在郑州组织召开了《南水北调中线一期工程河南省丹江口水库建设征地第一批农村移民安置实施规划报告(送审稿)》审查会。会议认为,送审稿符合国家政策和有关规范规定,符合实际情况,经修改完善并按程序批复后,可作为第一批农村移民安置实施的依据。规划设计单位根据审查意见,对送审稿进行认真修改,于4月底完成《南水北调中线一期工程河南省丹江口水库建设征地第一批农村移民安置实施规划报告(报批稿)》。

2010年5月,河南省移民安置指挥部以豫移指〔2010〕15号文对《南水北调中线一期工程河南省丹江口水库建设征地第一批农村移民安置实施规划报告(报批稿)》进行了批复。

3. 第二批实施规划

2010年11月4—6日,河南省移民安置指挥部办公室在郑州组织召开了《南水北调中线一期工程河南省丹江口水库建设征地第二批农村移民安置实施规划报告(送审稿)》审查会。会议认为,送审稿基本符合国家政策、有关规范和《河南省实施规划工作大纲》的规定,结合了移民安置区实际情况,经适当修改完善并按程序批复后,可作为南水北调中线一期工程河南省丹江口水库建设征地第二批农村移民安置实施的依据。规划设计单位根据审查意见,对送审稿进行认真修改,于2010年12月提交《南水北调中线一期工程河南省丹江口水库建设征地第二批农村移民安置实施规划报告(审定本)》。

2011年1月,河南省移民安置指挥部以豫移指〔2011〕2号文对《南水北调中线一期工程河南省丹江口水库建设征地第二批农村移民安置实施规划报告(审定本)》进行了批复。

4. 库底清理实施规划

受河南省移民办委托,长江设计院承担了河南省丹江口水库库底清理实施规划编制工作。2012年10月16—28日,长江设计院派遣人员赴河南省淅川县开展库底清理外业调查工作。12月,长江设计院编制完成《南水北调中线一期工程丹江口水库河南省库底清理实施规划报告》(以下简称《河南省库底清理实施规划报告》)。

2013年1月,河南省移民安置指挥部以豫移指〔2013〕1号文对《河南省库底清理实施规划报告》进行了批复。

(二)湖北省实施设计审批情况

湖北省委、省政府根据南水北调中线工程建设要求以及丹江口库区移民工作实际情况,确定了丹江口库区移民安置"四年任务两年基本完成,三年彻底扫尾"的总体目标。对于农村移民,采取"先外迁后内安"的搬迁步骤,分试点外迁、大规模外迁和内安(含试点规划内安部分)三步实施,计划在2011年12月底前全面完成搬迁。与移民搬迁进度相适应,湖北省实施设计单位分别编制了试点规划、外迁移民实施规划、内安移民及农村移民实施规划，经审查、批复后实施。

1. 试点规划

2008年3月，长江设计院完成《南水北调中线一期工程丹江口水库建设征地移民安置湖北省试点规划报告（初稿）》（以下简称《湖北试点规划报告》）；同年4月1—2日，水源公司在武汉市召开会议，并对初稿进行了初审。

2008年4月，长江设计院提交《湖北试点规划报告（送审稿）》；同年5月6—9日，设管中心委托水规总院，在组织专家进行现场调查的基础上，于北京召开会议对送审稿进行审查。会议认为，送审稿内容较为全面，基本达到规定的设计深度，移民安置规划基本落实，基本同意送审稿。

2008年5月，长江设计院根据审查意见，对报告进行认真修改，形成审定本，同时完成《试点规划报告》的修改工作，国务院南水北调办以国调办环移〔2008〕152号文对《试点规划报告》进行批复。

湖北省试点范围包括农村移民安置、大坝施工影响区和丹江口市习均大桥、郧县汉江二桥等控制性项目的迁（复）建工程。

2. 外迁移民实施规划

2011年6月15日，湖北省移民局印发《关于开展南水北调中线工程丹江口水库外迁移民实施规划编制工作的通知》，并与长江设计院共同组成了工作组。该工作组随后分赴各县（市、区）收集整理资料。10月中旬，湖北省移民局和长江设计院共同编制完成各外迁县（市、区）农村移民安置实施规划报告。在征求相关县（市、区）意见后，于11月底完成《南水北调中线一期工程丹江口水库建设征地湖北省外迁安置区农村移民安置实施规划报告（送审稿）》（以下简称《外迁实施规划报告》）。

2011年11月30日至12月1日，湖北省移民局在武汉组织召开会议，对《外迁实施规划报告》进行审查；规划设计单位根据审查意见修改、完善后提出审定本。

3. 内安移民及农村移民实施规划

2010年4月，在湖北省大规模外迁移民启动搬迁的同时，库区移民迁建工作也同步开展。根据《实施规划工作细则》，相关部门对库区内安移民规划工作进行统筹安排。同年5月，规划人员先后开展了实物指标复核公示、移民人口确认、移民安置意愿调查、搬迁规划对接、落实生产用地等外业工作。2011年2—8月，完成了居民点建设规划说明书的编制及审查工作，内安农村移民实施规划情况统一纳入农村移民安置实施规划之中。

2011年11月下旬，为解决库区移民生产资料问题，十堰市人民政府对丹江口市、郧县和郧西县的回填造地方案进行了审批。长江设计院根据审批文件和各县（市、区）反馈意见，于 11 月底编制完成《南水北调中线一期工程丹江口水库建设征地湖北省农村移民安置实施规划报告(送审稿)》(以下简称《农村实施规划报告》)。

2012 年 12 月 7—8 日，湖北省移民局在武汉召开会议，对《农村实施规划报告》进行审查。根据审查意见，对报告修改、完善，进而形成审定本。同年 12 月 16 日，湖北省移民安置指挥部印发《关于南水北调中线一期工程丹江口水库建设征地湖北省农村移民安置实施规划报告的批复》，对《外迁实施规划报告》《农村实施规划报告》一并进行了批复。

4. 库底清理实施规划

2012 年 7 月，湖北省移民局委托长江设计院编制湖北省库底清理实施规划。为统一工作思路与统一技术路线，长江设计院编制完成了《丹江口水库湖北省库区库底清理实施方案编制工作大纲》，并先后于 8 月 8—25 日、10 月 16—28 日，赴库区各县(市、区)开展外业调查工作，于 12 月初提交了《南水北调中线一期工程丹江口水库湖北省库底清理实施规划报告》(以下简称《湖北省库底清理实施规划报告》)。12 月 5—6 日，湖北省移民局在武汉组织召开《湖北省库底清理实施规划报告》审查会议。经修改后，湖北省移民安置指挥部于 12 月 14 日以鄂移指〔2012〕2 号文对《湖北省库底清理实施规划报告》作出批复。

在上述工作的基础上，长江设计院于 2012 年 12 月编制完成《南水北调中线一期工程丹江口水库建设征地湖北省移民安置实施规划报告》(以下简称《湖北省实施规划报告》)。同年 12 月 11—12 日，湖北省移民局在武汉召开会议，对《湖北省实施规划报告》进行审查。2013 年 1 月 23 日，湖北省移民局以鄂移〔2013〕13 号对《湖北省实施规划报告》作出批复。

第八章　河南省移民安置实施

河南省丹江口水库移民搬迁安置工作总共分为试点移民、第一批移民、第二批移民三个批次实施。基于移民群众对早日搬迁的殷切期盼，考虑到移民工作长期性、复杂性的特点，以及拉动内需和工程建设的需要，秉持“大干问题不大，小干问题不小，晚干不如早干，慢干不如快干”的认知，河南省委、省政府通过充分征求移民意愿、科学调研等一系列扎实的研究分析，以及对形势的准确把握和判断，将丹江口库区移民搬迁的压力转化为实现移民早搬愿望和支持南水北调工程建设的动力，率先提出移民安置“四年任务、两年完成”的进度目标，将丹江口库区试点之后的移民搬迁安置完成时间，由原计划的2013年提前到2011年，从原来的四年完成调整为两年完成。

在国务院南水北调办的指导下，水源公司与河南省移民办签订了《南水北调中线水源工程丹江口水库建设征地移民安置任务和投资包干（河南）协议书》。在河南省委、省政府的高度重视与精心组织动员下，在各级党委、政府和广大移民干部共同努力下，在项目法人的大力支持下，在规划设计单位和监督评估单位各司其职以及广大移民群众舍小家为大家的积极配合下，河南省于2008年11月启动试点移民安置工作，2009年10月启动第一批移民搬迁安置工作，至2011年10月完成大规模外迁移民搬迁安置，圆满实现了“四年任务、两年完成”的总体目标。

第一节　实施总体情况

在2009年8月底完成1.11万试点移民搬迁的基础上，同年10月启动第一批6.66万移民搬迁工作，并于2011年12月完成搬迁；2010年6月启动第二批8.83万移民搬迁工作，于2012年3月完成搬迁。

一、实施组织

河南省南水北调丹江口库区移民工作，在2003年至2009年7月主要由河南省移民办负责，自2009年8月起主要由河南省移民安置指挥部负责。河南省有关市、县（市、区）人民政府负责组织和领导本行政区域内的南水北调丹江口库区移民工作，各级人民政府成立了移民管理部门，具体承办相关事务。同时，河南省推行了库区移民迁安包县工作责任制。自库区移民工作开始以来，各级人民政府和相关部门层层签订目标责任书，明确了工作任务，落实了具体责任。另外，河南省出台了《河南省南水北调丹江口库区移民安置实施办法（试行）》，进一步明确了迁入地、迁出地及移民村各自的职责任务。

（一）省级移民管理机构及其职责分工

2003年，南水北调丹江口库区移民工作开始后，根据河南省人民政府安排，南水北调丹江口库区移民安置和干线征迁工作由河南省移民办负责，具体由河南省移民办规划计划处承办。2008年10月，丹江口库区试点移民开始实施，河南省移民办规划计划处分为库区组和干线组，分别负责库区移民安置和干线征迁工作。2009年7月，河南省移民安置指挥部成立，库区移民安置工作交由河南省移民安置指挥部负责，其在河南省移民安置指挥部领导下，代表河南省人民政府负责全省南水北调丹江口库区移民安置工作。河南省移民安置指挥部政委由省委副书记担任，指挥长由副省长担任，副政委由省人大一名副主任和省政协一名副主席担任，副指挥长由省委、省政府有关单位正厅级领导和南阳市委书记等共10人担任，成员由省直有关部门副厅级领导，以及6个省辖市的市长、市委副书记和副市长等52人担任。

河南省移民安置指挥部负责全省南水北调丹江口库区移民安置工作的组织和领导；指挥部下设办公室，作为指挥部的日常办事机构，具体负责移民迁安工作的组织、协调、指导、监督、检查和服务工作。

（二）市、县级移民管理机构及其职责分工

1. 各级移民管理机构

南水北调丹江口库区移民安置涉及河南省郑州、平顶山、新乡、许昌、漯河、南阳等6个省辖市。其中，南阳市既有迁出任务，也有安置任务，其他市仅承担安置任务。为强化对丹江口库区移民安置工作的领导和实施，各有关市、县（市、区）均组建了移民安置指挥部或领导小组，全面负责本辖区的移民迁安工作，并且大多由地方各级党委书记担任政委，行政首长担任指挥长；大多数乡（镇）并未设立正式的移民机构，部分乡（镇）成立了临时性移民安置指挥部，移民迁安工作由政府直接负责。

（1）市级移民管理机构

郑州市成立了南水北调工程建设领导小组办公室，内设移民处，具体负责南水北调移民工作。平顶山市南水北调丹江口库区的移民迁安工作由平顶山市移民办负责。2009年6月，平顶山市人民政府成立了平顶山市移民局，全面负责水库移民安置和南水北调工程建设工作。新乡市在2010年1月由市移民办与市南水北调办合署办公，同年6月成立了新乡市移民领导小组办公室，负责移民工作。许昌市于2004年11月成立了许昌市南水北调中线工程建设领导小组办公室、许昌市南水北调丹江口库区移民领导小组办公室。漯河市于2008年2月成立了漯河市移民局(漯河市南水北调中线建设管理办公室),负责南水北调丹江口库区移民安置和中线建设管理工作。2010年1月,漯河市移民局(漯河市南水北调中线建设管理办公室)被撤销,移民工作由市水利局负责。南阳市于2004年12月成立了南阳市移民局,负责全市包括南水北调丹江口库区移民在内的水库移民工作。2009年7月,南阳市成立了南阳市南水北调丹江口库区移民安置指挥部,下设办公室、协调组、建设组、督查组、宣传组、财审组、信访稳定组等机构,具体负责南水北调丹江口库区移民安置工作。

(2)县级移民管理机构

荥阳市、新郑市、中牟县、舞钢市、辉县市、原阳县、获嘉县、延津县、封丘县、许昌县(现为建安区)、襄城县、长葛市、临颍县、郾城区、召陵区、淅川县、唐河县、社旗县、新野县、宝丰县、郏县、鲁山县、卧龙区、宛城区、邓州市均设置了移民办(局),行使相关职能。

2. 各级机构主要职责

(1)市级移民管理机构主要职责

市级移民安置指挥部(领导小组)对南水北调征地移民安置工作负有组织协调责任,需全面贯彻落实国家、省南水北调征地移民政策,协调市相关部门、县人民政府共同做好南水北调征地移民的有关工作,组织、督促县人民政府切实抓好征地移民实施方案的落实工作。市级移民管理机构具体负责本辖区丹江口库区移民安置工作的组织和领导。

(2)县级移民管理机构主要职责

县移民办(局)负责移民搬迁安置的宣传动员工作,落实移民安置政策,组织完成移民安置的总体对接和具体对接工作,编制移民搬迁与安置实施方案,组织完成移民资金结算工作与搬迁后续工作。移民搬迁后,其管理工作纳入安置地进行管理。

(3)迁出地主要职责

迁出地主要负责移民迁安工作的宣传动员和思想教育,按要求完成移民搬迁安置的相关任务,做好移民政策的落实工作,具体包括:组织指导移民村建立健全移民迁安组织体系,加强移民村“两委”(村党支部委员会、村民委员会)班子建设;组织完成移民安置的总体对接和具体对接工作;组织做好移民户籍核对和人口复核工作,提出本辖区移民安置方案,确定分户安置去向,并配合设计单位做好实施规划编制工作;负责处理移民实物补偿问题,做好移民实物卡及资金卡的发放工作,集体财产分割,户口、党团关系迁移等工作,以及军烈属、五保户、农村低保、新农合、后期扶持等有关手续的转出工作;组织确定移民建房数量、宅基地分配;负责收缴移民建房缺口资金;配合迁入地组织移民村迁安组织选择房屋户型,并对移民新村总体布局规划提出意见;制定移民搬迁总体方案，做好临时道路、停车场整修和水路转运工作；负责库底清理工作；负责投亲靠友移民手续及其补偿资金兑付工作，制定有关管理办法；做好移民户籍和计划生育管理，严格控制库区人口增长和基础设施建设；负责移民在淹没线上剩余资源的处置与管理工作；做好水库水面和消落地管理工作；负责移民债权债务处理工作；做好信访稳定工作，预防和妥善处置突发性群体事件，确保库区和谐稳定；做好移民资金管理和监督工作，确保资金安全；负责本辖区移民的其他工作。

(4)迁入地主要职责

迁入地主要负责营造良好的移民安置环境，配合迁出地做好移民安置对接工作，承担外迁移民的接收任务。同时，要做好安置区群众、移民的宣传动员和思想教育工作，落实丹江口库区移民政策，按要求完成移民搬迁安置任务。具体包括：提出本辖区移民安置的具体方案，配合设计单位做好实施规划编制工作；根据批准的移民安置实施规划，制定移民新村建设实施方案，经县人民政府批准后组织实施；负责移民新村建设的组织、管理、协调、监督工作，做好移民工程招投标工作，确保工程进度、质量和施工安全；负责移民安置用地的征收与划拨工作，组织办理有关用地手续，并及时组织移民村将生产用地承包到户；组织落实移民生产安置措施，做好移民培训工作，扩大移民就业渠道，指导移民发展生产，做好后期扶持工作；负责移民补偿补助资金的兑付和结算工作；做好移民政策、安置方案、补偿标准、资金使用管理等信息的公开、公示工作，接受群众和社会的监督；配合迁出地做好移民建房数量确定、宅基地分配和建房资金缺口收缴工作；组织选择房屋户型工作，对新村总体布局规划提出意见；组织制定移民搬迁方案，做好移民搬迁的组织工作和搬迁的后续工作；负责移民户口及党团组织关系迁移，军烈属、五保户、农村低保、新农合、后期扶持等有关手续转接工作，协调办理有关证照，及时纳入当地管理；做好信访稳定工作，预防和妥善处置群体性突发事件，确保移民安置区社会和谐稳定；做好被征地群众土地调整和补偿补助费兑付及使用管理工作；加强对规划移民安置用地管理，不得在移民安置规划用地范围内突击建房、新栽树木、挖土和新建项目；配合移民监督评估单位和移民迁安分包工作组工作；负责本辖区移民的其他工作。

(5)移民村主要职责

在迁出地党委、政府的指导下，建立移民村(点)迁安组织，具体包括：参与新村建设管理与监督工作，配合做好移民资金兑付；做好移民人口核定、具体安置去向落实、集体财产分割、户口及党团组织关系迁移，以及军烈属、五保户、农村低保、新农合、后期扶持等有关手续办理工作；组织移民选择房屋户型、对新村总体布局规划提出意见、确定移民建房数量、分配宅基地和收缴建房缺口资金；参与移民建房招投标和新村建设管理与监督工作；参与制定移民搬迁方案，组织移民搬迁工作；负责移民个人实物卡、资金卡发放;配合有关部门做好补偿补助资金兑付及结算工作,做好村级移民资金使用管理;按照“四议两公开”,做好移民村级事务的决策与管理;组织接收移民生产用地,土地承包到户,落实移民生产安置措施,引导移民发展生产,做好后期扶持工作;做好移民政策、安置方案、补偿标准、资金使用管理、村务等公开、公示工作,接受群众和社会监督;做好移民群众的宣传教育工作,动员群众顾全大局,服从国家整体安排,保证移民工作顺利实施,确保社会稳定;做好本村移民的其他工作。

同时,为了加强对移民迁安工作的督促、服务和指导,按照省委、省政府的统一部署,河南省实施了库区移民迁安包县工作责任制。从省直厅局中挑选出25个省直单位,组成25个包县工作组,分别分包25个有移民迁安任务的县(市、区)。每个工作组由一名副厅级领导干部带领5～7人组成,分别驻扎到这25个县(市、区),驻村蹲点,履行督促、协调、帮扶等职能(图8-1、表8-1)。省直移民迁安包县工作组负责督促分包的县(市、区)按时完成南水北调丹江口库区移民迁安任务。具体职责:一是对丹江口库区移民迁安工作的组织领导情况、政策落实情况、实施进度、资金管理等方面进行督导;二是协调安置县(市、区)与迁出地之间的关系,协调解决移民迁安过程中出现的有关问题,并对移民迁安工作给予对口帮扶。

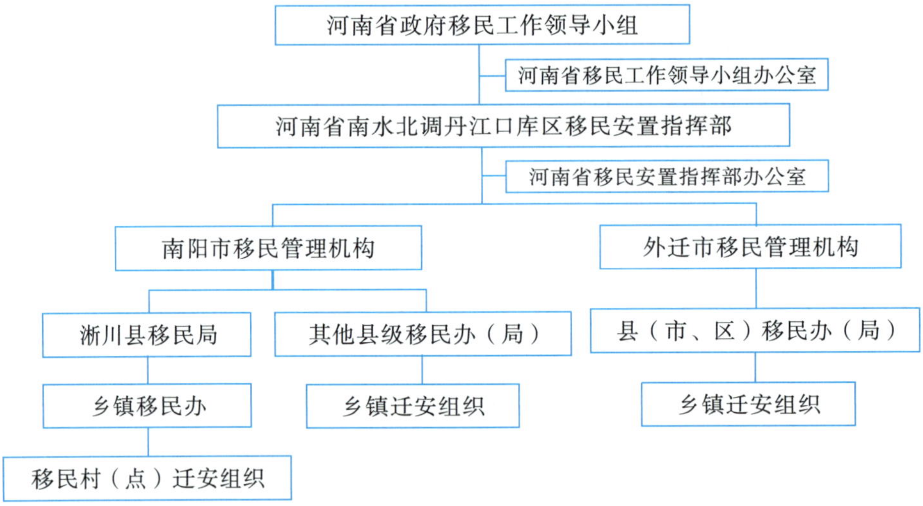

图8-1　河南省南水北调丹江口库区移民工作组织

表8-1　　省直部门丹江口库区外迁联系库区、安置区

联系市、县(市、区)(25个)	省直单位(25个)
一、郑州市	
1. 新郑市	省水利厅
2. 荥阳市	省国土资源局
3. 中牟县	省农业厅

续表

联系市、县(市、区)(25个)	省直单位(25个)
二、平顶山市	
1. 鲁山县	省广播电影电视管理局
2. 宝丰县	省民政厅
3. 郏县	省环境保护厅
4. 舞钢市	省商务厅
三、平顶山市	
1. 封丘县	省人力资源和社会保障厅
2. 辉县市	省卫生厅
3. 获嘉县	省科技厅
4. 原阳县	省粮食局
5. 延津县	省住房和城乡建设厅
四、许昌市	
1. 长葛市	省质量技术监督局
2. 襄城县	省司法厅
3. 许昌县	省教育厅
五、漯河市	
1. 临颍县	河南省日报报业集团
2. 郾城区	省公安厅
3. 召陵区	省工商局
六、南阳市	
1. 淅川县	省财政厅
2. 邓州市	省发改委
3. 社旗县	省交通运输厅
4. 唐河县	省地税局
5. 宛城区	省林业厅
6. 卧龙区	省国资委
7. 新野县	省工业和信息化厅

二、实施管理

河南省高度重视南水北调丹江口库区移民安置的实施管理工作，在计划管理、项目管理、资金管理、档案管理等方面均建立了相应的规章制度，使各项管理工作规范化、制度化，提升了管理效率，保障了移民安置实施工作的顺利开展以及安置目标任务的顺利完成。

(一)计划管理

计划管理是资金拨付、实施管理、监督评估和检查验收的依据。为做好计划管理工作,河南省从以下 4 个方面进行了落实。

1. 狠抓制度建设,规范计划工作

为规范丹江口库区移民安置计划管理工作,控制概算投资,河南省制定了《河南省南水北调丹江口库区移民安置计划管理办法》,明确了各级计划工作中的职责,对年度计划管理、日常投资计划管理和计划监督检查做出规定,有效地促进了计划工作规范化、制度化。

2. 严格按计划实施,维护计划的严肃性

各级移民管理机构始终重视维护移民计划的严肃性,强调计划一旦获得批准,必须严格执行,不得擅自变更;确需变更的,必须按原程序报批;同时,对计划执行情况进行检查,监督实施单位严格按照计划开展工作。

3. 计划服务于实施,做到及时上报和下达

为保证移民资金按时到位,根据年度移民安置任务,相关部门及时编报年度投资计划;同时,根据批准的移民安置实施规划、年度投资计划、实施进度和资金到位情况,及时下达投资计划,从而为移民安置提供资金保障。

4. 加强队伍建设,提高业务素质

各级移民管理机构严把计划人员准入关,选拔政治素质优、业务能力强的人员负责管理计划工作;加强对计划人员的业务培训,提高业务素质;加强计划的动态管理,为科学决策提供依据。

(二)项目管理

为规范丹江口库区移民安置建设项目管理,防止出现违法违纪行为,河南省制定了《河南省南水北调丹江口库区移民安置建设项目管理办法》,明确了各级移民安置建设项目管理工作中的职责,对移民安置建设项目的前期管理、项目实施、竣工验收、监督检查等方面作出规定,有效地促进了项目实施管理工作规范化、制度化。

为确保移民新村工程建设质量,维护移民合法权益,河南省相继制定了《河南省南水北调丹江口库区移民新村建设招标投标管理办法》《河南省南水北调丹江口库区移民新村建设工程质量和施工安全管理办法》等一系列针对移民新村建设项目的管理规定。

在移民新村建设过程中,各县(市、区)按照基本建设程序,通过招投标确定施工单位与监理单位;县(市、区)质监部门、移民管理机构负责监督检查;移民迁安组织代表在现场进行监督。项目建设完成后,由建设单位按规定进行竣工验收;验收合格后,由地方人

民政府组织办理移交手续，及时将项目移交项目管理单位管理。坚持进度服从质量的原则，做到项目管理与质量控制齐抓共管，严格把控招标投标关、市场准入关、材料进场关、监测检验关、竣工验收关等“五道关口”，确保新村建设的每一个环节都符合质量要求。建立政府监督、中介监理、企业自控、移民参与的“四位一体”监管体系，全方位监督移民新村建设质量。通过一系列严格的监管措施，移民新村建设质量始终处于受控状态，整体建设质量较高，移民群众普遍感到满意。

（三）资金管理

移民资金既是移民工程建设的专项资金，也是移民维系生活和发展生产的关键来源。河南省移民办在资金管理工作中，始终坚持“依法依规，计划管理，专款专用”的原则，面对不同阶段的工作重点，完善管理制度，加强过程管理，规范使用程序，不断强化资金监管措施，提升资金管理队伍的整体素质和水平，实现了资金安全高效的管理目标，并确保了各级移民干部在移民安置实施过程中没有因资金问题被追责问责。

1. 资金监管

(1)健全规章制度

根据国调办资金管理的有关文件，河南省出台了《河南省南水北调工程建设征地补偿和移民安置资金管理办法》等5项有关移民资金管理的文件，建立健全了单位内部监督约束机制及内控制度、资金的申请与拨付制度、重大事项报告制度及审批流程，并督促各省辖市及县（市、区）移民管理机构结合本单位实际情况建立健全规章制度和内控制度。在实施过程中不断修订、完善，增强了规章制度的可操作性，达到了本系统资金管理和核算的规范要求，为加强资金管理提供了依据，实现了以制度管人、用制度管事、用制度监督资金使用流程中的各项管理行为。

(2)强化培训指导

贯彻落实移民法规制度，确保移民资金高效有序运行，各级移民管理单位主管领导和财会人员的政策水平、职业道德和业务素质水平等起着决定性作用。河南省移民办采取集中培训、以会代训、现场观摩、警示教育等多种形式，将省办重点培训与市、县培训相结合，先后共举办财会培训班120余期，面对面、手把手地培训各级财务干部4200余人次。培训对象包括市、县、乡、村分管移民工作的领导和财务主办人员。培训内容包括相关法律、法规规章、有关制度及管理办法、财务软件使用等方面。培训过程中，结合实际情况讲解南水北调移民概算执行要求，教导单位领导和财会人员如何运用移民政策法规管好用好移民资金、提高移民资金使用效益，同时，还涉及会计基础工作规范、会计核算及补充规定、报账单位报账的要求和费用的核销原则、操作技术等内容。为规范资金支付核销手续，河南省移民办不断督促、引导县（市、区）移民管理机构，采取每月定期集中乡、村会计人员办公，定期报账核销等措施，将政策教育、管理制度学习和会计操作技能与移民资金收支业务处理结合起来，取得了突出效果。通过培训、教育，有效提高了会计人员的业务素质和财务管理水平，增强了资金管理整体实力。

(3)加强审计监督

为强化监督管理，河南省移民办采取国家审计、内部监督与各方检查多管齐下的监管模式。在配合国家审计、国家发展改革委稽察、中纪委和财政部检查，以及国调办内审、稽察的同时，河南省移民办把强化内部监督工作作为移民财务工作的重要内容。每年根据工作重点，制订年度内部审计计划，适时开展内部审计和各种监察、检查工作。

(4)确保资金安全

南水北调工程丹江口库区投资量大，情况复杂，只有调动各级参与移民资金管理工作的积极性，实现齐抓共管、规范操作，才能确保资金安全且高效运行。河南省在开展全省资金监管工作的过程中，及时发现市、县资金管理方面的优秀做法与成功经验，并在全省范围内广泛宣传、大力推广，以启发全省财务系统管理思路，充分发挥县(市、区)在资金监管中的重要作用。各地在资金管理中，还总结出不少有效的措施和办法，如郑州市荥阳市实施“三级联管”，即在集体补偿资金支付、补偿款领款手续上需同时加盖乡、村、组三级预留印鉴，实现共同管理；邓州市在支付南水北调库区试点个人建房资金时，通过移民建房资金支付授权委托书、南水北调中线工程邓州市征地移民补偿补助资金申请表等方式，确定建房委托主体和价款结算等方面的权利义务关系，强化了项目实施过程中的资金事中控制，为个人补偿款的支付、核销提供了有利依据；淅川县在兑付移民个人补偿费时，安排移民村干部全程参与个人补偿款的结算、发放，严格凭移民户主签章的《移民补偿费领款单》等手续进行核销，对补偿资金的兑付一律进行政策公示，主动接受群众监督。

河南省通过定期巡查、互检、审计、清理等多种方式，调动各级力量抓资金监管，促进了省、市、县三级联动，强化了系统资金薄弱环节的管理，对保障南水北调移民资金的安全使用营造了良好局面。

(5)严格奖励处罚

既要严格执行各项财经法规和制度，又要完善资金管理责任追究制，加快推进以单位领导为重点的行政问责制，把行政问责与行政监察、财务检查、审计监督结合起来，真正形成震慑力。对严格按制度和程序办事，在征地移民资金管理工作中做出突出贡献的单位和个人，进行表彰和奖励；对领导不力、工作不实、玩忽职守，致使工作出现重大问题并造成恶劣影响的，要依法依纪处理，绝不姑息迁就。综合运用审计、稽查、日常检查等各种监督手段，形成监管合力，切实整改问题，规范资金运作流程，保证资金阳光、公开、透明，切实堵塞漏洞。

2. 会计核算

(1)日常核算管理

河南省在南水北调丹江口移民资金使用管理方面，实行“省、市、县三级核算，以县(市、区)为基础核算单位，对乡(镇)、村实行报账管理”的体制。河南省移民办强化对市、县移民机构的培训和指导工作，对南水北调丹江口库区移民资金依法依规建账核算，实行专户存储、专账管理，设置会计机构，配备专职财务人员。同时，根据财政部《南水北调工程征地移民资金会计核算办法》，结合河南省的实际情况，及时制定并出台了《南水北调中线工程河南省征地移民资金会计核算补充规定(试行)》，对河南省各级移民管理机构及报账单位的会计核算作出了统一规定。各项资金经由省、市逐级下拨至县(市、区)，县(市、区)作为最基础的会计核算单位。乡(镇)、村作为县(市、区)会计单位的组成部分，对所实施业务向县报账。各级移民管理机构和报账单位均按照补充规定设账核算，填制报表并逐级上报，省移民办汇总后报送项目法人及国调办。全省形成“统一账簿、统一会计明细科目、统一报表、统一拨款业务单证、统一报账管理程序”的“五统一”会计核算模式，较为清晰地反映出南水北调移民资金的实施及完成情况。同时，结合其他大型水利移民项目管理经验，研发出了两套财务软件，分别为“河南省南水北调移民资金会计核算软件”和“河南省在建水利工程移民资金辅助管理系统软件”，凭借计算机技术实现电算化管理，增强了各级移民财会人员适应工作的能力，进一步提高了移民资金管理工作效率和全系统核算管理水平。

(2)财务决算管理

河南省自工程开工之日起，便指定专人收集、整理并核对竣工财务决算相关资料。在编制竣工(完工)财务决算前，全面清理基本建设项目档案资料、盘点核实财产物资、清偿债权债务，做好账务处理，做到账账、账证、账实、账表相符。在工程项目完工后，按照有关项目管理规定，组织设计、移民等部门参与验收工作，收集移民项目工程概况、设计文件、竣工决算报表、招投标文件、项目图片等资料，并办理竣工结算。

(四)档案管理

征地移民档案工作是南水北调工程建设中一项重要的基础性工作，也是南水北调工程征地移民工作的重要组成部分。河南省严格按照“谁产生、谁整理”的原则，对征地移民工作中形成的文件材料进行收集、整理，并及时完成移交工作。在征地移民档案管理方面，严格按照“统一领导、分级管理、县为基础”的原则，建立、健全征地移民档案管理体系，确保征地移民档案的完整、准确、系统、安全和有效利用。

1. 管理体制

为了加强移民档案管理工作，河南省移民办、各县(市、区)移民机构分别成立了档案工作领导小组，配备了专职档案员，并同省档案局协商，由档案局委派专人负责业务指导工作。河南省将档案管理工作纳入各级领导责任制中，按照“统一领导、统一管理、分级负责”的原则，组织开展档案管理工作。明确各部门工作职责，其中综合处具体负责协调、指导各处室及各有关市，做好移民档案资料的收集、保存、整理和归档工作，有关处室负责对移民安置过程中形成的科技档案资料、音像档案资料、会计档案资料进行收集、整理，并移交办档案室。基本形成了由专门管理机构、配备专人负责的移民档案管理体系。

2. 制度建设

根据国调办、国家档案局联合印发的《南水北调工程征地移民档案管理办法》的有关要求，以及河南省征地移民档案管理工作的实际需要，河南省移民办、省档案局结合全省南水北调工程征地移民工作的实际情况，联合制定了《河南省〈南水北调工程征地移民档案管理办法〉实施细则》《河南省南水北调丹江口库区移民安置档案验收实施办法》等规章制度，为移民档案的完整、准确、系统地归档提供了强有力的制度保障。

3. 人员培训

在移民搬迁安置过程中，产生了大量档案资料和文献，为了收集、整理、归档、保管、利用好这些珍贵的历史资料，促进档案管理水平提升，河南省移民办先后选派档案管理人员参加省档案局组织的专业培训班，同时邀请河南省档案局领导和专家前往移民办开展培训和指导工作，增强全员档案意识。同时，河南省移民办联合河南省档案局对有关县（市、区）移民工作档案人员进行集中培训，根据工作进展情况前往有关县（市、区）对档案归档情况进行检查、督导，并了解档案工作进度，从中挑选出档案管理规范的单位为典型，让其他单位参观学习，促进相互交流经验，从而确保最终形成的档案达到规范、统一的标准。

4. 设施配置

为了安全保管档案资料，各级移民机构专门设立了档案库房和阅览室，实行办公、阅览、库房“三室分离”制度。同时，配备了档案柜和检索柜，并按照“十防”要求，安装了防盗门和防盗户外铁网，装上了双层遮光窗帘，购买了灭火器，放置了档案专用杀虫剂，使用了无酸档案盒。为了便于档案管理和利用，各级移民机构还配备了电脑、空调、复印机、打印机、扫描仪、温度湿度计、除湿机、防磁柜、空气消毒机等设备。库房管理科学、整洁，装具充足且适用；实行档案目录电子化，初步实现档案数字化检索。

5. 档案利用

为了开发利用好档案，在归档时编制了各类目录，包括科技档案卷内目录、案卷目录、底图目录等目录单，各类目录既有纸质版，又有电子文档，可利用电脑方便快捷检索到所需要的资料。南水北调丹江口库区移民搬迁安置工作虽为“四年任务、两年完成”，但档案利用率却非常高。无论是在前期工作中，还是在移民搬迁期间和后续发展工作中，档案室均为领导决策和各级新闻媒体、处室及有关部门提供了大量原始档案。在开发利用过程中，这些档案都从静态材料变成了动态信息，在保证移民工程的安全、质量、时间方面，以及在整个移民工作中，都发挥了重要作用，取得了明显成效。

三、实施概况

2009 年 8 月，南水北调丹江口库区试点移民搬迁完毕，共计搬迁移民 1.11 万人，建设居民点 12 个。2009 年 10 月，第一批移民安置工作启动。2010 年 9 月，搬迁工作全部完成，搬迁移民 6.66 万人，建设集中居民点 81 个。2010 年 6 月，第二批移民安置工作压茬启动，2011 年 8 月完成外迁移民集中搬迁，2012 年 3 月完成淅川县内移民搬迁扫尾，搬迁移民 8.83 万人，建设集中居民点 115 个。

（一）试点

南水北调丹江口库区试点移民搬迁于 2008 年 11 月启动，历时 9 个多月，于 2009 年 8 月 31 日完成 1.11 万人的试点移民搬迁任务。通过试点移民的安置，锻炼了队伍，积累了经验，为开展大规模移民搬迁奠定了扎实的基础。

（二）第一批

2009 年 10 月 20 日，河南省全面启动了第一批南水北调丹江口库区移民搬迁安置工作，共涉及淅川县 57 个村、483 个村民小组。2010 年 6 月 17 日，省移民安置指挥部在唐河县毕店镇凌岗移民新村举行第一批移民搬迁启动仪式，正式拉开第一批移民大规模搬迁的序幕。同年 9 月 4 日，河南省圆满完成了第一批外迁近迁移民的集中搬迁任务，累计集中搬迁 76 批次，集中搬迁移民 5.72 万人，出动搬迁车辆 1.1 万台（次），随车工作人员 1.2 万人次。

2010 年 12 月 31 日，淅川县马蹬镇任沟村移民搬迁入住上垱居民点，标志着淅川县后靠移民搬迁工作的正式启动。截至 2011 年 12 月，淅川县第一批移民后靠居民点全部建设完成，移民搬迁入住。同月，分散安置的移民也完成搬迁工作。至此，河南省通过集中搬迁和自主搬迁的方式，共搬迁第一批移民 6.66 万人。

（三）第二批

第二批移民与第一批移民压茬进行。2010 年 6 月 12 日，河南省启动了第二批南水北调丹江口移民搬迁安置工作，共涉及淅川县 115 个村、703 个村民小组。

2011 年 4 月 19 日，河南省移民安置指挥部在郑州召开丹江口库区第二批移民搬迁动员会，动员并部署移民搬迁工作；同年5月5日，淅川县大石桥乡西岭村移民搬迁入住邓州市腰店镇移民新村，标志着第二批移民搬迁工作的正式启动。

2011年8月25日，为期112天的第二批外迁近迁移民的集中搬迁任务圆满结束，累计集中搬迁95批次，集中搬迁移民7.67万人，出动搬迁车辆1.3万台(次)，随车工作人员1.3万人次。2011年10月26日，完成外迁移民搬迁安置的扫尾工作；2012年3月24日，完成淅川县内搬迁移民安置的扫尾工作。

至此，河南省南水北调丹江口库区第二批移民8.83万人也全部完成搬迁。

第二节　安置实施

一、农村移民安置实施

(一)移民生产安置实施

2004年5月26日，河南省人民政府办公厅发布了《关于做好丹江口水库大坝加高工程库区外迁移民规划工作的通知》，决定丹江口水库移民全部在本省范围内进行安置，暂定出县外迁安置移民15万人，其中南阳市(不含淅川县)安置9万人，平顶山市安置0.7万人，漯河市安置0.5万人，许昌市安置1.4万人，郑州市安置1.8万人，新乡市安置1.6万人。同时，要求各市把安置任务进一步分解到所辖县(市、区)，并将分解结果报送省移民办进行复核备案。

1. 生产安置对接及土地调整

(1)生产安置对接

在安置地的筛选过程中，先由省人民政府及其移民主管部门提出外迁安置备选区域；再由设计单位对备选区域进行技术论证，就土地数量、质量、地类、安置人数等各个方面，对库区和备选安置地的土地资源状况进行评价。以人均耕地面积、粮食综合单产、耕作半径3种评价指标为参考依据，计算综合得分，即土地资源总得分＝调地村人均耕地面积得分×0.30＋粮食综合单产得分×0.55＋耕作半径得分×0.15。在完成土地资源状况评价的基础上，综合其他评价因素，分别以迁入县、迁出乡为单位进行综合评分并排序。随后，根据总体排序情况，考虑其位置值和容量因素，提出迁入县与迁出乡的初步对接方案。最终由省、市人民政府确定对接方案。安置地对接成功后，一是主动对接。由迁入地乡(镇)人民政府的移民安置指挥部积极主动与移民村“两委”班子进行对接，详细介绍移民新村划拨给移民的生产地块现状及耕作半径等，并将移民生产用地规划图印发给移民村“两委”班子成员，引导他们及早谋划分地到户方案。二是实地察看。由迁入地乡(镇)人民政府移民安置指挥部的工作人员带领移民村村干部、部分组干部、党员代表、群众代表等，对照规划图逐地块进行实地察看，为科学制定分地方案提供第一手翔实资料。三是解答释疑。针对移民提出的问题，依据有关文件、政策等及时给予答复，合理的给予解决。

(2)生产用地调整

土地是农民赖以生存的根基。随着国家一系列强农惠农政策的出台和各种补偿政策的落实，土地已成为农民群众宝贵的财富。安置地的土地资源普遍紧张，大部分地方只能通过大范围内的“推磨式”调地解决此问题。据统计，河南省实际划拨生产用地21.5万亩，推磨调地涉及面积226万亩，移民生产用地与推磨调地之比为1∶10.5；在推磨调地过程中，涉及安置地群众160万人，移民与受影响群众之比为1∶9.7。正是采取“推磨式”调整土地的方式，确保了外迁移民生产用地连片集中，且耕作半径原则上不超过3km，得到移民群众的大力支持。

2. 土地整理及分配到户

(1)生产安置标准

实施阶段，移民农业安置标准与初设规划一致，同时对各种地类的达标情况进行了界定。

1)水浇地标准。

《全国土地分类(试行)》国土资发〔2001〕255号文对水浇地的定义较为原则性，指水田、菜地以外，有水源保证和灌溉设施，在一般年景能正常灌溉的耕地。实施阶段，《河南省南水北调丹江口库区农村移民实施细则》规定，移民生产用地的地类认定工作由当地人民政府负责，按水浇地划拨的，安置区政府必须负责达到以下灌溉标准：采用机井灌溉的，配套机井数量原则上达到水田每30亩一眼井，水浇地、菜地、果园每50亩一眼井；采用灌区灌溉的，渠系基本配套，灌溉保证率达到70%以上。

2)安置移民的大棚菜地标准。

淅川县上集镇刘营、罗寨、钟观3个社区的移民安置在荥阳、新郑两市，按照农业人口人均0.4亩大棚菜地划拨。在实施过程中，对大棚菜的安置标准、建设标准等作出了详细明确规定：安置标准人均0.4亩的大棚菜地是毛地，不是棚室净占地面积；用于安置移民的大棚菜地按水浇地划拨耕地，在按水浇地计算土地补偿费和安置补助费的基础上，另行计算将水浇地改造为大棚所需的设施建设费，以及大棚菜地水利设施的配套费用，确保水浇地经改造为符合标准的大棚设施菜地，可达到早春、延秋、越冬、越夏的生产要求，可种植反季节蔬菜。

(2)生产用地质量

河南省要求生产安置标准不得降低，全省采用统一的安置标准，各地必须不折不扣地执行。同时，在确保面积的基础上，采取有效措施推进移民新村农田水利基本建设，改善移民新村农业生产条件。《河南省南水北调丹江口库区移民新村农田水利建设实施方案》明确提出以下要求。

1)搞好排涝设施建设。

对移民新村低洼易涝区,按每亩地补助500元的标准给予补贴,重点解决“竹节沟”问题,修建、修复过路涵管;清除田间沟渠杂草、杂物、淤泥,确保田间灌溉、排水体系畅通。实现沟相通、渠相连、旱能浇、涝能排,面上除涝不低于3年一遇,骨干工程排涝不低于5年一遇的标准。

2)搞好水源工程建设。

一是井灌区配套建设,按50亩一眼机井对移民村进行灌溉设施建设,对新打机井按每眼井补助8000元的标准进行机井配套;对现有灌溉机井按每眼井补助3000元的标准进行配套。二是灌区建设,对小型灌区进行配套建设,灌道衬砌每千米补助80元。桥、涵、闸等工程按总投资的90%进行补助。三是小型水源工程。对现有小水库、小塘坝、小水池等蓄水工程进行清淤扩容、整修配套、除险加固,增加蓄水能力,按每立方米水40元补助进行建设。

3)搞好中低产田改造。

对移民村中低产田按照“因地制宜、先易后难、突出重点、集中成片、规模开发、综合治理”的原则,进行田、水、林、路综合治理,提高农业综合生产能力,为移民新村农业生产的发展提供基础保障。

4)搞好节水灌溉新技术的推广服务。

积极争取中央专项项目投资,重点安排在移民新村推广实施节水灌溉工程,大力推广地里管道,适当发展微灌、喷灌。为农民种植结构调整提供基础保障,鼓励移民村农民发展大棚种植等经济作物,使农民收入显著提高。农业农村厅农田水利技术推广站定期派人到移民新村进行技术辅导,解决技术难题,提供技术服务。

5)因地制宜,搞好规划。

规划需充分考虑和照顾移民新村,以县为单元编制的《农田水利基本建设规划》没有涉及移民新村建设内容,一律不予审批。规划应充分考虑水资源的承载能力,坚持统筹兼顾、突出重点、量力而行、分步实施、因地制宜、讲求实效的原则进行编制。并应具有较强的科学性、合理性和权威性,并按程序进行论证和审批。具体编制要在安置县水利(务)局的指导下,以村、乡镇为单位,采取逐级自下而上的方式编制,然后以乡镇为单位编制区(县)农田水利基本建设规划。

当实际生产安置人口数与实施规划报告确定的人数不一致时,按“增人增地、减人减地”的原则,对人口增加的居民点,为保证移民生活,新增生产用地;对人口减少的居民点,扣减生产用地。调整方法是:以居民点为单位,按实施规划报告确定的不同地类的人均面积，计算实际安置移民所需要的生产用地，确保每个生产安置人口在安置地能享有同等质量和数量的生产用地。其计算公式如下。

实际生产用地＝实际种植业安置移民人数×实施规划报告不同地类的生产用地面积/实施规划报告种植业安置人口。

(3)土地划拨及分配

河南省丹江口水库移民的生产用地，主要通过向安置地群众“推磨调地”的方式，实际划拨生产用地 21.5 万亩，土地划拨和分配主要把握了以下原则。

一是尽早划拨移民生产用地，同时考虑人口变动因素，预留部分生产用地；二是尽可能一起或就近调整生产用地和建设用地，有助于保障生产用地的耕作半径小于 3km，方便移民耕种，划拨后及时完善手续，确定四至范围，栽桩定界；三是土地质量与当地居民土地质量基本相当，按照各类土地标准，对质量不满足要求的生产用地进行整理配套；四是实事求是，对不能达到水浇地条件的生产用地，按旱地人均 1.4 亩进行划拨和分配，五是广泛征求移民意见，对搬迁当年秋作物的种植明确处理方式，或由村级迁安组织统一耕作收获，收益平均分成，或采取统一租赁承包的方式；六是将土地补偿资金及时发放给安置地群众。

(二)移民搬迁安置实施

河南省分别于 2009 年 8 月 28 日完成试点移民搬迁，2010 年 9 月 4 日完成第一批外迁移民搬迁，2011 年 10 月 26 日完成第二批外迁移民搬迁，2012 年 3 月 24 日完成淅川县内移民搬迁的扫尾工作，实现了“平安、文明、和谐”和“不伤、不亡、不漏、不掉一人”的搬迁目标。河南省南水北调丹江口库区试点移民搬迁启动仪式见图 8-2，河南省南水北调丹江口库区第一批移民搬迁启动仪式见图 8-3。截至搬迁结束，全库区共搬迁安置 16.6 万人，涉及淅川县 10 个乡(镇)、168 个村、1133 个村民小组。

图 8-2　河南省南水北调丹江口库区试点移民搬迁启动仪式

图 8-3　河南省南水北调丹江口库区第一批移民搬迁启动仪式

1. 前期准备工作

河南省制定了周密完善的搬迁实施方案，组建了高规格的搬迁指挥机构，加强了对移民搬迁工作的领导；相关部门抽调人员进村入户，对移民群众中存在的矛盾进行全方位排查与化解；组织新闻媒体加大宣传力度，将“被动搬迁”转变为“主动搬迁”，在全省营造出支持搬迁、踊跃搬迁的良好氛围。

(1)制定了完善的搬迁方案

方案明确了搬迁任务、搬迁时限、各级各有关部门的职责分工，以及移民搬迁的原则；规定了移民搬迁前的新村验收、特殊人群健康状况和学生情况调查、债权债务处理，搬迁中的物资装卸、车辆通行管理、安全监管、医疗卫生保障，搬迁后的“一对一”帮扶、弱势群体安置、学生入学有关手续办理、村级班子建设等工作内容；对移民群众吃、住、行、医、用等生活细节进行了全面考量。各县(市、区)移民安置指挥部办公室根据省级实施方案，结合各地区实际情况，在进一步细化完善的基础上，将责任分解，落实到具体的人和事，制定了具有可操作性的实施方案。

(2)建立健全了指挥机构

河南省移民安置指挥部设立了移民搬迁指挥中心，中心设总协调和副总协调，下设综合协调、交通运输、安全保卫、医疗卫生、库区协调、宣传报道、信访稳定、督促检查等 8 个工作小组，具体负责移民搬迁的组织、协调、指挥工作。同时，实行联系市指导组制度，由省移民安置指挥部的相关领导分别联系 6 个省辖市，负责协调处理搬迁过程中的有关问题。

淅川县移民搬迁指挥中心设置了中心指挥长席、综合协调调度席、公安交警指挥席、道路通行保障席、用电安全保障席、卫生安全保障席、航运安全保障席、气象石油通信服务席、应急处置席、后勤保障席 10 个席位，并从各部门抽调工作人员，全力服务移民搬迁工作。至此，全省上下形成了领导有力、协调到位、运转高效、保障及时的移民搬迁指挥体系。

(3)层层宣传发动

河南省移民办制定了每批次移民搬迁工作的详细宣传报道方案，对报道的主题、内容和方式进行了详细谋划，并分别针对报纸、广播、电视等不同类型媒体制定了细化方案。省移民办适时召开移民搬迁新闻发布会，向中央和省(市)媒体介绍南水北调工程的重大意义、做好移民工作的体会及面临的困难和挑战。省移民安置指挥部有关领导作客人民网、河南人民广播电台等栏目，详细阐述移民搬迁、生产生活安置、各类补偿补助标准、有关帮扶政策等内容，对移民搬迁工作进行系统宣传。搬迁前夕，省移民办组织省直主要媒体深入淅川库区一线进行采访；对迁安两地的欢送、欢迎仪式进行报道。省移民办在《河南日报》开辟了《关注南水北调移民安置工作》专栏，集中宣传阶段性工作成果和先进典型，并在单日搬迁移民超过 3000 人时，在《河南日报》头版刊登搬迁简讯。

河南省各级人民政府、移民部门、宣传部门及各媒体，通过多角度、全方位、大力度、广覆盖的舆论宣传举措，为大规模移民搬迁安置营造出良好的社会氛围。各地采取群众喜闻乐见的宣传形式对移民搬迁进行宣传报道。通过大张旗鼓地宣传南水北调工程建设的伟大意义，宣传移民搬迁的目的与作用，宣传移民群众“为大家、舍小家”的奉献精神，使广大干群了解工程建设的深远历史意义和重大现实意义，了解移民搬迁安置工作的重要性、艰巨性、紧迫性，明白“早晚都得搬，晚搬不如早搬，早搬早受益，早搬早发展”“移民搬迁既是为国做贡献，也是为己谋长远”“移民为国做贡献，我为移民搞服务”的道理，在全社会营造出共同关心移民安置、自觉主动移民搬迁的浓厚氛围，在广大移民中叫响“早搬迁，早发展”的口号，增强了移民搬迁的主动性。在移民搬迁期间，迁安两地悬挂、张贴了许多朗朗上口、通俗易懂、温暖人心的宣传标语。图 8-4 为“视移民为亲人”的宣传标语。

图 8-4　“视移民为亲人”的宣传标语

(4)积极排查化解矛盾

为了确保移民顺利搬迁，在每批次移民搬迁前，集中进行为期两个月的“矛盾排查月”活动。一方面，抽调充足力量深入基层排查矛盾。淅川县从县、乡两级党政机关抽调 3800 多人次，组成库区移民搬迁矛盾排查化解专项工作队，对各个移民村的矛盾纠纷进行拉网式排查。另一方面，对排查出的各种矛盾建立化解机制。按照债权债务、线上林地、集体财产分割等类型，进行分列登记。按照工作流程，建立了 5 种工作台账，分别为接访台账、上级转办案件办理台账、矛盾排查和安全稳定信息台账、信访信息综合台账、矛盾化解工作责任台账。通过定人员、定责任、包调处、包化解和跟踪督查、定期考核等措施，各种矛盾纠纷和重大不稳定因素得到有效化解，为移民搬迁工作的顺利开展扫清了障碍。同时，积极接待群众来访，并通过日报、周报、月报等形式，及时向领导反馈信访动态，提出解决问题的具体建议，使一大批移民群众的上访问题在淅川县内得到了有效化解，最大限度地减少了影响搬迁事件的发生，维护了移民搬迁安置期间库区和安置区的总体稳定。

2. 农村移民新村建设

移民新村建设是整个移民安置最重要的环节之一，主要包括基础设施建设、移民房屋建设和公益设施建设。在移民新村建设过程中，河南省打造了一批社会主义新农村的示范村，让移民群众充分享受到我国经济社会快速发展带来的丰硕成果。图 8-5 为打造后的邹庄移民新村。

图 8-5　邹庄移民新村

(1)建设思想

河南省按照建设社会主义新农村“生产发展、生活宽裕、乡风文明、村容整洁、管理民主”的二十字要求，本着建设一流新村、新农村样板村的指导思想，提出“高起点规划、高标准建设、高质量服务”的工作思路。在移民规划和建房过程中，把移民新村建设与社会主义新农村建设相结合，并把居民点确定和移民新村建设纳入城乡规划和新农村示范村、试点村范围，有效整合移民资金、支农惠农资金、新农村建设资金，确保把移民新村建设成为社会主义新农村示范村，使移民新村达到社会主义新农村标准。

移民新村建设确保一次规划、一步到位，确保移民新村“一代人建设、三代人享用”。河南省从整体结构、道路、功能分区和绿地景观 4 个方面对社区建设进行了科学规划，确保房屋建设、道路、给排水、公共绿地，以及学校、幼儿园、医院、超市、敬老院、社区活动服务中心等配套设施优化配置，布局合理。在安置对接方面，1000 人以下的移民村，原则上在 1 个点安置；1001～2000 人的移民村，有条件的地方尽量在 1 个点安置，最多不超过相邻的 2 个点；2001 人以上的移民村，有条件的地方也尽量在 1 个点安置，最多不超过相邻的 3 个点。在规划编制中，坚持“三个靠近”原则，即向城(集)镇靠近、向主要道路边靠近、向产业集聚区靠近。明确移民新村社区建设规划中的社区选址、功能布局、建设容量和人口规模等要素，统筹考虑社区产业发展定位、基础设施与公共服务设施及相关配套设施建设、生态环境保护等方面内容。在前期做好移民对接工作的基础上，各居民点结合城乡统筹规划和新农村建设规划，完成居民点总平面布置，并确定多套移民住宅户型设计方案。随后，反复征求移民迁安组织的意见，并赴迁出地广泛征求移民村移民的意见，根据提出的建议进一步优化规划设计方案。移民集中居民点的基础设施和公益设施建设在实施过程中采取“六统一”（统一征地、统一规划、统一标准、统一建设、统一搬迁、统一发展）的方法。移民新村建设坚持以优化土地资源配置、强化集约节约用地、实现以地生财兴业、提高移民生活质量为目标，统筹考虑移民生活习惯、生产要求与当地自然景观、历史文化协调，兼顾美观实用经济的设计原则，自来水、电力、通信、网络及有线电视入户，雨污分流、污水处理、绿化、美化、亮化工程等统一设计。在移民新村建设过程中，为了保证进度和质量，各地均采取了“四位一体”（政府监督、中介监理、企业自控、移民参与）的工程质量监督管理模式，严格把控“五道关口”（招标投标关、市场准入关、材料进场关、质量检查关、竣工验收关），落实“三个机制”（每月一次互督互查，关键时间节点评比奖惩，搬迁前省、市、县三级验收）。同时，还加强对施工、监理、质检等相关部门的监督和管理，要求参与工程质量管理的相关人员必须持证上岗，严格实行全过程监督和旁站监理制度。严禁出现不按施工规范作业的情况，严肃查处违法违规的行为，切实预防质量问题的发生。

（2）组织形式

移民新村建设是移民安置工作的关键环节。在基础设施建设方面，移民新村基础设施建设分为居民点内基础设施建设和居民点外基础设施建设。为确保移民搬迁安置实施进度，新村基础设施建设增加要点规划环节。居民点外基础设施主要由安置地县（市、区）移民管理机构或乡（镇）人民政府等作为建设主体，按照规划和设计要求，结合行业标准，委托安置地县级主管部门实施工作。其中，对外连接道路一般由县（市、区）交通部门或具备资质的企业组织实施，高低压线路由电力部门组织实施，通信广播、有线电视等分别由通信、广播电视部门组织实施。居民点内基础设施建设由建设单位按照丹江口库区移民新村建设招投标有关办法，严格遵循招投标程序，通过招投标确定施工单位后组织实施。

在公益设施建设方面，移民新村公益设施建设包括学校、村部、便民超市、卫生室、公共活动设施等项目。各移民新村公益设施建筑形式不同，有的将村委、卫生室、超市一体化建设，也有的分别建设。总体上既满足了村委办公、移民学习专业知识的需求，又满足了移民群众就近购物、方便就医的需求。移民新村的学校、卫生室、村部、超市等项目，按照规划设计，分别结合教育、卫生等部门的行业标准，由县移民管理机构或乡（镇）人民政府通过招投标方式组织实施。移民新村公益设施建设的质量管理和监督检查，纳入移民房屋建设的质量管理监督体系。

房屋建设涉及移民群众切身利益，与千家万户关系密切，移民群众关注度高、期望值高，是整个移民搬迁安置过程中的热点和焦点。在房屋建设过程中，河南省各级党委、政府和有关部门高度重视，坚持移民群众利益至上、进度服从质量的原则，采取多种有效措施，加强质量监管，加快建房进度，高标准、高质量地完成了各个阶段的移民房屋建设任务。在移民房屋建设方面，鉴于南水北调丹江口库区移民规模大、搬迁时间紧、迁安两地相距远等特殊性，若采取移民自主建房的方式，将存在诸多困难和问题。为此，经充分听取移民意见，河南省委、省政府决定实行“双委托”集中建房模式，即由移民个人（户主）出具委托书，将个人房屋建设工作委托本村的移民迁安组织负责，然后由移民迁安组织出具委托书，将全村的移民个人房屋建设工作委托给迁入地县级移民管理机构或乡（镇）政府进行房屋建设。经依法委托，迁入地县级移民管理机构或乡（镇）人民政府统一集中建设移民房屋。“双委托”集中建房模式，既体现了移民群众的自主性和自愿性，又有效地解决了移民自主建房难的问题；既加快了建房进度，又解决了分户自主建房质量难以控制的问题。河南省除投亲靠友等分散安置移民自主建房外，其他外迁近迁安置、县内后靠安置的移民，均采取“双委托”统一建房模式。为了顺利实现大规模移民搬迁，移民建房还按照河南省人民政府要求，实行“六个统一”的组织管理形式。

(3)政策帮扶

在移民新村基础设施建设过程中，河南省相关厅局出台了多项优惠政策进行帮扶，提升基础设施建设水平和标准。其中，省交通运输厅对移民村对外连接路每千米补助10万～15万元，省水利厅将移民纳入安全用水范围，省农业农村厅将移民沼气池全部纳入补助范围，省林业厅为每个移民村安排5万元的绿化资金等。

移民新村公益设施建设补偿补助投资较低。为适应新农村建设的需要，河南省相关厅局高度重视，出台政策进行帮扶，地方人民政府多方筹资、对口帮扶单位全力支持，使新村公益设施建设质量及建设规模得到了全面提升。其中，省教育厅把移民学校建设全部纳入学校安全工程和维修工程补助范围，省卫生厅为每个移民村卫生室建设补助1万～5万元，省体育局为每个移民村安排5万元的体育设施资金。

在移民房屋建设政策方面，河南省移民安置指挥部办公室先后出台了建房搬迁奖励、门楼院墙奖补、房屋建设监理补助等政策。对按时建房搬迁的移民，每人予以2000元建房搬迁奖补；对按时按要求完成门楼院墙建设的移民，经验收合格后每户奖励2000元；按移民300元/户的标准拨付安置地，用于房屋监理费用。各级人民政府也分别出台了奖补政策，鼓励将移民新村建设成社会主义新农村示范村，如平顶山、南阳市等地区由地方财政按照每户最高8000元的标准奖补移民建房。在移民房屋建设中，设计标准的提高，特别是建筑材料价格的上涨，导致房屋建设单价较高。在移民承受能力不足的情况下，各地采用多种形式对施工企业进行补助，保障了移民新村建设的正常进行。

河南省共建设移民新村居民点 208 个，建设占地面积 2.2 万亩，涉及郑州、新乡、许昌、平顶山、漯河、南阳 6 个省辖市的 25 个县(市、区)。其中，200 人以下的小型村 35 个，201～600 人的中型村 39 个，601～1000 人的大型村 69 个，1000 人以上的特大型村 65 个；外迁移民新村 155 个，库区移民新村 53 个。

3. 实施搬迁

在移民搬迁安置过程中，河南省坚持以人民为中心，把全局需要和群众现实利益结合起来，既引导群众着眼长远、顾全大局，发扬无私奉献精神，又带着深厚感情做细工作，了解和尊重群众意愿和合理诉求，切实解决群众的实际困难和问题，切实保护好群众的合法权益。图 8-6 为欢送移民的场景，图 8-7 展示了移民即将远离故土的不舍。

图 8-6　欢送移民

图 8-7　故土难离

(1)搬迁运送工作

在移民大搬迁工作中，为实现“平安、文明、和谐”和“不伤、不亡、不漏、不掉一人”的搬迁目标，河南省采取了一系列措施，包括制定严格的搬迁申报审批程序，维护移民群众切身利益；细化各项安全保障措施，确保交通安全；借助各种手段加强各级各部门之间的沟通协调，形成强大合力；为移民群众提供热情周到的服务，使移民群众没有后顾之忧，从而积极支持搬迁工作。

1)严格规范搬迁程序。

为了避免具备搬迁条件却仓促搬迁现象的发生，切实维护广大移民群众的切身利益，河南省对搬迁程序做了严格的规定。

①严格新村验收程序。

在移民新村具备搬迁条件后，首先由县级移民安置指挥机构组织对移民新村房屋、基础设施和公益设施等项目进行全面验收。项目验收通过后，县级移民安置指挥机构组织移民个人或迁安组织代表对房屋进行检查，并提请相关省直移民迁安包县工作组审核，合格后向市级移民安置指挥部办公室提出搬迁申请；市级移民安置指挥部办公室复验合格，并在审查搬迁实施方案、搬迁后续工作安排等确认具备搬迁条件后，将搬迁申请连同省直移民迁安包县工作组组长签署的同意搬迁意见，提前7天报省移民安置指挥部办公室审批。省移民安置指挥部办公室收到后，组织现场检查、验收和审核批复，批准后方可搬迁。

②严格搬迁计划发布和变更程序。

移民新村经验收合格并批复同意搬迁后，安置地提前3天将包含搬迁时间、搬迁规模、行车路线、车辆数量、联络人等信息的搬迁计划上报省移民安置指挥部办公室。省移民安置指挥部办公室在征求淅川县意见后，向省交通运输厅等有关厅局和安置县(市、区)发布搬迁预告，作为每批次移民搬迁的指令。搬迁预告一经发布，不得随意变更。若因天气、道路等不可预见的因素确需变更的，须及时上报省(直辖市)移民安置指挥部办公室审批。

2)强化组织协调机制。

为加强搬迁期间的组织协调，河南省移民安置指挥部对省直有关厅局、省直厅局包县工作组、迁安县(市、区)的职责做了详细界定，并将交通、卫生、公安等有关部门，以及南阳市、淅川县迁出县(市、区)主要领导纳入省移民搬迁组织领导机构。河南省移民安置指挥部、南阳市移民安置指挥部办公室派出厅、处级干部常驻淅川县，现场协调解决有关问题。在移民搬迁期间，河南省各有关单位均实行24小时带班值班和日报告制度，确保能够及时协调解决有关问题。迁安双方都互派联络员，特别是安置地，提前派出工作组到库区移民村进行调研，了解和掌握搬迁移民需运输的人员和物资情况，制定详细的运输方案。河南省移民办建立了手机短信发送平台，及时发布搬迁的有关信息，通报有关情况。各级各部门既各负其责又通力协作，形成了统一领导、分级负责、县为基础、以迁入地为主、迁出地配合、各有关部门主动服务的搬迁工作机制。

3）提供亲情周到服务。

在搬迁期间，河南省各级各部门对移民群众提供了细致周到的服务（图8-8、图8-9），使移民群众真正感受到党和政府的温暖，为搬迁安置工作顺利开展奠定了良好的群众基础。

图 8-8　帮扶队员接移民奶奶进新家

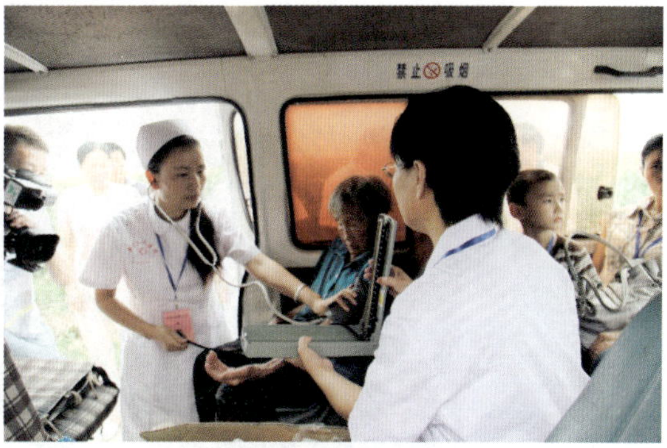

图 8-9　搬迁现场救护

搬迁前，迁入地主要领导亲自带领工作人员和搬迁车队到库区迎接，迁出地组织服务队伍帮助移民装运家具，组织干部群众举行欢送仪式，并由县、乡主要领导带领人员一路护送到新村。

搬迁中，每批次都有卫生部门专门组织的医疗救护车队和医护人员，携带救急药品和器械，为移民群众特别是高龄老人、危重病人、临产孕妇、精神病人等特殊人群提供医疗卫生服务；公安、交警人员头顶烈日，坚守岗位，日夜保障移民生命财产安全；电力部门组建移民搬迁服务队，投入应急发电设备，确保移民搬迁用电安全；交通运输部门为移民开辟“绿色通道”，免除移民搬迁路桥通行费，同时积极开展优质服务活动，在搬迁车队休息的服务区为移民每人免费分送一份面包和火腿肠，并提供茶水。

到达安置地后，各地均举行了热烈的欢迎仪式，由专人引导入户，帮忙卸车、搬运，并备好了米、面、菜、油、炉具等可满足一周生活的必需品，有的地方还专门安排县乡干部为移民做好第一顿安家饭，帮助移民正确使用液化气，及时熟悉当地生活方式。同时，组织教育、民政、公安等部门分类办理各种手续，确保移民利益不因搬迁而受影响。

（2）搬迁安全保障

在移民搬迁前，河南省迁安两地为确保移民顺利搬迁，做了大量艰苦细致的保障工作，确保了搬迁过程的安全顺利。

1）搬迁车辆保障。

搬迁车队除客车、货车外，还配备了工作车、警车、故障维修车。交通、交警部门专业人员对签订合同的车辆进行复检，对符合条件的车辆现场拍照并发放“特别准运证”。交警部门对核准的运输车辆司机进行包括时速要求、装车要领、安全高度、指挥信号、组织纪律等方面的搬迁业务培训，并发放“特别驾驶证”。图 8-10 为山路上行进的移民搬迁车队。

图 8-10 山路上行进的移民搬迁车队

2)医疗卫生保障。

在搬迁前，迁安两地对移民群众健康状况进行全面普查，对移民高龄老人、危重病人、临产孕妇、精神病人等特殊人群情况进行全面了解和掌握，制定特殊搬迁措施；卫生部门派出综合能力强、医护技术水平高的人员，抽调救护车辆，配备必要的药品，全程保障移民搬迁医疗安全；省卫生厅指定省人民医院等 3 家省级医院，同时，移民搬迁沿途市、县各确定一所综合医院作为搬迁医疗救治定点医院，时刻保障移民搬迁医疗安全。

3)安全通行保障。

淅川县对涉及移民搬迁的道路、临时道路、停车场等进行全面维修；在水路搬迁时，移民干部身着救生衣，在轮渡四周排成人墙为移民护航，确保移民群众生命财产安全；迁安两地特别是淅川县抽调大量警力在移民搬迁途经路口维持交通秩序，确保移民搬迁车队快速安全通行；交通部门调整道路维修计划，设立临时维修站点，并派路政引导车全程接力护送。

4)移民生活临时保障。

每辆客车均配备车长、一名联络员、一名卫生员、一名工作人员和两名驾驶员，全程护送移民安全到达。迁入地有专人引导入户，为每户移民备一周的生活必需品，并组织服务队提供全方位“保姆式”服务。

5)防汛防暑保障。

移民搬迁期间，正值高温多雨、天气多变时期，为做好防汛防暑工作，安置地选派的客车、救护车均配备空调设备，货车配备帐篷、灭火器等防雨防火用品。

河南省实际建设移民集中居民点 208 个，搬迁安置移民 4.07 万户 16.6 万人，集中建设房屋 550.5 万 m^2，人均 34.25m^2；调整土地 24.41 万亩。移民搬迁后，通过各级的积极努力，移民补偿补助资金全部兑付到位，各种手续接转完毕，完成生产用地划拨、整理和水利设施配套并分配到户。举办培训班 600 余期，培训移民 6 万余人次，移民生活水平得到恢复和提高。

搬迁前后移民居住条件、公共服务设施条件等对比情况见图 8-11 至图 8-14。

图 8-11　搬家前的全家福

图 8-12　新家前的全家福

图 8-13　搬迁前的学校和教室

图 8-14　搬迁后的学校和教室

二、城(集)镇迁建

河南省丹江口大坝加高工程建设征地涉及马蹬、老城、滔河3个城(集)镇。城(集)镇迁建实施由各集镇编制迁建实施方案,上报淅川县人民政府审核,按程序报批后组织实施。

(一)实施组织

河南省丹江口库区城(集)镇迁建以所在乡(镇)人民政府为实施责任主体。由乡(镇)人民政府首先编制迁建实施方案,报经县人民政府审核批准后,再组织编制总体规划。总体规划经专家评审、行业主管部门审核,并逐级报县城乡规划委员会、县人民政府审定批准;在此基础上编制修建性详细规划,进行施工图设计,由乡(镇)人民政府负责组织实施。

迁入集镇的单位、企业以迁入地乡(镇)人民政府为管理主体,单位、企业或其主管部门共同作为实施主体,分别对实施方案、施工设计等方面进行把关。随集镇迁建的单位、企业和居民,必须严格执行集镇迁建总体规划和详细规划。按照“四定”(定区、定位、定界、定用地面积)进行迁建,严禁任何单位和个人乱占乱建。需迁建的单位、企业迁建前,由本单位、企业编制迁建实施方案,以文件形式报经迁入乡(镇)人民政府、单位或企业的主管部门、行业主管部门和县移民局审核同意,县人民政府批准后实施。

经批准的复建实施规划,必须严格执行,不得擅自调整;确需调整的,由建设单位向县移民局提出申请,按原程序报批。原规划进集镇单位或企业,原则上不得改变安置去向。确需改变安置去向,要求迁出镇外或一次性补偿的,应由该单位、企业提出申请,报经主管部门、行业管理部门、集镇所在地乡(镇)人民政府同意,经县移民局审核、县政府批准后,按镇外单位企业规划处理,所需调整的征地费、基础设施费,从集镇征地和基础设施补偿费中核减后支付。原规划的镇外单位、企业,如要求调整规划方案,进集镇迁建,由该单位、企业提出申请,报经主管部门、行业管理部门、集镇所在地乡(镇)人民政府同意,经县移民局审核、县人民政府批准后,按镇内单位、企业规划处理。原补偿给该单位、企业的征地费、基础设施费,不再支付经该企业、单位,统一交由迁入地乡(镇)人民政府,统筹用于集镇征地和基础设施建设。

集镇迁建项目法人是乡(镇)人民政府。集镇用地,由乡(镇)人民政府提出迁建选址申请,报经规划、国土部门批准,办理规划和征地手续。复建用地遵循节约用地的原则,按照上级批准的用地规模和标准划拨。在控制规模和标准以内的复建用地手续,由县国土局负责统一办理,超规模、超标准用地的,由乡(镇)自行办理用地手续。

对集镇迁建进度、质量、资金使用管理实行严格的监督检查,定期向上级移民部门报告复建项目实施情况。根据《河南省南水北调丹江口库区移民安置建设项目管理办法》的规定，对于工程建设招投标的监督管理工作，单项工程投资规模在200万元以下（不含200万元）的，由县级纪检监察机关、移民管理机构负责；200万～500万元的，由市级纪检监察机关、移民管理机构负责；500万元以上的，由省移民管理机构负责。建设单位的财审、计划部门负责人参与移民建设项目招标、合同签订、竣工验收等决策的全过程，严格按照基本建设程序和合同、计划核拨资金。

（二）实施情况

老城集镇、滔河集镇、马蹬场集镇结合本乡（镇）实际情况分别编制完成了《老城集镇迁建实施方案》《滔河集镇迁建整体规划实施方案》《马蹬场集镇复建规划实施方案》，并以行文的方式上报淅川县人民政府。2011年12月，淅川县移民安置指挥部以淅移指字〔2011〕305号文对3个集镇复建项目实施方案进行了批复。经统计，3个集镇实际迁建用地规模共计42.42hm^2，其中马蹬场集镇13.14hm^2，老城集镇1.21hm^2，滔河集镇28.07hm^2。

1. 马蹬场集镇

马蹬场集镇为淅川县马蹬镇下辖的普通场镇，位于淅川县中部，紧邻丹江口水库，距马蹬镇16km、淅川县城26km。丹江口大坝加高后，马蹬场集镇基本全淹，由于无后靠条件，规划搬迁并入马蹬集镇镇区。

马蹬镇人民政府在集镇复建修建性详细规划的基础上，开展了相关规划设计工作，迁建区实际占地规模为13.14hm^2，新址位于马蹬镇人民政府北侧，征地范围涉及张岭、黄庄两个村，主要安置进镇建房的本镇苏庄、小草峪两村农村移民165户和10家受淹单位。迁建区是马蹬镇镇区的组成部分，主要功能为移民居住和相关单位办公，并配套适当比例的商业。

2011年11月开始，马蹬镇人民政府陆续对迁建区场地平整、室外工程、道路广场、给水、排水、电力、园林绿化等建设项目实施招标并签订建设工程施工合同。截至2012年10月，马蹬场集镇建设基本完成；2017年4月，淅川县移民安置指挥部组织专家对马蹬镇复建基础设施工程进行了验收。

2. 老城集镇

老城集镇受淹居民17户42人，全部安置在老城镇穆山新型农村社区，老城镇人民政府征用穆山村新型农村社区土地4.25亩，按每户0.25亩的标准划拨了宅基地（0.25亩/户×17户）；其他公共服务设施用地与新型社区居民共用。17户居民已于2013年1月搬迁入住。另外，老城镇镇直小学在镇内原明德小学旁复建，占地13.92亩。老城集镇复建涉及居民、镇直小学占地面积共计18.17亩。同时，对受丹江口大坝加高淹没影响中断的部分道路和管网系统进行功能恢复。老城镇旧城功能恢复主要包括镇区内新建路道路工程，人民路与镇东路改造工程，对外连接的镇兴北路改（扩）建工程，给排水、电力、电信、广播电视等其他管线工程等。

道路工程包括镇区内的新建路道路工程、人民路与镇东路改造工程，以及对外连接的镇兴北路改（扩）建工程。其中，新建路道路工程位于老城镇西南部、镇卫生院北侧，东起镇兴南路，西止X011线，长346.26m，红线宽20m；人民路与镇东路改造工程包括供排水、电力、电信、电视、绿化、环卫等附属设施；镇兴北路改（扩）建工程位于老城镇北部，南起镇人民政府门口，北止X011线，长1004m，红线宽12m。其他管线包括电力、电信、广播电视工程，分别由老城镇供电所、网通公司、广电站承建，移民补偿投资包干使用。

3. 滔河集镇

滔河集镇主要对集镇内的24家行政单位实施搬迁。

滔河集镇新址紧邻G209及X011线，建设用地向北侧、西侧、南侧扩展，北侧新建工业园区、西侧重点发展新城、南侧整合新型社区，集镇实际占地规模28.07hm^2，新址征地范围涉及姬家堰、清泉营、严湾、万家岭4个村。根据滔河乡人民政府《关于集镇整体迁建实施方案的报告》及滔河乡人民政府2012年9月初提供的实际进镇单位名单，滔河新集镇将建设33家单位，其中，原滔河集镇内有33家单位，规划一次性补偿10家、镇外复建2家、进新集镇复建21家。

2017年4月，淅川县移民安置指挥部组织专家对滔河集镇复建基础设施工程进行了验收。

三、单位迁建及工业企业处理

（一）单位迁建实施

迁入集镇的单位以迁入地乡（镇）人民政府为管理主体，单位或其主管部门为实施主体，分别对实施方案、施工设计进行把关。不需要复建的单位，提出资金使用和职工安置方案，经单位或职工代表会议讨论通过并逐级审批后，按一次性补偿处理，直接将补偿费兑付给权属人自行处理。需迁建的单位迁建前，由本单位编制迁建实施方案，以文件形式报经迁入乡（镇）人民政府、行业主管部门和县移民局审核同意，县人民政府批准后方可实施。国有、集体单位迁建方案报批前，分别提交领导班子会议和职工代表会议讨论通过，上述会议记录经整理后，作为附件随迁建方案一并上报。

单位规划迁建补偿188家（试点9家，第一批31家，第二批34家，农村外114家），其中，复建108家（村属单位53家，农村外单位55家），一次性补偿70家（村属单位11家，农村外59家）。

试点村属单位9家，均按原规模、原标准给予一次性补偿。第一、二批移民村属单位

55 家，其中学校 47 家，纳入集体财产分割范围，用于学校复建；6 家单位异地迁建，2 家单位一次性补偿。农村外非试点单位 114 家，复建 55 家，其中迁往马蹬场集镇 8 家，迁往滔河集镇 22 家，迁往老城集镇 1 家，镇外复建 24 家。

(二)工业企业处理

需迁建的企业，迁建前应由本企业编制迁建实施方案，以文件形式报经迁入乡(镇)人民政府、主管部门、行业主管部门和县移民局审核同意，县人民政府批准后方可实施。国有企业迁建方案报批前，应分别提交领导班子会议和职工代表会议讨论通过，上述会议记录经整理后，作为附件随迁建方案一并上报。迁入集镇的企业以迁入地乡(镇)人民政府为管理主体，企业或其主管部门为实施主体，分别对实施方案、施工设计进行把关。不需要复建的企业，提出资金使用和职工安置方案，经企业领导班子会议和职工代表会议讨论通过并逐级审批后，按一次性补偿处理，直接将补偿费兑付给权属人自行处理。

淅川县受淹没影响的工业企业 36 家，其中 15 家移民村属企业纳入农村实施，另外 21 家作为农村外项目实施。在这 36 家企业中，一次性补偿 26 家，复建 10 家。复建的 10 家企业(农村外 7 家，村属 3 家)均已完工；一次性补偿的 26 家企业中(农村外 14 家，村属 12 家)，除试点企业老城狮子岗机砖厂因整搬整迁补偿款由省移民办直拨安置区外，其余 25 家企业全部与县移民局签订了一次性补偿协议，并按协议兑付了补偿资金。各企业迁建方案与实施规划一致。

四、专业项目迁复建

河南省丹江口库区专业项目复建工作以行业主管部门为主。在专业项目复建过程中，首先由专业部门编制复建实施方案，报经淅川县人民政府审核批准后，由县移民局委托有资质的专业勘测设计单位，在初步规划设计的基础上，进一步进行勘察、规划、评估论证，并征求相关乡(镇)和专业部门的意见。在此基础上，编制实施规划，经专家评审，报县人民政府批准后，再按照实施规划概算，县移民局与相关专业部门签订委托复建协议，并委托交通、公路、航运、电力、联通、移动、广电、水利、电灌、中线建管等行业主管部门负责组织实施。复建工作采取规划投资包干的方式，由专业部门结合行业要求和行业规划，负责编制施工设计并组织实施。移民部门负责审核把关，确保移民任务的完成和各项功能的恢复。

(一)实施组织

对需要复建的项目，由建设单位负责，县移民局把关，按照批准的建设实施方案，组织技术人员或委托有资质的专业技术单位进行工程项目施工设计。对单项合同设计费估算在 50 万元及以上的，必须公开招投标确定设计单位；对单项合同设计费估算在 50

万元以下的，可采取邀请招标确定设计单位。个别特殊情况需委托设计的，必须由县人民政府同意并报请市人民政府批准。对超规模、超标准的建设项目，建设单位必须落实超移民补偿投资来源，并出具超移民补偿投资自筹承诺书，经县人民政府批准后，方可进行工程项目施工设计。设计单位编制的预算必须经县审计局审核把关，并出具审计报告，方可办理报批手续。施工设计完成后，经县移民局审查、县人民政府同意，按照行业管理部门项目管理规定进行评审、报批。

复建项目法人作为招标人，负责按照《河南省南水北调丹江口库区移民安置建设项目管理办法》及国家有关规定，组织复建项目招标。对于复建单项工程投资规模在200万元及以上的，必须进行公开招标；在50万～200万元的，原则上也应公开招标。项目建设单位依法与确定的设计、监理、施工企业签订合同。签订的合同要依法进行公证，并报县移民局备案。由移民局主导，建设单位参与，共同确定监理单位。按照国家规定，单项工程监理费在50万元及以上的必须公开招标确定监理单位，监理费在50万元以下的可采取其他方式确定监理单位。由建设单位与监理单位签订监理合同，并从复建项目独立费用中支付相关监理费用，监理单位接受县移民局和复建工程主管部门双重管理。

竣工验收由设计、监理、施工、建设单位及移民局、项目建设所在地乡（镇）人民政府等共同参加。复建项目竣工验收合格后，施工单位、建设单位和管理单位要及时办理移交手续。未经验收或验收不合格的工程，一律不准投入使用，不得办理移交手续。

（二）实施情况

河南省丹江口库区S335线、小三峡大桥等两个控制性项目纳入试点规划，先期实施。复建等级公路124.77km（含桥梁）、复建码头10处；新建变电站3座、电力线路548km，10kV配电台区100个；建设中继线路725km，模块局及接入点98个、基站12个；复建广播电视线路445km、广播电视站1个；建设宋岗提灌站、灌河防洪大堤等水利设施，以及开展库周基础设施恢复工作等。

五、库底清理

河南省丹江口水库库底清理涉及淅川县11个乡（镇）、184个村、3个集镇、178家单位、36家工业企业，以及专业项目设施等，清理任务包括建（构）筑物清理、卫生清理、固体废物清理、林木清理和易漂浮物清理。

（一）实施组织

1. 组织机构

为了切实做好南水北调丹江口水库库底清理工作，河南省成立了丹江口水库库底清理工作领导小组，该领导小组由省人民政府副省长任组长，省人民政府副秘书长、省移民安置指挥部副指挥长、省移民办主任任副组长，省环境保护厅、省住房和城乡建设厅、省林业厅、省卫生厅、南阳市人民政府等相关部门主管领导及设计、监督评估单位负责人为成员。领导小组下设办公室，办公室设在省移民办，具体负责库底清理工作的监督检查、协调指导和验收工作。南阳市也成立了相应的机构，负责库底清理工作的组织实施、监督检查和自验工作。淅川县成立了淅川县南水北调丹江口库区库底清理工作领导小组，各移民乡（镇）和县直相关单位成立了相应的工作机构，一把手亲自负责，任务层层分解，责任层层落实；同时以文件形式明确了淅川县库底清理工作领导小组办公室、县移民局、县卫生局、县环保局、县林业局、县公安局、县复建办等有关部门的工作职责。各库区乡（镇）作为库底清理的实施主体和责任主体，负责做好建（构）筑物、卫生、固体废物、林木、易漂浮物清理量的调查统计工作，组织实施清理，同时承担本乡（镇）库底清理档案资料的收集管理工作。通过召开会议、出动宣传车、刷写标语、张贴公告、发送短信、编发通报简报等形式层层宣传发动，大力宣传库底清理工作的重要意义、任务、范围、技术要求、政策规定，使移民干部认识到库底清理工作的重要性、艰巨性，也让移民群众和社会各界理解支持库底清理工作。

2. 质量控制

在设计单位指导下，开展库底清理实物量调查摸底工作。采取以会代训的办法，对乡（镇）和有关部门的清理专干进行专题培训；印发《库底清理技术要求》，做到库底清理人员人手一份。卫生、环保、林业、移民等部门按照各自分工分别提出了技术要求。南阳市淅川县各乡（镇）均抽调乡卫生、防疫、林业、移民的干部组成专业清理队伍，具体实施清理，清理人员一律要求先培训后上岗。县卫生局抽调 20 多名业务技术骨干，巡回到各地现场监督指导库底清理，确保库底清理工作不走过场、不留死角。组织人员现场录制库底清理资料，制作专题片。各乡（镇）、各部门均成立了档案资料工作组，收集整理各种档案资料；按照《库底清理技术要求》，对本单位承担的清理任务、清理对象、数量、范围、时间、方法、过程和效果认真做好记录，制作留存照片、录像资料。对建筑物清理和卫生清理合同、卫生清理药品等材料购货凭证、拨款票据，以及各类文件资料、表册进行及时收集、整理、立卷、归档，并由专人负责管理，为做好验收工作奠定基础。

3. 监督管理

根据省移民安置指挥部办公室批准的库底清理实施方案，淅川县制定了《淅川县南水北调丹江口库区库底清理督查工作方案》，抽调 30 多人成立 10 个驻乡（镇）工作督导组、3 个巡回督导组。指挥部领导不定时督查、巡回督查组巡回督查、驻乡（镇）工作组跟踪督查，形成强有力的督查网络。实行"一天一小评通报、五天一奖惩总结"的办法，有力地推进了工作进展。县里先后拿出 100 万元，采取以奖代补的形式实施排序奖惩。通过督查、评比、排序、奖惩，有力地推进了工作开展，确保了库底清理质量。在库底清理过程中，河南省南水北调丹江口水库库底清理工作领导小组办公室采取月督查的方式，对淅川县库底清理工作进行监督检查，根据督查情况和存在问题，印发督查通报；组织设计、监督评估单位有关人员定期或不定期地深入淅川县协调指导库底清理工作。库底清理工作完成后，淅川县及时组织了自验工作，河南省南水北调丹江口水库库底清理工作领导小组办公室组织有关部门和专家按时完成了省级初验，为迎接国家终验和保证水库按期蓄水打下了坚实的基础。

（二）实施情况

河南省南水北调丹江口水库库底清理于 2009 年 8 月与移民搬迁同步进行，工作分为两个阶段：一是每批次移民搬迁前后对建筑物进行集中清理；二是移民搬迁全部完成后进行全面清理。库底清理工作于 2013 年底完成，清理范围涉及淅川县 11 个乡（镇）、184 个村、3 个集镇、176 家单位、36 家企业，以及交通、电力、广电、通信、水利等专业项目，包括卫生清理、固体废物清理、建（构）筑物清理、林木清理和易漂浮物清理。累计清理面积 146km^2，投入人力 15 万人次，大型机械 7800 台次，油锯、喷雾器等专业工具 1.2 万件，漂白粉 114t，柴油 97t，灭鼠药 30t，灭鼠器械 7 万个。

第三节　监督评估

根据国务院南水北调办制定的《南水北调工程建设移民安置监测评估暂行办法》，水源公司配合河南省移民办完成了河南省丹江口库区移民安置监督评估 4 个标段招标和合同签订工作，确定由 3 家移民安置监督评估单位分别承担各标段工作。河南省南水北调丹江口水库移民监督评估工作主要情况如下。

一、监督评估工作内容

移民安置实施情况监督评估工作是对移民安置和专业项目实施进度及质量、移民资金的拨付和使用等情况进行监督评估。

（一）进度控制方面

1）根据移民安置总体计划和年度工作计划要求，督促实施方采取切实措施，实现进度目标。当实施进度发生较大偏差时，需及时提出调整控制性进度计划的意见，经批准后完成进度计划的调整。

2）根据已批准的移民安置实施计划，对各类移民安置项目的实施进度进行监控。重点控制农村移民新村的基础设施、公共设施及房屋建设进度；关注移民生产用地的划拨、分配，以及其他生产措施的实施进度；城（集）镇迁建、专业项目的建设进度，库底清理进度等;及时反映移民安置实施计划的执行情况。

(二)质量控制方面

1)协助审查实施方提交的移民安置实施方案和质量保证体系,并监督实施。

2)按照移民安置的综合质量目标,对实施质量进行控制,检查移民安置有关工程质量的监理和监督工作。

3)对移民安置项目实施情况进行监督检查,对不符合要求的要及时责令整改。当移民安置工作中存在突出问题和发生重大事件时,应及时报告,并在进行必要的调查后,提交专题报告。

4)参与移民安置有关专项验收、阶段性验收和竣工验收,并按要求提交各阶段的监督评估报告。

(三)投资控制方面

1)监督移民补偿资金的拨付、使用;分项检查项目资金的使用情况;定点抽查移民个人补偿费的兑付情况。

2)协助复核移民预备费的使用。

3)协助督促移民资金按计划及时到位,检查移民资金的使用情况;监督实施方按审定的规模、标准和投资进行实施。

4)参与移民安置规划设计成果审核,以及漏项、设计方案变更等情况进行审查,并提出监督评估意见。

(四)移民协调工作

根据委托,及时向市、县(市、区)移民实施机构通报移民实施情况及存在的问题,及时、公正、合理地做好各有关方面的协调工作。参加解决移民安置实施问题的相关例会,如移民安置进度计划拟定、规划设计方案审查、工程招标、工程检查及验收等活动。同时,协助地方人民政府移民管理机构对移民工作人员进行业务培训。

(五)信息管理

对移民安置以及专业项目和移民安置工程建设信息进行收集整理,定期编制移民监督评估工作报告,并及时上报重大问题。

在规定的时间内提交移民监督评估规划、监督评估实施细则,以及旬报、月报、年报等文件资料。

(六)合同的管理

协助组织签订各项移民工程合同,并在合同实施过程中管理合同,包括合同管理、会议管理、支付、合同变更、违约、索赔及风险分担、合同争议协调等。

(七)其他工作

监督评估3标负责1标、2标、3标移民安置监督评估的技术归口工作,协调、制定内容和格式统一的监督评估实施规划、监督评估报告、专题报告;汇总1标、2标、3标的有关监督评估技术资料,编制监督评估总报告、专题总报告和验收总报告等;参与县级自验、省级初验,并协助委托人按国家有关规定进行移民安置竣工验收。

二、监督评估工作开展情况

监督评估工作贯穿于农村移民安置、农村外项目建设、库底清理等工作的开始、实施和验收的全过程,各项目的实施过程即为监督评估工作的实施过程。

各监督评估单位均设立了监督评估项目部。监督评估项目部在移民安置现场下设监督评估工作站(组),同时设立专家咨询组,根据需要及时提供技术咨询服务。监督评估试点、3标另设有监测评估工作机构,监测评估工作机构下设项目组。

监督评估项目部人员由总监理工程师、工作站和监测评估工作机构负责人及专业监理工程师3个层级组成。监督评估采用线性结构的管理模式,由总监理工程师全权负责。

1. 监督评估项目部

负责项目的整体工作,接受河南省移民办的工作安排;负责与河南省移民办、项目法人、设计单位、其他监督评估单位之间的联系与协调;对下属工作站(组)的监督评估工作进行全面管理,负责重要文件的编制,3标项目部负责1标、2标、3标技术归口的具体工作。

2. 监督评估工作站

负责现场农村移民安置工程及农村外项目巡视检查、专项问题调查处理及现场资料收集,并与县(市、区)移民安置指挥部联系沟通。

3. 监测评估工作机构

负责监测评估资料、数据的调查收集、统计分析,监测评估报告、监测评估规划的编写与报送。

三、监督评估综合评价

(一)进度评价

农村移民安置、农村外项目复建、库底清理的实施进度实现了“四年任务,两年完成”的总体进度目标,达到了水库蓄水和移民项目总体验收的要求。

在河南省移民安置中,12个试点外迁集中居民点涉及的移民于2009年9月全部搬迁完毕；淅川县内库区第一批2个近迁集中居民点涉及的移民于2010年8月前完成搬迁；库区第二批9个近迁集中居民点涉及的移民于2011年8月前全部完成搬迁。随后，淅川县内库区第一批、第二批共计42个后靠集中居民点涉及的移民于2012年2月完成搬迁；分散安置的移民于2012年3月完成安置；进集镇安置的农村移民于2012年9月完成搬迁，至此全省农村移民搬迁安置工作全部完成。

在农村移民实施过程中，虽然时间紧、任务重，但经各级人民政府及移民实施机构周密的计划、得力的组织和得当的措施，通过采取统一建房、分批搬迁的方式，新村建设、移民搬迁、生产安置、移民培训等工作得以顺利完成，全面达成总体进度计划目标，为水库蓄水创造了条件。

农村外项目大部分在大规模搬迁后开始，由于涉及专业和部门较多，各项目开工时间存在差异。灌河大桥、3个码头和纳入试点项目的小三峡大桥与S335线提前实施；老城镇迁建于2012年6月基本完成，马蹬集镇于2012年12月基本完成，滔河集镇于2013年6月基本完成；单位学校及工业企业复建于2012年9月底基本完成；专业项目复建中，电力、电信、广播电视、码头等项目于2012年9月底基本完成；2013年6月(蓄水验收)，重点复建项目如X011线公路、宋岗电灌站、滔河乡学校、宋湾码头连接线、小三峡大桥引线、灌河防洪大堤等仍有少量工程未完工，进入收尾阶段。截至2015年12月底，所有项目全部完成。

库底清理工作于2009年8月与移民搬迁同步进行，移民房屋“边搬边清”的方式；2012年10月，开始对剩余部分进行集中清理，并于2012年11月基本完成。2013年6月完成了遗留坟墓、线杆等的清理工作。至此，库底清理工作基本完成。

2013年6月下旬，河南省分别通过了河南省丹江口库区农村移民安置、库底清理和农村外项目蓄水前省级初验。

2013年7月18日和2013年8月9日，国务院南水北调办分别通过了河南省丹江口库区蓄水前移民搬迁安置终验技术性验收和库底清理终验技术性验收。

自2013年9月蓄水验收后，针对验收中提出的整改要求，实施方先后组织开展了库底清理“回头看”及线下残存生产生活设施的再清理工作，将验收前发现的秸秆、树木枝丫等已全部清理完毕。2014年3月，实施方全部完成了宋岗电灌站、灌河防洪大堤、X011线等复建工程项目的遗留部分。

2016年6月底，完成河南省丹江口库区移民安置总体验收的县级自验；2016年11月，省移民办组织省级技术验收组，对全省移民安置开展了省级初验技术性验收。

(二)质量评价

1. 农村移民安置

生产安置方面，丹江口库区移民生产安置规划坚持以土为本、大农业安置为主的原则，并尽量选址于主干道边旁、城(集)镇边、产业集聚区周边，方便移民转移就业。搬迁前，库区移民人均耕园地面积为 0.39～1.21 亩，以旱地为主。搬迁后，按照人均水浇地 1.05 亩或旱地 1.4 亩进行生产用地划拨。移民的生产用地数量、质量、耕种条件、水利设施均较搬迁前有所改善；全省举办培训班 635 期，培训移民 6.4 万余人次，促进了移民生产技能的提升，取得了良好效果。

搬迁安置方面，搬迁前，移民村是历经多年自然形成的村落，缺乏统一规划，移民房屋分布零散，人均房屋面积 20.9m^2，其中大部分移民房屋为土木结构，房屋通风、采光条件较差。搬迁后，移民新村经统一规划建设，基础设施、公益设施一应俱全，住房整齐有序，新村建设用地人均 85m^2，户均宅基地 167m^2。新建移民房屋均为砖混结构，通风、采光条件良好，人均住房面积由原来的 20.9m^2 提高到 34.25m^2。居民点对外交通配置合理，交通便利，点内道路全部硬化；自来水入户率达到 100%，供水水质满足现行《生活饮用水卫生标准》(GB 5749)，水量满足居民生活用水需要，排水设施和污水处理设施配备齐全；供电量满足生产生活用电需要，通信线路覆盖率达 100%；学校、卫生室村委会等公共设施配置合理，教育条件、医疗条件、办公条件、购物条件得到改善。

居民点建设质量管理体系健全且运行有效，居民点总体质量始终处于受控状态，选址、规模、布局满足规划要求，房屋施工图设计合理，施工过程规范，问题房屋修缮及时，房屋建设质量满足设计要求。居民点的水、电、路、通信、有线电视、绿化、环卫等基础设施配套齐全，学校、医疗设施就近服务。

移民安置实施质量满足规划确定的生产安置标准和搬迁安置标准，人均耕地面积增加，人均住房面积提升，基础设施、公共设施配套齐全，生产条件和居住环境得到较大改善。

移民搬迁后，为实现“稳得住、能发展、快致富”的目标，河南省及时调整工作重心，除积极开展后续工作，切实解决移民搬迁后的生产生活困难，出台后期帮扶政策措施帮助移民发展生产、增收致富外，还通过加强和创新移民村社会管理，构建以移民村“两委”为主导、“三会”(村级民主议事会、民主监事会、民事调解委员会)协同、社会组织广泛参与的新型社会管理机制，为移民的稳定发展、致富开创了新型的管理模式。

2. 农村外项目

受淹城(集)镇的原有功能基本恢复，进集镇的移民得到妥善安置，迁建的城(集)镇布局合理，基础设施完善，交通便利，生活方便；受淹单位和工业企业按规划标准进行了补偿或复建；专业项目复建遵循“三原”(原规模、原标准或者恢复原功能)原则，同时充分考虑库区实际情况及地方和行业发展规划，不仅满足当地群众的生活需要，还有利于库区经济持续发展。目前，专业项目功能已全面恢复，施工过程中未发生较大的质量事故，工程质量总体受控。

3. 库底清理

库底清理工作历经分阶段清理和最后集中限期清理，以及蓄水验收后对存在问题的整改，已全面完成清理范围内的卫生清理、林木清理、固体废弃物清理、建（构）筑物清理及易漂浮物清理工作，清理范围和清理质量满足实施规划和库底清理技术要求。

移民安置实施质量满足规划确定的生产安置标准和搬迁安置标准，生产条件和居住环境得到较大改善；迁建城（集）镇布局合理，基础设施完善，交通便利，生活方便；专业项目功能已全面恢复，施工过程中未发生重大质量事故，工程质量总体受控；库底清理范围和清理质量满足实施规划和库底清理技术要求。

整体移民安置项目质量已达到水库蓄水和移民项目总体验收的要求。

（三）资金使用评价

河南省各级人民政府移民办资金管理制度健全，资金拨付流程规范；省、市移民办投资计划下达及时，从抽查的居民点来看，移民个人补偿补助费、集体补偿费公示到位，程序规范。从复核实施方提出的多批次移民门楼院墙、沼气池建设补助资金申请，以及各项预备费使用申请而言，申请手续完备，均符合相关规定。

（四）移民生活水平评价

南水北调中线一期工程中，河南省丹江口库区移民安置监测评估工作由江河水利水电咨询中心负责，涉及郑州、新乡、许昌、平顶山、深河（现为漯河）、南阳 6 个省辖市的 25 个县（市、区），外迁集中居民点 155 个，县内居民点 53 个。在监测评估过程中，运用文献分析法、参与观察法、访谈法、专题调查会、问卷调查、抽样调查等，并通过定量分析、定性分析、前后对比分析，对河南省丹江口库区移民安置工作进行全面总结与评估。结论为：河南省丹江口库区移民人均收入水平逐渐提升，生产生活恢复情况良好，达到或超过搬迁前水平。目前，河南省丹江口库区移民收入主要以农业、打工收入为主，但近年来农业收入在总收入中的占比明显下降，打工收入明显提高，商业收入占比也明显增加，副业收入占比稍有下降。移民思想情绪稳定，生产生活秩序井然，正逐步融入新生活，并积极寻找致富途径。

第九章 湖北省移民安置实施

湖北省在南水北调中线工程中集坝区、水源区、库区和安置区于一体，移民安置实施包括坝区和库区两部分。坝区移民搬迁于2005年完成，实际生产安置人口540人，搬迁安置移民2076人。库区移民搬迁安置工作自2008年启动，分试点外迁、大规模外迁和内安3个阶段实施，实际生产安置人口14.69万人，搬迁农村移民14.38万人；共建设373个居民点，其中，外迁移民7.74万人，共建设居民点192个；内安移民6.64万人，共建设居民点181个。2012年9月，湖北省完成了湖北省委、省政府制定的“四年任务两年基本完成，三年彻底扫尾”的总体目标。

第一节 实施总体情况

2005年4月，丹江口水库大坝加高工程正式启动，坝区移民于当年6月底全部搬离征地区域，2007年底基本完成安置工作。丹江口大坝加高工程坝区建设征地移民安置的任务包括农村移民安置、城镇居民搬迁安置、单位迁建、企业迁建、专业设施复(改)建等。

2008年11月24日，湖北省人民政府办公厅印发了《关于做好南水北调中线工程丹江口库区移民试点工作的通知》，随后启动了试点移民搬迁安置和移民工程项目建设工作，并于2010年5月31日全面完成试点任务。湖北省建设16个试点外迁居民点，搬迁安置外迁移民2430户10414人；完成施工影响区11家单位、3家企业、881人的安置和7项专业项目复(改)建工作；完成纳入试点范围的控制性交通复建项目(丹江口市习均大桥和郧县汉江二桥)建设工作。

2008年10月31日，在北京召开的南水北调建委会第三次全体会议确定了南水北调中线工程丹江口水库移民安置任务须在2013年底前全部完成，2014年汛后通水的建设目标。为确保总体目标的实现，湖北省委、省政府结合丹江口水库移民实际情况，经过审慎研究，提出了“四年任务两年基本完成，三年彻底扫尾”的移民工作总体部署，制定了“先外迁后内安，先整体后分散，先控制性项目后一般性项目，先安居乐业后发展致富”和“分期规划、分步实施、连续移民”的原则，有计划、有步骤地组织移民搬迁安置工作。

为加强对湖北省南水北调中线工程丹江口水库移民工作的领导，确保移民搬迁安置任务顺利完成，湖北省人民政府决定成立湖北省移民安置指挥部。2009年7月16日，湖北省人民政府办公厅正式印发《关于成立湖北省南水北调中线工程丹江口水库移民搬迁安置指挥部的通知》。2010年2月21日，湖北省人民政府正式印发《关于全面推进南水北调中线工程丹江口水库移民工作的通知》，对南水北调中线工程丹江口水库移民工作的指导思想、安置目标、基本原则、工作任务与进度安排、政策落实与措施配套、规划建设与监督管理、宣传发动与维护稳定、组织领导与责任分工等方面作出了总体部署。

湖北省委、省政府深知丹江口水库移民工作的重要性，始终把思想认识统一到"移民工作是天大的事"，将其视为对全省，特别是库区、安置区各级党组织的一次"世纪大考"。湖北省上下紧紧围绕"四年任务两年基本完成，三年彻底扫尾"的总体要求，强化责任落实，主要领导亲力亲为，各级党委、政府上下一心、攻坚克难，举全省之力，按时且保质保量地完成丹江口水库移民工作的各项任务，确保南水北调中线工程如期通水。库区移民搬迁安置工作自2008年启动，2012年9月完成，分试点外迁、大规模外迁和内安3个阶段实施。实际完成生产安置人口14.69万人，搬迁移民14.38万人。共建设373个居民点，建设房屋521.84万m^2。其中，外迁移民7.74万人，共建居民点192个；内安移民6.64万人，共建居民点181个。与此同时，还相继完成了集镇迁建、工业企业淹没处理、专业项目恢复改建、库底清理、文物保护等其他移民安置工作任务。

一、实施组织

根据《移民安置条例》和南水北调建委会颁发的《南水北调工程建设征地补偿和移民安置暂行办法》，南水北调征地移民安置工作实施"国务院南水北调建设委员会领导、省级人民政府负责、县为基础、项目法人参与"的管理体制。

湖北省丹江口库区移民安置工作实行"党委统一领导、党政齐抓共管、政府分级负责、县乡政府为主体、项目法人参与"的管理体制。移民迁安工作纳入市、县、乡各级人民政府的目标管理，若移民任务不能按期完成，或出现重大失误，实行一票否决。丹江口库区农村移民安置工作，坚持以迁安两地县乡人民政府为主，实行移民任务和投资包干制度。

（一）实施组织机构

为加强南水北调中线工程丹江口水库移民工作的领导，湖北省人民政府办公厅于2008年12月4日发布了《关于成立湖北省南水北调中线工程丹江口水库移民工作领导小组的通知》，决定成立湖北省南水北调中线工程丹江口水库移民工作领导小组。该领导小组负责全省移民工作的组织领导、协调和检查督导。省人民政府抽调人员组成移民安置实施督查组，检查督促实施工作与进度。领导小组办公室设在湖北省移民局，库区、安置区市、县（市、区）及乡（镇）（村组）成立相应的工作机构，组织体系如下（图 9-1）。

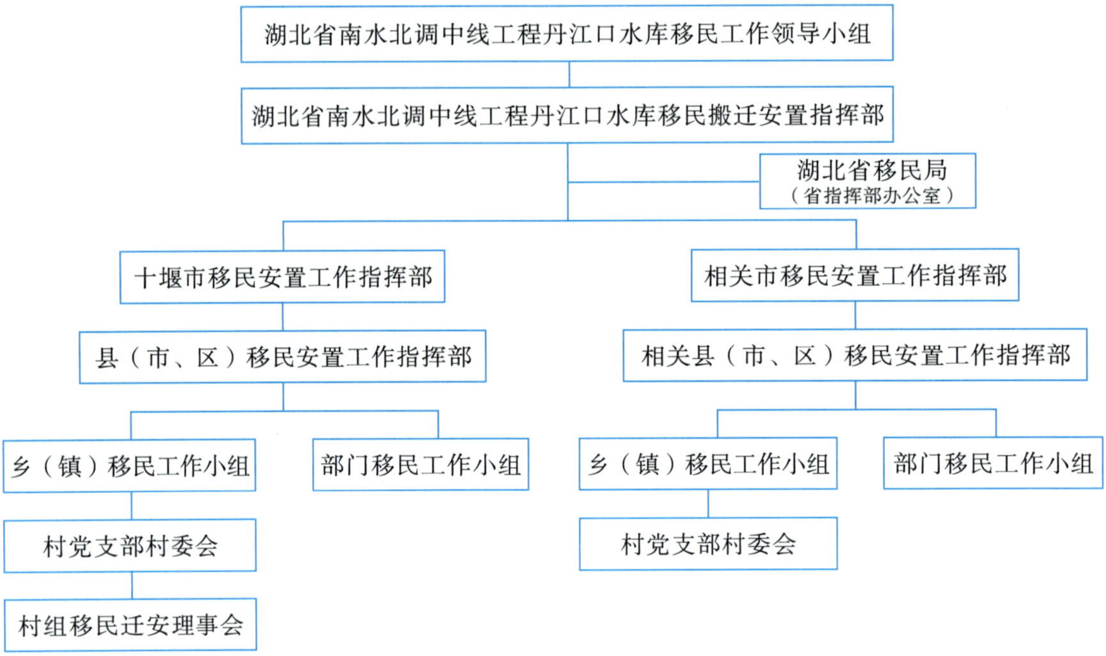

图 9-1　湖北省南水北调中线工程丹江口水库移民工作组织图

1. 省移民安置组织机构及职责

成立湖北省移民安置指挥部，办公室设在省移民局。湖北省移民安置指挥部设移民搬迁总协调和副总协调，下设综合协调组、交通运输组、安全保卫组、医疗卫生组、宣传报道组、信访稳定组、督办检查组、库区协调组、安置区协调组。各小组分别负责全省移民搬迁工作的组织、协调、指导、督查，制定移民搬迁实施方案，负责交通组织、安全保卫、医疗保障、宣传报道、维护稳定、督办检查等工作。

2. 市、县、乡移民管理机构及职责

库区各级成立以书记为政委，市、县（市、区）长为指挥长，分管领导为副指挥长，相关部门负责人为成员的移民安置指挥部。移民安置指挥部下设办公室、政策指导工作组、外迁协调工作组、治安维稳工作组、宣传工作组、督导检查工作组、债权债务化解工作指导组，办公室设在市、县（市、区）移民局。

同时，实行职能部门参与配合的包保制度，市包县区、县区包乡镇、乡镇包村组，所有包点领导驻点办公，现场指挥，现场落实。此外，各搬迁乡（镇）、县（市、区）直有关部门也相应成立工作专班，制定工作方案，驻点服务，责任到人，确保移民安置工作有人管、有人抓、层层落实。

(二)实施管理机制

1. 移民安置指挥部

湖北省南水北调中线工程丹江口水库移民工作，通过层层签订目标责任制，明确了各级的工作任务，严格实行了责任追究制度，将移民搬迁安置任务完成情况列入相关地方党政领导班子和领导干部年度考核内容。省移民安置指挥部设立了移民搬迁总协调和副总协调，在2010—2012年内安移民工作阶段，成立了省移民安置工作前线指挥部，常驻库区移民建设现场，具体负责库区移民搬迁安置的指挥协调和监督检查，遇重大事项报省指挥部研究决策。

2.“三级两区”责任制

湖北省提出要强化“三级两区”责任制，全面落实责任主体。“三级”是指省、市、县三级，“两区”就是安置区和库区。一是库区、安置区人民政府加强协调沟通，相互配合。移民搬迁移交前工作以库区人民政府为主，安置区人民政府配合；交接后的移民工作以安置区人民政府为主，库区人民政府配合。二是省直有关部门按照职能分工全力支持移民搬迁工作，特事特办，急事急办，尽量简化程序，减免收费。要按照《省人民政府办公厅关于建立南水北调中线丹江口水库移民工作联系点制度的通知》要求，对口指导帮扶库区、安置区开展移民搬迁安置工作。三是在库区与安置区的事权划分上，库区负责搬迁实施管理、库底清理和移民剩余土地等资源的整合与管理。安置区人民政府主要负责外迁移民的接收组织工作，移民安置用地的征收划拨和手续办理及承包到户，以移民房屋建设为主的居民点建设的组织管理和协调及工程质量，有关惠民政策和迁移手续的接转服务，被征地群众土地调整和补偿补助费使用管理，移民规划用地和后续生产生活管理。四是库区移民内安坚持“五为主”。农村移民安置以库区安置区县(市、区)人民政府为主，集镇迁建以所在地乡(镇)人民政府为主，专业项目复建以行业主管部门为主，企业迁建以企业法人或所属主管部门为主，单位搬迁以单位为主。

省直部门丹江口库区外迁联系库区、安置区见表9-1。

表9-1 省直部门丹江口库区外迁联系库区、安置区

联系市、县(市、区)(26个)	省直单位(36个)
一、十堰市	
1. 丹江口市	省发改委、省扶贫办
2. 郧县	省财政厅、省司法厅(省监狱管理局)
3. 郧西县	省交通运输厅
4. 张湾区	省住房和城乡建设厅
5. 武当山特区	省国土资源厅

续表

联系市、县（市、区）(26 个)	省直单位(36 个)
二、襄阳市	
1. 襄州区	省公安厅、省体育局
2. 宜城市	省教育厅
3. 枣阳市	省委组织部、省电力公司
4. 南漳县	省环境保护厅
5. 谷城县	省林业局
6. 老河口市	省供销社
三、武汉市	
1. 东西湖区	省地方税务局
2. 汉南区	省人口和计划生育委员会
3. 蔡甸区	省文化厅
4. 江夏区	省信访局
5. 黄陂区	省审计厅
四、黄冈市	
团风县	省人社厅
五、荆门市	
1. 沙洋县	省监察厅、省通信管理局
2. 屈家岭管理区	省卫生厅、省农垦事业管理局
3. 京山县	省委财经办（省农办）、省农村信用社
六、荆州市	
江陵县	省民政厅
七、随州市	
1. 随县	省委宣传部
2. 曾都区	省工商局
八、省直管市	
1. 天门市	省农业厅、团省委
2. 潜江市	省水利厅、省邮政局
3. 仙桃市	省商务厅、省新闻出版局

3. 全程督查监督

湖北省移民安置指挥部内设督办检查组，从省人民政府督查室、省住房和城乡建设厅、省移民局、省纪委（监察厅）执法监察室抽调精干人员组建专班，对移民工程质量、施工进度和搬迁进度进行监督、检查、督办，加强对项目资金拨付手续进行审核，并对项目资金使用情况进行检查、审计。同时，建立全省移民工程质量监督网和移民资金使用管理监督网，以此加强移民工程质量和移民资金监管。

4. 帮扶包点包户

移民搬迁后，安置区人民政府积极做好后续帮扶工作：一是实行包户制度。由县级有关部门或乡（镇）干部落实包户制度，帮助移民熟悉环境，指导移民正确使用室内设施，注意用水、用电、用气安全，避免发生意外事故。二是抓好村级班子建设。高度重视村级班子建设，配齐配强村"两委"班子，特别是配强移民村一把手，发挥基层组织的战斗力、号召力、凝聚力，引导移民群众尽快适应环境，稳定发展。三是提供周到服务。设立房屋维修、供水、供电、通信、医疗卫生服务等社会公共服务点，公布服务电话，及时解决移民群众提出的合理诉求。四是妥善安置特殊移民。对高龄老人、危重病人、临产孕妇、精神病人、军烈属、五保户、特困户等特殊移民进行重点照顾，保证他们的基本生活，使他们充分体会到党和政府的关怀。五是做好移民学生转学、入学工作。按照"移民小学生就近入学、中学生对等入学"的原则，简化移民学生转学、入学手续，确保移民学生在安置地就学。六是及时办理有关手续。安置区有关部门，按照各自职责分工，尽快为移民登记和办理有关转接手续，方便移民生产生活，尽快使移民在安置区享受各项惠农政策。

省直单位对口帮扶南水北调中线工程丹江口库区乡（镇）分工安排见表 9-2

表 9-2　　省直单位对口帮扶南水北调中线工程丹江口库区乡（镇）分工安排

库区乡（镇）（29 个）	省直单位（31 个）
一、丹江口市	
1. 均县镇	省发改委
2. 习家店镇	省经信委
3. 丹赵路办事处	省体育局
4. 六里坪镇	省国资委
5. 丁家营镇	省工商局
6. 三官殿办事处	省环保厅
7. 牛河林区	省地税局
8. 土关垭镇	省民政厅
9. 浪河镇	省烟草专卖局
10. 石鼓镇	省扶贫办
11. 凉水河镇	省林业厅
12. 土台乡	省卫生厅

续表

库区乡(镇)(29个)	省直单位(31个)
二、郧县	
1. 柳陂镇	省国土资源厅
2. 城关镇	省财政厅
3. 青山镇	省人社厅
4. 茶店镇	省国税局
5. 青曲镇	省委财经办(省委农办)
6. 谭家湾镇	省农业厅
7. 梅铺镇	省司法厅
8. 五峰乡	省教育厅
9. 杨溪铺镇	省水利厅
10. 安阳镇	省供销社
三、武当山特区	
太极湖街办	省移民局、省旅游局
四、郧西县	
1. 观音镇	省交通运输厅
2. 涧池乡	省农村信用社
3. 河夹镇	省文化厅
五、张湾区	
1. 黄龙镇	省公安厅、省电力公司
2. 方滩乡	省住房和城乡建设厅
3. 柏林镇	省商务厅

二、实施管理

(一)计划管理

湖北省高度重视计划管理,严格按照基本建设程序的要求,实行“项目跟着规划走,计划跟着项目走,资金跟着计划走”的原则,努力实现计划管理的科学化、规范化、制度化。

1. 加强制度建设,规范计划工作

为规范丹江口库区移民安置计划管理工作,控制规划概算投资,湖北省根据《移民安置条例》和南水北调建委会印发的《南水北调工程建设征地补偿和移民安置暂行办法》,以及国家有关法律法规,制定了《湖北省南水北调中线工程丹江口库区移民资金管理办法（试行）》和《湖北省南水北调丹江口库区移民安置计划管理办法》等相关规章制度，明确了湖北移民安置计划管理的基本原则、管理机构和各级计划工作的职责，并对年度计划管理、日常投资计划管理和计划监督检查作出具体规定，有效地促进了计划工作规范化、制度化。

2. 强化过程管理，严格计划实施

（1）加强组织领导

移民安置计划管理严格实行“静态控制，动态管理，统筹安排，分级负责”的原则。省移民局负责全省南水北调丹江口库区移民安置计划管理，各省辖市、县（市、区）移民管理机构负责本辖区移民安置计划管理。各级移民管理机构高度重视投资计划管理工作的领导责任，根据上级相关规定，结合当地实际情况，建立健全计划审核、投资拨付、计划档案、检查监督等计划管理制度和各种实施细则。

（2）加强年度计划管理

年度计划管理包括年度计划编制、审批、下达、执行和监督检查。根据批准的湖北省南水北调中线工程移民安置规划、项目法人提出的下一年度移民安置计划建议，省移民管理机构会同市、县（市、区）人民政府商项目法人，确定下一年度移民安置计划工作任务，组织编制下一年度移民计划，并按程序和要求报国务院南水北调办审批。年度计划经国务院南水北调办下达后，由省移民管理机构负责分解，逐级下达到有关市、县（市、区）和项目单位。县级移民管理机构根据批准的年度计划，组织编制实施方案。

（3）加强日常投资计划管理

省移民局根据移民安置实施进展情况，以正式文件及时下达项目投资计划，投资计划明确具体项目、下达单位、资金性质、资金用途、完成时间及质量要求等，以保证项目按计划组织实施。县级移民管理机构根据下达的投资计划，编制分村、分项目投资计划，做好项目投资控制。移民项目实施完成和移民安置完毕后，各级移民管理机构，一方面及时组织计划对账和结算，办理有关结算手续；另一方面督促移民村及时组织移民户进行资金结算，按规定分户签订结算书。建立健全移民计划报告制度和移民统计制度。在此基础上，各级移民管理机构对投资计划实行动态统计管理，对批准的实施规划投资概算、计划下达、计划调整、剩余计划投资情况，认真做好统计汇总和分析。计划管理人员定期与本级财务核对资金收支情况，与规划管理人员核对规划及调整情况，与上、下级计划管理人员核对投资计划，防止出现资金多拨、少拨、重拨等现象。各级移民管理机构定期向上一级移民机构提交本级移民年度计划执行情况的书面报告，移民迁建单位也必须向本级移民管理机构报告年度计划的完成情况。各级移民管理机构应高度重视移民统计工作，及时、准确、全面地搜集整理移民迁建进度、资金使用情况等统计资料，定期向上级有关部门报告统计信息。

3. 强化计划监督检查，维护计划的严肃性

各级移民机构始终注重维护移民计划的严肃性，强调计划一经批准，必须严格执行，不得擅自变更；确需调整的，由县级移民管理机构提出调整意见，按照管理权限，报市、省级移民管理机构审批。全面加强对投资计划执行情况的监管。严禁以拨代管、以包代管，不得滞留、克扣、挤占和挪用项目资金，以此保证项目按计划实施，提高投资效益。县级移民管理机构对投资计划执行情况每月进行一次检查，市移民管理机构分季度进行检查，省级移民管理机构不定期进行检查。对计划执行中存在的问题，责任单位必须限期改正，并将整改情况逐级上报。积极配合审计、稽察、监察等部门的监督检查，及时提供所需资料。对各级移民管理机构中在计划管理工作违反规定、滥用职权、徇私舞弊的人员，应视情节轻重，依法依纪给予处罚。计划服务于实施，做到及时上报和下达。严格规范计划文件的起草、会签、签发、归档的管理工作，移民投资计划文件必须经过规划安置、财务管理等内部机构会签，文件下达后应及时拨付资金。为保证移民资金按时到位，根据年度移民安置任务，及时编报年度投资计划；根据批准的移民安置实施规划、年度投资计划、实施进度和资金到位情况，及时下达投资计划，为移民安置提供资金保障。

4. 加强队伍建设，提高业务素质

各级移民管理机构严把计划人员进入关，选择政治素质好、业务能力强的人员管理计划；加强对计划人员的业务培训，提高其业务素质；加强计划的动态管理，为科学决策提供依据。对移民计划管理工作中成绩显著的个人，适当给予精神或物质奖励。

(二)项目管理

1. 加强制度建设，规范管理工作

根据国家有关法律法规，结合湖北实际情况，制定了《湖北省南水北调丹江口库区移民安置建设项目管理暂行办法》《湖北省南水北调丹江口库区移民新村建设招标投标管理办法》等有关办法，明确了项目管理的监管对象、基本原则、管理机制，有效地促进了项目管理工作规范化、制度化。

2. 明确职责范围，健全管理体制

湖北移民项目管理办法适用对象主要包括农村移民居民点建设、农村水利配套设施建设、城(集)镇迁建、单位迁建、工业企业迁建、专业项目复建、地质灾害治理、库底清理等。移民项目实行项目法人责任制、招标投标制、建设监理制、合同管理制、竣工决算制。省移民部门负责全省南水北调中线工程丹江口水库移民项目的管理和监督，省辖市、县(市、区)移民部门负责本行政区域内移民项目的管理和监督。对城(集)镇基础设施建设、大型专业项目复建，原则上应组建项目法人；对不需要组建项目法人的项目，应

明确实施责任单位。外迁农村移民项目以安置区县(市、区)人民政府为主组织实施;库区农村移民项目以库区县(市、区)乡(镇)人民政府为主组织实施;集镇迁建以所在地县(市、区)人民政府为主组织实施;专业项目复建以行业主管部门为主组织实施;工业企业迁建以企业法人或其主管部门为主组织实施;单位迁建以本单位或其主管部门为主组织实施。

3. 重视前期工作,严格规划管理

移民项目实施阶段的规划设计依据已批准的《初步设计规划报告》进行,其建设规模和标准根据已批准的《湖北省实施规划工作大纲》确定。对超规模、超标准的移民项目,超规划概算的资金必须落实后,方可进行规划设计。对城(集)镇基础设施建设和专业项目复建,项目法人根据已批准的移民安置规划中项目的规模、标准和投资,委托有资质的设计单位开展移民项目规划设计,项目法人(或建设单位)应依法与确定的施工单位签订施工合同。移民项目实行建设监理制。按照国家有关规定,结合移民工程实际,确定监理单位。项目法人应依法与确定的监理单位签订监理合同。施工单位经总监理工程师审核批准后,应根据移民投资计划及批准的施工图设计,编制施工组织设计、进度计划和资金使用计划,报项目法人备案。施工单位应提交项目准备情况和开工申请报告,经总监理工程师审核同意,项目法人批准后,方可开始施工。

4. 加强过程管理,确保项目建设质量

(1)加强实施管理

严格按照基本建设有关规定,通过招投标确定施工单位和监理单位,签订相关合同。移民项目建设质量安全实行终身责任制。项目法人对质量安全负总责,勘察、设计、施工、监理等单位的法定代表人对所承建的移民项目质量安全按有关规定承担相应责任。项目法人对移民项目实施进行全过程管理,建立施工质量安全责任制,确定工程项目经理、技术负责人和施工管理责任人,要求其按设计图、施工合同和施工规范进行施工。

(2)严格变更管理

严格移民规划管理,不得随意变更已批准的移民规划确定的规模、标准和投资概算。对提高标准、扩大规模的移民项目,超概算的资金由实施单位自行解决。在移民项目实施过程中,受地质和施工条件发生变化、设计缺陷、国家政策调整、不可抗力等因素影响,造成移民项目的位置、规模和标准发生变更,投资突破初步设计概算的,必须履行报批程序。

(3)严格竣工验收管理

农村移民居民点基础设施项目和城(集)镇迁建基础设施项目,均由所在县人民政府组织有关部门进行验收；大型专业项目，则由其主管部门组织验收。各类项目验收时，所在县级移民部门、技术总成设计单位和移民监督评估单位参加验收。项目法人应按照国家有关规定和移民规划，负责收集、整理项目实施的有关文件、资料、图片等，建立健全项目档案，并按照相关规定纳入移民档案。移民项目验收合格后，由县人民政府组织有关单位办理移交手续，及时移交给项目管理单位。

5. 加强监督检查，加大惩治力度

各级移民部门大力加强移民项目建设进度、质量、资金使用情况的监督检查，对存在的问题按要求限期整改。由有关专业部门负责实施的项目，其上级业务主管部门负责项目实施的监督工作，确保项目建设质量和安全。各级移民部门和项目法人主动配合审计、监察等部门的监督检查，及时提供有关资料，对存在的问题按要求限期整改。对贪污、挪用、侵占、浪费移民资金等违法违纪行为，以及由于失职、渎职造成严重经济损失或工程质量安全事故的单位和个人，严格按有关规定追究其相应责任；构成犯罪的，移交司法机关处理。支持和鼓励单位和个人对移民项目的质量事故、质量缺陷依法进行检举、控告、投诉。

(三)资金管理

移民资金是南水北调主体工程建设资金的重要组成部分。加强移民资金管理，是保障工程建设顺利实施的前提，对确保工程安全、资金安全和干部安全具有重要意义。

1. 健全完善规章制度，规范资金管理行为

湖北移民资金主要有水源公司拨付的库区移民资金、移民资金形成的银行存款利息收入和其他资金3个直接来源。

管好用好移民资金，必须靠制度来保证。为确保移民资金科学管理、合理使用及安全运行，维护移民合法权益。一方面，针对农村移民、城(集)镇和工矿企业搬迁及基础设施复建等不同大类的补偿标准，分别出台相应政策；另一方面，针对不同项目的移民资金管理(计划管理、规划管理、财务管理、行政管理费管理、耕地占用税管理、价差管理、存款利息管理等)，都作出了明确规定。库区和安置区各级人民政府和有关部门，也结合本地实际情况制定出台了相应配套文件。这些办法、制度和规定既规范了移民资金的使用管理，又明确了管理监督责任，同时还明确了违反规定的处罚措施，构筑起一个较为完整的政策法规体系，为移民资金科学规范管理提供了强有力的制度支撑，使移民资金管理的各个方面、各个环节基本上做到了有法可依、有章可循。

2. 明确管理体制，实行资金与任务“双包干”

省移民局在省人民政府领导下，负责移民资金的管理、监督工作，市、县(市、区)移民主管部门在同级人民政府领导下，负责本级和所属单位移民资金管理工作，同时接受上

级移民主管部门的指导、监督。移民资金管理遵循责权统一、计划管理、专款专用、包干使用、静态控制、动态管理的原则。

移民资金实行与征地移民任务相对应的包干使用制度，将移民项目资金层层切块包干到乡(镇)及项目。包干额度按省人民政府批准的各县(市、区)实施规划确定。除国家批准的由于政策调整、重大项目变更、不可抗力等因素引起的投资增加外，严格控制包干额度。省与有关市、县(市、区)签订资金包干责任书。征地移民文物保护项目投资包干协议由省移民局与省文物局签订。征地移民投资包干协议中必须明确规定下列内容：①征地移民任务的具体内容；②征地移民工作进度要求；③移民资金包干额度和费用组成；④移民资金拨付方式；⑤双方的责任、权利和义务。在征地移民实施过程中，确需使用省级预备费的，应按项目经各级移民主管部门逐级上报，由省移民局审核后报省人民政府审批，并报国务院南水北调办备案。

3. 坚持突出重点，强化过程监管

针对南水北调移民资金进账量大、地域分散、使用面广、投放集中、风险点多、监管工作头绪繁杂的特点，坚持突出重点，狠抓薄弱环节，强化过程监管。在资金运行过程监管中，重点关注移民资金的决策权、审核权、使用权等“三权”集中的重要部位和环节。一是建立健全移民资金管理使用集体决策制度。凡规划编制、资金计划审批、资金拨付等重大事项，必须经领导班子集体研究决定。二是加强移民工程项目管理，严格实行项目法人责任制、招标投标制、合同管理制、工程监理制和竣工决算制。三是加强搬迁工矿企业兼并、收购、关破等环节的监督，特别是强化过程监督，做到五个“严防”：严防决策过程中国有资产的损失和浪费；严防产权交易中的违规违纪行为；严防资产处置暗箱操作、中饱私囊；严防假破产、真逃债行为；严防国有资产低评和移民资金流失。四是加强乡(镇)移民资金的管理，坚持实行“村账乡(镇、办事处)管”制度，大力推行移民资金补偿对象、补偿标准、补偿内容、补偿金额和办事程序“五公开”等措施，自觉接受移民群众的监督，提高移民资金监管的透明度。坚持移民个人补偿资金落实到户、到人，移民资金实行“专行、专账、专户”管理。

4. 健全审计体系，跟踪查处整改

国务院南水北调办每年对湖北省移民资金使用和以前年度整改情况进行审计，湖北省审计厅每年将南水北调移民资金审计纳入年度审计计划，各级移民管理部门内部审计机构每年对本单位移民资金的使用情况进行内审。湖北省着力构建起“纵向到底、横向到边”的省、市、县三级跟踪审计监督体系。第一，加强跟踪审计，做到“三个全覆盖”。及时掌握南水北调移民资金总量和具体构成，以资金流向为主线进行全过程跟踪审计，坚持“资金流向哪里，审计就跟进到哪里”，做到对移民资金和移民工程项目审计监督全覆盖，对资金分配、拨付、使用、管理各环节审计监督全覆盖，对与移民资金拨付使用和移民工程项目实施管理相关的部门、单位审计监督全覆盖。第二，创新审计方式，搞好“三个结合”。严格按照“省审计厅统一组织、各地分级负责”的原则，整合全省审计力量，搞好“上审下”“交叉审”与“同级审”的结合，打好“总体战”，充分发挥审计监督整体效能。市、县两级审计机关切实做好“同级审”工作，加强对当地南水北调移民资金经常性审计监督。对于重点地方、重点部门、重点项目，省审计厅采取“上审下”和“交叉审”的方式，加大审计监督力度。第三，把握审计着力点，狠下“四个功夫”。一是在抓重点上下功夫，突出“四个关注”（关注移民政策执行、移民任务目标完成、移民资金管理使用、移民工程项目建设）。二是在处理好监督与服务的关系上下功夫，辩证对待和处理审计发现的各类问题。对审计发现的严重违法乱纪问题和经济犯罪案件线索，坚持原则，及时移送，严肃查处；对有利于移民政策落实、移民资金有效使用、移民工程建设的做法要给予大力支持；对资金管理和项目实施中出现的新情况、新问题，辩证分析，积极向党委、政府和相关部门反映，提出改进建议，充分发挥审计建设性作用。三是在服务宏观决策，促进整改上下功夫。把揭示问题、处理问题与分析问题、提出建议、促进整改结合起来，对审计发现的问题和案件线索，不仅查实查透，而且深入分析产生问题的原因，提出解决的办法和建议，为党委、政府决策提供及时有用的信息，督促被审计单位从制度机制上解决问题，在更高层次上发挥审计“免疫系统”功能和作用。四是在积极主动配合协作、增强监管工作合力上下功夫。各级审计机关各司其职，各负其责，做好职责范围内的工作，同时主动与监察、检察、移民、银行等相关部门单位加强沟通，搞好配合，相互支持，密切协作，不断增强移民资金监管工作合力。

5. 建立监督网络，开展联合监管

为管好用好移民资金，有效防范移民工程领域职务犯罪和工程腐败，实现资金使用、项目建设、干部成长“三安全”，湖北省创新移民资金监管方式，建立了由省监察厅牵头，省检察院、省审计厅、省移民局、建设银行省分行等单位组成的移民资金监督网，库区安置区市、县（市、区）也相应建立移民资金监督网。通过定期召开联席会议，进行信息资料交换，开展联合检查、联合办案等方式，共同推进移民资金监管工作。移民资金监督网部门既各司其职、各负其责，又相互配合、优势互补，形成联合监管机制，极大地提高了资金监管的有效性和威慑力。同时，建立由移民群众代表、党代表、人大代表、政协委员、特邀监督员、有关中介机构人员等组成的移民资金管理社会监督队伍，负责收集移民资金管理使用中的腐败现象，并向同级移民主管部门纪检监察机构报送。移民资金监督网成员单位发现的腐败迹象，及时告知同级纪检监察机关。

6. 建立健全财务管理制度，不断加强思想政治教育

(1)加强财务人员培训

管好用好移民资金，关键在于干部，尤其是领导干部。湖北省始终将建设一支政治坚定、业务素质高、廉洁高效、作风过硬的移民干部队伍作为各级党委、政府的一项经常性工作，坚持不懈地开展移民干部政治思想、法治教育和业务培训，提高移民干部整体素质，特别是重视财会人员道德教育和业务知识培训，不断增强财会人员的责任感和事业心。注重选派素质高、爱岗敬业、有业务专长的人员担任出纳岗位，确保移民资金安全。

(2)建立健全财务制度

移民资金管理使用单位严格按照《中华人民共和国会计法》和《内部会计控制规范》的要求，建立健全会计人员岗位责任、内部会计稽核、财务收支审批、概预算执行及财务会计分析等制度，以此规范财务行为，加强财务监督。实行移民资金管理使用会计电算化。

(3)夯实财务基础工作

加强财会队伍建设。各级移民管理部门均设置专门的财会机构，移民迁建单位则安排兼职或专职人员从事基建财务工作。各单位财务会计人员保持相对稳定，严格执行财会人员持证上岗制度。加强资金拨付管理。各级移民管理部门根据年度投资计划、投资包干协议等，按工程进度拨付资金。移民项目资金拨付要求有计划、有合同、有进度、有监理签证、有决算审计等依据，支付凭证须经过业务经办人、业务科室负责人、财务负责人、分管领导、主要领导签字审批。财务人员认真履行职责，加强定期对账及计划、票证、单据等审查复核工作，避免资金拨付出现差错。

(4)加强会计核算工作

移民资金单独建账，按照财政部《南水北调工程征地移民资金会计核算办法》和《湖北省南水北调中线工程丹江口水库移民资金实施管理费使用管理办法》等规定，统一在一套账簿中核算，实行县级报账制。各有关县(市、区)制定县级报账制实施细则，明确县级报账的具体要求，包括报账办法、程序、手续等，做好移民工程项目资金及其他费用的明细核算。有关乡(镇)、村建立移民资金管理台账，记录资金数额、去向、用途等事项。同时，定期持有效凭证到县(市、区)移民管理部门报账。

(5)加强银行账户管理

省、市、县(市、区)相关南水北调和移民迁建单位，应在所在地建设银行开设一个移民资金银行账户，禁止多头开户，严禁公款私存、私设小金库，严禁大额支付现金，不准用移民资金办定期存款业务、提供担保、委托贷款、质押、委托理财等。没有建设银行网点的部分县(市、区)和乡(镇)，由县级指定一家经办银行。移民个人及资金使用末端单位

按照尊重群众意愿、经济方便的原则，由移民个人及资金使用末端单位确定经办银行。

(6)加强资金档案管理

定期清理规划、年度投资计划、合同(协议)、审计报告及决定、拨款文件等资料，分类整理，汇编成册，统一归档，妥善保管。

(7)认真实行财务公开

对移民搬迁补偿标准、资金兑付、移民资金收支情况等，及时采用网络、媒体或张榜等形式进行公布，接受群众监督，保障移民群众的知情权、参与权和监督权。

(8)坚持开展思想教育

组织财务和移民干部开展业务培训和警示教育活动，强调移民资金“高压线”的敏感性，不断提高各级干部对移民资金管理重要性的认识，不断增强各级移民干部的政治责任感和历史使命感。大家深刻认识到，移民资金是“高压线”，摸不得；是全国人民的“血汗钱”，动不得；是广大移民的“救命钱”，挪不得。管好用好移民资金，是广大移民群众最关心、最直接、最现实的利益问题，是执政为民的具体体现，也是全面贯彻落实科学发展观、构建社会主义和谐社会的重要举措。做好这项工作，不仅关系到移民搬迁安置任务的顺利完成，而且关系到丹江口库区的社会和谐，关系到党和政府的形象。因此，牢固树立移民资金管理责任重于泰山的思想，在资金监管上自觉狠抓源头防范、制度建设、制约机制完善、监督管理。

(四)档案管理

移民档案是南水北调建设全过程的真实记录和客观反映，是不可再生的宝贵历史资源。档案管理工作是南水北调工程建设重要的基础性工作，是南水北调工程移民工作的重要组成部分。湖北高度重视南水北调移民安置档案管理工作，档案工作组织机构健全，各项规章制度完善，形成由建设、监理、施工等单位组成的档案管理网，保证了南水北调档案工作的有序开展。

一是加强制度建设，规范档案工作，制定了《湖北省南水北调中线工程丹江口水库征地移民档案管理实施办法(试行)》等规章制度；二是明确职责，健全档案工作体系，实行“统一领导、分级负责、县(市、区)为基础”的管理体制，形成移民和项目档案管理网络；三是强化建档，确保档案完整准确，保证外迁、内安移民分户档案齐全、完整、准确、系统；四是加强安全保管工作，加快档案信息化建设，与单位信息化建设同步规划、同步建设、同步发展；五是增强服务意识，充分发挥档案作用，采取多种方式提升档案的服务功能；六是加强队伍建设，提高档案管理水平，库区县级以上移民主管部门设置档案工作机构，配备专职档案工作人员。

三、实施概况

2008年，湖北省启动移民安置工作，全省上下、库区各级党委、政府始终把南水北调移民安置工作作为“天大的事”来抓，坚持以“服务国家重点工程，服务移民群众”为己任，全力以赴、攻坚克难，先后经过试点移民、大规模外迁移民、库区内安移民3个阶段，于2012年9月顺利完成了南水北调中线工程丹江口水库移民的搬迁安置任务。

(一)试点

2008年11月24日，湖北省人民政府办公厅下发了《关于做好南水北调中线工程丹江口库区移民试点工作的通知》，对试点阶段移民搬迁安置提出具体任务与实施安排。2008年11月25日，湖北省人民政府召开全省南水北调中线工程丹江口库区移民试点工作动员大会。2009年8月20日，湖北省丹江口市均县镇和习家店镇移民外迁车队分别抵达荆门市屈家岭管理区罗汉寺办事处居民点和襄阳市枣阳市南城街道办事处惠岗居民点，成为南水北调中线工程第一批成功搬迁的试点移民。2010年5月24日，郧县安阳镇第五批移民前往团风县黄湖农场居民点，湖北省试点移民外迁工作全部结束。

湖北省试点阶段共完成了丹江口市的六里坪、均县、习家店、石鼓和郧县的安阳5个乡(镇)1.04万人的移民外迁安置任务。建成的居民点达到了村容整洁、路面硬化、饮水达标、环境优美、塘渠清洁、垃圾清扫、住房舒适、设施配套的要求。不仅如此，迁出地及安置地社会大局稳定，移民群众安居乐业，实现了“和谐移民、平安搬迁”的目标。

(二)外迁

湖北省丹江口库区农村外迁移民7.74万人，分试点外迁和大规模外迁两个阶段。试点外迁移民1.04万人自2009年初开始，2010年5月31日搬迁完毕；大规模外迁移民6.7万人自2009年开始，2010年11月28日搬迁完成。这些外迁移民分别安置在武汉、黄冈、荆门、荆州、襄阳、随州、天门、潜江、仙桃等9个省辖(直管)市的21个县(市、区)、81个乡(镇)、192个集中居民点。累计搬迁119批次，转运货物12万t，行程超过850万km，平均每天出动车辆32车次、外迁237人。为了确保移民搬迁安全，组织动员7100名干部、3000人(次)警力、1000余人(次)医护人员维护运输安全，政府统一采购运输车辆1万余台次。整个移民外迁工作做到了无一起安全事故、无一人伤亡、无一件物品丢失，实现了“安全、和谐搬迁”的目标。

(三)内安

湖北省丹江口库区内安移民工作自2010年开始，至2012年9月全面完成。在内安移民工作中，湖北省破解了建筑材料紧张、物价上涨、施工队伍紧缺、监管面积大、恶劣天气多等难题，克服了种种困难，在一年多的时间内建房3.2万套，完成6.64万农村移民搬迁(不包括郧县原规划分散搬迁安置改为改善生活环境不搬迁就地进行生产安置1.3万人),迁建13个城(集)镇、443家单位(一次性补偿312家、迁复建124家、工程防护7家)、126家企业(一次性补偿86家、迁复建40家),新建集中居民点181个,居民点基础设施配套到位,卫生所、购物网点、文化室等生活设施逐步完善。以交通、供电、通信为主的一大批专业项目复建到位,功能得到较好恢复。

第二节 坝区移民安置实施

丹江口水利枢纽大坝加高工程坝区包括大坝加高工程和董营副坝两部分。根据《关于调整丹江口水利枢纽大坝加高工程董营副坝建设征地补偿项目及投资的通知》,原列入陶岔渠首枢纽工程内的董营副坝建设征地补偿项目,调整到丹江口水利枢纽大坝加高工程之中。根据《南水北调中线水源丹江口大坝加高工程董营副坝建设征地任务及补偿投资包干协议书》,董营副坝工程施工用地涉及邓州市杏山管理区董营村、花梨树等两个村,工程永久征地(枢纽工程征地)27亩,临时用地(办公生活、公路及生产用地、土料场及施工道路用地)24亩。考虑到董营副坝仅涉及邓州市杏山管理区董营村生产安置人口16人,且在本村内调整耕园地安置,以下内容不再单独描述。若无特殊说明,坝区仅对大坝加高工程部分涉及的移民安置情况进行描述。

2021年4月,水利部在组织开展南水北调中线一期丹江口水利枢纽大坝加高工程坝区建设征地与移民安置总体验收技术预验收期间提出,坝区移民人口、个别单位搬迁和企业迁建实施情况与规划不一致,为此,水源公司委托长江设计院编制完成《丹江口水利枢纽大坝加高工程坝区建设征地与移民安置实施规划修编报告》,根据该报告,坝区建设征地移民安置任务涉及农村移民安置、居民搬迁、单位迁建、企业迁建、专业项目复建等方面,实施责任主体包括丹江口市人民政府、十堰市移民局、汉江集团、长江委长江科学院、长江委水文局、淅川县移民局等。

一、农村移民安置实施

(一)移民生产安置实施

丹江口大坝加高工程坝区移民生产安置全部采用种植业安置方式,生产安置人口540人,安置移民耕园地474.21亩(新治理土地344.57亩,调整园地129.64亩),人均占有耕园地0.88亩。其中,丹赵路办事处三里桥村安置67人,落实耕园地48.20亩(新治理土地30.56亩,调整耕园地17.64亩),人均分配耕园地0.72亩;三官殿办事处蔡湾村安置431人,落实耕园地358.96亩(新治理土地246.96亩,调整耕园地112亩),人均耕园地0.83亩;三官殿办事处马湾村安置42人,落实耕园地66.05亩(均为新治理土地),

人均耕地面积1.57亩。

自2005年7月坝区移民落实安置后，丹江口市人民政府重点扶持移民生产安置发展。按照“高起点规划，高标准设计，高质量实施”的原则，有序开展移民生产用地开发治理工作。三个村所治理、调整的耕园地，于2006年2月前全部分配到移民手中，并签订了土地承包合同。为切实提高移民家庭生活水平、解决坝区移民就业问题，丹江口市人民政府通过招商引资，引进了江苏雨润集团禽业食品有限公司、上海涌伦印刷器材有限公司胶印感光PS版生产项目、澳门大叶针织制衣有限公司出口服装加工项目，还兴办肉鸡养殖等企业或项目，为坝区移民提供了近400个就业岗位。

(二)搬迁安置实施

实施阶段，在移民搬迁过程中，丹江口市对移民人口进行了全面复核，实际搬迁农村移民643人，其中，丹赵路办事处143人，三官殿办事处500人。移民安置采取自主分散购房安置和集中居民点安置两种方式，其中，自主分散购房167人，集中居民点安置476人。坝区建设了集中居民点3个，分别为右岸马湾村4组竹园坡居民点、蔡湾村5组水源新村居民点和左岸三里桥村杨家岔居民点，安置移民人口共484人(含柏树岭居委会居民2户8人)，用地规模72.64亩。

1. 丹赵路办事处

丹赵路办事处坝区移民涉及三里桥1个村，共40户143人(农业67人，非农业76人)。分散安置移民31户117人，全部为自主购房；集中安置移民9户26人，全部安置在杨家岔居民点。该居民点房屋建设于2006年7月全部竣工，配套设施建设于同年10月底前全面完成，并全部通过验收。居民点砖混结构房屋总面积904.27m^2，人均34.78m^2，移民按时间节点全部搬迁入住。

2. 三官殿办事处

三官殿办事处坝区移民涉及2个村、3个组和1个居委会，动迁移民142户513人。其中，蔡湾村127户458人(农业431人，非农业27人)；马湾村12户42人(农业)；柏树岭居委会3户13人(非农业)。

三官殿办事处按照“建设景观化，设施城镇化，设计园林化，环境生态化”的标准，规划建设了水源新村和竹园坡两个居民点。居民点于2005年4月20日动工建设，2005年10月底全部竣工，同年12月底前移民全部搬迁入住。其中，水源新村(图9-2)安置115户413人(蔡湾村)，建筑面积26317m^2，人均63.72m^2；竹园坡安置13户45人(马湾村11户37人，柏树岭居委会2户8人)，建筑面积2856m^2，人均63.47m^2。分散自主购房安置14户55人，其中蔡湾村12户45人，马湾村1户5人，柏树岭居委会1户5人。

图 9-2 坝区农村居民点——水源新村

二、城镇迁建实施

坝区征占地范围涉及丹江口市大坝、丹赵路和三官殿等 3 个办事处，共搬迁城镇居民 222 户 860 人，涉及丹江口市大坝和三官殿两个办事处，采取集中建房安置、自主购房安置和一次性补偿安置 3 种方式，坝区城镇居民搬迁安置均已完成。迁建单位共 33 家，其中十堰市、长江委、河南省淅川县各涉及 2 家单位，汉江集团涉及 11 家单位，丹江口市涉及 16 家单位，采取搬迁复建安置和一次性补偿安置两种方式。单位人口共 176 户 573 人(其中，十堰市航运局宿舍 133 户 435 人纳入城镇居民搬迁)，采取集中建房安置、自主购房安置和一次性补偿安置 3 种方式，均已得到妥善安置。

(一)居民搬迁安置

根据丹江口市人民政府关于印发《南水北调中线丹江口大坝加高工程坝区施工占地区移民安置实施办法(暂行)的通知》，坝区施工占地区城区居民采取集中建房安置或自主购买商品房安置，由相关办事处和市直有关部门征求移民意见后组织实施。城区居民在集中安置点购房或自主购买商品房时，超过补偿投资的部分由居民自筹解决。

城镇居民搬迁人口共 222 户 860 人，均为丹江口市大坝和三官殿两个办事处居民。居民迁建方案采用集中建房安置、自主购房安置、一次性补偿 3 种方式。其中，分散在城区自主购房安置的有 193 户 812 人(大坝办事处居民 192 户 807 人、三官殿办事处居民 1 户 5 人)，对有房无人口的 17 户居民，对其财产进行了一次性补偿，柏树岭居委会的 2 户 8 人集中安置在竹园坡居民点，新建港口小区集中安置大坝办事处居民的 10 户 40 人。

大坝办事处港口小区(图 9-3)主要用于安置丹江口市坝区和施工影响区的城镇居民，新址位于丹江口市城区北部、丹江口市化肥厂西侧，建设了 1 栋移民安置房，实际安置移民 35 户 139 人，除安置上述坝区居民 10 户 40 人外，该小区还安置坝区单位(十堰市航运局)的 5 户 13 人、施工影响区居民的 13 户 61 人、施工影响区单位(十堰市航运局、十堰市航务管理局)的 7 户 25 人。

图 9-3　坝区城镇居民点——港口小区

(二)单位迁建

坝区单位共 33 家。按隶属关系分为十堰市 2 家、长江委 2 家、丹江口市 16 家、汉江集团 11 家、河南省淅川县 2 家。按补偿及搬迁方式分为一次性补偿和异地迁复建两类。其中,异地迁复建单位 8 家(十堰市 1 家、丹江口市 3 家,长江委 1 家,汉江集团 3 家),一次性补偿单位 25 家(十堰市 1 家,丹江口市 13 家,长江委 1 家,汉江集团 8 家,河南省淅川县 2 家)。

1. 十堰市属单位

涉及十堰市农校和丹江口市石油分公司 2 家单位,根据单位及其上级主管部门意见,十堰市农校采取一次性补偿,丹江口市石油分公司采取异地迁复建方案。

2. 汉江集团下属单位

汉江集团涉及单位共计 11 家,其中水力发电厂、水利枢纽管理处、汤家沟垃圾场 3 家单位采取异地迁复建方案,汉江水利水电工程有限责任公司、汉江集团钢厂、钢厂职工住房、绿化管理中心、后勤服务中心、武警二(三)中队、碳化硅制品厂、铝业公司砂石厂 8 家单位采取一次性补偿。

3. 长江委所属单位

长江委水文站采取异地迁复建方案,长江科学院抗冲磨试验场给予一次性补偿。

4. 丹江口市属单位

丹江口市涉及单位共计 16 家,其中丹江口市水上派出所、丹江口市航运公司宿舍、丹江口市水产技术推广站 3 家单位采取异地迁复建,隆达食品有限责任公司、航运局劳动服务公司、市糖酒副食批发部、十堰市航运局宿舍、水产公司渔需品批零部、市林业局林场、王大沟居委会、大坝船舶修造厂、公路段汽车渡口所、丹江口市交通局仓库、铁路工区、水务局水利工程队、王大沟居委会集贸市场 13 家单位采取一次性补偿。

5. 淅川县属单位

涉及淅川县粮食局驻丹转运站、淅川县移民局驻丹招待所 2 家单位，均采取一次性补偿。

三、工业企业迁建实施

建设征地范围内涉及工业企业共计 13 家。按隶属关系分为十堰市 2 家、丹江口市 3 家、汉江集团 8 家。按补偿及搬迁方式分为一次性补偿和搬迁复建两类，搬迁复建 7 家（十堰市 2 家，丹江口市 2 家，汉江集团 3 家），一次性补偿 6 家（丹江口市 1 家，汉江集团 5 家）。

1. 十堰市属企业

涉及十堰市航务局碳化硅厂和船厂 2 家企业，采取搬迁复建方案。

2. 汉江集团下属企业

汉江集团涉及企业共计 8 家，其中 3 家企业采取搬迁复建方案，5 家企业采取一次性补偿。

3. 丹江口市属企业

丹江口市涉及企业共计 3 家，其中丹江口市库区养殖场和库区建设工程服务队 2 家企业采取搬迁复建方案，启明星木制品有限责任公司采取一次性补偿。

四、专业项目复(改)建实施

建设单位完成了坝区建设征地范围内公路、输变电、通信、有线电视、供水管道及水电站等专业项目的复(改)建工作。

第三节　库区移民安置实施

湖北省库区移民安置先后历经试点移民、大规模外迁移民、库区内安移民 3 个阶段。2012 年 9 月，湖北省顺利完成了南水北调中线工程丹江口水库移民的搬迁安置任务。

一、农村移民安置实施

为使移民能够尽快适应并融入新的生活环境，通过完善基础设施、调整分配生产用地和迁转各类手续等措施，切实解决其面临的生产生活难题，以实现农村移民的有效安置。

(一)移民生产安置实施

1. 总体情况

要确保农村移民安置的成效，原则在于以农为本、有土安置，严格控制采取第二、三产业安置、投亲靠友安置、自谋职业安置方式。在生产安置过程中，湖北省严格执行既定规划标准分配农地，大力推动土地整治项目，并加速水利设施建设，使其与农业需求相匹配。根据《湖北省人民政府关于全面推进南水北调中线工程丹江口水库移民工作的通知》，农村外迁移民生产安置费和个人补助费人均3.2万元。其中，按人均2.3万元给予安置区村集体或农场，确保移民获得人均1.5亩的耕作土地；人均0.15万元用于移民责任田的整理；人均0.1万元作为支付集体生产发展用地的补偿；另外，预设人均0.3万元用于移民办理养老保险；人均0.3万元用于补助移民购买农机、种子、化肥、农药等生产资料；剩余的人均0.05万元由省级层面统一管理，以应对安置区域可能出现的重大安置问题。

2. 生产用地调整

决定移民安置成败最关键、最核心要素是"两个基本"，即以房屋为主体的基本生活条件和以土地为主体的基本生产资料，二者缺一不可。事实证明，只有房屋和土地这两个基本条件落实到位，移民安置才会成功。相较而言，土地比房屋更为重要，移民有土地才有底气，才有发展的基础和空间。因此，土地不仅是移民长治久安的需要，也是移民安置成败的关键。

生产用地调整主要分为农村土地调整和农场土地调整。

1)湖北省委、省政府办公厅《关于依法完善农村土地二轮延包工作的若干意见》指出，尽管各移民安置区本地土地极为有限，但仍腾出土质较好、集中连片、交通便利的土地交由自然资源管理部门整理。

2)湖北省人民政府《关于研究南水北调中线工程丹江口水库移民搬迁安置工作的会议纪要》指出，省监狱管理局所属农场的移民安置按照"先移交、后安置"的原则，农场居民点土地按照属地管理原则移交给当地县(市、区)人民政府。

3. 土地整治及分配到户

(1)土地整治

丹江口库区人多地少，人地矛盾十分突出。湖北省人民政府《关于落实南水北调丹江口库区内安移民生产资料的意见》指出，移民生产用地规划要结合实际情况，实行"宜粮则粮、宜菜则菜、宜园则园"的原则，不搞"一刀切"。一是整治现有土地，全面提高地力。二是利用弃土回填造地，扩大安置容量。三是搞好设施配套，确保旱涝保收。四要坚持标准，保证质量。在确保土地面积的同时，采取有效措施提高地力，并逐步完善耕作配套设施。五要落到实处。以村为单位编制，落实到村、组、户、人、地块。六要统筹兼顾。集中连片整治既要满足移民生产用地需要，也要兼顾受影响的非移民生产用地需求，不可顾此失彼。

(2)土地分配

1)土地移交。

按照“边规划、边移交，规划完、移交完”的原则，各安置区调整出的土地，经自然资源部门统一整治后，由省移民局牵头，与省自然资源厅等部门共同组成工作组，会同有关市、县(市、区)，进行移民用地的确权和移交工作。

2)土地分配。

在具体分配过程中，各安置区遵循“尽量集中连片、耕作半径原则上不超过 3km”的原则，在每户分配 0.2 亩菜地的基础上，按照生产安置标准，采取移民户自由组合划片调整分配土地、按照土地编号统一抓阄等办法，由地方人民政府对移民责任田进行分配。

(二)移民搬迁安置实施

根据丹江口库区实际情况，农村移民搬迁安置工作遵循“先外迁后内安”的步骤，整个过程分阶段有序进行，包括试点外迁、大规模外迁和内安移民搬迁 3 个阶段。2010 年 5 月 31 日，试点外迁移民搬迁工作圆满结束；2010 年 11 月 28 日，大规模外迁工作成功完成；直至 2012 年 9 月 18 日，所有内安移民也顺利搬迁完毕，圆满完成了湖北省委、省政府设定的“四年任务两年基本完成，三年彻底扫尾”的安置任务。全省共搬迁移民 3.5 万户 14.38 万人，其中外迁安置 1.8 万户 7.74 万人，农村内安移民共搬迁安置 1.7 万户 6.64 万人。

1. 前期准备工作

在库区移民搬迁筹备工作中，省领导亲自挂帅，不仅精心规划、考虑周全，还严格执行搬迁的各项程序，确保了前期准备工作的坚实基础与充分预案。在此基础上，全省构建了一套领导有力、协调顺畅、运作高效、保障及时的移民搬迁指挥系统，展现出上下一心、紧密合作的良好局面。

(1)制定完善的搬迁方案

为确保湖北省丹江口水库外迁移民工作顺利开展，维护有序、安全、和谐、高效的搬迁秩序，湖北省颁布了《湖北省南水北调中线工程丹江口水库外迁移民搬迁工作指导意见》，并制定了《湖北省南水北调中线工程丹江口水库大规模移民外迁实施方案》。这两份重要文件，不仅明确了搬迁的主要任务、时间规划、前期筹备、组织结构、各级部门的职责分配和搬迁基本原则，还全面部署了移民搬迁前的新村验收、搬迁过程中的物资管理、交通调度、安全保障、健康服务，以及搬迁后的帮扶措施、特殊群体的安置、学生教育衔接、手续办理、基层组织建设等一系列关键环节。该方案深入考虑了移民在饮食、住宿、交通、医疗、生活用品采购等各个生活层面的需求，构建了一套完整的移民搬迁指挥系统。在此基础上，各县（市、区）移民安置指挥部办公室积极响应，依据省实施方案，结合当地实际情况，进一步细化并优化了实施方案，将责任落实到人、到事，明确了既具体又便于操作的实施步骤。

(2)搬迁程序严谨细致

湖北省移民安置指挥部办公室颁布了《湖北省南水北调中线工程丹江口水库外迁移民搬迁工作指导意见》，明确了搬迁相关的具体要求。

1)完善搬迁条件。

①房屋。

库区和安置区在建房委托合同中有具体约定的，按约定执行；没有约定或约定不明确的，按以下标准执行。水、电入户，分户计量，室内外电线排列规整，确保每室配备一灯、二插、一开关；内墙平整刷白，外墙防水配备材料粉刷均匀；室内水泥地面平整，其强度、厚度达标；卫生间、厨房地面无积水、不渗漏，配备灶台（操作台）、水龙头，具备点火做饭条件，其他必需设施应满足基本生活要求；生活能源供应方式可因地制宜确定；下水道畅通且与居民点内排水（污）设施连通；室内外门窗安全齐备，确保入住后即能正常生活。

②基础设施。

居民点外部道路硬化，符合居民点规划设计标准。居民点内部道路建设以及供水、排水、电力供应、照明设施、通信网络、有线电视系统等的配置，均要达到居民点规划要求。配套建设的学校和卫生室应满足移民儿童的教育需求和居民的基本医疗保健服务等。

③土地。

生产用地相对集中，旱能浇、涝能排。公共墓地应落实到地块。安置区对殡葬另有规定的，按规定执行。散居少数民族习俗应予尊重。

2)搬迁的组织实施。

①工作体制明确。

省移民安置指挥部履行督办与指导职责，库区市级移民安置指挥部负责协调工作，县（市、区）人民政府作为移民搬迁安置工作的责任主体，而乡（镇）人民政府直接负责移民搬迁安置的实施。

②工程验收严谨。

安置区在向库区发函之前，需履行工程竣工验收程序。工程竣工验收由建设单位组织勘察、设计、施工单位进行，库区移民迁安理事会代表参与，安置区县级水利、交通、供电部门，工程监理单位，监督评估单位共同参加，组成验收工作组，按照有关程序对移民工程进行验收，并形成验收报告。验收合格后，房屋移交给移民村迁安理事会，基础设施移交给所在地乡（镇）人民政府。若不具备搬迁基本条件，建设单位需限期解决问题。

③搬迁方案详尽。

根据库区、安置区商定的搬迁时间、方式等内容，库区县级移民安置指挥部制定移民搬迁工作方案，对移民搬迁过程中的组织领导、社会动员、车辆调度、交通安全、医疗救护、信息联络、应急处置、维稳宣传等方面做出全面安排，任务分解到部门，责任落实到领导。安置区县级移民安置指挥部也制定了相应的移民接收工作方案。

④信息通报及时。

库区移民搬迁工作方案确定后，库区县级移民安置指挥部主动与安置区移民接收工作方案进行对接和确认。在此基础上，连同拟搬迁移民的分户花名册，提前一周告知安置区县级移民安置指挥部。同时，库区县级移民安置指挥部将对接确认的搬迁工作方案报告所在市级移民安置指挥部办公室。

⑤设定适应期。

移民实施搬迁后可设定一定的适应期。在适应期内，库区县、乡两级人民政府应成立工作专班，固定人员，常驻移民迁入县（市、区），配合安置区县、乡两级人民政府做好移民搬迁后续工作。此外，还可以采用库区委派干部到安置区交流挂职的方式，做好相关工作。适应期时长由库区、安置区县级移民安置指挥部共同商定。

（3）指挥机构健全

省移民安置指挥部设立了移民搬迁总协调和副总协调，并下设综合协调、交通运输、安全保卫、医疗卫生、宣传报道、信访稳定、督办检查、库区协调、安置区协调等 9 个工作组，具体负责移民搬迁组织协调指挥工作。同时，成立了省移民搬迁指挥中心，实行 24 小时值班，及时处理搬迁过程中出现的具体问题。实行联系点制度，由省直有关部门分别联系库区和安置区县（市、区），协调处理搬迁中的有关问题。地方各级党委、政府一把手亲自挂帅、亲自部署，成立了移民搬迁指挥中心、前线指挥部和突发事件应急指挥部，靠前指挥。全省上下形成了领导有力、协调到位、运转高效、保障及时的移民搬迁指挥体系。

2. 实施搬迁

结合丹江口库区实际情况，农村移民安置实施过程按照“先外迁后内安”的原则部署搬迁，分别于 2010 年 11 月 28 日完成了大规模外迁移民搬迁、2012 年 9 月 18 日完成内安移民搬迁。

(1)外迁移民

库区、安置区精心组织、周密安排、严格程序，搬迁前期准备工作扎实细致，方案完善，预案充分。整个移民外迁工作做到了无一起安全事故、无一人伤亡、无一件物品丢失，实现了安全、和谐搬迁的目标。

1)对接。

对接工作是整个移民外迁安置工作的基础环节。在对接工作中，充分发挥移民主人翁精神，广泛听取移民意见，变过去的“领导看点、政府决策”为“政府引导、移民定点”，最大限度地尊重并满足移民意愿。湖北省历时4个多月，组织了900多批次、17000多名村组干部和移民代表的对接考察，圆满完成了7.74万人外迁安置对接工作。例如，在郧阳区柳陂镇移民外迁选点问题上，当地先后组织7次对接考察，经过6个地方对照比较，最终确定广华农场为居民点，达到了移民的意愿要求。

通过对接工作，湖北全省居民点由最初的38个县(市、区)510个居民点调整为20个县(市、区)192个居民点。这些居民点基础设施条件较好，经济社会发展水平较高，区位比较优越，耕种比较方便，具备发展空间。

2)双签协议。

切实尊重移民意愿，发挥移民主观能动性，坚持依法移民，并完善有关手续。一是“双确定”协议(《移民自主确定房屋户型、建房面积协议》)；二是“双委托”协议(《移民委托迁安理事会建房、迁安理事会委托安置区建房协议》)。完成“双签”之后，安置区就可以按照协议建房，同时也意味着移民确认自己的外迁移民身份。7万多外迁移民的“双签”任务十分艰巨，在推进任务过程中，库区党委、政府组织了1万名包保干部深入移民家中做思想工作，广大移民干部以工作大局为重，分片包干，进村入户，克服条件艰苦、交通不便等诸多困难，以良好的工作态度和扎实的工作作风，深入细致地做移民思想动员工作，分期分批全面完成“双签”任务。

3)建房。

外迁移民建房实行“依据实施规划，移民代表理事会委托，库区政府组织，安置区政府实施，移民建房理事会参与”的管理体制。

库区政府主要做好确定房型和楼层、选举产生移民建房理事会、组织移民户主看点对接、组织签订建房委托书、组织签订委托建房协议等工作；安置区政府主要做好居民点的“五通一平”建设，提供供移民选择的房屋平面图，组织移民建房招投标、建房施工管理、竣工验收等相关工作。

在建房过程中，采取外迁移民代表轮流驻现场的监督模式。库区乡(镇)人民政府根据居民点的规模和工期长短，采取轮流替换的方式，组织外迁移民代表分期分批进驻外迁居民点建设现场，参与监督工作。移民代表在现场的食宿和交通费由安置区移民局负责，并向其发放外勤补助。在移民代表进驻前，安置区组织相关政策和建筑知识培训。房屋完工后，移民代表参与验收，并有权提出意见。

4)搬迁。

按照“三能”(外迁移民在安置区房屋竣工能居住，各项基础设施配齐能生活，土地调整和治理基本到位能生存，保证外迁移民搬时顺利、到时满意)标准，严格执行搬迁程序，有序组织搬迁工作。移民外迁按发函、查看、会商、批准、组织实施、档案移交6个步骤开展。

发函：移民房屋、居民点各项基础设施和土地具备“三能”条件后，安置县(市、区)级移民安置指挥部提前两周致函库区县(市、区)级移民安置指挥部。

查看：库区县级移民安置指挥部接函后一周内，应组织拟搬迁乡(镇)、村干部和移民代表进行实地查看。500人及以下的居民点由市级移民主管部门查看；500人以上的居民点由市级人民政府查看。

会商：安置区、库区县级移民安置指挥部达成搬迁共识后，双方需共同会商具体的搬迁时间、方式等。市级移民安置指挥部给予协调、指导。

批准：库区、安置区双方就移民搬迁达成一致后，分别向所在地市级移民安置指挥部报告，并报请省移民安置指挥部批准。

组织实施：根据库区、安置区双方达成的搬迁时间、方式等，库区县级移民安置指挥部编制移民搬迁工作方案，对移民搬迁的组织领导、社会动员、车辆调度、交通安全、医疗救护、信息联络、应急处置、维稳宣传等做出全面安排，明确分工、责任到人。

搬迁方案确定后，连同拟搬迁移民的分户花名册，提前3天实行“一主三抄”，即主送安置区县级移民安置指挥部，抄送库区地市级移民安置指挥部、安置区地市级移民安置指挥部和省移民安置指挥部。

档案移交：库区、安置区县级移民安置指挥部在实施搬迁后半个月内，将搬迁移民的户籍、学籍、医保、低保、五保、养老保险、党团组织关系、优抚对象、水库移民后期扶持、随迁公职人员及村组干部等各种档案资料，一并移交给安置区指定的相关部门，并办理好相关移交手续。

5)居民点建设。

移民房屋建设：一是库安双方责任。库区将移民建房资金按照省里指导价一次性划拨给安置区，并引导移民建房理事会参与居民点管理。安置区负责组织、管理施工队伍，按照时间节点完成施工任务，并根据建房进度拨付工程款项。二是安置区交房标准。所有房屋的水、电入户且分户计量；内、外墙体粉刷平整干燥；水泥地面；卫生间、厨房无渗漏且瓷砖贴面，能正常使用；上下水畅通；室内外门、窗功能齐备；满足“交钥匙”工程的其他基本要求，确保移民入住当天即可正常生活。房屋须有迁入地县级建设行政主管部门或其委托单位出具的房屋竣工验收报告。

基础设施建设:通往居民点外的道路硬化且畅通无阻,满足居民点规划设计要求。点内干、支路以及巷道,供(排)水、供电、通信、广播电视、垃圾收集点、公共厕所等基础设施需满足居民点规划设计要求,符合国家批准的初步设计规划报告规定,必须配套到位。上述基础设施须有迁入地县级建设行政主管部门或其委托单位出具的验收报告。居民点建设按照新农村建设标准,村委会、学校、卫生所、商业网点、公共交通、集贸市场、村民文化室活动室、场地平整绿化等公共服务设施应满足移民子女上学、就医、购物、日常出行等生活需求。

(2)内安移民

内安移民搬迁自2010年开始,至2012年9月全面完成。移民内安工作建房3.2万套,新建居民点181个,各居民点基础设施配套到位,卫生所、购物网点、文化室等生活设施也在逐步完善。以交通、供电、通信为主的一大批专业项目复建到位,功能得到较好恢复。

在推进内安移民的181个居民点建设过程中,面临建筑材料供应紧张、物价上涨、施工队伍短缺、监管面积大、恶劣天气多等难题,湖北各级党委、政府将移民搬迁工作当作政治任务、头等大事,不辱使命,不遗余力,克难攻坚,奋力推进,在一年多的时间内顺利完成了6.64万农村移民内安任务,圆满实现了"四年任务两年基本完成,三年彻底扫尾"的庄严承诺和安全、有序、稳定、和谐的移民目标,具体采用"统一规划,分户自建,政府监管,确保质量"的建房模式。

1)营造宣传声势,形成良好氛围。

移民工作"声势大、阻力小,声势小、阻力大"。在南水北调移民工作中,中央、省、市等各级媒体广泛关注,聚焦南水北调、库区移民,多次深入库区采访报道,成为推动移民工作的重要力量。市内各大媒体开辟专题、专栏和专版,深入一线,对移民工作进行全天候、全方位、全过程跟踪报道,营造了强大的舆论声势,形成了全社会关注南水北调工程、关心移民工程建设、支持搬迁安置工作的良好氛围,极大地推动了移民工作顺利、快速开展。

2)坚持干部包保,一线服务到位。

在移民工作过程中,实行"市级领导包乡镇、市直部门包村组、移民干部包农户"责任制,层层分解任务,人人肩负责任。自2009年以来,先后抽调了2000多名干部从事移民搬迁安置工作。干部进村入户,常驻一线,严格落实"八包"责任制(包思想动员、包政策宣传、包身份认定、包实物指标核查、包矛盾化解、包补偿兑现、包建房协调、包土地分配),做到人到岗、责到人、包到户、定奖惩。干部群众将移民工作看得高于一切,抓在手上,放在心里,全身心扑在移民工作一线,合力攻坚。他们与移民群众同吃同住,攀亲戚、认朋友、讲政策、干农活、解困难，心贴心交流，面对面服务，让移民知晓移民政策、看到发展前景、支持国家建设，坚定移民搬迁的信心和决心。

3）尊重移民意愿，移民全程参与。

为建好移民新村，保证建房质量，让移民群众充分满意、绝对放心，在居民点的选择确定环节，当地人民政府广泛听取移民意见，让移民参与决策；在建房前，召集移民户主开会，现场提供多种房型、多个建房施工单位供移民选择；在建设的每个环节，都邀请移民代表到场验收，对施工情况填写意见表；居民点建设每完成一道程序，都请移民群众现场查看一次，群众签字同意后，方可进行下一道程序。

为了更好地落实移民的知情权、参与权、监督权，充分尊重移民群众意愿并解决合理诉求，当地人民政府组织成立移民理事会，全程参与移民建房的监督管理。移民理事会由移民群众投票推举产生，代表移民群众行使与施工方谈判、建房质量监理、工程监督评议等权利，并协调解决移民争端异议。

4）建立质监体系，确保房屋质量。

房屋质量事关移民切身利益，事关移民安置成效，事关移民长治久安。在实际工作开展过程中，当地人民政府高度重视，建立政府监督、中介监理、企业自控、移民主体、纪检督办“五位一体”的工程质量监管体系，实行施工、监理、质监、设计、包保干部和移民户主全方位的现场统筹协调机制，发挥包保员、施工员、质检员、安全员、材料员、预算员、监理员、技术员“八大员”在基础一线的作用，责任公示、整体联动，落实质量终身责任制，筑牢技术人员、行政村组干部、移民代表“三道防线”，确保工程质量。

5）确保建筑材料供应。

库区内安建房400多万m^2，共需用砖10亿多块。为解决用砖需求，采取了多项措施保障建材供应充足。清楚掌握主要建材的供需状况，每半月发布一期主要建材的市场供求价格信息，供各库区乡（镇）及移民户参考。开展优惠扶持，对缺口较大的砖、瓦等主要建材，采取简化审批、减免收费、优先办证等措施，扶持停产企业恢复生产。在确保质量的前提下，保证企业满负荷生产，提高供应能力，优先满足移民建房建材供应。抓好建材储备，采取约定需求量、价格、预付定金等方式，各乡（镇）与建材供应商签订供货合同，统一供应直销钢材、水泥，减少中间环节，降低建房成本，减轻移民负担，满足施工需要。加强建材价格和销售管控，对境内生产移民安置建设用砖等主要原材料实行临时价格干预措施，每块出厂价最高限价为0.40元，并规定在未满足市内移民安置建设工程的情况下，原则上不允许外销。同时，加强价格巡查，对借库区移民内安建设之机串通涨价、扰乱秩序、牟取暴利的行为，予以从严、从重、从快查处，并公开曝光。

3. 搬迁安全保障

(1)强化安全保障措施,确保搬迁过程万无一失

首先,严格筛选搬迁车辆与驾驶员,由库区人民政府负责资质审核,精心挑选符合要求的车辆与经过专业培训的驾驶员。其次,精心组织物资装载,组建装卸辅助团队,助力移民高效搬运个人财物。再者,优化移民集中乘车流程,确保移民按时集合,有序登车,每辆客车配备一名随车引导员,全程陪伴直至移民安全抵达,并顺利完成交接。最后,精心规划车辆通行路线,沿途关键位置设置交警指挥点与指示标识,确保道路顺畅,同时停车场管理有序,车辆行驶与停放井然有序。在运输安全方面,加强监管力度,迁出与迁入地的公安、交警及交通管理部门紧密合作,保障车队安全行驶。同时,医疗卫生保障全面升级,库区医疗机构备足医疗资源与急救设备,特别是对特殊移民的健康需求给予特别关注,确保搬迁途中移民的健康与安全。图 9-4 为前往外迁安置区的车辆。

图 9-4 丹江口市石鼓镇外迁车辆

(2)优化组织协调架构,确保搬迁工作高效运行

移民搬迁实施方案清晰确定了库区地方人民政府及省直相关部门的具体职责,并将省交通、卫生、公安等部门,以及库区人民政府的主要负责人纳入省移民搬迁领导体系。在整个搬迁期间,各级单位实行全天候值班和每日报告制度,确保问题的及时发现与解决。迁出地与迁入地通过互派联络员的方式保持密切沟通,库区更是在搬迁前夕派遣干部入驻安置区,协同做好移民接待准备工作。对于老年人、重病患者、孕妇、精神病患者、军烈属、五保户、孤寡老人、特困家庭等特殊群体进行登记,并将信息转交安置区人民政府,确保特殊需求得到妥善安排。各级机构明确各自职责、紧密合作,构建形成了“统一领导、分级负责、以县为基础,以迁入地为主、迁出地配合,各有关部门主动服务”的搬迁工作机制。

图 9-5 为丹江口库区移民搬迁前居住环境，图 9-6、图 9-7 分别为库区和外迁安置区新建的移民新村。

图 9-5　丹江口库区移民搬迁前居住环境

图 9-6　丹江口库区移民新村

图 9-7　团风县黄湖移民新村

二、城(集)镇迁建

(一)实施组织

湖北省库区各级人民政府紧密结合库区实际情况，秉持高标准、高品质的建设理念，委托有资质的设计单位对城(集)镇迁复建初步方案进一步优化，做好集镇修建性详细规划、施工图设计。规划设计方案经评审通过后，先由库区实施县(市、区)移民安置指挥部进行审查，再由政府审批，随后报十堰市人民政府备案，各乡(镇)按项目管理程序组织实施。

城(集)镇搬迁复建实施项目法人责任制。按照政府批准的城(集)镇迁建实施规划，由乡(镇)人民政府统揽城(集)镇征地及基础设施建设重任。在城(集)镇基础设施建设基本完成后，乡(镇)全面协调镇内单位、居民、农村进集镇移民迁建安置，确保单位、居民、进镇农村移民迁建与集镇迁建规划一致。对于迁建规模较大的城(集)镇，乡(镇)组建项目法人，对集镇基础设施建设项目采取招投标的方式确定施工、监理等单位。城(集)镇迁复建涉及的专业项目，按照实施规划由专业部门负责实施。集镇单位迁复建由产权所有单位自行按照基本建设程序进行。居民、进镇农村移民房屋按照统一规划、统一管理、自主委托(移民理事会协调)施工单位进行建设。

工程完工后，乡(镇)组织设计单位、施工单位、监理单位及政府质量监督单位共同验收。验收合格后，及时向县(市、区)移民安置指挥部提交竣工验收技术档案、验收报告，由县(市、区)移民安置指挥部组织有关验收委员会，分若干小组对城(集)镇迁复建工程项目进行综合验收(县级自验)。自验合格后，库区县(市、区)人民政府向湖北省人民政府提请省级初验，以确保迁建工作的质量与成效。

(二)实施情况

湖北省丹江口库区规划迁建 13 个城(集)镇，依据现状性质和功能，划分为县城、建制镇、集镇 3 级。其中，县城 2 个，分别为丹江口市大坝办事处和郧县城关镇；建制镇 7 个，分别为丹江口市六里坪镇、均县镇、浪河镇、丁家营镇，郧县柳陂镇、茶店镇，张湾区黄龙镇；集镇 4 个，分别为丹江口市土台乡集镇、郧县辽瓦场镇、郧西县天河口场镇、张湾区方滩乡集镇。迁建人口 3.24 万人，迁建用地规模 457.53hm^2。在淹没影响区共调查 443 家单位，其中一次性补偿 313 家，规划复建 123 家，防护 7 家(位于郧县县城坍岸范围内，因库岸综合治理后不需要搬迁)。在复建的 123 家单位中，78 家单位进集镇，45 家单位搬迁到镇外。

根据实施情况，城(集)镇迁建人口共 2.76 万人，迁建用地规模 595hm^2。在受淹没影响的 443 家单位中，一次性补偿单位 312 家，迁复建单位 124 家，工程防护 7 家。

丹江口市六里坪、浪河、龙山，郧县城关、柳陂，郧西县天河口，张湾区黄龙和方滩等 8 个局部受淹的城(集)镇，在新集镇建设实施过程中，已结合集镇基础设施建设，综合考虑水、电、路等旧城功能的恢复问题。

1. 丹江口市

丹江口市受淹没影响涉及 6 个城(集)镇。在 2009 年试点阶段，大坝办事处已完成搬迁，2011—2012 年完成均县镇、六里坪镇、浪河镇、土台乡、丁家营镇 5 个集镇迁建。6 个集镇迁建共搬迁 1.2 万人。图 9-8 为建成后的均县新集镇。

丹江口市受淹没影响涉及的 210 家单位，均已完成搬迁和一次性补偿处理工作。其中，完成一次性补偿 140 个，迁复建 70 个。

2. 武当山特区

武当山特区受淹没影响涉及的 25 家单位，一次性补偿 19 家，迁复建 6 家，其中，十堰经济农作所、十堰军分区农场 2 家单位的补偿投资分解至十堰市，其迁复建工作由十堰市负责完成。完成镇外单位人口搬迁 301 人。

3. 郧县

郧县城关镇与茶店镇合并后，在长岭开发区复建，柳陂镇、辽瓦场镇异地迁建，4 个迁建集镇均已完成基础设施建设和居民、单位建房，集镇人口都已搬迁，原集镇的建(构)筑物都已清理并拆除。4 座集镇共搬迁 0.9 万人。图 9-9 为建成后的柳陂新集镇。

图 9-8　丹江口市均县新集镇

图 9-9　郧县柳陂新集镇

在郧县淹没影响涉及的 174 家单位中，2 家非省属单位完成一次性补偿，3 家单位由十堰市完成迁复建工作，7 家单位完成工程防护，其余 162 家县属单位，完成搬迁复建 42 家，完成一次性补偿处理 120 家。

4. 郧西县

郧西县迁建天河口集镇 1 个，按规划设计完成基础设施建设和移民建房，共搬迁 571 人。12 个集镇搬迁单位，按一次性补偿处理，兑现补偿资金。

5. 张湾区

张湾区黄龙、方滩 2 个集镇完成基础设施建设和居民、单位建房，居民和单位共搬迁 450 人。22 个单位完成进镇复建 4 个，镇外复建 2 个，完成一次性补偿 16 个。

三、工业企业迁建

(一)实施组织

1. 补偿协议签订

库区各县(市、区)移民安置指挥部严格按照《初步设计规划报告》中淹没工业企业情况，详细复核并签订补偿协议。企业淹没处理“补偿协议书”分为“一次性补偿协议”和“迁复建补偿协议”两种。库区各县(市、区)组织企业主管部门和淹没企业相关人员召开座谈会，根据《初步设计规划报告》要求，向参会人员详细说明协议书内容，包括企业基本概况、淹没受损情况、固定资产情况(房屋建筑物、设备等)，以及流动资金搬迁和停产损失。先签意向书，再公示，到期后签订正式的补偿协议，做到手续齐备、规范。

2. 补偿兑付

按照《南水北调中线工程丹江口水库工业企业迁复建实施办法》，库区各县（市、区）移民安置指挥部对工业企业迁复建工作的施工质量、进度、企业职工安置等方面，提出了明确要求，迁复建任务由迁建企业自主完成，各地移民局按照补偿投资计划，足额兑现补偿资金。

（二）实施情况

丹江口库区受淹没影响工业企业共 125 家，实施完成搬迁处理 126 家（郧县工业用油公司由 1 家企业复建为 2 家），其中完成一次性补偿处理 86 家，完成搬迁 40 家。搬迁在厂职工 0.3 万人。

1. 丹江口市

受淹没影响的企业 62 家，其中完成一次性补偿处理 50 家，完成搬迁复建 12 家。搬迁在厂职工 589 人。

2. 郧县

受淹没影响的企业 45 家，在实施过程中，有 1 家企业复建为 2 家，29 家完成一次性补偿处理，17 家完成搬迁复建。搬迁在厂职工 1495 人。

3. 武当山特区

受淹没影响的企业 11 家，其中 5 家完成一次性补偿处理，6 家完成搬迁复建。

4. 张湾区

受淹没影响的企业 2 家，均完成一次性补偿处理，搬迁在厂职工 25 人。

5. 十堰市市属

受淹没影响的企业 4 家，均完成搬迁复建，搬迁在厂职工 1087 人。

6. 汉江集团

受淹没影响的企业 1 家，所有补偿费用按政策兑现到位，完成搬迁复建。

四、专业项目

（一）实施组织

专业项目迁复建以各行业主管部门为主组织实施。首先，由专业部门按《初步设计规划报告》确定的项目进行申报，对无变化的项目，经各县（市、区）移民局审核，再由县（市、区）人民政府审批同意后，纳入实施方案；对结合库区实际情况和行业发展规划，部分需要优化整合、变更的项目，各专业部门应提出具体方案，报县（市、区）人民政府审批同意后，作为调整项目纳入实施方案。在此基础上，各县（市、区）移民安置指挥部（或移民局）与相关专业部门签订补偿协议，并实行任务、投资双包干制度。

各专业主管部门按照县（市、区）人民政府批准的项目规模、标准和投资，委托具备资质的设计单位进行施工图设计。已完成设计的专业项目评审由各专业部门负责组织，按评审意见，组织设计部门对设计进行修改完善后，报县（市、区）移民安置指挥部审核，经县（市、区）人民政府批准后组织实施。

专业项目在复建实施过程中，实行项目法人责任制、招标投标制、质量安全终身责任制、建设监理制、竣工验收制等。复建项目法人作为招标人，按照《中华人民共和国招标投标法》和行业建设的有关规定，组织复建项目的招投标工作。复建专业项目实行建设监理制。项目法人（或建设单位）依法与监理单位签订监理合同。专业项目建设质量、安全实行终身责任制，项目法人（或建设单位）的法定代表人对质量安全负总责，勘察设计、施工、监理单位的法定代表人对所承建的项目质量安全按有关规定承担相应责任；县（市、区）移民安置指挥部对实施过程中参建各方，包括项目法人、设计、施工、监理单位等的行为及工程质量进行抽查和监督。按照县（市、区）人民政府批准的实施方案和各专业部门签订的补偿协议，县（市、区）移民局根据专业项目复建工程进度拨付项目复建资金，并预留部分资金在工程竣工验收后拨付；专业项目严格按照下达的投资计划实施，对提高标准、扩大规模而增加的费用，由实施单位自行解决；项目法人和建设单位对专业项目复（改）建资金单独建账，进行管理和核算。专业项目竣工后，施工单位及时组织自验，自验合格后，向项目法人（或建设单位）提交竣工验收申请报告，专业项目主管部门在收到申请后，一个月内组织有关单位对项目进行验收，项目终验合格后，施工单位向专业项目主管部门提出移交申请，相关单位共同参与办理移交手续；项目法人（或建设单位）负责收集、整理项目实施过程中的有关文件和资料，建立项目档案，并将其纳入移民档案管理，同时报送移民局。

（二）实施情况

库区专业项目复（改）建实行县（市、区）投资包干，各行业主管部门负责实施。各行业主管部门结合行业实际情况，对部分需要复建的专业项目进行了优化整合。经县（市、区）人民政府同意，并报上级移民主管部门备案后，再行实施。

根据各县（市、区）实施情况，湖北库区重点专业项目复（改）完成情况为：复建等级公路共 171.696km（一级 11.016km，二级 60.536km，三级 51.04km，四级 49.104km），其中桥梁 44 座 9945 延米；复建码头 16 座，一次性补偿 5 座；复建电力线路共 392km（110kV 线路 35km，35kV 线路 42km，10kV 线路 315km），新建 110kV 变电站 1 座，加固变电站 3 座，改造变电站 1 座；复建通信线路 559km，通信分局 1 个，新建、迁建模块局 7 个；复建广播电视线路 722km；在库周基础设施中，复建水源工程 229 处，供电线路

233km，广播电视线路 274km，复建机耕道 490km，人行道 120km，桥梁 4374 延米，路堤 580m，渡口 225 处；复建输水管道 32km；库岸防护涉及郧县城关镇和安阳镇，库岸防护长度 5605m；2013 年 4 月 28 日，引丹灌溉工程清泉沟隧洞加固工程完成，泵站同时开启 6 台机组向灌区供水（图 9-10）。

图 9-10 引丹灌溉工程清泉沟隧洞加固工程

五、库底清理

湖北省移民安置指挥部批准的《湖北省库底清理实施规划报告》，系统地界定了湖北省丹江口库区库底的清理范围，明确了清理对象的类别、清理工作的各项任务，以及清理技术标准与要求。

（一）实施组织

1．组织机构

湖北省成立了南水北调工程丹江口水库库底清理和验收工作领导小组，由湖北省人民政府分管领导任组长，十堰市人民政府、湖北省移民局、湖北省卫生厅、湖北省环保厅、湖北省林业厅、湖北省住建厅、湖北省交通运输厅等相关部门为成员单位，领导小组办公室设立在湖北省移民局。领导小组办公室下设督办协调组、卫生清理组、固废清理组、林木清理组 4 个工作组。各工作组采取不定期的方式，分赴库区开展督查工作，督查内容包括进度、质量、档案记录等方面。对督查过程中发现的问题，由督查组现场协调解决；对重大问题，报省领导小组研究解决。

根据湖北省移民安置指挥部要求，十堰市人民政府及库区 5 个县（市、区）人民政府也成立了库底清理领导小组，负责组织领导本县（市、区）的库底清理工作。库区的 5 个县（市、区）由移民局、卫生局、环保局、林业局等专业部门牵头，分别成立分项清理工作领导小组，负责制定本县（市、区）分项清理工作技术方案和清理工作实施方案；组织清理技术培训和清理现场技术指导，做好质量监控及清理后的效果评价。库区各乡（镇）作为库底清理工作实施主体，在专业牵头单位的监督指导下，负责做好本乡（镇）库底清理的组织实施工作，并对清理成果负责。

2. 质量控制

在设计单位指导下，湖北省地方人民政府开展库底清理实物量调查摸底工作；印发了《库底清理技术要求》，确保库底清理人员每人一份。卫生、环保、林业、移民等部门按照各自分工，分别提出技术要求。库区各县（市、区）乡（镇）均从卫生、防疫、林业、移民等部门抽调干部组成专业清理队伍，负责具体实施清理工作，清理人员一律先培训后上岗。对建筑物清理和卫生清理合同、卫生清理药品等材料的购货凭证、拨款票据，以及各类文件资料、表册进行及时收集、整理、立卷、归档，并指定专人负责管理，为做好验收工作奠定基础。

3. 监督管理

各县（市、区）按照全省库底清理工作会议的有关要求，及时调整工作布局，对进度较慢的库底清理任务，加强督办协调力度，及时解决影响库底清理进度的具体问题，使其进度加快，确保能够按期完成库底清理任务。省督办组赴各县（市、区）巡视督导重点乡（镇）和重大污染源的清理工作，对重点乡（镇）和重大污染源重点督办，对清理进度滞后的区域下发督办通报，督促库底清理工作进度。

在库底清理过程中，省南水北调工程丹江口水库库底清理和验收工作领导小组办公室采取不定期的方式，对库区库底清理工作进行监督检查。根据督查情况和存在问题，印发督查通报；组织设计、监督评估单位的有关人员定期或不定期地深入库区协调指导库底清理工作。库底清理工作完成后，库区各县（市、区）及时组织自验工作，省南水北调工程丹江口水库库底清理和验收工作领导小组办公室按照国务院南水北调办的要求，组织有关部门和专家按时完成省级初验，为迎接国家终验和保证水库按期蓄水奠定了坚实的基础。

（二）实施情况

湖北省丹江口水库在库底卫生清理、固体废物清理、建（构）筑物清理、林木清理等方面均超额完成任务。其中，库底卫生清理中一般性污染源完成率 100.8%，传染性污染源完成率 100.4%；固体废物清理中一般固体废物完成率 125.9%，工业固体废物完成率 126.6%。地面及地下文物保护工作全部完成。纳入重点监管的 4 家固体废物清理项目均按要求完成了现场清理任务。2013 年 8 月 5—7 日，国务院南水北调办终验专家组对湖北省库底清理工作进行了技术性验收，认为湖北省库底清理任务已全部完成，清理质量总体符合《库底清理技术要求》，满足丹江口水库大坝加高蓄水要求，验收综合评定为合格，标志着湖北省在保障南水北调中线工程顺利进行的同时，为库区环境保护和生态平衡的维持做出了积极贡献。

第四节 监督评估

通过公开招标程序，江河水利水电咨询中心中标，承担湖北省丹江口水库大坝加高建设征地移民安置项目的监督评估工作。江河水利水电咨询中心组建了监督评估项目部，驻湖北省丹江口水库移民安置实施现场，开展移民安置的监督评估和监测评估工作。

监督评估项目部按照南水北调建委会第三次全体会议确定的南水北调中线一期工程在2014年汛后通水的建设目标，以及湖北省委、省政府确定的湖北省丹江口水库移民安置“四年任务两年基本完成，三年彻底扫尾”的总体目标，同时按照2008年9月实施试点外迁、2010年实施大规模外迁、2011年实施库区内安移民安置的进度要求，认真参与移民安置实施工作，开展对移民安置进度及质量的监督评估工作。

一、监督评估工作前期准备

合同签订后，江河水利水电咨询中心根据合同要求做了以下项目进场前的相关准备工作。

1)编制了项目部组建计划，将总部设在江河水利水电咨询中心，现场设置项目部及工作站，并在总部设立非常设性的专家顾问组织。

2)确定总部及现场项目部的人员组建方案，并确定现场项目部的人员名单，确保监督评估人员按要求进场工作。配置人员的职称及职业资质符合项目需求，聘用人员签订聘用合同，确保进场人员的稳定性。

3)做好现场项目部办公设备及车辆准备，做到项目部及每个工作站都配备必需的办公设备及车辆，满足监督评估的业务工作及现场检查的交通需求。

4)组建了湖北省现场工作监督评估项目部。试点外迁阶段，现场工作监督评估项目部设置在襄阳市，下设丹江口、襄阳、荆门3个工作站。大规模外迁及库区内安移民安置阶段，现场工作监督评估项目部从襄阳市迁移到武汉市，下设丹江口、襄阳、潜江(荆门工作站搬迁)、武汉4个工作站。丹江口工作站还下设丹江口市、郧县、郧西县3个分站。

湖北省监督评估项目部人员由总部负责人、总监、常务副总监、副总监、监督评估工作站负责人、专业监督评估工程师组成，现场监督评估工作由常务副总监全权负责，监督评估工作站负责人和专业监督评估工程师分别负责各自职能范围内的监督评估工作。江河水利水电咨询中心总部的专家顾问组织根据需要，为监督评估工作提供技术咨询服务。试点外迁阶段，现场监督评估项目部设有常务副总监1人、副总监1人、监督评估工作站负责人3人、专业监督评估工程师12人，项目部及工作站均设有文秘人员。

当大规模外迁开始实施后，现场监督评估项目部设有常务副总监 1 人、总监助理 1 人、副总监 3 人（兼工作站负责人）、工作站及分站负责人 7 人（其中副总监 3 人兼任）、专业监督评估工程师 21 人、监督评估员 2 人，项目部及工作站均设有文秘人员。

二、监督评估工作任务

监督评估项目部组建完成后，于 2008 年 10 月编写了《南水北调中线一期工程丹江口水库湖北省移民安置试点监督评估实施细则》，2010 年 6 月编写了《南水北调中线一期工程丹江口水库湖北省移民安置监督评估实施细则》（以下简称《监督评估实施细则》）。根据《监督评估实施细则》，监督评估项目部结合湖北省丹江口水库移民安置的实际实施情况，完成了以下监督评估工作内容。

（一）实施规划设计监督评估

1）熟悉《初步设计规划报告》《湖北省实施规划报告》及设计变更内容，上级部门的审查意见及批准内容；熟悉实施规划项目的技术要求、移民工程建设项目的施工要求、施工程序、质量要求；对实施情况不符合实施规划设计的问题，及时向实施部门反映，向业主报告，并提出监督评估意见。

2）配合业主参加实施规划设计评审，参加设计漏项、方案变更等设计审查，提出监督评估意见。对移民实施单位提出的设计变更意见和建议，提出监督评估意见，会同设计单位进行研究，并督促设计单位尽快给予答复。

3）完成业主安排的移民项目调查和复核工作，协助业主会同设计单位对重大设计问题进行专题讨论，并提出监督评估意见。

（二）移民搬迁安置实施监督评估

1）参与涉及的淹没影响实物指标和补偿复核，进行确认并签发实物指标的认定意见。对移民个人实物指标补偿的兑现进行监督评估。增加的移民生产安置人口、搬迁建房人口，由实施单位及设计单位进行认定。

2）参与省移民局关于移民安置实施总计划的讨论及制定，参与各实施单位讨论及编制实施工作计划，参与省移民局审查各实施单位上报的各项移民安置实施计划。参加省移民局组织召开的移民安置工作会议或各类实施工作审查会议，参加讨论并提出建议。

3）参与移民安置相关的设计和设计变更审查论证会议，对实施过程中的技术性问题主动向设计单位提出建议或意见，并向实施单位反映，向省移民局报告。

4）对移民搬迁安置全过程及移民工程施工现场进行定期或不定期巡查，并进行监督评估，发现问题及时向实施单位反映，并向省移民局报告，提出处理意见。每月编写移民安置监督评估月报，对重点的实施项目及省移民局要求单独检查的项目进行专项调查，完成专项监督评估报告。对移民生产及生活水平恢复情况开展监督评估工作。

5）对移民搬迁进度、移民安置质量、移民资金拨付与使用情况，以及移民生活水平恢复情况进行监督评估。

6）对划拨移民的生产土地整理进度、土地质量，水利设施配套情况进行检查，对移民生产发展帮扶措施的实施情况及效果进行检查，发现重大问题向业主报告。

7）检查居民点基础设施、移民房屋建设进度及工程质量，督促移民工程建设监理，做好进度、质量、安全、投资控制工作。

8）对受淹没影响的专业项目复（改）建工程施工进度、质量、投资进行监督评估。

9）对移民搬迁淹没区库底清理工作进行监督评估。

10）协助省移民局组织移民安置项目竣工验收、投资审查，参与移民安置阶段性验收和移民安置最终验收。

11）参与或负责协调移民安置有关各方的关系，处理移民安置实施中出现的问题。

12）编写移民安置监督评估月报、年报，阶段性监督评估报告，根据实施需要编写监督评估简报。

三、监督评估工作开展情况

（一）实施进度监督评估工作

移民安置实施工作开始后，监督评估项目部及工作站监督评估人员对库区移民搬迁村组、移民安置地现场、迁建集镇现场进行定期或不定期巡回检查，对移民补偿资金兑付情况、搬迁安置实施情况及进度进行跟踪检查与监督。对关键的实施项目，如居民点建设、移民建房、土地调整及分配、集镇迁建及单位与居民搬迁，以及工业企业搬迁、专业项目复建是否影响总体进度计划实施的情况，进行重点了解。在水库蓄水前，重点检查、监督库底清理实施进度及清理质量，配合管理及实施单位按要求完成任务。

2009 年试点移民搬迁安置期间，对移民房屋建设进度提交了 12 期半月报。2011 年库区移民内安实施期间，对库区居民点建设进度提交了 34 期旬报。2013 年库底清理实施阶段，向省移民局提交了 12 期关于库底清理进度的半月报，编写了 6 期《丹江口水库湖北省库底清理监理监测月报》。上述实施进度报告，使省移民安置指挥部及时掌握实施动态，指挥及督导移民安置实施工作，加快了实施进度。

对影响库区居民点安全的高切坡防护工程施工进度及质量进行专项检查督办，协助库区各移民局研讨加快施工进度、提高施工质量的措施，并将每次检查情况以专题形式向省移民局汇报，完成省移民局安排的专项督办任务。对库区高切坡防护工程预验收和验收存在问题的整改情况进行了 12 次检查督办，提交 12 次检查督办报告，促进了库区 156 处高切坡防护工程达到验收要求。

（二）实物指标复核监督评估

实施单位反映或申报实物指标错漏，实施过程中要求调整及增加移民工程项目时，监督评估工作站均参与复核调查，对照移民政策、设计大纲及规划设计提出处理意见，并答复实施单位。对省移民局要求审核的移民安置项目及投资，监督评估项目部安排监督评估工程师进行现场调查、研究，向省移民局报告审核意见，以供省移民局审批时参考。

库区移民实施县（市、区）反映，自 2003 年实物指标调查到 2009 年库区移民搬迁，受市场经济变化影响，库区种植业结构也发生变化。在政府的扶持和引导下，移民群众为增加收入，扩大了柑橘种植面积，发展林业生产，导致库区地类面积发生变化，淹没园林地面积增加，补偿给移民户园林地地面附着物费用增加，故要求增加补偿投资。为摸清库区淹没地类变化情况，按照省移民局要求，监督评估项目部抽调人员，在库区移民局及乡（镇）移民站的配合下，深入库区村组进行调查核对，完成了“丹江口水库湖北省淹没农村大棚菜地、园地、林地面积变化情况调查”，对规划设计单位处理库区淹没地类变化问题提供了翔实的资料。

（三）实施质量监督评估工作

监督评估人员在巡回检查过程中，对居民点基础设施工程、移民房屋，以及其他移民工程施工质量进行检查、了解，监督施工管理制度的建立及执行情况，判断其是否符合规范要求，尤其关注移民房屋及居民点基础设施建设质量，检查并监督工程监理情况，对发现的质量问题与工程监理讨论研究处理意见，向实施单位提出整改要求及意见。对移民生活安置及生产安置情况进行检查，判断其是否符合设计大纲及移民政策规定要求。对检查中发现的重要问题或涉及面广的问题，以专题形式向省移民局进行汇报，并提出处理意见及建议。

（四）完成委托方安排的监督评估工作

根据省移民安置指挥部或省移民局对移民安置监督评估工作的安排及要求，监督评估项目部认真执行，全力配合移民安置实施工作，安排监督评估人员参与各实施阶段的移民安置实施督查、督办工作，参加各种专项问题的调查处理。

根据省移民安置指挥部办公室印发的《关于开展丹江口水库内安移民工作“回头看”和百日大排查活动的通知》及省移民局要求，监督评估项目部在 2014 年 8—12 月，对库区移民工作通水前隐患排查整改工作每周定期检查，共向省移民局提交了 14 期库区通水前隐患排查整改周报，报告了库区 6 大类 37 个隐患问题的整改完成情况。

监督评估项目部参与了省移民局组织的居民点基础设施工程移民投资审核工作，

完成外迁安置区192个集中居民点基础设施工程投资审核。对省移民局安排各实施县(市、区)移民机构申报实施规划外增建的14项移民工程项目及1项移民土地改善项目，进行实地调查及申报投资审查，并向省移民局提交了专题审查报告。

根据《监督评估实施细则》要求，监督评估项目部每月编写并提交移民安置监督评估月报(年报)，共编写移民安置监督评估报告64期，全面反映湖北省丹江口水库移民安置实施情况及进度。在关键实施阶段，为使省移民安置指挥部及省移民局及时了解实施情况，解决出现的移民安置实施问题，监督评估项目部共向省移民局提交相关实施问题专题报告、汇报材料298份。

四、移民安置监测评估工作

监测评估人员通过对征地移民前后情况与规划目标进行对比分析，对移民搬迁后的安置效果是否达到规划目标作出评估，分析移民安置实施过程中出现问题的原因，并提出建议，为项目业主及实施机构的决策提供参考。监测评估项目部从库区5个县(市、区)的搬迁移民户中选取3164户样本户，从2010年开始到2015年下半年，进行了12次跟踪入户调查。移民生活恢复情况调查采用国家统计局规定的农民人均纯收入计算方法，逐年对移民搬迁后生活水平进行监测。在2015年的调查中，进行了移民生产生活状况、移民政策与实施状况、移民权益保障状况、移民脆弱群体状况4大类共21项内容的满意度问卷调查。每次移民安置监测评估调查后，都将调查对比、情况分析整理成监测评估报告，提交给项目业主，共提交监测评估报告12期。

(一)移民生产生活恢复情况

移民生产生活恢复情况主要包括移民搬迁前的生活水平调查、移民搬迁前后的生产条件与生活水平比较。监测评估人员通过对样本户搬迁前和搬迁后的跟踪调查，反映移民的生产生活恢复情况。

1. 移民耕地及生产条件比较

丹江口水库湖北省外迁农村移民生产安置人口，调整分配生产用地人均1.56亩，相较移民库区原住地(包括旱坡地)人均(1.16亩)增加了0.4亩。库区农村内安移民种植业安置人口按安置标准调整分配生产用地，人均达到0.4亩大棚菜地、1.05亩水田(园地)或1.4亩旱地。调整分配给移民的耕地均进行了土地整理，配套水利设施，且耕地集中成片，耕种条件较好。移民土地承包经营权证已办理并发放到户。

2. 移民住房比较

丹江口水库外迁和内安农村移民新建住房均为砖混结构住房。根据实物调查结果，搬迁前住房砖混结构仅有32%，剩余均为砖木结构和木结构房屋。移民新建住房采光通风条件较好，每户均配设卫生间，并建有化粪池。根据移民集中居民点移民建房面积统计，外迁安置区移民人均住房面积 33.48m^2，相较搬迁前人均住房面积（30.05m^2）增加 3.43m^2。库区内安移民人均住房面积 41.39m^2，相较搬迁前人均住房面积（30.05m^2）增加 11.34m^2。移民住房已办理房产证及土地使用权证。

3. 移民生活环境比较

搬迁居民点均按新农村建设要求进行了基础设施建设，道路、排水、供水、供电、广播电视设施齐全，道路两旁、房屋前后都种树植草，防止水土流失。安置人口在 200 人及以上的居民点，均建设了生活污水集中处理设施。移民生活居住环境相较搬迁前有较大的改善。移民住地的医疗、购物、学生上学出行条件，相较搬迁前分散居住的条件大幅提升。

4. 移民生活恢复情况

根据对移民样本户 2009 年的本底调查及搬迁后的跟踪调查数据，湖北省丹江口水库农村移民 2009—2015 年人均纯收入分别为 3991 元、3724 元、4934 元、6825 元、7752 元、8813 元、9634 元，除刚搬迁的 2010 年有所下降外，其余年份移民收入逐年上升，2015 年移民人均纯收入相较 2009 年增加 5643 元，是 2009 年移民人均纯收入的 2.4 倍。

（二）移民权益保障及移民满意度调查情况

调查显示，丹江口水库搬迁移民的申诉渠道畅通，各地移民局高度重视移民信访工作，以及移民合法权益保护，在移民局设置信访科、信访大厅，配备专人负责接待移民上访、处理信访问题，并为移民提供政策咨询。相关部门制定了信访接待制度和处理信访规范，确保移民信访问题件件有回复，移民合法权益得到最大限度保障。从移民对生产生活状况、政策与实施状况、权益保障状况、脆弱移民状况的问卷调查结果来看，在 21 项问卷调查内容中，不满意比例均较少，移民总体满意度较高。

第十章　非省属项目实施

丹江口水库的水文河道观测设施、水准网移测为非省属项目，由水源公司组织实施。2011 年 7 月，水源公司就河道水文观测设施、水准网移测，分别与长江委水文局、长江设计院空间公司签订了复建任务和投资包干协议，随后组织编制了复建实施方案，参与行业主管部门组织的审查，并及时组织复建实施。2013 年 2 月，由长江设计院空间公司承担的水准网移测任务全部完成；4 月，由长江委水文局承担的河道水文观测设施复建任务全部完成。

同时，水源公司还组织完成了丹江口水库地震监测系统建设、水库征地范围界桩埋设、移民信息管理系统建设等工作。

第一节　水文河道观测设施复建

汉江是长江最长的支流，为满足汉江防汛，以及水利工程规划、设计、建设与运用的需求，国家投资在汉江中上游的干、支流上设立了一批基本水文站和水位站，布设了多个河道观测固定断面。丹江口大坝加高后，水库淹没了汉江干流及丹江、堵河、淅河 3 条支流的 3 个水文站、32 个水位站。淹没河道观测设施包括固定断面 276 处，各类标点 1814 点(其中，固定断面标点 1145 点、独脚钢标 173 个、平面控制点 394 点、高程控制点 102 点)。

为保证丹江口水库水文、河道观测资料的连续性、完整性，满足丹江口水库供水调度和科学运行，以及汉江中下游水情预报、防洪调度、水资源开发利用的需要，向工程建设提供第一手水质监测资料，规划复建水文站 3 个(其中，2 个迁建、1 个后靠复建，白渡滩水文站迁建时分为磨峪湾和淅川 2 站)、水位站 31 个(其中，22 个后靠复建、9 个迁建)、河道观测设施 316 个(其中，195 个固定断面的标点后靠、81 个固定断面比测调整、40 个观测断面复建)。

河道水文观测设施复建任务由长江委水文局承担，于 2013 年 4 月全部完成。共修建了雨量观测场 34 座、水位自记井(台)12 座；建设了水文测验缆道 4 座，埋设了水准标点 240 个，完成了三、四等水准测量 190km，埋设了水尺 1100 余支；购置了气泡式水位计

29 台、浮子式水位计 5 台、水情传输设备 34 套、水情接收设备 1 套、微机测流系统 2 套、320kg 铅鱼 2 个;施测了 1∶2000 地形图 75km^2,共 181 幅图;共埋设、施测了各类河道观测标点 1849 个;建设了生产、办公用房约 700m^2,观测路约 3000m。

水文观测设施复建工程实施方案审查见图 10-1。

图 10-1　水文观测设施复建工程实施方案审查

第二节　水准网移测

丹江口库区一、二、三、四等水准路线,是长江流域水准测量基本高程控制网的一部分,由长江委历经几十年时间陆续布置、测设和维护。这些基本高程控制网在丹江口库区及周边地区的经济建设,特别是城(集)镇建设、库区规划、国土资源普查及水情测报、地质灾害监测等工程中发挥了重要作用,是该地区经济建设不可或缺的基础专业设施。丹江口大坝加高后,水库淹没水准网线 33 条,各类水准点 92 个(其中,一等水准网线 4 条,水准点 17 个;二等水准网线 7 条,水准点 37 个点;三等水准网线 8 条,水准点 23 个点;四等水准网线 14 条,水准点 15 个点)。另外,受水库蓄水影响,地下水水位抬升可能造成 172～176.7m 的水准标石稳定性受损,以及由于路线两端被淹没、标石两端测线被淹没、路线点位不符合要求而造成孤点孤段等,受蓄水间接影响的各类水准点 142 个,其中一等水准点 33 个,二等水准点 63 个,三等水准点 25 个,四等水准点 21 个。

规划将各等级线路纳入统一网型构架,使之成为功能合理的基本高程水准网方案,其具体内容如下。

1)一等水准网作为库区的骨干高程网,规划将其移至高程 175m 以上,沿路面坡度平缓且交通不太繁忙的交通路线布设。利用最新公路交通图,在原一等路线的基础上,设计 2 个闭合环。规划复建一等水准路线观测长度 746.8km,需建设普通水准标 115 座、基本标 14 座、钢管标 21 座,其中有 1 处跨江,需要维护的普通标 51 座、基本标 4 座。

2)二等水准网在一等水准环内进行布设,且尽量沿公路、大路及河流布设。参考最新公路交通图及1∶20万水库地质及库岸稳定性分段图,规划复建二等水准路线观测长度1659.7km,需建设普通水准标287座、基本标28座、钢管标29座,跨河水准42处,需要维护的普通标85座、基本标5座。

3)三、四等水准网在一、二等水准网的基础上进一步加密。规划复建三等水准路线观测长度402.0km,需建设普通水准标101座,需要维护的普通标21座;规划复建四等水准路线观测长度296.2km,普通水准标88座。

水准网移测任务由长江设计院空间公司承担,于2013年2月全部完成,并于3月7日完成验收。

第三节 水库诱发地震监测系统建设管理

丹江口水利枢纽初期工程下闸蓄水后(1969年11月后),库区地震活动频度显著上升。为监测丹江口水库蓄水后的地震活动情况,1970年在库区建立了人工值守地震监测台网。该台网先后监测到1973年11月的地震群活动,最大震级达4.3级,震中烈度达Ⅶ度。特别是1977年8月6日在距坝址仅10余km的凉水河发生的M3.8级地震,引发了电站跳闸、副坝开裂等次生灾害,直接影响到大坝及附属工程的运行安全。但由于设备老化等因素,丹江口模拟遥测地震台网于2004年8月停止运行。

初期工程库区地震活动表明,丹江口库区具有诱发水库地震的地质构造条件。2008年5月,为确保丹江口水利枢纽后期续建工程运行安全,提升防震减灾能力,依据《中华人民共和国防震减灾法》《地震监测管理条例》等相关法律法规的要求,水源公司委托长江设计院和中国地震局地震研究所承担了汉江丹江口水利枢纽水库诱发地震监测系统总体设计工作。受委托方抽调相关专业技术人员联合组建了监测系统设计项目部,进行水库区地震及地质构造环境调查和丹江口水库诱发地震研究,结合地质、地形、历史地震以及库区诱发地震监测等方面的相关信息,充分论证建立地震监测系统的必要性和可行性。2009年3月完成《汉江丹江口水利枢纽水库诱发地震监测系统总体设计》,2010年1月提交《南水北调中线一期工程丹江口水库初步设计阶段建设征地移民安置规划水库诱发地震监测系统总体设计报告》。同年5月,国务院南水北调办批复的《初步设计规划报告》中,同意在丹江口水库初步设计阶段建设征地移民补偿投资中计列库区地震台网建设费用。

2011年9月,水源公司通过公开招标,委托长江设计院三峡院承担丹江口水库诱发地震监测系统建设项目。工作内容包括:丹江口水库测震台网和地下水网土建,测震台站、台网中心、地震分析中心系统、地下水观测仪器等设备采购,光纤架设、系统安装调试和集成,技术服务、试运行和正式运行维护管理等。

2012 年 3 月 16 日，水源公司在武汉召开了第一次设计联络会，明确了丹江口水库诱发地震监测系统建设有关事项。2012 年 3 月 26 日，监理单位武汉长源信息工程有限公司下达开工令；2012 年 4 月 20 日，长江设计院依据前期勘测结果，顺利完成 14 处野外监测站点的土地租用手续；2012 年 12 月 15 日，完成 11 处野外地震监测站点土建（其中，陶岔台为宽频带台兼数据备份中心、凉水河台为短周期兼强震台、盛湾台为宽频带台，其他 8 个台站为短周期台，见图 10-2）、3 处地下水井监测站点土建（雷庄井、唐扒井和盛湾井）、监测台网中心、武汉分析中心的装修和系统监测设备安装调试、系统集成工作；2012 年 12 月 18 日，水源公司在河南省邓州市组织土建工程建设交工验收，经验收组检验评定为合格，同意土建工程建设交工。2012 年 12 月 19 日，监测系统投入试运行和考核运行。其中，试运行时间为 2012 年 12 月 19 日至 2013 年 3 月 18 日，考核运行时间为 2013 年 3 月 19 日至 6 月 18 日，在为期 3 个月的试运行和 3 个月的考核运行之后，2013 年 6 月 18 日，水源公司组织专家组对水库诱发地震监测系统的试运行及考核运行成果进行验收，该系统通过了技术验收，圆满完成了试运行和考核运行工作。2013 年 6 月 19 日，丹江口水库诱发地震监测系统进入为期 54 个月的正式运行阶段，系统正式投入运行。

(a)杨华岗台

(b)葛沟台

(c)仓房台

(d)陶岔台

(e)刑沟台

(f)凉水河台

(g)宋沟台

(h)盛湾台

(i)蒿坪台

(j)土台台

(k)牛河台

(l)丹江口台网中心

图 10-2　丹江口 11 个地震台站及台网中心竣工图

第四节　水库征地范围界桩埋设

丹江口水库土地征收线的库岸线长度为 4654.8km，移民迁移线的库岸长度为 4711.3km。

为满足丹江口库区移民搬迁、水库库底清理、验收，以及水库运行管理和国土管理部门土地勘界的需要，水源公司委托长江设计院开展库区永久界桩测设的规划设计工作。2011 年 8 月，长江设计院编制完成《丹江口水库库区建设征地永久界桩测设技术大纲》，并于 9 月通过了水源公司组织的审查（图 10-3）。2012 年 4 月，长江设计院编制完成《丹江口水库库区建设征地永久界桩测设技术设计报告》，经水源公司审查后上报，并向国务院南水北调办提交专题报告，申请动用国控预备费解决该项目建设资金问题。获批后，2013 年初水源公司与长江设计院空间公司签订了施工合同。在 2 个多月时间内，完成了 1.85 万座永久界桩、水位标志牌 24 座、界址点 2.21 万个点的测绘和埋设工作。水库征地范围界桩、标志牌等的埋设，明示了水库管理界限，为地方库区移民自验和近岸区生产发展、工程完建后水库运行管理创造了条件。

图 10-3　永久界桩测设技术大纲审查

第五节 移民信息管理系统建设

为适应新形势下移民管理工作的需要，提高移民管理工作水平，维护移民群众切身利益，并配合河南、湖北两省各级移民管理机构做好相关移民管理工作，在国务院南水北调办的领导和支持下，水源公司于2012年4月委托长江委网信中心开展了移民信息管理系统建设工作。通过运用信息技术，对移民搬迁安置管理工作过程中形成的重要成果资料信息进行收集、整理和应用，以便了解、掌握和总结工程涉及范围内移民搬迁安置所涉及的调查、规划、实施的主要成果和投资完成等情况，实现长序列移民管理相关信息的有效积累、利用和共享。2017年1月，河南、湖北两省的数据采集与装载工作基本完成，同年3月，项目通过预验收。

移民信息管理系统包括实物指标、规划成果、计划成果、安置实施情况、投资完成情况、关键里程碑进度、电子资料、地理信息8个子系统，共涉及功能模块277个、功能页面1204个、代码95万余行、配置项15万余条。同时完成了南水北调移民系统门户网站的开发，该网站共涉及栏目5个、大事记5篇、政策法规28条。

通过移民信息管理系统的建设与实施，实现了移民管理业务所需的本底资料，如实物指标、规划成果和安置实施结果等的信息化、规范化管理，确保了本底数据的规范性和标准性，实现了移民管理相关信息可集聚和移民指标可核查两大目标，在提高工作效率、提升管理水平等方面发挥了积极而显著的作用。随着移民后续工作的不断开展，移民系统中积累的海量数据和功能，将在维护移民合法权益、经验总结、史料回顾、领导决策分析等方面发挥更大作用。

第十一章　地质灾害防治和水库诱发地震监测

丹江口库区地处秦巴山区，位于我国地形第二阶梯与第二、三阶梯的过渡地带，地质构造错综复杂，褶皱强烈，是地质灾害防治的重点地区。本章重点介绍丹江口库区地质灾害防治情况和水库诱发地震监测系统实施情况。

第一节　地质灾害防治

一、初步设计阶段地质灾害防治处理

2003 年，按照南水北调中线一期工程建设的总体工作部署，为查明地质灾害对移民实物指标的影响，长江设计院全面开展丹江口水库库岸稳定性地质勘察工作，并编制完成了《南水北调中线水源工程丹江口库区库岸稳定性工程地质勘察报告》。根据大坝加高工程初步设计阶段水库淹没实物指标调查报告有关成果，对不稳定和欠稳定的滑坡、易再造和较易再造库岸影响的居民，实施了避险搬迁处理；由于均县镇集镇在蓄水后呈现出三面环水的窄条形半岛状，最窄处仅 100m，集镇 67%的岸坡属较易再造、易再造岸坡，再造宽度 20～90m，部分建筑物场地位于再造范围内，且考虑到集镇处于膨胀土地区，受水库影响较大，因此对该镇进行择址重建；对坍岸影响较大的郧县县城部分库岸、安阳镇库岸进行了工程防治。同时，鉴于丹江口库区复杂的地形地质条件，可能还存在一些没有发现的地质隐患，部分预测在水库蓄水后处于稳定状态的滑坡体尚需观察，在初步设计阶段预列地质灾害监测防治费 5000 万元，用于对当时尚未发现或预测到的地质灾害体进行必要的安全监测或工程防治。

二、首批地质灾害防治工程

2012 年 6 月，水源公司委托长江设计院对丹江口库区涉水岸坡进行了调查，编制了《南水北调中线水源工程丹江口水库地质灾害防治工程（首批）施工图设计报告》，并组织审查、修改完善后上报。2013 年，水源公司分别与两省签订了库区首批地质灾害防治项目任务和投资包干协议，对浪河中学库岸工程进行了治理，对刘湾及赵坎两处滑坡实施

了避险搬迁措施，同时对库区45个监测点（其中，17处崩滑体，28处居民点库岸）进行了监测。受经费影响，湖北监测工期2年（2014年8月至2016年7月）、河南3年（2014年8月至2017年7月）。

三、地质灾害治理工程应急项目

2013年以来，河南、湖北两省反映库区仍有部分新建的居民点和新发展城镇的库岸出现了新的地质灾害易发区域，受水源公司委托，长江设计院对涉水的集镇和内安新建居民点岸坡稳定性进行重点调查分析。2014年1月，确定7处蓄水后可能失稳的涉水库岸作为应急项目，于2014年3月编制完成了《丹江口库区地质灾害应急抢险项目治理工程初步设计报告》，水源公司按规定预审后以《关于南水北调中线一期工程丹江口库区地质灾害治理工程应急项目专题报告的批复》上报国务院南水北调办。经水规总院审查后，报告名称变更为《南水北调中线一期工程丹江口库区地质灾害治理工程应急项目专题报告》。2014年4月25日，国务院南水北调办以国调办征移〔2014〕95号文批复了该报告，核定丹江口市牛河林区顾家沟工程、丹江口市六里坪镇怀家沟工程（图11-1）、丹江口市牛河林区舒家岭路堤工程（图11-2）、郧县柳陂镇辽瓦集镇库岸工程、郧县山跟前移民点岸坡工程5处应急项目总费用6283万元，郧县县城汽车客运站、城关镇中巴站至武阳岭两处（合并称郧县汽车客运站至武阳岭库岸工程）防护对象，由于其建设时间在“停建令”之后，其防护资金2425万元由当地人民政府负责筹措并组织建设。该项目由水源公司包干委托湖北省组织实施，于2015年5月底通过省级验收。

图11-1　丹江口市六里坪镇怀家沟工程

图11-2　丹江口市牛河林区舒家岭路堤工程

水库蓄水后，涉水滑坡的稳定性降低，一旦失稳将危及其上居民生命财产安全，产生的涌浪将危及滑坡周边临江两岸居民点及汉江航运安全，库岸再造将直接影响沿岸居民点及重要基础设施安全。为确保移民群众生命财产安全，水源公司于2016年委托长江设计院编制了《南水北调中线一期工程湖北省丹江口水库地质灾害防治工程紧急项目可行性研究报告》和《丹江口库区河南省淅川县宋岗码头坍岸整治工程初步设计报告》，共涉及地质灾害防治工程紧急项目21处(其中,河南1处,湖北20处)。经水源公司组织初审,确定其中18处项目需要紧急治理,并上报国务院南水北调办审批。经中咨公司咨询后,2017年11月27日,国务院南水北调办以国调办投计〔2017〕191号文批复了丹江口库区地质灾害防治工程紧急项目,核定了丹江口市丹赵路办事处丹郧公路库岸、十堰市郧阳区柳陂镇黄家坪居民点库岸、丹江口市凉水河镇贺家营村庙湾路堤、丹江口市凉水河镇民政局库区就业帮扶贫中心路堤、丹江口市凉水河镇李家院村曹家营路堤、淅川县宋岗码头6个项目防治费用为9260万元。该项目由水源公司按属地原则,分别包干委托两省组织实施。

四、水库地质灾害防治规划

(一)高切坡、高填方防护

内安移民集中居民点多位于水库两岸低山丘陵地区,总体上地质条件适宜移民安置,但由于库区周边地形破碎、起伏较大,建设用地紧张,不可避免地存在大挖大填的情况,形成了高数米至数十米的高切坡,这些高切坡易引发崩塌、滑坡等地质灾害,危及移民点及高切坡周围建筑物安全。

受湖北省移民局委托,长江设计院于2011年6月承担丹江口水库内安移民点高切坡的现场调查和治理规划工作。2012年4月,编制完成《南水北调中线一期工程丹江口库区湖北省内安移民点高切坡防护规划》,经湖北省移民安置指挥部办公室批复后,水源公司以《关于转报湖北省移民局请求解决南水北调中线工程丹江口库区湖北省内安移民点高切坡防护资金的报告》上报国务院南水北调办。2013年12月,国务院南水北调办以国调办征移〔2013〕304号文批复湖北省内安移民点156个高切坡防护工程投资5.6亿元。

受河南省淅川县移民局委托,长江设计院开展了淅川县内安移民点高切坡和高填方防护工程的规划设计工作,并于2016年5月编制完成了《南水北调中线工程丹江口库区淅川县内安移民点高切坡防护工程初步设计报告》和《南水北调中线工程丹江口库区淅川县内安移民点高填方防护工程初步设计报告》。受水源公司委托,水规总院于2016年8月对这两个报告进行了审查,并根据审查意见将报告名称修改为《南水北调中线工程丹江口库区淅川县内安移民点边坡防护工程初步设计报告》。2017年2月,水源公司以中水源移〔2017〕24号文将该报告及水规总院审查意见上报国务院南水北调办。2017年8月,国务院南水北调办以综征移函〔2017〕254号文下达《关于南水北调丹江口水库建设征地移民新增投资批复事项的函》,批复河南省淅川县14处高切坡和7处高填方边坡的概算投资为1483万元。

(二)地质灾害防治规划

按照国务院南水北调办综投计〔2015〕7号文要求,长江设计院于2015—2017年承担了河南、湖北两省丹江口水库地质灾害防治规划工作，水源公司积极配合。2015年1—8月，长江设计院对丹江口库区潜在的地质灾害进行了全面复核与调查。调查结果显示，丹江口库区主要发育的地质灾害为前缘高程低于170m且受水库蓄水影响的崩滑体、因蓄水可能引起再造或变形的坍岸，以及移民复建工程布置区内形成的高切坡、高填方边坡等，地质灾害体共计284处(其中，湖北省231处，河南省53处)，包含前文涉及的高切坡、高填方，以及水源公司已上报的21处紧急项目。

2018年，为贯彻落实国务院领导的重要指示精神，按照水利部及长江委的工作部署，水源公司委托长江设计院承担丹江口库区受蓄水影响地质灾害防治专题报告编制工作。此次专题中地质灾害调查的截止时间为2018年8月，人口调查的截止时间为2015年8月。纳入该专题报告的地质灾害体共计207处，其中湖北省144处，河南省63处。

五、防治效果评价

丹江口库区地质灾害防治工作的实施，提升了库区地质安全等级，增强了抗灾能力，消除了水库蓄水运行期间的潜在安全隐患，保护了库区黄金水道航运安全，提高了农村居民点和重要基础设施等的地质安全程度，保护了人民生命财产和饮水安全，确保了基础设施充分发挥功能，保障了水库运行安全，取得了良好的社会效益、经济效益和环境效益。

第二节　水库诱发地震监测

2013年6月19日，丹江口水库诱发地震监测系统进入为期54个月的正式运行阶段。到期后2018年6月5日，水源公司在湖北省丹江口市组织南水北调中线一期工程丹江口水库诱发地震监测系统建设合同项目完成验收工作。验收工作组成员由建设、设计、监理、施工等单位的代表组成，同时还邀请了湖北省地震局、河南省地震局、南阳市地震局相关专家参会。验收工作组和专家听取了参建单位的工作汇报，审阅了有关资料，经认真讨论，同意该合同项目通过验收。

2018年12月29日，水源公司与长江设计院三峡院签订了丹江口水库诱发地震监测系统2019—2020年度运行管理合同，合同约定的运行管理期限为2年(2019年1月1日至2020年12月31日)。2019年1月23—24日，水源公司在湖北省丹江口市主持了南水北调中线水源工程丹江口水库诱发地震监测系统运行管理(2018年度)合同项目验收工作。验收工作组听取了运行管理单位的工作汇报，审阅了相关资料，经认真讨论，同意该合同项目通过验收。

目前，丹江口水库诱发地震监测系统仍在持续监测库区及周缘地区地震活动情况，实时跟踪、掌握地震活动动态，为水库运行的安全调度、大坝的抗震设防、库区的防震减灾提供决策依据。

第十二章　移民安置验收

移民安置验收，按验收阶段分为蓄水前验收、总体验收和竣工验收（竣工验收待开展）；按验收区域分为坝区验收和库区验收；按验收内容分为移民安置验收、库底清理、文物保护验收和移民档案验收；按验收程序分为县级自验、省级初验和国家级终验三个阶段，由国务院南水北调办、两省及县级人民政府分别成立移民安置验收委员会，负责移民安置验收工作，各级验收均包含技术性验收和行政验收两个部分。水源公司作为项目法人，负责组织非省属项目自验工作，并参与省级初验和国家级终验工作。

2011年3月，国务院南水北调办印发《南水北调丹江口水库大坝加高工程建设征地补偿和移民安置验收管理办法（试行）》，以此指导丹江口水库移民安置验收工作。

第一节　坝区验收

验收范围包括丹江口水库大坝加高工程的坝区及移民安置区。验收内容分为湖北省属项目、非省属项目，包括农村移民安置、城镇迁建、工业企业迁建、专业项目复（改）建、资金使用管理、档案管理等方面。

一、湖北省属项目

（一）丹江口市属项目验收

2016年3月1—18日，丹江口市人民政府开展了总体验收阶段坝区移民安置自验工作，对所有项目进行了逐项验收，对移民安置规划任务完成情况及移民安置效果进行了全面评价。在此基础上，于3月底编制完成了《丹江口水利枢纽大坝加高工程坝区施工征地与移民安置总体验收自验报告》。

2016年7月28日，丹江口市南水北调中线工程移民总体验收自验委员会主持召开了丹江口市南水北调中线工程移民总体验收自验大会，大会审议通过了《丹江口水利枢纽大坝加高工程坝区施工征地与移民安置总体验收自验报告》。验收委员会认定，坝区各项规划任务实施符合《湖北省南水北调中线工程丹江口水库移民总体验收工作大纲》

的相关要求，各类移民工程规划任务已经全面完成，自验合格。

(二)十堰市属项目验收

2006年10月，十堰市移民局对2家单位和2家企业分别组织了自验。

1. 单位

十堰市农校：2005年7月，与十堰市移民局签订征地补偿合同；2006年9月，提交征地补偿资金使用自验收报告；2006年7月，编制征地补偿自验收方案。2006年9月，十堰市移民局组织自验，形成了《南水北调中线丹江口大坝加高工程施工区十堰市应用技术学校(农校)征地补偿自验收报告》。

丹江口市石油分公司：2005年6月与十堰市移民局签订征地补偿及迁建任务合同，2006年9月编制搬迁安置自查报告。2006年10月，十堰市移民局组织自验，形成了《南水北调中线丹江口大坝加高工程施工区丹江口石油公司搬迁安置自验收报告》。

2. 企业

分别为十堰市航务局船厂和汉江碳化硅厂。实施期间，两厂合并为十堰市航运局丹江口宏达碳化硅工贸有限公司。

2004年6—11月，丹江口宏达碳化硅工贸有限公司编制了职工安置方案、资产评估、资产负债处置方案及企业整体改制方案，由十堰市航务局上报十堰市企改办审批通过。

2005年7月，十堰市移民局批复了十堰市航务局《关于丹江口宏达碳化硅工贸有限公司安置补偿资金使用计划》。

2006年6月，丹江口宏达碳化硅工贸有限公司编制《拆迁复查工作自查方案报告》。

2006年7月，十堰市移民局组织自验，形成了《南水北调中线丹江口大坝加高工程施工区十堰市航务局丹江口宏达碳化硅工贸有限公司安置补偿自验收报告》。

(三)湖北省初验

1. 验收组织

湖北省人民政府成立南水北调中线工程丹江口水库移民安置总体验收委员会(以下简称“湖北省初验委员会”)，组织开展湖北省坝区移民总体验收初验工作。

2. 验收范围

包括丹江口市大坝、丹赵路和三官殿等3个办事处。

3. 验收内容

包括农村移民安置、单位迁建、企业迁建、专业设施复(改)建、档案管理、资金使用管理等 6 个方面。

4. 验收对象

农村移民安置：抽查淹没涉及村 2 个，大集中居民点 1 个。

单位迁建：抽查 4 家单位。

企业迁建：抽查 1 家企业。

专业设施复(改)建：抽查比例大于行业单项工程数量的 20%。

档案管理：由湖北省主管部门进行验收并出具验收意见。

资金使用管理：引用国务院南水北调办组织的审计成果。

5. 初验结论

2016 年 11 月 22—29 日，湖北省初验委员会技术验收组在开展库区技术验收工作的同时，对坝区移民安置情况进行了逐项验收，形成了《丹江口水利枢纽大坝加高工程坝区施工征地与移民安置总体验收初验报告》。

初验委员会认为，坝区移民安置工作在湖北省委、省政府的统一领导下，在湖北省移民安置指挥部的具体指导下，在十堰市、丹江口市人民政府的组织、协调与配合下，在设计、监理、管理、业主等相关单位的鼎力支持下，坚持“以人为本、尊重移民意愿、解放思想、与时俱进”的原则，完成了农村移民安置、单位迁建、企业迁建、专业项目复建等各项规划任务，移民档案管理收集、整理规范，资金使用管理规范。

初验委员会同意丹江口水利枢纽大坝加高工程坝区施工征地与移民安置总体验收通过省级初验，验收结论评定为合格。

二、非省属项目验收

(一)汉江集团负责项目

2019 年，汉江集团组织相关部门、单位进行了自验、初验工作。经检验，得出以下结论，汉江集团坝区征地移民工作遵循了国家征地移民相关政策，坝区征地移民工作任务已全部完成，工程建设质量合格，移民资金按程序全部拨付使用且专款专用，档案资料规范完整，不存在遗留问题，验收合格。

(二)长江水文局负责项目

1. 自验情况

2013 年 5 月，长江委水文局汉江局组织相关部门对王家营水文站迁建工程进行了自验工作，验收结论为项目已具备初步验收条件。

2. 初验情况

(1)验收组织

长江委水文局组织完成初验。

(2)验收情况

2016年12月3日,长江委水文局成立验收委员会,在湖北省襄阳市主持召开王家营水文站迁建总体验收阶段初步验收会。

验收结论为工程建设已按批复的设计完成,工程质量满足设计要求,工程完工以来各项设施设备运行正常,满足工作需要。验收委员会同意通过初步验收。

三、国家级终验

2021年9月14—16日,水利部水库移民司在丹江口市组织开展了南水北调中线一期丹江口水利枢纽大坝加高工程坝区建设征地与移民安置总体验收(终验)的行政验收工作。

验收委员会委员实地察看了坝区农村移民安置、企业(单位)复建及档案管理情况,并召开行政验收会议。会议听取了移民安置实施单位、项目法人、规划设计、监理等相关单位的工作汇报和技术预验收工作的情况汇报。经充分讨论,形成了《南水北调中线一期丹江口水利枢纽大坝加高工程坝区建设征地与移民安置总体验收(终验)报告》。验收委员会一致同意南水北调中线一期丹江口水利枢纽大坝加高工程坝区建设征地与移民安置通过总体验收。

第二节 库区验收

一、蓄水前验收

(一)验收目的及重点

丹江口水库作为南水北调中线工程的关键水源地,国家对水质保护提出了很高要求。为了检验移民安置规划任务的完成情况和实施效果,必须开展蓄水阶段验收。

蓄水阶段验收是指丹江口水库大坝加高蓄水前移民工程的阶段性验收,目的是对影响蓄水的库底清理、移民安置和文物保护工作进行检查和评价,检验是否满足蓄水要求。

蓄水阶段验收重点要求:①库底清理任务全部完成,清理质量符合《库底清理技术要求》;②移民全部完成搬迁、生产生活条件基本具备,但对其生产生活水平的恢复评价不做要求;③规划复建的移民工程,虽然在建,但是经现场检查不影响水库蓄水;④淹没线下文物保护野外现场工作全部完成。

(二)验收内容

蓄水阶段验收主要是根据国家批准的《初步设计规划报告》和河南、湖北两省批准的《移民安置实施规划报告》,对移民安置和库底清理的具体实施情况和效果进行检查验收。在此过程中,发现问题并督导整改,最终对移民安置和库底清理完成情况进行综合评价。蓄水阶段验收内容主要包括影响蓄水的库底清理、移民搬迁安置和文物保护等方面。

(三)县级自验

移民安置验收自验委员会由县级人民政府、县级移民安置指挥部、县级人民政府有关部门、乡(镇)、移民安置设计及监督评估单位代表和专家组成。各县级自验委员会根据移民安置项目,成立相应的技术验收工作组,按项目类别进行全面检查验收。移民安置所在的省辖市成立移民安置验收工作领导小组,负责指导、协调各县(市、区)移民安置验收。

2012年8月22日,河南省召开全省移民工作会议,对县级自验工作作出安排部署,并及时组织各地开展县级自验,各地按照全省县级自验工作安排,认真制订计划,逐级安排部署,加强验收培训,健全验收组织,加快安置扫尾,逐项处理问题,全力推进移民安置县级自验工作。至2012年底,丹江口库区农村移民安置县级自验工作全面完成。农村外迁项目及库底清理的县级自验于2013年6月初完成。

2012年12月,湖北省对移民安置验收工作开始安排部署。为确保验收工作科学、有序推进,省验收委员会组织编制了移民安置验收大纲和验收工作方案,开展了移民验收工作业务培训,组织移民规划设计单位、移民安置监督评估机构对库区、安置区县(市、区)验收工作进行巡回指导,帮助开展移民安置自验准备。各县(市、区)按照有关规定和要求,于2013年上半年陆续完成了自验工作,并提交了省级初验申请。

南水北调中线工程丹江口水库移民安置蓄水阶段各县(市、区)自验均评定为合格。

(四)省级初验

省级初验对各实施县(市、区)自验完成的项目进行抽样检查。其中,省属项目由项目主管单位按照行业规定进行验收,将验收意见报省验收委员会;非省属项目由项目主管单位按照行业规定进行验收,将验收意见报水源公司。

1. 验收工作组织及程序

移民安置初验委员会由省人民政府、省移民安置指挥部、省直有关部门、有关省辖市人民政府、水源公司、移民安置设计与监督评估单位的领导和专家组成。

初验委员会根据实施项目成立技术验收工作组,其中,河南省初验委员会下设库底清理、农村移民搬迁安置、农村外迁项目 3 大技术验收工作组；湖北省初验委员会下设外迁移民安置、库区移民安置(含城集镇迁建)、工业企业迁建、专业项目复(改)建、文物保护、库底清理 6 个专业验收工作组。

2013 年 6 月底，河南、湖北两省分别完成省级初验工作，编制完成了《河南省南水北调丹江口库区移民蓄水前阶段验收省级初验工作报告》《湖北省南水北调丹江口水库移民安置蓄水前初验报告》。

2. 验收内容及方法

(1)验收内容

1)库底清理。根据审定的清理范围和内容，按照《库底清理技术要求》和有关初验实施方案，全面了解库底清理实施情况，现场查看卫生清理、固体废物清理、建(构)筑物清理、林木清理和易漂浮物清理的任务完成情况和质量情况。

2)移民搬迁安置。对照实施规划，全面了解移民搬迁安置情况，现场抽验农村移民搬迁安置、城(集)镇迁建、工业企业迁建和专业项目复建等情况。

3)文物保护。根据国务院南水北调办、国家文物局关于南水北调工程文物保护项目验收工作有关要求，由省文物局成立初验工作专家组，抽样检查地下文物及地面文物保护情况。

(2)验收方法

省级初验由河南、湖北两省分别根据南水北调丹江口库区移民搬迁安置的情况，技术验收组采取“听汇报、看现场、查档案、验项目、访移民、综合评”的方法进行。

1)听取汇报。组织召开会议，听取各县(市、区)实施情况汇报，对照县级实施与管理工作报告、自验报告，全面了解情况，对有关重点问题进行质询。

2)现场检查。按照选取的样本，对库底清理、移民搬迁安置、文物保护等实施进行逐项检查。

3)查阅资料。查阅移民规划设计、招投标、施工、监理、验收等项目资料。

4)综合评定。根据汇报、查阅资料、现场抽验和走访群众等情况，综合评定分项等级和总体等级。

省属项目由项目主管单位按照行业规定进行验收，将验收意见报省验收委员会。非省属项目由项目主管单位按照行业规定进行验收，将验收意见报水源公司。

3. 验收结论

河南省丹江口水库库底清理基本完成，清理质量符合相关规范和技术要求，个别遗留问题淅川县承诺在国家终验前整改到位；农村移民搬迁安置按规划完成，移民房屋建成，基础设施配套，公益设施完善，生产用地划拨到位并分配到户，生产发展初具规模，移民收入水平基本得到恢复或提高;城(集)镇迁建、单位及工业企业淹没处理、专业项目复建等项目按规划基本完成,功能基本得到恢复,个别未完工项目淅川县承诺尽快完成且不影响水库蓄水。经评定,河南省南水北调丹江口库区移民安置总体上实现了规划目标,蓄水阶段验收省级初验合格。

湖北省南水北调丹江口水库农村移民安置、城(集)镇迁建、工业企业迁建、专业项目复(改)建、文物保护及库底清理 6 个分项均初验合格,综合评定湖北省南水北调丹江口水库移民安置蓄水前初验为合格。

(五)国家级终验

1. 验收工作组织及程序

国务院南水北调办成立终验委员会,负责组织开展终验工作。移民安置终验工作先进行技术验收,再进行行政验收。

技术验收工作由设管中心承担,负责组织专家开展现场工作,分省份编制库底清理验收报告、移民搬迁安置验收报告和文物保护验收报告,并在此基础上编写移民安置验收总报告。

技术验收分库底清理、移民安置、文物保护 3 个工作组。其中,库底清理验收组下设卫生清理、固体废物清理、其他清理 3 个专业小组,对清理任务完成情况及清理质量进行检查和评定,编制库底清理验收报告;移民安置验收组下设农村移民安置、城(集)镇迁建、工业企业迁建、专业项目复建等 4 个专业小组,对移民安置情况是否影响蓄水进行评价,编制移民安置验收报告;文物保护验收组,重点查阅省级文物部门提交的文物保护工作报告和初验报告,通过现场抽查,编制文物保护验收报告。

技术验收完成后,验收委员会开展行政验收,召开工作会议,听取技术验收组汇报,对验收报告进行审议,并签署验收意见。

2013 年 5 月,国务院南水北调办下发《关于印发南水北调中线一期工程丹江口水库大坝加高工程建设征地补偿和移民安置蓄水前终验工作方案的通知》。

2013 年 7 月 16—22 日,国务院南水北调办先后在河南省淅川县、湖北省十堰市组织开展丹江口水库移民安置终验技术性初步验收,形成《南水北调丹江口水库大坝加高工程建设征地补偿和移民安置蓄水前——河南省移民安置终验技术性初步验收报告》《南水北调丹江口水库大坝加高工程建设征地补偿和移民安置蓄水前——湖北省移民安置终验技术性初步验收报告》。

2013 年 8 月 4—11 日,国务院南水北调办先后在湖北、河南库区开展丹江口水库库底清理技术性初步验收,形成《南水北调丹江口水库大坝加高工程建设征地补偿和移民安置蓄水前——湖北省库底清理终验技术性初步验收报告》《南水北调丹江口水库大坝加高工程建设征地补偿和移民安置蓄水前——河南省库底清理终验技术性初步验收报告》。

2013年8月21—22日，在满足蓄水要求的库底清理、移民安置、文物保护等方面的终验技术性初步验收全部完成的基础上，国务院南水北调办在湖北省丹江口市组织开展南水北调丹江口水库大坝加高工程建设征地补偿和移民安置蓄水前终验行政验收工作，审议并通过了《南水北调丹江口水库大坝工程建设征地补偿和移民安置蓄水前终验报告》。

2. 验收内容及方法

(1)验收范围

蓄水阶段终验范围包括丹江口水库涉及的河南省淅川县，湖北省丹江口市、武当山特区、郧县、郧西县、张湾区等6个县(市、区)。

(2)验收内容

蓄水阶段验收内容主要包括影响蓄水的库底清理、移民搬迁安置和文物保护等3大类。

1)库底清理。主要包括卫生清理、固体废物清理、建(构)筑物清理、林木清理和易漂浮物清理的清理任务完成情况和清理质量情况，在抽样检查和专业主管部门验收的基础上进行，主要包括：根据清理项目的特点，听取清理工作情况汇报；查阅清理档案，检查清理项目的清理任务、清理方案、清理质量检测报告、专业主管部门验收意见等；现场检查清理对象的清理任务完成情况和清理质量；在上述工作基础上，对卫生清理、固体废物清理、建(构)筑物清理、林木清理和易漂浮物清理的任务完成情况和清理质量进行评定。

2)移民搬迁安置。包括农村移民安置、城(集)镇迁建、工业企业迁建和专业项目。其中，农村移民安置验收主要包括移民基本情况、移民搬迁情况、移民生产安置情况、移民生活条件恢复情况；城(集)镇迁建验收主要包括迁建城(集)镇建设情况、居民搬迁情况和单位迁建情况；工业企业迁建验收主要包括淹没处理方式、原有建(构)筑物清理情况；专业项目包括等级公路、码头、输变电、通信、广播电视、水利水电工程、库周基础设施、供水设施、水文站和河道观测设施、库周水准测绘控制网点、防护工程、库区地震台网等，分一次性补偿和复建两类验收，一次性补偿项目主要了解构筑物清理情况，复建类项目以专业为单位了解单项工程的建设情况。

3)文物保护。包括地下文物考古发掘和地面文物保护两部分。

(3)验收方法

蓄水阶段终验包括技术验收和行政验收两步。

1)技术验收。主要是根据国务院南水北调办批准的《初步设计规划报告》和河南、湖北省人民政府批准的实施规划，对河南、湖北两省及水源公司的初验工作进行抽样检查。根据《南水北调中线一期工程丹江口水库大坝加高工程建设征地补偿和移民安置蓄水前终验工作方案》，终验技术验收采用定量分析与定性分析相结合的方法，其中，农村移民安置、城(集)镇迁建、工业企业迁建、专业项目复(改)建、库底清理等以定量分析为主进行评定和验收，评分标准采用百分制，其他项目验收以定性分析为主进行评定和验收。验收结论按合格、不合格两个等级进行评定。只有分类验收全部合格后，移民总体验收才能评为合格。库底清理验收不合格，则总体验收不合格。主要步骤包括：①听取河南、湖北两省移民主管部门及水源公司对移民搬迁安置情况的汇报，并审阅两省及水源公司提交的初验报告，全面了解丹江口水库移民安置实施情况；②按照库底清理、移民安置、文物保护等三类，分别以不低于10%的抽样比例选择抽样检查样本，通过现场抽查、查阅技术档案及询问等方式进行验收评定；③编制验收报告，报请国务院南水北调办验收委员会审议。

2)行政验收。主要对技术性初步验收中发现问题的样本进行复查，并对验收报告进行审议。由国务院南水北调办验收委员会召开评议大会，听取技术验收组汇报，审议验收报告并签署验收意见。

3. 验收结论

南水北调丹江口水库库底清理工作按照批准的实施规划任务已经完成，卫生清理、固体废物清理、建(构)筑物清理、林木清理及易漂浮物清理质量总体符合《库底清理技术要求》；库区农村移民搬迁安置按规划完成，移民房屋建成并搬迁入住，各项基础设施和公共服务设施配套完善，生产用地已分配到户，移民生活稳定；城(集)镇迁建、单位及工业企业淹没影响处理、专业项目复建等项目按规划基本完成，功能得到恢复；个别未完工项目，有关县(市、区)人民政府已承诺在蓄水前完成，不影响水库蓄水；库区文物保护总体上完成了淹没区地下文物的野外发掘工作和地面文物的搬迁保护工作，文物存放地点安全，文物保护状况良好。经评议，南水北调丹江口水库大坝加高工程建设征地补偿和移民安置蓄水前终验评定为合格，能够满足丹江口水库大坝加高蓄水要求。

2013年9月，国务院南水北调办正式下发了《关于印发〈南水北调丹江口水库大坝加高工程建设征地补偿和移民安置蓄水前终验报告〉的通知》，标志着南水北调丹江口水库大坝加高工程建设征地补偿和移民安置蓄水前验收工作全面完成。

2014年12月12日，南水北调中线一期工程正式通水，丹江口水库移民安置蓄水前验收成果也经受住了考验。

4. 遗留问题及建议

根据《南水北调丹江口水库大坝工程建设征地补偿和移民安置蓄水前终验报告》，

在终验技术性验收过程中仍存在一些遗留问题需要解决，主要包括以下内容。

1）现场查看发现，由于水库水位尚未抬高，淹没线以下还有生产活动（临时养鸭棚、临时晾烟棚、渔业设施等）。库区各级人民政府应在蓄水前切实做好蓄水通告、宣传和巡查、清理工作，确保蓄水安全。

2）河南省库区初期工程消落地和大坝加高工程新增淹没区内大规模种植玉米等农作物，地方人民政府应将农作物秸秆全部清理到位。

3）在丹江口水库河南淅川库区165～170m，新种植约2万亩湿地保护生态林，按照终验技术性初步验收意见，当地人民政府应根据河南省有关主管部门补充出具的该项目对水库水质影响的意见，妥善处理。

4）遇真宫垫高保护工程和灌河防洪大堤尚有少量工程量未完成，两省应妥善做好相关工作。

5）各级政府应进一步重视移民安置后的生产发展和稳定工作，全面落实水库移民后期扶持政策，加大帮扶力度，帮助移民扩展生产门路、增加收入。

6）各有关方面应对库区移民安置工作中存在的遗留问题进一步梳理并研究处理意见，同时密切关注并处理好蓄水后出现的新情况、新问题，以此确保移民安置区长治久安。

二、总体验收

（一）验收目的及重点

移民总体验收是设计单元完工阶段的总体验收。通过对丹江口水库初步设计阶段建设征地移民安置规划所涉项目，进行逐项验收，全面评价移民安置规划任务完成情况，客观评价移民安置效果。

丹江口水库移民安置总体验收应满足以下条件：①农村移民的生产用地基本分配到位，居民点的道路、给水、排水、电力等主要基础设施和移民住房已建成，移民已安置到位。②迁建城（集）镇的道路、给水、排水、电力等主要基础设施已建成，居民房屋已建设并入住，单位已经处理。③工业企业已经处理。④一次性补偿的专业项目已处理。复建的专业项目已实施，恢复功能，按照行业规定通过验收。⑤已确认的崩滑体处理完毕，对可能出现的崩滑体已建立预警监测系统。⑥库底清理已按照有关规定通过水库蓄水前终验。⑦各项移民资金已按计划拨付，财务决算按照南水北调办的有关规定执行。⑧档案资料已按《南水北调工程征地移民档案管理办法》的规定进行整编，并通过省级初验。⑨文物保护项目已按有关规定通过省级验收。⑩河南、湖北两省已完成移民安置初验工作，并向国务院南水北调办提出终验申请。

(二)验收内容

移民总体验收内容包括农村移民安置、城(集)镇迁建、工业企业迁建、专业项目复建(含地质灾害处理和非省属项目复建,下同)、库底清理、资金使用管理、档案管理、文物保护等8类。其具体验收内容与蓄水前验收基本相同。

(三)县级自验

各县级人民政府分别成立南水北调中线工程丹江口水库移民总体验收自验委员会,验收委员会由县级人民政府、县级有关部门、有关乡(镇)的主要领导组成。县级自验委员会下设综合协调组、技术指导组和技术验收组,技术验收组按项目类别进行全面检查验收。

2015年9月,河南省召开全省移民工作会议,安排部署县级自验;同年12月,组织有关移民干部参加验收培训,督促各县(市、区)全力推进县级自验工作;2016年9月底,河南省丹江口库区移民县级自验工作全面完成。

2016年3月底,湖北省各县(市、区)完成总体验收自验工作,并编制完成自验报告。同年4—7月,湖北省移民局组织开展县级自验督导工作,对各县(市、区)自验报告中存在的问题进行了梳理,并提出了修改意见,经修改完善后,各县(市、区)自验委员会分别组织召开自验大会,审议通过了各县(市、区)自验报告。

南水北调中线工程丹江口水库移民总体验收各县(市、区)自验工作结果均评定为合格。

(四)省级初验

1. 验收工作组织及程序

移民安置初验委员会由省人民政府、省移民安置指挥部、省直有关部门、有关省辖市人民政府、水源公司、移民安置设计与监督评估单位的领导和专家组成。

初验委员会根据实施项目成立技术验收工作组,其中,河南省初验委员会下设农村移民安置、农村外项目实施、文物保护、资金管理、档案管理5大技术验收工作组;湖北省初验委员会下设外迁移民安置、库区移民安置、集镇/企业/专业项目、文物保护、档案管理、资金管理、地灾高切坡处理等7个方面,共11个验收工作组。

2017年8月15日、12月29日,河南、湖北两省先后完成省级初验工作,并编制完成《河南省南水北调丹江口库区移民总体验收省级初验工作报告》《湖北省南水北调中线工程丹江口水库移民总体验收初验报告》。

2. 验收内容及方法

(1)验收内容

根据《南水北调丹江口水库大坝加高工程建设征地补偿和移民安置验收管理办法

(试行)》,结合河南、湖北两省实际情况,省级初验主要包括农村移民安置、城(集)镇迁建、工业企业迁建、专业项目复建、地灾高切坡处理、库底清理、文物保护、档案管理、资金使用管理等9个方面。

(2)验收方法

省级初验在县级自验合格的基础上抽查验收,具体流程和标准与蓄水阶段省级初验一致。

3. 验收结论

根据《河南省南水北调丹江口库区移民总体验收省级初验工作报告》,河南省南水北调丹江口库区移民搬迁安置完毕,农村居民点建设全面完成,房屋已建成并搬迁入住,基础设施完善,公共设施齐全,居住环境显著改善;移民生产用地已调整到位、移交到村、分配到户,土地整理和水利设施配套全部完成;生产发展初具规模,移民生活水平得到恢复或提高;移民迁转手续已完成,有关补偿补助费兑付到位;城(集)镇迁建、单位和工业企业淹没处理、专业项目恢复改建全部完成;地质灾害监测预警系统全面建成;文物古迹得到最大限度抢救和保护,并通过相应主管部门的验收;库底清理全部完成,且通过了国务院南水北调办验收;移民资金管理制度健全,管理规范,监督到位;档案资料齐全完整,归档科学、规范。经评定,河南省南水北调丹江口库区移民安置总体实现规划目标,总体验收省级初验合格。

根据《湖北省南水北调中线工程丹江口水库移民总体验收初验报告》,湖北省克服移民搬迁时间紧、安置任务重等困难,坚持"以人为本、尊重移民意愿、解放思想、与时俱进"的原则,完成了农村移民安置、城(集)镇迁建、工业企业迁建、专业项目复建、库底清理、地质灾害处理、文物保护等各项规划任务,移民档案管理在收集、整理等方面十分规范,资金使用管理也同样规范。经评定,湖北省南水北调丹江口水库移民安置总体验收省级初验合格。

(五)国家级终验

1. 验收工作组织及程序

水利部成立终验委员会,负责组织开展终验工作。移民安置终验工作先进行技术验收,再进行行政验收。

技术验收工作由设管中心承担,负责组织专家开展现场工作,分省份编制移民安置验收报告、文物保护验收报告、档案管理验收报告,并在此基础上编写库区移民安置总体验收(终验)报告。

技术验收分为移民安置、文物保护、档案管理三大工作组。其中,移民安置验收在库区分设农村、城(集)镇、工业企业、专业项目(含库底清理)、资金使用管理等5个专业组,在外迁安置区设农村、资金使用管理两个专业组，开展现场检查，在听取汇报、查阅资料、实地查看基础上，根据项目完成情况和评定标准，对抽查样本进行评定，提出分类验收意见，编制移民安置技术性验收报告；文物保护验收分河南、湖北两个专家组，通过听取汇报、查阅资料、实地核查等方式，对文物保护项目进行客观公正的评议，在此基础上，提出文物验收结论和意见，编制文物保护技术性验收报告；档案管理验收分河南、湖北两个专家组，从档案综合管理、档案收集、档案整理、档案保管、档案利用等方面进行抽样检查，提出验收结论和意见，编制档案技术性验收报告。

技术验收完成后，验收委员会开展行政验收工作，召开工作会议，听取技术验收组的汇报，对验收报告进行审议，并签署验收意见。

2015 年 12 月，国务院南水北调办下发《关于印发南水北调工程丹江口水库移民安置总体验收（终验）工作方案的通知》。

2018 年 7—9 月，设管中心组织编制了《南水北调工程丹江口水库移民总体验收（终验）移民搬迁安置工作细则》《南水北调工程丹江口水库移民总体验收（终验）文物保护项目工作细则》，印发至各有关单位，并对技术性验收工作人员进行培训。

2018 年 8 月 13—17 日，设管中心组织专家对湖北省丹江口水库移民安置进行技术性验收条件符合性核查，并于 23 日下发《关于印发湖北省丹江口水库移民总体验收（终验）技术性验收条件核查意见的函》。

2018 年 9 月 3—7 日，设管中心组织专家对河南省丹江口水库移民安置进行技术性验收条件符合性核查，并于 13 日下发《关于印发河南省丹江口水库移民总体验收（终验）技术性验收条件核查意见的函》。

2018 年 10 月 8—12 日，设管中心组织专家组开展湖北省丹江口库区文物保护项目技术性验收，形成《南水北调工程丹江口水库移民总体验收（终验）——湖北省文物保护项目技术性验收报告》。

2018 年 10 月 15—23 日，设管中心组织专家组开展湖北省丹江口水库移民安置技术性验收工作，分 5 个验收小组赴库区和外迁安置区 16 个县（市、区）进行验收，形成《南水北调工程丹江口水库移民总体验收（终验）——湖北省移民安置技术性验收报告》。

2018 年 10 月 29 日至 11 月 2 日，设管中心组织专家组开展河南省文物保护项目技术性验收工作，形成《南水北调工程丹江口水库移民总体验收（终验）——河南省文物保护项目技术性验收报告》。

2018 年 11 月 9—15 日，设管中心组织专家组开展河南省丹江口水库移民安置技术性验收工作，分 3 个验收小组赴库区和外迁安置区 11 个县（市、区）进行验收，形成《南水北调工程丹江口水库移民总体验收（终验）——河南省移民安置技术性验收报告》。

2018 年 6—11 月，档案管理技术性验收专家组组织开展河南、湖北两省丹江口水库移民档案技术性验收工作，形成《南水北调工程丹江口水库移民总体验收（终验）——河南省档案技术性验收报告》《南水北调工程丹江口水库移民总体验收（终验）——湖北省档案技术性验收报告》。

2018 年 12 月 13—14 日，设管中心组织专家在湖北省武汉市召开南水北调工程丹江口水库移民总体验收（终验）技术性初步验收会议，形成《南水北调工程丹江口水库移民总体验收（终验）技术性验收报告》。

2019 年 12 月 5—7 日，在移民安置、文物保护、档案管理技术性验收成果的基础上，水利部组织开展南水北调中线工程丹江口水库移民安置总体验收（终验）行政验收工作，审议并通过《南水北调中线工程丹江口水库移民安置总体验收（终验）报告》。

2. 验收内容及方法

（1）验收范围

总体验收范围包括丹江口水库库区和外迁移民安置区。其中，库区包括河南省南阳市淅川县，湖北省十堰市丹江口市、武当山特区、郧县、郧西县、张湾区等 6 个县（市、区）；外迁安置区涉及两省 12 个省辖市的 44 个县（市、区），以及 4 个省直管市。

（2）验收内容

总体验收内容主要包括移民安置、文物保护、档案管理等三大类。

1）移民安置。

移民安置验收内容包括农村移民安置、城（集）镇迁建、工业企业迁建、专业项目复建、库底清理、资金使用管理、其他验收等 7 项。

①农村移民安置：分为生产安置和搬迁安置两类进行验收。其中，生产安置验收生产用地的地类、人均标准及分配到户的情况；搬迁安置验收集中居民点新址的征地情况，以及道路、给水、排水、电力等主要基础设施建设，还包括移民房屋建设和搬迁、补偿协议签订及补偿费用兑付等情况。

②城（集）镇迁建：包括城（集）镇基础设施建设、居民安置、单位迁建 3 类。其中，城（集）镇基础设施建设验收城（集）镇新址的征地情况，以及道路、给水、排水、电力、通信、广播电视等主要基础设施的建设情况；居民安置验收居民房屋建设、居民搬迁、补偿协议签订及补偿费用兑付等情况；单位迁建验收补偿协议的签订及补偿费用的兑付情况。

③工业企业迁建：主要验收补偿协议的签订及补偿费用的兑付情况。

④专业项目复建：包括复建项目、一次性补偿项目、地质灾害治理项目等。其中，复建项目验收工程实施、功能恢复和行业验收情况；一次性补偿项目验收补偿协议的签订和补偿费用的兑付情况；地质灾害治理项目根据采取的治理措施分别进行验收，对于采取搬迁避让方案的地质灾害项目，验收灾害体上人口的搬迁情况；对于采取工程治理措

施的地质灾害项目,验收工程实施及行业验收情况;对于采取监测措施的地质灾害项目,验收监测预警系统建设情况等。

⑤库底清理:主要检查丹江口水库蓄水阶段库底清理验收所指出问题的处理情况。

⑥资金使用管理:主要包括完工财务决算的编制情况,移民工程项目的投资、资金到位、资金使用等情况(直接引用财务决算数据),以及历次审计和稽察问题整改意见和整改落实情况。

⑦其他验收:一是了解移民生产生活的恢复情况,二是对移民安置工程的环境保护和水土保持验收工作进行程序性检查。

2)文物保护。

文物保护验收内容包括地下文物和地面文物。

①地下文物:主要包括勘探发掘项目的实施、整理研究(包括资料发表、出版情况)、出土文物保管、档案管理及完工验收情况。

②地面文物:包括搬迁保护项目、原地保护项目、登记存档项目等。其中,搬迁保护项目验收复建地点、工程建设情况(拆迁资料、搬迁复建勘察设计方案、省文物局评审批复文件、组织施工阶段项目施工资料、监理资料、竣工验收资料及其他相关资料)、验收情况等;原地保护项目验收工程建设情况和验收情况;登记存档项目验收资料整理和建档情况。

3)档案管理。

档案管理验收内容主要包括档案管理、档案归档、档案整理、档案保管、档案利用等5个方面,同时了解档案信息化建设情况(包括软件、数字化和数据安全等)。

①档案管理情况:包括组织管理和制度管理。

②档案归档情况:包括归档手续、时间和档案移交。

③档案整理情况:包括档案的完整性、准确性和系统性。

④档案保管情况:包括档案库房、保管条件和档案装具。

⑤档案利用情况:包括检索工具、档案编研工作、档案借阅和利用等。

(3)验收方法

总体验收终验包括技术验收和行政验收两步。

1)技术验收。

①分省进行,对初验工作进行抽样检查。②抽查样本采用随机抽样和偏好性抽样方法,结合分类验收需求综合确定,覆盖各种处理方式,抽查比例原则上不低于总量的10%,抽查对象不足1个的按1个抽查。③按分类评定和总体评定两个层次进行验收评定工作,先对分类验收的抽样样本进行评定,若样本全部合格,则评定分类验收合格;当分类验收全部合格时,则评定总体验收合格,并填写验收评定表。④编制验收报告,报请

验收委员会审议。

2)行政验收。

①实地查看丹江口水库在两省的部分移民安置、文物保护项目和档案整理情况；②由验收委员会召开行政验收会议(评议大会)，听取技术验收组的汇报，审议验收报告并签署验收意见。

3. 验收结论

(1)移民安置

农村移民生产安置用地已按规划标准基本落实并分配到户，移民收入水平达到或超过原有水平；居民点基础设施建成并投入使用；移民房屋完成验收，移民已搬迁入住，居住环境显著改善，移民普遍对搬迁安置较为满意。城(集)镇基础设施建设完成并投入使用，居民房屋已建成，居民已搬迁入住。单位、工业企业均已签订补偿协议或复建委托协议，补偿费用基本兑付，复建单位和企业已经完成建设。复建专业项目已完成并投入使用，并已通过行业验收，功能得到恢复；一次性补偿专业项目已签订补偿协议，补偿费用基本兑付。移民资金使用比较规范，移民个人财产补偿费已全部兑付，集体部分补偿费用基本兑付，完工财务决算按时完成。历次审计、稽查提出的问题已按要求整改。库底清理、移民安置工程环境保护和水土保持分别通过了行业专项验收。丹江口水库移民安置任务已完成，移民居住环境大幅改善，生产生活水平得到恢复和提高，完成了移民安置规划设计目标任务，库区和移民安置区社会总体稳定。

(2)文物保护

地下文物勘探发掘任务全部完成，出土文物保管安全有序，勘探、发掘、资料整理、档案管理规范，考古报告(简报)已发表或具备发表条件。地面搬迁保护文物、原地保护文物、登记存档文物的搬迁、保护和登记存档工作已完成，并通过省文物局验收或确认。

(3)档案管理

南水北调中线工程丹江口水库移民总体验收(终验)的移民档案整体符合相关要求。

丹江口水库移民安置规划任务已完成，移民生产生活条件得到显著改善，收入水平达到或超过其原有水平，后续发展初具规模，社会治理稳步推进，移民正逐步融入当地社会，安置规划目标基本实现。库区文物保护项目全面完成，文化遗产得到保护和利用，文物保护工作取得了丰硕成果，对延续库区文化脉络、传承地方优秀文化传统、加强社会主义文化建设、服务和满足群众精神文化需求发挥了积极作用。移民档案管理措施有力，应归档文件材料收集较为齐全，档案整体质量达到规范要求，保管条件良好，能够满足查询利用需求。验收委员会一致同意南水北调中线工程丹江口水库移民通过总体验收。

第十三章 举措与创新

南水北调中线工程，成败在水质，关键在移民。丹江口水库移民安置任务的顺利完成，是决策者、建设者、管理者和广大移民群众共同努力的结果。在党中央的领导下，国务院南水北调办、项目法人、地方人民政府、规划设计单位、监督评估单位等始终坚持以人民为中心的理念。经过精心策划、细致调查、反复论证、科学规划，集中各方智慧，为实现和谐移民、提升移民的幸福感提供了坚实基础和保障。在丹江口水库移民搬迁安置的各个阶段，参建各方立足实践、大胆探索、勇于创新，形成了一系列富有成效的方式方法。

第一节 前期论证和规划阶段

一、党中央、国务院坚强领导和科学决策

党中央、国务院深谋远虑、科学决策，加强领导、周密部署，真抓实干、强国富民。1952年10月，毛泽东主席视察黄河时说："南方水多，北方水少，如有可能，借点水来也是可以的。"这一伟大构想提出后，广大水利工作者和科研人员认真勘测、论证、规划、设计，提出一系列向南方"借水"的方案。但是受各方面因素的影响，"借水"的工程方案没有启动。21世纪初，党中央、国务院下定决心向南方"借水"。国务院成立了由国务院领导同志亲自挂帅的南水北调建委会及其办公室，全面负责工程的规划、实施。为实现科学用水、有效用水、和谐用水、持续用水的目标，党中央、国务院反复研究、全面部署，制定了南水北调总体方案，工程分东、中、西三条线路调水。南水北调工程是新时期党中央、国务院决策兴建的功在当代、惠及子孙的千秋伟业，对优化我国水资源配置，促进经济社会全面、协调、可持续发展，改善民生，实现中华民族伟大复兴，具有重大意义。党和国家领导人多次视察并指导移民工作，提出一系列明确要求和重要指示。党中央、国务院的坚强领导和科学决策是移民工作取得成功的重要保证。

二、移民工作管理体制健全高效权威

1978年，水电部成立南水北调规划小组。1979年，水利部专门设立南水北调规划办公室，1997年该办公室更名为调水局。水电部南水北调规划小组、水利部南水北调规划办公室、调水局等专门机构，相继承担南水北调前期工作的组织、协调与管理职责，以及南水北调运行具体管理工作和协调全国跨流域调水工程相关工作，推进了南水北调工作的论证和启动。2003年，国务院成立南水北调建委会，负责制定南水北调工程征地补偿和移民安置的重大方针、政策、制度，研究解决重大问题等；国务院南水北调办作为南水北调建委会的办事机构，负责具体协调事务，这是继举世瞩目的三峡工程之后，国务院再次下设专门办事机构进行管理的重大水利工程。2004年8月，水利部组建了水源公司（南水北调中线水源工程建设的项目法人）全面负责库区征地移民相关实施管理工作等。

丹江口库区移民搬迁安置人数大，涉及区域广、资金投入量大，时间紧迫，没有强有力的管理体制作为组织保障，是很难完成的。经国务院同意，南水北调建委会印发的《南水北调工程建设征地补偿和移民安置暂行办法》明确规定，南水北调工程建设征地补偿和移民安置工作实行“国务院南水北调工程建设委员会领导、省级人民政府负责、县为基础、项目法人参与”的管理体制。2006年，国务院颁布的《移民安置条例》规定“移民安置工作实行政府领导、分级负责、县为基础、项目法人参与的管理体制”。这两项规定共同奠定了丹江口库区移民管理的基本框架。

“国务院南水北调工程建设委员会领导”。南水北调建委会是高层次的决策机构，其任务是决定南水北调工程建设的重大方针、政策、措施和其他重大问题。国务院南水北调办作为南水北调建委会的办事机构，负责组织制定南水北调工程移民迁建的管理办法；指导南水北调工程移民安置工作，监督移民安置规划的实施；参与指导、监督工程影响区文物保护工作。内设环境移民司，指导、协调和监督南水北调工程移民安置规划的实施；研究拟订南水北调工程有关移民政策；参与审核南水北调移民工程项目建议书、可行性研究报告；参与编制移民安置年度计划并对执行情况进行监督检查；协调移民工作中的重大问题；参与指导、监督工程影响区文物保护工作。南水北调建委会及其办公室在丹江口库区移民管理中，起到了统筹全局的作用。在国务院南水北调办主管移民工作的同时，国务院有关部门，如发改委、财政部、审计署、建设部、国土资源部、环保部等，依法对移民的有关业务工作，如移民资金审批与管理使用、工程建设质量、城镇规划及用地、环境保护等方面，进行了管理、监督和指导。

“省级人民政府负责”。河南、湖北两省均成立了高规格的移民安置指挥部，省委、省政府主要领导分别任政委和指挥长或副指挥长，统一领导移民迁安工作。指挥部下设办公室，作为指挥部的日常办事机构，具体负责移民迁安工作的组织、协调、指导、监督、检查和服务等工作。

“县为基础”。河南、湖北两省涉及的市、县（市、区）均成立了移民安置指挥及管理机构。市级移民安置指挥部（领导小组）对南水北调征地移民工作负有组织协调责任，全面贯彻国家、省南水北调征地移民政策，协调市级相关部门、县级人民政府做好南水北调征地移民有关工作，组织、督促县级人民政府做好南水北调征地移民实施方案的落实工作。市级移民管理机构具体负责本辖区丹江口库区移民安置工作的组织和实施。县级移民安置指挥部（领导小组）负责移民搬迁安置宣传动员工作，落实移民安置政策，组织完成移民安置总体对接和具体对接工作，编制移民搬迁与安置实施方案，组织完成移民资金结算工作与搬迁后续工作，移民搬迁后纳入安置地管理。

“项目法人参与”。水源公司作为丹江口大坝加高工程的项目法人，按照相关规定参与移民安置工作。

上述移民工作管理体制明确了政府及项目法人在移民工作中的职责，分级负责的模式较好地处理了中央和地方在移民安置中的关系，极大地调动了地方各级政府做好移民工作的积极性，增强了工作责任感。实践证明，这一健全、高效、权威的管理体制为做好移民工作提供了组织保证。

三、项目法人前期积极介入筹划，协调解决突出问题

在南水北调中线一期工程从前期论证到初步设计成果审定的过程中，水源公司及时与国务院南水北调办主管业务司和两省移民主管部门沟通、协调，全面收集各方意见和建议，并反馈至主体设计单位，积极推动了移民安置规划工作，主要体现在以下方面。

1. 积极推进坝区规划编制及报审

长江设计院编制完成《坝区初设规划报告》《坝区初设规划补充报告》后，水源公司随即组织对报告进行初审，并对修改后的报告按程序报审；在坝区初设规划报告批复之前，水源公司主动担当，与湖北省移民局签订《南水北调中线水源工程前期施工准备工程坝区征地移民投资委托协议》，明确按照鄂移〔2004〕231 号文拟定的临时控制标准开展坝区征地移民工作，并及时筹措、拨付资金，保障了坝区建设征地和移民安置工作的顺利开展。

2. 积极参与可行性研究总报告编制

南水北调工程第二次前期工作会议提出需对《可研总报告》进行修订后，2008 年，根据国务院南水北调办的部署，水源公司委托长江设计院对投资估算进行调整，并针对投资变化，对工程管理、工程建设征地、工程投资估算、经济评价等方面进行了修订，同时，

按照修订后的投资重新测算了水价。对修订后的《可研总报告》,水源公司及时组织了预审和上报,同年11月获得批复。

3. 积极组织初设阶段规划报告编制

根据南水北调建委会第二、三次会议精神,水源公司于2005年7月向国务院南水北调办上报了《关于上报南水北调中线水源工程初步设计组织方案的报告》。长江设计院于2005年底开始编制《初设规划大纲》并经过审查,据此于2006年底完成了《规划报告(讨论稿)》,2007年1月,水源公司组织召开农村规划报告讨论会。根据讨论会意见,长江设计院于同年6月完成《初步设计规划报告》(初稿)。随即,水源公司向国务院南水北调办环境与移民司报送了《关于提前开展丹江口大坝加高工程水库征地移民初步设计咨询工作的请示》,并根据国务院南水北调办批准的《初设规划大纲(修订)》,于2008年11月全面组织开展初步设计修订工作。至2009年5月,分农村、城(集)镇、工业企业、专业项目、单价分析5个单项分别进行初审及修订完善。在中咨公司组织专家对农村、城(集)镇、工业企业、专业项目的概算进行评估后,水源公司于2010年2月以中水源移〔2010〕33号文将编制完成的《初步设计规划报告》上报国务院南水北调办,同年5月获得批复。

4. 积极参与试点规划设计工作

水源公司按照要求组织开展库区移民试点规划设计工作,委托长江设计院于2007年11月上旬编制完成了《南水北调中线一期工程丹江口水库建设征地移民安置试点方案工作细则》。针对试点方案编制过程中存在的问题,水源公司于2008年3月7—9日邀请专家召开咨询会,形成了丹江口水库建设征地移民试点方案咨询意见。2008年4月1—2日,水源公司邀请专家对长江设计院完成的《试点规划报告》进行预审,并于2008年4月25日以中水源移〔2008〕53号文将修改后的《试点规划报告》报送设管中心,同年10月该报告获得批复。

5. 积极参与文物保护前期工作

在库区文物保护初步设计批复前,水源公司配合地方文物部门分2005年、2007年和2008年3次上报库区控制性文物保护项目,累计获得国家批复投资19120万元(含500万元遇真宫前期工作经费)。在投资计划下达后,水源公司及时与两省移民机构签订文物投资协议并拨付资金。2009年10月,国务院南水北调办对库区文物保护初步设计报告进行批复,核定除前三批控制性文物外的文物保护投资22525.45万元。2011年6月国务院南水北调办对南水北调中线一期工程武当山遇真宫垫高保护工程初步设计概算进行批复,核定投资12379.7万元(扣除500万元前期工作经费)。至此,库区文物保护共批复总投资54025.15万元。

6. 积极推动政策性问题解决

对涉及政策性的问题，水源公司通过向上级汇报、召开专题会或咨询会等形式得到了一定的突破。例如，价格水平年问题，2003 年开始编制移民安置规划时，补偿投资采用的是 2002 年底价格水平。到 2009 年对初设规划修订时，物价上涨较快，移民政策变化较大，各行业估算、概算、预算编制办法及定额标准也发生了变化，必须调整价格水平年。但价格水平年的调整会对投资带来何种影响，是各方都关心的问题。为此，水源公司委托长江设计院专门编制了《丹江口水库建设征地移民安置规划初设修订补偿单价分析有关说明》，并组织专家对补偿单价的编制依据、价格体系、单价分析结果、补偿投资增长指数的变动趋势及合理性进行咨询，为价格水平年的决策及最终补偿投资的核定提供了技术支撑。

四、规划设计准确把握时代特征，为移民安置起到了切实的指导和保障作用

丹江口水库大坝加高工程移民安置初步设计规划始于 20 世纪 90 年代初，历经 20 余载，先后经历了初步设计、可行性研究总报告编制、试点移民安置方案编制、初步设计修订、实施规划等多个阶段。2010 年 5 月，国务院南水北调办批准了《初步设计规划报告》，河南、湖北两省举全省之力全力推进移民安置工作，仅用不到 3 年时间，就完成了 34.5 万移民的搬迁和大量设施的重建工作，时间之短、强度之大、难度之高，举世罕见，创造了共和国水利移民史上的奇迹。这个奇迹的诞生，与科学合理的规划设计密不可分。丹江口水库建设征地移民规划科学合理，对移民安置的顺利实施起到了基础性的保障作用。主要体现在以下几个方面。

（一）坚持以人民为中心、充分尊重移民意愿

丹江口水库移民安置规划中，无论是实物调查、移民安置方案，还是补偿补助体系和标准，都很好地维护了移民合法权益，切实关注移民的生产生活。在国家政策框架内，牢固树立“一切为了移民、为了移民的一切”的规划思想。可以说，以人民为中心的理念，是做好移民安置规划的核心和精髓。

在尊重移民意愿上，规划人员通过调查问卷的形式，分户调查移民生活水平现状、社会经济特征和生产安置、搬迁安置意愿等，以期了解移民的真实想法，并在规划编制中充分尊重和反映移民的意见。实物指标调查成果必须通过移民认可签字才纳入规划，这也是对移民权益尊重的体现。

在安置方案确定上，突出“以土为本，以农为本”的原则，确保移民长治久安；严格执行人均水地 1.05 亩或旱地 1.4 亩的标准，保证每位移民“耕者有其田”；坚持移民人均最低 $24m^2$ 砖混住房，补偿费用不足部分增列建房困难补助，保证每位移民“居者有其屋”。

迁出乡与安置县的安置方案由移民群众认可。

在居民点选择上，坚持“三边”原则，使居民点尽量靠近国道边、城镇边、工业集聚区边，方便移民生产生活，为致富发展创造条件；政府组织移民代表多次到现场，征求移民意愿，直到移民满意。

在基础设施建设上，对交通、电力、供水方案等进行详细勘察设计，并反复论证，保证移民安置方案可行可靠；对移民的土地安排土地整理，兴修农田水利，改善生产条件，提高粮食产量，确保移民粮食生产自给有余。

在房屋设计方面，设计单位按照新农村建设的标准，组织专家为移民设计了几十种优美户型，提供多种方案让移民代表选择。

正是因为坚持“一切为了移民，为了移民一切”，以移民的切身利益为本，充分尊重移民意愿，组织移民全程参与，切实保障移民的参与权和知情权，最大限度地维护好移民的合法权益，才能提出符合两省广大移民意愿的移民安置规划方案。

(二)坚持规划与区域经济社会发展相结合，与新农村建设相结合

生产安置规划的实质是对因水库淹没失去土地的农村人口重新安排生活出路，关系到移民未来的生活。水库移民的妥善安置是移民安置区社会经济良性运行和协调发展的必要前提。在丹江口水库移民生产安置规划编制过程中，长江设计院高度重视生产安置方案与地方经济发展规划相协调，既考虑了现实基础，又兼顾未来需求，立足现状，展望未来。立足现实基础，是指规划在符合国家相关政策规定的前提下，考虑采取补偿恢复措施；展望未来需求，是指规划顺应国家和区域经济发展的要求，把握未来发展趋势，在规划中适当留有发展空间。

在《初步设计规划报告》的指导思想、规划原则中提出：“丹江口水库征地移民规划设计必须根据国家的有关政策和法规，按照前期补偿、补助与后期扶持相结合的原则，妥善安置移民的生产、生活，保护移民的合法权益。”“水库移民安置规划设计应与社会主义新农村建设有机地结合，有利于安置区的经济社会发展和长治久安，有利于移民和原居民的加速融合。”“库区专业项目复建规划遵循‘原规模、原标准或恢复原功能’的原则，结合丹江口库区的实际情况以及地方和行业发展规划，进一步完善网络布局，复建项目能够满足当地群众生活的需要，有利于库区经济持续发展。”“以恢复受淹城(集)镇的原有功能和妥善安置城(集)镇移民为主要目标，正确处理近期建设和远期发展的关系，合理确定城(集)镇迁建规模和建设标准。”

移民安置规划与经济社会发展相结合：注重将移民搬迁安置与新型城镇化和新农村建设相衔接，着力打造移民新型社区、幸福美丽新村，致力于通过搬迁让移民过上好日子。在移民安置工作中，突出以农为主、以土为本，使移民长远发展有保障，协调各行业支农惠农政策和资金优先向安置区倾斜支持。在移民发展项目补助、税费减免、贴息贷款等方面出台优惠政策给予支持，有力地促进了移民安置区的建设和发展。

移民安置规划与社会主义新农村建设相结合：注重移民新村建设与农村环境整治相结合，统筹考虑了交通、水电、广播、通信及公建设施等各个方面；也注重移民经济发展与新农村经济发展相结合，通过配置稳产高效的口粮田、配置适当的养殖园区、整合相关行业资金和开展职业培训等方式，积极解决生产和发展问题。

丹江口水库的建设虽然造成了一定的淹没损失，导致大量人口迁移，但也极大地改善了库区和安置区的生产条件和生活环境，为区域经济发展创造了良好的条件。通过移民搬迁安置的实施，以及移民投资的拉动效应，推动区域发展，并采取科学的规划措施使移民能够分享到区域发展带来的增量效益，既解决了移民问题，又推动了地方经济社会发展，实现了“建好一座水库、带动一方经济、改善一片环境、造福一批移民、促进一方和谐”的多赢目标。

（三）坚持试点先行，进行有益探索

从 2003 年实物指标调查结束到 2007 年，丹江口水库移民一直未搬迁。在此期间，移民工作环境发生了显著变化。2006 年，新移民条例颁布，依据新移民条例编制的《丹江口移民安置规划设计规范》于 2007 年 12 月正式施行，新情况、新形势、新规范均对移民安置规划工作提出了新的要求，社会各界、政府部门、群众对移民安置都给予了空前关注。

丹江口水库移民规模较大、涉及范围广、迁复建项目众多。国务院办公厅于 2003 年 2 月 28 日发布“停建令”以来，库区农村生产配套设施建设、基础设施建设等基本停止，部分移民的生产生活条件较差，地方人民政府和移民群众普遍要求尽快开展搬迁安置工作。同时，安置区（县）大部分缺乏移民经验，即使有过移民搬迁经验的区（县），其经验也不再适应新形势。为此，国家决定在大规模移民前，选择具有代表性的区域和项目开展实施试点，循序渐进，以此发现问题、取得安置经验。国务院南水北调办于 2007 年 10 月至 2008 年 7 月组织长江设计院完成了丹江口库区移民试点方案的编制工作。该试点方案全面贯彻科学发展观和以人为本的执政理念，明确了规划指导思想，在以往移民工作经验教训的基础上，提出了以人为本、可持续发展的工作原则，探索了新做法，结合库区和安置区的实际情况调整移民安置规划，在用足用够国家各项移民政策的基础上，全面完善了移民安置标准、移民身份界定条件、移民安置方式和补偿投资体系，将执行政策的严肃性和解决问题的灵活性结合起来，基本解决了国家政策、规范、标准和移民合理诉求之间的矛盾，为试点移民的顺利搬迁创造了条件，也为后来的初设规划修订提供了支撑。例如，将集中居民点人均建设用地标准由 $80m^2$ 提高至 $85m^2$；将集中居民点对外道路路面结构由泥结碎石调整为硬化路面，将移民搬迁运输车辆由 1 户 1 车调整为 1 户 2 车等 10 项调整。可以说，如果没有试点，大规模移民搬迁绝不会完成得如此顺利和快速。

经全面检验，两省移民试点工作旗开得胜，最主要经验是理顺了移民工作机制，完善了工作制度。例如，河南省人民政府成立了南水北调中线工程建设领导小组及河南省移民安置指挥部。地方各级党委、政府把移民工作作为“一号工程”和“一把手工程”来抓。省、市、县各级人民政府间还层层签订了移民安置工作责任书，使移民安置工作做到事事有人管、人人有事干、件件有落实。基层村积极组织动员，充分发挥战斗堡垒作用，迁安组织坚守一线，充分发挥协调沟通作用。省移民办制定管理办法、工作制度、包县工作组纪律等，形成了比较完善的制度管理体系，做到了用制度管事、管人、管权，有效规范了移民安置实施、监督检查、计划管理、建设管理等各项工作，促进了移民工作健康有序开展。后续开展的大规模搬迁沿袭试点工作的机制体制，全省上下一盘棋，各负其责，齐心协力，全力推动移民工作的顺利进行。湖北省成立由李鸿忠省长任指挥长，田承忠副省长任副指挥长，省直40个委(办、厅、局)主要负责人为成员的移民安置指挥部，全面领导指挥全省移民工作，在对接工作中最大限度地尊重和满足移民意愿，将移民搬迁安置与新农村建设和全面建设小康社会结合起来，控制规模，适当集中，科学安排居民点布局，把各项惠民政策用足用够用活，从政策层面最大限度地满足移民安置和发展的需求。同时，建立移民工作结对联系机制、移民安置工作协调机制、移民用地移交机制，把协调配合工作做好，形成整体推进工作合力。

(四)坚持各方团结，通力协作

移民安置规划涉及面极广，不仅涉及国家、省、市、县等各级人民政府，还涉及移民、国土、林业、公安、交通、电力等多个部门；不仅涉及规划的领导者、组织者和规划编制者，还涉及移民安置规划的实施者和项目法人，各方相互间的配合与协作尤为重要。丹江口水库移民安置规划，正是凭借良好且高效的管理体制保障，有各方的通力协作，才得以顺利展开。

南水北调丹江口库区移民安置规划工作受到各级领导的重视。中央领导在视察河南省、湖北省时，都强调要确保移民妥善安置和长期稳定。每到关键时刻，党中央、国务院领导同志都会及时给予鼓励和支持，国务院南水北调办等部委也会及时给予指导和协调。按照“国务院南水北调工程建设委员会领导、省级人民政府负责、县为基础、项目法人参与”的移民管理体制，南水北调建委会及国务院南水北调办充分发挥其领导作用，精心谋划，科学决策，超前运作，积极应对，集中会诊，解决问题，有效保障了移民搬迁安置规划工作健康、有序开展。

国务院南水北调办作为南水北调建委会的日常办事机构，其下设的环境与移民司(2009年后为征地移民司)具体负责移民工作。在规划编制工作中，主要职责是研究拟订有关移民政策，协调移民工作中的重大问题，参与审核并批准移民安置规划报告。例如，随着国家法律、法规、政策的不断完善，国务院南水北调办分别在2006年、2008年组织长江设计院对《初设规划大纲》进行修订，按照当时国家政策要求，对规划依据、指导思想、规划原则、工作内容和概算编制等方面进行了全面调整，并分别以国调办环移〔2006〕31号文、综环移函〔2008〕396号文对《初设规划大纲（修订）》予以批复，为规划顺利编制奠定了坚实基础。

作为管理体制中的项目法人，水源公司同样起到了不可或缺的作用，不仅参与了全过程，而且在每个阶段扮演着重要角色。尤其在前期论证和规划阶段，水源公司出色地发挥了沟通协调作用，累计签订设计合同14项，将各方意见和建议整合到规划报告的编制中，不断修改完善，保证了规划报告的及时报批。

规划设计单位长江设计院全程参与丹江口水库移民的决策、规划、实施全过程。该单位高度重视，集合重要技术力量，充分发挥集体智慧，在规划过程中实事求是、科学严谨，全面贯彻科学发展观和以人为本的理念，提出的规划方案基本解决了国家政策、规范、标准和移民诉求之间的矛盾，对农村、城镇、工业企业、专项、概算等专业领域的特殊问题，提出了合理的解决办法。丹江口水库建设征地移民规划科学合理，为移民安置的顺利实施起到了基础性的保障作用。

五、科学创新审查方法、程序，保障库区移民审查评审工作有效有序进行

（一）审查方法创新

丹江口库区移民搬迁规模庞大、改（复）建项目众多，且涉及多方利益，使得移民搬迁安置任务十分艰巨。丹江口水库移民安置规划包括农村移民安置规划、城（集）镇迁建规划、工业企业迁建规划、专业项目复建规划等专项规划，内容包罗万象、类别众多，加之时间紧迫，传统的方法与手段难以胜任如此繁重的审查评估工作。因此，需要不断创新审查方法。

1. 集思汇智、广开言路审查

为提高审查评估质量，技术审查单位聘请了专业齐全的评审专家团队，不仅邀请了国内水利行业的顶尖专家，还将国内有重要影响、专业知识精湛、声誉良好的水电行业等各类专家纳入专家库，确保专家来源广泛。针对丹江口水库移民专题多、工作量大的特点，技术审查单位从规划、地质、水工、建筑、施工、机电、环保、造价等专业抽调人才，与水库移民专业专家一起组成了强大的评审技术专家团队，充分发挥团队精诚合作优势，严把质量关。

2. 创新模式、突出实效审查

在规范的基础上，评审方式有所突破。除采用传统的会前查勘、会议评审方式外，还

采用现场核查评审等多种方式。为保证评审结果的合理性，在评审方式上较多采用现场核审方式，特别是涉及淹没实物指标的复核处理等，现场核查评审成为主要方法。

3. 实事求是、问题导向审查

根据丹江口水库两次淹没且淹没区域人均指标少的实际情况，同意在规范之外增列建房困难补助、生产增补费等项目。

4. 沟通协商、发扬民主审查

充分征询国务院南水北调办，河南、湖北两省移民主管部门，县(市、区)人民政府及其相关部门，设计单位及监督评估单位意见，并及时进行沟通协商，以公开、公正、民主的方式组织审查。

(二)审查程序创新

1. 制定管理制度

为加强南水北调工程初步设计管理，依据《建设工程勘察设计管理条例》《国务院南水北调工程建设委员会第二次全体会议纪要》《南水北调工程建设管理的若干意见》，以及国务院《研究南水北调工程建设有关问题的会议纪要》等，国务院南水北调办制定了《南水北调工程初步设计管理办法》，规范了初步设计的组织编制和审批程序，确保了初步设计成果质量和工作进度。

2. 明确责任单位

国务院南水北调办作为初步设计工作的行政主管部门；水源公司是丹江口水库大坝加高工程初步设计组织管理的责任单位。

3. 重视勘察设计

高质量的勘察设计成果，主要依靠勘察设计单位。

(1)严控单位资质

承担南水北调工程勘察工作的单位，应具备综合类工程勘察甲级或专业类工程勘察甲级资质。承担南水北调工程设计工作的单位，应具备水利行业设计甲级资质。承担专项工程设计工作的单位，应具备相应工程专项设计甲级资质。

(2)明确设计依据

初步设计报告应依据现行水利及其他有关行业的规范，以及国务院南水北调办批准的初步设计技术规定进行编制。报告中的建设规模、建设标准和建设内容符合国家批准的《可研总报告》或单项工程可研报告。

4. 规定审查程序

包括项目法人初审、程序性审核、技术审查和概算评审四步。

5. 明确审查依据

应依据国家行政法规、相关规定，以及国家批准的《可研总报告》或单项工程可研报告，审查初步设计报告是否满足现行国家、行业规程规范要求，并从工程的安全可靠性、经济合理性和技术可行性等方面，提出审查意见。

（三）主要成效

1. 把握了移民安置政策方向，影响深远可鉴今后

丹江口水库移民安置规划审查评审移民范围广、项目多，参与的专家广泛、层次高；理论技术方法创新具有系统综合性、政策革新性，对设计单位提出的超越规定、规范的建议，及时予以确认，保证了最终移民安置实施情况与移民规划设计成果基本吻合，为后期规范修改提供了可借鉴范例。

在国务院南水北调办的领导下，在水源公司的协调组织下，在河南、湖北两省各级人民政府及全国有关部门的支持和配合下，长江委和多家协作单位经过各方面长达8年（2002—2018年）的艰苦努力，完成了《库区移民安置规划报告》的编制任务。《库区移民安置规划报告》经过严格评审、评估，充分体现了以人为本的理念，促进了方案最优化，有力地保障了移民搬迁安置工作顺利、有序进行，取得了显著的社会效益和经济效益。

2. 完善了移民规划审查评审制度，依法依规

移民规划审查评审制度建设是保障移民规划审查评审质量与效果的重要前提。有关部门十分重视移民规划审查评审制度建设，建立了较为完善且规范的审查评审制度，促进了移民规划审查评审工作向规范化、科学化发展。为规范移民安置规划与设计审查评审，国务院南水北调办及时制定并出台了《南水北调工程初步设计管理办法》等规章制度，水规总院、中咨公司作为国务院南水北调办委托的、具有相应资质的且在国内外享有盛名的技术审查单位，也针对丹江口水库移民工程规划设计审查评审制定了相应制度，保证了库区移民审查评审工作正常有序地进行。

3. 发扬了专家学者独立思考精神，客观公正

独立公正地开展移民规划审查评审，是保证审查评审质量的关键。丹江口水库移民工程牵涉面广，利益相关者多。地方人民政府想通过移民投资改变当地面貌，具有争项目、争投资的倾向和动力。如果没有第三方对规划严格把关，可能会产生严重的决策偏差，影响移民安置工作的顺利进行。审查评审组织单位，一方面加强评审制度建设，另一方面加强评审专家的选择，邀请国内信誉度高、审查评审经验丰富且专业阅历深厚的资深专家和学者参与移民规划审查评审。专家在审查评审过程中，本着对国家、历史、移民负责的精神，严格遵守有关规范与标准，坚守职业道德，顶住各方压力，不受外来干扰，独立开展审查评审工作，提出客观公正的评审意见，保证了审查评审工作客观公正、科

学合理。

4. 形成了完善的移民工程决策程序，有序规范

在丹江口水库移民工程的实施过程中，国务院南水北调办、水源公司和库区各级人民政府摆脱了20世纪60—70年代计划经济时期丹江口水库初期移民盲目决策的影响。为适应新时期工程建设的实际需要，将科学决策引入移民工程决策中，把移民规划审查评审确定为工程决策的关键组成部分，加强对移民规划审查评审工作的领导与监督，保证了移民规划审查评审达到预期目的。国务院南水北调办对专家审查评审工作十分重视，将审查评审工作列入移民工作的重要议事日程。分管领导亲自参与并指导移民规划审查评审工作，保证了审查评审工作正常有序地进行。同时，将移民规划审查评审的结果作为项目决策的重要依据，明确规定重大移民工程不进行专家审查评审不予审批。在审批移民规划时严格把关，要求严格按照专家审查评审意见进行修改完善，从而提高了移民工程规划与设计的质量，为移民工程的实施创造了良好条件。

第二节　实施阶段

一、党委统一领导、多方参与，高效推动移民安置实施

两省在借鉴长江三峡工程和黄河小浪底工程的移民经验的基础上，并结合实际情况，实行“党委统一领导、政府分级负责，县、乡政府为主体，项目法人参与”的实施管理机制。同时，充分发挥规划设计、监督评估等单位的技术优势，有力地促进了移民迁安工作的顺利开展。

1. 各级党委政府高度重视，组织得力，各部门广泛支持

2009年7月，河南省委、省政府印发《关于成立河南省南水北调丹江口库区移民安置指挥部的通知》，接着河南省南水北调丹江口库区移民安置指挥部印发《关于河南省南水北调丹江口库区移民安置指挥部领导分工的通知》《关于省直单位分包南水北调丹江口库区移民迁安工作的通知》。由省委副书记担任政委，分管副省长担任指挥长，省人大、政协领导担任副政委，省委、省政府重要部门领导担任副指挥长，省直有关部门及有关下辖市领导作为成员。从省直有关部门抽调30多名得力人员，脱离原工作岗位，实行集中办公。各有关市、县也成立了高规格的指挥部或领导小组。湖北省人民政府办公厅于2009年7月印发《关于成立湖北省南水北调中线工程丹江口水库移民搬迁安置指挥部的通知》，由省长担任指挥长，副省长担任常务副指挥长，省政府副秘书长、省移民局局长担任副指挥长，省直40个委(办、厅、局)主要负责人作为成员。指挥部下设办公室，负责移民安置的日常事务。同时，湖北省建立了省委常委和省政府副省长与有关库区安

置区联系点制度，9名省委、省政府领导与承担丹江口水库移民搬迁安置任务的10个市实行对口联系指导，协调省直部门落实新农村建设有关政策，帮助解决移民工作推进中的困难和问题。成立如此高规格的移民安置指挥部，在全国水利移民史上实属罕见。首先，显示了两省对丹江口水库移民工作的重视程度，将其视为一项政治任务，作为各级政府的头号工程、一把手工程和实行一票否决工程，举全省之力推进。其次，完善了各级党委政府领导移民工作的体制机制，突出了党的领导作用，体现出社会主义制度集中力量办大事的优势。再次，保证了移民安置指挥部的全面性，能够统筹计划和管理。最后，保证了移民安置指挥部的地位，以确保下发文件、指令等的权威性。这种高效且权威的移民指挥工作体系，为移民安置提供了坚实的政治基础和组织保障。

2. 项目法人积极协调、参与、服务移民安置实施

在丹江口水库移民安置过程中，水源公司准确把握自身定位，服从上级业务主管部门决定，信任两省移民主管部门，积极协调各有关单位参与、服务移民规划设计与实施工作，始终做到守位不失位、到位不越位，赢得了各方的理解、信任、尊重和支持，获得了各级人民政府和相关部门的认可，彻底摆脱了过去项目法人长期被置于“掏腰包”的地位，扮演起承前启后、积极参与的重要角色。如2012年，水源公司察觉到库底清理工作在数量和投资上的变化，及时组织设计单位编制《库底清理规划专题报告》，并组织专家审查后上报，填补了库底清理的资金缺口，保证了库底清理工作质量。又如，国家批复的中线水源丹江口大坝加高工程、库区移民安置工程和供水调度运行管理专项工程（第一阶段）3个设计单元项目初设概算中，建设管理费总额108909万元，其中大坝加高工程10225万元，坝区和库区移民安置工程95820万元，供水调度运行管理专项工程164万元。然而，批复概算中未明确实施管理费在两省与水源公司中的分配比例。2005年，水源公司商签订坝区包干协议时，按照国务院南水北调办有关领导“大坝加高工程坝区的征地移民实施管理费暂不考虑项目法人费用，在水库移民时一并考虑”的指示，与湖北省签订坝区征地移民包干协议（协议中水源公司未留管理费）。2008年库区征地移民试点规划批复后，为促进移民工作顺利开展，按照之前国务院南水北调办领导的意见，水源公司与两省签订移民试点包干协议（协议中水源公司再次未留管理费）。2010年《初步设计规划报告》批复后，水源公司随即起草包干协议草案，征求河南省移民办、湖北省移民局意见，但未能达成一致。大规模移民开始后，水源公司从大局出发，勇担风险，采取按两省移民进度和资金需要签订年度支付协议等方式，及时拨付移民资金，为移民工程实施提供了及时、足额的资金保障。2010年后，水源公司多次向国务院南水北调办相关部门汇报并报文请求协调解决，同时与两省移民办（局）进行沟通、协商。2015年，水源公司专函邀请两省移民机构主管领导商议，均未能解决。直到2018年，国务院南水北调办主持裁决后，水源公司才与两省移民机构签订了库区移民包干协议。再如，在试点

移民初设批复后，投资难以纳入当年国家计划的情况下，水源公司在2009年分6次向银行贷款31.45亿元并拨付两省，解决了试点移民资金需求。经统计，库区移民实施过程中，水源公司累计贷款12次，共60.89亿元(占公司贷款总额的84.57%)，着力支持了移民工程开展。在征地移民实施过程中，水源公司参与征地移民实施进度和质量检查等工作，积极配合服务，保障了实施的顺利进行。作为项目法人，水源公司发挥着承上启下、不可或缺的作用。

3. 规划设计对移民搬迁安置技术总负责，提供基础保障

实施阶段，规划设计对移民搬迁安置的指导作用主要体现在实施规划的编制以及现场综合设代工作方面。实施规划阶段，河南、湖北两省移民安置进度目标分别调整为“四年任务，两年完成”与“四年任务，两年基本完成，三年彻底扫尾”后，长江设计院按照两省要求，打破常规的“规划→审批→实施”程序，将实施规划详细划分为：确定分批移民村名单→移民村与集中安置点对接→库区移民安置实施规划→移民村集中安置点“三通一平”要点报告→集中安置点建设说明书→外迁安置区实施规划→实施规划报告→实施规划调整报告→实施规划汇总等9个阶段，压茬进行，全力配合移民搬迁安置进度需求，超常规完成移民安置实施规划设计工作，为移民顺利搬迁提供了技术支撑。移民安置综合设代是落实移民安置规划设计的重要举措，是保障移民安置进度、质量的有力手段，是及时回应各方关切的有效渠道。从2009年9月至2017年6月，设代工作历时9年。在此期间，规划设计单位成立了设代处，派驻设计代表驻扎现场，对移民安置实施工作提供全过程技术咨询服务。重点完成了技术交底、分解细化、设计变更、释疑解惑等事宜，并根据两省移民主管部门要求，对实施方案调整做好技术把关，对移民补偿、移民搬迁、移民安置中的问题提供及时的政策支持和技术支持。经统计，规划设计单位在设代期间提交有关函件、说明书数千份，对移民搬迁安置实施的顺利进行提供了技术保障。

4. 监督评估尽职履责，保障了进度、质量以及资金使用

监督评估是项目管理的有效组成部分，其职能是通过监测、督促、诊断项目实施过程中的问题及可能产生的后果，对项目的实施情况和效果做出评价预测，及时将问题和值得推广的经验信息传递到管理者，以便管理者决策，使项目实施达到最佳效果。丹江口水库移民安置是一项巨大复杂的社会系统工程，参与方众多，为保障各方合法权益，保证移民项目顺利实施，必须加强对移民安置的监督管理。为确保监督评估单位充分发挥作用，两省移民安置指挥部为监督评估单位制定了详细的监督流程，确保其依法行使职责。监督评估单位成立了监督评估项目部，实行监督评估工作负责人全权负责制，开展经常性监督评估工作和阶段性监测评估工作。通过对移民迁建安置工作的规划实施情况、计划完成情况、累计任务完成情况、搬迁安置整体质量和效益的监督评估，实现

了第三方对移民安置工作独立、客观、公正、公平的监督评估，有效维护了移民的合法权益；协调了项目法人、地方人民政府和移民安置实施单位之间的关系，促进了移民安置工作的顺利进行；为地方人民政府和项目法人提供了专业技术服务，实现了移民安置工作的经验共享，提高了移民管理工作水平；全面、准确掌握移民安置实施情况，及时发现问题，有效规避风险，促进移民得到妥善安置，维护了库区和移民安置区社会稳定。

二、多部门联合支持、明确责任，帮助移民顺利搬迁

1. 结对联系指导，建立了责任明确的包干工作体系

水库移民系非自愿移民，移民安置公认“天下第一难”，尤其是丹江口水库如此大规模的移民安置工作，单纯依靠移民部门，能够使用的资源、力量都很有限。河南、湖北两省总结以往移民工作经验，创造了责任明确的分包工作体系，充分发挥各级各部门的职能作用，动员政府部门内的各种资源加大移民安置工作实施力度，确保移民安置任务的圆满完成，实现了移民工作由部门工作行为转变为政府行为。河南省从 2009 年 7 月开始实行了库区移民迁安包县工作责任制，省直 25 个厅局，每个厅局由一名副厅级领导干部带领 5～7 人组成的工作组，分别驻扎在有移民迁安任务的 25 个县（市、区），驻村蹲点，一包到底。各市、县实行了市包县、县包乡、县乡干部包村包户的逐级分包制度。36 个厅局结合各自实际情况，制定了优惠政策，对移民迁安工作给予大力支持。尤其是在移民搬迁期间，各级各部门通力合作，为搬迁提供全方位、保姆式服务，形成了纵向一致、横向同心、合力攻坚的浓厚氛围。搞好移民安置、服务移民搬迁已经成为各级各部门及广大群众的共识。在移民迁安期间，省直 25 个移民迁安包县工作组，常住所包区（县），深入迁安一线，加强督促检查，强化沟通协调，大力实施帮扶，极大地促进了移民迁安工作的顺利开展，为移民迁安工作做出了重要贡献。湖北省委、省政府也建立了移民工作结对联系机制，省直 36 个单位与迁出地 27 个县级人民政府实行“一对一”联系指导，协调省直部门落实新农村建设有关政策，帮助解决移民工作推进中的困难和问题。各区（县）组建帮扶工作队，对口帮扶到户。由安置乡镇领导班子成员、党政干部和党员组建对口帮扶工作队，一名工作队员联系一户移民，主要负责移民户搬迁行李的搬运，包搬迁期间的饮食起居，包解决移民迁入后的生产生活困难，包移民的安全稳定。这种工作体系整合了各相关部门的中坚力量，将丹江口水库移民安置工作分工、责任明确到人，使移民工作的开展处于可控状态。此外，上下级工作的联动，使得上级部门所协调整合的资源能够大力支持下级部门移民工作的开展。

2. 完善制度保障，放大了移民安置政策效应

在丹江口水库移民安置过程中，河南、湖北两省在不折不扣执行国家制定的丹江口

水库移民政策的同时，结合本省实际情况分别制定了一系列移民搬迁安置政策，坚持大力帮扶，将各项支农惠农资金和新农村建设资金向移民倾斜，努力将移民新村建设成为新农村建设的示范村。河南省委、省政府根据实际情况及时出台了《关于印发〈河南省南水北调丹江口库区移民安置工作实施方案〉的通知》《关于南水北调中线工程丹江口水库移民安置优惠政策的通知》等一系列配套政策，同时明确要求省直各有关单位结合各自工作职能，分别制定帮扶工作方案和配套政策，为丹江口库区移民搬迁目标任务的顺利完成提供了可靠保障。从发改部门建设项目安排、财政部门支农惠农资金使用、国土资源部门土地整理规划、公安部门相关手续证件办理、交通部门交通项目安排，以及教育、卫生、劳动保障、民政、农林牧、水利、广电、金融等各部门相关政策均向库区和移民安置区倾斜，通过减免移民相关费用支出、优先办理移民相关手续，在移民发展生产时优先给予贷款等一系列优惠，支持移民及移民区发展稳定，从而保证了河南省丹江口库区移民搬迁安置工作的顺利进行。据不完全统计，36 家省直单位对移民新村帮扶资金达 20 多亿元。地方各级人民政府结合当地实际情况，整合资源，也相继出台了关于本地区、本部门有关丹江口库区移民安置的配套政策。如郑州市是南阳市以外安置丹江口库区移民最多的省辖市，区位优势明显，发展前景广阔，但相应的土地价格较高，为使丹江口库区移民搬迁安置顺利进行，郑州市从市财政拿出近 10 亿元，用于弥补移民安置土地的征收；同时将丹江口库区移民新村建设纳入社会主义新农村建设管理，每个移民村补助新农村建设资金 200 万元，有力地促进了移民新村建设；南阳市、平顶山市及有关县（市、区）也拿出大量资金，用于丹江口库区移民安置奖补，进一步提高了安置地搞好移民搬迁安置的积极性。许昌市在省移民安置指挥部办公室给移民每户门楼院墙补助 2000 元的基础上，每户又补助 1000 元，进一步提高了迁出地移民群众搬迁安置的积极性。湖北省省直有关部门认真落实新农村建设的各项优惠政策，将外迁安置点和库区后靠居民点全部纳入新农村建设试点范围，实行计划单列、戴帽下达、优先安排，据不完全统计，湖北省省直各个部门支持移民新村建设的各项投入和政策减免资金达 10 多亿元。如省电力公司积极开展安置区电力设施项目配套建设，国土资源厅将全省移民安置用地全部纳入土地整理范围；省交通厅将居民点对外交通道路建设纳入全省发展规划，优先安排“村村通”项目计划及其建设补助资金，确保移民新村至少有一条主干道与通县公路连接；农业厅按每户 1500 元标准补助移民建设沼气池；省教育厅将移民学校纳入农村中小学校舍安全、维修工程，对移民建校资金缺口给予支持；省商务厅优先布点移民居民点农村连锁超市和“万村千乡”市场工程，并落实每村 7000 元补助；省文化厅将 500 人以上移民居民点内文化室建设列入全省文化设施维修补助项目，并给予资金补助；省体育局支持移民新村配备体育健身器材，建设篮球场；省林业局将移民居民点的绿化纳入重点项目建设范围，优先安排年度计划和资金，指导和监督移民安置点的绿化建设等。地方各级人民政府也分别出台移民房屋建设奖补政策，如丹江口市下发了《关于对库区内安移民建房实行奖励的通知》，制定了奖励政策，鼓励移民尽快建房。在移民房屋建设中，由于设计标准提高，特别是建筑材料价格上涨、人员工资提高、房屋建设单价较高，在移民承受能力不足的情况下，各地采用多种形式对施工企业进行补助，保障了移民新村建设的正常进行，如黄冈市团风县人民政府补贴 20 万元专项资金用于购买优质瓦，每块砖补贴 2 分钱运费，补贴 100 万元购买 200 万 m^3 石料。武汉市黄陂区采用招投标加分的方式鼓励资质高、信誉好的施工企业参与移民工程施工。多部门联合支持移民工作机制，可动员各部门的人力、物力、财力，通过各项政策、资金的有效集成，为减轻移民负担、调动移民搬迁积极性、提升移民新村建设标准创造了良好条件，保证了短时间、高强度的移民搬迁工作顺利进行，展示了社会主义制度集中力量办大事的优越性。

三、试点先行，为大规模移民搬迁安置实施积累经验

试点的目的是为大规模移民安置积累经验，因此，试点村的选择侧重于搬迁意愿强烈、村领导力量较强、居民生活条件中等偏下的淹没村。经两省及地方移民主管部门、设计单位反复斟酌后，最终选择了淅川县 8 个乡(镇)的 10 个村、丹江口市 4 个镇的 14 个村、郧县 1 个镇的 3 个村进行试点。通过试点，积累了以下主要经验。

1. 要集中力量、集中时间，尽早完成移民工作

丹江口库区因生产生活条件困难，长时间处于待建状态，移民的搬迁需求强烈，盼望早搬迁、早稳定、早发展的思想，成为移民思想的主流。同时，受国际金融危机、物价上涨等因素影响，在短期内实施并完成移民搬迁安置，对拉动丹江口库区内需、增加投资、促进经济恢复和发展具有重要的现实意义。

2. 要创新社会管理方式，推行集中建房及移民全过程参与模式

为了配合建房进度与质量，通过试点经验，每个移民村成立由移民代表组成的移民迁安组织，代表移民群众全过程参与移民房屋建设的招投标、价格确定、居民点总体布局确认、移民房屋的户型选择等移民新村建设管理。只有创新社会管理方式，才能既满足外迁群众安置意愿、维护移民群体的切身利益，又能提高移民新村建设的水平、质量和速度。

3. 要重视土地分配工作，细化土地分配方案

由于土地资源不断减少，尤其是随着国家一系列强农惠农政策的出台和各种补贴政策的兑现，土地调整和分配难度越来越大。在移民工作中，需要在库区对人口核定问题严格把关的基础上，结合移民的自愿程度与安置地实际情况，在政策、制度、实施组织和管理方面进行创新，制定灵活的土地分配方案。从地块对接、面积核实、土地移交、方

案确定、分地到组到户等步骤进行分解细化，顺利实现土地对接和生产用地调整、划拨和分配，从而保证移民搬迁后能够迅速恢复正常生产。

4. 加强后续帮扶，助力移民搬迁后生产生活水平恢复

安置地人民政府在政策上加大后续帮扶力度，同时组织协调农业、扶贫、国土、水利、畜牧、林业等部门下达政策性扶持项目，在移民新村建设、生产发展、就业培训、生活等方面给予帮扶，引导移民在生产和生活上转变思想观念，调动移民的生产积极性，结合移民和当地实际情况，加大对劳动力的转移就业扶持力度，多维度、多方式助力移民搬迁后的生产生活水平恢复及发展。

5. 要完善管理体制，为后续大规模移民工作提供制度保障

坚持南水北调工程建设征地补偿和移民安置工作实行“国务院南水北调工程建设委员会领导、省级人民政府负责、县为基础、项目法人参与”的管理体制，明确安置区与库区人民政府之间的责、权、利，加强移民村级组织建设，保证移民新村工作的有序开展及社会的稳定。在现有国家和河南、湖北两省移民政策的基础上，结合试点搬迁中遇到的困难和实际问题，不断完善政策细则，为库区大规模移民工作的开展提供制度保障。

6. 要处理好各种关系，有助于移民搬迁安置实施顺利完成

在移民搬迁中，需处理好库区移民工作中生活安置与生产安置的关系、已搬迁与待搬迁移民的关系、迁出地与迁入地的关系、外迁与后靠的关系；在搬迁过程中做好征地搬迁和遗留问题处理，为加快工程建设提供条件和保障；处理好一次征迁与后续工作关系、征迁与工程建设的关系。在认真总结征迁工作规律、吸取经验教训的基础上，形成一套符合当地工作实际、合理可行的做法，满足工程建设的需要。

通过试点实践探索，河南、湖北两省实现了试点移民“顺利搬迁、平安搬迁、和谐搬迁”的目标，同时积累了经验、锻炼了队伍，为两省移民搬迁安置任务如期完成奠定了坚实基础。

四、加大宣传，营造关心支持移民搬迁的浓厚氛围

移民是政府行为，而宣传思想工作历来是政府工作的重要组成部分。为加强对移民宣传工作的组织领导，为安置工作营造良好的氛围，河南、湖北两省各级各部门通过电视、报纸、广播、网络、杂志、标语、宣传车、宣传材料单等一切可以利用的宣传媒体，采用多种形式，向广大移民群众和工程建设单位全方位、立体式宣传南水北调工程建设和国家移民安置政策、移民后期扶持政策，帮助移民群众释疑解惑，让移民安置方法、移民补偿标准、补助资金等有关政策措施家喻户晓，保障了移民群众的知情权，宣传移民群众和移民干部的奉献精神，坚持正确的舆论导向、准确把握宣传基调，较好地营造了南

水北调移民搬迁安置工作的良好舆论氛围，使得移民安置工作由被动变主动，有力地服务了移民安置工作大局。

1. 答疑解惑，大力宣传移民安置政策

两省移民主管部门均编写了移民安置政策宣传提纲，对有关移民补偿、补助、安置、建设等方面的政策进行全面解读，免费发给每户移民。有关地方也调动各方力量，通过报纸、电视、广播、网络、标语等宣传途径，大力宣传安置政策。例如，既是库区又是安置区、移民任务最重的南阳市，组建了移民政策、法律法规培训与宣传讲师团，分阶段、分批次对驻村队员、乡村移民干部进行培训。受过培训的基层干部进村入户，耐心细致地对移民宣讲政策、解答疑问、消除顾虑，使安置政策家喻户晓、人人皆知。再如，湖北省淹没影响人口最多，同时集坝区、库区、安置区于一身的丹江口市，分别于 2009 年 2 月编制了《丹江口市南水北调中线工程大坝加高施工影响区移民搬迁安置政策宣传手册》、2009 年 4 月编制了《丹江口市南水北调中线工程库区移民试点农村移民搬迁安置政策宣传手册》、2011 年 1 月编制了《丹江口市南水北调中线工程库区农村移民市内搬迁安置政策宣传手册》、2010 年 3 月编制了《丹江口市南水北调中线工程库区农村出市外迁移民搬迁安置政策宣传手册》，收录了国家、湖北省制定颁布的相关移民政策和本市出台的移民搬迁安置配套文件，为广大移民和移民工作者了解和掌握移民政策提供了便利。

2. 以实动人，大力宣传安置地实际情况

一方面各安置地市、县精心设计宣传版面、彩页、宣传册、专题片等有关资料，组织宣讲团赴库区，向移民群众介绍居民点的基本情况、区位优势、资源优势、发展优势及安置地相关优惠政策，让移民对安置地情况进行全面了解；另一方面分批次组织移民代表赴安置地实地察看，让移民眼见为实。在安置工作开展过程中，各安置地多次到库区向移民群众介绍安置工作开展情况，取得移民的信任和支持。通过积极主动的沟通，移民群众对安置前景有了充足信心，也拉近了安置地各级干部与移民群众的心理距离，迁安双方关系更加和谐，为安置工作的顺利开展打下了良好的基础。

3. 以理服人，教育和引导移民树立正确的思想观念

在移民群众中大力开展精神文明创建活动，通过开展“好农民、好党员、好干部”和“好婆婆、好媳妇、好妯娌”等文明个人创评，“十星级文明户”“文明信用户”“文明卫生户”等文明农户创评，开展“六知教育”（知荣、知耻、知法、知德、知足、知恩），组织“六讲八对比”（讲意义、讲大局、讲形势、讲政策、讲法治、讲安置地的奉献，比土地、比区位、比补偿、比规划、比补助、比发展环境、比发展前景、比过去的移民政策）等宣传活动，引导移民开展“四看”（看党对移民的恩情重不重、看国家对移民的各项优惠政策好不好、看搬迁后的变化大不大、看自己知足知恩意识强不强），在广大移民中叫响“舍小家，顾大家，我为国

家做贡献”的口号，用真心、动真情、说真话、办实事，温暖移民、感动移民，对移民安置工作良性发展起到重要的促进作用，推动了迁安移民工作顺利开展。

4. 以情感人，增强移民对政府的信任和理解

移民的思想情绪复杂敏感，最需要心与心的真诚沟通。河南省对各级移民干部提出：“要当好移民群众的贴心人，视百姓为父母，把移民当亲人。”通过走村串户、解纠纷、排疑难，一而再、再而三地登门拜访，苦口婆心、耐心解释，创造出符合实际的先进经验。例如，南阳市总结出“六到户”工作法，即政策宣讲到户、干部走访到户、问题解决到户、矛盾调解到户、议题公示到户、群众评议到户；在涉及移民搬迁的重大问题上，坚持阳光操作，做到“五公开”（公开移民补偿对象、公开补偿内容、公开补偿标准、公开补偿金额、公开办事程序），维护好、落实好移民的合法权益。湖北省全省上下始终把南水北调移民当做“天大的事”，在启动库区移民搬迁安置工作时，省领导就强调，广大移民为国家建设做出了特殊贡献，各级人民政府和有关部门要带着对移民的深厚感情，看到他们为国家建设做出的贡献，多了解他们的困难和苦衷，要做到“三心”（热心、爱心和责任心），在工作上对移民高看一眼，让他们在心理上有“优越”感，对移民“优先”给予照顾，在移民的政策上“优厚”一些（优越、优先、优厚，即“三优”）。通过实际行动，移民真正感受到各级党委、政府对移民的真心关怀和温暖，促进了移民搬迁安置顺利实施。

五、奖惩分明，创建严格的监督检查机制

丹江口库区移民安置工作时间紧、任务重、难度大、要求高，只有建立严格的监督检查机制，才能使各级各有关部门切实增强工作的责任感、紧迫感，才能有如临深渊、如履薄冰的危机感、压力感。只有建立必备的激励机制，让表现好的移民经济上得实惠、精神上得抚慰，让干得好的移民干部政治上有地位、工作上有关心，才能在各地形成你争我赶、明争暗赛的工作局面，充分调动移民早搬迁、早安置、早发展、早致富的主动性和积极性，为移民安置工作注入源源不断的生机与活力。

为加强对移民安置督察工作的组织领导，河南省、湖北省均设立了移民安置指挥部办公室督查组。各县（市、区）也成立了相应的移民督察机构，为移民安置督察工作提供了组织保障。两省通过印发督察办法，明确规定了移民安置工作的督察内容、方式及程序等多项内容，同时印发奖惩办法，明确了奖惩对象、阶段划分、资格条件、奖惩方式等。

在实际工作中，两省基本做到以省直移民安置包县工作组为主体，每月开展一次互督互查，基本做到了一月一通报、一月一评比，并在“三通一平”及房屋基础建设、房屋主体建设、新村基础设施建设、移民搬迁、后续工作等重要时间节点，省移民安置指挥部办公室组织检查评比和通报。无论是河南省的试点、第一批移民到第二批移民，还是湖北省的试点、大规模外迁移民到内安移民，每到重要阶段都要召开转段动员会或现场会，

对前阶段进行总结表彰，对下一步工作进行安排。同时，对重大问题或久拖不决的问题，向党委、政府一把手发督办函，或约谈一把手进行督办。通过全方位、高密次的督查，解决了问题，促进了工作，取得了实效。

六、健全工作机制，确保社会大局稳定

河南、湖北在移民搬迁安置实施过程中，严格执行移民政策、着力健全工作机制，全力维护社会稳定。一是在移民政策上下功夫。河南、湖北两省自始至终把政策这根红线贯穿于移民搬迁安置的全过程，着力提高移民干部尤其是县、乡两级移民干部对政策的理解能力，确保执行政策不折不扣、不突不破，坚决维护移民政策的统一性、权威性、严肃性。二是在健全工作机制上下功夫。通过建立规划导向机制、投入保障机制、教育培训机制和长效服务机制，既注重阶段性、突击性地动员和组织移民搬迁，解决“搬得出”的问题，也注重增加移民收入、促进移民融入当地，解决“稳得住、能发展”的问题。三是切实加强矛盾排查、纠纷化解。集中开展移民的法治宣传教育活动，引导移民以合法、理性方式表达诉求。四是重要节点重点监管。通过建立和不断完善信访维稳机制，及时发现问题、跟进措施、消化解决。为加强对移民信访稳定工作的组织领导，两省移民安置指挥部办公室专门设立了稳定组，各县（市、区）也都成立了相应的移民信访稳定机构，全力做好移民信访稳定工作，确保社会大局稳定。

第十四章　启示与展望

第一节　启示

南水北调中线工程是实现我国水资源优化配置、促进经济社会可持续发展、保障和改善民生的重大战略性基础设施，是国家水网的重要组成部分，为国家建设民族复兴提供有力的水安全保障。南水北调全体工程建设者日以继夜辛勤奉献，移民“舍小家、为大家”，在短时间内完成高强度搬迁，确保工程按期完成，创造了移民史上的伟大奇迹。正如习近平总书记强调的：“南水北调工程功在当代，利在千秋。”南水北调工程的建设，是社会主义核心价值观的集中体现，是民族精神和时代精神的生动实践，是对人民至上、协作共享、艰苦奋斗、创新求精、舍家为国精神的有力诠释，为我国经济社会发展提供了丰富启示。

一、党中央、国务院高度重视是工程顺利推进的前提

党中央、国务院历来重视南水北调工程。历任国家领导人高度关注工程相关情况，为工程提供了前瞻性的指导和支持。国家成立专门机构指导工程的具体实施和管理，有力推动工程顺利进行；及时制定配套政策，为工程顺利实施提供重要保障。正是在党中央、国务院高度重视下，南水北调工程移民实现了成功安置。安置后，全力建设新家园，库区基础设施日新月异，社会面貌蒸蒸日上，移民逐渐走上致富路。

（一）党和国家领导高瞻远瞩、深情嘱托

没有旗帜，就没有方向；没有方向，就没有凝聚力和号召力。南水北调是一项功在当代、利在千秋的伟大工程，是党和国家历代领导集体智慧的结晶。南水北调是国家的战略性工程，长期以来，一直受到党中央、国务院的高度重视和关注。自 1952 年 10 月毛泽东主席首次提出南水北调的宏伟设想开始，到 2015 年习近平总书记在新年贺词中向南水北调 40 多万移民致敬，再到 2021 年 5 月 12 日习近平总书记来到南水北调工程移民村——邹庄村考察，这一系列举动均体现了党和国家领导对南水北调中线工程移民工

作的高度重视。

(二)专设机构高位推动

为了提高工作效率,根据《移民安置条例》和《南水北调工程建设征地补偿和移民安置暂行办法》,南水北调工程建设征地补偿和移民安置工作实行"国务院南水北调工程建设委员会领导、省级人民政府负责、县为基础、项目法人参与"的管理体制。我国的土地制度决定了征地补偿和移民安置工作属于政府行为,必须依靠各级人民政府才能做好征地移民工作。南水北调建委会领导就是由南水北调建委会制定南水北调工程征地移民的重大方针和统一的政策,组织研究解决重大问题。在政府层面,正确处理了中央与地方的关系,体现了中央到地方各级人民政府在征地移民工作中的主导作用,形成了一套完整、高效的系统,切实保障了工程建设的顺利推进。

(三)配套政策大力支持

2005 年 1 月 27 日,南水北调建委会以国调委发〔2005〕1 号文颁发了《南水北调工程建设征地补偿和移民安置暂行办法》,成为指导南水北调工程移民安置工作的重要行政法规。2005 年 4 月 4 日,南水北调建委会印发《关于南水北调工程建设征地有关税费计列问题的通知》,对耕地开垦费、森林植被恢复费、新菜地开发建设基金收取标准予以明确。2006 年 2 月 20 日印发《关于进一步做好南水北调工程征地移民工作的通知》,进一步强调落实相关管理体制和扶持政策。国务院南水北调办也相继制定了征地补偿和移民安置资金管理、统计管理、档案管理、征地移民验收等配套管理办法。上述法规的出台,对南水北调征地移民工作起到了重要的规范、指导作用,形成了南水北调征地移民有法可依、有章可循的制度环境。

二、参与各方同心协力是工程顺利完成的保障

南水北调中线工程建设任务繁重、搬迁建设周期短,在世界水利工程建设史上是前所未有的。国家各地区和有关部门、广大建设者和库区移民群众,以高度的责任感、使命感和主人翁精神,顾全大局、齐心协力、密切配合,承担起兴建南水北调工程的历史重任。在国务院南水北调办正确领导下,水源公司广泛参与,河南、湖北省委、省政府严密组织,各级移民主管部门高效配合,长江设计院的艰辛付出,水规总院的严格把关,确保了工程建设有序推进、30 万移民顺利实现搬迁安置,奏响了团结协作的时代壮歌。

(一)移民群众牺牲奉献

丹江口水库移民精神首先体现的是移民群众顾全大局、舍家为国的牺牲奉献精神,以及自强不息、重建家园的艰苦创业精神。早在 20 世纪 50 年代丹江口水库初期工程兴建之时,38.3 万移民以国家利益为重,做出了无私的奉献与牺牲。50 多年后,随着丹江

口大坝加高，34.5万移民再别家园。这34.5万移民中，有的由于历史因素历经多次搬迁，有的放弃原有产业重新谋出路。由于水库移民安置方式多样，搬迁安置方式上有城镇安置和农村安置；生产安置方式上有农业安置，也有非农业安置；安置去向上，有就近后靠的，也有外迁安置的。安置方式及去向的多样性，造成乡村原有的组织结构和社会关系被削弱，家族群体被分散，文化特征、风俗习惯及邻里互助作用减弱，社会适应性调整往往需要较长时间。同时，由于生产资料的丧失和调整，移民需要适应新的生产方式、获取新的生产技能，需要花费更多的人力成本。俗话说“搬家三次、失火一回”，不仅有物质上的损失，还有生活环境和邻里变化，但他们毫无怨言，毅然签下搬迁协议，表现出一种国家至上、大局为重的精神。为了国家利益、为了重点工程建设，在面临“小利”和“大义”的选择时，移民群众往往会舍利取义。顾大体，识大局，默默地收拾家什，再次挥泪拆家园、弃产业、别亲友，带着无尽的乡愁离别故土，充分展示了广大移民伟大的爱国情怀及牺牲奉献精神。除了移民外，安置区的群众想移民所想、急移民所急，为移民排忧，树立“移民为国做贡献，我为移民解忧难”的意识，服从政府安排，将手中最好的土地拿出来安置调地，对于当地百姓来说，这何尝不是一种牺牲。

（二）移民干部忠诚担当

移民工作的最终目的，是把国家政策原原本本、不折不扣地落实下去。“四年任务，两年完成”，充分展现了广大移民干部的政治担当、能力水平、奉献精神和为民情怀。在两年的搬迁岁月中，各级移民干部把理想与信念、忠诚与责任交付给了移民，奋战在最前沿。工作中，严格把握政策补偿界限，坚持依法行政、依法移民，做到公平公正；坚持有情操作、文明办事，把执行政策的原则性和解决问题的灵活性结合起来；坚持注重工作方法，讲究工作艺术；坚持先易后难、示范带动，以点带面；坚持密切关注、及时掌握社会舆情和移民动态，妥善处理好各种矛盾纠纷和突发事件。他们用汗水、泪水甚至生命打赢了这场搬迁仗。两年时间内，河南省南阳市淅川县就有600多位党员干部累倒在工作岗位上，全省有13名干部牺牲在工作第一线。2010年4月16日下午，连续忙碌了几天几夜的淅川县委机关党委原副书记马有志倒在了去移民村的路上，经抢救无效，年仅52岁的他溘然长逝。湖北省丹江口市均县镇党委副书记刘峙清、怀家沟村党支部书记程时华、六里坪镇马家岗村文书马里学等6名干部相继累倒病逝在移民工作一线。基层一线的移民干部，为南水北调丹江口库区移民工作尽心尽力、鞠躬尽瘁，彰显着广大基层干部“位卑未敢忘忧国”“苟利家国生死以”的高尚情怀，他们是南水北调的先锋，是共和国的脊梁，是移民群众的公仆，是心系群众为民尽责的好干部。

（三）项目法人履职尽责

在丹江口水库移民安置过程中，水源公司准确把握自身定位，服从上级业务主管部门决定，紧紧依靠两省移民主管部门，积极协调各有关单位参与、服务移民规划设计与实施，始终做到守位不失位，到位不越位，赢得了各方的理解、信任、尊重和支持，得到了各级政府和相关部门的认可，扮演了承前启后、积极参与的重要角色。

在前期规划设计阶段，水源公司主要承担初步设计规划的协调、编制、审查和报批工作，及时与国务院南水北调办主管业务司、两省移民机构等协调，将各方意见和建议回馈到主体设计单位，并在规划设计成果中得到体现。在征地移民实施阶段，水源公司顶着压力，通过与两省移民主管部门签订年度支付协议并及时、足额支付资金的办法，在整个实施阶段从未出现过让两省资金短缺的现象，为移民工程的全面开展提供了有力保障。同时，水源公司按照国务院南水北调办的总体部署，积极配合河南、湖北两省移民机构、长江设计院跟踪移民实施进度，及时解决处理移民实施过程中的问题；会同两省移民主管部门，按程序选定监督评估单位；积极筹措资金并足额及时拨付，保证了移民搬迁工作的顺利实施；按期完成非省属项目的迁复建项目。此外，为了确保工程进度，在初设批复前，国务院南水北调办牵头，水源公司积极与湖北省移民局商议坝区征地移民临时补偿标准，在初设框架下，签订坝区征地移民临时协议并筹集拨付资金，启动临建工程建设；在初设批复前，先期启动库区文物保护工作，国家发展改革委和国务院南水北调办分年分批次批复库区文物抢救性发掘项目任务和投资，水源公司及时与两省移民主管机构签订协议，由两省移民机构与省文物部门签订包干协议，完成抢救性库区文物发掘任务。资金预算管理贯穿于移民安置工程建设管理的全过程。丹江口水库征地移民（含文物、环境保护和水土保持）核定总投资 516.0003 亿元。国务院南水北调办先后下达投资计划 31 批次。

（四）参与单位团结协作

移民工作是一项系统性工程，不仅要求以人为本、各司其职、各负其责，也需要参建各方团结协作，众志成城。在南水北调移民工作中，政策制定者、规划设计人员、监督评估人员、专家学者、地方人民政府、移民及安置区群众协作规划、汇集民智、体现民意、共绘蓝图，携手付诸实施。国务院南水北调办作为决策中心，水源公司作为项目法人，长江设计院作为主体设计单位，水规总院作为审查单位，中咨公司作为评估单位，还有移民安置监督评估单位，各方均精益求精地完成本职工作。省、市、县各级党政机关，始终把移民搬迁、安置当作政治任务，动员各方力量，汇集各种资源，上下联动，形成思想统一、合力攻坚的移民工作氛围，各行业、各部门要人出人、要物出物、要钱出钱，全力支持，自上而下形成了全社会、全方位、多形式、宽领域地支持、服务移民安置的生动场面。

三、科学民主决策是工程顺利建设的基础

丹江口水库移民安置规划阶段正处于我国经济社会发展的重要时期，改革开放带

来的经济飞速发展、经济体制转型带来的结构转换与机制转轨，以及移民对未来期望值的提高，给水库移民安置规划带来了新的机遇和挑战。在丹江口水库移民的规划、审查和实施中，参建各方紧密协作、深入分析、反复协商，提出了一系列创造性的政策建议。在规划方面，结合移民实际情况，考虑后期发展，科学界定补偿项目、补偿标准和补助标准；在审查方面，聘请了专业齐全的评审专家团队，特事特办、急事急办，严把质量关进度关，并充分考虑政策革新、技术创新，深刻体现了以人民为中心的理念，促进了方案最优化。在实施初期，采取试点引路的方式，把握新形势下移民工作的新特点，通过检验政策、发现问题、取得经验、锻炼队伍、增强信心、形成共识，达到了科学性、实效性和示范性的预定目标，为后续大规模搬迁奠定了良好的基础。

（一）与时俱进，科学规划

规划编制初期，国家并未明确规定特大型工程建设征地补偿倍数如何确定。为了保护移民的合法权益，经过有关部门深入调研、反复协商，多方面听取基层地方人民政府和移民群众的意见，最终把工程征地补偿费及移民安置补助费之和提高到被征地前三年平均产值的16倍，这一标准的提高使移民得到较大实惠。丹江口大坝加高工程移民中，1/3以上是初期工程移民，当时国家经济困难，补偿补助水平很低，单纯依靠移民固定资产的实物补偿费用，大部分移民家庭建不起房。在2003年规划编制初期，长江设计院和地方人民政府一起做了大量的调研工作，提出了增列建房困难补助费的思路和补助标准，最终国家批准按人均24m^2砖混结构房屋计列建房差价11亿元，防止了移民因建房资金不足而再次返贫的情况。征地补偿倍数和建房困难补助均被2006年6月国务院第471号令公布实施的《移民安置条例》所采纳。

丹江口水库农村移民全部实行有土安置，受库区环境容量限制，23万移民需出县安置，由于外迁安置区人均耕园地较多，高于库区原有水平，加上外迁安置区耕地年均产值高于库区，若按原规划标准，库区移民土地补偿费无法在安置区调剂到规定数量和质量的土地。针对这个问题，水源公司与设计单位分析了安置区县（市、区）的财政状况，列举了丹江口水库出现这种情况主要是初期工程安置不完善所致，从保持移民与当地居民生产生活不至于产生太大差距的角度出发，建议在移民概算中全额计列生产安置增补费。经过多方努力，国家发展改革委于2009年1月同意将此项费用全额计入移民投资并进行了批复，至此，移民生产安置投资才算有了真正的政策保障。

（二）审查创新，把握方向

丹江口库区移民搬迁规模庞大，改（复）建项目众多，涉及多方利益，移民搬迁安置任务十分艰巨。丹江口水库移民安置规划包括农村移民安置规划、城（集）镇迁建规划、工业企业迁建规划、专业项目复建规划等专项规划，内容众多。为了提高审查评估进度，根据设计单位编制情况，水源公司及时报送设计报告并组织评审工作，技术审查单位按照“完成一个专题，报送一个专题，审查一个专题”的方式，特事特办、急事急办，及时组织审查并印发审查意见。评审方式除了采用传统的会前查勘、会议评审外，还采用现场核查评审等多种方式。为了保证评审结果的合理性，在评审中较多地采用现场核审方式，特别是涉及淹没实物指标的复核处理等，现场核查评审成为主要方法。为了提高审查评估质量，技术审查单位聘请了专业齐全的评审专家团队，不仅邀请了国内水利行业的顶尖专家，还将国内有重要影响、专业知识精湛、声誉良好的水电行业等各类专家纳入专家库，实现专家来源广泛。针对丹江口水库移民专题多、工作量大的特点，技术审查单位抽调规划、地质、水工、建筑、施工、机电、环保、造价等专业人才，与水库移民专业专家一起组成了强大的评审技术专家团队，充分发挥团队精诚合作优势，严把质量关。

丹江口水库移民安置规划审查评审具有移民范围广、项目多，参与专家广泛、层次高，理论技术方法创新具有系统综合性、政策革新性等特点。审查中对报告提出的超越规定、规范的建议，及时予以确认，保证了最终移民安置实施与移民规划设计成果基本吻合，深刻体现了以人民为中心的理念，促进了方案最优化，有力地促进和保证了移民搬迁安置工作顺利有序进行，也为后期规范修改提供了可借鉴范例。

（三）试点引路，探索方法

试点工作对丹江口水库移民的规划理念、规划思路、工作原则、安置方案以及补偿标准等进行了全面检验，最终得到两省人民政府和移民群众的认可。试点过程中，根据移民安置实际需要，对移民安置补偿投资概算项目进行了延展，对计算方法进行了探索，积累了经验。在初设阶段补偿投资计算时，延续了试点的成果；同时，对试点中反映出的问题做了进一步深入研究，增加了部分项目，调整了部分标准，使概算更符合库区实际情况。

丹江口水库移民安置涉及两省 52 个县（市、区），外迁安置区大部分县（市、区）没有移民经验。毛泽东主席曾经说过：“路线方针确定以后，干部就是决定因素。”在没有现成经验可借鉴，又没有成熟模式可套用的情况下，为了顺利推进丹江口水库移民安置工作，迫切需要对担负这项艰巨任务的各级领导干部队伍进行锻炼。试点工作中，两省领导小组和移民安置指挥部定期召开会议，研究统揽全局的有关重大事项。省移民安置指挥部、省移民主管部门领导亲自带队，进驻库区和安置区现场调查研究、协调部署，时刻掌握试点移民搬迁工作全局，为省委、省政府当好参谋、助手。各县（市、区）党委、政府主要领导对移民搬迁工作亲自动员、亲自部署，始终坚持深入实际、靠前指挥。各级移民干部和移民迁安工作组长期深入基层，听诉求、解难事、履职尽责。在试点移民这场没有硝烟的战争中，各级党员干部充分发挥生力军作用，既当指挥官又当战斗员，用行动诠释了“决定因素”的丰富内涵，起到了一种凝聚人心的作用。通过下基层、实地考察、多接触群众等以实干为主的工作方法，各级干部第一时间知道了移民群众的需求，然后想方设法解决群众的困难，不但锻炼了为群众服务的能力，也历练出一支高素质、能力强的干部队伍，为大规模移民安置工作注入了强大动力。

四、高效权威负责的管理体制是工程顺利完成的关键

丹江口水库移民工程规模大、投资高、移民数量多、涉及方众多。通过实行“国务院南水北调工程建设委员会领导、省级人民政府负责、县为基础、项目法人参与”的管理机制，正确处理了中央与地方的关系，准确把握政府定位、法人定位，既体现了从中央到地方各级政府在征地移民工作中的政府主导作用，也对新形势下项目法人在征地移民工作中的作用提出了要求。南水北调征地移民管理体制构建了由中央人民政府行政监管、省人民政府和县人民政府三个层面组成的组织体系，通过项目法人周密的资金管理和资金拨付，明确了各方的职责和权限，充分调动了各方积极性，保障了工程的顺利建设。

（一）管理职责分工明确

南水北调建委会制定南水北调工程征地移民的重大方针和统一政策，研究解决重大问题，国务院有关部门和有关省（直辖市）人民政府作为南水北调建委会成员各负其责，做好征地移民工作，保障土地征收补偿和移民安置工作的政府性、合法性和权威性。

省人民政府是本行政区域征地移民工作的责任主体，根据南水北调建委会制定的统一政策，制定本省的实施细则，解决本地带有个性的问题，确定本行政区域内负责南水北调工程移民安置工作的主管部门，落实各级地方人民政府的责任，组织、督促本省有关部门，按照各自职责做好移民安置的相关工作。

市、县人民政府作为我国土地权属和产权管理的重要环节，需要充分发挥其在社会动员、资源调配、行政执法、维护社会稳定等方面的政府作用，以及办理具体的补偿兑付、组织拆迁安置等基础性工作的职能。既要考虑政策和制度的统一性，又要针对不同地区移民特点给予一定的弹性空间。

水源公司对移民资金进行筹集和安排，并参与资金使用的管理，体现了投资人的权利和义务，有利于分清投资人和实施者的责任，体现投资的多元性和准市场经济的运作方式，保障各方权益。

（二）资金管理细致到位

丹江口水库移民补偿资金在中线工程投资中占比较大，在资金筹措中占有重要地位。水源工程资金由中央预算内资金、南水北调工程基金、银行贷款组成。水源公司担负征地移民资金的筹集、财务管理和资金拨付使用三大职责。

1. 资金筹措方面

在国务院南水北调办的领导和支持下，水源公司多渠道开展资金筹集，并结合两省资金需求及时拨付。为保障库区移民安置工作所需资金及时供应，水源公司依照国务院南水北调办下达的年度投资计划和年度基本建设支出预算申请中央预算内资金，并结合河南、湖北两省各个时间点的资金需求，以年度为周期编制资金预算和分月用款计划为基础，办理各批中央预算内资金请款手续，申请中央财政资金拨款，并按要求报送预算资金使用及资金结余情况。2015 年，水源公司与 9 家银行组成南水北调工程银团，签订了 72 亿元贷款协议，在上级部门的支持下，水源公司积极争取到银行贷款利率在国家确定的基准利率上下浮 8%，节省了移民安置工程的融资成本。水源公司依据年度投资计划、工程建设进度及与银行(银团)签订的贷款合同，落实信贷资金。根据国务院南水北调办下达的年度投资计划和省级移民机构各个时间点的资金需求，水源公司按照要求，逐年组织和汇集两省、非省属项目迁建单位等，编制年度投资建议计划，做好分月资金使用和需求计划并上报。根据制订的分月用款计划和两省移民资金实际需求，水源公司适时提取银团贷款，确保丹江口库区移民安置工程建设顺利进行。

2. 资金管理方面

水源公司及时与两省签订移民资金与移民任务“双包干”协议，推进项目有序进展。依据《南水北调工程建设征地补偿和移民安置暂行办法》，水源公司分别与坝区施工占地所涉及的湖北省移民局、汉江集团、汉江水文局签订包干协议，积极协商两省库区征地移民包干协议并在上级协调下及时签订，其间采取年度协议的方式保障工程顺利开展。在初设批复前，库区文物保护工作先期启动。国家发展改革委和国务院南水北调办分年分批次批复库区文物抢救性发掘项目任务和投资，公司及时与两省移民主管机构签订协议，由两省移民机构与省文物部门签订包干协议，完成抢救性库区文物发掘任务。2008 年试点移民报告批复后，公司与两省签订库区试点移民包干协议并拨付试点移民资金。2010 年初步设计概算批复后，水源公司及时与湖北省移民局、汉江集团、长江委水文局等签订包干协议，积极起草并向两省提交了总包干协议。随着后续的库区征地移民环保水保项目的批复、库区文物初设的批复、新增投资项目等批复，公司及时商两省签订各项任务和投资包干协议。此外，对于由水源公司负责的非省属项目迁复建项目，2011 年，水源公司与非省属项目复建单位签订任务和投资包干协议，及时组织复建实施。

3. 资金拨付使用方面

水源公司和河南、湖北两省移民机构按批准的初步设计阶段征地移民规划及投资概算、移民安置实施规划编制年度移民投资计划。依据已签订的征地移民投资包干协议和征地移民工作进度，将年度投资计划分解到省级移民机构和非省属项目迁建单位。为提高资金使用效率，水源公司根据年度投资计划，结合两省报送的月度资金使用计划和资金结存情况，动态分析资金需求和资金使用节点，全面、及时、动态地掌握不同时点的用款需求、资金现状，做到按需请款和提取银团贷款，保证了移民安置的资金需要。2006—2008年，国务院南水北调办分年下达库区征地移民初设前期工作经费1.80亿元，水源公司及时与两省和设计单位签订资金协议并拨付资金。2009年底，在《初步设计规划报告》批复前，为保证两省即将启动试点移民实施工作需要，水源公司向银团申请贷款计划31.45亿元，并与两省签订年度支付协议并拨付资金，保证两省资金需求。2010年5月，丹江口水库建设征地移民规划初步设计概算获得批复。在包干协议签订前，根据两省2010—2012年征地移民任务，水源公司采取与两省签订年度支付协议的办法作为支付资金依据，及时启动贷款计划，办理资金拨付手续，先后130批次拨付征地移民资金482亿元。并在配合国家审计、国家发展改革委稽察、中纪委和财政部检查、国务院南水北调办内审和稽查中，不断增强移民资金监管工作合力。

（三）实施管理详尽周全

为了确保目标的如期实现，河南、湖北两省委、省政府将丹江口水库移民工作提升到衡量政府执政能力与提高政府公信力的新高度，作为全局工作的重中之重，举全省之力，全方位加强领导，全领域给予保障，全社会倾力支持。各级党委、政府、有关部门和广大干部群众坚持“服从国家大局、关注群众利益”的原则，充分发挥党的领导优势、政治体制优势、政策集成优势和思想政治工作优势，锲而不舍，克难攻坚，全速推进全省丹江口库区移民工作。

两省建立高效权威的指挥工作体系，成立各级指挥部，高效权威指导南水北调移民工作；建立责任明确的包干工作体系，将移民部门的孤立工作调整为各相关部门的协同作战，将丹江口水库移民安置工作分工、责任具体明确到单位、到人，强化督查作用，实时监督移民进度，使移民工作始终处于可控状态；建立政策集成的帮扶工作体系，在不折不扣执行国家制定的丹江口水库移民政策的同时，坚持大力帮扶，将各项支农惠农资金和新农村建设资金向移民倾斜，放大移民安置政策效应，努力将移民新村建设成为新农村建设的示范村；建立快速高效的建设工作体系，确保水库移民生产用地调整、新村建设工作进展顺利；建立氛围浓厚的宣传工作体系，赢得各界理解和支持，营造出全社会关注移民、支持移民、服务移民的浓厚氛围；建立平安和谐的搬迁工作体系，制定周密详细的移民搬迁方案，精心组织搬迁，扎实开展搬迁后续工作，全力保障移民搬迁的圆满完成；建立奖惩分明的监督工作体系，提升移民干部工作责任感和紧迫感，提高移民的主动性和积极性；建立诉求畅通的信访工作体系，全力做好移民信访稳定工作，确保社会大局稳定。

第二节　展望

南水北调工程事关战略全局、长远发展和人民福祉，作为国家水网的主骨架和大动脉，是实现我国水资源优化配置、促进经济社会可持续发展、关乎国计民生的重大战略性基础设施，责任重大，使命光荣。丹江口库区及其上游流域作为南水北调中线工程的水源地，是全国最大的饮用水水源保护区，是全国重点生态功能区，是国家生态环境部确定的“新三湖”之一，是保障北方受水区供水安全的“生命线”。确保“一泓清水永续北上”是水源地的首要任务。南水北调中线一期工程自 2014 年全线通水以来，已累计向京津冀豫 4 省（直辖市）送水数百亿立方米，直接受益人口超 1 亿人，极大缓解了华北地区水资源严重短缺局面，取得了良好的社会效益、生态效益和经济效益。

习近平总书记多次就南水北调工程作出重要讲话指示批示，为南水北调事业发展指明方向。先后 8 次就丹江口库区及其上游流域水质安全作出重要指示批示，强调要“守好一库碧水”“加强运行管理，深化水质保护”，多次指出必须继续做好创新这篇大文章，推动新质生产力加快发展。他在南水北调后续工程高质量发展座谈会上强调，吃水不忘挖井人，要继续加大对库区的支持帮扶。推进南水北调后续工程高质量发展，实现移民村乡村振兴。

党中央、国务院印发《国家水网建设规划纲要》，要求加快完善南水北调工程总体布局，扎实推进后续工程高质量发展，准确把握南水北调工程在推进中国式现代化进程中的职责定位，坚决落实发展新质生产力的新要求，坚持创新思维、系统思维，让南水北调成为发展水利新质生产力的先行领域，以新质生产力推动南水北调高质量发展，保障高水平安全。《中华人民共和国长江保护法》的施行，从法律层面对丹江口库区及其上游流域的水质、水源涵养、水生态等提出更严格要求。而“全面建设社会主义现代化国家，最艰巨最繁重的任务仍然在农村”，丹江口库区地处偏远，属于国家秦巴山区集中连片地区，丹江口水库分期建设及长达半个世纪之久的加高工程论证，造成了库区基础设施相对薄弱、经济社会发展相对落后的局面。

在完整、准确、全面贯彻新发展理念、构建新发展格局、推动高质量发展的新阶段，南水北调中线工程和库区高质量发展成效还不够稳固，仍面临不少困难和挑战。一是移民与当地居民收入差距大，实现共同富裕任务艰巨。自 2012 年移民搬迁完毕后，移民生产生活水平得到了恢复和提高，并逐渐融入当地社会，但由于移民搬迁后生产副业减少，发展门路窄，缺乏启动资金，综合发展能力不足，抗风险能力差，距离移民生活水平达到安置区群众平均水平的目标仍有差距。二是丹江口水库水质保护要求严，库区产业发展受限，提能转型发展难度大。农业和工业发展方向、方式受限，旅游发展空间缩小，招商引资的门槛被水质保护抬高，基础设施条件差、建设难度大、制约产业转型发展，经济基础薄弱、收入水平低、农民文化素质跟不上高质量发展的需要，难以支撑产业转型。三是留居人口生产生活条件较差，安全保障降低，影响社会稳定。受初期工程、大坝加高蓄水淹没及移民大规模搬迁叠加影响，库区留居人口人均耕地面积少，剩余耕园地质量差，居住地区地形破碎，交通不便，农村公共服务不健全。四是库区地质灾害隐患增多，威胁库周群众生命财产和基础设施安全。丹江口库区位于秦巴山区，地质环境条件复杂，历来是地质灾害多发易发、灾情严重的地区，丹江口水库正常蓄水位由157m提高到170m后，库水浸泡和水位涨落频度幅度加大，改变了水库岸坡的水文条件，影响水库周边岸坡稳定，移民迁复建工程也进一步诱发新的地质灾害，危及留居人口、移民和移民安置区居民的生命财产安全。五是消落区管理体制机制不完善，潜在威胁水库水质安全。人多地少的丹江口库区，消落区是重要的土地资源，但消落区农业面源污染、植被退化、工程沿线城镇居民点设置等，在消落区管理机制不完善的情况下，环境治理仍显滞后，对水质安全形成潜在威胁。

当前，我国正处在从全面建成小康社会到基本实现现代化的关键时期，推进汉江生态经济带建设、促进中部地区崛起、提高地方经济社会生态发展水平，都对南水北调中线工程提出了新要求。

站在新的历史起点，从新的历史角度重新审视丹江口水库的移民和生态工作，为维护南水北调工程的可持续性、保障数千万人口饮水安全，需要进一步加大产业发展与扶持力度，推进库区产业转型；进一步完善基础设施及村庄功能，改善移民群众生产生活环境；进一步提升村庄治理能力，维护社会稳定；进一步消除库区地质灾害影响，保护人民群众生命财产安全；进一步加强消落区管理，建好最后一道生态屏障。

CHAPTER 03

第三篇

生态环境保护

南水北调中线水源工程生态环境保护相关工作，最早可以追溯至20世纪70年代。从工程规划到可行性研究，从环境保护和水土保持专项初步设计到环境、水保专项措施实施落地，围绕南水北调中线水源工程开展的生态环境保护工作，已持续了40多年，且至今仍在不断强化与深化。这40多年的工作历程，充分展示了全社会环保意识不断提升、环保理念日益深化的过程。从水源区水质保护开展点源、面源污染控制工作，将库周污染企业全部关停并转，到移民安置点“一村一户”落实环境治理项目，无数环保工作者前赴后继，只为推行环保理念，确保“一泓清水永续北上”。本篇将回顾这40多年来南水北调中线水源生态环境保护工作的发展历程。

第十五章　工程规划阶段

工程规划阶段主要指 20 世纪 60 年代到 21 世纪初，南水北调工程从宏伟构想逐步走向规划方案落地的过程，其间经历了不同引调水方案的研判、调水规模拟定等工作。在此期间，从生态环境保护视角出发开展了各类基础调查与专题研究，主要集中在水源区水环境保护、水源下游区环境不利影响分析与制定减缓措施等方面。这些调查、分析、研究也是我国全面、系统地开展水利工程生态环境保护的代表性成果，当代水利工程生态环境影响分析与评价的思路、方法与体系，被认为是在这一时期建立并逐步完善的。

第一节　工作历程及特点

一、工作历程

长江是我国最大河流，水资源丰富，水多地少。黄淮海平原是我国经济和文化发达地区，却水少地多，尤其是春季缺水情况严重。20 世纪 50 年代，水利部门即对长江上游(西线)、中游(中线)、下游(东线)引水北调开展研究。1959 年 2 月，长办提出《南水北调初步意见》，初步提出了从长江引水的以下路线：①长江上游引水方案 4 种。从金沙江玉树引水至黄河上游支流贾沟的玉积线；从金沙江巴塘引水至黄河洮河的巴洮线；从金沙江翁水河口引水至黄河支流祖厉河的翁定线；从金沙江石鼓引水至黄河支流渭河的石渭线。②长江中游引水方案两种。自丹江口水库引汉济黄、济淮方案；自三峡水库引江方案。③长江下游引水方案两种。自长江提水入巢湖方案；自长江沿京杭运河提水方案。

1959 年 2 月，中国科学院与水电部联合召开西南地区南水北调工作会议，决定以黄河水利委员会为主，配合有关部门进行南水北调玉积线和翁定线的线路查勘工作。同年 4 月，通过查勘，初步选出怒定、怒洮两条线路。12 月，相关单位提出了查勘报告。

1959 年 3 月，中国科学院和水电部组建了一支由有关部委及高等院校 220 人参加的西南地区南水北调综合考察队，进行了为期 3 年的南水北调综合考察活动。综合考察队下设水文、地貌、地质、土壤、水生生物、动物、植物、森林、经济等 9 个学科组。尽管当时还没有完整的生态环境保护概念，但考察研究的内容都是与生态环境、水文、水资源密切相关的课题。

20 世纪 70 年代，国际上对远距离调水在生态环境和社会经济方面产生的影响引起了普遍关注，认为调水应考虑的变量有物理系统的水量、水位、地下水水文因素，水质、泥沙；地表系统的地质、地貌、土壤特征；大气系统气候变化；生物系统的水生生物、陆生动植物；人类系统的工农业生产、城市发展、社会文化等。调水计划因环境费用和代价过高引起争执。联合国斯德哥尔摩会议后，环境保护日益受到世界各国的重视。新中国成立后，水利工程建设取得了巨大成就，同时也引起了诱发地震、泥沙淤积、水质污染、土壤盐渍化等环境问题，因此水利工程环境保护受到水利部门高度重视。1976 年，长办成立了长江水源保护局（以下简称“长江水保局”），并逐步开展三峡工程、南水北调生态环境影响评价及对策措施研究。1980 年 3—10 月，长江水保局组织技术人员开展了丹江口水利枢纽环境影响考察和研究，提出了《丹江口水利枢纽对环境影响的初步调查报告》，这是我国较早的水利工程环境影响考察和研究成果之一。

1979 年，中国科学院与联合国大学就跨流域调水研究的国际协作问题展开商谈。1980 年 10 月 3 日至 11 月 3 日，联合国大学的比斯瓦斯博士（Dr. A. K. Biswas）等 8 位专家和 1 位联合国官员，与水利部及有关高等院校、科研部门的 60 多位专家和工程技术人员，对南水北调中线和东线工程进行考察，并举行了学术交流讨论会。专家们认为，南水北调中线和东线工程技术上是可行的，联合国大学专家建议在经济和环境方面再作补充研究。会议结束后，根据考察资料和学术交流论文整理出版了《远距离调水中国南水北调和国际调水经验》。

同时，1980 年 4 月 16 日至 5 月 16 日，由水利部副部长张季农带队，组织有关部委、省市部门对南水北调中线丹江口水库和总干渠全线展开查勘，并听取了长办关于引汉初步规划和有关省市的介绍。查勘总结认为，华北地区缺水客观存在，跨流域调水势在必行。中线工程水源条件好，总干渠沿线地势平坦，地质较简单，是一条有利的跨流域调水线路。

1980 年 10 月中旬至 11 月中旬，长办与北京水利科学研究院泥沙研究所和湖北省有关单位联合组成综合考察队，对丹江口水库自 1968 年蓄水以来坝下游河道进行了较为系统的考察，分析了建坝前后坝下游河床演变、河势变化、生态状况等方面的基本情况。发现建坝后河道中鲫鱼增多，杜家台洲滩附近发现银鱼。随后，长办组织对南水北调中线工程总干渠沿线的考察。1985 年，长办编制《南水北调中线引汉规划报告》，长江水保局负责完成该规划报告第七篇《南水北调中线方案对环境影响初步评价》。

在前期工作基础上，长办（长江委）进一步开展了大量勘测、水文、科研和规划设计工作。1987 年完成了《南水北调中线规划报告》，1991 年进行初步修订，推荐丹江口水库大坝加高、调水145亿m^3的方案，同期还完成了《初步可行性研究》，经水利部审查并原则通过了这两个报告。在规划报告的基础上，1992年提出了《南水北调中线工程可行性研究报告》，并于1994年通过了水利部组织的审查。

20世纪80年代以来，长江委在南水北调中线工程规划编制与修订过程中，都十分重视生态环境与水源保护工作。在中线工程引汉规划中，开展了环境影响初步分析，以及工程对水文情势、水质、水生生物等方面影响的研究。《南水北调中线规划报告》在1991年、2001年修订中，进一步将环境影响分析列为重要篇章，开展了工程对丹江口库区、汉江中下游、总干渠沿线及受水区生态环境影响的分析，并提出相应的对策措施。

环境比选是工程方案比选的重要组成部分。在中线工程方案环境比选与论证中，长江委规划计划局和长江水资源保护科学研究所于1994年8月完成了《南水北调中线工程环境方案比选》专题研究报告，对水源调度方案、可调水量、水源工程蓄水位、汉江中下游补偿工程和供水范围等方案进行了环境比选。1995年6月，水利部成立南水北调工程论证委员会，对中线工程方案进行了环境比选论证。1995年12月，长江委完成《南水北调中线工程论证报告》。

按照有关环保法律法规要求，长江水资源保护科学研究所于1993年1月提出《南水北调中线工程环境影响评价工作大纲》。在1992—1994年南水北调中线工程调水145亿m^3方案可行性研究阶段，长江水资源保护科学研究所牵头组织了国内在环境、水利、生态等学科领域的科研机构、高等院校和部门共33个单位开展了各项专题科学研究，于1994年11月共完成27项科研报告。大致可分为四类：水环境影响与保护研究；陆生生物、水生生物影响与保护研究；南水北调中线工程环境地质影响研究，对地下水与土壤环境影响研究；中线工程对社会环境影响研究。1995年完成《南水北调中线工程环境影响报告书》（调水145亿m^3方案），并经原国家环境保护局（现生态环境部）审查批复。该报告依据有关法律法规、技术标准和工程技术报告，全面预测评价了中线工程对丹江口库区、汉江中下游和输水沿线及受水区生态环境的影响，提出对策措施，为工程决策提供依据。中线工程环境影响评价是我国较早开展的大型工程环境影响评价工作，具有开拓性、创新性。报告编制规范，评价系统层次清楚，评价范围界定合适，内容全面，重点突出，环保措施有针对性、可行性，评价方法合理，具有一定深度，报告书编制质量得到专家高度评价。

1996年10月，长江委在武汉召开南水北调中线工程环境保护初步设计科研工作会议。会上提出科研工作计划，根据环境影响报告书批复意见和初步设计工作需要，共组织安排了22项科学研究，其中汉江上游、库区及总干渠沿线突出水环境保护、监测及管理；汉江中下游侧重环境保护措施的优化。研究工作于1999年2月完成，经评审验收认为，科研成果可为设计提供科学依据，部分成果具有先进性、创新性，达到国内领先乃至国际先进水平。

随着时代的发展，水资源与水战略日趋凸显，促进人与自然的协调与和谐，重视节约用水和水资源的可持续利用，已成为经济社会发展的重要保障。进入21世纪，中线工程规划修订工作贯彻“坚持可持续发展战略，正确处理经济发展同人口、资源、环境的关系，改善生态环境和美化生活环境，改善公共设施和社会福利设施”精神，遵循“先节水后调水、先治污后通水、先环保后用水”及实现水资源优化配置的原则，以解决近期受水区城市生活、工业供水为主，适当兼顾生态与其他供水为目标，按国家宏观调控、市场机制运作、用水户参与的要求，重点研究工程的建设方案、分期方式与运行管理体制。长江委于2001年9月完成《南水北调中线工程规划》（2021年修订），推荐一期工程年均调水量95亿m^3。

在中线工程规划修订过程中，还提出了《汉江丹江口水库可调水量研究》《供水调度与调蓄研究》《总干渠工程建设方案研究》《环境与生态影响评价》《综合经济分析》《水源工程建设方案比选》等6个专题报告。调水局及时组织有关专家对这6个专题进行了评审。评审意见认为，各专题报告所使用的资料翔实，研究的技术路线正确，方法科学合理，工作深度达到了规划阶段的要求。

在此期间，长江水资源保护科学研究所配合南水北调中线工程规划设计，在生态环境保护方面开展了大量工作。为配合南水北调中线工程论证和审查，先后完成了《南水北调中线工程论证报告》附件三——《环境影响评价专题报告》《南水北调工程环评专题论证报告》等。自1989年以来，为掌握第一手环境资料，该研究所每年对丹江口水库的水质进行定期监测，开展总干渠沿线土壤背景及环境背景监测，汉江中下游的污染源、排污口及水质监测，穿黄工程施工区的环境背景监测，丹江口大坝加高施工区环境背景监测等工作。

在上述工作基础上，2001年9月，长江委和长江水保局编制完成了《南水北调中线工程规划（2001年修订）》专题报告之四——《生态与环境影响研究》。该报告研究了19种规划方案，并进行环境比选与论证工作，对中线工程各调水方案对生态环境的有利与不利影响进行了重点研究，推荐了近期实施方案内容。

2002年4月，长江委以长计〔2002〕185号文委托长江水资源保护科学研究所编制南水北调中线工程环境影响复核报告书。2002年5月，长江水资源保护科学研究所编制完成《南水北调中线工程环境影响复核评价大纲》，确定了南水北调环境影响复核报告书中丹江口库区和汉江中下游环境要素的评价范围、评价等级、评价重点、评价方法以及报告编制体系等内容。

2002年10月，国家计委、水利部编制完成《南水北调工程总体规划》。在规划中，将生态建设与环境保护放在突出位置，生态环境保护成为总体规划的重要组成部分。2002

年12月，中国环境科学研究院、调水局在有关单位专题报告基础上，编制提出《南水北调工程生态环境保护规划》。规划进行了工程战略环境影响评价，明确了长江、黄河、淮河、海河流域治污任务，分别提出东、中线调水区、输水沿线、受水区生态环境保护规划。

2003年3月31日至4月1日，长江委在武汉主持召开南水北调中线工程环境影响复核评价工作会议。会议对水源工程环评高度重视，对下一步环评工作的安排进行了部署，并形成了会议纪要。2002年4月至2005年1月，长江水资源保护科学研究所为编制《南水北调中线工程环境影响复核报告书》，集中大量技术人员进一步开展生态环境调查，开展了南水北调中线工程战略环境影响评价研究、丹江口库区及上游水污染防治与水土保持规划、水库水质预测与保护措施研究、工程对生态完整性和水生生态影响研究、淹没和移民环境影响研究、对汉江中下游生态环境影响研究和输水干线水质监测与管理信息系统研究等7项专题研究，为编制复核报告书提供了技术支撑。2005年9月，《南水北调中线一期工程环境影响复核报告书》及7个专题研究报告编制完成。

2005年9月24—27日，水规总院在北京主持召开了《南水北调中线一期工程环境影响复核报告书》预审会(图15-1)。2006年4月，受国家环境保护总局委托，国家环境保护总局环境工程评估中心对复核报告书进行了技术评估。评估认为，报告书编制目的明确，评价依据充分，内容全面，总体评价结论可信。2006年7月，国家环境保护总局以环审〔2006〕323号文对该报告书进行了批复。

图15-1 环评复核报告书预审会在北京召开

环境影响复核评价工作，在已开展工作的基础上，进一步开展了生态环境现状调查，根据工程方案的调整与变化，开展了环境影响复核评价，并提出了调整、充实和完善的环保措施，为工程决策提供了科学依据。

二、总体规划阶段生态环境保护的特点

生态环境保护是总体规划的重要组成部分。在工程总体规划阶段生态环境保护工作的特点体现在以下几个方面。

(一)强调实施南水北调工程生态建设与环境保护的重要性与迫切性

20 世纪 80 年代以来,持续 20 多年的水资源短缺,对经济社会发展和生态环境都产生了重大影响。在长期干旱缺水的状况下,尽管黄淮海平原加大了节水力度,但仍不得不过度开发利用地表水、大量超采地下水、不合理占用农业和生态用水,以及使用未经处理的污水,以此维持经济社会发展。这造成黄河下游断流频繁,淮河流域污染严重,海河"有河皆干、有水皆污"的严峻生态环境问题。

实施南水北调工程是缓解缺水地区水资源供需矛盾、促进地区经济繁荣和社会发展、保护生态环境的有效途径,也是支撑可持续发展的重要基础设施。因此,工程建设是十分必要的,应尽早开工建设。

(二)生态环境保护融入总体规划的指导思想,成为规划目标之一

总体规划指导思想指出:"遵循水资源的自然规律和价值规律,正确处理跨流域调水与节水、治理和生态环境保护的关系,以水资源的合理配置为基本依据,以生态建设和环境保护为根本目标,以提高用水效率为核心,统筹考虑调水区和受水区的生活、生产和生态用水。"在不同水平年规划目标中,兼顾生态用水是供水目标之一,并要求有效控制地下水超采、保护水资源,建立节水防污城市,基本遏制因缺水引起的生态环境恶化趋势。

(三)提出节水、治污与生态环境保护是跨流域水资源综合配置的重要任务

《南水北调工程节水规划要点》和《南水北调工程总体规划》,提出"节水将是一项长期任务,节水不仅可以抑制需水增长,减轻供水压力,还可以减少污水排放量",同时提出了农业用水、工业用水、城市生活用水方面的节水要求和节水量。

在《南水北调城市水资源规划》中对城市废污水处理与再利用问题进行了专门的规划和研究。在《南水北调工程总体规划》中进行了废污水处理和再利用规划,明确了规划目标、污染物排放削减量、控制量,以及规划水平年受水区废污水排放和处理量指标。

(四)《南水北调工程总体规划》将生态环境保护规划列为专项规划

《南水北调工程总体规划》将第六章设为生态环境保护规划专章。在总体规划阶段,通过对新资料的调查研究和当前实际情况,组织编制了《南水北调东线工程治污规划》和《南水北调中线工程生态环境保护规划》。在此基础上,编制完成第六章《生态环境保护规划》。第一节为东线工程治污规划,规划重点是输水水质安全。第二节为中线工程

生态环境保护规划，重点评价了工程生态环境影响，制定了调水区保护规划和输水区保护措施。第三节为西线工程生态环境影响分析。第四节为南水北调工程对长江口生态环境影响。

生态保护专项规划总体结论表明，南水北调工程是造福人民的生态工程。对受水区和输水区而言，生态环境的有利影响是主要的；对调水区生态环境的不利影响，可采取工程措施和非工程措施予以缓解或消除。因此，不存在制约兴建南水北调工程的环境因素。

第二节　中线工程规划环境影响分析

1987 年，长江委编制完成了南水北调中线规划报告。1991 年，又完成了《南水北调中线规划报告(1991 年 9 月修订)》。在湖北、河南两省一致同意“大坝加高引水”的基础上，推荐丹江口大坝加高、调水 145 亿 m^3 的方案。1995 年，《南水北调中线工程环境影响报告书》相继通过水利部的初审和国家环境保护总局的终审。

1995—1998 年，在水利部和国家计委组织的南水北调工程论证、审查中，对中线大坝加高调水和大坝不加高调水的多种方案进行了研究，仍推荐大坝加高调水 145 亿 m^3 的方案。

长江委于 2001 年 9 月完成《南水北调中线工程规划(2001 年修订)》。在中线工程规划修订过程中，规划环境影响分析聚焦于工程建设对丹江口库区、汉江中下游及河口区，以及总干渠沿线和受水区的生态与环境影响，并提出分析结论及环境保护措施。

丹江口大坝加高方案环境影响涉及的环境要素较广泛，其影响主要包括以下内容。

一、环境影响

(一)移民安置影响

由于水库淹没将使土地资源减少，需大量安置移民。移民安置过程中将对植被、水土流失、社会稳定产生影响。工程建设和移民资金的投入，为经济发展、环境整治带来机遇。

(二)水质影响

丹江口水库现状水质符合《地表水环境质量标准》(GB 3838—2002)中Ⅰ、Ⅱ类标准，能满足各类功能用水需求。大坝加高后，水库仍保持良好状态，但局部库湾可能出现水体富营养化。库区支流老灌河、神定河污染较重，对入库水质造成影响，应引起重视。

(三)生物影响

大坝加高后，水库生态环境将发生变化。白河、前房和郧县 3 处漂流性产卵场规模缩小或消失，水库产黏性卵鱼类无明显变化。水库淹没使部分森林植被减少。重点保护植物野大豆、岩山树、狭叶佩兰和少量古树名木受淹没影响。水面扩大对两栖类、水禽动物栖息有利。

（四）水土流失影响

工程施工、移民安置将造成一定的水土流失。丹江口大坝不加高方案，不改变水库特征水位，基本不会对库区生态环境产生不利影响。对于丹江口大坝不加高方案，并不改变水库的特征水位，故基本不对库区的生态环境造成不利影响。

二、生态环境与水源保护措施

为贯彻落实国务院提出的实施南水北调工程“务必做到先节水后调水、先治污后通水、先环保后用水”的原则和“一定要在周密考虑生态环境保护条件下才能实施南水北调工程”的重要精神，长江委和长江水保局开展了工程生态环境影响与对策措施研究，提出《南水北调中线工程生态与环境研究》专题报告。其中，涉及丹江口库区的生态环境与水源保护措施主要包括移民安置区生态环境保护、水质保护、生物保护、水土保持、大坝施工环境保护 5 个部分内容。

（一）移民安置区生态环境保护

制定移民安置区环境保护规划。扩大和改善库区移民环境容量，合理利用荒地、消落区土地资源；调整农业结构，改造低产田。开展多种经营，大力发展第二、三产业；严格控制人口，提高移民文化素质。加强移民安置区环境建设和污染治理。开展移民安置区生态环境建设试点工作，逐步提高移民生活水平。

（二）水质保护

治理点源污染，减少入库污染负荷。对库湾和局部岸边水质差的水域，可采用种植水生植物等措施净化水质，控制渔业养殖面积，减轻和防止水体富营养化程度。加强库区上游水土保持综合治理。强化水质保护管理。制定库区水质保护目标，并划定水源保护区，健全水资源保护管理机构，加强水质监测和污染物排放监督与控制。

（三）生物保护

控制调水可能引起的鱼类及其幼鱼从引水口流失，应考虑在陶岔适宜部位建设拦鱼设施。开展水生生物和渔业监测，制定水库渔业发展规划。建立“四大家鱼”放流站，并实行人工放流。库区恢复陆地植被，调整大农业内部结构，加强库区防护林建设、封山育林，改进单一林种造林方式，严禁砍伐。保护和恢复库区珍稀植物，除淹没 3 株古大树无法挽救外，对其他 191 株古大树应采取严格挂牌保护、专人负责管理。保护现有植被，防止移民在搬迁及施工过程中破坏野生动物生境，禁止捕猎珍稀动物。

(四)水土保持

重点治理汉江干流和丹江口库区水土流失严重地区，合理采取坡改梯、水土保持林、经济林果、种草、封禁、坡面与沟通治理工程措施。对现有植被落实管护措施，建立专门机构，组织专人管护。严格履行各类基本建设项目的水土保持方案审批制度，做好水土保持监测。

(五)大坝施工环境保护

对施工区生产废水、生活污水、大气污染、施工噪声、固体废物采取相应的防治措施。

第三节　规划阶段生态环境与水源保护科学研究

南水北调中线工程环境影响范围广，涉及专业多。为全面深入研究工程对环境的影响，提出保护对策措施，为编制环境影响报告书提供技术支撑。1993 年，长江水资源保护科学研究所组织有关权威部门、科研单位，开展了中线工程环境影响评价专题研究，共完成 27 项专题研究报告。本节选编了以下方面重点专题：①水环境影响与保护研究，主要有丹江口水库水质影响预测与保护研究、汉江中下游水质影响与保护研究；②水生生物陆生、生物影响与保护研究，主要有丹江口水库与输水沿线水生生物影响与保护研究、丹江口水库渔业发展与水质保护关系研究、汉江中下游水生生物影响与保护研究、陆生动植物影响与保护研究；③环境地质、地下水与土壤环境影响研究；④社会经济影响研究，主要有对汉江中下游社会经济影响研究、工农业用水和生活质量的影响研究、供水区社会经济影响研究。

1994 年 12 月，由长江水保局主持召开了其中 8 项专题的评审会，评审专家对研究成果给予了高度评价，认为基础资料可靠、研究内容全面，采用评价方法合理，研究成果为工程决策和环境影响报告书的编制提供了依据。

按工程设计要求，在初步设计阶段应开展环境保护设计，对环评报告书提出的措施进一步深化。鉴于大型工程环保设计在我国刚刚起步，许多技术方法需进行探索研究。1996 年 10 月，长江委主持召开南水北调中线工程环境保护科研会议，要求长江水资源保护科学研究所(以下简称“长江水保所”)制定并落实科研计划。历经两年工作，长江水保所和有关单位共完成 22 项科研成果。本节对其中有代表性且与设计关系密切的专题研究，选编以下报告：①神定河污染控制研究，老灌河流域污染控制研究；②丹江口库区和汉江中下游鱼类资源保护措施研究，陶岔渠首鱼类防逃措施研究；③黑龙港灌区土壤盐碱化防治措施研究；④总干渠施工弃土环境保护措施研究。

2002 年 3 月，长江水保所受长江委委托，承担了《南水北调中线工程环境影响复核报告书》编制工作。由于环境保护规程规范在不断更新，加之工程设计内容变更，对工程环境影响评价提出了更深更高的要求，因此长江水保所和有关单位开展了7项生态环境影响专题研究。这些专题研究成果为系统、全面地分析南水北调中线工程对环境的影响提供了科学依据。

一、丹江口水库水质影响预测与保护研究

《南水北调中线工程丹江口水库水质影响预测与保护》水质影响预测与保护研究结论如下。

（一）水质现状评价

丹江口库区总体水质良好，水库水体的综合评价为地表水Ⅱ类标准，是南水北调中线工程理想的水源地。由于工业和生活废污水的排入，神定河、远河、浪河和老灌河等局部水域水质较差，水体一般为地表水Ⅲ～超Ⅴ类标准。丹江口水库的主要污染物为有机污染物，水体污染主要为有机污染。在丹江口水库的污染负荷中，面源负荷占主导地位，其中由汉江带来的面源负荷约占总面源负荷的70%。

（二）水温预测

丹江口水库后期续建工程完工后，库水位升高，水库底部水温有所降低，但水库的水温结构未发生大的变化。冬季（11月至次年3月）垂向均匀分布，春、夏、秋季（4—10月）垂向分层。与现状相比，丹江口水库大坝加高后下泄水流的温度降低0.7～3.7℃。

（三）水库富营养化预测

目前，丹江口水库为中营养状态，库区主要断面的氮、磷浓度较低，但局部库湾氮、磷等营养元素富集程度较高。到2000年和2020年，水库仍处于中营养状态，但是氮、磷浓度已达中营养化标准的上限。尤其是局部库湾可能增进氮、磷等营养元素的富集，造成库湾水体富营养化。

（四）水质预测

2000年和2020年丹江口水库陶岔、坝上等主要断面的高锰酸盐指数浓度较现状有所增加，但均达地表水Ⅱ类标准，可以满足南水北调中线工程引水的要求。神定河、远河、浪河和老灌河等局部水域水流减缓，交换性能变差，加之排入这些水域的工业和生活废污水不断增加，水质将进一步变差。面源污染负荷随着入库径流的加大而急剧增加，库区水质一般表现为丰水期较差。值得注意的是，在丰水年丰水期的水文条件下，陶岔附近水域的水质将超过地表水Ⅱ类标准的上限。

（五）水库水质保护

为了长期满足水库功能的要求，必须对丹江口水库采取相应的水质保护措施。对库周点源进行治理的基建投资为2.0亿元，治理后丹江口水库在预测水平年均可满足地

表水Ⅱ类标准。对入库干支流加强水土保持工作，治理面积在目前的基础上增加10%～20%，丹江口水库同样可满足地表水Ⅱ类标准。

二、丹江口水库与输水沿线水生生物影响与保护研究

为了全面了解南水北调中线工程对生态环境的影响，1992—1993年水利部中国科学院水库渔业研究所和长江水保所开展了丹江口水库及输水沿线水体水生生物现状和变化的研究工作，主要研究了丹江口水库库区水质和水生生物现状，以及渔业生产基本情况；对输水沿线的白河水质、水生生物和渔业资源现状进行了研究工作；根据丹江库区、汉江库区、白河水生生物现状，并结合南水北调中线工程规划，预测分析了工程对库区和白河水质、水生生物和渔业生产的影响。研究表明，南水北调中线工程对丹江口水库的水质、浮游生物、底栖动物影响相对较小，水库鱼类资源增殖有利于提高水库渔业产量、改善白河水质、增加鱼类资源量。

研究结果表明，南水北调中线工程的实施对丹江口水库和输水沿线水生生物的影响利大于弊，库区和白河渔业资源增加，输水沿线水质得到改善。

1)丹江口库区水体溶解氧量充足，硝化作用能够顺利进行，磷为限制性营养元素，水体自净能力良好。大坝加高工程会使丹江和汉江库区水体交流增多，水库周边尤其是库湾营养物质将有所增加。工程对库区浮游植物的种类组成、季节变化影响较小，总生物量增加。预计浮游动物的种类组成、分布状况、现存量及季节变化均会有所改变，原生动物，特别是纤毛类等小型浮游动物的比例将会上升，浮游动物总生产量也将会增加。底栖动物的种类组成、密度和生物量不会发生太大变化，但其区域分布将有所改变，总生物量将会明显增加。大坝加高将增加库区饵料生物资源，提高生境多样性，促进水库鱼类资源增殖，有利于水库渔业产量的提高，但调水可能导致鱼类进入总干渠，造成鱼类资源流失。水库环境变化对产黏性卵鱼类影响较小，对产漂流性卵鱼类(如“四大家鱼”)的天然资源有一定的不利影响，喜欢流水和静水的定居性鱼类种群数量将增大。

2)工程将淹没现有的渔业基础设施，给丹江口水库当前渔业生产带来极为不利的影响。工程完工后，原有网箱布设区域可能不再适宜架设网箱，需寻找新的网箱布设水域，这会导致网箱养殖生产恢复将会较慢。大坝加高使得库区水位进一步升高，增大底层鱼类捕捞难度，不利于开展捕捞渔业生产活动。

3)调水工程会有效缓解受水沿线河流缺水状况，稀释原有干渠河流及白河的水体，使水体污染程度将明显减轻，水体营养物浓度降低，透明度升高。工程可能会将丹江口水库的水生生物和鱼类带入总干渠，输水沿线鱼类的区系组成不会有明显变化，但种群结构将会改变。调水的初期，繁殖快、种群数量大的鱼类比例将会增大，随着凶猛性鱼类种群数量的增大，会逐渐抑制其种群的扩大，从而形成相对稳定的种群结构。随着水量

持续增加，湿地生境得以恢复，有利于鱼类繁殖和摄食，促进鱼类生长，鱼类产量将会大幅提高。

三、丹江口水库渔业发展与水质保护关系研究

为了保护水库水质，因地制宜、综合开发丹江口水库渔业资源，实现水库渔业的持续发展，长江水保所和水利部中国科学院水库渔业研究所于1997年开展了关于丹江口水库渔业生产对水质影响的研究工作，主要研究了1984—1993年丹江口水库渔业生产现状；预测了大坝加高工程对丹江口水库渔业可能产生的影响；分析了库区现有渔业活动对库区水质的影响；根据各种养殖方式的环境影响预测养殖容量；为充分利用丹江口水库水资源，同时保护库区生态环境，提出养殖水体水质管理办法。研究表明，丹江口水库水质整体良好，库区鱼产量以捕捞渔业为主，养殖产量占比逐年上升，大坝加高工程对库区饵料生物影响有限，且短期内能恢复稳定，但会给渔业生产带来极为不利的影响。大库放养和不投饵网箱养殖在一定程度上对水体产生正面效应，投饵网箱、库湾养殖和塘堰养殖因规模有限，对水体影响范围有限，故可以对水体进行适当开发利用。

(一)丹江口水库水质总体良好，属于磷限制型水库

库区局部水体受到不同程度的污染，部分物质含量超出渔业水质标准。不过，由于水库库容大，水体自净能力良好，硝化作用能够顺利进行。丹江口水库饵料生物种类丰富，1992—1993年调查发现浮游植物7门60属，浮游动物124种及亚种，底栖动物中以软体动物占优势。丹江口水库的鱼类资源也很丰富。1986—1987年和1992—1993年两次调查共发现鱼类68种，其中主要经济鱼类达30多种。水库多年捕捞产量在180万～240万kg波动，1991年捕捞产量达254.5万kg，估算水库渔业资源蕴藏量在500万t以上。

(二)丹江口水库建成后的前10年水库渔业基本处于徘徊期

库区养殖产量低，各种养殖方式发展缓慢，鱼产量主要来源于捕捞，建库后渔业资源迅速增加，形成了规模较大的水库捕捞渔业。1985—1990年的鱼种投放使得捕捞产量有所提高，水库渔业养殖也随之快速发展，鱼产量和产值显著提高，养殖产量占总产量的比例逐渐上升。20世纪70年代各种库湾养殖发展缓慢。20世纪80年代水库拦库湾养鱼发展较快，养殖面积和产量均呈增长趋势。库区网箱养殖也迅速发展，特别是不投饵网箱发展较快，但不同库区之间的发展不平衡。

(三)丹江口水库二期工程将提升沿岸带生境的多样性

土地及植被的淹没在短期内将使水库，尤其是沿岸带及部分库湾的营养物质有所增加，但增加幅度不会很大。水位升高将导致水库流态和浮游生物密度发生变化，原有

网箱设置区域可能不再适合设置网箱，不稳定的水环境将影响不投饵网箱生产的快速恢复，对渔业生产也将产生较大影响。水库加深使得底层鱼类捕捞难度进一步增大，进而影响捕捞鱼产量。

（四）大库放养和不投饵网箱养殖对水库水体整体上不会产生不良影响

在一定程度上还具有正面效应。而投饵网箱养殖和库湾养殖方式对水库水质都将产生影响。

（五）在水库现有年均总磷含量条件下水库可设置投饵网箱的面积存在一定差异

在平水年约为 130hm^2，特枯年约为 100hm^2；按水库现有最高总磷含量计算，可设置投饵网箱面积在平水年为 50hm^2，特枯年为 37hm^2。按流水水体占库容的 20%计算，在水库现有年均总磷含量条件下，可设置投饵网箱在平水年面积约 104hm^2，特枯年约 80hm^2；按水库现有最高总磷含量计算，可设置投饵网箱面积在平水年为 40hm^2，特枯年为 30hm^2。可进行适当开发利用的宜拦库湾面积为 6000hm^2，采用坝拦进行精养或半精养时，其面积最好不要超过库湾面积的 50%。

（六）根据南水北调中线工程水源地水质保护要求，按环境容量重新制定丹江口水库渔业发展规划

严格把控投饵式网箱养殖的面积，合理规划不投饵网箱养殖的布局；在库湾开发利用过程中，合理布局精养和半精养的养殖方式。在保护水库鱼类资源的同时，建立"四大家鱼"人工繁殖放流站，通过人工放流鱼种，增殖水库鱼类资源。按照工程要求，投饵网箱养殖应在距离陶岔渠首 10km 以外的水域进行，不投饵网箱养殖和库湾开发应在距离陶岔渠首 5km 以外的水域进行。

四、陆生动植物影响与保护研究

中国科学院武汉植物研究所、长江水保所于 1994 年完成的《南水北调中线工程对陆生动植物的影响》研究结论认为：

1）丹江口大坝加高后，水库主要淹没植被类型 21 个，树种 287 种；受淹的经济林可在淹没线上进行栽培。施工影响为一般树种，受淹没的珍稀植物中，有国家重点保护的野大豆，以及省级重点保护的岩杉树和狭叶佩兰。

2）对库区陆生动物的影响，有利影响主要是水面加大后，喜水、喜湿性生境的动物种类数量将比以前有所增加；不利影响主要表现为水库淹没导致局部地区有害动物（如褐家鼠）的密度增大。库区除少数珍稀动物分布在沿江低地外，大多数分布在边缘高山密林中，受工程的影响较小，应加强保护。

五、鱼类资源保护措施研究

（一）研究结论

1. 工程对鱼类资源的主要影响

（1）对丹江口库区鱼类资源的主要影响

有利于库区内鱼类饵料生物总生物量的增加，为经济鱼类提供丰富的饵料生物基础，提高鱼产量；后期工程使库岸线进一步延长，有利于产黏性卵鱼类的繁殖。然而，在产黏性卵鱼类繁殖季节，当水库进行防洪、引水、发电和航运等功能调度时，水位的波动，尤其是大幅涨落，会对产黏性卵鱼类繁殖产生不利影响；安康枢纽以下、郧县以上"四大家鱼"及其他产漂流性卵鱼类的产卵场将大部分消失或产卵规模缩小，这些鱼类的繁殖受到严重影响，其种群数量将日趋减少；调水时大量经济鱼类及其幼鱼将随输水进入调水总干渠，导致鱼类资源流失；后期水库蓄水后，库区现有的渔业生产设施几乎全部被淹没，对水库渔业生产将带来很大影响。

（2）对汉江中下游鱼类资源的影响

丹江口至襄阳江段产漂流性卵鱼类产卵场完全消失，导致其资源量进一步下降；对繁殖条件要求不太严格的鱼类，虽然仍可在汉江中下游繁殖，但是在中游江段其繁殖时间将滞后约 30d；襄阳以上江段由于浮游生物减少，鱼产量将降低。襄阳以下江段鱼类饵料生物的生物量将增加，且冬季水温升高，水位保持稳定，该江段将成为鱼类良好的越冬场所，鱼产量将提高；因汉江中下游干流与支流间水温存在 1～2℃的差异，支流中产漂流性卵鱼类的受精卵在发育过程中，进入干流受水温急剧变化的影响，从而引起大量畸形或死亡；由于摄食浮游生物的鱼类种群数量减少，汉江中下游有机质积累将增加。在春季连续晴天之后，浮游植物可能暴发性生长，进而形成水华，对渔业水质不利。

2. 保护鱼类资源的主要措施

1）防治水污染和水体富营养化。通过制定相关法规、建立健全环境监测与管理机构等措施，保护鱼类栖息环境。

2）采取优化水库调度、建设控制水流工程和实施种栖息地修复等措施，改善鱼类的繁殖条件。

3）在引水渠首建设合适的拦鱼设施，减少库区鱼类资源的流失。

4）在丹江口市、郧县、淅川县和襄阳市建设 7 个鱼类繁殖放流站，选择鲢、鳙、草鱼、青鱼、鳊、细鳞鲴、鳜和南方大口鲇作为放流对象，对由于工程造成的鱼类资源损失进行补偿。

5）在保护土著鱼类资源的基础上，选择生物学特点优良和食物链短的优质鱼类进行移殖驯养，对现有鱼类区系进行实施定向改造，在增殖鱼类资源的同时，保护鱼类种类的多样性。

6)科学、全面地制定渔业发展规划，加强渔业资源管理。

7)整顿渔业生产秩序，建立健全渔业管理局机构，加强渔业生产的管理。

(二)建议

建议在丹江口库区和汉江中下游开展以下监测与研究工作：饵料生物和鱼类资源变动的调查与监测；鱼卵场迁移及产卵规模调查；水库运行调度对渔业资源的影响并提出合理化建议；引种移植水生生物种类的可行性论证；渠首拦鱼设施的拦鱼效果监测；汉江中下游低温水对水生生物群落结构的影响及其在渔业上的合理利用途径；唐白河“四大家鱼”产卵场产卵效果及卵苗成活率调查；丹江口水库及汉江中下游渔业发展对策研究；江河梯级开发对水域生境和鱼类资源的影响；水域污染的监测与防治措施研究等。

第十六章　大坝加高工程环境保护与水土保持

可行性研究工作阶段，环境保护规划对水库淹没与移民所生产的环境影响，以及由水库淹没与移民引发的其他环境影响（包括对生态的影响、对库区人群健康的影响、对景观与文物的影响）进行了宏观评价；水土保持报告对移民安置提出了水土流失防护要求。

2012年，国务院南水北调办批复的《南水北调中线一期丹江口水库建设征地移民安置工程环境保护和水土保持（生态修复、水质监测、环境科研部分）初步设计》，其相关工作主要围绕丹江口枢纽水源区水安全保障展开设计和实施，该部分内容也在本章进行介绍。

第一节　环境影响评价与水土保持

一、工作历程

根据调水局《关于开展丹江口水利枢纽大坝工程环境影响评价工作的函》（调水〔2002〕便字05号）的安排，在全面开展南水北调中线工程环境影响复核评价工作的同时，尽快编制完成开工项目丹江口水利枢纽大坝加高工程的环境影响报告表。受长江委委托，长江水保所于2002年编制完成了丹江口水利枢纽大坝加高工程环境影响报告表。2003年5月21日，按照国家环境保护总局要求，丹江口水利枢纽大坝加高工程按报告书形式进行环境影响评价。长江水保所在已完成报告表的基础上，依照报告书的编制要求，补充完善了相关的评价内容，于2003年11月完成了《丹江口水利枢纽大坝加高工程环境影响报告书》（以下简称《环境影响报告书》）。2004年7月，国家环境保护总局以《关于丹江口水利枢纽大坝加高工程环境影响报告书审查意见的复函》予以批复。

长江委长江流域水土保持监测中心站于2002年7月编制完成《丹江口水利枢纽大坝加高工程水土保持方案报告书》，2003年8月，经水规总院组织评审后，该中心站根据专家评审意见对报告书进行了修改完善。

二、环境影响评价内容

（一）环境影响评价重点及要求

南水北调中线一期工程划分为17个单项，各单项工程分别立项并履行建设项目管理程序，每个单项工程均需单独编制《环境影响报告书》，并单独报批。丹江口大坝加高工程（不含水库移民安置项目）作为单项工程立项，移民安置项目单独立项。在编制《丹江口水利枢纽大坝加高工程环境影响报告书》时，丹江口库区移民安置规划尚未编制完成，调水对汉江中下游环境影响评价工作正按照前期工作要求抓紧进行。为保持环境影响评价的系统性和报告书的完整性，在《环境影响报告书》中，对水库淹没与移民的环境影响以及由水库淹没与移民引起的其他环境影响（包括对生态的影响、对库区人群健康的影响、对景观与文物的影响），大坝加高后水库运行期对库区水质（水温）的影响在本报告书中仅进行宏观评价，其影响在《南水北调中线工程环境影响复核报告书》中进行详细评价；大坝建成后的运行期，对汉江中下游生态环境影响主要由调水所致，在《南水北调中线工程环境影响复核报告书》中进行详细评价并有专题对其进行论述，《环境影响报告书》中未进行评价，重点对大坝加高工程施工期环境影响进行分析评价。

（二）环境影响评价结论

1. 工程开发任务及影响源分析

丹江口水利枢纽是汉江流域开发的关键工程，加高完建后将作为南水北调中线工程的水源工程，其综合利用任务为防洪、供水、发电、航运等方面。

丹江口水利枢纽大坝加高工程对环境产生影响的因素主要有工程施工、水库淹没、占地、移民安置和工程运行。工程建设会对防洪、水质、移民、生态、水土流失、施工环境、人群健康、环境地质、泥沙冲淤、文物古迹等方面产生影响。

2. 环境现状评价

库区共有1780余种植被，分属67个群落，其中珍稀特有植物33种，古、大、名木58种共194株。库区动物的主要区系组成为两栖类、爬行类、鸟类和兽类四大类群，已知库区有18种陆生脊椎动物为国家重点保护野生动物。丹江口水库天然饵料资源丰富，水生态环境呈多样化，水生生物资源丰富。

库区山高坡陡，森林覆盖率较低，降雨集中，水土流失较严重。

丹江口水库现状水质总体良好，除个别指标超过地表水Ⅱ类标准外，其他指标均能达到地表水Ⅱ类标准。入库支流水质较差，一般达地表水Ⅳ类标准。水库水体目前处于中营养状态。

丹江口市左岸城区环境空气质量状况总体尚清洁，总悬浮颗粒物是影响城区大气环境质量的主要污染物。丹江口市城区右岸基本是农村地段，环境空气质量状况相对较好。

左岸城区区域环境噪声质量总体水平较差，交通噪声是影响城市区域环境噪声质量的主要因素，而丹江口市城区右岸的噪声背景值较低。

丹江口水利枢纽大坝加高工程影响区存在的主要环境问题为：人口密度大，土地负荷重，生态环境脆弱；水土流失严重，面源污染较大；入库支流和局部库湾水质污染较重。

3. 环境影响预测评价

(1)主要有利影响

1)大坝加高后，水库调蓄库容加大，能够提高汉江中下游的防洪能力，为汉江中下游地区提供安全的生产生活环境。洪峰被削减，大水浸滩的机会大大减少，有利于汉江下游河势的稳定和洲滩的合理利用。大坝加高使得洪水得到进一步控制，有利于遏制血吸虫病蔓延。

2)大坝加高后，库容相应增加 116 亿 m^3，水库的澄清作用增强，库区总体水质将得到提升。

3)工程建设和大量移民资金投入，将为库区经济发展和环境整治带来难得的机遇。

4)大坝加高后，水库库容增大，为鱼类繁殖提供了数量众多、生境多样的繁殖场所。水库淹没的草地、农田等会向水体释放大量的营养元素，有利于浮游生物及各类水生生物栖息繁衍。丰富的饵料生物为鱼类提供充足的食物，有利于鱼类种群的增殖。

5)库水位抬高后，水库面积增大 307.7km^2，可改善库区局地气候。春季平均气温升高，库区相对湿度有所增加，有利于喜暖植物越冬和经济植物的生长。

(2)主要不利影响

1)施工期影响。

工程施工期间，砂石料加工系统废水、混凝土浇筑养护碱性废水、机械车辆维修冲洗废水、生活污水若直接排放，将对汉江水质产生较大影响，因此需进行废水处理，并保证处理达标。

工程施工固定点源影响范围内均无敏感点，对环境影响不大，只需要做好现场施工人员的劳动保护工作。施工运输车辆产生的交通噪声对城市区域声环境影响较大，左岸沿江路和上坝路沿线居民区、龙山宾馆、航运局宿舍、石油站宿舍、办公生活区的声环境都受到影响。

施工燃油污染物排放量不大，对施工区环境空气质量影响较小。交通运输产生的扬尘对所经过的左岸城区段道路两侧的环境空气质量产生一定影响。

工程区为农田植被类型，无珍稀野生动植物，工程施工对动植物影响较小。砂砾石取料加工、施工运输、施工爆破等活动可能会对坝下至羊皮滩分布的水禽产生惊扰。

工程施工扰动地表面积 446.05hm^2，损坏水土保持设施面积 97.34hm^2，工程总弃渣量为 105.40 万 m^3，经预测，新增水土流失量可达 36.19 万 t。通过采取配套的水土保持工程措施、植物措施和临时措施，工程区的水土流失可得到有效控制。

施工区高峰每日约产生一定量的生活垃圾，若任意堆放，不仅会污染空气，还会加大各种疾病的传播概率，一旦进入河流水体，将污染河段水体水质。

工程施工期间，在施工高峰期，由于施工人员集中，有可能导致肺结核、传染性肝炎、痢疾、疟疾等传染病的传播。

场内交通运输利用新修公路，对丹江口城区主要干线的交通影响不大。当施工车辆穿越城区时，可能会造成局部地段的交通堵塞。

2)运行期影响。

大坝加高蓄水后，水流速度变缓，水体的稀释自净能力降低，可能会造成局部水域或库湾水体污染和富营养化的情况。

水库淹没使库区土地资源进一步减少，移民安置环境容量的压力进一步加大。移民迁建改变了移民(特别是外迁水库移民)的传统习惯，将对移民心理造成不利影响。

大坝加高后，库区大片土地和经济林被淹没，导致土地资源和森林资源减少；蓄水位抬高，对汉江干流部分河段“四大家鱼”及其他产漂流性卵鱼类的产卵场产生不利影响。

水库蓄水位抬高，库区部分文物景观将被淹没，对文物景观产生影响。

水库蓄水位抬高，可能引起少数滑坡、崩塌体失稳。

4. 综合评价

工程以有利影响为主，除大坝加高造成土地和植被淹没、少数文物和景观的损失为不可逆影响外，其他不利影响均可采取环保措施予以减缓。从环境保护角度分析，丹江口水利枢纽大坝加高工程建设没有影响工程决策的制约性环境因素，工程建设切实可行。

三、水土保持方案内容

(一)水土保持重点及要求

1. 编制和落实水土保持方案，对改善生态环境、维护工程安全运行具有重大意义

丹江口水利枢纽大坝加高工程是南水北调中线的关键工程之一。丹江口水利枢纽初期工程于1973年建成。丹江口大坝加高工程挡水建筑物由混凝土坝、两岸土石坝、董营副坝、左坝头副坝组成。由于大坝加高工程施工时间长、扰动地表面积大、弃渣量多，因此在主体工程施工过程中，落实本方案，全面防治责任范围内的水土流失，对改善生态环境、维护大坝加高工程安全运行具有重要意义。

2. 水土保护方案工作重点

明确防治目标和责任范围，进行水土流失预测，划分水土保持防治分区，制定水土流失防治方案。

3. 水土保持总体防治目标

①通过配套水土保持工程措施、植物措施及临时措施，预防和治理工程水土流失，

扰动土地整治率为 95%，水土流失总治理度为 95%；②工程料场、渣场必须先拦挡后取料和弃渣，要做到复垦利用，并合理布置临时水土保持措施，拦渣率达 95%；③工程水土保持措施实施后，工程区的水土流失得到有效控制，土壤流失控制率为 1.2，林草覆盖率为 25%，植被恢复系数达 98%；④水土保持方案设计与主体工程设计相结合，在保障工程建设和运行安全的同时，应防止工程对下游地区的影响；⑤方案为坝区水土流失、水土保持监测提出重点对象和时段。

(二)水土流失影响结论

1. 水土流失防治总则

(1)防治目标

扰动土地整治率为 95%，水土流失总治理度为 95%，拦渣率达 95%，土壤流失控制比达 1.2，林草覆盖率为 25%，植被恢复系数达 98%。

(2)防治责任范围

大坝加高工程水土流失防治责任范围为项目建设区和直接影响区，总面积 524.40hm^2。其中，工程建设区面积 458hm^2，直接影响区面积约 66.40hm^2。

(3)水土保持防治分区

划分以下 6 个水土保持防治区，主要包括挡水建筑物水土保持防治区、弃渣场水土保持防治区、施工企业占地水土保持防治区、施工道路水土保持防治区、料场水土保持防治区、坝区移民安置水土保持防治区。并在此基础上，再划分防治亚区。

2. 水土流失预测

(1)扰动地表面积

大坝加高工程建设过程中，扰动原地貌、损坏土地和植被面积主要包括土石坝加高新建区域、料场开挖区域、弃渣场修建区域、施工企业占地、施工道路。经过实地查勘与量算，工程占用土地面积 524.40hm^2，扰动地表面积 446.05hm^2。

(2)损坏水土保持设施面积和数量

根据湖北省颁布的《水土保持"两费"(水土保持设施补偿费与水土保持防治费)收缴标准和使用管理办法》，水土保持设施包括基本农田、园地、林地、荒草地等。经实地查勘测量，大坝加高工程建设过程中将损坏水土保持设施 97.34hm^2，其中基本农田 14.10hm^2，林地 27.15hm^2，园地 30.09hm^2，荒草地 26.00hm^2。

(3)弃土石渣量预测

大坝加高工程建设中，总土石方开挖与弃土石渣量大，按照大坝加高工程挡水建筑物、料场等单项工程进行预测。预测结果显示，土石方开挖量为 1115.2 万 m^3，其中，大坝加高填筑量为 880.15 万 m^3，弃土石渣量 105.4 万 m^3，另有 129.65 万 m^3 的砂石料弃渣回填于河道。

(4)可能造成的水土流失面积及流失量

经对工程开挖回填面水土流失和弃土石渣水土流失进行预测，工程加速侵蚀面积达 152.85hm²，预测期内水土流失量为 4.12 万 t，新增水土流失量为 3.15 万 t；弃土石渣量为 105.4 万 m³，弃渣造成水土流失为 32.87 万 t；在植被恢复期，水土流失面积为 131.4hm²，水土流失量为 0.67 万 t，新增水土流失量为 0.17 万 t。工程可能造成的水土流失总量为 37.67 万 t，新增水土流失量为 36.19 万 t。

3. 水土流失防治方案

根据水土流失预测结果及水土保持防治分区，结合主体工程中具有水土保持功能的设计内容，确定工程的水土流失防治方案，工程水土流失防治措施由预防措施和治理措施组成。丹江口大坝加高工程水土流失防治措施体系见图 16-1。

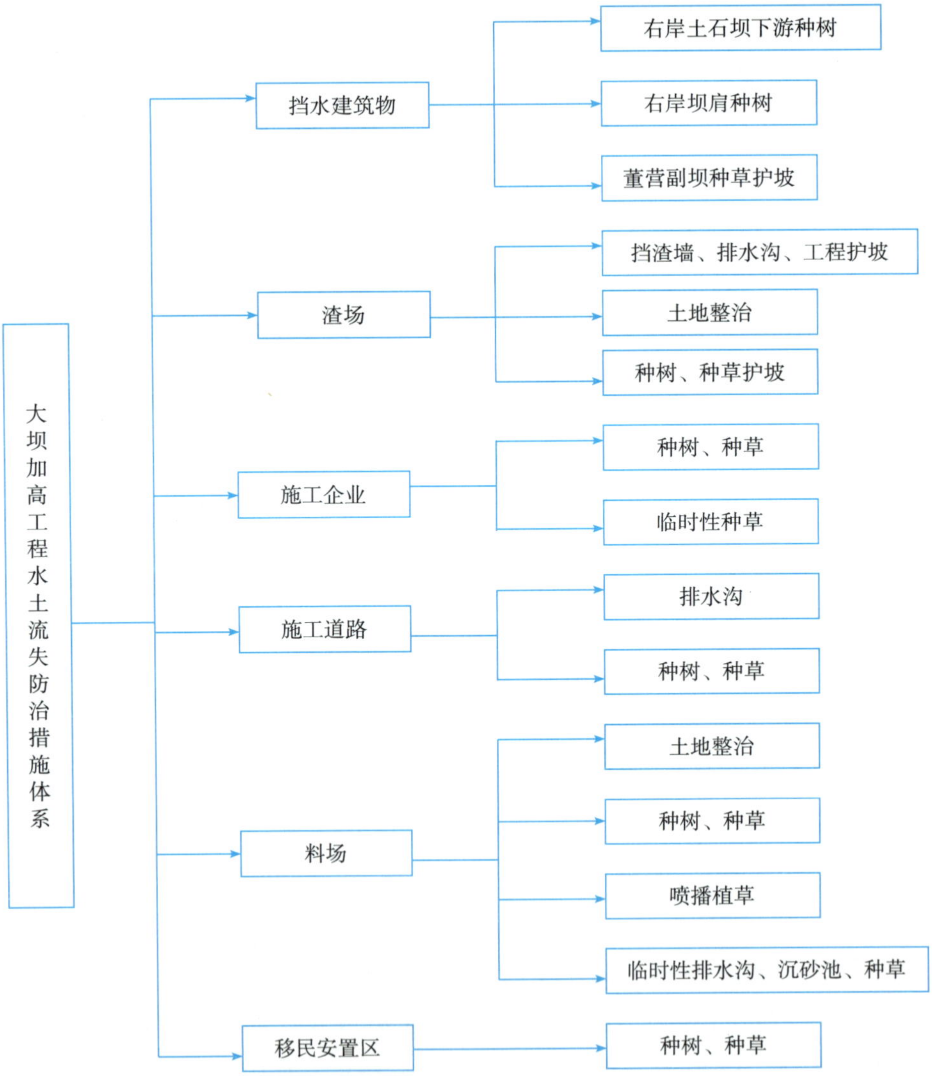

图 16-1　丹江口大坝加高工程水土流失防治措施体系

四、环评报告书及水土保持批复

(一)环境影响评价报告书批复

《国家环境保护总局关于丹江口水利枢纽大坝加高工程环境影响报告书的批复》主要内容如下。

在落实报告书提出的环境保护措施后,从区域环境保护角度分析,同意该项目建设。项目建设应重点做好以下工作。

强化生态保护,落实报告书中提出的生态保护措施,组织做好施工期环境保护的监督管理工作。

落实报告书提出的水环境保护措施。工程施工产生的生产、生活废水不得随意排放,防止对汉江水质造成污染。针对下游企业取水问题,应合理调整取水时间,与羊皮滩砂砾料场取料时间错开,并加强取水口水质监测,减少工程施工对下游取水口的影响。对废水处理后产生的沉砂、泥浆等固体废物,必须按照环保要求处置,不得随意抛弃。

加强移民安置的环境保护工作,将环境保护措施纳入移民安置规划与设计中,细化并落实移民安置环境保护方案。移民安置中,土地开发必须落实水土保持措施,防止移民开荒对安置区周围生态环境造成二次破坏。移民安置中的具体项目也要执行环境影响评价制度,由地方环境保护局负责监督落实。

落实报告书提出的噪声和扬尘的环境保护措施,细化施工期的运输噪声防范措施。

加强施工期及运营期的环境管理与监测工作。进一步完善环境保护计划,环境保护要求必须纳入工程招投标及工程监理工作中。

工程地处血吸虫疫区,施工中应注意血吸虫病防疫工作,采取血吸虫病卫生防疫措施。

由于大坝加高造成库区淹没范围的增加对珍稀及特有动植物的影响、工程对经济鱼类的影响以及对下游的生态环境和移民安置的环境影响问题,总报告中要进行深入的分析与评价。

(二)水土保持方案报告书批复

《水利部关于丹江口水利枢纽大坝加高工程水土保持方案的批复》主要内容如下。

1)水土保持方案应符合我国水土保持法律法规的有关规定,对于防治工程建设造成的水土流失,保护生态环境具有重要意义。

2)方案编制依据充分,内容全面,水土流失防治目标和责任范围明确,水土保持措施总体布局及分区防治措施基本可行,符合有关技术规范、标准的规定,可以作为下阶段水土保持工作的依据。

3)同意水土流失现状分析。项目区位于低山丘陵区，属亚热带季风气候，年降水量813mm，土壤类型主要为黄棕壤土，植被覆盖率为12.5%，水土流失类型为水力和风力的复合侵蚀，是湖北省人民政府公告的水土流失重点治理区。基本同意水土流失预测方法，预测工程建设新增水土流失量为36.2万t，损坏水土保持设施面积为97.3hm^2。

4)同意水土流失防治责任范围为524.4hm^2，其中项目建设区458.0hm^2，直接影响区66.4hm^2。

5)基本同意水土流失防治分区和分区防治措施。

①坝库区工程防治区：合理调配土石方，尽可能减少对植被的破坏和开挖方量；严格把控开挖范围，加强对剥离表土的临时防护；在施工结束后，及时进行迹地清理；实施植物措施时，需兼顾绿化美化。

②料场防治区：剥离表土要集中堆放并采取临时防护措施，要分区、分级开挖，避免形成高陡边坡，取料结束后，需及时覆土复耕或恢复植被，并完善截排水系统。

③渣场防治区：做好挡渣墙和排水措施，并确保安全稳定要求；剥离表土要集中堆放，弃渣时要分层堆放并碾压，渣体自然堆放边坡坡度控制在1∶2内；弃渣结束后，要及时进行渣面整治和植被恢复。

④施工企业占地区：场地内应尽量做到挖填平衡，减少弃土；修建区内临时排水系统；加强剥离表土的临时防护，施工结束后及时进行场地清理、整平、复耕。

⑤施工道路防治区：做好路基防护及路面硬化措施，弃土必须在指定地点堆放并防护；施工结束后，需及时进行土地整治和恢复植被。

⑥移民安置区：进一步落实完善移民安置区水土保持方案，实施过程中要做好“四旁绿化”(宅旁、村旁、路旁、水旁)，做好区内的拦挡、排水及绿化措施，各类建设中产生的废弃土石渣，要设置专门场地堆放，并采取水土保持措施进行处理。

各类施工活动要严格控制在用地范围内，严禁随意占压、扰动和破坏地表；在施工过程中产生的弃土(渣)，应及时清运至指定地点堆放并防护，禁止随意倾倒；待施工结束后，需对施工迹地进行清理平整和植被恢复。切实加强施工管理和临时防护，严格控制施工期可能造成的水土流失问题。

6)基本同意水土保持方案实施进度安排，要严格按照审批的水土保持方案所确定的进度组织实施水土保持工程。

7)基本同意水土保持监测时段、内容和方法。要进一步做好监测设计，落实监测重点，细化监测内容。

8)建设单位在工程建设中应重点做好以下工作。

①按照批复的方案落实资金、管理等保障措施，做好本方案下一阶段的工程设计、招投标和施工组织工作，加强对施工单位的监督与管理，切实落实水土保持“三同时”(与

主体工程同时设计、同时施工、同时投产使用)制度。

②定期向长江委及省级水行政主管部门报告水土保持方案的实施情况,并接受有关水行政主管部门的监督检查。

③委托具有水土保持监测资质的单位承担水土保持监测任务,并及时向有关水行政主管部门提交监测报告。

④委托具有水土保持监理资质的人员承担水土保持工程监理任务,加强水土保持工程建设监理工作,确保水土保持工程建设质量。

⑤水土保持后续设计应报省级水行政主管部门备案。

⑥按照规定,将批复的水土保持方案报告书于 30 日内,将其分送项目所在地的流域机构和地方各级水行政主管部门,并将送达回执报水利部水土保持司。

9)建设单位要按照《开发建设项目水土保持设施验收管理办法》的规定,在工程投入运行之前及时向水利部申请水土保持设施验收。

第二节　环境保护与水土保持初步设计

一、设计工作历程

根据水利部有关南水北调中线工程建设的部署和长江委的要求,长江设计院于 2002 年 12 月编制完成《丹江口水利枢纽大坝加高工程初步设计报告》(以下简称《初步设计报告》)。由于当时丹江口水库淹没实物指标调查及水库淹没处理与移民安置规划工作尚未展开,该报告未包括水库淹没处理及移民安置规划内容。其中,长江水保所编制完成该报告中的第 11 章“环境保护设计”,长江委长江流域水土保持监测中心站编制完成该报告中的第 12 章“水土保持设计”,水规总院对该报告进行了审查。2003 年 9 月,长江设计院按照基本建设程序规定,编制完成《丹江口大坝加高工程可行性研究报告》,并对初设报告进行了修订。2004 年 12 月,长江设计院再次对《初步设计报告》进行修编,并通过了水规总院审查。2005 年 1 月,国家发展改革委在丹江口市对《初步设计概算》进行评审,评审内容包括环境保护投资概算和水土保持投资概算。2005 年 4 月,国家发展改革委以《关于核准汉江丹江口水利枢纽大坝加高工程初步设计概算的通知》批准《初步设计概算》;随后,水利部以《关于汉江丹江口水利枢纽大坝加高工程初步设计报告的批复》批复《初步设计报告》。

二、环境保护初步设计

环境保护设计主要以《环境影响报告书》及其批复文件为设计依据,主要任务是落实批准的《环境影响报告书》确定的环境保护措施。环境保护设计应遵循技术可行、经济合理、便于实施、有效保护和改善环境的原则。环境保护设计工作包括必要的环境影响复核、各类环境保护措施的设计、环境保护投资概算等方面。

(一)设计工作重点

在编制丹江口大坝加高工程初步设计报告时，丹江口水库淹没实物指标调查及水库淹没处理与移民安置规划工作尚未展开，因此《初步设计报告》未包括水库淹没处理及移民安置规划内容，只将坝区移民内容纳入其中。丹江口大坝加高工程环境保护设计范围，主要是工程施工区的环境保护设计。丹江口库区移民安置工程、库区生态修复工程随后分别编制了《环境保护设计报告》，并通过了水规总院的审查。

丹江口大坝加高工程环境保护设计以原国家环境保护总局《关于丹江口水利枢纽大坝加高工程环境影响报告书审查意见的复函》为主要依据，在完成环境影响复核的基础上，主要开展了水质保护、环境空气质量保护、噪声防治、施工区人群健康保护、移民安置区环境保护和生态保护等方面的设计工作。

1. 水质保护设计

工程施工过程中产生的废水主要包括：砂石料加工系统的冲洗废水、混凝土浇筑养护及搅拌站冲洗所产生的碱性废水、机械设备维修保养过程中的含油废水，以及施工人员生活污水等。砂石料冲洗废水采用平流沉淀池处理；施工产生的碱性废水加药中和处理；机械维修厂的含油废水利用隔油池进行处理；生活污水采用地埋式污水处理设备进行处理。

2. 环境空气质量保护设计

丹江口市区环境空气质量较差，特别是经过市区干道的施工交通运输要防止扬尘污染影响，应及时清扫道路，在道路两侧栽种树木，并在干燥天气定时对道路洒水。在土石方开挖爆破作用中，应选用湿法作业。水泥、粉煤灰的储存和转运系统应保持良好的密封状态，并定期进行检修保养。拌和楼需配备除尘设备。砂石料加工原料应适度喷水或洒水，破碎机口上方安装喷雾除尘设备或旋风式除尘器。同时，选用技术上可靠的汽车尾气净化器。

3. 噪声防治设计

选用低噪声设备和工艺；对噪声较大的施工设备、车间，需安装多孔吸声材料，尽可能减少噪声向外辐射；结合水土保持工作，做好施工道路两侧及办公生活区的绿化，以降低噪声影响；将左岸沿江路和上坝路邻近居民区、防汛路附近的龙山宾馆、右岸五军路邻近办公生活区、地区农校路段定为降噪路段，限制车辆行驶速度，禁止鸣笛。在龙山宾馆邻防汛路一侧，石油站宿舍邻上坝路一侧，居民区邻沿江大道一侧设置隔声屏；合理安排施工时间，夜间 22 时至次日 6 时和中午午休时间尽量避免露天爆破和其他有噪声污染的施工作业。加强施工人员劳动保护。

4. 施工区人群健康保护设计

施工区人员较集中，应保证饮食卫生及生活饮用水，加强卫生保健，做好防疫检疫工作，杀鼠灭蚊，减少传染病发生。

5. 移民安置区环境保护设计

对于移民安置区，主要是扩大和改善移民环境容量，加强移民安置区环境建设和污染治理，做好绿化工作。加强移民安置区人群健康保护。保护措施针对移民安置环境影响及特点，具有针对性，简单易行。

6. 生态保护设计

加强对施工人员的生态保护宣传教育。结合水土保持方案的生态恢复工程，对施工区和移民安置区进行植被恢复。实行生态环境管理，制定施工期施工人员生态保护守则。

(二)设计内容

《初步设计报告》对于环境保护设计主要内容包括水质保护、环境空气质量保护、噪声防治、人群健康保护等内容。

1. 水质保护

(1)保护标准

施工区汉江及丹江口水库坝前水质执行《地表水环境质量标准》(GB 3838—2002)Ⅱ类标准。

(2)污染源

施工产生的废水主要包括：砂石料加工系统冲洗废水、机械设备保养时的冲洗水、碱性废水和施工人员生活污水等。其中，砂石料加工系统位于右岸柳树林区域，其废水成分主要是泥砂，悬浮物浓度高达 70000mg/L；当机械设备定期冲洗保养时，会产生油性污水；当工程混凝土浇筑时，将产生养护碱性废水，拌和站冲洗也将产生碱性废水；施工生活污水中所含污染物主要为化学需氧量、五日生化需氧量等。

(3)保护措施

1)砂石料加工系统冲洗废水处理。采用混凝沉淀法处理：砂石料冲洗废水从筛分楼流出，自流入平流式初沉池。池底砂泥由砂泵送入螺旋式砂水分离器进行机械脱水后堆放，再外运另用或运至就近渣场。

2)机械设备冲洗废水处理。在车辆冲洗场布置排水沟，周边布置集水沟，收集排水沟内的机械清洗废水，再进入集水池，集水池容积不小于一次冲洗废水量设计，在集水池末端设有钢板隔油装置，集水沟出口处设有薄壁堰溢流出水，使含油废水经除油、沉淀后排入附近的下水管道。定时清除钢板壁聚集的废油并清理沟底淤泥。

3)碱性废水。碱性废水采用中和沉淀法处理。在混凝土工程浇筑量较大的施工段及拌和站周围设水沟，用以收集废水。在水沟的终端设废水中和沉淀池，当废水进入沉淀池后，使其自然沉淀，并向其中加入硫酸中和。待悬浮物沉淀后，沉淀池上部的清水可回用于拌和楼的冲洗，也可用于施工道路洒水。沉渣定期人工清理，左岸弃于小胡家岭渣场，右岸弃于老虎奔沟渣场。

4)生活污水。采用地埋式生活污水处理设备对生活污水进行处理，左右岸各布置一套，生活污水处理达标后，流入丹江口市政污水管网。

2. 环境空气质量保护

(1)保护标准

施工区主要为居住区、商业交通居民混合区、一般工业区等，环境空气质量按《环境空气质量标准》(GB 3095—1996)中二类标准控制。

(2)污染源

土石方开挖爆破产生的粉尘，水泥、粉煤灰运输装卸过程中泄漏的粉尘，混凝土拌和系统、砂石料加工系统产生的粉尘，运输车辆行驶过程中产生的扬尘，施工燃油机械设备排放的废气等。

(3)保护措施

1)土石方开挖爆破产生的粉尘防治。工程开挖段的地质条件主要是黏土与砂，减少粉尘的方法为湿法作业。

2)水泥、粉煤灰运输装卸过程中防护措施。在水泥、粉煤灰的储存和转运过程中，其系统应保持良好的密封状态，并定期检修保养。

3)拌和楼系统除尘措施。根据拌和楼的实际情况，参照国家《工业“三废”排放试行标准》(GB J4—1973)，确定按第二类生产性粉尘标准执行，粉尘排放浓度控制在 150mg/m^3 以下。拌和楼一般都配备除尘设备，在生产过程中同时运转使用。加强除尘设备的效果监测，若效果不符合要求时，可配旋风式和布袋式两级除尘设备。

4)砂石料生产系统粉尘的防治。原料适度喷水或洒水；破碎机口上方安装喷雾除尘设备或旋风式除尘器；筛分系统安装除尘设备。

5)对外交通及场内交通扬尘的治理。道路两侧植树；配备专用洒水车及其他工具。

6)燃油机械设备排放废气的处理措施。加强对燃油机械设备的维护保养；技术上选用可靠的汽车尾气净化器，确保尾气排放达标。

3. 噪声防治

(1)保护标准

办公生活区噪声按《城市区域环境噪声标准》(GB 3096—1993)2 类标准控制，运输干线两侧按 4 类标准控制。施工区场界噪声按《建筑施工场界噪声限值》(GB 12523—

1990)控制。

(2)污染源

施工期间,砂石料加工、混凝土拌和、石方开挖爆破以及其他各种机械设备与运输车辆的使用都会产生噪声污染。其中,较大声级噪声来自砂石料加工系统、石方开挖爆破、混凝土拌和楼和交通运输车辆。

(3)防治措施

1)噪声源控制。改进施工技术以降低噪声,选用低噪声设备和工艺;加强设备的维护和管理,运行时可减少噪声;破碎机、制砂机、筛分机、拌和楼、制冷压缩机等设备尽可能利用砖、混凝土、硬实的木板、钢板等密实材料,建立隔声罩、隔声间等;振动大的设备可在机器基础与其他结构之间铺设具有一定弹性的软材料。

2)传声途径控制。在砂石料加工系统的破碎车间筛分机、拌和楼、保温料仓脱水车间等位置,应使用隔声材料建造隔声操作室、隔声值班、休息室,并在房间内表面装饰多孔性吸声材料。

3)施工人员个人防护措施。佩戴个人防护用具。

4)敏感点防护措施。结合水土保持,做好施工道路两侧及办公生活区的绿化;将左岸沿江路和上坝路邻近居民区、防汛路附近的龙山宾馆、右岸五军路邻近办公生活区、地区农校路段定为降噪路段,限制车辆行驶速度,禁止鸣笛。在相关路段设立隔声屏,有效阻隔噪声。

4. 人群健康保护

(1)生活饮用水保护

建立行之有效的放水、清洗、消毒和检修等制度及操作规程,以保证供水质量,并按规定对水源水、出厂水进行监测。

(2)公共卫生设施

在办公生活区和施工作业人群活动相对集中的地区,设置公共厕所、垃圾桶,委托当地环卫部门定期清运。

(3)卫生清理

在施工前期,结合场地平整工作,对施工区内原有的厕所、畜圈、垃圾堆等地方进行消毒。

(4)食品卫生管理与监督

建立“卫生许可证”制度。发现食物中毒应立即采取有效控制措施。

(5)卫生防疫

在施工人员进场前,应对其中20%的人员进行检疫。发现新入境传染病后,必须对患者隔离治疗,切断传播途径。按照《全国计划免疫工作条例》的有关规定,对施工人群采取疟疾预防性服药、乙肝疫苗接种等预防免疫措施。若发现新病种，应及时针对病情进行预防和治疗。丹江口市当前医疗条件较好，施工区毗邻丹江口市区，丹江口市医院可作为施工人员就诊的医院。

(6)移民安置区环境保护

扩大和改善移民环境容量，合理利用荒地；调整农业结构，改造低产田；开展多种经营，大力发展第二、三产业。加强移民安置区环境建设和污染治理，科学种田，提高土地生产力；兴建农田基本建设，改善排灌条件，严格按要求使用农药化肥，以防残留物随地表径流污染水体。移民居住区绿化，田间道路绿化。加强移民安置区医疗卫生机构建设。开展卫生检疫工作。

(7)生态保护

拟在施工区标桩划界，设置野生动植物保护警示牌，严禁在施工江段进行捕鱼、猎捕水禽或从事其他有碍生态环境的活动。在工程建设期间，以公告、散发宣传册等形式，加强对施工人员的生态保护宣传教育。合理安排施工时间，以减少对鸟类和其他动物的惊扰；施工废污水处理达标后排放，减少对坝下游江段水生生物的影响。结合水土保持方案的生态恢复工程，确定施工区植被恢复方案。

三、水土保持初步设计

丹江口大坝加高工程水土保持设计以《中华人民共和国水土保持法》及其有关法律、法规为依据，坚持“预防为主、全面规划、综合防治、因地制宜、加强管理、注重效益”的水土保持方针和生态与经济建设同步发展的原则，尽量减少对现有水土保持设施的破坏，全面防治工程水土流失。绿化、美化和优化项目区生态环境，促进社会经济与生态环境协调发展，为提高坝区人民生活质量、实现经济社会可持续发展奠定基础。

(一)设计工作重点

1. 水土流失防治总则

(1)设计原则

因地制宜、综合配置的原则；生态优先的原则；确保工程安全与经济性、适用性相结合的原则。

(2)防治目标

采取水土保持工程措施、植物措施及临时措施，预防和治理工程水土流失，扰动土地整治率为95%，水土流失总治理度为95%，拦渣率达95%，土壤流失控制比达1.2，林草覆盖率为25%，植被恢复系数达98%。

(3)防治责任范围

丹江口大坝加高工程水土流失防治责任范围为项目建设区和直接影响区。

(4)水土流失防治分区

划分为挡水建筑物、弃渣场、施工企业占地、施工道路、料场及坝区移民安置6个水土保持防治区，在此基础上再划分防治亚区。

(5)主体工程已有水土保持功能评价

工程总体布局及施工工艺基本合理。主体工程采取防护措施，如挡水建筑物布设挡土墙和护坡，施工场地布设排水设施。选定的料场、渣场选位、占地类型及面积合理，符合水土保持有关要求。施工时序符合水土保持要求。

2. 水土流失预测

(1)水土流失特点

工程施工占地规模大、类型多，存在点、线、面等多种形式的水土流失风险；施工期长达5.5年，长时间开挖、回填及渣面裸露可能导致水土流失时间长；工程施工强度大，工程将扰动地表面积446.05hm^2，弃土石渣量达105.40万m^3；项目区位于丹江口市城郊，人口密集，城镇房屋和农村居民点众多，社会经济相对较发达，对工程水土流失治理的标准相对较高；工程施工工艺繁杂，土、石料场和弃渣场分布分散，必须特别注重施工期的水土流失防治。

(2)水土流失预测结果及综合分析

经对工程开挖回填面及弃土石渣水土流失进行预测，工程可能造成的水土流失总量为37.67万t，新增水土流失量36.19万t。料场、渣场、施工企业驻地、施工道路和移民安置区在生产建设过程中都将出现水土流失现象，特别是料场、渣场、施工企业进行挖采、加工、弃渣等环节的土石方量较大，产生水土流失面积大、流失量多。水土保持措施的重点是弃渣场、取料场的水土流失防治，以及主体工程和施工企业施工过程中的临时防护措施。

3. 水土流失防治方案

(1)预防措施

合理调配土石方；规范施工，加强管理；建立相应的管护制度。

(2)治理措施

工程措施包括挡渣墙、护坡、排水工程和土地整治等；植物措施包括种树、种草等；临时措施主要是临时排水设施和临时种草护坡等。

(二)设计内容

1. 预防措施

合理调配土石方：优化挖填流程，主体工程开挖产生的弃土石渣应先用于施工企业场地的回填，合理利用弃渣，尽量减少地面扰动，避免大量开挖回填和弃渣乱堆滥弃。规范施工过程中的开挖、回填、碾压和护坡等措施；减少疏松地面的裸露时间，合理安排施工时间，尽量避开雨天；弃土、弃渣的堆放，要先建挡渣墙及排水设施，再按照指定地点堆放弃渣，弃渣堆放完后及时整理并布置植物措施；对开挖边坡、回填边坡的防护工程，应达到设计稳定边坡后迅速修建防护工程，同时做好坡面、坡脚排水系统。加强管理，建立相应的管护制度。

2. 治理措施

工程水土流失治理措施包括工程措施、植物措施与临时措施。其中，工程措施包括挡渣墙、护坡、排水工程和土地整治等，工程措施按照 20 年一遇的防洪标准设计，50 年一遇的洪水校核，属Ⅴ等 5 级工程；植物措施包括种树、种草等；临时措施主要是临时排水设施和临时种草护坡等。

3. 水土保持监测

(1)监测目的

为保护水土资源、维护良好的生态环境，采取多种手段和方法，对水土流失的成因、数量、强度、影响范围及后果进行监测，适时掌握项目区原生水土流失状况、生产建设过程中水土流失及其危害，测算水土保持措施的实施效果，为主体工程和方案的实施服务。

(2)监测的重点地段和重点项目

监测的重点地段：右岸土石坝、老虎沟弃渣场、五峰岭黏土料场、柳树林备料场区；监测的重点项目：土石坝加高、备料场、场内公路建设、堆渣场及土料场。

(3)监测内容

包括水土流失量监测、水土流失危害监测、水土保持工程效益监测。

(4)监测方法

包括宏观监测、定点监测、巡查监测。

(5)监测时段和频率

在施工前和建设期各监测 1 次；建设期与植被恢复期的两年内，每年汛前、汛后各监测 1 次，并进行年终总结。

四、水库区生态修复、水质监测、环境科研初步设计

(一)设计工作历程

2010 年 4 月，水源公司委托长江水保所承担南水北调中线一期丹江口水库建设征地移民安置工程环境保护和水土保持初步设计工作。工作内容主要包括丹江口水库建设征地移民安置工程环境保护初步设计、水土保持初步设计、丹江口库区生态修复初步

设计、水质监测站网建设初步设计和环境保护科研需求规划。其中，丹江口库区生态修复初步设计又分为古树名木保护初步设计、库区坝前消落带及库滨带生态修复、鱼类人工增殖放流站初步设计3项。

2010年7月13日，水源公司在北京主持召开了《南水北调中线一期丹江口水库建设征地移民安置工程环境保护和水土保持初步设计工作技术大纲》咨询会。会议确定，库区生态修复、水质监测站网及科研需求方面的设计工作成果由1本总报告、3本专项报告、2本分项报告组成，总报告为《南水北调中线一期丹江口水库建设征地移民安置工程环境保护和水土保持（生态修复、水质监测、环境科研部分）初步设计》。

2010年12月6—7日，水源公司在武汉召开《南水北调中线一期丹江口水库建设征地移民安置工程环境保护和水土保持（生态修复、水质监测、环境科研部分）初步设计》初步审查会议。2011年10月20—21日，受设管中心委托，水规总院在北京对该报告进行了审查。

长江水保所根据审查意见对报告进行了修改和完善，在分报告一中增加了珍稀植物保护设计内容，将其改为《南水北调中线一期工程丹江口库区古树名木及珍稀植物保护初步设计报告》，分报告三《丹江口库区坝前消落带及库滨生态修复初步设计报告》暂不列入本阶段设计内容。2012年6月26—27日，设管中心组织对该初步设计报告进行了概算评审。根据评审会讨论意见，长江水保所对报告进行了修改，并于2012年8月编制完成《南水北调中线一期工程丹江口库区生态修复初步设计报告（审定本）》。

2012年8月28日，国务院南水北调办以国调办环保〔2012〕205号文对上述初设报告进行了批复。

（二）设计成果

总报告1本：《南水北调中线一期丹江口水库建设征地移民安置工程环境保护和水土保持（生态修复、水质监测、环境科研部分）初步设计》。

专项报告3本：《库区生态修复初步设计报告》《监测站网建设初步设计报告》《科研需求报告》。

分报告2本：《库区古树名木及珍稀植物保护初步设计报告》《鱼类增殖放流站初步设计报告》。

（三）设计内容

1. 生态修复设计

（1）古树名木与珍稀植物保护

1）古树名木保护对象。

按照国家及地方对古树名木保护的总体要求，综合考虑古树名木的生长位置、生态习性、生长态势、周围交通条件、保护级别等因素，确定古树名木的保护模式，具体分为迁地保护与就地保护两种模式。对淹没线以下移植不易成活的古树名木，为保持库区清洁，采取砍伐清理措施。

①河南省。

丹江口大坝加高工程蓄水后，设计编号为X1～X45的古树名木将被水库直接淹没，对这45株古树名木，采取迁地保护措施，将其迁移至水库淹没线以上区域；对受水库高水位运行或洪水年份影响的古树名木（设计编号：S1～S12），采取就地保护措施，其中包括水位线171m以上的10株古树名木和2株位于水位线170m的喜水性植物黑柳树（设计编号：S7、S8）；设计编号为K1的古树名木是金河镇后湾的柳树，海拔165m，移植不易成活，为保障库区清洁，将对其采取砍伐清理的措施。

②湖北省。

丹江口大坝加高工程蓄水后，设计编号为X1～X56的古树名木将被水库直接淹没，对这56株古树名木，采取迁地保护措施，将其迁移至水库淹没线以上；对受水库高水位运行或洪水年份影响的古树名木（设计编号：S1～S7），采取就地保护措施。

2）就地保护设计。

就地保护是指在工程影响范围内，对古树名木采取就地修筑围堰、围栏，进行挂牌登记等措施加以保护，以防止人、畜对其造成损毁。对于受水库高水位运行和洪水年份影响的古树名木，需根据实际情况建立圆形或半圆形围堰，防止水库蓄水和水库调度过程中，对古树名木的侵蚀和扰动。

①调查古树名木的生长情况。

认真调查古树名木的生长状况及周围环境特征，根据其受影响形式、周围环境条件和其生长态势制定合适的就地保护方案。

②对每株树木登记造册，建立档案，挂牌保护。

③加强营养管理和病虫害防治，并根据需要对树木及时覆土、追肥，使树木处于良好的生长状态。

④位于水位线171m附近的古树名木，易受水库水位波动影响，必要时在古树周边开挖排水沟，水淹时应及时排除多余水分。

⑤在直径2～5m设立半圆形围堰，高1～2m。

⑥在直径2～5m或更大范围内设立圆形或方形栅栏。

3）迁地保护设计。

①河南省。

为便于移植后古树的保护和管理，降低后期养护和管理成本，并发挥古树的观赏价值，建议将古树移植到移植园，实行统一管理。

淅川县林业局组织专业人员进行查勘工作，并邀请部分专家进行鉴定，建议在金河镇吴店村、毛堂乡白树村拟建立3个名贵大树移植园。3个移植园土壤肥沃、地质优良、交通便利，极其适合名贵大树的生长存活。移植园后设有一定的延伸隔离区，且选址范围内无职工和农户居住。

金河吴店移植地(33°6′～33°10′N，111°23′～111°27′E)选址位于丹江支流灌河东侧、金石公路西侧的荒山下缘，呈沿山体带状延伸分布。海拔为182～191m，距淅川县城5km。毛堂白树移植地(33°10′～33°13′N，110°27′～111°31′E)横跨淅西老公路两侧，为白水河滩涂荒地。海拔为192～214m，距县城7km。

②湖北省。

为便于移植后古树的保护和管理，降低后期养护和管理成本，并发挥古树的观赏价值，十堰市林业局建议将古树移植到牛头山国家森林公园，实行统一管理。据调查，在水库管理范围内的空地均为零散小块地段，没有适宜移植大批古树的集中空地。为便于古树名木的集中管理和养护，并发挥其观赏价值，设计将古树名木移植到一处，实行集中管理和保护。移植地选址于湖北牛头山国家森林公园林木良种繁育中心(32°34′471″～32°34′942″N，110°43′137″～110°43′767″E)，占地面积约50hm^2。库址园区以田畈为中心向四周展开，西至天池公路、东接南山山脊、南抵主峰山腰地带、北达田畈垭口。海拔为840～1000m，北距十堰城区约10km。

4)珍稀植物保护设计。

物种保护措施一般采用就地保存、迁地保存和离体保存等方法，根据不同植物个体，采取的保护方式有所不同。对受到淹没影响的岩杉树，采取迁地保护措施；对库区受淹没影响的野大豆和狭叶佩兰两种草本型珍稀植物，在淹没线以上选取一块自然分布地段进行就地保护；对海拔172m以下的刺萼参实施迁地保护；对野大豆进行草籽采集，保存野生种质资源，并在适宜时间进行种子播撒。

①野大豆保护设计。

鉴于物种对生境的需求，设计将172m以下的野大豆迁移到180m以上的区域，并建立野大豆集中保护点，对迁移后的野大豆进行集中保护管理。对保护点实行严格管理，培育和恢复野大豆的生存环境，设置警示牌和围栏，并配备相应的管护物资和人员。加强移植后野大豆的观测和抚育，确保其成活率，同时开展人工培植研究，进行异地繁育，扩大其种群数量。同时，进行草籽采集和保存，并在合适时间进行种子播撒。

②岩杉树保护设计。

鉴于岩杉树为多年生小型灌木，为便于其集中统一管理，设计选择湖北省牛头山国家森林公园林木良种繁育中心作为移植地，将受到淹没和水位波动影响的8株岩杉树进行迁地保护。湖北省牛头山国家森林公园与岩杉树生长地属于同一个大环境，便于后期的统一抚育、管理和观测，因此选择其作为岩杉树的移植地。在移植地创建适宜岩杉树生存的小生境，加强移植后的抚育措施，确保其成活率。

③狭叶佩兰保护设计。

鉴于物种对生境的需求，淹没线以下的狭叶佩兰距离现在的正常蓄水位 8～15m，丹江口大坝加高工程校核洪水位 173.6m。因此，综合考虑，设计将 172m 以下的丹江口羊山分布的 $8m^2$ 狭叶佩兰迁移至 180m 以上的区域，并建立集中保护点，对迁移后的狭叶佩兰进行集中保护管理，恢复狭叶佩兰的生存环境，设置警示牌和围栏，并配备相应的管护物资和人员。

④刺萼参保护设计。

由于刺萼参数量较少，对生境和后期管护要求较高，为便于刺萼参的集中保护和后期抚育，设计将海拔 180m 以下的刺萼参移植至湖北省牛头山自然保护区林木良种繁育中心，进行集中管理养护，同时开展人工培植研究，进行异地繁育，扩大其种群数量。

(2)鱼类增殖站设计

1)站址。

丹江口鱼类增殖站选址在丹江口坝上左岸丹赵路办事处羊山，距离大坝约 3km，紧邻水库，高程为 175～210m，属丘陵地形，土地利用类型为旱地和林地，以经济林为主。选址紧邻丹江口水库，距离水源较近，水质良好，存在道路与省道相连，交通便利，有电力线路，适宜建设鱼类增殖放流站。

2)技术工作流程。

增殖放流站技术工作流程主要为亲鱼收集购置、亲鱼驯养培育、人工催产和受精、人工孵化、苗种培育、放流、放流效果监测、调整生产规模和方式。

3)增殖放流站功能结构及组成。

增殖放流站内主要建筑物由蓄水池、亲鱼培育池、苗种培育池、鱼苗培育车间、催产孵化及开口鱼苗培育车间、防疫隔离池组成。其他附属设施主要由综合楼、取水泵站、给排水管渠、污水处理系统、道路及其他配套设施组成，增殖放流站占地面积约 160 亩。

4)增殖放流站总体规划布局。

丹江口鱼类增殖站的建筑物主要包括综合楼、蓄水沉淀池、催产孵化和开口苗培育车间、亲鱼培育池、鱼苗培育车间、室外苗种培育池、防疫隔离池和配套设施。其中，催产孵化车间 $440m^2$，鱼苗培育车间 $880m^2$，亲鱼培育池 $12000m^2$，室外鱼苗鱼种培育池 $49880\ m^2$。

2. 水质监测站网

(1)监测站网设计

1)监测手段选择。

根据监测断面和水质分析设备的不同，水质监测站点被划分为常规监测站、自动监测站和移动监测站3类。常规监测站对常规水质监测断面进行定期采样监测；自动监测站对常规监测站网中的重要断面(省界、重点建筑物)，增加长期连续采样监测功能；移动监测站是针对突发性污染事故或者临时下达的水质监测任务所增加的水质监测点位。

2)监测站点设置。

①库内水质监测站点。

a. 常规监测站点。

在汉库和丹库库心选定位置设置监测站点，反映水库中心位置的水质状况。同时，设置肖川—龙口、浪河口下、白渡滩断面，反映水库内总体水质状况；设置坝上(龙王庙)断面，反映丹江口水库出库入汉江的水质状况，并与自动站监测结果相互参照、比对和补充。设置陶岔断面，反映调水水源地水质状况，并与自动站监测结果相互参照、比对和补充。在水库内河南、湖北交界处，设置凉水河—台子山断面，反映水库内省界水体水质状况，控制汉库进入陶岔取水口范围的水质；在丹库来水方向设置仓房—香花断面，控制丹库进入陶岔取水口范围的水质；在库中设置青山—安阳断面，反映汉库库中水质，也作为汉库主要入库污染源神定河(河口以下5km)控制断面的削减断面，反映来水水质；在库中设置盛湾—黄庄断面，反映丹库库中水质，也作为汉库主要入库污染源老灌河(河口以下5km)控制断面的削减断面，反映来水水质。凉水河—台子山、仓房—香花、青山—安阳、盛湾—黄庄断面均设置自动站，与监测结果相互参照、比对和补充。丹江口水库大坝加高以及调水实施后，有可能在局部水域，特别是水库库湾出现水华现象。因此，在安阳镇山跟前村、武当山镇三塘湾、仓房镇赵沟、厚坡镇张寨等代表性的库湾设置监测站，反映水库库湾水质状况。

b. 自动监测站点。

在丹江口水库内，选择调水源头陶岔设立自动监测站，并定期进行人工监测，以确保准确反映调水源头水质状况。同时，为判断引起水质变化的大致来源，及时掌握水源区水质变化情况，在汉库和丹库的来水通道上各建1个自动监测站，作为陶岔自动监测站水质参照和对比，在汉库来水通道上选择凉水河—台子山断面、丹库来水通道上选择仓房—香花断面设立自动监测站(也作为省界断面)。在坝上(龙王庙)断面设置自动监测站，反映丹江口水库出库入汉江的水质状况。在青山—安阳、盛湾—黄庄断面设置自动监测站，反映汉库库中、丹库库中水质，并分别作为神定河、老灌河两条主要污染源河流的削减断面，反映来水水质。陶岔自动监测站已于2004年建成，该自动监测站具备封闭式全自动控制、远程监控、远程诊断、自动报警等功能。凉水河—台子山站点已纳入长江流域重点区域水资源质量监控能力建设规划，现已进入选址现场勘查工作阶段。

②汉江、丹江干流及主要支流监测站点。

a. 常规水质监测站点。

汉江干流：设置旬阳、白河水监测断面，并与自动站监测结果相互参照、比对和补充，反映旬河上游来水水质及陕、鄂省界断面水质；设置郧县县城监测站，反映郧县县城污水对汉江干流水质的影响。丹江干流：设置湘河（荆紫关）断面，并与自动站监测结果相互参照、比对和补充，反映陕、鄂、豫省界断面水质；设置大石桥监测站，监测丹江入丹江口水库的水质。其他支流：天河作为郧西县城的主要的纳污河流，分别在郧西县城和天河口设置常规监测断面；堵河流域面积广、来水量大、对水库水质影响较大，规划在堵河河口设置监测断面，反映堵河上游来水水质；神定河是十堰市的主要纳污支流，水质长期维持在Ⅳ甚至Ⅴ类标准，在神定河河口设置监测断面，反映十堰市污水排放情况；老灌河流经多个县（市），水质难以达到入库断面控制要求，选择淅川县城、老灌河入丹江口水库处的张湾设置监测断面。浪河、泗河、官山河、剑河、远河等入库支流水质均较差，对水库水质构成威胁，因此均在其河口位置设置常规监测站。此外，为反映引丹灌区主要引水渠水质，设置清泉沟鄂、豫省界水质监测站。

b. 自动监测站点。

分别在白河、湘河（荆紫关）设置自动监测站。

综上所述，在丹江口水库共设置常规监测断面 32 个，其中新增 16 个；设置自动监测站 8 个，其中已建或在建 3 个，新建 5 个。

3）监测项目及频次。

依据《水环境监测规范》（SL 219—98）、《地表水环境质量标准》（GB 3838—2002）和《生活饮用水卫生标准》（GB 5749—2006），丹江口水库水质监测除常规监测项目外，还按照集中式生活饮用水地表水的特定项目要求，进行有毒有机物项目分析，并在丹库中心、汉库中心、汉江干流白河、丹江干流大石桥、天河口、堵河口等主要入库支流开展底质监测与生物监测。

（2）监测能力建设设计

1）自动监测站。

①建设标准。

自动水质监测站配置监测站（供水、水系统及足够的面积）、多参数在线测定仪、高锰酸盐指数在线测定仪、总磷在线测定仪、在线重金属测定仪、毒性在线测定仪、藻类在线测定仪、数据传输通信系统、供水供电设施等。自动监测站设备按照大中型 8～10 年、小型 5 年配置和更新。

②站址选择。

根据自动监测站选址要求，选定了5处自动水质监测站站址，各站址高程均高于丹江口水库设计洪水位或者河道100年一遇洪水位，对外交通便利，有利于早期建设。经调查，各个场地地基中无不良地质现象，地形坡度平缓，未见滑坡、泥石流等不良地质体分布，场地整体稳定性较好，适宜修建监控站工程。

③建设内容。

自动监测站建设包括预处理工程、建筑物工程、信息采集系统等项目。其中，预处理的自动站取水工程采用浮筒式采水方式，采样工程采用自动清洗采样器；信息采集采用前端数据采集设备PLC(可编程序控制器)，实现数字量、模拟量及网络摄像机信号的采集，传输网络采用公网的无线宽带网路，作为各监测站点数据传输的通道。

建筑物设计选取坝上(龙王庙)进行建筑物典型设计，其余站点建设根据典型设计估列工程量及投资。经统计，自动水质监测站建设需新建站房315m^2。

2)监测固定实验室。

①建设标准及要求。

监测固定实验室方案设计按照省级水环境监测中心标准建设，根据行业标准要求，设计实验室总面积在1100m^2左右，其中恒温面积为300～500m^2，人均办公面积8～10m^2。为便于实验室日常管理，监测固定实验室设置在水源公司内。

②基础设施建设。

拟新建的丹江口水质监测固定实验室综合业务用房为两层砖混结构，为满足实验室的性能要求，设计实验室总面积1100m^2。其中，卫生间、走廊等公用面积200m^2，办公室面积80m^2，预留房间面积90m^2，样品室、试剂室、天平室、前处理室、分析室、信息管理用房、资料室等各类专业用房面积共计730m^2。

③仪器配备。

对固定监测实验室的主要监测仪器设备进行全面规划、统一配备，配备的仪器包括气相色谱仪、液相色谱仪、气质联用仪、离子色谱仪、原子吸收分光光度计、紫外可见分光光度计、原子荧光光谱仪等。

3)移动实验室。

移动实验室建设一般由移动车、船搭载相应监测设备构成，根据丹江口水库水域面积广、水系特征复杂的特点，拟建设移动监测车1台，移动监测船1艘。

①移动监测车。

从以往发生的水污染事件来看，污染事故所涉及的污染项目种类繁多，既包括氰、酚、甲醛等毒理指标，也包括苯、农药类等有机有毒物指标。因此，为有效应对突发性水污染事件，除车辆外，应配备的水质应急监测设备还应包括车载流动注射分析仪、便携式快速水质检验系列设备、便携式多参数监测仪、便携式快速细菌检验箱、车载式气相色谱仪、离子色谱仪和水质等比例采样器等专用仪器。

②移动监测船。

丹江口库区水域面积广阔，移动监测船相较于监测车承担着更为繁重的监测任务。因此，监测船仪器在考虑满足常规监测的基础上，需配置高密度水质在线监测仪、水环境低空信息探测器等先进监测设备，以丰富水质监测船的水质监测手段，为库区水质保护与管理提供更加全面、准确和及时的监测成果，更好地发挥该监测船作为移动监测平台的功能和效益。

4)信息系统建设。

信息系统建设包括信息系统硬件建设、软件建设。通过建立水质信息传输系统、水质信息评价预测系统，以水质监测中心为立足点，构建丹江口水质信息共享平台。

3. 科研需求

针对水源区水环境、生态环境、流域水管理问题及未来的潜在风险，拟开展环境保护问题识别与评估体系、环境污染控制技术体系、水体污染综合治理技术体系、生态保护与修复技术体系、水环境监控预警技术体系、流域综合管理技术与政策保障机制等 6 个主题研究。

其中，环境保护问题识别与评估体系设水源区功能分区、生态环境影响研究、安全风险评估和系统健康评价 4 个项目；环境污染控制重点研究库区重污染工业清洁生产与污染控制、面源污染源控制与生态产业构建、风险污染源评估与动态控制 3 个研究项目；水体污染综合治理主要开展库区重污染入库支流污染治理与河道生态恢复、河口陆源污染阻控、库湾富营养化控制等 3 个项目的研究与示范；生态保护与修复重点开展库区清洁小流域建设、沿岸带生态缓冲屏障构建、汉江中下游生态环境保护 3 个项目研究；水环境监控预警主要进行库区水环境监测体系和水环境安全预警 2 个项目研究；流域综合管理技术与政策保障机制主要开展流域水环境综合管理、生态补偿政策机制、水源地保护法规体系和水功能区纳污红线体系 4 个项目研究。

五、主要设计成果审查与批复

(一)丹江口大坝加高初步设计批复

2005 年 4 月，国家发展改革委以《关于核准汉江丹江口水利枢纽大坝加高工程初步设计概算的通知》批准初步设计概算，其后水利部以《关于汉江丹江口水利枢纽大坝加高工程初步设计报告的批复》批复《初步设计报告》。

(二)生态修复、水质监测、环境科研部分初步设计审查与批复

受设管中心委托，水规总院组织专家于 2011 年 10 月 20—21 日在北京召开会议，对水源公司上报国务院南水北调办的《南水北调中线一期工程丹江口水库建设征地移民安置工程环境保护和水土保持(生态修复、水质监测、环保科研部分)初步设计报告》进行了审查，生态保护与修复主要审查意见如下。

1)基本同意丹江口库区生态保护与修复建设内容包括库区古树名木及珍稀植物保护和鱼类增殖放流两部分。

2)古树名木及珍稀植物保护设计。

①基本同意保护范围为库区高程 170m 以下直接淹没，以及高程 170～172m 受水库高水位运行和洪水年份影响的古树名木和珍稀植物。

②基本同意需保护古树名木和珍稀植物调查成果。

③基本同意古树迁地保护、就地保护的总体设计方案。实施中应进一步落实古树移植园有关手续，以及受保护古树的后续管护责任。

④基本同意珍稀植物保护设计方案。其中，野大豆和狭叶佩兰就地迁移至高程 185m 以上区域，建立集中保护点；对淹没影响的岩杉树、刺萼参采取迁地保护措施，并辅以种质资源保护措施。

3)鱼类增殖放流站设计。

①基本同意新建丹江口鱼类增殖放流站 1 座，按年生产草鱼、青鱼、鲢、鳙、鳊、细鳞斜颌鲴等苗种 325 万尾的规模进行建设，其余苗种采取从国家级苗种场购买方式。

②基本同意丹江口鱼类增殖放流站选址和总体规划布置方案。增殖放流站站址位于丹江口大坝上游左岸丹赵路办事处羊山，距大坝约 3km；场区采用平坡式台地法进行竖向布置，分台布置综合楼、蓄水池、催产孵化车间、亲鱼及鱼苗培育池，总占地面积约 160 亩。下阶段应结合苗种培育流程进一步优化竖向与平面布置方案，尽量减少占地和土石方量；落实土地征用补偿工作以及配套交通、供水和供电设施。

③基本同意鱼类增殖放流站工艺流程及相应构筑物布置设计。下阶段应结合各建筑物功能和生产运行要求，进一步细化建筑物结构设计，明确有关仪器设备性能参数并做好选型工作，同时做好设备安装、系统集成和调试工作。

2012 年 8 月 28 日，国务院南水北调办以《关于南水北调中线一期工程丹江口水库建设征地移民安置工程环境保护和水土保持(生态修复、水质监测、环境科研部分)初步设计报告的批复》对该初步设计进行了批复。

第三节 环境保护与水土保持实施

一、项目组织与实施

大坝加高工程于2005年9月开工,2013年8月完工。为落实南水北调中线水源丹江口大坝加高工程相关环境影响报告书,以及水土保持方案中的环境保护和水土保持措施,实现工程建设中环境保护和水土保持的目标,在工程招投标环节中,水源公司注重环境保护的考量,将其纳入招投标合同管理,明确规定了各方的环境保护责任与标准;同时还制定了《南水北调中线水源丹江口大坝加高工程环境保护与水土保持工作管理办法》(以下简称《办法》)。《办法》明确了丹江口大坝加高工程环境保护与水土保持工程由国务院南水北调办领导,环境行政主管部门和水行政主管部门监督,项目法人负责,监理、监测单位开展日常监管,施工监理督促承包商落实环保责任的项目管理体系。《办法》的出台,旨在协调、指导各参建单位,确保他们以制度化的方式开展环境保护和水土保持工作,共同守护丹江口优良的生态环境。

工程建设阶段环境保护措施实施过程中,水源公司委托长江水保所编制了《丹江口水利枢纽大坝加高工程施工区环境保护实施方案》,并开展了全过程施工区专项环境监理;委托长江流域水环境监测中心(现更名为长江流域生态环境监测与科学研究中心)负责组织开展施工区全过程环境监测。工程建设过程中严格履行了建设项目环境保护管理程序,落实了环境保护"三同时"制度;施工期环境管理体系完善,按环境影响报告书的要求开展了环境管理、环境监理和环境监测,已经采取的生态保护、污染防治和水土保持措施基本有效,未造成重大环境污染和生态破坏,未发生影响人群健康的公共卫生安全事件,施工结束后工程用地生态恢复良好,坝下河段岸线景观已成为丹江口市城市景观的核心。

工程建设阶段水土保持措施实施过程中,水源公司委托中国水利水电建设工程咨询西北公司、丹江口水利枢纽管理局建设监理中心、丹江口汉江工程咨询有限责任公司为工程主体施工监理单位,负责对水工保护等主体工程中具有水土保持功能工程的质量、进度、投资进行控制,监督施工承包商对不符合水土保持要求的施工行为进行整改。长江委工程建设监理中心(湖北)被确定为丹江口大坝加高工程水土保持专项监理单位,负责对项目的水土保持计划执行情况和水土保持设施建设进行监督、检查和验收,并对施工范围内的扰动地表活动进行记录和监管,组织开展水土保持单位、分部工程验收。在工程建设过程中,水源公司按照水土保持方案报告书及批复的要求,落实了水土流失防治任务。已实施的水土保持措施质量和运行状况能满足水土保持方案目标和设计标准,对水土流失防治责任范围内的水土流失进行了有效治理。水土保持34个单项工程、64个单位工程、112个分部工程、1647个单元工程水土保持设施质量总体评价为合格，达到了水土流失防治要求。

二、环境保护项目执行情况

(一)生态环境保护措施

丹江口大坝加高工程施工区生态环境保护措施包括施工区生态管理、植被恢复、景观带建设、陆生动物保护等，涉及范围主要是施工区。水生态保护的内容因涉及范围广，以专项措施的方式纳入“生态修复、水质监测、环境科研”部分。

1. 生态管理措施

丹江口大坝加高工程作为一项非污染类建设项目，在施工作业区域，减缓生态环境影响最有效的措施就是尽可能减少工程占地，将生态破坏控制在核定的场区内。在工程建设阶段，水源公司在施工用地界设置了界桩和警示牌，标明了工程施工区范围。同时，在永久征地范围内布置了砂石料加工系统、混凝土拌和系统、施工机械停放场及金结拼装场、施工营地、弃渣场等设施，减少临时占地数量。为减缓土料场临时占地的影响，土料场布置及后续处置与城市建设相结合布置。例如，右岸五峰岭土料场为工程建设土石坝的料源地，占地约330亩，使用前为岗地，现已规划为城市房地产建设用地。工程取土结束后进行了平整，使之具备后续房地产开发的条件，与城市建设相结合。

2. 植被恢复措施

在工程建设后期，施工生产生活区腾退之后，对整个坝区施工作业面进行了全面的植被恢复。其中，在坝区栽植树木1886株，播种狗牙根1818m^2，撒播百喜草13.2hm^2；副坝下游采用马尼拉草种植草护坡，护坡面积为0.21hm^2；在老虎沟弃渣场区域顶部2.7hm^2的范围内种植桃树，共计2275株，同时沿渣场周边种植黑松228株，林下种植狗牙根草，植草面积2.36hm^2；在砂石料场开采和生产区域，进行了土地整治，整治面积6.51hm^2，整治后移交丹江口市进行景观升级改造，现已建设为砂石遗址体育公园；备料场区域场地土地整治完成后移交丹江口市进行景观升级改造，现建设为水之廉广场；施工营地区在施工人员退场后实施植被恢复，共计栽植乔木1.70万株、灌木4474株、撒播狗牙根草籽1.27万hm^2。

3. 景观带建设措施

丹江口大坝加高工程施工结束后，对场地进行了全面的整理和清理，清除了临时设施和建筑垃圾，在永久征地范围内最大限度地恢复植被，营造生态和谐的坝区生态景观。2013年12月，响应丹江口市打造“中国水都”的号召，左岸小树林坝壳料备料场约

17.6亩、右岸柳树林坝壳料备料场约45.1亩和砂石料加工系统约22.5亩，共约85.2亩土地整体交由丹江口市人民政府，用于沧浪洲湿地公园建设。目前，左岸柳树林坝壳料备料场成为水之廉广场的组成部分，右岸柳树林坝壳料备料场和砂石料加工系统建设了南水北调砂石遗址体育公园，进行了升级绿化，植物的种类、规格超出了常规水土保持生态恢复的标准。

4. 陆生动物保护

丹江口大坝加高工程施工区位于丹江口市城市河段，人为干扰较严重，施工作业区域本底不存在珍稀野生动物分布。坝下至羊皮滩两岸滩地分布着较多的湿地鸟类，主要为白鹭、苍鹭、大白鹭、银鸥等。该江段是主要施工区域，在施工期间通过对施工区标桩划界、设置野生动植物保护警示牌等措施，尽最大限度减少对周边区域陆生动物的影响。

(二)水环境保护措施

丹江口大坝加高工程施工区水环境保护措施主要是对工程建设过程中产生的生产废水、施工人员生活污水进行有效处理，使其不影响周边水体水质。主要包括砂石料加工冲洗废水处理，混凝土拌合废水处理，施工机械、车辆养护废水处理，以及施工人员生活污水处理。

1. 砂石料加工冲洗废水处理

(1)左岸王家营砂石料加工冲洗废水处理

王家营砂石料加工系统在1960年丹江口水库大坝初期工程施工时就已建成，属汉江集团所有，1980—1990年曾进行局部改造和更新(图16-2、图16-3)。大坝加高施工阶段，葛洲坝水利水电集团与汉江集团砂石加工厂达成协议，租用该系统为左岸混凝土生产提供砂石骨料。王家营砂石料加工系统占地面积4.5万m^2，混凝土骨料系统设计处理能力为500t/h，生产能力为400t/h，满负荷生产废水排放强度250m^3/h，主要污染物为粒径≤0.15mm的无机颗粒。在设施运行初期，葛洲坝水利水电集团在场内设置了两组沉淀处理设施：一处设在主筛分楼前，为两个方形水池，每个池长5m、宽5m、深1.5m，总有效容积50m^3，用于处理主筛分楼排放的废水；另一处设在生产区正门附近，为两个矩形水池，每个池长10m、宽8m、深2.2m，总有效容积200m^3，用于处理制砂生产线排放的废水。废水沉淀处理后沿原铺设的管沟排放，沉淀的泥砂用小型挖掘机挖出现场临时堆存。由于两组沉淀池有效容积均较小，且只能独立使用，废水在池中停留时间不足，细颗粒物来不及沉淀即随水流出池排放。在工程建设过程中，环境监测数据显示王家营砂石料加工系统废水总悬浮物超标。针对系统占地面积较小、废水总悬浮物超标排放的问题，长江水保所于2006年12月提出了王家营砂石料加工系统环境保护实施计划，改造方案：在两组沉淀池旁新建一个长8m、宽5m、深3m沉淀池，同时用明渠将两组沉淀池连接起来，形成3组5池联合运用，有效容积提高到360m³，显著提高了主筛分楼废水处理的可靠性和处理效率。2008年10月，王家营砂石料加工系统退出运行。

图16-2 王家营砂石料加工系统1号沉淀池

图16-3 王家营砂石料加工系统2号沉淀池

(2)右岸柳树林砂石料加工冲洗废水处理

右岸柳树林砂石料筛分加工系统初筛处理能力400t/h，满负荷生产废水排放强度250m³/h，主要污染物为粒径≤0.15mm的无机颗粒。在处理设施建成初期，为方便清渣，现场建有一个长30m、宽5m、深2m的斜坡式沉淀池，有效容积约100m³。筛分生产线的砂石料加工冲洗废水从筛分楼出来后，经沉淀池处理，出水经排水沟排放。沉淀池中的泥砂用小型挖掘机挖出后临时堆存于现场。由于废水在池中停留时间不足，细颗粒物来不及沉淀即随水流出池排放，在工程建设过程中，环境监测数据显示王家营砂石料加工系统废水总悬浮物超标。2006年5月，针对废水处理不达标的问题，施工单位中国水利水电第三工程局丹江施工局提出废水处理改造方案，由于现场用地紧张，改造在既有废水处理设施场地内开展。改造为二级沉淀处理，1号初沉池长12m、宽5m、深2m；2号沉淀池长10m、宽10m、深2m。筛分生产线的砂石料冲洗废水从筛分楼出来后，自流入1号初沉池，大部分砂砾在此沉淀，废水继续流至2号沉淀池处理后排放。沉淀池中的泥砂用小型挖掘机挖出现场临时堆存。两级沉淀池有效容积之和约250m³，废水在池中停留时间有所延长，沉淀效率有所提高。2008年12月后，砂石骨料需求量减少，柳树林砂石料加工系统处于间歇生产状态，用、排水量大幅减少。现场利用沉淀池边的一处洼地作为蓄水池，通过修建沟渠将2号沉淀池的出水引到洼地蓄积，使之成为柳树林砂石料加工系统的组成部分。废水进一步沉淀后，清水用于施工区洒水降尘，不再排放。

沙石公园内原柳树林砂石料加工系统场区堤内池塘现状见图16-4。

图 16-4 沙石公园内原柳树林砂石料加工系统场区堤内池塘现状

2. 混凝土拌和废水处理

左岸土建施工及金结设备安装在小胡家岭布置 $3\times1.5m^3$、$2\times1.0m^3$ 混凝土拌和楼各 1 座。在一日三班作业条件下，冲仓碱性废水排放量约 $19m^3/d$。

右岸土建施工及金结设备安装标混凝土拌和系统设在军营附近，配备 3 台容积为 $1.5m^3$ 的混凝土搅拌机。在一日两班作业时，冲仓碱性废水排放量约 $9m^3/d$。

混凝土拌和系统均位于丹江口水库库区，属禁止排污区，《环境影响报告书》要求废水处理后回用于拌和楼的冲洗或施工道路洒水。

针对混凝土系统废水水量不大、排放不连续且悬浮物浓度较高的特点，《环境影响报告书》推荐采用间歇式自然沉淀的方式进行处理，在拌和楼前设沉淀池，容积不小于单次的冲洗废水量。废水进入沉淀池后，使其自然沉淀，并加入硫酸中和，悬浮物沉淀后，清水用于施工道路洒水。沉渣定期人工清理，左岸弃于小胡家岭渣场，右岸弃于老虎沟弃渣场。

左岸小胡家岭混凝土拌和系统(图 16-5)设置沉淀池和清水池各 1 个，两池顶部连通，沉淀池上层清水可流至清水池储存，两池容积之和可达 $252m^3$，能存储小胡家岭混凝土拌和系统 12 日的冲仓水。

右岸军营混凝土拌和系统(图 16-6)初期建有沉淀池 1 个，容积约 $180m^3$，能存储军营混凝土拌和系统 20 日的冲仓水。悬浮物沉淀后，清水用于施工道路洒水。由于沉淀池容积较大，处理设施在运行过程中进行了一次改造，在池中用砖砌一道分隔墙，将原沉淀池分成容积比为 2∶1 的两个小池，大的作为沉淀池，小的作为清水集水池，分隔墙顶部留口供两池水流互通。

从环境监测的数据来看，混凝土拌和系统碱性废水自然沉淀处理效果不稳定，pH 值、总悬浮物、石油类多数处于不同程度的超标状态。但不影响其作为拌和楼回用或施工道路洒水抑尘的低质用水。在整个工程建设过程中，混凝土拌和废水均未外排，实现了场内回用。

图 16-5 左岸小胡家岭混凝土拌和系统废水处理池

图 16-6 右岸军营混凝土拌和系统废水处理池

3. 施工机械、车辆维护废水处理

丹江口大坝加高施工区域设置机械、车辆停放场。由于工程建设区域临近丹江口市，因此参建单位所属机械、车辆修理、保养及卫生冲洗在市内的专业场所进行，废油由机修机构回收处理，在施工现场未产生机械维护的废水、废油。

4. 施工人员生活污水处理

左岸营地一部分是租用当地原有住房，使用原有的生活污水处理设施，未新建生活污水处理设施；新建的平房作为施工人员生活营地，设置了化粪池处理生活污水。左岸营地生活污水排入汽渡管道，该管道属市政排水系统的组成部分，承纳大坝下游侧钢厂、航运局等单位和居民区的污水排放，最终于坝下汽渡码头处排入汉江。

丹江口市左岸城区污水处理厂一期工程设计规模为 4.5 万 t/d，于 2007 年开工建设，2009 年 12 月建成运行；二期工程设计规模为 1.5 万 t/d，2015 年 12 建成运行；2018 年整体进行了一级 A 提标改造。汽渡管道于 2010 年 12 月截流纳入沿江干管，管道服务区生活污水汇入污水处理厂集中处理。

右岸施工营地也是建成后的业主营地，该营地在施工结束后将成为丹江口水库大坝运行管理的永久设施。在营地建设阶段配套设置了化粪池，2006 年 12 月，水源公司增设了地埋式无动力污水处理设施。右岸施工营地生活污水经地埋式无动力污水处理设施处理后排入附近沟道，与上游侧农校生活污水一同排入汉江。

从施工区水环境保护措施来看，由于工程建设时间较早，当时的环境保护措施与现在的水利水电工程建设环境保护要求有明显的差距，在建设过程中存在水处理设施不断优化调整和升级的情况。同时，这一过程从侧面也反映出 2005 年之后我国逐步开始重视环境保护，环境保护意识不断增强，环境保护措施不断加强。

(三)环境空气保护措施

环境空气保护主要针对施工过程中产生的粉尘、扬尘，以及燃油机械和车辆尾气排放采取措施。丹江口大坝加高工程建设过程中，水泥均采用储罐车运输，粉煤灰采用加湿运输及装卸，同时强化了临时堆放场所的覆盖措施，减少了物料运输和存放过程中产生的扬尘。左右岸砂石料加工系统采用湿法生产工艺，有效降低了粉尘污染。混凝土拌和传输系统采用全封闭作业，将传输皮带机全部封闭，防止砂石料洒落和因风力引起的飘尘。水源公司在工程建设管理方面制定了养护、维修、清扫和无雨天洒水的规章制度及操作规定，各承建单位成立路面清扫养护专业队伍，及时清扫地面尘土；配备专用洒水车，定时在道路上进行洒水降尘，洒水范围包括主要车辆通行道路，每天洒水两次，对车流量大的重点路段加大洒水频率（图 16-7 至图 16-10）。这些措施有效减少了工程施工作业面的环境污染。

图 16-7　对施工道路进行清扫、洒水降尘

图 16-8　洒水车抽取处理过的生产废水进行路面喷洒降尘

图 16-9　清扫车随时对施工道路进行清扫

图 16-10　环境监理单位加大对施工区的环境巡查

（四）声环境保护措施

工程中使用的破碎机、筛分机械生产作业会产生较大噪声。在丹江口大坝加高建设过程中，针对王家营砂石料加工系统周边人口较多、噪声影响较严重的实际状况，2006 年 12 月，长江水保所在《丹江口水利枢纽大坝加高工程王家营砂石料加工系统环境保护设施计划》中提出了破碎机、筛分楼半封闭隔声改造方案（图 16-11）。降噪改造于 2007 年 10 月完成，显著减缓了王家营砂石料加工系统对周边环境的噪声影响。老虎沟办公生活区临施工交通道路一侧、王大沟生活区北面施工道路两侧建砖墙作为围墙，双面粉

刷，高度 2.5m，总长度约 600m，具有一定的隔声功效，有效减缓了运输交通噪声对生活区的影响。

图 16-11 王家营砂石料加工系统大石破碎机生产车间完成封闭隔声改造

（五）固体废弃物处置

1. 弃渣

丹江口大坝加高工程弃渣，部分弃于坝上库区小胡家岭，部分弃于坝下永久征地范围汤家沟，用于施工场地的平整填筑，其余弃至坝下老虎沟弃渣场。永久弃渣场按照水土保持方案，建设了永久排水与挡护系统。施工结束后，坝下老虎沟弃渣场进行了植被恢复。

2. 生活垃圾

生活营地配有专用垃圾桶，并建立健全生活垃圾安全处置管理制度。生活营地安排专职的保洁人员及时清扫，并监督生活垃圾入垃圾箱。营地与城市环境卫生部门达成协议，定时转运生活垃圾，使生活营地保持良好的清洁卫生。

3. 建筑垃圾

施工结束后，及时拆除工棚、水池，并填平建筑工地所有的坑、洼、沟，清除的无机建筑垃圾被运往坝下渣场进行填埋处置。

（六）人群健康保护

为防止施工期各类疫病的产生，保障施工人员和当地居民的健康，水源公司和各承建单位依据《丹江口水利枢纽大坝加高工程环境影响报告书》及其批复文件提出的人群健康保护要求，从以下几个方面进行了人群健康保护。

1. 公共卫生保障

(1)进行卫生清理

为降低施工区各种病原微生物及虫媒动物的密度，预防和控制施工区各种传染性疾病的流行，施工期间参建单位在其办公生活区范围内均开展了灭鼠、灭蚊、灭蝇、灭蟑螂活动。施工期内，每年春、秋两季均委托当地卫生防疫部门在生活区进行灭鼠活动，保证鼠密度维持在无鼠害标准(1%)以下，灭鼠采用鼠夹放置和毒饵投放等方式。参建单位每年6—8月集中进行灭蚊、灭蝇活动，选用灭害灵等药物进行喷洒消灭。喷洒重点包括室内墙壁、走廊、厕所和垃圾集中处，以及室外花坛、杂草丛、残留污水地沟、水沟、食堂周围和露天垃圾堆放处等蚊蝇密集地。办公生活区设置公共厕所，厕内配备自来水冲洗设施，保洁人员定时进行卫生清扫。

(2)公共设施配套

公共厕所配套有化粪池，定期对化粪池进行清掏、消毒。大坝施工区布置5个免冲厕所，并委托当地环卫部门承担厕所垃圾的清运工作。施工区和生活营地设置有垃圾池(桶)，各区域生活垃圾有专人清扫，委托环卫部门对生活垃圾进行统一清运。通过上述措施，丹江口大坝加高工程整个建设过程中，营地公共卫生设施运行维护较好，卫生状况保持良好。

2. 施工人员卫生保障

(1)施工人员体检

各参建单位施工人员在进场之前提交了健康证明，食堂工作人员除提交健康证明外，还进行了全面体检。施工期间，承建单位对食堂工作人员、接触粉尘和高噪声等工种的人员逐一安排年度体检；对其余施工人员，每年按15%的比例进行抽检。同时，加强对肝炎、痢疾、伤寒、霍乱、丝虫病、疟疾、登革热等传染病的监测和控制。

(2)卫生防护

在砂石料加工系统、混凝土拌和系统等高噪声场所设立隔声效果良好的工作间；对接触高噪声的工作人员配备耳塞等劳保用品；对接触粉尘量较大的工作人员配备口罩、防尘罩，减少其职业危害。施工区卫生所储备有足够的破伤风免疫制剂，以便及时抢救可能受破伤风感染的外伤人员。

3. 饮食安全保障

(1)饮用水保障

左右岸生活饮用水均由汉江集团左岸水厂供给，供水水质可以满足生活用水卫生要求。为保证施工人员健康，施工现场设置了开水供应点。

(2)食品健康

各参建单位营地食堂严格按照《中华人民共和国食品卫生法》及有关规定进行食品的采购、制作、供应，并加强了对饮食从业人员的管理。每年对职工食堂全体工作人员开展健康检查，健康状况不合格者一律要求停止工作；同时，食品经营单位定期接受卫生部门的食品卫生监督检查。

4. 设置施工区医疗卫生机构

2006 年 9 月 11 日，汉江医院卫生所在丹江口大坝加高工程右岸施工营地综合楼挂牌营业，标志着汉江医院医疗卫生服务已延伸到施工工地。卫生所配备有 3 名医务人员，建有医药室、观察室、医生值班室等硬件设施，提供药品供应、工地临时包扎、注射等医疗服务，解决了右岸施工区看病难的问题，同时为方便施工人员小病救治及保障现场的急救工作发挥了积极作用。据统计，施工期 2006—2013 年，施工区卫生所看病就医人数约 860 人次。同时，医疗卫生机构还对承建单位职工，包括外来民工开展了健康教育和自我保护培训，确保施工人员出现疾病或工伤时能及时得到治疗。

(七)坝区移民安置环境保护

坝区移民安置指丹江口大坝加高工程建设区永久征地范围内的移民安置。

1. 移民安置实施规划

根据水源公司与湖北省移民局签订的《南水北调中线水源工程丹江口加高坝区征地补偿、移民安置投资和任务包干协议》，移民安置区环境保护措施由当地人民政府统筹考虑安排。2005 年 5 月，受湖北省移民局委托，长江设计院与丹江口市移民局、汉江集团共同编制完成《坝区实施规划报告》。经湖北省移民局组织评审后，于同年 6 月修改形成《移民安置规划报告(审定稿)》。

2. 移民安置实施情况

2005 年 4 月，丹江口水库大坝加高工程正式启动，坝区移民于当年 6 月底全部搬离征地区，2007 年底基本完成安置工作。丹江口大坝加高工程坝区建设征地移民安置任务包括农村移民安置、城镇居民搬迁安置、单位迁建、企业迁建、专业设施复(改)建等。

2021 年 9 月 14—16 日，南水北调中线一期丹江口水利枢纽大坝加高工程坝区建设征地与移民安置通过水利部水库移民司组织的总体验收。

3. 移民安置环境保护

坝区移民集中安置主要涉及水源新村、竹园坡、杨家岔和港口小区 4 个居民点，均位于丹江口市区。移民可享受城市优质的教育、卫生、交通等资源，生活用水由市政供水管网供应，粪便污水经化粪池处理后纳入城市排水系统，生活垃圾收集后由城市环卫系统建筑卫生处置；集中居民点内的空地进行了绿化。

三、水土保持项目执行情况

丹江口大坝加高工程水土保持措施主要是将工程措施、植物措施和临时措施相结合。工程措施主要包括表土剥离、土地平整、种植土回填、复耕、截排水沟、挡渣墙、干砌石护坡、沉砂池等；植物措施主要包括各防治区的乔灌木种植、铺植草坪、草皮护坡等；临时措施主要为修建临时排水沟。工程实际实施的各项水土保持措施，在方案设计的基础上，结合实际情况进行了补充和完善，水土保持措施总体布局较为完整、合理。

（一）工程措施

根据批复的水土保持方案，丹江口大坝加高工程设计水土保持工程措施主要包括修建挡渣墙 752.15m，排水沟 3.01 万 m，土地整治 85.27hm^2，工程护坡 4607m^2。工程建设阶段，水土保持措施完成工程量为挡渣墙 516.1m，排水沟 5538.86m，土地整治 52.95hm^2，工程护坡 8428.7m^2。

小树林备料场恢复为公园绿地见图 16-12，老虎沟弃渣场恢复为绿地见图 16-13。

图 16-12 小树林备料场恢复为公园绿地

图 16-13 老虎沟弃渣场恢复为绿地

与批复的水土保持方案设计的工程措施工程量相比，实际实施的工程措施变化较大；最主要的因素是方案编制时间较早，同时受主体工程设计深度限制，当时相关技术规范与现在相比存在一定差距。工程建设阶段，小胡家岭弃渣场位于库区内，渣场占地面积较原方案增加，所以干砌石护坡和挡渣墙工程量有所增加；老虎沟弃渣场沟口处实际较方案设计阶段缩窄，故挡渣墙长度有所减少，总体上使得挡渣墙的长度较可研设计阶段有所减少；堆渣结束后，汉江集团根据坝区景观规划，对老虎沟弃渣场进行了土地整治和景观绿化，使得土地整治的工程量有明显增加；堆渣期间，老虎沟弃渣场排水实际利用了相邻蔡家沟施工区及金结加工厂排水系统，同时施工道路较可研阶段方案减少 2.09km，施工道路排水充分结合利用当地市政排水系统，所以工程措施中新建排水沟长度较可研设计阶段也有所减少。

（二）植物措施

根据批复的水土保持方案，丹江口大坝加高工程设计水土保持植物措施主要包括种植水保林 24.66hm^2，经济林 16.91hm^2，种草 14.09hm^2，铺种草皮 13.18hm^2，喷播种草 9376m^2。

实施阶段，工程水土保持植物措施完成乔灌木种植 2.94 万株；片状灌木种植 3663.7m^2，草坪种植 12.63hm^2，草皮护坡 13.5hm^2（图 16-14 至图 16-17）。水土保持措施实施阶段与可行性研究设计阶段存在一定的差异，主要体现在：①在工程建设过程中，水保林措施采用园林景观绿化标准，植被种类更优质，种植密度更高。②工程建设中实际启用 4 个料场和 2 处砂石系统，其中，五峰岭土料场为丹江口市城市规划用地，工程实施完毕后已进行房地产开发；张泉土料场恢复耕地后已移交地方；羊皮滩砂石料场大部分区域已被淹没，未淹没部分由丹江口市人民政府建设为公园；七里崖料场属于河滩地，大部分区域已被淹没；柳树林砂石系统已被丹江口市人民政府开发建设为遗址公园；王家营砂石系统与汉江集团签订租赁协议，施工结束后已交还，上述料场在使用完成后的植物恢复措施由用地承接单位实施，这部分植物措施未计入丹江口大坝加高工程的水土保持工程量统计。

图 16-14 柳树林砂石料加工系统拆除后恢复为沙石遗址体育公园

图 16-15 左岸临时营地拆除后恢复植被效果

图 16-16 左、右岸土石坝坝坡及坡脚区域植恢复效果

图 16-17　右岸水源路道路边坡植被恢复

(三)临时措施

根据批复的水土保持方案,丹江口大坝加高工程各分区临时措施包括修建排水沟1190m,沉砂池 9 个,临时种草 6.36hm²。

在工程施工实际过程中,工程措施与植物措施衔接紧凑。场平阶段,就修筑了排水沟、沉砂池等措施,仅在小胡家岭道路(蓄水后被淹没)修建了临时排水沟 510m。

(四)景观升级

主体工程施工结束后,施工方进行了场地整理,拆除临时设施、清理建筑垃圾,并在永久征地范围最大限度地恢复植被,营造生态和谐的坝区生态景观。

2013 年 12 月,为响应丹江口市打造"中国水都"的号召,左岸小树林坝壳料备料场约 17.6 亩、右岸柳树林坝壳料备料场约 45.1 亩和砂石料加工系统约 22.5 亩,共约 85.2 亩土地整体移交丹江口市人民政府,用于沧浪洲湿地公园建设。左岸小树林坝壳料备料场目前已成为水之廉广场的组成部分(图 16-18),右岸柳树林坝壳料备料场和砂石料加工系统建设了南水北调砂石遗址体育公园,并进行了升级绿化,植物的种类、规格超出常规水土保持生态恢复的标准(图 16-19)。

图 16-18　左岸小树林坝壳料场景观升级

图 16-19　右岸柳树林砂石料加工系统景观升级

四、库底清理项目执行情况

南水北调丹江口水库按照批准的实施规划任务完成了卫生清理、固体废物清理、建(构)筑物清理、林木清理及易漂浮物清理各项库底清理工作，并于2013年9月通过了国务院南水北调办组织的蓄水前验收。2014年12月12日，南水北调中线一期工程正式通水，丹江口水库移民安置蓄水前验收成果也经受住了考验。

五、水库区生态修复、水质监测、环境科研实施

为保护丹江口水库水质，保证移民安置与环境的协调性，减缓工程对库区陆生生物和水生生物的不利影响，维持库区生态环境可持续发展，需开展相关的环境保护、水土保持、生态修复、水质监测及环境科研等工作。

开展了丹江口库区古树名木珍稀植物保护工程、丹江口库区鱼类增殖放流站建设、丹江口库区水质监测站网建设和丹江口库区环境科研等4项工作。

(一)生态修复

1. 古树名木、珍稀植物保护

(1)实施阶段工作分工

2012年11月，水源公司以《关于商请开展丹江口库区古树名木及珍稀植物保护工作的函》致函河南省移民办和湖北省移民局，商请两省移民主管部门组织实施库区古树名木、珍稀植物保护工作。

2012年12月，水源公司与河南省移民办签订《南水北调中线一期工程丹江口库区古树名木保护任务及补偿投资包干(河南)协议书》，对受影响的58株古树进行保护，其中45株迁地保护，迁移至水库淹没线以上，12株就地保护，1株砍伐。

2012年12月，水源公司与湖北省移民局签订《南水北调中线一期工程丹江口库区古树名木保护任务及补偿投资包干(湖北)协议书》，对受影响的63株古树进行保护，其中56株迁地保护，迁移至水库淹没线以上，7株就地保护。

(2)河南省库区古树名木保护实施情况

1)实施过程。

2013年3月，南阳市移民局以《关于南水北调丹江口库区古树名木保护工作的实施意见》致函淅川县移民局，要求在2013年6月前完成古树名木保护工作。据此，淅川县移民安置指挥部以《关于切实做好我县南水北调丹江口库区古树名木保护工作的通知》致函淅川县林业局，委托县林业局按要求开展境内库区古树名木保护工作。2013年10月，河南库区古树名木保护工程正式开工。鉴于淅川县城城市建设发展，金河镇吴店村、

毛堂乡白树村已处于城北新区延伸地带，人口密集，不利于古树集中管理和保护。淅川县林业局以《关于对金河和毛堂两乡镇线下古树移植园的请示》，向淅川县人民政府商请将金河镇吴店移植地、毛堂乡白树村移植地变更为金河吴店南水北调移民文化苑和上集槐树洼古树移植区。2014 年 7 月，淅川县人民政府以《关于同意变更设置金河毛堂两乡镇线下古树移植园的批复》，同意在金河、毛堂两乡镇变更设置线下古树移植园，以确保全县线下古树安全。2014 年 8 月，淅川县林业局、河南省林业调查规划院淅川设计站联合完成《淅川县南水北调丹江口库区古树移植施工保护项目实施方案》，并邀请西峡宏洋林业技术服务有限公司作为监理单位，对项目实施进行全程监理。

2)实施情况。

按照实施方案，对淹没区的 12 株古树采取就地保护措施，但在实施工程中发现，库底清理后，方圆数千米内无人烟，这种环境不利于古树长期养护，甚至会遭到破坏，经现场技术人员、施工监理和业主代表共同商议，对就地保护的 12 棵古树也采取迁地保护措施，移栽到移植园中加以保护。编号为 X8、X9 的两株侧柏，在实施方案中拟采取迁出保护措施。但在施工过程中发现，这两株侧柏因树龄较大，出现叶片枯黄凋零、树干腐朽中空、根系萎缩干枯的情况，触手可动，已濒临死亡，没有保护价值，变更移为伐除。其他古树均按实施方案执行。初步设计拟实施保护的古树 58 株，实际迁地保护 55 株，3 株无保护价值被伐除。目前，迁地保护的 55 棵古树生长保存态势良好。

河南省古树名木保护实施情况对照情况见表 16-1，金河吴店南水北调移民文化苑古树保护现状见图 16-20。

表 16-1　河南省古树名木保护实施情况对照情况

设计编号	树种	初步设计保护方案	实施方案	实际落实
X1～X3	柿树	金河吴店移植园	金河吴店南水北调移民文化苑	金河吴店南水北调移民文化苑
X4	柿树	金河吴店移植园		
X5	柿树	毛堂白树移植二号园		
X6	柿树	毛堂白树移植一号园		
X7	柿树	毛堂白树移植一号园		
X8	侧柏	金河吴店移植园	金河吴店南水北调移民文化苑	无保护价值，伐除
X9	侧柏	金河吴店移植园		
X10	侧柏	毛堂白树移植二号园	金河吴店南水北调移民文化苑	金河吴店南水北调移民文化苑
X11～X12	皂荚	金河吴店移植园		
X13～X28	皂荚	金河吴店移植园		
X29	皂荚	毛堂白树移植二号园	上集槐树洼古树移植区	上集槐树洼古树移植区

续表

设计编号	树种	初步设计保护方案	实施方案	实际落实
X30	皂荚	金河吴店移植园		
X31	皂荚	毛堂白树移植二号园		
X32	皂荚	毛堂白树移植二号园		
X33	皂荚	毛堂白树移植一号园		
X34	黄连木	金河吴店移植园		
X35	黄连木	毛堂白树移植一号园		
X36	黄连木	毛堂白树移植一号园		
X37	黄连木	毛堂白树移植一号园		
X38	冬青树	金河吴店移植园	上集槐树洼古树移植区	上集槐树洼古树移植区
X39	冬青树	金河吴店移植园		
X40	古白蜡树	毛堂白树移植二号园	金河吴店南水北调移民文化苑	金河吴店南水北调移民文化苑
X41	女贞	毛堂白树移植二号园		
X42	女贞	毛堂白树移植二号园		
X43	楸树	毛堂白树移植一号园		
X44	楸树	毛堂白树移植一号园		
X45	楸树	毛堂白树移植一号园		
S1	柿树	就地保护		
S2～S6	皂荚			
S7、S8	黑柳树			
S9、S10	女贞			
S11	紫荆花			
S12	香园			
K1	黑柳树	无保护价值，伐除	无保护价值，伐除	无保护价值，伐除

图 16-20　金河吴店南水北调移民文化苑古树保护现状

(3)湖北省库区古树名木、珍稀植物保护实施情况

1)实施过程。

湖北省丹江口库区古树名木、珍稀植物的保护工作,分别由郧西县森林公安局、郧县林业局、武当山特区林业局和丹江口市林业局分别组织实施。实施前,根据初步设计报告,各单位分别制定了保护工作实施方案;2013年5月,该项工作全部完成,随后开展了自主验收。

2)实施情况。

郧西县需保护的古树名木共计4株。其中,1株柿树和1株黄连木采取迁地保护措施,迁地保护目的地为牛头山森林公园繁育中心;1株皂荚和1株黄连木实施就地保护。古树保护工程实施前,郧西县森林公安局制定了《郧西县库区淹没区古树名木及珍稀植物迁移方案》,并按照原设计对4株古树实施保护。2019年10月,郧西县森林公安局成立古树名木保护自验委员会,对古树保护工程进行验收,自验评定结果为合格。

郧县需保护的古树名木共计21株,其中迁地保护18株,就地保护3株,迁地保护地为牛头山森林公园繁育中心。在保护工程实施前,郧县林业局制定了《郧县库区淹没区古树名木及珍稀植物迁移方案》。并按照方案,实施迁地移栽古树17株,其中皂荚12株、黄连木2株、拐枣树1株、河柳1株、飞蛾槭1株;迁移方案对移栽目的地进行了调整,部分移栽至茶店长岭开发区,部分后靠移栽至175m以上缓坡。2013年6月,郧县林业局对古树保护工程进行自查验收,自验评定结果为合格。

武当山特区需保护的古树名木共计19株,均为迁地保护,迁地保护地为牛头山森林公园林木良种繁育中心。保护工程实施前,特区移民局与林业局共同编制了《南水北调中线工程丹江口水库武当山特区古树名木保护实施方案》,实施方案确定受淹没影响的19株古树全部采用迁地保护方式,对移栽目的地进行了调整,其中16株移栽至武当山玉虚宫,3株移栽至武当山游客中心。19株古树均按实施方案完成迁地保护,各株古树标识完好、无病虫害;部分古树设置护栏或已采取其他保护措施,空洞、倾斜等已采取堵洞、支撑等保护措施。2018年10月,武当山特区移民安置指挥部成立古树名木保护自验委员会,对古树保护工程进行验收,自验评定为合格。

丹江口市需保护的古树名木共计19株,其中迁地保护17株,就地保护2株。迁地保护目的地为牛头山森林公园林木良种繁育中心。保护工程实施前,丹江口市野生珍稀动植物保护站编制了《丹江口市淹没区古树名木及珍稀植物迁移方案》,迁移方案针对初步设计文件中的19株古树进行迁地(11株)或就地(8株)保护。迁地保护的11株中,其中编号X40～X46的7株古树移栽至丹江口市城区右岸湿地公园,编号X49的古树移栽至净乐宫,编号X51～X52和X56的3株古树移栽至丁家营镇饶祖铺。经丹江口市林业局调查发现,初步设计文件拟移栽的X47、X48、X50、X53、X54和X55等6株古树

不在淹没范围内，保护方式调整为就地保护。2018 年 6 月，丹江口市移民安置指挥部成立古树名木保护自验委员会，对古树保护工程进行验收，自验评定结果为合格。

湖北省古树名木保护实施情况对照见表 16-2，S1 古树保护前后对比见图 16-21，X40 古树移栽前后对比见图 16-22，X47 古树就地保护前后对比见图 16-23。

表 16-2　　湖北省古树名木保护实施情况对照

<table>
<tr><th>设计编号</th><th>树种</th><th>位置</th><th>海拔/m</th><th>树龄/年</th><th>设计保护方式</th><th>实际保护方式</th></tr>
<tr><td>X1</td><td>柿树</td><td>110°29′36″E，32°48′36″N</td><td>158</td><td>110</td><td rowspan="2">迁至牛头山森林公园</td><td rowspan="2">已迁至牛头山森林公园林木良种繁育中心保护，按要求进行养护与复壮</td></tr>
<tr><td>X2</td><td>黄连木</td><td>110°32′24″E，32°50′12″N</td><td>170</td><td>150</td></tr>
<tr><td>S1</td><td>皂荚</td><td>110°29′36″E，32°48′18″N</td><td>172</td><td>130</td><td rowspan="2">以树为中心，以 2m 为半径采取半圆围堰；在 2～5m 设置围栏、警示牌，防止人畜干扰；对根部消毒杀菌，填充封口；浇水、松土、施肥</td><td rowspan="2">以树为中心，以 2m 为半径采取半圆围堰；在 2～5m 设置围栏、警示牌，防止人畜干扰；对根部消毒杀菌，填充封口；浇水、松土、施肥</td></tr>
<tr><td>S2</td><td>黄连木</td><td>110°32′24″E，32°508′12″N</td><td>172</td><td>110</td></tr>
<tr><td>X3</td><td>皂荚</td><td>110°41′30″E，32°48′28″N</td><td>151</td><td>300</td><td rowspan="10">迁至牛头山森林公园</td><td rowspan="10">迁移 17 株，部分至茶店长岭开发区内，部分后靠移植</td></tr>
<tr><td>X4</td><td>飞蛾槭</td><td>110°41′50″E，32°48′28″N</td><td>151</td><td>300</td></tr>
<tr><td>X5</td><td>皂荚</td><td>110°04′38″E，32°50′10″N</td><td>158</td><td>200</td></tr>
<tr><td>X6</td><td>皂荚</td><td>110°44′07″E，32°48′20″N</td><td>165</td><td>600</td></tr>
<tr><td>X7</td><td>皂荚</td><td>110°44′07″E，32°48′20″N</td><td>165</td><td>600</td></tr>
<tr><td>X8</td><td>皂荚</td><td>110°04′38″E，32°50′10″N</td><td>157</td><td>100</td></tr>
<tr><td>X9</td><td>皂荚</td><td>110°04′38″E，32°50′55″N</td><td>160</td><td>100</td></tr>
<tr><td>X10</td><td>皂荚</td><td>110°50′53″E，32°51′08″N</td><td>165</td><td>150</td></tr>
<tr><td>X11</td><td>皂荚</td><td>110°52′07″E，32°49′55″N</td><td>160</td><td>100</td></tr>
<tr><td>X12</td><td>皂荚</td><td>110°47′25″E，32°50′35″N</td><td>158</td><td>101</td></tr>
</table>

续表

<table>
<tr><th>设计编号</th><th>树种</th><th>位置</th><th>海拔/m</th><th>树龄/年</th><th>设计保护方式</th><th>实际保护方式</th></tr>
<tr><td>X13</td><td>桂花</td><td>110°48′02″E，32°50′20″N</td><td>165</td><td>310</td><td rowspan="8">迁至牛头山森林公园</td><td rowspan="11">迁移17株，部分至茶店长岭开发区内，部分后靠移植</td></tr>
<tr><td>X14</td><td>桂花</td><td>110°48′02″E，32°50′20″N</td><td>165</td><td>300</td></tr>
<tr><td>X15</td><td>桂花</td><td>110°48′02″E，32°50′20″N</td><td>165</td><td>260</td></tr>
<tr><td>X16</td><td>黄连木</td><td>110°57′83″E，32°50′38″N</td><td>165</td><td>800</td></tr>
<tr><td>X17</td><td>黄连木</td><td>110°04′38″E，32°50′55″N</td><td>160</td><td>600</td></tr>
<tr><td>X18</td><td>楸树</td><td>110°59′23″E，32°48′29″N</td><td>162</td><td>100</td></tr>
<tr><td>X19</td><td>银杏</td><td>110°57′39″E，32°50′38″N</td><td>170</td><td>1000</td></tr>
<tr><td>X20</td><td>刺柏</td><td>110°48′45″E，32°48′55″N</td><td>170</td><td>456</td></tr>
<tr><td>S3</td><td>重阳木</td><td>110°15′32″E，32°46′52″N</td><td>172</td><td>1100</td><td rowspan="3">在直径2～5m或更大范围内设立栅栏，防止人畜干扰，设置警示牌；防治大树根部病害，清毒杀菌，填充封口；设避雷器；浇水、松土、施肥；换土</td></tr>
<tr><td>S4</td><td>黄连树</td><td>110°59′14″E，32°48′52″N</td><td>172</td><td>500</td></tr>
<tr><td>S5</td><td>圆柏</td><td>110°57′03″E，32°48′07″N</td><td>172</td><td>500</td></tr>
<tr><td>X21～X22</td><td>柿树</td><td>111°04′05″E，32°33′41″N</td><td>160</td><td>240</td><td rowspan="5">迁至牛头山森林公园</td><td rowspan="5">移栽至武当山游客中心和玉虚宫内；登记挂牌；落实管护责任人；对衰弱古树进行抢救性复壮</td></tr>
<tr><td>X23～X28</td><td>柿树</td><td>111°04′03″E，32°33′18″N</td><td>158</td><td>160</td></tr>
<tr><td>X29</td><td>木瓜</td><td>111°07′5″E，32°30′21″N</td><td>164</td><td>302</td></tr>
<tr><td>X30</td><td>红杏柳</td><td>111°04′11″E，32°31′49″N</td><td>164</td><td>120</td></tr>
<tr><td>X31</td><td>红杏柳</td><td>111°04′04″E，32°32′05″N</td><td>168</td><td>160</td></tr>
</table>

续表

设计编号	树种	位置	海拔/m	树龄/年	设计保护方式	实际保护方式
X32	红青柳	111°07′45″E,32°30′7″N	169	105	迁至牛头山森林公园	移栽至武当山游客中心和玉虚宫内;登记挂牌;落实管护责任人;对衰弱古树进行抢救性复壮
X33	柿树	111°04′09″E,32°32′56″N	164	180		
X34	柿树	111°07′5″E,32°30′21″N	164	122		
X35	柿树	111°04′03″E,32°32′57″N	168	150		
X36~X39	柿树	111°08′45″E,32°29′7″N	170	280		
X40	枫杨	111°16′31″E,32°26′03″N	160	120	迁至牛头山森林公园	移栽至丹江城区右岸湿地公园
X41	枫杨	111°16′49″E,32°26′03″N	160	120		移栽至丹江城区右岸湿地公园
X42	枫杨	111°16′36″E,32°26′03″N	160	120		移栽至丹江城区右岸湿地公园
X43	枫杨	111°16′27″E,32°26′03″N	160	120		移栽至丹江城区右岸湿地公园
X44	皂荚	111°17′51″E,32°35′54″N	160	200		移栽至丹江城区右岸湿地公园
X45	皂荚	110°56′55″E,32°39′53″N	165	131		移栽至丹江城区右岸湿地公园
X46	皂荚	111°31′36″E,32°43′N	167	160		移栽至丹江城区右岸湿地公园
X47	黄连木	110°56′38″E,32°40′25″N	168	251		就地保护
X48	黄连木	111°02′33″E,32°32′36″N	169	121		就地保护
X49	侧柏	111°03′53″E,32°33′08″N	162	212		移栽至净乐宫
X50	侧柏	110°56′30″E,32°40′03″N	169	271		就地保护

续表

设计编号	树种	位置	海拔/m	树龄/年	设计保护方式	实际保护方式
X51	侧柏	111°15′25″E，32°25′36″N	158	300	迁至牛头山森林公园	移栽至丁家营镇饶祖铺
X52	侧柏	111°14′45″E，32°31′37″N	158	200		移栽至丁家营镇饶祖铺
X53	女贞	111°33′44″E，32°42′42″N	158	320		就地保护
X54	女贞	111°33′37″E，32°42′42″N	159	320		就地保护
X55	青檀	111°02′39″E，32°30′58″N	167	580		就地保护
X56	刺柏	111°06′22″E，32°40′16″N	168	100		移栽至丁家营镇饶祖铺
S6	皂荚	111°13′48″E，32°34′N	172	200		就地保护
S7	皂荚	111°13′50″E，32°49′48″N	172	200		就地保护

(a)保护前

(b)保护后

图 16-21 S1 古树保护前后对比

（a）移栽前

（b）移栽后

图 16-22　X40 古树移栽前后对比

（a）保护前

（b）保护后

图 16-23　X47 古树就地保护前后对比

在珍稀植物保护方面，丹江口市野生珍稀动植物保护站受丹江口市林业局委托，组织开展野大豆、狭叶佩兰保护工程。2019 年 11 月，丹江口市野生珍稀动植物保护站组织人员对野大豆和狭叶佩兰两种草本型珍稀植物的种子进行采集、晾晒和保存；2020 年 3 月，丹江口市野生珍稀动植物保护站在三官殿办事处化吉村征用 2 亩土地，对采集的珍稀植物种子进行播种，目前播种的种子已发芽，植物生长状况良好（图 16-24）。

(a)野大豆

(b)狭叶佩兰

(c)岩杉树

(d)刺萼参

图 16-24 珍稀保护植物

2. 鱼类增殖放流

(1)实施方案优化调整

1)传统池塘养殖模式变更为循环水养殖模式。

在鱼类增殖放流站施工图设计过程中，丹江口水库水质保护形势出现新变化。2015年，湖北省人民政府办公厅印发了《省人民政府办公厅关于印发南水北调中线工程丹江口水库饮用水水源保护区(湖北辖区)划分方案的通知》，增殖放流站所在的羊山林场位于其二级水源保护区内。由于《初步设计报告》的鱼类增殖放流工艺中污水排放环节不能满足《饮用水水源保护区污染防治管理规定》(2010年修正版)的要求，因此将原设计的传统池塘养殖模式变更为循环水养殖模式，实现污水零排放。

传统池塘养殖模式是利用人工开挖的池塘进行养殖，每天根据需要换水，排出的养殖废水未经处理便直接排放。循环水养殖模式则是把养殖废水处理后循环利用。养殖水在生产过程中会累积固体悬浮物、氨氮等污染物。通过池底埋设的集污井和管道，能及时将这些污染物含量较高的养殖池水收集，使其进入水处理系统。水处理系统包括物理处理、生物处理和消毒处理，将养殖池水中的污染物去除后，处理后的水回到养殖池重新利用。从循环水系统排出的少量废水汇入末端污水处理区进行处理。排水中主要含有硝酸盐，难以去除，因此变更设计将排水抽送至园区储水池，用于园区绿地灌溉和农业生产。在生产过程中，若出现机械故障或自然因素导致生产污水无法排出或溢出等紧急情况，通过设置应急管道引入丹江口市政污水处理管网，由城市污水处理厂处理。

增殖放流站建设方案从流水养殖优化为循环水养殖后，一方面减少了养殖水的取水量，节约了水资源；另一方面减少了蓄水池的面积，增殖站占地从初步设计的160亩减少为73亩，节约了土地资源。

2)亿尾江花变更为就地孵化。

初步设计计划于回水江段上游捞取受精卵，进行人工孵化培育后放回库区。然而，受温度和水文因素影响，在该上游区域捞取的受精卵，其孵化时间平均为1.0～1.5d。若将受精卵捞取并运送至放流站进行孵化后再放回库区，不仅时间紧迫，还损耗率较大，需要捞取2亿～3亿的受精卵。因此，方案变更为使用便携式孵化装置，在捞取受精卵后就地孵化，然后再放回库区。该方案便于实施，且便携式孵化的技术成熟，在捞取网中即可进行孵化。

2015年9月，长江水保所编制完成《南水北调中线一期工程丹江口库区鱼类增殖放流站设计变更报告》。随后，水源公司以《关于报送南水北调中线一期工程丹江口库区鱼类增殖放流站设计变更报告的报告》向国务院南水北调办提出变更申请。国务院南水北调办以《关于南水北调中线一期工程丹江口库区鱼类增殖站站设计变更的批复》予以批准。

(2)鱼类增殖放流站建设

2016年7月，水源公司通过招标与长江委陆水枢纽工程局、水利部中国科学院水工程生态研究所(联合体)签订了丹江口库区鱼类增殖放流站建设合同。鱼类增殖放流站(图16-25、图16-26)于2016年8月开工建设，2017年10月土建工程完工，2017年11月投入试运行，建设内容包括1套室外养殖系统、1座催产孵化车间、1套配套工程、1套污水处理回用系统。

图16-25 丹江口鱼类增殖放流站鸟瞰图

图16-26 丹江口鱼类增殖放流站鱼苗育幼车间

(3)鱼类增殖放流站运行情况

水利部中国科学院水工程生态研究所负责鱼类增殖放流站运行期间的维护管理工作。鱼类增殖放流站于2017年11月1日开始试运行,2018年10月16日完成首次放流,2018年11月12日试运行结束。试运行要求完成放流任务不少于12万尾,需在本站增殖放流品种中选择两种产卵类型(漂流性卵和黏性卵)的鱼类进行试验,且种类为两个及以上。2018年10月16日,长江委组织在丹江口水库首次开展鱼类增殖放流活动,放流鱼苗12万尾,放流品种主要包括鲢、鳙、中华倒刺鲃、团头鲂、三角鲂等,苗种规格为4～15cm,放流鱼苗均由丹江口水库鱼类增殖放流站人工培育。放流前,鱼苗全部通过了检疫检测,放流过程中,公证人员进行了全程公证。

(二)水质监测

1. 建设方案优化调整

2012年8月,国务院南水北调办以国调办环保〔2012〕205号文批复了《南水北调中线一期工程丹江口库区水质监测站网建设初步设计报告》。按照该报告设置自动监测站8个,其中已建或在建的有3个,新建5个。新建的5处固定式水质自动监测站的监测断面分别为汉江段坝前断面、青山—安阳、仓房—香花、盛湾—黄庄和白河断面,5处固定式水质自动监测站的水质监测指标全部一致。

2013年7月,水源公司委托长江水保所开展库区水质监测站网建设项目施工图设计工作。长江水保所于2013年11月完成监测站网施工图设计方案,并于同月通过了专家审查。由于陕西省已在汉江段白河断面开展水质自动监测工作,在施工图设计过程中,将白河断面优化为龙口—浪河断面,而待建固定式水质自动监测站的数量保持不变。

在监测站网建设推进过程中,丹江口水库的水质监测形势出现了新的变化。首先,为更好地监控调水水质,国务院南水北调办和环境保护部联合发布《关于开展南水北调中线一期工程调水水质监测工作的通知》,对陶岔取水口的水质自动监测能力提出了更高要求,在陶岔引水闸闸前建设1处水质自动监测站已成为现实需求。其次,2014年12月12日南水北调中线工程正式通水,丹江口水库作为南水北调中线工程水源地,其水质保护的责任意义十分重大。通水后,水源公司作为南水北调中线供水管理单位,有责任对丹江口水库的水质进行实时监控。但是,随着湖北、河南省相继在丹江口水库开展饮用水水源保护区划分工作,丹江口水库水质监控面临新形势和新问题。一方面,丹江口水库水质监测站网建设施工图设计中5个规划水质自动监测站,无法与新形势下饮用水水源保护区的监控需求完全匹配,河南省辖区内陶岔附近一级与二级保护区区界,以及湖北省辖区内丹江口水库二级与准保护区区界处缺乏对水质实时监控;另一方面,陶岔引水闸是连接丹江口水库与调水总干渠的龙头控制工程,引水闸闸前的水质代表丹江口水库出库水质状况，因此有必要在闸前设立水质监测点，对出库水质进行实时监控。

在新形势下，有必要根据实际需求对丹江口水库监测站网进行适当变更和调整。2015 年 3 月，水源公司委托长江水保所开展《南水北调中线一期工程丹江口库区水质监测站网中的固定式自动监测站设计变更报告》的编制工作，根据丹江口水库水质监控面临的新形势和新问题，变更报告建议将部分规划的固定式水质自动监测站变更为浮动式水质自动监测站，并在保护区区界处增设浮动式水质自动监测站。具体变更方案概括为 5 个固定式监测站变更为 3 个固定式监测站和 4 个浮动式水质自动监测站。

1）仓房—香花固定式监测站变更为浮动式水质自动监测站。

将仓房—香花固定式水质自动监测站变更为浮动式水质自动监测站，并设置于河南省划分的二级保护区与准保护区区界断面中间位置，其监测结果更能代表保护区区界断面和丹库库心水质。

2）龙口—浪河固定式监测站变更为浮动式水质自动监测站。

龙口—浪河固定式水质自动监测站位于浪河口下游。经现场实地勘察，该处地形条件较为复杂。因此，将该固定式监测变更为浮动式水质自动监测站，以监控从汉江进入汉库的水质状况。

3）坝前固定式监测站变更为浮动式水质自动监测站。

将规划的坝前固定式水质自动监测站变更为浮动式水质自动监测站，放置于湖北省划分的二级保护区与准保护区区界断面（蔡湾上游 1km）的中间位置，以便更好地掌控保护区区界的水质状况。

4）陶岔渠首引水闸闸前调整建设 1 处固定式监测站。

陶岔渠首引水闸闸前水质直接代表南水北调供水的水质状况，调整建设 1 处固定式水质监测站具有重要意义。经现场实地查勘，在陶岔引水闸闸前左岸小张冲附近，存在渠首清漂队的平台，取水距离在 100m 以内，高程约 170m，且附近可直接修建站房。该站点距离渠首大桥约 1.2km，可实时监控南水北调出库水质。

5）陶岔附近保护区区界调整建设 1 处浮动式水质监测站。

在陶岔附近水域一级与二级饮用水水源保护区区界断面的中间位置调整建设 1 处浮动式水质自动监测站，用于对保护区区界处的水质进行实时监控。

6）青山安阳固定式水质自动监测站监测方式维持不变。

7）盛湾黄庄固定式水质自动监测站建设方案维持不变。

2015 年 4 月，水源公司在武汉组织召开变更报告审查会。会后，长江水保所根据专家组审查意见，对变更报告进行了修改完善。2015 年 5 月，水源公司以《南水北调中线一期工程丹江口库区水质监测站网固定式自动监测站设计变更报告》提出变更申请，国务院南水北调办以《关于丹江口库区水质监测站网固定式水质自动监测站设计变更问题的复函》予以批准。

2. 水质监测站网建设历程

2014 年 10 月，水源公司与长江科学院和江苏德林环保技术有限公司(联合体)签订了丹江口库区水质监测站网建设合同。丹江口水库水质监测站网于 2014 年 12 月开工建设，建设内容包括 1 个省级水环境监测中心标准的固定实验室、3 个固定式自动监测站和 4 个浮动式自动监测站，具备基本应急监测能力的监测船 1 艘、监测车 1 辆，以及 1 个信息化平台。2016 年 12 月完工，为运行期水质监测提供了保障。

3. 主要建设内容

(1)中心实验室

中心实验室位于丹江口市大坝右岸建设单位管理区，面积约 1037m^2，各功能房间近 31 个，分为仪器分析区、理化实验区、生物分析区、无菌操作区、有机前处理区等。该实验室配备水环境监测仪器设备 77 台(套)，具备检测《地表水环境质量标准》(GB 3838—2002)全部 109 项指标的能力，同时还具备检测水体浮游植物、浮游动物、底质、生物残毒的能力。中心实验室定期对库内及入库支流 31 个断面开展水体、水生生物、沉积物等介质中污染物的监测工作(图 16-27)。监测频率为每月 3 次，在枯水期和丰水期，监测频次增加至每月 4 次，即每周 1 次。调水水源区有毒有机物监测项目每年开展两次，分枯水期和丰水期进行。

图 16-27　水源公司水质中心实验室

(2)自动监测站网

自动监测站网包括 3 个固定式水质自动监测站和 4 个浮动式水质自动监测站，固定式水质自动监测站由取样单元、留样单元、预处理单元、检测分析仪器单元、辅助单元、控制系统等组成，监测指标有水温、pH 值、溶解氧、氨氮、高锰酸盐指数、总氮、总磷、叶绿素、重金属（锌、镉、铅、铜）和综合毒性。

浮动式水质自动监测站主要以浮标平台为载体，集成水质传感器，利用无线通信技术实现浮标系统与中心监控平台之间的数据传输和远程控制，达到各项水质指标自动监测预警的目的。结合丹江口水库水质综合指标监测的需求和浮动式水质自动监测站的实际情况，选择的监测指标有水温、pH 值、溶解氧、电导率、浊度、叶绿素、氨氮、高锰酸盐指数、总氮、总磷。

3 个固定站分别为陶岔固定站、马蹬固定站和青山固定站，分别位于河南省南阳市淅川县九重镇陶岔村、河南省南阳市淅川县马蹬镇白渡村、湖北省十堰市郧县青山镇蓼池村。各站房建筑面积 $63m^2$，占地面积共 $1428m^2$；各设置水质自动监测设备 7 套，以及取水设施、气象设备、纯水机、高温灭菌锅、流量计各 1 套。

4 个浮动站为陶岔浮动站（1 号浮动站）、仓房香花浮动站（2 号浮动站）、坝前浮动站（3 号浮动站）和龙口浪河浮动站（4 号浮动站），分别位于陶岔水源保护区区界、仓房水源保护区区界、汉江段坝前和汉江段龙口浪河口。施工过程包括船体建造、现场定位，各浮动站均设置 4 套警报、监控、水质自动监测设备。

目前，在丹江口水库共设置常规监测断面 32 个，其中新增 16 个，与初步设计基本一致；设置自动监测站 10 个，其中已建或在建 3 个，新建 7 个（3 个固定站、4 个浮动站）。

淅川陶岔取水口水质自动监测站见图 16-28。

图 16-28　淅川陶岔取水口水质自动监测站

(3)移动水质监测站网

移动水质监测站由1艘移动水质监测船和1辆移动水质监测车组成。移动水质监测车配置7台综合监测仪器设备及相关配套单元,可快速监测21个水质监测指标。移动水质监测船(图16-29)配置了测流系统、生化需氧量测定仪、便携式分光光度计、便携式快速细菌检验箱、红外测油仪和水环境低空信息探测仪等20台设备及相关配套设备,可对19个水质监测指标进行监测,能快速完成对石油类、重金属类、氰化物、水体富营养化指标的监测工作,并能够快速确定污染面积、采集库区遥感信息。各项水质监测指标的检测结果通过船载/车载无线网络自动发送至信息化平台。移动水质监测站以应急监测为主,针对部分库湾富营养化及其他突发性水污染事件,开展日常与应急监测工作。

图 16-29 移动水质监测船

(4)信息化平台

基于GIS和分布式数据库平台技术,建立丹江口库区水质信息化管理平台,采购、安装并调试硬件设备31台(图16-30)。通过开发并集成水质评价模型、水质分析和预报模型、水质预警与应急预案管理模型,建立数据采集与处理系统、水质站网管理系统、水质分析评价系统、水质会商系统、水质信息发布与查询系统。

图 16-30 水源公司数字孪生丹江口数据处理中心

(三)环境科研

南水北调中线工程的前期科学研究工作始于20世纪50年代初。在论证、决策和实施过程中，通过持续、严谨的科学研究工作，解决了大量技术、经济及环境等重大问题，积累了丰富的水文、勘测、科研和规划设计成果。随着工程建设的顺利进行，2014年南水北调中线一期工程全面建成并投入运行。南水北调中线水源区的生态健康、水质安全、水量保障、监控预警、风险应对、统筹管理等众多问题，受到了政府和社会公众前所未有的关注。为确保南水北调中线工程的顺利实施与良好运行，需在深入了解南水北调中线水源区的历史与发展的基础上，科学评价南水北调中线工程对水源区经济、社会和环境的影响。针对工程实施以来逐渐暴露的各种现实问题，深刻辨识目前和未来较长一段时间内，水源区以水为核心的环境问题。从水环境、生态环境和流域管理等方面遴选科学问题，研究水源区环境保护问题及应对措施，制定近远期科技规划，为南水北调中线工程的长效运行与管理提供支撑。

根据丹江口库区水环境与生态环境保护需求，初步设计阶段环境保护科学研究项目拟定为丹江口库区生态环境监测、调查与评估研究，丹江口库区水生态保护与修复研究，丹江口库区水环境管理研究3个方向。

1. 丹江口库区生态环境监测、调查与评估研究

主要包括丹江口水源区生态环境综合监测与评估技术体系研究、水源区重金属等潜在污染源调查与处理方案研究、丹江口水库水生态评估与水生生物资源管理对策研究等3个部分。

(1)丹江口水源区生态环境综合监测与评估技术体系研究

通过研究得出以下结论：①水源区水生态环境现状总体较好，局部水域较差。丹江口水源区水质总体较好，局部水质较差。水源区水质整体以Ⅰ～Ⅱ类为主，但空间分布差异明显，支流上游控制断面水质全部为Ⅰ～Ⅱ类，水库水质以Ⅰ～Ⅱ类为主，而河口控制断面水质多为Ⅲ～劣Ⅴ类，支流上游及水库水质明显好于河口区域。②近30年来，入库水质营养盐呈增加趋势。近30年来，入库白河断面营养盐水平整体呈增加态势，库内凉水河断面总氮水平呈增加态势，应引起足够重视；近50年来丹江口水源区入库水质类别略有下降，特别是2000年以后，Ⅰ类水质所占比例下降，Ⅱ类水质所占比例明显增加。③构建了水源区生态风险评价指标体系及方法。基于“压力—状态—响应(PRS)”模型，构建了丹江口水源区水环境生态风险评价指标体系。评价结果将生态风险等级划分为5级，分别为潜在风险、低风险、中风险、高风险和极端风险。④水源区整体风险水平较低，局部地区生态风险严重。丹江口水源区风险源主要是人为风险，包括生活污水排放、工业废水排放、农业面源污染、矿产资源开发、突发水污染事件、旅游业、养殖业

等方面。除此之外，水源地还存在重金属尾矿坝垮坝、危险化学品运输安全等安全隐患。⑤丹江口水源区整体上水资源脆弱性程度低，局部稍高，前期调水会在不同程度上增加各区域的水资源脆弱性。⑥构建了水源区生态功能分区指标体系及方法。在分析丹江水源区生态环境因子相互影响的基础上，结合国内外已有研究成果，构建了丹江口水源区多尺度生态功能分区指标体系。⑦完成了丹江口水源区生态功能分区。生态功能分区结果表明，丹江口水源区可分为 6 个一级功能区，分别为：秦岭南麓亚湿润中高山区；丹江上游亚湿润低山区；汉中谷地湿润平原丘陵区；安康—十堰亚湿润低山区；丹江口库区亚湿润平原丘陵区；大巴山北麓湿润中高山区。⑧提出了水源区生态环境综合监测体系方案。

(2)水源区重金属等潜在污染源调查与处理方案研究

通过研究得出以下结论：①结合资料调研和现场调查结果，水源区 386 个重要的尾矿库、废石场及废渣场中，大量尾矿库存在选址不合理、建库(场)基础资料不完整、设计和建造不规范、运行管理不到位、长期超负荷运行等问题，属于危库、险库和病库；水源区尾矿库普遍规模较小，以四等库和五等库居多；尾矿库、废石场及废渣场中重金属的释放方式包括连续释放、间断释放和突发性释放 3 种方式。②根据敏感物种曲线(SSD)和评估系数法，水源区重金属生态风险在迁移过程中逐步降低。水源区重金属生态风险较大的重金属有镉、铅和汞，在钼矿采选作业区还包括钼，水源区重金属生态风险主要集中在重金属采、选、加工作业区。加强这些重金属污染点源的防治和监督力度，是保证水源区丹江口水库水质稳定达标的关键。③筛选出水源区重金属潜在污染源优控目录，共 68 个，具有以下特点：病库、危库、险库；位于丹江口水库主要支流河谷内或紧邻丹江口水库主要支流河的尾矿库、废石场和废渣场；离村庄、居民较近，且防洪能力不足，排洪系统存在严重隐患，有些库坝已被山洪破坏，汛期有可能发生垮坝的尾矿库、废石场和废渣场；存在大量的废石、弃渣等露天堆放、散堆、混堆的尾矿库、废石场和废渣场。④处置措施包括：加强相关人员的安全教育和环保教育，增强企业领导、尾矿库管理人员、安全监督人员、环保监督人员的安全意识、环保意识与法治意识，加大对尾矿库、废石场及废渣场安全审查、安全监督、安全管理和环境督查力度；强化水源区尾矿库的安全监管能力建设，完成水源区无主尾矿库的认领和监管工作，完成对现状信息不明的尾矿库的信息补全和监督管理工作，对水源区尾矿库、废石场及废渣场等重金属潜在污染源的建设、运行、闭库、再利用等全过程进行监督管理；根据优控目录中尾矿库、废石场及废渣场的现状特征，制订计划，有序推进尾矿库综合治理工作，对尾矿库进行专项安全评价和工程技术评估，根据评估结果选择工程加固、防洪、生态修复等技术措施，限期完成对危库、险库、病库的治理工作；建立并实施水源区尾矿库、废石场及废渣场安全环保信息共享制度和应急响应制度，制定水源区尾矿库、废石场及废渣场整改技术规范和整治修复标准，并成立相关技术咨询机构和专家库；加大尾矿库、废石场及废渣场治理资金的筹措力度，探索采用多种投资模式对尾矿库、废石场及废渣场进行安全整治和重金属污染防治；建立中线水源区生态补偿制度，并安排部分资金用于水源区尾矿库、废石场及废渣场等重金属潜在污染源的安全监督和污染防治工作。

(3)丹江口水库水生态评估与水生生物资源管理对策研究

通过研究得出以下结论：应加大入库支流的整治力度，切断外源营养物的输入和降低内源性营养物负荷；以生物操纵理论为指导，优化放流品种结构；改革水库渔业经营体制，推行公司化运营模式；建立可持续发展的生态渔业管理机制，充分发挥“保水渔业”的生态功能。

2. 丹江口库区水生态保护与修复研究

主要包括库区新增淹没区污染风险评估及对策研究、库滨带生态屏障构建技术体系及综合示范研究、基于下游生态安全的水库生态调度技术与方案研究、丹江口水源地纳污红线技术体系与实施方案研究、丹江口水源地水资源保护工程技术示范研究等5个部分。

(1)库区新增淹没区污染风险评估及对策研究

通过研究得出以下结论：①农田土壤污染是新增淹没区主要的污染源和风险源。需研究土壤污染源，尤其是农田土壤污染源作为新增淹没区主要污染源和风险源的风险；还要研究工业污染源，如化学原料及化学制品制造、金属制品、纺织、交通运输设备制造、造纸以及医药制造企业可能遗留含有重金属、有机有毒等污染物质，而农副食品加工、食品制造、饮料制造企业可能遗留氮、磷营养物及耗氧污染物的污染风险。生活污染源的遗留污染风险与环境影响相对较低，需研究规模较大的城(集)镇遗留下来的生活污染源及其影响。②淹没后，农田土壤氮、磷释放会引起局部水域富营养化甚至“水华”问题。对新增淹没区农田土壤的实地调查与室内土壤氮、磷溶出试验分析结果表明，丹江口库区新增淹没区不同区域表层土壤物理性质(容重、总孔隙度、毛管孔隙度、非毛管孔隙度和通气孔隙度)均未表现出显著性差异；而不同区域表层土壤化学性质中，除pH值和速效磷外，有机质、全氮、全磷、碱解氮含量均呈现出极显著差异性。有关县镇新增淹没区农田具有较高的氮磷污染释放风险，蓄水淹没后，土壤中氮、磷元素的释放会改变上覆水体氮、磷元素的含量，进而可能改变周围水体尤其是库湾水体的营养状态，严重时局部水域可能出现水体富营养化甚至“水华”现象。此外，新增淹没区土壤重金属元素分析和污染风险评价结果表明，土壤中铬、铅、镍、锌、铜、砷等含量较低，危害程度较小，仅在人类活动强度大的区域显示出轻微危害程度，其潜在生态危害等级很低。③监控预警与植被恢复是预防风险的有效措施。提出了新增淹没区潜在污染源水质监测体系的建设方案，确定了潜在污染源水质监测站点及监测项目，构建了新增淹没区潜在污染源预警应急体系。同时，从流域水质目标管理的角度，提出将新增淹没区以上区域污染源控制和新增淹没区水土资源调控管理相结合的保护对策。针对新增淹没区消落带保护与适度利用的实际需求，提出了新增淹没区消落带生境恢复与重建的基本原则，确定了新增淹没区消落带分区治理与修复模式。

(2)库滨带生态屏障构建技术体系及综合示范研究

通过研究得出以下结论：①丹江口水库库滨带共调查到维管植物 72 科 208 属 285 种，其中蕨类植物 3 科 3 属 3 种，裸子植物 2 科 3 属 4 种，被子植物 67 科 202 属 278 种。丹江口水库库滨带植物群落包括 7 种群落类型，分别为萹蓄群落、苘麻群落、细叶水芹群落、狗牙根群落、响叶杨群落、杜梨群落和侧柏群落。②基于调查并结合相关研究成果发现，筛选出适于丹江口水库库滨带春季水落植被恢复的一年生草本植物 5 种，适于水库库滨带耐水淹多年草本植物 15 种，适于水库库滨带耐旱多年草本植物 6 种，适于水库库滨带耐水淹、耐旱灌木 5 种，适于水库库滨带耐水淹多年乔木 6 种，耐旱乔木 6 种(两者有重合)。③高程和水文因素是影响库滨带植被特征的主导因素，土壤因素对植被变化有一定作用，地形因素对植被特征的影响较小。④对所筛选的植物种类进行合理搭配，在不同区位构建了 36 个具有高效污染阻控效应的稳定人工植物群落。⑤依据总磷满足水质目标(Ⅱ类标准)的要求，确定丹江口库区库滨植被缓冲带宽度为 40m。⑥丹江口水库湖北境内库滨带地形普遍较陡，可在库滨高程 160～171m 构建植被缓冲带；河南境内地形较缓，考虑到当地经济社会发展对库滨带的利用，预留高程 165～171m，在库滨高程 160～165m 内构建植被缓冲带。⑦通过适生湿地植物生态修复，强化湿地污染净化能力，构建适合丹江口水库入库河口水文条件的湿地修复技术体系，包括入库河口生态修复技术、入库河口前置库构建技术、库滨带生态屏障构建技术的集成。

(3)基于下游生态安全的水库生态调度技术与方案研究

通过研究得出以下结论：①通过 IHM2 水文分析可知，丹江口水库建成后，丹江口下游各站点的径流量均呈现出洪水期流量减少、枯水期流量增加的特征，且流量过程趋于平缓。②提高丹江口水库的调节能力，增大最小下泄流量，以满足汉江中下游产漂流性卵鱼类的产卵要求。③自 2001 年以来，汉江中下游水质基本稳定，随时间推移没有明显变化趋势；在规划污染负荷下，调水 95 亿 m^3 后，汉江中下游各站点的氨氮和总磷平均浓度均进一步升高，水质状况不容乐观。④汉江中下游春季水华暴发的主要因子为高营养盐负荷、低流速(流量)、持续晴好天气。⑤丹江口水库控制下游水华暴发的水量调度方式定位于应急调度，若下游藻类密度累积接近 1×10^6 ind/L，且出现水华暴发征兆时，则启动应急调度。⑥汉江中下游以“四大家鱼”为代表的产漂流性卵鱼类的生存繁衍将受水温变化影响。

(4)丹江口水源地纳污红线技术体系与实施方案研究

通过研究得出以下结论:①丹江口水源地实施纳污红线管理的核心内容是制定明确的限排目标、实施方案和考核办法。为便于开展水源区限制纳污红线管理工作,可理解为在水功能区划的基础上,制定一套红线管理指标和目标、一套切合实际的实施方案和一套行之有效的考核办法,三者相辅相成,缺一不可。根据水域纳污能力,严格控制受纳水体的入河污染物总量,并以此作为水资源管理及水污染防治管理不可逾越的红线;实施方案需从水环境保护工程、水环境保护管理和水环境保护考核等方面进行顶层设计,从而实现丹江口水源区水质达标;考核办法是确定限制纳污红线的考核指标、考核主体、考核对象、考核方式、考核时限,建立稳定的限制纳污红线考核机制。②丹江口水源区限制入库排污总量,由直接入库河流(水功能区)的限排总量确定,丹江口水源区限制纳污红线管理的重点在于直接入库河流。大坝加高后,1050km^2 的水库面积库周直接入库的主要支流有 16 条,直接入库河流水质目标管理是库区水质保护的重中之重。③丹江口水源区纳污红线管理实施方案,需要根据入库河流的污染特征和管理要求,提出有针对性的工程措施、管理措施与监控计划。按照“统一规划、突出重点、标本兼治、分步实施”的原则,从优化库区的产业布局与结构调整、污水综合整治,水源地保护、入库排污口整治、水生态补偿调节、生态修复等工程措施,以及加强水资源保护的监督管理等多种控制措施方面,综合制定了库区总体实施方案。④严格的考核评估体系是纳污红线管理能否落实的关键,水源区纳污红线管理实施考核办法亟须出台。按照“国家考核—省级自检—市(县)自评价的三级考核”思路和体系。阐述水功能区 90%频率流量满足率、水文断面生态需水量满足率、水功能区水质达标率、水污染防治控制单元水质达标率、限制排污总量达标率、典型库湾富营养化状态、鱼类多样性指数、浮游生物多样性指数、水污染防治项目实施情况等 9 项指标的评价方法和分阶段考核目标。

(5)丹江口水源地水资源保护工程技术示范研究

通过研究得出以下结论:①调查了丹江口水源地水资源保护工程现状,明确了水陆交错带是水资源保护工程的重点区域,并分析了丹江口水库现有水资源保护工程主要存在的问题。②对入库河流进行类型划分,针对不同类型河流,提出了河岸带人工湿地和人工快渗关键技术。重度污染河流要保障污水处理厂稳定达标,同时强化河道水体净化,适用技术为人工快渗处理系统;中、轻度污染河流要控制流域面源输入,兼顾城镇排水的深度处理,适用技术为河岸带人工湿地。河岸带人工快渗系统将人工快渗技术与河岸带地形结合,通过工艺单元优化,实现重污染河水快速净化。③分析了库岸带产污过程,提出了适合库岸带产污特征的水循环系统和污染阻滞系统构建技术。水资源保护的基本途径是在末端进行库湾水体净化,适用技术为库岸带水循环构建技术;缓坡型库岸小流域适用技术为库岸带污染阻滞技术。在库岸带水循环系统构建过程中,提水风车、生态塘和生态透水坝应相互关联，形成耦合关系。④通过技术匹配，形成河岸带与库岸带集成技术，并以小流域为单元，提出了水资源保护技术体系。库岸带技术集成按照陡坡和缓坡分别开展；陡坡型库岸带技术体系的核心为基于水力循环的水系统构建技术，辅助技术主要从传输途径和末端控制的角度，强化水体污染负荷的净化过程；缓坡型库岸带技术体系的核心为库岸带污染阻滞关键技术，辅助技术保证关键技术效能的充分发挥。在入库支流和库湾集成技术的基础上，进一步在流域尺度上，按照"源头控制—迁移途径控制—汇控制"的模式，提出了库区水资源保护技术体系。⑤以库岸带水资源保护技术为重点，开展了示范工程建设。针对陡坡型库岸带的水循环系统构建集成技术，选择坝前的羊山库湾作为陡坡型库岸的典型代表，实施了库湾水循环系统构建工程示范。

3. 丹江口库区水环境管理研究

主要包括库区水环境信息系统与综合管理平台构建研究、库区水资源保护综合管理机制与环境信息共享机制研究、库区生态补偿机制与法律保障政策研究、南水北调中线水源地饮用水水源保护区划分与保护立法论证研究等 4 个部分。

(1)库区水环境信息系统与综合管理平台构建研究

通过研究得出以下结论：建立了库区水环境信息系统与综合管理平台。该平台包含丹江口库区水环境信息数据库、水源区水环境基础信息子系统、水源区综合管理决策支持子系统、水环境风险评估及预警平台子系统，为实现丹江口水库管理的智能化应用奠定了坚实基础。

(2)库区水资源保护综合管理机制与环境信息共享机制研究

通过研究得出以下结论：①中线水源地流域管理与行政区域管理采用分层管理模式，包含指导层、协商层和执行层，相关机构和主管部门共同构成中线水源地流域与区域综合管理体系。②中线水源地管理模式包括南水北调中线水源综合行政管理机构、南水北调中线水源管理委员会及南水北调中线水源工程管理单位 3 种管理模式。这 3 种方案的提出都具有一定的合理性，采纳具体模式应符合我国当前法律制度设计和实际国情，建议中线水源地综合管理采用渐进的模式。③建立中线水源地水污染防治管理机制。以南水北调中线水源管理委员会为核心，负责协调、监督、考核工作，并将监督、考核结果上报给中线水源地所在各级人民政府，以及受水区人民政府和主要用水户，协调、指导水源区省、地、县人民政府解决水环境问题。④建立跨区域、多部门、多机构联合监察执法的协调联动机制。⑤完善中线水源地突发性水污染事件应急机制。在南水北调中线水源管理委员会模式下，从法律法规、管理机构、应急筹备和应急处理等方面，完善中线水源地突发性水污染事件应急机制。⑥完善库区消落带保护管理机制。南水北调中线水源管理单位负责指导、协调当地县(市)人民政府开展在库区消落带保护管理工作，并对当地县(市)人民政府在库区消落带保护管理方面的执行情况进行监督考核。⑦完善投资主体多元化、投资方式多样化、监管考核规范化的投融资机制。⑧南水北调工程管理部门联合水行政主管部门牵头组织，委托第三方机构对中线水源地安全达标建设进行具体考核、评价，从而保障调水水质安全。⑨南水北调中线水源区水资源和水环境保护信息来源。水资源信息以流域为单元进行汇集，水环境信息按行政区域进行汇集，其他与水源地水环境保护相关信息主要分散在地方人民政府的各相关部门。地方人民政府的各相关部门提供与水资源保护相关信息。⑩中线水源区水资源保护信息共享。主要包括政府各行政管理部门之间的信息共享和政府部门与公众之间的信息共享。其中，第一类信息共享涉及内容包括：法律、法规、政策等信息，规划信息，应急处理事故信息。建立中线水源地水污染监测预警系统与水污染事件快速反应平台，实现应急管理机构、地方人民政府、流域管理机构对突发性水污染信息的共享。⑪南水北调中线水源区水资源和水环境保护信息共享基本程序包括信息发布和信息反馈。信息发布是利用网络和新闻媒体定期向社会公众发布中线水源地保护的相关信息。信息反馈主要通过热线电话、公众信箱等方式，接收、记录公众提出的关于水源地保护工作的意见和建议，并对公众提出的问题进行反馈。管理机构可就库区水源地水资源和水环境保护决策事务定期召开会议。

(3)库区生态补偿机制与法律保障政策研究

通过研究得出以下结论：①水源区现有生态补偿措施存在较多不足，农林帮扶生态补偿措施是弥补现有不足的有效途径。②水源区生态服务价值总量约为 2573 亿元/a，其中与水源保护相关的核心服务价值总量约为 766.22 亿元/a。③根据水源区生态补偿的内涵，水源区需要补偿的生态服务价值总量为 19.63 亿元/a，生态补偿标准按照生态服务价值和现有补偿实践综合确定。④农林帮扶生态补偿机制由政府主导和市场主导两种补偿模式构成，生态补偿资金的筹集以财政转移支付、对口协作和水费抽取为主，补偿资金的使用以公益性项目、绿水管理专项基金和信贷优惠等支出方式为主。⑤绿水管理和信贷是探索农林帮扶生态补偿框架下市场补偿模式的良好突破口，也是中线水源管理单位参与水源区生态补偿的适宜方式。⑥农林帮扶生态补偿机制的顺利运行离不开法律政策、考核评估、反馈监督和协商机制等体系的保障，其中考核与评估机制最为关键。

(4)南水北调中线水源地饮用水水源保护区划分与保护立法论证研究

通过研究得出以下结论：①归纳分析了南水北调中线水源地自然环境和社会经济的基本特征，指出了保护区划分存在的主要问题，并提出了保护区划分应遵循的基本原则。②总结了国内外湖库型饮用水水源地保护区划分的各类方法，分析了数学模拟法、类比经验法、GIS 技术辅助法、应急响应法等不同划分方法的优点和不足。融合各方法的优势，提出了适合南水北调中线水源地饮用水水源保护区的划分方法。③依据饮用水水源保护区划分技术规范，充分结合水源地特点，提出了类比经验法、不利排污情景及闸门应急响应等3种划分方案，给出了一级保护区、二级保护区和准保护区的划分范围，并对各划分方案的范围指标进行了统计。④对3种划分方案进行了比较分析，同时探讨了方案之间的协调性，指出基于不利排污情景和应急响应划分方案是值得推荐的两种方案。⑤本书在我国现行法规体系和行政管理体制框架之下，结合中线水源地实际情况，提出了中线水源地保护行政法规的立法建议。重点应完善中线水源地管理体制、水源保护区划分与污染防治、监测预警与应急管理、生态补偿、环境信息共享与公众参与、法律责任、保护经费投入等方面的规定。

第四节　环境保护与水土保持验收

一、环境保护验收

（一）验收组织与流程

根据《建设项目竣工环境保护验收管理办法》及相关法规要求，受水源公司委托，长江设计院于2019年1月承担《丹江口水利枢纽大坝加高工程竣工环境保护验收调查报告》的编制工作。编制期间，先后实地踏勘了工程的环境状况，查阅了工程设计、环境影响报告书及批复、环境监理、环境监测等文件，重点调查了工程周围环境敏感点分布情况、工程环保措施执行情况、生态保护与恢复状况等方面，联合水利部中国科学院水工程生态研究所开展丹江口库区、施工区水生生态监测调查工作，完成了《丹江口库区水生生态监测调查报告》《丹江口水利枢纽大坝加高工程施工区水生生态监测调查报告》。同时，武汉市伊美净科技发展有限公司开展了库区、施工区陆生生态监测调查工作，编制完成《丹江口库区陆生生态监测调查报告》《丹江口水利枢纽大坝加高工程施工区陆生生态监测调查报告》；长江委水文局汉江水文水资源勘测局开展了施工区水环境监测工作。在上述工作的基础上，长江设计院于2019年8月编制完成《丹江口水利枢纽大坝加高工程竣工环境保护验收调查报告》。2019年10月26日，水源公司成立竣工环境保护验收工作组，对丹江口水利枢纽大坝加高工程进行竣工环境保护自验。

（二）验收阶段环境影响调查

工程验收阶段，调查分析了工程建设及运行对水生生态、陆生生态、地表水环境等关键环境要素的影响。

1. 水生态环境影响

（1）浮游植物变化

2000年3月，在丹江口大坝加高可行性研究阶段开展水生态调查时，共采集到藻类

28种，涉及蓝藻、硅藻、绿藻、甲藻4门。其中，绿藻门种类最多，生物密度为 19.8×10^4 ind/L，而在各门类生物密度中硅藻门最高，为 17.4×10^4 ind/L。

2019年，在丹江口坝下江段检出浮游植物31种，包括硅藻门、绿藻门、蓝藻门、金藻门和隐藻门，密度为 144.03×10^4 ind/L。其中，蓝藻门密度最高，为 89.68×10^4 ind/L，硅藻门密度为 35.323×10^4 ind/L。与2000年相比，监测浮游植物增加了3种。在种类组成中，甲藻门未被检出，检出金藻门和隐藻门，其密度远大于2000年的调查数据。

可行性研究阶段环境影响评价预测，丹江口大坝加高工程施工期间采用羊皮滩砂石料场，砂石料的取料和运输会增加水中泥沙含量，致使水体浊度增加、透明度降低，不利于浮游植物进行光合作用，但因汉江流量大，悬浮物浓度增加较小，且悬浮物沉降较快，汉江浮游植物在种群结构和数量上不会发生明显变化，不会改变现有的硅藻占优势的状况，在群落组成上也不会出现大的变化，基本维持现状。2019年的调查监测数据显示，浮游植物种类组成与2000年相似，以蓝藻门、硅藻门、绿藻门为主，在密度组成中硅藻门占优势，与环评报告预测一致。

(2)浮游动物变化

可行性研究阶段，在丹江口坝下江段调查中，共采集浮游动物15种，其中原生动物6种、轮虫2种、枝角类3种、桡足类4种，生物密度为1.80万 ind/L，且原生动物最高，为1.80万 ind/L。

2019年的调查数据显示，在丹江口坝下共检出浮游动物25种，其中原生动物6种、轮虫10种、枝角类4种、桡足类5种，密度为827.65ind/L，其中原生动物密度最高，为800ind/L。可见，2019年浮游动物密度远小于可行性研究阶段，变化最明显的是原生动物，其密度仅为环评期的1/23，主要原因是坝下受低温水影响，导致浮游动物中原生动物密度降低。

(3)底栖动物变化

1994年的采集数据显示，丹江口坝下河段寡毛类数量为 50ind/m^2，水生昆虫为 55ind/m^2，软体动物为 50ind/m^2，其他为 40ind/m^2。

2019年调查监测显示，丹江口坝下共有底栖动物9种，其中软体动物、节肢动物、扁形动物分别有1种、7种、1种；在密度方面，软体动物 12ind/m^2，节肢动物 76ind/m^2，扁形动物 10ind/m^2，软体动物未检出。可见，2019年调查监测底栖动物密度（数量）低于1994年调查数据，未检出环节动物（寡毛类），节肢动物（水生昆虫）密度增加了 21ind/m^2，软体动物密度减少了 38ind/m^2。主要原因是大坝加高，导致下泄水水温下降、水量减少、流速减缓、栖息地缩小等情况的发生。

(4)水生维管束植物变化

丹江大坝加高调水后，汉江坝下流量减少，水流渐缓，河道变窄，沉水植物分布面积有所减少，水生维管束植物的丰度、均匀度及生物多样性均有所下降。

丹江口大坝加高后，浮游植物组成以硅藻门为主，与可行性研究阶段的调查结果相似，且其密度远高于2000年的调查数据；浮游动物组成中轮虫所占比例较大，原生动物密度仅为可行性研究阶段调查数据的1/23，枝角类和桡足类组成与早期调查相似，底栖动物由于栖息地缩小，密度比1994年小。

(5)鱼类资源变化

可行性研究阶段，丹江口坝下鱼类有5目10科61种。其中，鲤科有42种，占71%，主要经济鱼类有青鱼、草鱼、鲢、鳊、鲤、鲫等20余种。

2019年的调查数据显示，丹江口坝下收集到鱼类50种，分别隶属于5目9科35属。其中，鲤科31种，占坝下总数的62%；鲿科8种，占16%；鳅科5种，占10%；鲇科、钝头鮠科、合鳃鱼科、鮠科、鰕虎鱼科、鳢科等各1种，分别占总数的2.0%。丹江口坝下的渔获物中，数量较多的依次为子陵栉鰕虎鱼、鲫、中华沙鳅、蒙古鲌、鲇、鲤、似鳊、乌鳢等50种鱼类，其中子陵栉鰕虎鱼、中华沙鳅、鲤、蒙古鲌4种鱼类的数量所占渔获物总数量的38.8%；主要渔获对象为鲢、乌鳢、鲤、蒙古鲌、鲫等，其中鲢在渔获物中的质量占第一位，达38.3%，乌鳢次之，占11.07%，鲤占9.57%，蒙古鲌占8.59%，草鱼占8.28%，鲫占6.57%，鳙占6.18%，其他鱼类总共占11.44%。总体而言，仍以鲤科鱼类为主，但其所占比例有所下降。

2. 陆生生态影响

(1)陆生植物

库区的森林植被仍然以马尾松、柏木、栎类植物为主，灌丛植被中，小果蔷薇、牡荆、构树、枸杞等较为常见，灌草丛植被以禾本科植物为主，大坝加高工程导致的库区淹没，对调查区内的植被种类、类型影响较小。与水库蓄水前相比，库区的森林面积减少，农业植被面积减少，灌丛、灌草丛面积增加，建设用地面积增加，水域、滩涂面积增加。

(2)陆生动物

大坝加高工程运行后，淹没了一定区域的野生动物生境，但被淹没的生境在淹没线以上均有分布，而且蓄水水位上升缓慢，对野生动物的影响有限，没有导致物种减少；库区人民政府有关部门采取了有力的自然保护措施，民众的环境保护意识增强，一些以前未被发现的物种新分布陆续被发现，鸟类数量上升。

在可行性研究阶段，库区及周边共有24种国家重点保护野生动物，其中：一级保护动物6种，二级保护动物18种。在验收阶段调查阶段，国家一级保护动物增加了白鹤、白肩雕、白尾海雕、胡兀鹫、林麝5种，国家二级重点保护野生动物的数量也有所增加。这主要得益于退耕还林、封山育林等保护措施的实施，使得陆生动物尤其是重点保护动物得到有效的保护，更多的保护物种被发现，库区及库周重点保护动物的种类和数量都有所增加。

为保护南水北调中线水源地，库周各地市人民政府围绕库区水质、自然生态保护工作，根据国家和地方法律法规，建立了自然保护(小)区、风景名胜区、森林公园、湿地公园等各类生态保护区38个。水库正常蓄水位从157m上升至170m，水域面积扩大，对库周保护区的景观、生态保护产生了有利影响。

(3)景观生态

根据大坝加高前2004年10月成像的Landsat5 TM影像，以及蓄水位167m的2017年10月成像的Landsat8 OLI影像，经解译，各种景观类型的密度、频率、景观比例指数在水库水位上升前后都有一定程度的变动，但变化范围较小。大坝加高工程建设前后，库区内的优势景观仍然是林地景观。

3. 地表水环境影响

(1)水质影响

初期运行库区水质影响主要源于：①新增淹没土地有机质和氮、磷等元素向水库扩散迁移；②水动力条件改变；③《丹江口库区及上游水污染防治和水土保持规划》的落实，新增淹没土地、水体交换性能变差对水质产生不良影响，水污染防治和水土保持规划的落实促使库区水质长期向好发展。

《丹江口库区及上游水污染防治和水土保持规划》的落实是保障南水北调中线工程发挥效益的关键。在大坝加高工程初期运行中，水库水质达到地表水Ⅰ～Ⅱ类标准，陶岔渠首断面水质达到地表水Ⅰ～Ⅱ类标准。水库水体维持中营养状态，且与大坝加高前一致，大坝加高新增淹没、水动力条件改变对库区水质未造成明显影响。

(2)水温影响

大坝加高工程运行后，坝下黄家港断面水温在大坝加高前后的变幅为2.5～－5.5℃，与《环评报告书》预测趋势基本一致。

4. 局地气候影响

根据库周郧县气象站2008—2018年各年月平均气温资料分析，大坝加高前后，年平均气温变幅从25.10℃减小至24.14℃，缩窄了0.96℃，变化幅度较小，与报告书预测结果相符。

根据坝下黄家港水文站2008—2018年各年月的平均降水量资料分析，大坝加高前后，年均降水量由743mm增加至852mm，增加了109mm，增加幅度14.6%，与报告书预测结果不相符。由于统计年限较短，影响降水量的因素复杂，其原因有待进一步研究。

5. 环境地质影响

初期工程经过40余年的运行，正常蓄水位157m以下土质岸坡已基本处于平衡状态，岸坡总体稳定性较好；2014 年 12 月水库正式通水，截至 2018 年，库周未发生较大规模的岸坡失稳事件。

6. 泥沙冲淤

丹江口水库泥沙以悬移质为主，其来源于汉江干流、堵河及丹江。水库初期工程建成运行后，大部分来沙被截留在丹江口水库内。出库站黄家港的年输沙量，1952—1967 年为 1.00 亿 t/a，1968—2000 年年输沙量不到 0.01 亿 t/a，仅为建库前的 1%左右，且集中在短暂的泄洪期，其余时间为清水下泄。大坝加高工程运行后，水库的调节性能由初期的完全年调节转变为不完全多年调节，水流更趋和缓，入库泥沙沉积向上游库尾推移。

（三）环境保护验收意见

2019 年 10 月 26 日，水源公司成立竣工环境保护验收工作组，对丹江口水利枢纽大坝加高工程进行竣工环境保护验收。验收工作组由水源公司（建设单位）、长江水保所（《环境影响报告书》编制、环境保护设计、环境监理单位）、中国葛洲坝集团股份有限公司、中国水利水电第三工程局有限公司（施工单位）、长江流域水环境监测中心、水利部中国科学院水工程生态研究所、武汉市伊美净科技发展有限公司（环境监测单位）、长江设计院（工程竣工环境保护验收调查单位）等单位的代表和特邀专家组成。

验收工作组现场检查了工程生态恢复情况、环保措施落实情况，查阅了有关资料，听取了水源公司、中国葛洲坝集团股份有限公司、中国水利水电第三工程局有限公司、长江水保所、长江流域水环境监测中心关于该工程建设环境管理、施工期环境保护措施落实、环境监理与监测等有关环保工作执行情况，长江设计院关于该工程竣工环境保护验收调查情况的汇报。经认真讨论认为，丹江口水利枢纽大坝加高工程性质、规模、主要工程特性指标与批准的环评文件一致。工程建设严格履行了建设项目环境管理程序，落实了环境保护“三同时”制度；按《环境影响报告书》及批复的要求开展了环境监理和环境监测，环境管理体系完善；采取的生态保护、污染防治措施基本有效，未造成重大环境污染和生态破坏，未发生影响人群健康的公共卫生安全事件。施工结束后开展了施工迹地恢复和景观建设，区域生态环境质量良好。工程基本落实了《环境影响报告书》及批复文件提出的环境保护措施，工程实际环境影响与《环境影响报告书》预测评价结论基本一致，同意通过丹江口水利枢纽大坝加高工程竣工环境保护验收。

二、水土保持验收

（一）验收组织与流程

受水源公司委托，长江委长江流域水土保持监测中心站于 2006 年 2 月开展丹江口大坝加高工程的水土保持监测工作，并于 2006 年 5 月至 2010 年 12 月，采用沉砂池法和插钎法进行定位监测,2011年1月至2020年,采用遥感监测和调查监测方法并完成了季报和年报。2020年5月,完成《南水北调中线一期丹江口大坝加高工程水土保持监测总结报告》。多年的水土保持监测结果表明,工程已完成水土保持方案报告书确定的水土流失防治任务。已实施的水土保持措施质量和运行状况方面,能满足水土保持方案目标和设计标准要求,对水土流失防治责任范围内的水土流失进行了有效治理。在对监测报告所提出的遗留问题进行完善的情况下,可提请进入水土保持自主验收程序。

为切实贯彻落实国家相关法律法规,水源公司委托长江设计院承担本项目水土保持设施验收工作。水土保持验收程序启动后,长江设计院对项目情况做了详细了解,对丹江口大坝加高工程的水土保持设施进行现场查勘,并与施工单位、设计单位、水土保持监测监理单位等进行座谈,听取各单位关于工程实施情况的介绍。同时,认真查阅了招标投标文件、施工组织设计、施工相关资料,以及水土保持监理、监测总结等报告,对项目水土保持设施建设和运行情况进行复查、核查,详细了解工程措施、植物措施和临时措施的运行以及防护效果,与水土保持方案和竣工验收要求对照,认真、仔细地核实各项措施的工程数量,查验其工程质量,并对项目区附近的群众进行公众调查,全面、系统、真实、客观地进行工程验收工作。2020年5月,长江设计院编制完成《南水北调中线一期丹江口大坝加高工程水土保持设施验收报告》。水源公司于2020年5月21—22日在湖北省丹江口市主持召开了南水北调中线一期丹江口大坝加高工程水土保持设施验收会,按照程序完成了丹江口大坝加高工程水土保持自验工作。

(二)水土保持工程质量管理

1. 建设单位质量管理

丹江口大坝加高工程建设质量管理按照“政府监督、项目法人负责、监理控制、设计和施工保证”的原则,实行全过程、全方位、分层次的质量管理,确保工程质量。为加强质量管理工作,水源公司充分发挥主导作用,以制度来规范施工质量管理,遵循企业相关规章管理制度,使建设单位各部门、监理单位、施工单位在施工质量管理过程中有据可依。

水源公司成立环境移民部,具体负责丹江口大坝加高工程水土保持工程质量管理工作,并制定了《南水北调中线水源丹江口大坝加高工程环境保护与水土保持工作管理办法》,细化、明确了建设单位和各参建单位的水土保持职责、义务和要求。

为规范项目工程的水土保持管理工作,水源公司环境移民部设有专员定期开展水土保持专项检查,及时发现施工过程中出现的水土流失问题,并督促各施工单位整改。各施工单位也相应设置水土保持专职管理人员,严格落实各项水土保持措施,编制并上报水土保持日常巡查报告。

2. 设计单位质量管理

长江设计院在现场设立了丹江口大坝加高工程设计代表处，实行设代处长负责制，各专业设计代表常驻施工现场从事设代服务，确保了服务质量。设计单位严格按照国家及行业有关规程、规范设计，保证了设计产品质量。

3. 监理单位质量管理

长江委工程建设监理中心（湖北）受委托开展水土保持专项监理工作。监理单位制定了详细的质量控制管理措施，明确职责分工，定期到施工现场进行质量巡视检查，及时发现并解决问题，加大对质量监理力度，满足建设单位的要求，保证工程质量符合要求；督促并审查承包单位建立健全全面质量管理体系，落实质检人员，完善质检措施和制度；对影响工程质量的人、材料、机械、方法和环境5个主要方面进行全面控制，紧紧围绕质量创优总体目标，建立起由监理体系、检测体系和工程质量监理流程相配套的质量监理体系。

4. 质量监督单位质量管理

经水源公司向国务院南水北调办申请，南水北调工程建设监管中心于2005年9月21日在丹江口大坝加高工程设立质量监督项目站，行使政府监督职能，督促参建各方完善质量管理体系，采取以抽查为主，辅以必要的现场实测、质量检查的监督方式，监督各方的质量行为，监督检查实体工程质量和质量责任制的落实情况，核定工程质量等级，对工程质量进行监督。

5. 施工单位质量管理

工程施工承包单位均实行项目经理负责制，设立了工程部、质安部等相关部门，配备专职质检人员、试验人员、测量人员，负责质量管理、质量检查及签证工作。明确了项目经理为第一责任人、质量副经理为主管责任人、质安部长为直接责任人的质量责任制，并通过工作程序明确各岗位的质量责任。各参建单位在资质和业绩、机构设置、人员素质与数量、设备等方面均基本符合规定，且能较好地履行相关工作职责和合同规定。

（三）水土保持工程分区及质量评定

按照《水土保持工程质量评定规程》（SL 336—2006）对水土保持工程进行项目划分。根据监理总结报告，工程水土保持工程共划分为34个单项工程、64个单位工程、112个分部工程、1647个单元工程。

根据《开发建设项目水土保持设施验收技术规程》（GB/T 22490—2008）等有关规定，结合工程的实际情况，在验收阶段对各防治分区内各类水土保持工程措施进行分区、分类现场核查。核查方法采用现场核查、遥感影像核查，结合工程监理、质量评定部门的质量评定及相关检验等资料，抽查工程护坡、拦挡、排水措施、土地整治、植被建设、临时防护等工程的质量。验收核查采用了抽查方式，检查范围为6个防治分区中的63个单位工程、107个分部工程和1589个单元工程。

在验收过程中，查阅了施工管理制度、总结报告、主要材料试验报告、工程质量验收评定资料，并对水土保持工程措施进行了现场检查和质量评定。资料核查及现场核查表明，工程措施的单位工程质量全部合格。验收植物组查阅了施工管理制度、竣工总结报告、主要材料试验报告、工程质量验收评定资料，并对水土保持植物措施进行了现场检查和质量评定。资料核查及现场核查表明，工程实施的植物措施造林成活率高于85%，林草覆盖率大于90%，植物措施的水土保持效果显著，植物措施的单位工程质量全部合格。

工程建设过程中实施的临时排水等临时措施已基本拆除完毕。验收工作主要通过查阅工程监理月报、竣工验收材料等资料进行核查。验收核查结果认为，工程实施的临时措施全部合格。

(四)弃渣场稳定性评估

工程共设置两处弃渣场，两处弃渣场最大堆高均在20m以下。其中，老虎沟弃渣场为沟道型弃渣场，小胡家岭弃渣场为平地型弃渣场，渣场级别均为5级。两处弃渣场按设计实施了拦挡、边坡防护及植被恢复措施，弃渣场下游无敏感目标，现状稳定，因渣场规模较小，无须开展稳定性评估。

(五)水土保持管理

1. 工作组织领导

水源公司是本项目的建设单位，环境移民部是该项目水土保持工作的归口管理部门，负责水土保持工作的日常组织、监督和协调。项目部综合组负责将水土保持工作纳入项目综合计划，负责组织项目水土保持工程投资评估、概算的确定、跟踪、调整与考核；项目部投资控制组负责水土保持相关费用的支付工作；项目部投资控制组参与水土保持相关合同的谈判，对水土保持相关费用进行合理控制；项目部技术组负责委托开展水土保持方案编制工作，并对方案实施过程中的质量、进度进行管理，负责水土保持初步设计和施工图设计的进度、质量及变更管理工作。

中国葛洲坝集团公司、中国水利水电第三工程局、中国水利水电第十一工程局有限公司、长江岩土工程总公司(武汉)、汉江集团、长江委陆水试验枢纽管理局、武汉长汛建设工程有限责任公司、汉江集团绿化管理中心、江苏龙海建工集团有限公司、孝感新科建设工程有限公司、丹江口宁彤水电建筑安装有限责任公司、湖北巨林绿化工程有限责任公司、江河工程建设湖北有限公司、中国葛洲坝水利水电工程集团有限公司等单位负责工程水土保持工作实施，确保水土保持方案和批复文件、施工图设计文件内容得以落实。各单位还开展本单位的水土保持宣传、教育、培训工作，建立健全水土保持管理体系，严格按照合同文件及相关规章制度要求落实各项水土保持措施。

中国水利水电建设工程咨询西北公司、丹江口水利枢纽管理局建设监理中心、丹江口汉江工程咨询有限责任公司作为工程主体施工监理单位，负责对主体工程中具有水土保持功能工程的质量、进度、投资进行控制，监督施工承包商对不符合水土保持要求的施工行为进行整改。

长江委工程建设监理中心（湖北）为工程水土保持专项监理单位，负责对项目的水土保持计划执行情况和水土保持设施建设进行监督、检查和验收，并对施工范围内的扰动地表活动进行记录和监管，组织开展水土保持单位、分部工程验收。

长江委长江流域水土保持监测中心站为工程水土保持监测单位，负责项目的水土保持监测工作，并按有关规定提交各阶段监测报告。

通过以上管理体系和领导小组的设立，确保了丹江口大坝加高工程水土保持现场管理工作的有效运行。

2. 规章制度建设

为规范项目建设、保证工程质量，建设单位先后制定并完善了《丹江口大坝加高工程环境保护与水土保持工作管理办法》《丹江口大坝加高工程质量管理办法》《丹江口大坝加高工程质量奖惩管理办法》《丹江口大坝加高工程建设质量与安全事故应急救援预案》等一系列制度，用于项目水土保持质量管理，并明确了质量控制的相关办法。建设单位构建了施工、监理、设计、建设管理单位各尽其职、密切配合的合作关系，并在工程建设过程中给予逐步完善。同时，水土保持工作作为基本内容被纳入主体工程管理体系中。在项目计划合同管理方面，工程制定了招投标管理、施工管理、财务管理等制度，逐步建立了一整套行之有效的管理制度体系，依据制度建设和管理体系，避免了人为操作的随意性。在施工质量保证制度和体系方面，工程则进一步明确了施工检验、检查的具体方法和要求，落实了质量责任，防止建设过程中出现不规范的行为。

在项目建设期间，工程监理部门始终将管理与协调、工程质量控制、投资控制、安全文明施工和环境保护以及施工进度控制作为工作重点，为保证水土保持工程的质量奠定了基础，为提高工程质量提供了保障。

3. 建设管理

水源公司对水土保持工程采用公开招标和直接委托的方式进行招标，招标工作实行分级管理、分级负责制。水源公司作为招标的责任主体，负责项目招标工作的具体组织实施、合同签订与执行等。通过招投标公平、公正、客观地选择优秀的施工单位及监理队伍，施工单位均为具有施工资质，具备一定技术、人才、经济实力的大中型企业，自身质量保证体系较为完善。工程监理单位也是具有相当工程建设监理经验和业绩，能独立承担监理业务的专业咨询机构。

工程竣工后，承包商编制结算书，同时向监理工程师报送相关竣工结算资料，监理单位在规定时间内组织审核并经总监签署后提交建设单位，水源公司在规定时间内组织专业人员对工程量、工程质量、技术材料完成验收工作和档案交接工作后，进行竣工结算。水源公司制定并执行了较为严格的合同管理和财务管理制度，保障了水土保持专项资金的落实。

4. 水土保持监测

2006 年 2 月，水源公司委托长江委长江流域水土保持监测中心站开展丹江口大坝加高工程的水土保持监测工作。接受委托后，监测单位立即组织水土保持监测专业技术人员成立丹江口大坝加高工程水土保持监测项目组，开展水土保持驻点监测工作，并编制完成《丹江口大坝加高工程水土保持监测实施方案》。

2006 年 5 月至 2010 年 12 月，以监测实施方案作为监测工作的技术依据，配备相应监测设备，制定现场监测工作制度和技术把关程序，共布置 10 处固定监测点。监测方法主要采用沉砂池法和插钎法进行定位监测。其间共完成监测年报 5 期（2006—2010 年）、监测简报 5 期（2006—2010 年）、监测季报 4 期（2010 年）。

2011—2020 年，监测单位采用调查监测和遥感监测相结合的方法，共完成监测季报 37 期（2011—2020 年）、监测年报 5 期（2011—2015 年）。2020 年 5 月，监测单位完成了《南水北调中线一期丹江口大坝加高工程水土保持工程监测总结报告》。

整个监测时段（2006 年 2 月至 2020 年 5 月），监测单位共完成监测实施方案 1 期、监测季报 41 期、监测简报 5 期、监测年报 10 期、监测总结报告 1 期。根据水土保持监测结果，工程的施工扰动地表面积总体上均控制在水土流失防治责任范围内，六项指标均达到了水土保持方案批复的水土流失防治目标。工程采取的各项水土保持措施能有效控制水土流失，保护水土资源，改善生态环境，项目区内的水土流失得到了有效控制。

5. 水土保持监理

2006 年 2 月，水源公司委托长江委工程建设监理中心（湖北）承担丹江口大坝加高工程水土保持专项监理工作。受委托后，监理单位立即组建南水北调丹江口大坝加高水土保持监理项目部，实行总监负责制。监理项目部配备总监理工程师 1 名、副总监理工程师 1 名、监理工程师 1 名、监理员及资料员各 1 名，所有监理人员均为多年从事工程监理专业技术的骨干，具备水土保持治理与监理方面的经验。

在质量控制方面，材料设备供应阶段，监理部通过实地考察、现场抽样，审查供应厂家的资质证、准销证、产品合格证等各种手段，确保材料符合设计和规范要求。施工阶段，监理工程师需熟悉质量控制的技术依据，并对施工现场、施工机械、施工队伍资质、进场材料进行检查验收，审查施工组织设计、施工方案的技术可靠性和质量保证措施。在质量检查中，采用观察、量测、测量、试验等手段，按规范要求完成施工工艺过程的质量控制，做好工序交接和隐蔽工程检查验收，做好工程变更、质量事故的处理，完成工程签证，做好协调工作，每月定期向建设单位和本公司报告工程质量动态情况。验收阶段，做好单位、分部、分项工程及项目竣工验收工作，审核竣工图及其他技术文件资料，整理工程技术文件资料并编目建档。

在进度控制方面，监理项目部制定了完善、详细、可行的监理实施细则；认真审核施工单位上报的施工组织设计，认真审批施工单位质量管理体系及施工管理项目组织机构，具备条件后，及时下达开工令。同时，监理项目部要求施工承包单位要按照计划调整机械、人力配备对施工队伍进行优化组合，同时也要加大资金的投入，从各个方面保证工期。积极联系设计单位深化设计，及时处理工程变更；采用信息化施工措施，提高沟通效率，及时解决现场问题。监理项目部每周至少召开1次工程例会，检查上一例会的计划执行情况，布置下一次例会前的计划安排，对拖延进度计划要求工作内容找原因，并及时采取有效措施保证计划完成。

在投资控制方面，由现场监理组与现场专业监理工程师核实现场实际完成的工程量，再由监理项目部根据设计的工程量结合现场实际数量进行计量。在水土保持设施的施工过程中，对施工单位报审的工程量，认真对照设计文件并根据现场实际完成进度及质量验收标准进行验收，并对合格的工程实施计量签认工作，做到客观、准确、及时，计量项目数量不漏、不超、不重。按照合同约定，施工单位填写月进度付款证书，项目监理工程师签审工程量，投资控制工程师逐项审核项目价格及费用，合同管理工程师审核工程款支付的合理性，总监理工程师最后签发工程款支付证书。

2020年5月，监理单位完成了《南水北调中线一期丹江口大坝加高工程水土保持监理总结报告》。

通过查阅工程水土保持监理大纲、监理规划、监理细则及水土保持监理总结报告等资料可知，监理单位自2006年2月开展工程水土保持监理工作以来，根据水土保持监理相关技术规程规范和工程实际情况，采取现场驻点监理形式，对水土保持工程施工进度、质量、投资等方面开展日常监理，对各项水土保持措施开展质量验评工作。监理工作总体满足水土保持监理相关要求，达到了预期水土保持监理效果。

6. 水土保持设施补偿费缴纳情况

2003年9月，长江委长江流域水土保持监测中心站编制完成了《丹江口水利枢纽大坝加高工程水土保持方案报告书》(报批稿)，在该水土保持方案报告书中明确，工程应缴纳水土保持补偿费146.01万元。2005年4月，水利部以水总〔2005〕168号文对初步设计报告进行了批复，并对初设概算进行了核定，其中水土保持补偿费被全部核减。2007年5月16日，水利部以《关于南水北调中线一期工程水土保持总体方案的批复》对南水北调中线一期工程水土保持总体方案（含丹江口大坝加高工程）进行了批复，水土保持方案批复的投资为初设概算核定投资。

2020年5月，经与湖北省水利厅沟通咨询，认为该工程不属于水土保持补偿费免征情形，根据《中华人民共和国水土保持法》《湖北省水土保持补偿费征收使用管理实施办法》等有关规定，应当依法缴纳了水土保持补偿费146.01万元。因此，水源公司于2020年5月18日向湖北省水利厅依法足额缴纳水土保持补偿费146.01万元。

（六）水土保持验收意见

根据《水利部关于加强事中事后监管规范生产建设项目水土保持设施自主验收的通知》，水源公司于2020年5月21—22日在湖北省丹江口市主持召开了南水北调中线一期丹江口大坝加高工程水土保持设施验收会。

验收组及与会代表查看了工程现场，查阅了技术资料，听取了水土保持设施验收报告编制单位关于水土保持设施建设情况的汇报，以及设计、监理、监测、施工等单位的补充说明，并形成验收意见。意见认为，丹江口大坝加高工程依法编报了水土保持方案，实施了水土保持方案确定的各项防治措施，完成了批复的水土流失防治任务；已实施的水土保持设施质量合格，水土流失防治指标达到了批复的水土保持方案所确定的目标值，较好地控制和减少了工程建设中的水土流失；施工过程中开展了水土保持监理、监测工作；水土保持补偿费依法足额缴纳；运行期间管理维护责任落实，符合水土保持设施竣工验收条件，同意工程水土保持设施通过验收。

三、水库区生态修复、水质监测、环境科研项目验收

2020年5月24—25日，水源公司在丹江口市主持召开南水北调中线一期工程丹江口水库建设征地移民安置环境保护和水土保持（生态修复、水质监测、环境科研部分）竣工环境保护验收会。会议成立了竣工环境保护验收工作组，查勘了生态修复、水质监测措施的落实情况，观看了现场录像，查阅了有关资料，听取了相关单位关于该项目背景、组成、实施过程、运行管理情况及竣工环境保护验收调查情况的汇报。经认真讨论，验收组认为丹江口水库建设征地移民安置环境保护和水土保持（生态修复、水质监测、环境科研部分）满足验收条件，同意通过验收。

（一）古树名木、珍稀植物保护工程

1. 湖北省

2012年12月，水源公司与湖北省移民局签订了《南水北调中线一期工程丹江口库

区古树名木保护任务及补偿投资包干(湖北)协议书》。

南水北调中线一期工程丹江口水库建设征地涉及湖北省的古树63株、珍稀植物4种。库区古树名木、珍稀植物保护工作分别由郧西县森林公安局、郧县林业局、武当山特区林业局和丹江口市林业局组织实施。2013年5月,该项工作完成,随后相关县(市、区)开展了自主验收。

2019年10月,湖北省水利厅移民处组织验收工作组,对长江水保所编制的《南水北调中线一期工程丹江口水库建设征地湖北省移民安置古树名木及珍稀植物保护措施省级验收调查报告》进行技术审查。验收结论为:该项目实施过程中基本落实了环境影响评价文件及批复要求,也落实了初步设计批复的要求;古树名木移栽区域适宜,存活及生长状况较好;珍稀植物保护工作正在有序推进,基本具备验收条件。验收工作组同意该项目通过验收。

2. 河南省

2012年12月,水源公司与河南省移民办签订了《南水北调中线一期工程丹江口库区古树名木保护任务及补偿投资包干(河南)协议书》。

南水北调中线一期工程丹江口水库建设征地涉及河南省的古树58株。迁地保护规划为:在淅川金河镇吴店村、毛堂乡白树村建立两个移植园。在实施过程中,经淅川县人民政府批准,迁地保护地点变更为金河吴店南水北调移民文化苑和上集槐树洼古树移植园。在此基础上,制定了《淅川县南水北调丹江口库区古树移植施工保护项目实施方案》,由淅川县林业局主持对该方案进行了技术审查。实际迁地保护55株,3株因无保护价值被伐除,项目实施全程进行了监理。河南省库区古树保护项目于2014年8月开工,同年10月完工。

2015年5月,按照淅川县移民安置指挥部要求,淅川县林业局成立验收组,对古树保护措施落实情况进行了竣工验收,提出了《淅川县南水北调丹江口库区古树移植保护项目竣工验收报告》,按程序开展了自主验收,验收合格。

(二)丹江口库区鱼类增殖放流站建设

2016年7月,水源公司与长江委陆水试验枢纽管理局、水利部中国科学院水工程生态研究所(联合体)签订了丹江口库区鱼类增殖放流站建设合同。

1. 工程建设规模

丹江口库区鱼类增殖放流站放流对象为草鱼、青鱼、鲢、鳙、鳊、细鳞斜颌鲴等,增殖放流站年产量达325万尾鱼苗。

2. 鱼类增殖放流站建设施工

2016年8月,鱼类增殖放流站开工建设;2017年10月,按初步设计规模完工土建工程。2017 年 11 月该站建成并投入试运行，2018 年 10 月 26 日完成首次放流，共放流了包括鲢、鳙、中华倒刺鲃、团头鲂、三角鲂等品种的鱼苗 12 万尾。2019 年 6 月，水源公司主持完成了增殖放流站建设竣工合同验收。

3. 鱼类增殖放流站运行

2018 年 11 月，中国科学院水工程生态研究所承担了增殖放流站的正式运行管理工作，制定了《南水北调中线水源工程丹江口库区鱼类增殖放流站安全生产管理手册》，增殖放流工作安全、有序运行。

2019 年 6 月，开展了一期库区水生生物监测与调查工作。

2019 年 10 月，首次正式放流，放流了包括“四大家鱼”在内的 13 个种类、81.25 万尾鱼苗。增殖放流站运行、管理高效，达到设计目标。

(三)水质监测站网建设

2014 年 10 月，水源公司与长江科学院和江苏德林环保技术有限有限公司(联合体)签订了丹江口库区水质监测站网建设合同，2014 年 12 月监测站网工程建设开工；2016 年 12 月按计划完成 6 个月试运行状态，其后转入正式运行。建设内容包括 1 个省级水环境监测中心标准的固定实验室、3 个固定式自动监测站和 4 个浮动式自动监测站，具备基本应急监测能力的监测船 1 艘、监测车 1 辆，1 个信息化平台。

2014 年 12 月，水质监测站建设开工；2016 年 12 月，完成 6 个月试运行，工程按设计规模完工。2016 年 12 月，长江委长江科学院承担水质监测站网的运行管理工作，制定了《南水北调中线水源工程丹江口库区水质监测站网运行管理手册》，目前水质监测站网运行正常，达到设计目标。

2018 年 3 月，由水源公司主持，对水质监测站网建设成果进行了合同完工验收。

(四)环境科研

根据《南水北调中线一期工程丹江口库区环境保护科学研究需求》，拟定了《丹江口水源区生态环境综合监测与评估技术体系研究》等 12 个环境科研课题开展研究。

初步设计批复后，水源公司组织国内权威科研单位开展攻关研究。在 2014 年 11 月至 2015 年 7 月，组织专家对科研成果分别进行了合同验收。

第十七章　移民安置环境保护

本章主要介绍了可行性研究阶段、初步设计阶段，以及河南、湖北两省移民安置的实施阶段和验收阶段中，围绕移民安置工作开展的环境保护相关内容。同时，阐述了不同阶段环境保护工作的特点、内容，以及变化与差异。

第一节　工作历程

2002 年，长江水保所着手编制《南水北调中线工程环境影响复核报告书》，设专章论述了移民安置的环境影响，并提出了环境保护措施。

在开展南水北调中线一期工程环境影响评价工作的同一时期，长江水保所于 2003 年编制完成了《丹江口水利枢纽大坝加高工程环境影响报告书》。该报告主要针对大坝施工区施工期的环境影响进行评价，而对库区淹没及移民的环境影响仅进行了简要宏观评价。2004 年 7 月，国家环境保护总局以《关于丹江口水利枢纽大坝加高工程环境影响报告书审查意见的复函》对该报告予以批复。该批复意见指出：要加强移民安置的环境保护工作，将环境保护措施纳入移民安置规划与设计中，细化并落实移民安置环境保护方案。在移民安置过程中，土地开发必须落实水土保持措施，防止移民开荒对安置区周围生态环境造成二次破坏。移民安置中的具体项目也要执行环境影响评价制度，由地方环境保护局负责监督落实。

2005 年 1 月，长江水保所编制完成了《南水北调中线一期工程环境影响复核报告书》。2006 年 7 月，国家环境保护总局以《关于南水北调中线一期工程环境影响复核报告书的批复》批复了该报告。该批复意见指出：在南水北调中线一期工程库区移民的建设与运行管理中，应重点加强移民安置的环境保护工作。水源工程需搬迁安置 30 多万人，必须做好移民安置的环境保护规划，制定实施方案，合理调整农业生产结构和方式，落实沼气等农村能源建设……根据外迁安置区和库区水环境保护要求，落实迁建集镇与移民集中安置地生活污水和垃圾处理措施。同时，《关于南水北调中线一期工程环境影响复核报告书的技术评估报告》评估意见认为，移民安置区环境影响分析结论可信，安置区环保措施基本可行。在初步设计阶段，应针对移民安置进行方案细化，进一步分析移民生活和生产居民点的环境适宜性，优化移民安置方案，细化各项环保措施。

2008年10月，南水北调建委会第三次全体会议确定了南水北调中线一期工程于2014年汛后通水的建设目标，丹江口水库移民安置任务需在2013年底前全部完成。

南水北调中线一期丹江口水库建设征地移民安置工程的环境保护设计工作同步推进。2010年4月，受水源公司委托，长江水保所承担了南水北调中线一期丹江口水库建设征地移民安置工程环境保护和水土保持初步设计工作。

为保证移民安置工作的顺利进行，长江水保所先期主要开展移民安置区环境保护和水土保持初步设计工作。2010年6月，长江水保所编写完成《南水北调中线一期丹江口水库建设征地移民安置工程环境保护和水土保持初步设计工作技术大纲》。同年7月13日，水源公司在北京主持召开了工作技术大纲咨询会议。为协调报告编制过程中出现的一些非技术性问题，并明确有关问题的处理意见，9月10日，国务院南水北调办在北京主持召开了南水北调中线一期工程丹江口水库建设征地移民安置环境保护、水土保持初步设计报告编制工作会议，会议形成以下意见：①将农村移民安置及城（集）镇迁建的环境保护、水土保持设计列为重点设计内容，其中环境保护设计以污水处理为重点内容。②农村移民安置环境保护、水土保持初步设计以河南、湖北两省农村移民实施规划阶段成果作为设计依据。③移民安置规划报告中所列的工业企业淹没处理和专业项目复建工程，原则上不再进行环境保护、水土保持设计。

2010年10月，长江水保所提出了《南水北调中线一期工程丹江口水库建设征地农村移民安置工程环境保护初步设计报告》《南水北调中线一期工程丹江口水库建设征地城（集）镇迁建环境保护初步设计报告》。其中，集中居民点环境保护设计包括水环境保护、生态保护、噪声防护和生活垃圾处理等方面。迁建集镇环境保护设计包括水环境保护、生态环境保护、噪声防护、大气环境保护、生活垃圾处理和人群健康保护等内容。

2010年11月1—2日，水源公司在武汉召开会议，对《南水北调中线一期工程丹江口水库建设征地农村移民安置工程环境保护初步设计报告》和《南水北调中线一期工程丹江口水库建设征地城（集）镇迁建环境保护初步设计报告》进行了初步审查。同年12月27—29日，受设管中心委托，水规总院组织专家在北京召开会议，对这两本设计报告进行了技术审查。2011年1月13—15日，水规总院对报告进行复审，并审定投资金额。同年1月20—22日，设管中心组织了概算评审。

2011年3月24日，国务院南水北调办以国调办征地〔2011〕52号文，对《南水北调中线一期丹江口水库建设征地移民安置工程环境保护和水土保持初步设计（环保、水保部分）报告》进行了批复，明确要求“尽快开展移民安置区环境保护和水土保持工作”。

2018年4月，国务院南水北调办通过《关于丹江口水库建设征地移民安置工程环境保护和水土保持验收有关事宜的函》，要求河南、湖北两省移民主管部门于6月底前，会同省有关部门研究并提出丹江口水库移民居民点的环境保护和水土保持验收意见，将验收结论补充纳入蓄水前省级初验成果。

随后，湖北省移民局委托长江水保所开展南水北调中线一期工程丹江口水库建设征地湖北省移民安置环境保护措施省级验收工作；河南省移民办委托黄河设计公司开展河南省南水北调中线一期工程丹江口库区移民安置环境保护验收工作。

在各县(市、区)移民安置环保设施自验报告基础上，按照相关法律法规和技术规范要求，长江水保所编制完成《南水北调中线一期工程丹江口水库建设征地湖北省移民安置环境保护措施省级验收调查报告》，黄河设计公司编制完成《河南省南水北调中线一期工程丹江口库区移民安置环保设施验收报告》。

2018年7月，湖北省移民局组织对长江水保所编制的《南水北调中线一期工程丹江口水库建设征地湖北省移民安置环境保护措施省级验收调查报告》进行技术审查，形成验收意见；2018年10月，河南省移民办组织对黄河设计公司编制的《河南省南水北调丹江口库区移民安置环保措施验收报告》进行技术审查，形成验收意见。总体而言，两省南水北调丹江口库区农村移民安置和城(集)镇迁建环保设施均满足环境保护设施专项验收的要求。

2020年5月，水源公司在丹江口市召开丹江口水利枢纽大坝加高工程竣工环境保护、水土保持设施竣工验收会，并同意丹江口水利枢纽大坝加高工程整体通过竣工环保验收和水土保持设施竣工验收。

第二节　可研阶段主要设计内容

在丹江口水库建设征地移民可行性研究阶段并未单独开展环境保护专题设计，《南水北调中线一期工程环境影响复核报告书》提出了移民安置区的环境保护措施要求，该阶段移民安置区环境保护措施侧重于移民安置区产业调整、城(集)镇环境保护措施的总体要求、工业企业迁建过程中的环境保护要求，以及防护工程建设过程中的环境保护要求等大方向、大尺度的措施，环境保护措施内容如下。

一、农村移民安置区环境保护

丹江口大坝加高工程中，农村移民安置区呈现出分布面广、单个居民点移民人数较少的特点。农村移民安置区的环境保护对策不分库区和外迁安置区，而是将农村移民安置区作为一个整体来制定相应措施。

(一)促进农业安置可持续发展措施

(1)因地制宜发展生态经济

因地制宜地发展多种经济,根据“宜农则农、宜林则林、宜牧则牧”的原则,充分合理利用现有耕地、荒山、草地等条件,发展适宜于本地气候、土地的农业优势品种,向优势品种要效益。走生态农业道路,大力发展生态经济与农业循环经济,让土地生态系统成为绿色食品的基地。

(2)鼓励移民发展庭院生态经济

发展庭院生态经济是个体农户一项费力小、收效快、产出率高且对环境保护极为有利的事业。根据我国中部地区的经验,发展庭院生态经济的主要对策有以下内容:在移民庭院中形成一个小循环经济整体,将有机废物与沼气利用充分融合;在庭院内种植葡萄、果树、药材等;适量饲养经济价值高的小动物,如长毛兔、珍禽等;在庭院中形成立体种、养、加的模式,分层次科学安排,提高庭院的产出率。

根据有关调查报告,在农户 $80m^2$ 的庭院中,每年可产出 2000 元的纯效益,如果引导得当,对移民来说,这无疑是一项很好的事业。

(3)大力发展沼气

大力发展沼气,将农村移民生产生活中产生的所谓“废料”变成宝,既满足农村移民家庭生活燃料需求,又能将一家一户打造成有机肥料制造的小工厂,一举多得。而且在丹江口水库库区移民安置区发展沼气,还可缓解薪炭林的矛盾,使移民不再上山砍柴,既保证了丹江口库区内林木生长,又解决了居民燃料困难,不失为保护水源的长久之策。

(二)扩大和改善移民环境容量

(1)建设基本农田

目前,库区与外迁区的基本农田,其产量和产值均未达到与其相适应的水平。其原因是除政策和农民对现有农业科技掌握程度不高外,从农田本身来说,最重要的是完善水利基本设施,将农田建设成旱涝保收的基本农田。丹江口大坝加高工程库区移民安置区和外迁安置区在我国水库移民中的基本条件是好的,有提高基本农田标准的基础。此外,要加强农田的田园化建设,将农田建设成农业循环经济的基石。田园化建设的基本标准是除精耕细作之外,重要的是地平土肥,保持土壤中氮、磷、钾比例适中,生态有机肥料是农作物主要养分的来源。

(2)改造中低产田

根据实地调查,在移民生产安置区有 1/5(约 5.2 万亩)的农田低于当地居民现有耕地产量,需要进行改造,中低产田改造是提高移民环境容量的重要对策。

(3)在保护环境的前提下因地制宜发展第二、三产业

发展农村经济的根本出路是在保证粮食、油料、蔬菜和瓜果生产的前提下,大力发展既有利于环境保护,又能增加移民收入的第二、三产业。丹江口水库移民发展第二、三产业的对策如下。

把发展循环经济放在首位,形成“资源—产品—再生资源—再生产品”的循环流动过程,实现资源的可持续利用;将农产品原料就地加工,提高农产品的价值;在农产品原料加工成产品出售过程中,有针对性地引导移民农产品生产和销售,将需要大量的第二、三产业及人员,对移民就业是十分有利的;扩展农产品原料品种、提升农产品原料品质,做到精耕细作,发展绿色食品,提升农产品的价值,增加移民就业机会。

(4)增加植被覆盖度

增加植被覆盖度,不仅利于调节气候、保持土地蓄水量、增加土壤有机质,而且能直接提高土地的产出量,在不增加土地面积的情况下,提高移民环境容量。

(三)农村移民安置区人群健康保护措施

人群健康保护除了在丹江口移民安置区建立健全医疗及医疗保险机构,保障移民身体健康和卫生防疫工作正常运行之外,重要的是在有钉螺地区、高氟地区采取必要的措施。主要内容如下。

增加专门灭螺经费,对移民安置区(生活、生产区)进行大范围的灭螺;对安置在有钉螺地区的移民进行定期体检;一旦移民患上血吸虫病,应给予免费医疗;对安置在江汉平原的移民都要全面开展一次血吸虫病防治知识普及教育,让每个移民了解防治血吸虫病的常识。

对安置在高氟地区的移民,要求移民村统一使用符合生活饮用水标准的深井,禁止使用手压式井,杜绝地层高氟向地下水渗透;对移民进行高氟危害相关教育,让移民养成自觉避开使用高氟水的习惯。

(四)提高移民素质,促使移民尽快融入当地社会经济环境措施

通过当地人民政府和各种团体组织,有意识地搭建当地居民与移民的沟通渠道。开展当地居民村与移民村的互助互联活动,如农业技术交流等。鼓励移民与当地居民联合兴办第二、三产业。在移民建设新村和家园的过程中,当地人民政府有意识地引导移民与当地村庄和居民参与移民新村和家园建设,加快移民融入当地社会经济活动的过程。在地方乡(镇)的重大活动中,有意识地组织一定数量的移民代表参加。定期在移民中评选优秀的劳动生产者和先进模范人物,激励移民向这些先进人物学习,扩展移民在当地社会经济的活动。

二、城(集)镇迁建环境保护

(一)城(集)镇迁建施工期环境保护

1)既要严格控制城(集)镇迁建土地占用规模,又要为城(集)镇今后发展留下空间。

2)重视并落实迁建的城(集)镇森林植被保护与恢复措施,按照我国城市森林面积达到40%的要求,16个迁建城(集)镇占地面积268.52hm^2,森林覆盖面积应达到107.4hm^2。

3)在迁建城(集)镇过程中,要严格控制水土流失。主要措施包括:对遭受剥蚀的植被要及时进行恢复;对废渣场地应及时恢复利用;运输土石方的交通工具应配备遮蔽土石飞扬的设备;严格控制地面附着物剥蚀,即使在施工现场范围内,凡是可不剥蚀的植被,都予以保留。

4)加强水质保护,对城(集)镇迁建过程中产生的生产废水和生活废水,要认真进行处理。如对骨料清洗产生的生产废水,必须建立沉淀池,沉淀池的容积应保证生产废水在池内停留8h以上,以便水中悬浮的泥土有足够的沉淀过程。对机械清洗产生的油污废水,应建立油污收集器,将油水分离。对生活废水应建立污水处理厂,经生物化解、消菌杀毒排放出去等。此外,要定期对生产废水和生活废水进行监测。

5)在城(集)镇迁建工程中,严格控制环境空气污染,主要措施包括采取松动爆破方法,减少尘土飞扬;对施工区多洒水降尘;运输工具设遮蔽器具;对堆积的建筑材料应进行覆盖处理;对施工区的环境空气进行定期和不定期的监测。

(二)新建城(集)镇运行期环境对策

1)有意识地培育和发展循环经济,促进城(集)镇的经济社会发展。主要内容包括:充分利用库区自然资源,发展循环经济;加强基础教育,培养具备合格素质的人才;加强信息流通,为移民创造致富途径。

2)将城(集)镇建设和景观建设紧密结合,为城(集)镇的发展创造优美环境。主要内容包括:城(集)镇建设与外部自然景观相协调,其建设需保证绿地系统的完整性,建筑有韵律感,废水进入地下管道,街道设置垃圾收集筒(站),城(集)镇所有线管路(电、通信、气等)埋入地下。

三、工业企业迁(改、新)建环境保护

丹江口大坝加高工程淹没影响涉及的工业企业,在当时尚未做出具体且具有可操作性的复迁建规划,无法为各类工业企业的环境保护提出相应对策,仅对拟建工业企业提出一些原则性的环境保护对策。

（一）工业企业迁建环境保护

丹江口大坝加高工程迁（改、新）建工业企业中，部分工业企业仍会产生污水，如造纸工业、制药工业、食品工业等。这些工业企业必须严格执行国家关于产生废水处理的有关规定，建立废水处理系统。废水处理不达标的企业不能生产，更不能排放，为此对这些工业要进行常态化监测。

对工业企业迁建过程中的生产废物应进行集中堆放填平，上面覆盖植被或作其他用地。生产过程中产生的固体废物应根据不同的废物采取不同的处理方法，如造纸业产生的泥浆沉淀物经处理后可作复合肥使用，而医疗机构产生的废物必须焚烧等，总之，工业企业生产中产生的固体废物必须按国家有关规定严格处理，以免产生污染、破坏环境。

在工业企业迁建过程中，要严格控制开挖的爆破药量，实行松动式爆破，杜绝起爆式爆破，运输建筑材料的工具要实行封闭式运输，堆放的建筑材料应采取遮蔽措施，防止随风飘扬，生产的废渣要及时进行覆盖和绿化。

在工业企业迁建过程中，控制交通运输工具的喇叭鸣笛声，在城（集）镇中心地带严格控制夜间施工，加强声环境的监测。

（二）迁建企业布局与区域协调对策

迁建城（集）镇在工业布局上要特别注意与区域的协调性，如工业区应建立在城（集）镇的下风向位置；工业区单独划地，不与生活区和文化教育区交叉；工业区布局既要有利于生产，又要方便职工生活，工业区与城（集）镇中心区的距离不应太远（高危产品例外）；应充分考虑地形、地质状况，避免大挖、大填和大拆迁；工业区尽量少占耕地，多用劣地和荒山；严格按照《城（集）镇规划标准》执行。

（三）综合对策

在工业企业迁（改）建过程中，必须遵循现行国家政策和产业政策，杜绝重复建设以往高耗能、高污染、高成本和低效益的企业。凡是迁（改）建的工业企业，必须做到“三同时”；所有迁（改）建的工业企业都要进行环境影响评价；所有迁（改）建的工业企业都应遵循节约能源、资源，大力发展循环经济和生态经济；在迁（改）建中应把提高科技含量和高产值、高效益、低能耗放在首位，走出一条具有我国水库淹没工业企业迁（改）建的特色道路。

四、防护工程对策措施

（一）渗漏处理

防护工程的渗漏来自两个方面，即指防护堤（如防护大坝等）的渗漏，以及房屋建筑和道路等产生的地下渗漏而造成地下水向上侵蚀。对防护堤(包括大坝)的防渗处理,长江设计院编制的规划报告中已进行了工程设计。

防护区内已建和拟建的建筑物在防护工程范围内面广量大,若处理不当将造成严重后果,如遇真宫防护工程内已有的建筑物,该如何进行防渗处理以保护好这一古迹的完整性。为此特提出如下措施:对已建工程(如房屋、道路)应加固基础防渗措施,降低地下水位,确保现有建筑物安全,如采取在建筑物周围进行帷幕灌浆等措施。

(二)堤防稳定性

在防护工程中,最为主要的是堤防的稳定性。堤防是否稳定,将对堤防内生命财产安全构成极大威胁,特别是遇真宫这一内外高差达到 10m 左右水压的区域,堤防稳定直接对当地社会、人文、旅游、经济和环境产生重大影响。对遇真宫这样的防护工程,不能采取常规的防护工程稳定设计标准,应提高稳定设计等级,确保堤防万无一失,使这一世界文化遗产安全无恙。

(三)土地资源保护

六里坪镇防护工程面积 0.25km^2,其中耕园地面积 150 亩;遇真宫耕园地面积 158 亩。总体而言,防护工程范围内的耕园地数量很少,防护面积不大。从土地资源保护角度来说,重要的是防止耕园地盐碱化,如果从土地合理利用角度出发,将这些耕地改为城镇用地,而在其他地方采取耕地占补平衡原则,开垦新的耕园地,一方面可以防止防护工程耕园地盐碱化,另一方面也可以提升防护工程内耕园地的价值。

(四)房屋建筑及其基础设施保护

从房屋建筑来说,除了地下水侵蚀以外,由于当地湿度增大,墙面和屋面易受潮,对墙的内外面应加强防潮处理,处理原则是当湿度长期达到 80%时,内外面墙不滑坡,不脱落。

基础设施应保证地下水位距地面高程 0.8～1.3m,因此所有基础设施应设置渗透垫层,在基础设施(如道路)两旁应设置排水沟,排水沟的深度应以地下水畅通排出为原则。而在渗透层与上层基础设施之间设置不渗透垫层,阻断地下水的侵蚀。

五、重点专项复(迁)建环境保护

(一)公路复建环境保护

公路复建环境保护措施主要包括:合理选线,尽量少占耕地,特别是最大限度减少占用基本农田。统筹规划,合理布局,与区域经济发展及移民安置相结合,在区域交通运输总体规划的前提下,要充分照顾移民安置引起的生产力布局调整,有的放矢地照顾移民利益;最大限度减少公路沿线植被剥蚀。对非剥蚀植被的地方,应在剥蚀后迅速在公路沿线进行及时恢复。公路复建的弃渣应及时平整修复或运至弃渣场，并有植被覆盖；复建公路沿线两旁应种植成年生长的植物和树木进行绿化。

（二）旅游码头环境保护

根据《饮用水资源污染防护管理规定》，在丹江口水库水源保护区内，严禁修建旅游码头；旅游码头的水路交通工具必须使用以无污染的清洁能源动力的船舶；旅游码头船舶必须有收集生活固体废物和废水的专用设施，船只到岸后应由专人和专用设备对生活垃圾进行处理；旅游码头应设立对旅游人群传染病的快速检测设备和机制，限制带有传染病原体的人群进入水库；对旅游码头应制定严格的污染防治措施。

（三）库底清理环境保护

由于丹江口水库是南水北调工程的水源地，丹江口水库库底清理应采取以下措施。

对房屋及附属建筑物在拆除可利用的材料后，墙壁应推倒摊平，不能利用的易漂浮物应就地摊平掩埋，公路、输电线路、通信、广播线路必须拆除并运出库外。

对厕所、粪坑、畜圈、垃圾堆应全部运出库外，对粪坑要用生石灰和消毒水进行消毒；对污水坑要用净土填盖；对于埋葬 15 年以内的坟墓，必须迁出库外，坑穴要进行消毒；对于埋葬传染病死者的坟墓和病畜埋葬场，要根据有关卫生防护要求进行清理。

水库正常蓄水位以下的林地和零星树木要全部砍伐，并运出库外。

水库正常蓄水位以下淹没有毒废物清理过的现场要用土覆盖，覆盖厚度不低于 50cm。

六、水库水域开发利用对策

当丹江口大坝加高至 176.6m，且正常蓄水位上升至 170m 时，总库容达到 339.1 亿 m^3，水库面积达 1052.5km^2，汉江回水里程 168.54km，丹江回水里程 92.68km，堵河回水里程 25.2km，淅河回水里程 85.34km。除上述几条河流回水里程较长外，还有许多小的支流和沟汊。水库蓄水后，将形成分支型水库，为水库开发利用创造了条件。

丹江口水库 163.5～170m 的消落区土地总面积 157.2km^2，其中耕地 63.6km^2，园地 9km^2，林地 27.8km^2。若水库每年正常运行，消落区土地裸露时间约为 120 天。因丹江口水库消落区土地面积大且出露时间长，多年来库周群众大多靠种植消落区土地维持生活，而且丹江口水库大坝加高后，仍有大量消落区土地出露。消落区的土地利用和管理直接关系到丹江口水库水质。

根据《饮用水水源区污染防治管理规定》，在水源保护区内，禁止可能污染水源的旅游活动和其他活动，禁止从事种植、放养禽畜，严格控制网箱养殖活动。鉴于上述规定，如果对丹江口水库的部分水域进行利用，必须专门编制合理利用水库水域的开发规划，规划中必须有环境影响评价内容，并报送国家行政管理部门审批，在未得到批准的情况下，不得擅自开发利用。

为保护水库水质，禁止在消落区从事放养禽畜，建议在消落区适度种植既能适应陆地生长又能水生或者又不怕水淹的植物，既可有效利用消落区的土地，又能美化库区环境、治理污染的植物（如种植李氏禾、芦苇、意杨等）。芦苇具有庞大的地下根状茎，形成芦苇根孔，既能有效防止水质下降、水体富营养化，又能防止岸边崩塌、减少水土流失。

同时，对消落区的土地利用和管理，建议明确消落区土地管理职能部门，加强对消落区的管理；对消落区土地利用制定科学统一的规划；严格限制在消落区建设永久性设施；在丹江口水库消落区成立专业护区队伍，对消落区进行管理。

第三节　初步设计成果及设计内容

一、设计报告提要

鉴于可行性研究阶段设计深度有限，水源公司委托长江水保所开展针对移民安置区环境保护和水土保持初步设计工作。长江水保所于 2010 年 6 月编写完成了《南水北调中线一期丹江口水库建设征地移民安置工程环境保护和水土保持初步设计工作技术大纲》，并与河南省移民办、湖北省移民局协商确定了 39 个外业查勘的典型点。2010 年 7 月 29 日至 8 月 10 日，长江水保所组织相关技术人员赴丹江口水库移民安置区进行外业查勘、收集资料工作，实际查勘典型点 62 个，涉及新建城（集）镇、库区农村集中居民点、外迁居民点、搬迁的工业企业、专业项目（公路、码头、水利设施、管道复建、库岸防护）。由于农村外迁集中居民点建设已经实施或正在实施，部分专业项目已经提前完成，因此查勘点也涉及部分已建项目。

2011 年 4 月，长江水保所、长江设计院完成了《南水北调中线一期工程丹江口水库建设征地移民安置工程环境保护和水土保持（环保、水保部分）初步设计报告》。

二、主要设计成果

丹江口水库淹没范围广，涉及征地指标多，移民安置工程规模巨大。因此，移民安置区环境保护和水土保持设计工作是一项重要且繁杂的工作。为有效保证移民安置区环境与水土保持工作全面具体，设计单位参考主体专业技术成果体系，综合考虑移民安置工程中不同类型项目特点、环境影响和水土流失影响程度等因素，形成了总报告、专项报告和分报告 3 种类型报告。

（一）总报告

共 1 本，即《南水北调中线一期工程丹江口水库建设征地移民安置工程环境保护和水土保持(环保、水保部分)初步设计报告》。

(二)专项报告

共2本,即《南水北调中线一期工程丹江口水库建设征地移民安置环境保护初步设计报告》《南水北调中线一期工程丹江口水库建设征地移民安置水土保持初步设计报告》。

(三)分报告

共5本,即《南水北调中线一期工程丹江口水库建设征地农村移民安置环境保护初步设计报告》《南水北调中线一期工程丹江口水库建设征地城(集)镇迁建环境保护初步设计报告》《南水北调中线一期工程丹江口水库建设征地农村移民安置水土保持初步设计报告》《南水北调中线一期工程丹江口水库建设征地城(集)镇迁建水土保持初步设计报告》《南水北调中线一期工程丹江口水库建设征地专业项目恢复改建水土保持初步设计报告》。

三、环境保护设计内容

(一)农村移民安置

1. 水环境保护

(1)施工期

1)施工人员生活污水处理。

采用化粪池进行硝化处理,处理后的废水加次氯酸钙溶液消毒后排放。主要构筑物设计及主要设备说明如下。

化粪池设计按污水量80L/(人·天),清扫周期为1个月,按不行车考虑,池面盖板覆土深0.7m,若覆土深大于0.7m,则需加强池体。化粪池采用一池三格的形式,墙体采用水泥砂浆砌砖,底部为C15混凝土浇筑,厚15cm,下设5cm厚的C10混凝土垫层。预制混凝土构件采用C25混凝土,钢筋采用A3号钢,钢筋保护层净厚10mm,施工时必须铺好池面盖板厚,才能进行池壁外的回填土。消毒剂采用手动配制次氯酸钙溶液,在化粪池末端投加消毒。

2)混凝土拌和废水处理。

施工期混凝土拌和冲洗碱性废水处理采用先中和后絮凝沉淀的处理方案。废水由布设于混凝土拌和楼周围的排水沟收集,混凝土拌和废水经收集后,在收集池内投加酸性药剂,混合液自流入隔油沉淀池中段与含油废水一起进行处理,在隔油沉淀池中段投加絮凝剂后,进入后部的斜板沉淀池,沉淀后排放。混凝土拌和废水处理量按每天产生的冲洗废水量设计。

絮凝剂选用聚合氯化铝，加药系统采用手动方式，从隔油沉淀池上部的加药口投加絮凝剂。

酸加药系统容器及管道采用 PVC 材质，计量泵等采用铜衬胶材料。碱中和剂采用稀硫酸，按照混凝土废水收集池内抽样 pH 值确定加药量，控制 pH 值为 6～8，避免加药过量。

3）机械冲洗废水处理。

废水由布设于机械维修厂周围的排水沟收集，经隔油池前端进行油水初级分离，下层含油乳化液进入后部的沉淀池，加入絮凝剂进行混凝沉淀。

隔油池排水沟断面为梯形，采用浆砌石衬砌，隔油池基体由开挖筑成，四壁及池底先铺防渗膜，再用砖砌，并用水泥砂浆抹面，最后内衬树脂防腐涂料。隔油池池底挡板由砖砌构成，池壁挡板为钢板，池壁预先埋槽钢。

（2）运行期

运行期根据各集中居民点规模，采用氧化塘或化粪池进行生活污水末端处理。对于有条件建设人工湿地的居民点，也可考虑采用人工湿地工艺，并结合当地景观建设来处理生活污水；对废水量较大（3000 人以上）的居民点，有条件的也可以采用接触氧化法对生活污水进行处理。

2. 生态保护

（1）生态影响削减措施

在工程建设期间，通过公告、散发宣传册等形式，加强对施工人员的生态保护宣传教育。禁止施工人员捕杀野生动物，禁止乱砍滥伐和从事其他有碍生态环境保护的活动，严禁将废渣、废水直接入库中，以减轻施工对当地生态环境的影响。

（2）生态影响恢复措施

结合农村移民安置工程水土保持方案中的生态恢复工程，确定施工区临时占地的植被恢复方案，包括恢复目标、地点、范围、面积、经费预算，植被恢复地点主要为渣场、料场、施工营地、施工道路沿线等。在居民点建设过程中，要严格按照设计文件，做好点内绿化与环村绿化工作，并对点内开挖面和堆土区做好水土保持。

（3）生态管理措施

在遵守国家和地方有关法律、法规、条例、技术规范和标准的基础上，制定施工期施工人员生态保护守则，主要内容为：遵守自然资源保护和生态保护的各项法规和条例，不从事对区域生态环境不利的活动，爱护树林和草地，保护动物。

对广大移民进行《中华人民共和国森林法》《中华人民共和国土地管理法》，以及野生动植物保护等环境资源保护法律法规教育。

3. 噪声防护

(1)噪声源控制

施工单位必须选用符合国家有关标准的施工机具，尽量选用低噪声设备和工艺，并加强设备的维护与保养。

(2)施工人员劳动保护

混凝土搅拌机操作人员、推土机驾驶人员等实行轮班制。

在招标合同中明确施工人员有关噪声防护的劳动保护条款，承包商需给受噪声影响较大的施工作业人员配发防噪声耳塞、耳罩或防噪声头盔等噪声防护用具。

(3)施工营地噪声防护

根据施工现场噪声特性，建议做好营地绿化，在施工营地周围及施工道路两侧种植行道树以降低噪声。建议施工人员住房采用对低频隔声效果较好的材料建造。

(4)物料运输管理

应注意合理安排施工物料的运输时间，途经村镇、学校时，应减速慢行，禁止鸣笛。

4. 生活垃圾处理处置

(1)施工期

1)设施建设。

拟在规模为1000人以上的集中居民点施工区，按每50人配置1个大容量塑料垃圾桶的数量，收集各处施工人员的生活垃圾。

2)管理措施。

各承包商和其他经营单位需在垃圾点周围经常喷洒灭害灵等药剂，防止蚊蝇等传染媒介滋生；设专人定时进行卫生清理工作，并委托当地环卫部门进行定期清运。

(2)运行期

1)设施建设。

居民点产生的生活垃圾集中至垃圾收集点后，由当地环卫部门统筹安排，定期将垃圾运至附近的垃圾转运站，最终运至所在乡(镇)或县城垃圾处理场进行处理。集中居民点产生的生活垃圾在转运过程中会增加当地原有垃圾收运、处理系统的负荷，因此有必要根据实际情况对垃圾转运站进行扩容改造，同时增加运输车辆，以减轻新增垃圾量给环卫系统运输环节带来的压力。本设计通过收取垃圾增容费的方式，对集中居民点的垃圾处理设施进行补充建设。现有垃圾转运站与集中居民点间隔距离不小于8m。

2)管理措施。

居民点的垃圾处理工作纳入当地已有的环卫系统，由当地环卫人员负责居民点的垃圾清运工作。居民点区域内应设专职人员，负责路面卫生清扫和将各垃圾桶内垃圾清运至垃圾收集点；在垃圾桶周围经常喷洒灭害灵等药物，防止蚊蝇等传染媒介滋生。

（二）城（集）镇迁建

1. 水环境保护

（1）施工期

1）施工人员生活污水处理。

在施工人员达200人以上的施工区，生活污水宜选用地埋式无动力污水处理一体化设备。污水处理设备中的AO生物处理工艺采用推流式生物接触氧化工艺。生活废污水及粪便首先进入化粪池（兼起调节池作用）进行硝化处理后，进入厌氧池进一步脱氮脱磷，经厌氧处理后的污水自流入接触氧化池进行好氧反应处理，污泥定期排入集泥井。处理完成的废污水最后进入消毒池，通过加次氯酸消毒后排放至附近河流。施工人员200人以下的施工区，生活污水均采用化粪池处理，并在末端增加消毒设备。

2）混凝土拌和废水处理。

混凝土拌和冲洗碱性废水处理采用先中和后絮凝沉淀的处理方案。废水通过布设于混凝土拌和楼周围的排水沟收集，汇集于中和池。中和池有效容积按每天产生的冲洗废水量设计，一个工作日所产生的冲洗废水经收集后，在夜间由污水泵抽至混凝沉淀池与含油废水一并进行沉淀处理。

排水沟断面为梯形，采用浆砌石衬砌，中和池基体由开挖筑成，四壁及池底先铺防渗膜，再用砖砌，并以水泥砂浆抹面，最后内衬防腐涂料。

在中和池出水母管上设置加药口，絮凝剂选用聚合氯化铝，加药系统采用手动运行方式。

酸加药系统容器及管道采用PVC材质，计量泵等设备采用铜衬胶材料。碱中和剂运用稀硫酸，加药量按照中和池出水母管抽样水样的pH值确定，控制pH值为6～8，避免加药过量。

对于规模较小（200人以下）的施工区，混凝土拌和废水采用简易沉淀池处理。

3）机械冲洗废水处理。

机械冲洗废水采用隔油池处理。根据施工布置，混凝土拌和系统布置于机械停放场周边，考虑将中和后的碱性废水与隔油沉淀池出水并入沉淀池进行混凝沉淀，降低单位体积废水的处理成本。

废水通过布设于机械维修厂周围的排水沟收集，经隔油池进行油水初级分离后，下层含油乳化油的液体进入混凝沉淀池，加入絮凝剂进行混凝沉淀。一个工作日所产生的含油废水经隔油池收集处理后，在夜间由污水泵抽至混凝土拌和废水中和沉淀池处理，沉淀后的上清液排放至附近沟渠。

隔油池排水沟断面为梯形，采用浆砌石衬砌，隔油池基体由开挖筑成，四壁及池底先铺防渗膜，再用砖砌，并以水泥砂浆抹面，最后内衬树脂防腐涂料。隔油池池底挡板由砖砌成，池壁挡板为钢板，池壁预先埋设槽钢。

规模较小(200 人以下)的施工区，机械冲洗废水采用简易沉淀池处理。

4)砂石料冲洗废水沉淀处理。

砂石料冲洗废水沉淀处理采用竖流式沉淀池工艺。砂石料冲洗废水经场地四周的排水沟收集后汇入集水池，集水池前设粗格栅，废水通过污水泵被抽入竖流式斜板沉淀池，沉淀处理后排放至附近沟渠。

(2)运行期

对污水处理项目拟列入《丹江口库区及上游水污染防治和水土保持规划(修订稿)》，或所在区域已有污水处理厂的迁建集镇，工作主要以完善管网衔接工程为主，配套建设集水井与污水泵，生活污水经污水管收集进入泵房集水井，再经配套管网(根据污水量选择管径 200mm、300mm、400mm、500mm 的规格)接入附近城镇污水处理厂配套干管，配套污水管网每 75m 布设一处直径 700mm 的检查井，检查井墙采用 M7.5 水泥砂浆砌 MU10 砖，接入支管部分用砂石、混凝土或砌砖填实。

在未规划建设污水处理设施的集镇，针对已经审定的城(集)镇迁建规划中的排水管网设计，在其管网末端设置污水处理成套设备。经综合比选，郧县辽瓦场镇采用 SBR 工艺处理生活污水，郧西天河口场镇采用延时曝气工艺处理生活污水。

2. 生态保护

(1)生态影响削减措施

在集镇迁建工程建设期间，对施工作业人员和保护范围内的群众开展宣传教育工作，以降低施工对当地生态环境的影响。

充分利用地形条件，尽量减少大填大挖、水土流失，保护自然环境。通过采取适当调整占地方式、合理布置施工营地、优化取弃土场等措施，降低工程占地对耕地和林地的影响。尽量在荒地安排弃土场、施工临时道路和施工营地，避免对地表植被造成破坏。工程开挖、回填的山体土层裸露面要及时进行加固，土石方工程结束后应立即植草护坡。对施工机械的运行方式和季节进行合理安排，以减少对动物的惊扰。

(2)生态影响恢复措施

结合城(集)镇迁建水土保持方案的生态恢复工程，确定施工区植被恢复方案，进行迹地恢复与绿化美化等生态环境建设。

对施工占地影响的植被，通过在库区及库周开展植树造林进行恢复。具体内容见水土保持设计部分内容。

(3)生态管理措施

在遵守国家和地方有关法律、法规、条例、技术规范和标准的基础上,制定施工期施工人员生态保护守则。

组织实施工程水土保持方案中有关生态恢复的各项措施,并对措施实施效果进行检查与监督。

对广大城(集)镇迁建移民进行《中华人民共和国森林法》《中华人民共和国土地管理法》,以及野生动植物保护等环境资源保护法律法规教育。

3. 噪声防护

(1)噪声源控制

施工单位必须选用符合国家有关标准的施工机具,尽量选用低噪声设备和工艺,并加强设备的维护和保养。对声级大于 90dB 的固定噪声源,采用多孔性吸声材料建立隔声屏障、隔声罩,以控制噪声的传播途径。振动较大的机械设备需使用减振机座降低噪声,也可在机器基础与其他结构之间铺设具有一定弹性的软质材料,如毛毡、橡胶板等,减少振动的传递,从而起到隔振作用。

(2)施工人员劳动保护

混凝土搅拌机操作人员、推土机驾驶人员等实行轮班制,并配发噪声防护用具,尽量采用低噪声设备,加强机械设备的维修和保养。在招标合同中明确施工人员有关噪声防护的劳动保护条款,承包商需给受噪声影响大的施工作业人员配发防噪声耳塞、耳罩或防噪声头盔等噪声防护用具。

(3)施工营地噪声防护

根据施工现场噪声特性,建议做好营地绿化,在施工营地周围及施工道路两侧种植行道树以降低噪声。

对高噪声机械设备的使用,要限制在 7—12 时、14—22 时;夜间禁止打桩及从事结构施工。夜间 22 时至次日 6 时和午休时间,尽量避免露天爆破。

建议施工人员住房采用对低频隔声效果较好的材料建造。

(4)环境敏感点噪声防护

本设计主要推荐以通风隔声窗和声屏障为主的降噪措施。对于居民住地分散、受影响时间较短的环境敏感点,应给予受建设影响的居民适当经济补偿。

(5)管理措施

施工总布置中,充分利用施工区的地形、地势等自然隔声屏障,进行合理布局。

应注意合理安排施工物料的运输时间,在途经村镇、学校时,应减速慢行、禁止鸣笛。加强对学校和居民点路段的施工管理,合理制订施工计划。施工场地应安排在远离居民点的一侧。敏感点路段的施工应酌情调整施工时间,学校周边尽可能避开上课时间。

在通行时间内，车流量应控制在城区现状通车流量水平内。同时，在相关路段设置交通限速牌和禁鸣牌，在镇区不得鸣笛，还应减速行驶。

4. 环境空气质量保护

集镇迁建环境空气保护主要针对施工期。在城(集)镇迁建工程开挖较集中的场平过程，主、次、支道施工区，挡土墙施工区及居民住宅集中施工区，非雨日采取洒水措施(主要针对开挖弃渣装载场地)，在干旱、多风季节每天洒水不少于 2 次。迁建区内道路路面采用混凝土浇筑；运送袋装水泥必须覆盖封闭，并经常清洗运输车辆。各承包商对责任范围内施工道路要加强养护、维修，确定专人负责及时清扫洒落路面的渣土，保持道路清洁，运行状态良好。工程施工期间，应加强大型施工机械和车辆的管理。执行 I/M 制度(即定期检查维护制度)。对处于产尘量较大的场平开挖施工区域现场作业人员，按照国家有关劳动保护的规定，发放防尘用品(如防尘口罩)。

5. 生活垃圾处理处置

(1)施工期

1)设施建设。

拟在施工区按每 50 人配置 1 个大容量塑料垃圾桶，收集各处施工人员的生活垃圾。

2)管理措施。

各承包商和其他经营单位需在垃圾桶周围经常喷洒灭害灵等药水，防止蚊蝇等传染媒介滋生；设专人定时进行卫生清理，委托当地环卫部门进行定期清运。

(2)运行期

本设计只针对《南水北调中线一期工程丹江口水库初步设计阶段建设征地城(集)镇移民迁建规划设计报告》中提出的垃圾处理规划进行补充设计，完善垃圾转运站及运输设备的建设，并提出管理要求。

1)设施建设。

本设计不考虑垃圾的分类和压缩，只根据新镇垃圾的产生量，按照日清日运的标准，提出房屋建设和车辆配置要求。各新建集镇垃圾中转站的设计转运能力和建设规模需满足垃圾收运要求，与周围建筑物间隔不小于 8m。按迁建集镇人口规模配置两种垃圾运输设备：压缩式垃圾车，载重 5t，容积约 $12m^3$；密封式垃圾车，垃圾车容积约 $3m^3$，载重 1.2t，配置 1 台。

2)管理措施。

迁建集镇垃圾处理工作纳入当地已有的环卫系统，由当地环卫人员负责移民新镇的垃圾清运工作。新镇区域应设专职人员负责路面卫生清扫和将各垃圾桶内垃圾清运至垃圾中转站；在垃圾桶周围经常喷洒灭害灵等药水，防止蚊蝇等传染媒介滋生。

6. 人群健康保护

(1)施工期

1)施工区卫生清理。

在城(集)镇迁建工程准备期，结合场地平整工作，对施工营地进行一次性清理和消毒，包括原有的厕所、粪坑、畜圈、垃圾堆放点和近10年来新埋的坟地等。施工结束后，拆除临时办公、生活营地、临时厕所、垃圾堆放场地，并选用苯酚，使用机动喷雾器消毒，同时清理固体废物。

蚊、蝇、鼠容易导致疾病传染。在施工人员临时居住范围内应开展灭鼠、灭蚊和灭蝇活动，特别要加强灭鼠工作。灭鼠药物可选用溴敌隆、大隆等，同时还可采用挖洞、灌水，以及使用鼠笼、鼠夹等方式捕鼠，注意做好收捡残饵，对死鼠进行深埋处理。灭鼠工作每季度进行一次，控制出血热传播；灭蚊和灭蝇药物可选用灭害灵，每年使用两次，减少传染媒介。

2)施工人员卫生防疫。

施工区各施工单位和工程管理部门应明确卫生防疫责任人，负责管理范围内的卫生防疫工作，通过广播、墙报、印发宣传手册等多种形式，对施工人员进行饮食卫生宣传教育，增强施工人员自我预防疾病的健康意识。

施工人员进场前必须进行卫生检疫，根据施工人员来源地的疾病构成和流行状况，拟定检查项目进行抽检，抽检比例为20%。若发现新入境传染病，必须对患者进行隔离治疗，切断传播途径，同时建立施工人员健康档案。

每年定期对施工人员健康情况进行一次抽检，抽检比例为10%。检查内容包括一般健康体格检查常规、疟疾、乙肝和传染性肝炎等专项检查，对特殊人群可作相应的特殊检查。若发现病种出现流行趋势，应扩大检查人数，并采取相应的治疗措施。对于在施工区危害较大且易流行的疾病，可采用预防性服药、免疫接种等方法进行防治，以提高施工人员对该种疾病的抵抗力，预防疾病蔓延。

3)施工区卫生设施设置。

根据施工区人员分布及生活营地布置情况，在施工区办公生活营地修建厕所等公共卫生设施，配有自来水系统、照明设备，确保地面坚硬平整。粪便污水处理按生活污水处理方式进行，活动厕所粪便要求及时清运。

4)生活饮用水保护。

为保证生活饮用水水质，承包商应加强对取水、净化、蓄水、输水等设备的管理，建立行之有效的放水、清洗、消毒和检修等制度及操作规程，并按规定对水源水、饮用水定期监测，供水水质需符合《生活饮用水卫生标准》(GB 5749—2006)。根据施工区人员分布及生活营地布置情况，设立临时开水供应点，保证施工人员饮用水卫生安全。

5）食品卫生管理与监督。

对施工区各类饮食行业进行经常性的食品卫生检查与监督，从事餐饮人员必须取得卫生许可证方可上岗作业；接触食品的操作人员实行健康证制度。一旦发现食物中毒应立即采取有效控制措施，防止病源扩散。

（2）运行期

1）医疗卫生防疫保健体系。

为确保移民健康，必须加强对移民安置区所在乡（镇）卫生院、村卫生室医务人员及卫生防疫人员的业务培训工作。

2）环境卫生。

移民迁入新居时，必须对居住区及周围环境的卫生进行清理。清除建筑垃圾，填平沟洼地及无用的池塘、泥潭，铲除房前屋后杂草，对排水沟、阴沟进行衬砌，疏通积水沟道，尽量减少蚊虫孳生地，做好生活垃圾堆放点的规划工作。

3）病媒生物控制。

主要是采取灭鼠措施，使安置区淹没线以上鼠密度在水库蓄水后不超过现状水平或国家规定的标准，从而控制水库蓄水后鼠类传染病的流行。

4）卫生宣传。

在移民安置期进行一次宣传，宣传内容包括当地发病率较高的乙类传染病的防病知识、计划免疫预防接种知识，以及我国当时出现的突发性疾病（如非典型性肺炎）的防病知识等。

四、相关批复情况及要求

2009 年 12 月，经水规总院审查、中咨公司咨询评估，长江设计院编制完成《初步设计规划报告》；2010 年 5 月，国务院南水北调办以国调办征地〔2010〕74 号文批复了该报告。

2010 年 10 月，长江水保所编制完成《南水北调中线一期工程丹江口水库建设征地移民安置工程环境保护和水土保持（环保、水保部分）初步设计报告》；2011 年 4 月，国务院南水北调办以国调办征地〔2011〕52 号文批复了该报告。

五、初设阶段与可研阶段的差异

根据审定的《可研总报告》，可研阶段丹江口移民安置区采取的环境保护措施主要包括城（集）镇废水处理、生活垃圾处理、人群健康保护、环境监测等。

初步设计阶段，丹江口移民安置区采取的环境保护措施主要包括农村居民点运行期生活污水处理、生活垃圾处理、施工期施工废水处理、噪声防护，城(集)镇运行期生活污水处理、生活垃圾处理、施工期施工废水处理、噪声防护、环境空气质量保护、人群健康保护。

初设阶段与可研阶段环境保护投资的变化主要体现在以下几个方面。

1)可研阶段计列6个较大集镇的污水处理设备费、管网费等。考虑丹江口水库移民安置涉及马蹬、均县、浪河、柳陂、城关、方滩、黄龙、老城、滔河、丁家营、茶店、六里坪共12个集镇污水处理项目拟列入《丹江口库区及上游水污染防治和水土保持规划》，六里坪镇污水处理厂于2009年10月投入试运行等因素，初设阶段减少了城(集)镇废水处理投资。

2)可研阶段，由于农村集中居民点数量及规模未定，以及当时的经济社会水平，对生活污水和垃圾未采取环保措施和计划投资。初设根据实施规划阶段的居民点情况和国家关社会主义新农村建设等政策要求，对所有集中居民点按不同规模进行生活污水处理，在居民点增加污水收集管网，并计划投资。

3)可研阶段未计列声环境保护投资。初步设计阶段设计深化，根据实地查勘结果，浪河镇新址靠近铁路，运行期采取降噪措施；马蹬场镇等部分集镇附近有学校等敏感点，施工期需采取噪声防护措施。

4)可研阶段未计列环境空气保护投资。初步设计阶段设计深化，根据实地查勘结果，部分后靠的迁建集镇紧邻老集镇居住区或镇人民政府办公所在地，施工期需采取措施以保护施工区及周边环境空气质量。

5)可研阶段按修建城(集)镇垃圾填埋场计列集镇生活垃圾处理投资。而初步设计阶段，考虑《丹江口库区及上游水污染防治和水土保持规划》中拟计列丹江口库区部分集镇垃圾治理项目，为避免重复投资，初设只针对《南水北调中线一期工程丹江口水库初步设计阶段建设征地城(集)镇移民迁建规划设计报告》中提出的垃圾处理规划进行补充设计，完善垃圾转运站及运输设备的建设，补充施工期垃圾收集设计内容，并对农村集中居民点采取垃圾增容费的形式计列投资。

6)初步设计阶段，对移民安置区环境监测点次进行了优化。

7)初步设计阶段，批复的《初步设计规划报告》中已计列移民医疗设施增容费，因此环保专项设计中不再计列运行期人群健康投资。考虑到集镇建设施工期较长，规模相对较大，初步设计阶段仅对迁建集镇施工期人群健康采取保护措施。

8)可研阶段未计列基本预备费的投资。按照《水利水电工程环境保护概估算编制规程》(SL 359—2006)要求，初步设计阶段增加此项费用。

第四节 环保措施实施

一、项目组织与实施

移民安置环境保护工作的内容及依据，来源于2006年获得国家环境保护总局批复的《南水北调中线一期工程环境影响复核报告书》，以及2011年获得国务院南水北调办批复的《南水北调中线一期丹江口水库建设征地移民安置工程环境保护和水土保持(环保、水保部分)初步设计报告》。根据初步设计报告，丹江口水库移民安置环境保护工作主要针对农村移民安置和城(集)镇迁建，水土保持工作主要针对农村移民安置、城(集)镇迁建和专业项目复建中的公路复建、码头复建、库岸防护工程。水源公司与河南、湖北两省移民主管部门签订了投资、责任双包干协议，由两省移民主管部门负责实施移民安置环境保护工作。

河南省移民办于2011年5月在平顶山召开丹江口库区移民新村污水暨垃圾处理现场观摩会议，总结移民安置试点的经验。之后，就居民点污水处理组织了多次调查研究和专家论证，决定修建末端污水处理设施对污水进一步深化处理，并下达了《河南省南水北调丹江口库区移民新村污水及垃圾处理工作实施意见》等一系列文件，要求移民新村建设末端污水处理设施，采用厌氧无动力、好氧生化微动力、人工湿地等3种工艺实施，细化了移民新村生活污水管网设计，对末端处理工艺提出升级改造要求，对生活污水排放标准要求执行更为严苛的环境标准。在农村居民点有条不紊的搬迁安置工作过程中，移民新村的各项环保设施也随着移民搬迁安置工作进行实施，移民搬迁安置的环保设施主要以《河南试点规划报告》《南水北调中线一期工程河南省丹江口水库建设征地第一批农村移民安置实施规划报告》《南水北调中线一期工程河南省丹江口水库建设征地第二批农村移民安置实施规划报告》《南水北调中线一期工程河南省丹江口水库建设征地第二批农村移民安置实施规划调整报告》等及其相关批复文件中的环保设施要求实施。截至2013年，河南省各县(市、区)基本完成了各居民点环境保护和水土保持相关工作。

湖北省移民局为进一步指导和规范各县(市、区)居民点环境保护和水土保持工作，2011年委托长江水保所开展《南水北调中线一期工程丹江口大坝加高湖北省移民安置环境保护和水土保持实施规划》的编制工作。长江水保所先后编制完成了《南水北调中线一期工程丹江口水库建设征地湖北省移民安置环境保护和水土保持实施规划工作大纲》《南水北调中线一期工程丹江口水库建设征地湖北省移民安置环境保护和水土保持实施规划技术总成工作任务书》《南水北调中线一期工程丹江口水库建设征地湖北省移民安置环境保护和水土保持投资分解报告》《南水北调中线一期工程丹江口水库建设征地湖北省移民安置农村集中居民点生活污水处理技术指南》等技术指导性文件，并由湖北省移民局下发至26个移民安置县（市、区）。各县（市、区）移民主管部门按照技术指南、技术规定的相关要求，编制了《环境保护和水土保持分县实施规划报告》。在此基础上，长江水保所汇编完成《南水北调中线一期工程丹江口水库建设征地湖北省移民安置环境保护和水土保持实施规划》（以下简称《实施规划》）。截至2013年，湖北省各县（市、区）基本完成了各居民点环境保护和水土保持相关工作。

二、环境保护措施执行情况

（一）河南省

根据国家环境保护总局《关于南水北调中线一期工程环境影响复核报告书的批复》意见，《南水北调中线一期工程环境影响复核报告书》中有关移民安置的环境影响部分，需根据外迁安置区和库区水环境保护要求，落实迁建集镇及移民集中居民点生活污水和垃圾处理措施。

河南省移民办在组织编制移民安置工程初步设计报告、实施规划报告时，均涉及环保设计内容，并组织长江水保所编制了《南水北调中线一期工程丹江口水库建设征地农村移民安置环境保护初步设计报告》《南水北调中线一期工程丹江口水库建设征地城（集）镇迁建环境保护初步设计报告》等。同时，为进一步改善移民新村生态环境，河南省移民办积极总结新村环保措施经验，并下发了《河南省南水北调丹江口库区移民新村污水及垃圾处理工作实施意见》，细化了移民新村生活污水管网设计，对末端处理工艺提出升级改造要求，要求对生活污水排放标准要求执行更为严苛的环境标准。

按照移民安置规划实施报告、实施调整报告、环境保护初步设计报告、河南省移民办要求，移民新村共落实了以下环保设施内容。

1）试点移民新村启动较早，原规划1000人以下的移民新村采用沼气池，1000人以上的移民新村增加末端处理设施。在实施过程中，沼气池未建好的改为水冲式厕所，污水管网增设沉泥井和检查井，所有移民新村增加末端处理工程；第一批、第二批按照雨污分流设计，污水管网增设沉泥井和检查井，移民新村末端处理工艺升级，按照移民新村的人口规模，推荐采用厌氧无动力工艺、好氧生化微动力工艺和人工湿地工艺3种污水处理工艺。厌氧无动力工艺排放标准为《污水综合排放标准》（GB 8978—1996）中表4的二级标准，好氧生化微动力和人工湿地工艺排放标准为《城镇污水处理厂污染物排放标准》（GB 18918—2002）中一级B标准。

2）208个集中居民点内建设沉泥井3.01万个，排水管长703.68km，新建末端污水处理设施，其中无动力和微动力系统的日处理污水量分别达7561.49m^3、3894.8m^3，建设人工湿地 40.67 亩;垃圾池 730 处,安装垃圾箱 3686 个。

3)城(集)镇污水处理和垃圾填埋末端处理依托《丹江口库区及上游水污染防治和水土保持规划》中规划建设的乡(镇)污水处理厂和垃圾填埋场,移民安置环保资金生活污水方面以完善管网衔接工程为主,配套调节池与污水泵和管网检查井;生活垃圾方面主要以完善垃圾转运站及运输设备的建设,目前城(集)镇生活污水处理设施已建设污水管网 3km,污水检查井 40 座,垃圾桶增设 32 个,垃圾车增设 3 辆,全部落实到位。

4)移民安置集中居民点和城(集)镇的环保设施随着主体工程"三同时",满足了环保"三同时"要求。生活污水处理设施建成并调试运行后,由当地移民主管部门委托环境监测站进行排水监测。监测结果显示,设施运转正常,排水能够达标排放,已完成设施的竣工验收。

建成的污水及垃圾处理设施见图 17-1 至图 17-6。

图 17-1 厌氧无动力污水处理设施施工

图 17-2 厌氧无动力污水处理设施建成

图 17-3 人工湿地

图 17-4　居民点配备封闭式垃圾箱

图 17-5　移民新村生活污水处理厂外观

图 17-6　污水处理厂生物滤池外观

(二)湖北省

湖北省南水北调中线一期工程丹江口水库建设征地移民安置工作，主要包括大坝施工影响区搬迁安置、农村移民安置、城(集)镇迁建、工业企业迁建、专业项目复建和库底清理。根据《南水北调中线一期工程丹江口水库建设征地移民安置工程环境保护和水土保持初步设计报告》，主要在农村移民安置和城(集)镇迁建项目中，配套实施环境保护工作。

农村移民安置工作按居民点所处地区，分为库区和外迁安置区。库区农村居民点涉及十堰市丹江口市、武当山特区、郧县、郧西县、张湾区等 5 个县(市、区)，外迁安置区农村居民点涉及襄阳、随州、天门、潜江、荆门、荆州、黄冈、仙桃、武汉等 9 个市 21 个县(市、区)。

城(集)镇迁建工作共迁建 13 个集镇，其中丹江口市 6 个，分别为浪河镇、土台乡集镇、六里坪镇、丁家营镇、大坝办事处、均县镇；郧县 4 个，分别为城关镇、柳陂镇、茶店镇、辽瓦场镇；郧西县1个，为天河口场镇；张湾区2个，分别为方滩乡集镇、黄龙镇。

1. 农村居民点

(1)污水处理

1)总体建设情况。

南水北调中线一期工程丹江口水库建设征地湖北省农村集中居民点分布于26个县(市、区)。按照《实施规划》要求，移民人数在200人以上，且需建集中污水处理设施的居民点共有174个，其中库区居民点85个，外迁居民点89个。

据调查，截至2018年5月，在174个200人以上的居民点中，已完成生活污水集中处理设施建设的居民点有172个，完成率为98.8%。其中，库区85个居民点全部完成生活污水集中处理设施建设，完成率为100%；外迁安置区89个居民点有87个完成生活污水集中处理设施建设，完成率为97.8%。

未完成生活污水集中处理设施建设的为潜江市的郧阳村、郧江队两个居民点。这两个居民点因建设地点地势低洼，排水设施排涝能力不足，为保障居民点度汛安全，部分环水保资金被用于居民点排水泵站的补充建设，致使郧阳村、郧江队两个居民点无资金建设污水集中处理设施。

《实施规划》提出，174个居民点需建生活污水集中处理设施，包括人工湿地126处、一体化设施(生物接触氧化法)21座、强化厌氧处理池10座、氧化沟5座、稳定塘1处、接管网送污水处理厂11处。

在2013年完成生活污水集中处理设施建设的172个居民点中，建设人工湿地的有92个点，占53.5%；建设强化厌氧处理池的有18个点，占10.5%；建设一体化污水处理设施的有15个点，占8.7%；建设地埋式无动力处理设施的有5个点，占2.9%；建A/O或A^2/O设施的有25个点，占14.5%；建排污工程加沼气池的有5个点，占8.7%。接管网将污水送乡(镇)污水处理厂的有12个点，占7.0%。

172个居民点建设的生活污水集中处理设施在工艺类型上总体与实施规划文件保持一致，局部根据建设地点的具体特点，并结合进出水水质、处理率要求、用地面积和工程规模等因素进行了调整，总体来说工艺选择合理。

在《实施规划》中，按照入户人数，以每人每天产生排放至污水管网末端污水量100L进行测算，库区居民点污水设计处理能力合计3570.4m^3/d。在实际建设过程中，结合移民生活习惯，对居民点污水排放量重新进行了复核，建设处理能力合计3546m^3/d，与设计能力相当。外迁安置区居民点设计污水处理能力合计2791m^3/d，实际建成污水处理能力合计2430m^3/d。其主要原因是外迁安置区居民点存在移民返乡置业、外出打工人数较多，常住人口偏少的状况。为保障处理设施的正常运转，在建设期要求各居民点按照常住人口复核污水处理设计能力。因此，在实际建设中，部分居民点污水处理能力小于设计处理能力。根据现场验收调查情况来看，建成的生活污水处理设施的实际处理能力与实际污水排放量是相适应，但部分居民点仍存在排水量远低于处理能力的状况。

已完成生活污水集中处理设施建设的172个居民点均对污水处理设施开展了单项工程验收。大部分县（市、区）在污水处理设施建成运行初期选择典型点开展了居民点污水排放监测。库区的郧县、郧西县、张湾区、武当山特区在污水处理设施建成运行初期开展了抽样水质监测，监测数据达标。丹江口市于2018年开展了各居民点污水排放补充监测，监测结果表明，排水水质满足设计环保目标。汉南区、荆州开发区、宜城市3个外迁安置区于2018年开展了居民点污水排放补充监测。监测结果表明，排水化学需氧量、氨氮指标满足设计环保要求。其余县（市、区）居民点在污水处理设施建成运行初期开展了抽样水质监测，监测数据均达标。

2）设施运行情况。

172处居民点的生活污水集中处理设施建成并通过验收后，便进入了为期3年的管护期（省移民局按照初设要求下拨3年试运行费）。在管护期内，若生活污水集中处理设施出现故障，均有相应维护经费予以维修，生活污水集中处理设施基本均能正常运行。3年管护期后，不能正常运行的有33个，占总数的19.18%。

在3年管护期结束后，库区85个居民点中，生活污水集中处理设施不能正常运行的有16个，占18.8%，其中13个在丹江口市、2个在郧县、1个在张湾区。另外，郧县有10个居民点于2017年被列入“美丽乡村建设”项目，由当地环保局提高标准新建生活污水集中处理设施，致使县移民局建设的生活污水集中处理设施停运。张湾区黄龙镇东湾村大东湾居民点的生活污水集中处理设施可运行，但因管网淤堵造成进水量少，设备长期处于超低负荷运行状态。在外迁安置区89个居民点中，生活污水集中处理设施不能正常运行的有17个，占19.1%，除荆州市开发区的4个居民点外，黄陂区2个居民点、潜江市4个居民点因缺乏用于生活污水集中处理设施运行的电费支持而停运，汉南、江夏、东西湖、蔡甸等区共有6个居民点的生活污水集中处理设施由于设备故障及管网排水问题而停运，团风县人工湿地系统因在2016年遭受水灾，系统整体被淹，造成电器设备全部损坏而停运。

库区及外迁安置区生活污水处理设施见图17-7至图17-18。

图17-7　丹江口龚家后洼居民点生活污水集中处理设施

图 17-8　丹江口六里坪镇蒿口村的人工湿地

图 17-9　郧西县观音镇垭子湾村的人工湿地

图 17-10　武当山特区青徽铺村建成的零排放污水处理一体化设施

图 17-11　宜城邓林农场三分场五队的人工湿地

图 17-12　宜城邓林农场三分场五队污水湿地处理后排放

图 17-13　随州市随县红石桥村建成的人工湿地

图 17-14　天门市白茅湖刘家坡居民点的一体化设施

图 17-15　天门市多宝镇十五中队的人工湿地

图 17-16　蔡甸区洪北管委会金马郾村建成的一体化处理设施

图 17-17　团风县黄湖移民新村的人工湿地

图 17-18 团风县黄湖移民新村人工湿地处理后出水

(2)垃圾收运

实施规划根据居民点的规模,配备相应的垃圾收集设施,形成垃圾收运系统。规划共配置公用垃圾箱 8662 个、垃圾池 1355 个、手推式垃圾收集车 77 辆、专用垃圾车 24 台。据统计,湖北省农村居民点实际共配置了公用垃圾箱 12888 个、垃圾池 795 座、手推式垃圾收集车 180 辆、专用垃圾车 63 台。根据设施配置情况来看,基本满足规划要求。

2. 城(集)镇

(1)污水处理

1)设施建设情况。

南水北调中线一期工程丹江口水库建设征地,湖北省移民安置城(集)镇迁建工作集中在库区十堰市,环境保护设施建设涉及 13 个城(集)镇,其中丹江口市 6 个,分别为浪河镇、土台乡集镇、六里坪镇、土关垭镇、丁家营镇、大坝办事处;郧县 4 个,分别为城关镇、柳陂镇、辽瓦场镇、茶店镇;郧西县 1 个,为天河口场镇;张湾区 2 个,分别为方滩乡集镇、黄龙镇。

《实施规划》要求 13 个城(集)镇应完成生活污水集中处理设施建设。截至 2018 年 5 月末,13 个城(集)镇全部按《实施规划》要求完成生活污水集中处理设施建设,完成率为 100%。

《实施规划》根据丹江口库区各城(集)镇布置及其与周边已建成的污水处理厂的位置关系,丹江口市、郧县大部分集镇生活污水经过衔接管网排入周边的污水处理厂,土台乡等集镇由于距离污水处理厂较远,管网布设有难度,同时需要设 2 级以上提升设施,管网维护与管理难度较大,因此单独建设污水末端处理设施。《实施规划》提出,在 13 个城(集)镇中,8 个城(集)镇建设污水收集管网将污水送集镇污水处理站;3

个城(集)镇建设人工湿地,2 个城(集)镇建设人工快渗系统。据调查,13 个城(集)镇已全部按照《实施规划》要求完成建设,建设污水收集管网将污水送集镇污水处理站的有 9 个,占 69.23%;建设人工湿地的有 2 个,占 15.38%;建设人工快渗系统的有 2 个,占 15.38%。

在《实施规划》中,按各集镇移民人数,以每人每天产生并排放至污水管网末端污水量 100L 为标准进行测算,提出污水处理设施设计处理规模。在实际建设中,考虑到居民点入住人数较规划人数已有增加,同时考虑集镇的发展及对周边污水的收纳,污水处理设施建设规模大于《实施规划》设计规模。

2013 年,13 个城(集)镇的生活污水集中处理设施均完成了工程验收并投入使用。其中,观音镇天河口场镇、方滩乡集镇和黄龙镇,在污水处理设施运行初期开展了抽样水质监测,监测数据符合《城镇污水处理厂污染物排放标准》(GB 18918—2002)一级 B 标准,满足《实施规划》要求。丹江口市的土关垭镇、土台乡集镇,以及郧县的柳陂镇、城关镇,其污水处理项目由县(市)环保局统筹实施,环保局定期开展监测,出水水质符合《城镇污水处理污染物排放标准》(GB 18918—2002)一级 B 标准,满足《实施规划》要求。

丹江口土关垭镇污水处理厂运行情况见图 17-19。

图 17-19 丹江口土关垭镇污水处理厂运行情况

2)设施运行情况。

城(集)镇的污水处理设施建成后通过质量验收,投入使用至今,运行正常。

(2)垃圾收运

《实施规划》按照移民规模,配备相应的垃圾收集设施,构建起垃圾收运系统。《实施规划》要求湖北省迁建城(集)镇共配置公用垃圾箱 2211 个、垃圾收集点 240 个、垃圾转运站 14 个、专用垃圾车 8 台。

丹江口库区各县(市、区)均有已建的垃圾处理项目,其处理规模和服务范围均能满足迁建城(集)镇生活垃圾处理的需要。按照本项目《实施规划》的要求,库区迁建城(集)

镇完善了垃圾转运站及运输设备的建设工作，并制定了垃圾收集管理要求。

据统计，库区迁建城(集)镇共建设公用垃圾箱 165 个、垃圾转运站 15 座，配置专用垃圾车 8 台、垃圾填埋场 2 座。设施配置情况基本满足《实施规划》要求。

(3)噪声防护及卫生防疫

1)噪声防护。

由于丹江口库区各城(集)镇的布置情况和初步设计阶段发生了一定变化，各城(集)镇均未布置于铁路或工厂周边区域。部分城(集)镇所在区域临近已有交通道路，其声环境主要受交通噪声影响。出于出行方便的自身意愿，移民选择在交通道路旁居住。同时实施阶段通过调查，移民均不太能接受在路边设置隔声屏障类型的建筑物，噪声防护主要以建立道路隔离绿化带为主，建设区域主要选择在城(集)镇基础建设中未包含已有道路周边绿化，同时城(集)镇环村绿化又不涉及道路区域的地方布设，目前城(集)镇道路噪声防护绿化带主要布设在郧县所属的 4 个城(集)镇。

2)卫生防疫。

由于丹江口库区各城(集)镇均为新建，为防止各类疾病病原体孳生，降低疾病交叉感染风险，在建设过程中按照《实施规划》要求采取了人群健康防护措施，主要包括：重点清理施工区和安置区原有的厕所、粪坑、畜圈、垃圾堆放点和近 10 年新埋坟地等。先对区域内废弃物进行清理，然后选用苯酚进行消毒，并用净土或建筑渣土填平、夯实。通过实施控制蚊蝇孳生地，杀灭蚊、蝇，防鼠灭鼠等措施，控制自然疫源性疾病和虫媒传染病的传染源。同时，委托当地疾控部门对城(集)镇入住区人员开展抽样体检工作。

三、环保措施运行效果

(一)河南省

1. 生活污水处理

移民安置集中居民点的环保设施在建成运行后完成了竣工验收。为了解移民新村的生活污水处理设施的运转现状，验收工作对 208 个移民新村进行了不低于 20%的抽样监测，抽样监测选点布置 60 个，覆盖了 25 个县(市、区)，包含移民安置试点、第一批和第二批 3 个批次的厌氧无动力、好氧生化微动力和人工湿地 3 种处理工艺，抽样监测具有典型性、代表性和全面性。

通过对移民新村生活污水处理设施连续 3 天的监测调查发现，有少部分移民新村由于村内常住人口较少，生活污水经过污水管网损失后末端处理设施未能排出污水，未能取到水样进行监测。而其他移民新村的生活污水处理设施运转正常，处理后的出水能够达到相应标准要求。这表明这些设施运转正常，处理工艺可靠有效，能够达标运行。生活污水处理设施污泥能够及时收集清运，并得到合理有效的处理处置。

2. 生活垃圾处理

《移民安置规划》和《环境保护初步设计报告》中均提出，在移民新村的生活垃圾建设垃圾桶、垃圾池、增加转运设施，扩建当地的垃圾转运站，依托移民新村所在县(市、区)、乡(镇)的现有垃圾填埋场对生活垃圾进行处理处置。

从25个县(市、区)的208个移民新村的生活垃圾处理情况来看，所有移民新村均已建设垃圾桶、垃圾池，并通过先转运至中转站再运往垃圾填埋场，或者直接运往垃圾填埋场，生活垃圾均能够及时被收集清运出去，未存在移民新村乱丢堆放现象，未对居民生活造成不良影响，未给环境带来二次污染。部分移民新村由于距离乡(镇)或者县城较远，无法转运至乡(镇)或县城垃圾填埋场的，目前在村边自行建设简易的垃圾填埋场，亦能满足及时收集清运的要求，结合河南省农村生活垃圾规划和相关行动方案要求，下一步要按照美丽乡村和农村人居环境整治的要求，进一步完善县(市、区)和乡(镇)的生活垃圾填埋场设施，清理农村陈年垃圾，对生活垃圾进行有效的处理处置，全部纳入河南省生活垃圾处理系统。

(二)湖北省

1. 生活污水处理

湖北省农村集中居民点均建有标准化化粪池作为污水的预处理单元，同时对172个规模在200人以上的居民点新建生活污水集中处理设施。各居民点根据自身所处环境因地制宜选择的处理方案，新建的生活污水集中处理设施主要有人工湿地、一体化处理设施、地埋式无动力处理设施、接触氧化设施等，还有部分居民点是通过扩建管网将污水输送到邻近的乡(镇)污水处理厂进行处理。

居民点生活污水集中处理设施建成后，26个县(市、区)移民主管部门委托当地环境监测站对设施出水进行了监测。监测结果表明，库区丹江口市、郧县、郧西县居民点生活污水处理设施排水基本满足《城镇污水处理厂污染物排放标准》(GB 18918—2002)一级B标准；武当山特区、张湾区经济条件较好的居民点，污水处理设施建设结合地区配套资金，建成的污水处理设施规格较高，污水处理排放基本满足《城镇污水处理厂污染物排放标准》(GB 18918—2002)一级A标准；已开展运行监测的外迁安置区居民点生活污水处理设施，大部分出水水质指标中的化学需氧量、氨氮符合《城镇污水处理厂污染物排放标准》(GB 18918—2002)一级B标准。

2. 生活垃圾处理

湖北省丹江口水库建设征地移民安置工程在农村居民点和城(集)镇内配备的垃圾收集设施包括公用垃圾桶(箱)、垃圾收集站(池)、手推式垃圾车、专用垃圾收集车、垃圾清扫工具等。

根据安置规划布局,一般每10户所在区域设置一个公用垃圾桶(箱),垃圾桶(箱)大多采用带盖的形式。

一般规模在600人以上的居民点设有垃圾收集站(池),主要用于集中和暂存居民点内的垃圾,同时便于上一级垃圾转运车辆流动收集垃圾时提高收集效率。垃圾收集站(池)采用砖混结构或钢结构,容积一般在1t左右。

专用垃圾收集车主要与垃圾收集站(池)配套使用,承担将分散的公用垃圾桶(箱)内的垃圾转运到垃圾收集站/池的任务,一般规模在1200人以上的居民点配备一辆中型垃圾车,规模在1200人以下的配备一辆微型垃圾车或者低成本的手推式垃圾车等。

农村居民点一般都设置了负责点内垃圾清理工作的公益岗位,上岗村民负责将村内各家门外小垃圾桶内的垃圾清运到村边的大垃圾池中。

在距离城镇较近的居民点,大垃圾池内的垃圾由当地环卫部门负责定期转运至镇上的垃圾中转站。部分居民点所在的集镇建有垃圾填埋场,居民点内的垃圾可以直接运送到垃圾填埋场处理。在条件较差、位置偏远的居民点,由村民自行将垃圾运送到附近的废弃坑塘或山沟填埋。

目前,交通便利且通水泥路、沥青路的村(社区),生活垃圾基本实现了用户定点、组分类、村收集、镇转运、县处理的方式处理。

第五节 环境保护验收

一、河南省省级验收

(一)验收组织

2018年10月22日,河南省移民办于郑州市主持召开了《河南省南水北调丹江口库区移民安置环保设施验收报告》审查会,会议组建了验收组。

(二)验收结论

河南省南水北调丹江口库区农村移民安置和城(集)镇迁建按照主体工程环评报告批复、实施规划报告、环保初步设计以及省移民办的深化提升要求,严格落实了各项生活污水处理设施和生活垃圾收集转运设施的措施,生活污水处理设施运行正常,处理设施工艺可靠有效，能够确保达标排放；生活垃圾及时收集转运，得到合理有效的处理处置，未对环境造成二次污染。总体而言，河南省南水北调丹江口库区农村移民安置和城(集)镇迁建环保设施符合工程环评报告批复和环保设计的要求，满足移民新村环境保护的验收标准，验收组一致同意河南省南水北调丹江口库区农村移民安置和城(集)镇迁建环境保护设施通过专项验收。

(三)验收建议

1)加强运营期的环境管理工作，及时清理、清运污水处理设施的污泥，维护污水处理设施设备正常运行。

2)移民新村收集的生活垃圾临时堆放在垃圾池时，应注意有序、合理堆放，避免在垃圾池附近抛撒，及时清理移民新村垃圾池中的生活垃圾，并转运送至垃圾填埋场。

3)建议部分移民新村结合美丽乡村和农村人居环境整治建设工作，加强与乡(镇)人民政府、县(市、区)人民政府的沟通，进一步落实生活垃圾的末端处理处置措施，切实改善移民新村的生态环境。

二、湖北省省级验收

(一)验收组织

2018 年 7 月 25—27 日，湖北省移民局在丹江口市主持召开南水北调中线一期工程丹江口水库建设征地湖北省移民安置环境保护措施省级验收调查报告技术审查会，成立了验收工作组。该验收工作组由湖北省移民局、湖北省环境保护厅、湖北省水利厅、湖北省移民安置监督评估项目部，以及《项目环境影响评价报告书》编制单位、项目环境监理单位、《验收调查报告》编制单位和 6 名特邀专家组成。图 17-20 为验收工作组开展移民安置环境保护措施省级验收现场调查工作。

图 17-20 开展移民安置环境保护措施省级验收现场调查工作

(二)验收结论

湖北省南水北调中线一期工程丹江口水库建设征地移民安置环境保护工作,主要集中在农村居民点和迁建城(集)镇的污水处理、垃圾收集清运、噪声防护和卫生防疫等方面。长江水保所编制的《南水北调中线一期工程丹江口水库建设征地湖北省移民安置环境保护措施省级验收调查报告》表明:

1)分布于26个县(市、区)的200人以上农村居民点,其污水处理设施完成率98.8%。污水处理设施工艺类型与《实施规划》文件总体上保持一致,局部根据建设地点的具体特点,结合进出水水质、处理率要求、用地面积和工程规模等因素进行了调整,总体而言工艺选择合理。处理规模上,库区污水处理能力与设计能力相当,外迁安置区常住人口数量低于设计值,相应的污水处理量也低于设计能力。已建成的生活污水集中处理设施均已完成单项工程验收,抽样监测结果表明排水水质满足设计环保要求。在3年管护期内,生活污水集中处理设施运行基本正常;管护期结束后,正常运行设施比例为80%。

规划的13个迁建城(集)镇均已完成生活污水集中处理设施建设,该设施工艺类型与规划文件一致,建设规模大于设计规模。已建成的生活污水集中处理设施均已完成单项工程验收,监测结果显示其出水水质满足设计环保要求。在3年管护期内和管护期结束后,生活污水集中处理设施均正常运行。

2)分布于26个县(市、区)的200人以上农村居民点,均配备了相应数量的垃圾收集设施,形成了垃圾收运系统,设施配置情况满足《实施规划》要求。

《实施规划》的13个迁建城(集)镇均配备了相应数量的垃圾收集设施,形成了垃圾收运系统,设施配置情况满足《实施规划》要求。

3)调查未发现声屏障等隔声措施,而是以隔离绿化带替代。各迁建城(集)镇均按《实施规划》的要求,开展了清理消毒、灭鼠及抽样体检等工作。

4)落实了环保设计合同,同步开展了环境保护初步设计、招标设计和技术施工设计。开展了环境监理工作,定期形成了环境监理月报、年报。根据环境监测计划,各县(市、区)移民主管部门组织开展了水质监测工作,落实了环评报告及批复文件要求的环境管理工作。

5)公众参与调查结果显示,被调查者普遍认为工程建设对当地的经济发展产生了有利影响,工程建设改善了沿线居民的生活现状,对工程的环境保护工作总体表示满意或基本满意。普遍认为,工程中实施的环境保护措施效果明显,对居民点周边环境状况表示满意。

湖北省南水北调中线一期工程丹江口水库建设征地移民安置环境保护工程在实施过程中，基本落实了环境影响评价文件及批复要求，配套建设了相应的环境保护设施，落实了相应的环境保护措施，环境保护设施及措施满足设计及相关规范要求，工程环境保护档案资料齐全，基本具备竣工环境保护验收条件，验收工作组同意该项目通过工程竣工环境保护验收。

（三）验收建议

结合当前长江大保护和新农村建设的需求，督促地方人民政府有关部门尽快解决相关居民点污水处理设施运行长效机制问题，保障设施设备正常运行。

第十八章　移民安置水土保持

本章主要介绍了可行性研究阶段、初步设计阶段，以及河南、湖北两省移民安置在实施阶段和验收阶段中，移民安置水土保持相关工作的开展情况，并叙述了不同阶段水土保持工作的特点、内容与变化和差异。

第一节　工作历程

2003年，长江委委托长江水保所编制《南水北调中线一期工程水土保持总体方案报告书》。长江水保所按照批复的《南水北调中线一期工程水土保持总体方案编制大纲》确定的组织分工与要求，开始报告书的编制工作。2005年，水规总院分别对《陶岔渠首工程水土保持方案报告书》《陶岔渠首至沙河南渠段工程水土保持方案报告书》《沙河南至黄河南渠段工程水土保持方案报告书》《丹江口水库建设征地移民水土保持方案报告书》《汉江中下游局部航道整治工程水土保持方案报告书》《汉江中下游部分引水闸站改建工程水土保持方案报告书》和《引江济汉工程水土保持方案报告书》等7个拟不再单独立项的单项工程水土保持方案报告书进行了审查。同年9月，长江水保所在各单项工程水土保持方案报告书的修改稿基础上，汇总编制完成《南水北调中线一期工程水土保持总体方案报告书》。

2005年7月，长江委长江流域水土保持监测中心站编制完成《南水北调中线一期工程丹江口水库建设征地移民水土保持方案报告书》。

2010年，水源公司对《南水北调中线一期工程丹江口水库建设征地农村移民安置工程环境保护初步设计报告》《南水北调中线一期工程丹江口水库建设征地城(集)镇迁建环境保护初步设计报告》进行了审查。

经水源公司组织的初审、水规总院组织的技术审查及设管中心组织的概算评审后，2011年3月24日，国务院南水北调办以国调办征地〔2011〕52号文对《南水北调中线一期工程丹江口水库建设征地移民安置工程环境保护和水土保持初步设计(环保、水保部分)报告》进行了批复，要求“尽快开展移民安置区环境保护和水土保持工作”。

2011—2013年，丹江口水库建设征地移民安置工程水土保持工作与居民点建设工程同步实施，河南、湖北两省移民主管部门组织各县(市、区)移民主管部门按照初步设计要求，在各居民点实施水土保持项目，2013 年底水土保持措施基本实施完毕。

2018 年 4 月，国务院南水北调办以《关于丹江口水库建设征地移民安置工程环境保护和水土保持验收有关事宜的函》要求河南、湖北两省移民主管部门于 6 月底前商省有关部门研究提出丹江口水库移民居民点的环境保护和水土保持验收意见，验收结论补充纳入蓄水前省级初验成果。

在各县（市、区）移民安置环境保护设施自验报告的基础上，按照相关的法律法规和技术规范要求，长江水保所编制完成《南水北调中线一期工程丹江口水库建设征地湖北省移民安置水土保持措施省级验收调查报告》，黄河设计公司编制完成《河南省南水北调中线一期工程丹江口库区移民安置水土保持设施验收报告》。

2018 年 7 月，湖北省移民局组织对长江水保所编制的《南水北调中线一期工程丹江口水库建设征地湖北省移民安置水土保持措施省级验收调查报告》进行了技术审查，并形成验收意见；2018 年 10 月，河南省移民办组织对黄河设计公司编制的《河南省南水北调丹江口库区移民安置水土保持设施验收报告》进行了技术审查，并形成验收意见。总体而言，两省南水北调丹江口库区农村移民安置和城（集）镇迁建水土保持设施均达到了专项验收的要求。

2019 年 1 月，水源公司委托长江设计院承担《南水北调中线一期丹江口大坝加高工程水土保持设施验收报告》编制工作，并将河南、湖北两省移民安置水土保持措施验收内容纳入本次验收内容。

2020 年 5 月，水源公司在丹江口市召开了南水北调中线一期丹江口大坝加高工程水土保持设施验收会，验收组同意丹江口大坝加高工程整体通过水土保持设施验收。

第二节 水土保持方案

2005 年 7 月，长江委长江流域水土保持监测中心站编制完成《南水北调中线一期工程丹江口水库建设征地移民水土保持方案报告书》，内容包括编制总则、项目工程概况、项目区概况、水土流失预测、水土保持防治方案、水土保持监测内容和方法、水土保持投资及效益分析、方案实施保证措施、结论与建议等。

一、报告书重点内容

（一）水土流失预测

1. 预测内容

（1）扰动地表面积

在工程建设过程中，扰动原地貌、损坏土地和植被面积主要有居民点建设、城（集）镇迁建、公路迁建、码头迁建、防护工程、专业迁建、文物发掘等项目。据测算，项目工程共有 4406.1hm²，扰动地表面积 4258.18hm²。

(2)损坏水土保持设施面积和数量

根据项目区所在的河南省、湖北省颁布的水土保持两费计征标准和使用管理办法规定，通过实地量测与统计，项目工程在建设过程中损坏水土保持设施面积 4258.18hm²。

(3)弃渣量预测

根据工程土石方平衡，弃渣量 309.38 万 m³。

2. 可能造成的水土流失面积及流失量

(1)工程期建设期水土流失预测

据预测，本项目工程建设期加速侵蚀面积 4258.18hm²。水土流失量 1564.39 万 t，新增水土流失量 1551.2 万 t。

(2)林草恢复期水土流失面积及流失量

据预测，本项目林草恢复期水土流失面积为 3055.9hm²，若未对工程水土流失进行治理，则在林草恢复期内可能造成水土流失量为 17.87 万 t；若进行治理，可能产生水土流失 6.06 万 t。工程水土流失治理后，可以减少水土流失量 11.81 万 t。

(3)弃渣造成水土的流失量

本项目工程临时弃渣和永久弃渣主要来源于居民点。通过预测，项目工程临时堆土和弃渣的流失量为 52.05 万 t。

通过对项目工程水土流失和弃土石渣流失的预测，本项目工程在建设期侵蚀面积为 4258.18hm²，水土流失量为 1564.39 万 t，新增水土流失量为 1551.20 万 t；林草恢复期，水土流失面积为 3055.9hm²，水土流失量为 17.87 万 t，新增水土流失量 6.06 万 t；弃土石渣流失量为 52.05 万 t。本项目工程可能造成的水土流失总量为 1634.23 万 t，新增水土流失量 1609.31 万 t。

3. 水土流失危害预测

在项目工程建设过程中，若不做好水土流失工作，一是加剧洪涝和风沙灾害；二是造成生态环境恶化；三是诱发不良地质灾害，如崩塌、滑坡等；四是占压农田，影响农民耕作，项目工程穿越众多农业生产区，将损坏耕地，若不采取有效土地整治措施，将影响农民正常耕作，并造成一定的农业损失；五是加剧了水土流失灾害，项目区水土流失强烈，工程建设将更加剧这一区域水土流失，造成众多水土流失灾害并给主体工程的安全带来不稳定因素。

(二)水土保持防治方案

1. 方案目标

扰动土地整治率在 95%以上，弃渣拦渣率达到 98%，水土流失总治理度在 90%以上，水土流失控制比不大于1.2。林草覆盖率在25%以上，植被恢复系数达到90%。

2. 水土流失防治责任范围

工程水土流失防治责任范围总面积4406.1hm²，其中，项目建设区面积4258.18hm²，直接影响区面积147.92hm²。

3. 水土保持分区

根据项目工程建设类型、生产工艺、施工方法、施工组织及其开发利用方向等，将本项目划分成5类水土保持防治类型区，分别为安置迁建区、道路码头区、专业复建项目区、防护工程区、文物发掘防治区；7个水土保持防治亚区，包括居民点建设区、城（集）镇迁建区、道路迁建区、码头复建区、防护工程区、专业复建项目区、文物发掘防治区；21个水土保持防治子区，主要包括主体工程区、施工场地区、取料场区、弃渣场区等。

4. 新增水土保持防治措施

项目工程水土流失治理措施体系由预防措施、临时措施和治理措施构成。其中，治理措施包括工程措施、植物措施、土地综合措施等，而工程措施包括挡土墙、排水工程、护坡工程等措施，植物措施包括植物护坡、公路行道树、种草和绿化等措施，土地综合措施主要是表土临时覆盖、表土剥离、土地整治；临时措施是施工过程中首先应采取的措施。

二、初步设计阶段水土保持方案及批复情况

（一）初步设计工作过程

2010年4月，水源公司委托长江水保所开展南水北调中线一期丹江口水库建设征地移民安置工程的环境保护和水土保持初步设计工作。

2011年4月初，国务院南水北调办以国调办征地〔2011〕52号文对《南水北调中线一期工程丹江口水库建设征地移民安置工程环境保护和水土保持初步设计（环保、水保部分）报告》进行批复。

（二）初步设计主要措施内容

水土保持初步设计阶段设计范围总体与方案报告书保持一致，包括农村移民安置、城（集）镇迁建、专项设施复建等项目。

1. 农村移民安置

（1）主体工程防治区

主体工程防治区以临时措施为主，包括表土剥离与返还、环村绿化、对外道路绿化、草袋土临时拦挡、临时土质排水沟、临时沉砂池等。临时土质排水沟采用土沟形式，沿临时堆土区外侧布置；环村绿化沿征地红线内侧采用单排乔木方式；对外道路绿化主要是

沿公路两侧种植行道树；表层腐殖土采用草袋土临时拦挡，并配合临时排水措施。

(2)施工生产生活区

为减少占地范围内水土流失，结合施工场扰动地表特点，采取管理措施与水土保持措施进行综合防治，包括临时土质排水沟、临时沉砂池、土地整治等措施。

(3)施工便道防治区

为防止地表径流冲刷对施工道路造成破坏，在施工便道两侧布置临时排水沟及沉砂池，并对路基边坡进行植草绿化。

经统计，农村集中居民点表土剥离与返还量 63.54 万 m^3，土地整治 219.31hm^2，种植意杨 93.93 万株、狗牙根 18.11hm^2，撒播草籽 1448.82kg；临时植草 110.15hm^2，撒播草籽 8812.23kg；临时排水沟开挖 6.24 万 m^3，临时沉砂池土石方开挖 0.55 万 m^3，草袋土填筑与拆除 3.66 万 m^3。

2. 城(集)镇迁建

(1)主体工程防治区

城(集)镇迁建主体工程防治区与农村集中居民点建设施工扰动方式相似，措施设计也较为类似，主要包括表土剥离及覆土、环集镇绿化、对外道路绿化、草袋土临时拦挡、临时土质排水沟、临时沉砂池等措施。

(2)施工生产生活区

施工生产生活区主要包括临时土质排水沟、临时沉砂池、土地整治等措施。

(3)施工便道防治区

施工便道防治区主要包括临时排水沟与边坡植草绿化措施。

(4)弃渣场防治区

主体工程已对弃渣场进行全面的工程防护措施设计，包括下边坡拦挡、排水及砌石护坡等，水土保持设计主要补充弃渣完毕后植被恢复措施及施工期临时表层土拦挡措施。

经统计，城(集)镇迁建表土剥离与返还量 10.39 万 m^3，土地整治 14.76hm^2，种植香樟 16051 株、意杨 49164 株、紫薇 528133 株、狗牙根 21.43hm^2，播撒狗牙根草籽 1714.4kg，临时排水沟开挖土方 4750m^3，临时沉砂池开挖土方 71m^3，草袋土填筑与拆除 2720m^3。

3. 专项设施复建

(1)主体工程防治区

道路复建主体工程施工周期较长，开挖边坡及临时堆土的土体松散，容易发生水土流失，特别是少数道路为抬高复建，高程在 180m 左右，距离丹江口水库水源地很近，为防止路基开挖工程中弃渣进入水库，在邻近水库公路的下边坡布置临时拦挡。

（2）弃渣场防治区

主体设计在工程综合单价中考虑了渣场防护工程措施，采取的工程措施主要包括浆砌石拦挡、干砌石护坡、渣场截排水沟等项目。水土保持设计主要补充施工期临时措施和后期植被恢复措施。堆渣前，对弃石渣渣场的表层熟土进行剥离，在渣场沟口及坡脚设置临时草袋土进行挡护，作为后期植被恢复用。弃渣结束后，对渣场表面实施植被恢复措施，植被恢复乔木树种选择意杨，灌木选择紫穗槐，林下撒播草籽。

（3）料场防治区

1）石料场。

开采前，要求剥离表土堆放在坡脚作为后期植被恢复用土，并在料场周边布设临时截排水沟、沉砂池，排水沟断面为梯形，水流经沉砂池沉淀后排向附近的自然沟道。施工结束后，根据石料场立地条件，采取综合立体植物防护措施。绿化灌木选择紫穗槐，攀爬植物选择爬山虎，并在对开采面坡度较大的区域，撒播成活率较高的狗牙根草籽进行防护。

2）土料场。

占用土地大部分为耕地，主体设计已经考虑了整地、复垦等措施，水土保持主要补充施工期临时措施。料场开采期间，在土料场周边布置临时排水沟，临时排水沟设计为梯形断面，纵坡一般为自然坡；取土完成后及时平整土地。

（4）施工生产生活区

施工生产生活区在平整前，每个施工场地周边开挖梯形断面排水沟，沟壁夯实。在排水沟出口处设沉砂池，水流经沉砂池沉淀后排向附近的自然沟道。施工期间，雨季应安排专人负责周边沟渠及沉砂池的清淤。排水沟、沉砂池与施工场地平整同时进行。

施工结束后，对于具备复耕条件的场地进行复耕，难以复耕的要进行绿化美化，防止水土流失，拟采取乔灌草混交模式进行植被恢复，其中乔木选用意杨，灌木选用紫穗槐，林下草籽选用狗牙根。

（5）施工道路防治区

为防止地表径流冲刷对施工道路产生破坏，拟在施工道路挖方侧修建临时排水沟，每隔 200～500m 在低洼处布设沉砂池，根据地形增设沉砂池，水流经沉砂池后排向附近自然沟道。排水沟与施工道路施工同步进行。

施工完毕后，根据道路后期利用方向，对于在施工期为碎石路面或混凝土硬化路面，施工结束后路面占地范围基本不能恢复为原地表土地利用状况，后期保留作为地方公路使用，拟在道路两侧种植行道树；对于施工期扰动程度不高、后期利用率不高的公路进行整地、植被恢复。

经估算，专项设施复建工程表土剥离与返还量 11.40 万 m^3，土地整治 10.47hm^2；植乔木 25.49 万株，植灌木 81.02 万株，攀爬植物栽植 2040 株，直播种草 161.24hm^2，撒草籽 12.90t；草装土临时拦 4.24 万 m^3，临时排水沟土方开挖 3.65 万 m^3。

(三)初步设计批复要求

1. 初设批复要求

国务院南水北调办以《关于南水北调中线一期丹江口水库建设征地移民安置工程环境保护和水土保持初步设计(环保、水保部分)报告的批复》对移民安置环保、水保初步设计进行了批复，批复意见如下。

1)库区移民涉及的环境保护和水土保持与移民搬迁、居民点建设密切相关，尽快开展相关工作是十分必要的。

2)丹江口水库建设征地移民安置工程环境保护和水土保持涉及河南、湖北两省 16 个省辖市的 58 个县(市、区)、248 个乡(镇)。环境保护设计内容包括农村集中居民点和集镇迁建的水环境保护、生态保护、噪声保护、环境空气保护、生活垃圾处理、人群健康保护等。水土保持设计内容包括农村集中居民点和城(集)镇迁建居民点等的水土保持工作。

3)基本同意典型农村居民点选择的原则及所选定的典型设计，以及农村居民点排水管网的调整方案、城(集)镇的污水处理设施设置原则等。基本同意水土保持设计依据及标准，水土流失防治责任范围的界定、防治分区及防治措施总体布局等内容。

2. 初设评审中对于措施内容及体系调整的意见

设管中心在《关于报送南水北调中线一期丹江口水库建设征地移民安置工程环境保护和水土保持初步设计(环保、水保)报告审查意见和概算评审意见的报告》中，就水土保持措施内容和体系调整提出了明确意见。对于水土保持措施提出，水土保持监测以调查、巡查为主，取消土建投资；专项设施及城(集)镇渣场防护工程、护坡及排水等工程防护措施已在移民安置规划计列，不再计列。对于水土保持措施体系提出，丹江口水库建设征地移民安置环境保护和水土保持初步设计阶段的生态修复、水质监测、环境科研 3 个部分内容，不在技术审查和概算评审范围内，由项目法人另行申报。

三、初设设阶与可研阶段的差异

(一)措施变化

相较于可研阶段，因移民安置规划方案变化及设计深度增加，初步设计阶段水土保持措施有所变化，主要体现在以下几个方面。

1)根据《初步设计规划报告》，农村集中居民点、城(集)镇迁建、公路复建所需的土料和石料均为外购，防治责任范围转移，料场防护措施不在本方案中计列。外购土料、石料时，需在购买合同中明确水土流失防治责任。对于实行自采的料场（郧县库岸防护工程），主要采取后期植被恢复措施。

2）农村集中居民点及城（集）镇迁建在可研阶段未明确渣场位置，初步设计阶段明确了城（集）镇渣场位置。拦挡、排水、护坡等工程措施在主体工程中已完成设计，投资亦计列在移民安置规划中，水土保持设计主要补充了植被恢复及临时防护措施。

3）随着设计阶段的深入，农村集中居民点及城（集）镇迁建新增了生产生活防治区与施工便道防治区，相应地增加了绿化及临时防护措施。

4）在初步设计阶段，专项设施复建的路基边坡截水沟、边坡防护、弃渣场挡墙、护坡、排水等工程措施及投资，均在移民安置规划中计列。水土保持设计主要增加了渣场植被恢复、表土剥离及防护、路基下边坡拦挡的植物与临时措施。

可研阶段与初设阶段丹江口水库移民安置水土保持措施对比分析见表18-1。

表18-1 可研阶段与初设阶段丹江口水库移民安置水土保持措施对比分析

一级分区	二级分区	方案报告书	初设阶段	备注
农村集中居民点及城（集）镇	主体工程区	对外道路绿化、表土剥离及临时覆盖	表土剥离、环村、集镇绿化、对外道路绿化行道树、表土剥离草袋土临时防护	初设阶段根据需要增加表土拦挡与排水措施
	弃渣场防治区		植被恢复及临时防护	初设阶段新增渣场防治区
	料场防治区	下边坡临时挡护、上边坡排水、整治恢复植被		初设阶段土料、石料外购，防治责任范围转移
	生产生活区		土地整治、场地临时排水	方案报告书阶段未细化分区
	施工便道区		道路两侧边坡绿化、土质排水沟	方案报告书阶段未细化分区
专项设施复建	主体工程区	路基外截水沟、临时拦挡	路基下边坡临时拦挡	
	弃渣场防治区	挡墙、砌石护坡、排水工程、表土剥离、植被恢复	表土剥离、植被恢复	弃渣场工程措施主体已综合单价计列
	料场防治区	表土剥离、临时拦挡、临时排水沟、植被恢复	植被恢复	初设阶段耕地复垦，取消表土剥离措施

续表

一级分区	二级分区	方案报告书	初设阶段	备注
专项设施复建	生产生活区	土地整治、表土剥离、临时排水、临时拦挡、植被恢复	临时排水、植被恢复	
	施工便道区		临时排水、植被恢复	方案报告书阶段未细化分区

(二)投资变化

初设阶段与可研阶段水土保持投资的变化主要体现在以下几个方面。

1)城(集)镇迁建及专项设施复建渣场防护工程措施(不含植物措施与临时措施)的投资,可研阶段在水土保持专项投资中计列,初设阶段由于相关费用在移民安置专项规划中已经计列,因此水土保持专项工程设计中不再计列。

2)农村集中居民点、城(集)镇迁建点内的绿化和行道树绿化措施已在《初步设计规划报告》中考虑。其中,乔木绿化数量分别减少 8.99 万株、3.09 万株和 28.26 万株,相应投资也减少。

3)初设阶段农村集中居民点与城(集)镇迁建所需土料、石料采用外购方式,取消可研阶段计列的防护措施的相应投资。

4)初设阶段,根据《开发建设项目水土保持技术规范》(GB 50433—2009)要求,增加表土临时拦挡防护措施,相应投资增加。

第三节 水土保持实施

一、项目组织与实施

移民安置区水土保持施工组织设计范围总体与方案报告书保持一致,包括农村集中居民点、城(集)镇迁建、专项设施复建等项目,施工组织设计依据为《初步设计规划报告》,外迁农村居民点以实施规划阶段移民安置规划报告为依据。

根据施工组织设计,农村集中居民点建设、城(集)镇迁建、专项设施复建水土流失防治责任范围为 4088.93hm^2,共计产生弃渣 370.84 万 m^3,施工扰动面积 3723.2hm^2,损坏水土保持设施 3064.35hm^2,工程建设将造成新增水土流失 30.91 万 t。根据项目区所属水土流失防治分区,按照水源工程建设要求,移民安置水土保持总体执行水土流失防治一级标准。

(一)项目施工范围

水土保持项目施工范围与初步设计阶段的设计范围基本一致,包括农村集中居民点、城(集)镇迁建、专项设施复建等项目,主要措施内容不再赘述。

(二)组织实施方式

1. 施工条件

1)施工交通。

主体工程建设过程中已修建了施工道路,水土保持工程施工可充分利用已有交通网络体系。

2)建筑材料。

工程所在乡(镇)及县(市、区)建筑材料市场货源充足、物资丰富。主要建筑材料可由县(市、区)供应,木材、建材、生活物资及其他材料可就近采购,其他建筑材料也具有便利的供应条件且质量较高。

3)水电供应。

工程周边各乡(镇)电力资源较为丰富,水土保持工程用电可尽量利用主体工程电网。水源选择以地表水为主要供水水源,当地表水取水困难时,可取用地下水。

4)苗木、种子。

本项目附近乡(镇)建有苗圃,当地农村也有大量育苗,品种规格较为齐全。根据适地适树原则,工程所需苗木、种子可就近从当地市场购买,避免长途调运,以提高造林成活率。

2. 施工方案及要求

1)土方工程。

基础土方和排水沟开挖采用人工开挖方式,就近堆放或用于回填;基础土方回填和挡水土埂的修筑采用人工夯实方式,施工过程中充分利用开挖的土料或总干渠工程的弃土,所使用土料的干密度需满足不低于设计标准及规范的要求;土地平整采用 74kW 推土机。

2)砌石工程。

采用胶轮车运石,人工砌筑,石料冲洗干净,砌筑前应洒水湿润,要求石料新鲜、坚硬,不得有剥落层或裂纹,大致平整,块厚不宜小于 0.2m。砌筑时,采用 M7.5 水泥砂浆砌筑;砌筑砂浆由 0.4m^3 砂浆搅拌机拌和而成,所用水泥标号不低于 32.5。

3)土地整治工程。

尽量选择土层深厚处作为渣场改造土料的取土场,取土后及时进行平整处理,减小新的破坏。以坡地作为排土(石、砂、渣)场时,除对排弃物自然边坡及坡脚采取护坡工程措施外，渣场顶部应平整，外沿修筑截排水工程，内侧修建排水系统，中间用作造林、种草用地。

4)植物工程。

种草采用直播方式，人工撒播草籽进行种植。播种前淋水，以便将坡面淋湿淋透，淋水情况应视不同的坡面条件而定。然后施放基肥，肥料施用量根据坡面土壤条件而定。种子撒播一般是人工操作，按照 $5g/m^2$ 的标准配以相应数量的种子进行撒播。

3. 施工布置

施工布置应注意避免对主体工程施工造成影响，防止各水土保持单项工程间出现施工干扰。施工生产生活区设置在主体工程区内，施工便道利用主体工程内施工道路，不再另布设和修筑；建筑材料应分类临时存放在施工生产生活区及主体工程区附近，并注意有关材料的防潮防湿。遇大风暴雨时，对砂料要用防尘网进行遮盖，预防水土流失或扬尘现象的产生。

4. 施工进度

农村居民点建设施工总工期为 8～18 个月，其中施工准备期 2～7 个月，主体工程施工期 8～16 个月。根据施工总进度编制原则及工程的施工特点，水土保持工程总工期 18 个月。

城(集)镇迁建施工总工期为 10～32 个月，其中施工准备期 2～3 个月，主体工程施工期 8～29 个月，水土保持工程总工期 32 个月。

专项设施复建主体工程施工总工期 36 个月，其中施工准备期 6 个月，主体工程施工期 30 个月，水土保持工程总工期 36 个月。

二、实施情况

(一)河南省

1. 农村移民安置

移民新村建设完成挡土墙砌筑 15.65 万 m^3、护坡 13.41 万 m^2，在居民点内修建排水沟 16.45 万 km、安装排水管 70.37 万 m、修建沉泥井 30015 个；居民点新村绿化面积 $99.84hm^2$，栽种行道树 469.59km，在居民点外修建排水沟 14.92 万 m。

农村移民安置工程建设过程中，对于表土剥离回覆、临时拦挡、临时排水沟等措施，在施工组织设计和进退场中提出了要求，水土保持专项未进行单独计量。

2. 城(集)镇迁建

城(集)镇迁建区实际完成排水沟 1.36 万 m、公共绿化 $2.06hm^2$、行道树 1964m。其中，马蹬场镇共完成排水沟 0.50 万 m、公共绿化 $0.66hm^2$、行道树 300m；滔河乡集镇共完成排水沟 0.50 万 m、公共绿化 1.34hm^2、行道树 1500m；老城镇共完成排水沟 0.36m、公共绿化 0.06hm^2、行道树 164m。

城（集）镇迁建过程中，对于表土剥离回覆、临时拦挡、临时排水沟等措施，在施工组织设计和进退场中提出了要求，相关临时措施工程量作为临时工程，未纳入水土保持专项计列。

3. 专项设施复建

专项设施复建区实际完成浆砌石挡墙 18.75 万 m^3、截水沟 2.42 万 m、排水沟 6.93m、路面排水 0.02 万 m、行道树 9.37 万 m、浆砌石护坡 0.75 万 m^3、浆砌石护脚 0.44 万 m^3。

专项设施复建过程中，对表土剥离回覆、临时拦挡、临时排水沟等措施，在施工组织设计和进退场安排中提出了要求，相关临时措施的工程量作为临时工程，纳入水土保持专项进行单独计列。

（二）湖北省

湖北省丹江口水库移民安置工作主要包括大坝施工影响区搬迁安置、农村移民安置、城（集）镇迁建、工业企业迁建、专业项目复建和库底清理。根据《南水北调中线一期丹江口水库建设征地移民安置工程环境保护和水土保持初步设计（环保、水保部分）报告》，环境保护工作主要针对农村移民安置和城（集）镇迁建，水土保持工作主要针对农村移民安置、城（集）镇迁建和专业项目复建中的公路复建、码头复建、库岸防护工程。

1. 水土保持措施实施总体情况

农村居民点实施的水土保持措施包括浆砌石护坡、干砌石护坡、浆砌石框格护坡、浆砌石截排水沟、表土剥离和覆土、土地整治、草袋土临时拦挡、临时土质排水沟、临时沉砂池、乔灌草栽种绿化和草皮护坡等。其中，水土保持专项设计的措施主要为表土剥离及覆土、土地整治、草袋土临时拦挡、临时土质排水沟、临时沉砂池、栽种乔灌草绿化等。

城（集）镇居民点实施的水土保持措施与农村居民点相似。

专项设施复建实施的水土保持措施包括浆砌石护坡、浆砌石挡墙、干砌石护坡、浆砌石框格护坡、导流堤（墙）、消能防冲设施、浆砌石截排水沟、表土剥离和覆土、土地整治、复垦、草袋土临时拦挡、临时土质排水沟、临时沉砂池、防护林、栽种乔灌草绿化和植物护坡等。其中，水土保持专项设计的措施主要为表土剥离和覆土、土地整治、草袋土临时拦挡、临时土质排水沟、临时沉砂池、栽种乔灌草绿化等。

2. 工程措施实施情况

根据水土保持初步设计文件，南水北调中线一期工程丹江口水库建设征地湖北省移民安置水土保持工程措施包括：农村居民点表土剥离 29.19 万 m^3，表土回填 29.19 万 m^3，土地整治 108.82hm^2；城(集)镇居民点表土剥离 9.75 万 m^3，表土回填 9.75 万 m^3，土地整治 13.49hm^2；专项复建工程表土剥离 8.94 万 m^3，表土回填 8.94 万 m^3，土地整治 7.71hm^2。

在水土保持专项设计中提出的各项水土保持工程措施，在工程建设过程中均已得到落实。已实施的水土保持工程措施与水土保持设计相比，防治分区和防治措施体系维持不变，虽然工程量根据工程建设情况进行了调整，但是基本符合水土保持专项设计中提出的要求。工程措施布局合理，满足工程实际防治水土流失的要求。

农村居民点已实施的水土保持工程措施与水土保持设计相比，防治分区和防治措施体系维持不变，水土保持工程措施工程量根据工程建设实际情况略有调整，主要原因如下：①农村居民点数量和规模根据实际搬迁的人口数量略有调整，减少了工程征占地面积，使得实际完成的表土剥离工程量相较于设计工程量有所减少；②各居民点结合多方资金，增加了居民点内绿化面积，使得实际完成的土地整治工程量相较于设计工程量有所增加。

城(集)镇居民点已实施的水土保持工程措施与水土保持设计相比，防治分区和防治措施体系维持不变，水土保持各项工程措施基本得到落实。弃渣场表土剥离、回填工程量根据工程建设实际情况略有调整，主要原因：城(集)镇居民点基本能做到土石方挖填平衡，部分弃渣场在工程实施阶段未启用，使得实际完成的表土剥离工程量相较于设计工程量有所减少。

专项复建工程中，水土保持专项资金占专项复建工程水土保持总投资比例较小。专项复建工程实际已完成的水土保持工程措施量远大于移民安置工程水土保持设计中提出的水土保持工程措施工程量，因此认定水土保持专项设计中提出专项复建水土保持工程措施已全部完成，实际完成水土保持工程措施工程量等同设计量。

3. 植物措施实施情况

根据水土保持实施规划文件，南水北调中线一期工程丹江口水库建设征地湖北省移民安置水土保持植物措施包括：农村居民点绿化种植乔木 5.79 万株，绿化种植灌木 5.69 万株，直播种草 4.21hm^2；城(集)镇居民点绿化种植乔木 1.60 万株，绿化种植灌木 2.52 万株，直播种草 1.51hm^2；专项复建工程绿化种植乔木 1.87 万株，绿化种植灌木 1.64 万株，直播种草 6.36hm^2。

在水土保持专项设计中，提出的各项水土保持植物措施，在工程建设过程中均已得到落实。已实施的水土保持植物措施与水土保持设计相比，工程量有较大增加，在满足水土保持方案中提出的水土流失防治要求的同时，还具有良好的景观效果。

农村居民点水土保持植物措施落实情况较好，已实施的水土保持植物措施与水土保持设计相比，防治措施体系未发生变化，但水土保持植物措施工程量大幅增加，主要原因如下：①部分农村居民点将水土保持植物措施方面的专项资金，并入地方新农村建设或美丽家园建设项目的绿化资金中，统一用于居民点的绿化工程，从而使实际完成的水土保持各项植物措施工程量相较于设计工程量大幅增加；②部分农村居民点，尤其是库区居民点，因土壤、气候条件不利于植物生长，导致栽植苗木存活率较低，后期各县(市、区)移民主管部门均要求对死亡的苗木进行补植，补植苗木的数量一并计入水土保持植物措施工程量中，从而使实际完成的栽植乔、灌木工程量相较于设计工程量有所增加；③部分农村居民点为改善移民居住条件，结合安置工程基础建设资金，自行扩大了居民点内绿化面积，从而使实际完成的水土保持各项植物措施工程量相较于设计工程量有所增加。

城(集)镇居民点水土保持植物措施基本得到落实。已实施的水土保持植物措施与水土保持设计相比，防治分区和防治体系未发生变化。栽植乔木、栽植灌木、直播种草等水土保持植物措施工程量，根据各居民点建设实际情况有所调整，植物措施总量略有增加，主要原因如下：①丹江口市部分城(集)镇居民点绿化工程由丹江口市环保局负责实施，此部分居民点水土保持植物措施工程量和投资未计入移民验收工作中，从而使植物措施工程量相较于设计工程量有所减少。②库区内土壤、气候条件不利于植物生长，导致栽植苗木存活率较低。后期各县(市、区)移民主管部门均要求对死亡的苗木进行补植，补植苗木的数量一并计入水土保持植物措施工程量中，因此实际完成的栽植乔、灌木工程量相较于设计工程量有所增加。

专项复建工程中，水土保持专项资金占专项复建工程水土保持总投资的比例较小。专项复建工程实际已完成的水土保持植物措施量远大于移民安置工程水土保持设计中提出的水土保持植物措施工程量。因此认定水土保持专项设计中提出的专项复建水土保持植物措施已全部完成，实际完成水土保持植物措施工程量等同于设计量。

4. 临时措施实施情况

根据水土保持实施规划文件，南水北调中线一期工程丹江口水库建设征地湖北省移民安置水土保持临时措施包括农村居民点草袋土临时拦挡 2.28 万 m^3，开挖临时排水沟 8528m^3，临时沉砂池 1500 个，临时植草防护 2008hm^2；城(集)镇居民点草袋土临时拦挡 1503m^3，开挖临时排水沟 4012m^3，临时沉砂池 3 个；专项复建工程草袋土临时拦挡 2.50 万 m^3，开挖临时排水沟 27.47 万 m^3，开挖临时沉砂凼 3159m^3。

水土保持专项设计中提出的各项水土保持临时措施，在工程建设过程中基本得到落实。已实施的水土保持临时措施与水土保持设计相比，防治措施体系维持不变，虽然工程量有所减少，但基本符合水土保持专项设计中提出的要求。

第四节 水土保持验收

一、水土保持实施效果

(一)河南省

1. 扰动土地整治率

移民安置建设期实际扰动土地面积为2041.25hm^2，各防治分区内扰动土地整治面积1988.10hm^2(包括建筑物占地、建筑物占压及硬化固化、工程措施占地和植物措施面积)。经计算，项目区平均扰动土地治理率为95%，达到水土保持方案95%的防治目标。

2. 水土流失总治理度

移民安置建设实际造成水土流失的面积为2082.92hm^2，工程完工后，项目建设区内水土流失治理达标面积2058.51hm^2。由此计算，项目区水土流失治理度为98%，达到水土保持方案中97%的防治目标。

3. 拦渣率

移民安置建设工程临时堆渣量1350.56万m^3，实际拦渣量1309.87万m^3，经计算，工程综合拦渣率可达97%，达到水土保持方案中95%的目标。

4. 土壤流失控制比

根据对各防治分区的治理情况调查，各项水土保持措施全部实施后，工程建设各区域的水土流失得到有效控制，项目建设区内水土流失现象大幅减少。随着后期植物措施持续发挥治理效果，项目区平均土壤流失强度将降至容许土壤流失量标准以下。因此，项目建设区土壤流失控制比为1，达到水土保持方案中确定的防治目标。

5. 林草植被恢复率及林草覆盖率

项目通过实施植物防治措施，各扰动区地表植被得到恢复和改善。工程林草措施面积563.34hm^2，可绿化面积564.55hm^2。经计算，工程建设区林草植被恢复率为99%，林草覆盖率达27%。项目建设区内，除公共绿地和行道树绿化外，居民宅基地内多为自行栽植树木及花卉的庭院绿化，在统计林草覆盖率时，将此部分绿化面积一并计入。根据初步设计资料，本项目各分项工程绿地率设计值约为30%，林草覆盖率实际情况与工程建设相符，达到设计目标。

(二)湖北省

1. 扰动土地整治率

项目建设区累计扰动土地面积1824.26hm^2，其中农村居民点建筑物占压或硬化面积 1112.78hm^2，实施水土保持措施面积 633.07hm^2。据此计算，项目区扰动土地整治率为 99.58%，达到水土保持方案确定的 95%防治目标。

2. 水土流失总治理度

项目区占地面积为 1824.26hm^2，水土流失面积为 634.61hm^2，工程建设过程中水土保持措施面积为 633.07hm^2。经计算，项目区水土流失总治理度为 99.76%，达到水土保持方案确定的 97%防治目标。

3. 拦渣率

工程开挖土石方总量为 964.29 万 m^3，填方总量为 2113.37 万 m^3，挖方全部回填，借方总量 1149.08 万 m^3，工程土石方实现总体平衡。

工程建设过程中，临时堆土总量为 14395.49 万 t，项目建设产生的水土流失总量为 21.59 万 t。经计算，拦渣率为 99.85%，达到水土保持方案确定的 95%防治目标。

4. 土壤流失控制比

项目区土壤容许流失量为 500t/(km^2 · a)。根据水土保持监测报告结果和现场核查，整个项目外迁安置区植物措施实施后 1 年内的平均土壤模数为 450t/(km^2 · a)。经计算，土壤流失控制比为 1.25，达到水土保持方案确定的 0.8～1.0 防治目标。

5. 林草植被恢复率

项目区已恢复植被面积 633.07hm^2，可恢复植被的面积为 633.30hm^2。经计算，林草植被恢复率为 99.96%，达到水土保持方案确定的 99%防治目标。

二、验收报告编制情况和主要验收结论

（一）河南省

1. 验收工作过程

2018 年 7 月，受河南省移民办委托，黄河设计公司编制《河南省南水北调丹江口库区移民安置水土保持工程验收报告》。编制过程中，通过收集、查阅移民安置工程建设资料，对工程涉及的 208 个居民点和 3 个城（集）镇的部分水土保持设施进行调查核实，并按照相关法律法规和技术规范要求，编制完成了《河南省南水北调丹江口库区移民安置水土保持工程验收报告》。2018 年 10 月，河南省移民办组织对该验收报告进行技术审查，形成验收意见。

2. 验收结论

河南省移民安置水土保持设施省级验收评估认为，河南省南水北调丹江口库区移民安置工程已基本完成水土保持方案批复的拦挡、护坡、绿化等水土保持措施建设，目

前设施运行情况良好，基本达到经批准的水土保持方案要求，同意该工程水土保持设施通过竣工验收。

(二)湖北省

1. 验收工作过程

根据《水利部关于加强事中事后监管规范生产建设项目水土保持设施自主验收的通知》规定，湖北省移民局组织开展南水北调中线一期工程丹江口水库建设征地湖北省移民安置水土保持措施省级验收工作，并委托长江水保所编制《南水北调中线一期工程丹江口水库建设征地湖北省移民安置水土保持设施省级验收评估报告》。

通过查阅水土保持方案及批复、水土保持初步设计、水土保持监理总结报告、水土保持监测总结报告、工程结算等资料，现场调查水土保持工程措施、植物措施及水土流失防治效果六项指标的达标情况，于 2018 年 6 月完成水土保持设施验收报告。验收报告结论认为:建设单位依法编报水土保持方案，开展水土保持后续设计、监理、监测工作，水土保持法定程序完整;按水土保持方案和后续设计要求落实水土保持措施，措施布局合理，防治措施体系符合设计文件要求;水土流失防治任务完成较好，水土保持措施设计、实施符合水土保持有关规范;水土流失防治目标总体实现，已完成的水土保持设施质量总体合格。该工程达到国家水土保持法律法规及技术标准规定的验收条件，可组织水土保持设施竣工验收并正式投入运行。

2. 验收结论

湖北省移民安置水土保持设施省级验收评估认为，建设单位依法编报水土保持方案，实施了水土保持方案确定的各项防治措施，完成了批复的防治任务;水土保持设施质量总体合格，水土流失防治指标达到了水土保持方案确定的目标值，较好地控制和减少了工程建设中的水土流失;开展了水土保持监测工作;运行期间管理维护责任落实，基本符合水土保持设施竣工验收条件，同意该工程水土保持设施通过竣工验收。

第十九章 创新总结

南水北调中线工程在工程规划、可行性研究、初步设计及实施过程中均十分重视生态环境保护工作，提出了很多创新举措。在水源区水安全保障方面，湖北省、河南省、陕西省出台了一系列保护法规和条例；长江委建立了南水北调中线工程水源区水资源保护和水污染防治联席会议制度；国家层面通过不同专项规划与制度，初步建立了库区生态补偿机制；长江水保所首次开展了丹江口大坝加高建设征地湖北省移民安置环境保护与水土保持专项的全过程服务。

第一节 构建全方位水安全保护制度

为贯彻落实《中华人民共和国水法》中关于流域管理和行政区域管理相结合的水资源管理制度，最大限度发挥水源区各地人民政府和部门的合力，长江委经过长期的不断探索和努力，对中线水源区水资源保护工作及管理情况进行了多次实地调研，并与水源区地级人民政府和相关部门研究、协商达成一致的情况下，建立了南水北调中线工程水源区水资源保护和水污染防治联席会议机制，制定了《南水北调中线工程水源区水资源保护和水污染防治联席会议章程》。联席会议是水源区水资源保护和水污染防治工作的协商、协作交流平台，是解决中线水源区水资源保护问题的有效协商合作机制。联席会议由水源区 5 市人民政府以及长江流域水资源保护局组成。水源区陕西汉中、安康、商洛，河南南阳，湖北十堰 5 市人民政府，以及南水北调中线工程办公室、水行政主管部门、环保行政主管部门等为联席会议成员单位。联席会议两年召开一次，其间召开工作组会议。联席工作会议搭建了水源区各利益相关方交流、沟通、合作、了解的平台，建立了多部门、多层次的流域会商机制和信息交流共享机制，形成了治污水、防洪水、排涝水、保供水、抓节水以及智慧治水的“5＋1”流域协调管理模式，实现了流域管理与行政区域管理的有效结合，为实现水源地水资源保护和水污染防治起到了积极显著的效果。

丹江口库区各地人民政府对水源区保护工作高度重视，陕西省发布实施了《陕西省汉江丹江流域水污染防治条例》，湖北省出台了《湖北省汉江流域水污染防治条例》，均以立法形式对汉江、丹江水质进行保护。库区内相关地市结合自身特点和保护要求，也先后出台了多个水资源保护和水污染防治管理相关的法规性文件，如十堰市人民政府出台了《十堰市环境保护管理办法》《十堰市饮用水水源地环境管理办法》；安康市颁布了《安康市城市饮用水水源保护区环境保护管理办法（试行）》《安康市城市饮用水水源污染防治管理暂行规定（试行）》等地方性法规。

第二节 创建水源区生态补偿机制

南水北调中线一期工程首创了库区生态补偿机制。补偿机制主要体现在6个方面：实施水污染防治项目，实施水土保持及小流域治理项目，实施天然林保护工程，实施退耕还林、长江防护林工程，实施农村能源建设工程，支付南水北调中线工程库区生态保护补助金。

一、水污染防治项目

丹江口库区及上游地区作为南水北调中线工程的水源区，国家对水源区的水污染治理和水资源保护工作高度重视，先后批复了《丹江口库区及上游水污染防治和水土保持“十一五”规划》《丹江口库区及上游水污染防治和水土保持“十二五”规划》《丹江口库区及上游水污染防治和水土保持“十三五”规划》《丹江口库区及上游水污染防治和水土保持“十四五”规划》《丹江口库区及上游地区经济社会发展规划》等事关水源区保护与发展的规划。为确保调水水质安全，国家层面建立了由国家发展改革委牵头，11个有关部门和湖北、河南、陕西3省人民政府组成的部际联席会议制度。各成员单位明确分工、各司其职、各负其责，组织指导上述规划的实施。3省人民政府也分别建立了相应的协调机制，明确水污染防治和水土保持工作责任，为水污染防治和水土保持规划的实施提供了组织和制度保障，实现了对丹江口水源地的持续生态补偿。

二、水土保持及小流域治理项目

按照上述丹江口库区及上游水污染防治和水土保持规划，截至2010年，丹江口库区及上游地区已完成水土保持近期项目793个，其中在24个县开展690条小流域治理，“十二五”期间涉及水土保持项目107项，“十三五”期间涉及水土保持项目114项，“十四五”期间涉及水土保持项目96项。为使规划区非重点控制单元的水土流失也得到治理，为各级人民政府将水源保护任务纳入本地区国民经济和社会发展计划提供依据，并拓宽融资、筹资渠道，自2010年起，陆续实施小流域治理项目1000余个，丹江口水源区库周小流域得到有效治理，水土流失程度明显减轻，产生了显著的水土保持效果。

三、天然林保护工程

为从根本上遏制生态环境恶化，保护生物多样性，促进天然林资源的保护、培育和发展，林业部对重点地区实施天然林保护工程，并对开展天然林保护工程建设项目的县(市)予以支持。为保护重点公益林资源、促进生态安全，2004 年财政部建立了中央森林生态效益补偿基金。中央森林生态效益补偿基金对重点公益林管护者发生的营造、抚育、保护和管理支出给予一定补助的专项资金，由中央财政预算安排。中央森林生态效益补偿基金的补偿范围为国家林业局公布的重点公益林林地中的有林地，以及荒漠化和水土流失严重地区的疏林地、灌木林地、灌丛地。

四、退耕还林、长江防护林工程

为改善生态环境，1999 年国家开展退耕还林试点工作。根据国务院《关于进一步做好退耕还林还草试点工作的若干意见》，退耕还林补助分为 3 个部分：一是粮食补助，每亩退耕地每年补助粮食(原粮)；二是现金补助；三是种苗补助，按退耕还林和宜林荒山荒地造林计算。2002 年 4 月，国务院《关于进一步完善退耕还林政策措施的若干意见》中进一步明确粮食和现金补助的具体年限。2003 年 1 月，国家实施《退耕还林条例》，进一步规范了退耕还林活动，保护了退耕还林者的合法权益。2007 年 8 月，国务院《关于完善退耕还林政策的通知》，明确将继续对退耕农户直接补助。

五、库区生态保护补助金

国家在丹江口水库水源区实施生态补偿机制试点工作，并将补偿基金纳入中央财政预算。2008 年、2009 年国家对丹江口库区及上游地区分别拨付生态补偿专项中央财政转移支付资金，并且由中央财政通过财政转移支付的方式，对南水北调水源地统一进行生态补偿，补偿依据为《国家重点生态功能区转移支付(试点)办法》。

第三节　首创移民安置区环境保护全过程服务

在南水北调中线一期工程丹江口水库建设征地移民安置工程实施过程中，为做好环境保护和水土保持工作，湖北省移民局委托长江水保所作为技术支撑单位，实施了全过程的技术服务与指导，这在国内已建、在建水利工程移民安置中尚属首次。

2011 年 3 月，长江水保所编制《南水北调中线一期工程湖北省丹江口水库建设征地移民安置环境保护与水土保持实施规划工作大纲》，明确由长江水保所承担湖北省移民安置区环境保护与水土保持实施规划技术总成工作，各县(市、区)移民主管部门则负责环境保护与水土保持工作资金、任务双包干的工作模式。

2011年6月，长江水保所编制完成《南水北调中线一期工程丹江口水库建设征地湖北省移民安置环境保护和水土保持投资分解报告》，按照各县(市、区)居民点规模、环境保护措施布局、水土保持措施布局等方面的要求，将初步设计阶段批复的投资分解至各县(市、区)。

作为技术总成单位，长江水保所组织湖北省移民局及承担实施规划工作的技术骨干人员，赴江苏、上海等地实地调研农村生活污水处理设施建设及运行情况，进一步了解适用于农村生活污水处理的相关技术和管理经验，编制了《南水北调中线一期工程丹江口水库建设征地湖北省农村移民安置点生活污水处理技术指南》，由湖北省移民局下发至26个移民安置县(市、区)，作为环境保护工作开展的技术参考和指导性文件。

2011年8月，长江水保所编制完成《南水北调中线一期工程湖北省丹江口水库建设征地移民安置环境保护和水土保持实施规划设计技术规定》，提出分县(市、区)编制环境保护和水土保持实施规划的技术要求。截至2013年12月，湖北省各县(市、区)完成居民点环境保护和水土保持相关工作，并编制了各县(市、区)的环境保护和水土保持分县实施规划报告，长江水保所据此汇总编制完成《实施规划》。

移民安置环境保护全过程服务保障了环保专项资金从分解到县的合理性、措施到点的可行性、技术指导的可操作性，为湖北省移民安置过程中全面、高效地实施环保措施，落实环保责任，发挥环保效益奠定了基础，也为2013年启动的全国美丽乡村建设提供了经验。

一、《南水北调中线一期工程丹江口水库建设征地湖北省农村移民安置点生活污水处理技术指南》

该指南借鉴了江苏、上海等地农村生活污水处理的成功案例和先进经验，结合湖北省农村居民点生活污水收集现状、性质、规模和排放标准，同时兼顾各地情况进行分类指导，为湖北省农村居民点生活污水就地处置设施建设提供技术支持，供环保、水务、建设、移民等有关部门参考。

该指南适用于南水北调中线一期工程丹江口水库建设征地湖北省农村居民点生活污水的处理工程，重点介绍了农村生活污水收集、农村生活污水处理技术、农村生活污水处理系统污泥处理技术和农村生活污水处理系统运行管理等内容。

二、《南水北调中线一期工程湖北省丹江口水库建设征地移民安置环境保护与水土保持实施规划工作大纲》

该工作大纲确定了南水北调中线一期工程湖北省丹江口水库建设征地移民安置工

作的组织及分工。

省人民政府统一领导。省移民局负责指导、协调、监督、检查移民环境保护与水土保持实施规划工作，同时组织开展各项规划设计报告审查工作。

直辖市和省直管市人民政府负责本辖区内移民安置规划环境保护和水土保持工作的组织领导职责，批准本辖区县(市、区)移民安置环境保护和水土保持实施规划报告。省辖市和省直管市移民主管部门主要负责指导、协调移民环境保护和水土保持实施规划工作，并参与本辖区县(市、区)各项环境保护和水土保持规划设计报告的审查。

县(市、区)人民政府是移民安置环境保护和水土保持实施规划编制相关工作的责任主体和工作主体。根据本县(市、区)包干投资总额，组织本辖区内有关部门委托具备相应资质的设计、施工单位，开展居民点、城(集)镇环境保护和水土保持施工图设计、施工工作，配合技术总成单位编制移民安置环境保护和水土保持实施规划，并承担居民点环境保护设施用地划拨、提供相关资料等任务。县(市、区)移民主管部门在县(市、区)党委、政府的领导下，具体负责环境保护和水土保持实施规划编制的组织、协调，同时配合环境保护和水土保持规划设计报告的审查工作。

乡(镇)、村、组做好配合工作，配合设计、施工单位共同完成环境保护和水土保持工作。

长江水保所依据国家批准的初步设计报告，负责分县(市、区)投资分解、技术总成，以及湖北省和分县(市、区)环境保护与水土保持实施规划报告的编制工作，并负责对环境保护和水土保持设计方案进行复核，参与环境保护和水土保持设施竣工验收审查工作。

其他设计单位按委托部门的要求，完成相关设计工作。设计标准应不低于工作大纲规定的标准。设计成果提交省、市及技术总成单位联合审查。

通过明确的工作组织和分工，后续湖北省各县(市、区)均编制完成了《环境保护和水土保持分县实施规划报告》。

三、《南水北调中线一期工程湖北省丹江口水库建设征地移民安置环境保护和水土保持实施规划设计技术规定》

该技术规定按农村集中居民点、集镇迁建和专业项目复建3个类型，分别提出了实施规划任务、设计深度和技术要求，并给出了实施规划报告的章节设置、附图要求，以及投资预算及部分单价定额参考模板，使得分县实施规划报告涵盖内容完整、设计深度一致、投资预算依据一致，便于移民安置环境保护和水土保持实施规划总报告的汇总和编制。

四、全过程服务总体效果

通过对湖北省移民安置环保专项实施全过程的技术服务与指导，截至 2013 年底，分布于 26 个县（市、区）的 200 人以上农村居民点污水处理设施完成率达 98.8%。13 个迁建城（集）镇均已完成生活污水集中处理设施建设，监测结果显示，已建成污水处理设施的出水水质满足设计环保要求；农村居民点均配备了相应数量的垃圾收集设施，形成了垃圾收运系统，环保项目资金执行率为 98.0%，移民安置工程环境保护和水土保持初步设计中环保专项内容得以全面实施，移民安置区生态环境得到有效保护。

第二十章　启示与展望

第一节　启示

一、省级部门牵头是环保措施得以落实的基础

相对于移民安置资金总额，环境保护和水土保持专项资金占比很小，且农村地区的环境保护的意识相对淡薄，若环境保护、水土保持资金从省级直接下拨至各县（市、区），在实施过程中很可能会出现环境保护、水土保持措施技术标准不统一，环境保护、水土保持措施落实不到位的情况，导致生态环境保护效果将大打折扣。

在移民安置实施过程中，河南、湖北两省高度重视环境保护和水土保持工作。2011年，《南水北调中线一期丹江口水库建设征地移民安置工程环境保护和水土保持初步设计（环保、水保部分）报告》批复后，两省移民主管部门在移民安置工作极其繁重的情况下，充分发挥省级部门牵头作用。河南省移民安置指挥部办公室于2011年先行开展了3个居民点污水处理设施的试点工作，同年在平顶山召开丹江口库区移民新村污水暨垃圾处理现场观摩会，总结试点经验，之后就居民点污水处理多次组织调查研究和专家论证，印发了《河南省南水北调丹江口库区移民新村污水及垃圾处理工作实施意见》等一系列技术指导文件，指导各居民点将环境保护措施落实到位；湖北省移民局按照各县（市、区）居民点规模、环境保护措施布局、水土保持措施布局等要求，委托相关技术单位将初步设计阶段批复的投资分解至各县（市、区），保障了各居民点环境保护和水土保持措施资金专款专用。同年，湖北省移民局组织人员联合技术服务单位赴江苏、上海等地实地调研农村生活污水处理设施建设及运行情况，进一步了解适用于农村生活污水处理的相关技术及管理经验，编制了《南水北调中线一期工程丹江口水库建设征地湖北省移民安置农村集中居民点生活污水处理技术指南》，并下发至26个移民安置县（市、区），作为环境保护工作开展的技术参考和指导性文件。

河南、湖北两省充分发挥省级部门牵头作用，从资金分配、技术试点到实施规划，实

现了环境保护和水土保持专款专用，从技术上明确了各居民点环境保护和水土保持措施实施的要求，细化了每个居民点环境保护与水土保持方案，使得居民点环境保护和水土保持工作得以落地见效。

二、运行维护仍是移民安置生态环境保护的软肋

河南、湖北两省移民主管部门按照《关于南水北调中线一期工程丹江口水库建设征地移民安置工程环境保护和水土保持初步设计（环保、水保部分）报告的批复》要求，在农村移民规模以上居民点新建生活污水处理设施。该项移民安置环境保护项目于2011年全面展开，2013年底基本建设完成。

2018年，河南、湖北两省移民主管部门组织开展移民安置区环境保护项目验收。验收调查显示，这些居民点的污水处理设施在建成后的前3年，依靠移民下拨资金开展运维管理，设施设备基本保持正常运行。自2015年起，各居民点污水处理设施运管工作交由所在村组负责，由于设施设备缺乏专业人员管护、运行电费没有保障、污水管网沉降破损等因素，截至2018年验收时，部分污水处理设施已无法正常运行。

从这一问题可以看出，移民安置环境保护工作的软肋就是在建设期结束后，移民安置环境保护运管责任的缺失。在水利项目中，根据概预算编制规程的要求，环境保护措施不能计列运行管理费；而在居民点的组建过程中，村、组财政未设立环境保护专项资金，很难对污水处理设施类项目进行稳定的运管和维护，长此以往，设施设备将损坏、报废。

党的十八大以来，全国环境保护理念与意识显著提升，加之2013年启动的新农村建设工作，目前环境保护行政主管部门已将水污染治理覆盖至村组一级。为保障居民点水环境的长效治理，一方面应从国家层面积极推进构建南水北调水源区生态补偿机制建设，对移民安置区生态环境保护实现长期帮扶；另一方面应将居民点污水处理设施维护管理与新农村建设环境治理项目对接，纳入新农村正常管理范围，以保障居民点污水处理设施正常运行。

第二节　展望

丹江口水库作为南水北调中线工程水源地与国家水资源战略地，截至2023年底，南水北调中线一期工程累计调水总量突破600亿m^3，体现了中线工程巨大的生态效益、政治效益和经济效益，其生态功能极为重要，承担着“一库清水北送”的重大职责。

自2013年丹江口大坝加高移民安置工程建设基本完工以来，为加强库区水源保护

与生态修复，湖北、河南、陕西3省累计投入资金超480亿元，构建了以小流域治理、滨河植被缓冲带建设、点面源污染治理、废弃矿山生态修复等为核心的库区水环境治理体系，建立了由水质监测系统、卫星遥感水质监测系统、重点涉水企业监管系统、环库岸线监控系统组成的水安全风险防控系统。目前，丹江口水库水质长期稳定在Ⅱ类标准，水源保护成效显著。

在维护库区水安全良好态势的同时，也要认识到丹江口水库水质安全保障成效还不稳固，还存在汛期面源污染强度大、水质指标下降、部分库湾区域总磷超标的问题，库区及上游交通运输污染风险、尾矿库溢流污染风险仍然存在，库区水质安全风险仍需进一步化解。为实现丹江口水库“一泓清水永续北上”的宏伟目标，在后续生态环境治理和保护方面，还需要持续做好系统推进面源污染分步削减，加强库周清洁小流域治理；推进环境风险源清理，提升危险化学品运输管控能力；加强信息共享，提升库区水质监测预警能力等工作。

大事记

一、水源工程初期建设阶段(1952—1975年)

1952年

10月,毛泽东主席在视察黄河时提出"南方水多,北方水少,如有可能,借点水来也是可以的"。自此,我国南水北调工程的宏伟构想得以提出,建设征途正式开启。

1956年

11月,长办开始对丹江口库区进行技术经济调查工作。

1957年

长办调查队进驻丹江口水库初期工程库区,完成了水库坝前水位120～200m不同高程下丹江口库区淹没实物指标和社会经济情况的大规模调查研究工作。

1958年

3月,周恩来总理在中央政治局扩大会议上提出兴建丹江口水利枢纽工程,以综合开发和根治汉江水患的建议,并通过集体审议,为南水北调中线水源工程建设方案奠定基础。

3月,长办提出《丹江口水库初步设计阶段技术经济调查报告》,并在此基础上完成了淹没处理措施和投资概算,为丹江口水库初期工程正常蓄水位选定为170m及分期移民方案提供了切实可信的基础依据。

6月,湖北省人民政府和长办联名向党中央、国务院报送《关于丹江口工程鉴定会议的报告》,明确了丹江口水库正常蓄水位170m、大坝高程175m、电站装机容量75.5万kW的设计方案。

9月1日,丹江口水利枢纽工程开工仪式正式举行,10万建设大军奔赴丹江口,拉开"建大坝、锁汉江"的序幕,正式开启了南水北调中线水源工程雏形的建设。

1959年

7月,长办编制的《长江流域综合利用规划要点报告》提出从长江上、中、下游引水的南水北调总体布局。

1962 年

2 月，丹江口水利枢纽工程因质量问题暂停施工。

1964 年

12 月，国务院批准丹江口水利枢纽工程以分期建设的形式复工。前期工程将大坝修建到高程 162m，实现防洪、发电功能。

1965 年

4 月和 9 月，河南、湖北两省分别在武昌区、荆门县就移民搬迁安置工作召开联席会议，商定由湖北省 1966—1968 年在钟祥、荆门两县完成对丹江口水库初期工程河南省淹没区高程 147m 以下 65000 人（实际安置 68867 人）的安置任务。

1967 年

11 月 18 日，丹江口水利枢纽初期工程大坝下闸蓄水。

1968 年

10 月，丹江口水利枢纽初期工程第一台机组成功投产发电。

1969 年

4 月，河南、湖北两省和长办联名提出将初期工程蓄水位由 145m 提高到 155m，新增移民约 10 万人。两省召开移民会议，提出“远迁不如近迁，近迁不如就地后靠自安”的安置原则，库区移民即由两省各自负责搬迁安置。

1970 年

10 月，武汉军区主持召开河南、湖北两省丹江口水库初期工程移民工作会议，针对内安移民工作提出“迁、安、建，以建促安”的方针。

12 月 9 日，国务院、中央军委批复明确：“明年汛期蓄水位由 145m 提高到 150m，移民高程 152m。”据此，水电部核定丹江口水库初期工程移民人数为 5.7 万人，其中河南 3.2 万人、湖北 2.5 万人。

1972 年

5 月 8 日，国务院发文明确丹江口水库初期工程蓄水位为 155m，移民高程 157m。移民安置由河南、湖北两省分别负责。

1973 年

10 月，丹江口水利枢纽初期工程的 6 台单机容量为 15 万 kW 的混流式水轮发电机组全部装机建成并投产发电。

1974 年

2 月，丹江口水利枢纽初期工程全面竣工。

1975 年

自 1958 年起，18 年来为满足丹江口水利枢纽初期工程建设需要，丹江口水库影响范围内约 38.2 万人陆续被搬迁安置。

二、中线水源工程论证阶段(1978—1998 年)

1978 年

10 月，水电部以文件形式发出《关于加强南水北调规划工作的通知》。

1979 年

12 月，水电部成立南水北调规划办公室，统筹领导协调南水北调工作。

1980 年

3 月，水利部提出了《南水北调中线引汉工程规划要点报告》和补充报告，初步明确了中线工程的走向和规划方案。

1981 年

4 月，水利部正式下达《南水北调中线规划和科研工作计划》，指定长办为南水北调中线规划负责单位。

1987 年

4 月，长办编制完成《南水北调中线规划报告》，提出“丹江口水库大坝不加高、全线明渠输水”方案。

6 月，长办提出的《南水北调中线规划报告》确定工程规模为：丹江口水库初期供水 100 亿 m^3/a，后期供水 230 亿 m^3/a。

1991 年

自 1990 年 11 月至 1991 年 1 月，长江委会同有关省(直辖市)人民政府共同完成丹江口水库库区主要淹没实物指标普查工作。

3 月，长江委编制完成《丹江口水利枢纽后期完建工程淹没实物指标调查报告》。

4 月，水利部以水规〔1991〕19 号文责成长江委会同地方尽快开展水库淹没处理及移民安置规划工作。

5 月 25 日，长江委完成了《南水北调中线规划报告(初稿)》。引汉水质保护及环境影响初评作为该规划报告的组成内容之一。

9月，长江委相继完成《南水北调中线规划报告(1991年9月修订)》《初步可行性研究》及19个专题报告，并提出“丹江口水库大坝加高、全线明渠输水”方案。

11月，水利部组织召开审查会议，原则同意《南水北调中线规划报告(1991年9月修订)》《初步可行性研究》，并要求进一步研究完善。

1992年

5月11—16日，长江水资源保护局牵头在武汉组织召开《南水北调中线工程环境影响评价》大纲征求意见会。

10月8日，长江水资源保护局编制完成《南水北调中线工程可行性研究报告》中的环境保护篇第六章“环境影响评价与水质保护规划”。

11月13日，长江水资源保护局根据国家计委1992年10月在丹江口市召开的南水北调中线工程工作会议精神，修改完成《南水北调中线工程可行性研究报告》专题八“环境影响评价”及其两个附件——调水对汉江中下游水质影响的研究、调水对汉江中下游水生生物影响的初步评价，并上报长江委审查。

12月14—16日，长江水保所编写的《南水北调中线工程环境影响评价工作大纲》专家审查会在北京召开。

12月，长江委编制完成《南水北调中线工程可行性研究报告》《丹江口水库后期完建工程库区淹没处理及移民安置规划》专题报告。

1993年

1月，长江委将《南水北调中线工程可行性研究报告》以及包括《丹江口水库后期完建工程库区淹没处理及移民安置规划》在内的10项专题正式上报水利部并抄送国家计委。

4月17日，南水北调中线工程环境考察团到丹江口水库考察水质。参加此次考察的有国家环境保护局、水利部，以及北京、天津、河北、河南、湖北5省(直辖市)的环保部门及有关大专院校、科研单位。

1994年

1月，水利部组织审查并原则通过《南水北调中线工程可行性研究报告》。

2月，水利部以公文函件形式向国家计委报送《南水北调中线工程可行性研究报告》审查意见，基本同意报告内容。

5月15—23日，国家计委农经司、水利部规划计划司会同长江委在武汉主持召开南水北调中线前期工作会议，听取了长江委提交的关于南水北调中线总干渠工程、穿黄工程、环境保护、丹江口水利枢纽完建工程、库区移民、综合项目等初步设计阶段项目任务书和计划任务书的编制说明。并根据国家计委农经司和水利部规划计划司关于中线前期工作的要求，各省（直辖市）代表在会议期间按要求分别拟定了初设阶段三年工作计划。

12月21—23日，长江水资源保护局在武汉主持召开了南水北调中线工程环境影响评价部分专题报告评审会，国家环境保护局、水规总院、中国环科院及有关大专院校、科研机构的专家参加了评审会。

1995年

6月，国务院领导主持召开国务院第71次总理办公会议，明确了南水北调工程目的，提出了工程要求，保障了工程资金，并成立了南水北调论证委员会。

8月27—29日，水利部在北京对长江委提交的《南水北调中线工程环境影响报告书》进行了预审。

10月11—12日，国家环境保护局在北京主持召开《南水北调中线工程环境影响报告书》终审会，同意预审会专家组评审意见。

11月12日，时任水利部部长钮茂生召开南水北调工程论证委员会第一次全体会议，正式宣布南水北调论证委员会成立。

11月21日，国家环境保护局以《关于〈南水北调中线工程环境影响报告书〉审批意见的复函》批复《南水北调中线工程环境影响报告书》。

11月22—24日，水利部在北京主持召开南水北调工程论证工作第一次会议，贯彻落实本年6月国务院第71次总理办公会议精神，部署南水北调工程论证工作。国务院领导到会作了重要讲话。会议宣布成立南水北调工程论证委员会，由水利部部长牵头，吸收有关部门和有关专家参加，水利部部长任主任委员；成立了规划、线路、环评、投资、经济、综合等6个专家组和东线、中线、西线3个论证工作组。

12月底，长江委完成《南水北调中线工程论证报告（草稿）》。

1996年

1月，南水北调中线工程论证工作组提出了《南水北调工程论证报告》《规划专题报告》《输水线路专题报告》《环境影响评价专题报告》《投资估算专题报告》《经济综合评价报告》《丹江口水库161米调水方案专题报告》等7个附件，并报送南水北调工程论证委员会。同月，水利部组织召开南水北调工程论证委员会第二次全体会议，讨论并修改《南水北调工程论证报告》。

3月，经国务院领导批准，南水北调工程审查委员会正式成立。

3—8月，南水北调工程审查委员会多次组织审查《南水北调工程论证报告》，并编制完成《南水北调工程审查报告（讨论稿）》。

5—6 月，南水北调工程审查委员会在北京召开了 3 次专题审查工程会议，综合、规划、工程、经济、环境等 5 个专题审查组的委员和专家参加了会议。

1997 年

1 月，国家计委向国务院报送《南水北调工程审查报告（讨论稿）》，审查报告基本同意《南水北调工程论证报告（讨论稿）》主要结论。

10 月 4—16 日，长江委中线办公室、长江水资源保护局在武汉召开南水北调中线工程环境保护初步设计工作会议，讨论了《南水北调中线工程环境保护初步设计工作大纲》《南水北调中线工程环境保护初步设计技术大纲》，并对中线工程环保初步设计科研工作成果进行了交流。

1998 年

3 月，国家计委正式向国务院报送《南水北调工程审查报告》，标志着南水北调中线工程论证工作基本完成。

11 月 9—11 日，长江水资源保护局在武汉召开南水北调中线工程环保科研成果评审验收会，会议对包括丹江口水库下泄流量调节对汉江中下游水质的影响研究、丹江口库区及汉江中下游鱼类资源保护措施研究、丹江口库区水质保护管理研究在内的 12 个专题进行评审。

三、中线水源工程前期工作阶段（1999—2009 年）

1999 年

2 月 5—6 日，长江水资源保护局在武汉主持召开《南水北调中线工程环境保护前期工作报告》评审验收会。

11 月 4—12 日，中国林科院南水北调中线考察组在长江委中线办的配合下，对中线工程总干渠沿线区域进行了综合考察。通过考察，专家们一致认同工程的重要地位，并建议国家尽早决策，使该工程尽早实施。

2000 年

4 月 3 日，调水局主持召开南水北调中线工程对汉江中下游环境影响工作大纲专家评审会。

9 月 27 日，国务院领导主持召开国务院南水北调工程座谈会，提出“先节水后调水，先治污后通水，先环保后用水”的“三先三后”原则，强调要“加紧南水北调工程的前期工作，尽早开工建设”。

12 月 21—23 日，国家计委、水利部组织召开南水北调工程前期工作座谈会，进一步部署南水北调工程规划设计工作。

2001 年

5 月，《南水北调西线工程规划纲要及第一期工程规划》通过水利部组织的专家审查会议。

9 月，《南水北调中线工程规划（2001 年修订）》通过水利部组织的专家审查会议。

11 月，《南水北调东线工程规划（2001 年修订）》通过水利部组织的专家审查会议。这标志着南水北调工程前期技术准备工作已完成。

2002 年

1—2 月，长江设计院会同湖北省十堰市、丹江口市移民主管部门及汉江集团有关部门组成 40 余人的联合调查组，按初步设计阶段深度要求对坝区施工占地红（黄）线范围实物指标进行调查。

4 月，长江水保所编制完成《南水北调中线工程环境影响复核评价大纲》。

4 月，长江委以长计〔2002〕263 号文将《丹江口水利枢纽大坝加高工程初步设计报告》上报水利部。

5 月 21 日，调水局主持召开《南水北调中线工程环境影响复核评价大纲》专家咨询会。

6 月，《项目建议书》编制完成并原则通过水规总院和调水局联合组织的审查会议。

6 月 12—13 日，国家环境保护总局环境工程评估中心在北京主持召开《南水北调中线工程环境影响复核评价大纲》技术评审会，并以国环评估纲〔2002〕210 号文对复核评价大纲进行了批复。

8—10 月，《南水北调工程总体规划报告》陆续通过国务院总理办公会议、中共中央政治局常务委员会会议审议。

10 月，南水北调中线工程前期暨水库实物指标调查会议召开，标志着丹江口坝区实物指标调查及移民安置规划工作正式开启。

10 月，为保证实物指标调查工作有序开展，长江设计院完成《实物指标调查大纲》编制工作并通过水规总院和调水局的联合审查。

12 月 23 日，《南水北调工程总体规划报告》正式获得国务院批复。

12 月 27 日，南水北调工程开工典礼正式举行，标志着南水北调工程正式进入工程实施阶段。

12 月 30 日，水利部办公厅致函湖北、河南两省政府办公厅，商请配合开展丹江口水利枢纽大坝加高工程水库淹没实物指标调查工作，明确由项目建设单位（建设单位成立前由长江委负责）组织，长江设计院会同河南省移民办、湖北省移民局、两省国土资源厅、库区县(市、区)移民办(局)、国土局等单位组成联合调查组,共同开展丹江口水库淹没实物指标调查工作。

2003 年

1月7日,长江委经与湖北省、河南两省人民政府协商,并报请水利部同意,成立南水北调中线丹江口水利枢纽大坝加高工程水库移民规划工作领导小组,长江委主任蔡其华任领导小组组长,湖北省副省长贾天增、河南省副省长王明义任副组长。领导小组下设办公室,负责日常工作。11日,领导小组第一次全体会议在湖北省鄂州市召开,安排部署库区淹没实物调查及移民规划方案编制工作。

2月28日,国务院办公厅以国办发〔2003〕12号文发布丹江口大坝加高工程坝区和库区淹没线以下地区的"停建令",为丹江口大坝加高工程实物指标调查工作做准备。

2—4月,河南、湖北两省联合实物指标调查组顺利完成丹江口水库初步设计阶段水库淹没实物指标调查工作。

3月31日至4月1日,长江委在武汉主持召开南水北调中线工程环境影响复核评价工作会议,对下一步环评工作的安排进行了部署。

4月,水规总院主持召开会议讨论审查依据中线工程规划修订成果修订后的《项目建议书》。

4月,在征求水利部及河南、湖北两省意见的基础上,《初设规划大纲》编制完成。

6月,《实物指标调查报告》编制完成。

6月,根据水利部办公厅《关于印发〈水利部2003年南水北调工程前期工作会议纪要〉的通知》和调水局调水项〔2003〕14号文件,南水北调中线一期工程划分为17个单项,按单项工程分别立项并履行建设项目的管理程序,每个单项工程均需单独编制环境影响报告书。南水北调环评工作开始转入以编制单项工程环评影响报告书为主,适当兼顾总体环评报告书编制工作阶段。

6—9月,长江委会同有关地方人民政府联合开展移民安置规划设计,并顺利完成库区外业工作和外迁安置区外业工作。

7月28—29日,水规总院主持召开会议,对长江委报送的《初设规划大纲》进行了审查。

7月,国务院以"国办发〔2003〕71号"文批准成立南水北调建委会,并确立为南水北调工程建设重大方针、政策、措施和其他重大问题的决策机构。

7月,长江设计院编制完成《框架规划报告》,确定了以土为本、大农业安置的生产安置方式,明确了农村移民出县外迁安置为主,省内安置为辅。

8月4日,经国务院批准,国务院南水北调办成立。

8月，水利部批准了修改后的《初设规划大纲》，并以此作为初步设计阶段移民安置规划编制的主要依据和最重要的技术指导性文件。

8—10月，国务院南水北调办在研究吸收国家发展改革委和水利部的意见基础上，编制完成《南水北调工程项目法人组织建议方案(讨论稿)》，先后分别组织召开会议征求行业专家和包括国家发展改革委、财政部、建设部、水利部、国家环境保护总局等五部委，以及河北省、北京市、天津市、河南省、江苏省等有关省(直辖市)的意见后，最终形成《南水北调工程项目法人组建建议方案》。

10月16日，国务院领导听取国务院南水北调办关于《南水北调工程项目法人组建建议方案》的汇报并作出重要指示。

2004年

2—4月，长江设计院开展丹江口大坝加高工程库区移民外迁安置规划工作，编制完成《丹江口大坝加高工程库区外迁移民安置规划专题报告(河南、湖北)》。

3月23日，南水北调建委会以国调委发〔2004〕2号文批复同意南水北调中线水源工程项目法人组建方案。

7月，国家环境保护总局以环审〔2004〕230号文批复《丹江口水利枢纽大坝加高工程环境影响报告书》。

7—10月，按照水利部办水调〔2004〕96号文要求，长江委先后组织完成河南、湖北库区实物指标抽样复核工作，并于10月编制完成《实物指标复核报告》。

8月，水利部组建水源公司作为南水北调中线水源工程项目法人，在工程建设期内负责丹江口大坝加高、丹江口水库征地移民和水源工程运行管理专项3个设计单元的建设管理工作。

11月，国家发展改革委以发改农经〔2004〕2530号文批准《丹江口水利枢纽大坝加高工程可行性研究报告》。

12月，长江设计院编制完成《坝区初设规划报告》，并经水规总院两次审查后形成《坝区初设规划报告(审定稿)》。

12月，水规总院审查通过《丹江口水利枢纽大坝加高工程初步设计报告(修订本)》。

2005年

1月，长江设计院编制完成《可研总报告》及附件四(《工程建设征地移民规划设计报告》第一分册——《水源工程》)。

1月6—9日，全国人大环资委调研组赴湖北省调研南水北调中线工程水源地生态保护和水污染防治情况。

1月10日，南水北调中线工程第一座水质监测站在河南南阳建成。

1月27日，南水北调建委会印发《南水北调工程建设征地补偿和移民安置暂行办法》。

1月，湖北省十堰市神定河污水处理厂建成投产。该厂为南水北调中线水源区第一座污水处理厂，日处理污水能力16.5万t。

1月，长江设计院编制完成《南水北调中线一期工程可行性研究总报告》(送审稿)及附件四(《工程建设征地移民规划设计报告》第一分册——水源工程)。

3月，国家发展改革委对《坝区初设规划报告》投资概算进行评审核定。

4月，湖北省人民政府与国务院南水北调办签订《南水北调主体工程建设征地补偿和移民安置责任书》，并于同月正式下发《关于全面启动坝区移民搬迁工作的通知》，自“停建令”下发后历时近2年，丹江口坝区移民搬迁工作正式进入实施阶段。

4月18日，湖北省人民政府办公厅印发《关于全面启动丹江口水利枢纽大坝加高工程坝区移民搬迁工作的通知》。

4月28日，国家发展改革委以《国家发展改革委关于核定丹江口水利枢纽大坝加高工程初步设计概算的通知》核定工程总投资242525万元。

4月29日，水利部以水总〔2005〕168号文正式批复《丹江口水利枢纽大坝加高工程初步设计报告》。

5月，湖北省移民局组织评审《坝区实施规划报告》。

5月，《项目建议书》获得国家发展改革委批准。

5月31日至6月7日，长江委启动南水北调中线水源区执法机制，执法范围涉及丹江、汉江流域湖北、河南、陕西等3个省7个县(市)，为切实履行流域机构水行政管理职责，保护南水北调中线工程水源区生态环境，预防、打击和遏制水源区水事违法活动等做好前期准备工作。

6月，长江设计院修改并形成《坝区实施规划报告(审定稿)》。

6月8日，国务院南水北调办印发《南水北调工程建设征地补偿和移民安置资金管理办法(试行)》。

6月28日，丹江口坝区施工用地范围内642户2572名移民全部安全搬迁，南水北调中线工程移民“第一搬”顺利完成。

7月26日，《南水北调中线工程丹江口水库水源区水土流失动态监测项目》成果通过专家验收。

8月，国务院南水北调办印发《南水北调工程移民安置监测暂行办法》和《南水北调工程建设征地补偿和移民安置监理暂行办法》。

9月21日，国务院南水北调办以国调办建管〔2005〕81号文批准《南水北调中线水源工程丹江口大坝加高开工报告》。

9月26日，丹江口大坝加高工程主体部分正式开工，标志着南水北调中线水源工程正式进入全面实施阶段。

8—11月，水源公司与汉江集团、长江委水文局协商并正式签订坝区征地补偿和移民安置任务及投资包干协议。

11月12日，水利部组织召开南水北调中线工程征地移民安置规划设计报告及其附件复审会。

11月28日，长江水资源保护局丹江口局成立。该局作为派出机构，将在丹江口水库和汉江中上游行使水资源保护的管理职能。

11月，水源公司与湖北省移民局正式签订坝区征地补偿和移民安置任务及投资包干协议。

12月，长江设计院先后牵头完成《可研总报告》及附件四(《工程建设征地移民规划设计报告》第一分册——《水源工程》)。

2006年

1月，国务院南水北调办要求长江设计院结合地方人民政府对移民安置的要求和即将颁布修订后的《移民安置条例》，对2003年8月批准的《初设规划大纲》进行修订。

1月17日，全国人大环境资源委员会对湖北省南水北调工程生态保护和水污染防治进行调研情况。调研组强调，要尽快争取国家批复《丹江口库区及上游水污染防治和水土保持规划》并实施；污水和垃圾处理厂(场)要高标准设计。

3月20—29日，根据《关于对南水北调中线丹江口大坝加高工程进行稽查的通知》的要求，国务院南水北调办成立稽查专家组，对丹江口大坝加高工程进行全面稽查并提出意见与建议。水源公司认真参照稽查意见与建议落实整改措施。

3月29—31日，水源公司组织召开《初设规划大纲》审查会，会后长江设计院根据审查意见进行修改、完善。

4月，《初设规划大纲》获得国务院南水北调办批复。

4月29日，生态环境部(原国家环境保护总局)以环审〔2006〕323号文批复《南水北调中线一期工程环境影响复核报告书》。

4—5月，国务院南水北调办组织召开南水北调中线一期工程初步设计阶段丹江口库区征地移民规划设计工作协调会，水源公司及相关地方人民政府参加，并于会后迅速组织动员开展工作。

6—8月，长江设计院先后组织开展库区移民规划复核工作及外迁安置区规划复核工作。

6 月至次年 5 月，长江设计院陆续编制完成丹江口水库枢纽大坝加高工程初步设计阶段农村移民安置、城(集)镇迁建、专业项目恢复改建、工业企业淹没处理及补偿投资核算等专题报告。

11 月至次年 1 月，水源公司组织开展专项审计工作和工程建设管理自查自纠活动，并形成自查整改落实报告。

12 月，长江设计院完成《南水北调中线一期工程丹江口水库建设征地初步设计阶段农村移民安置规划设计报告(讨论稿)》。

12 月，监测南水北调中线工程生态环境效应的国家高技术研究发展计划(863 计划)研究课题通过国家科技部验收。

2007 年

1 月，水源公司组织会议，邀请国务院南水北调办环境与移民司、河南和湖北两省移民机构，共同研讨长江设计院编制的《南水北调中线一期工程丹江口水库建设征地初步设计阶段农村移民安置规划设计报告(讨论稿)》。

2 月 10 日，国务院批复《丹江口库区及上游水污染防治和水土保持规划》。

3 月，陶岔渠首工程征地移民初步设计规划工作会议召开，河南省移民办、水源公司、长江设计院等相关机构参加本次会议。

6 月，水源公司组织长江设计院编制完成《初步设计规划报告(送审稿)》，包括主报告及 9 个附件，共计 221 册设计报告和 133 册地质勘察报告，并报送相关审查单位进行审查。

10 月 25 日，国务院南水北调办组织召开丹江口水库移民试点工作会议，确定开展库区移民试点方案编制工作。

11 月，水源公司按照国务院南水北调办部署，组织长江设计院和河南、湖北两省开展丹江口水库建设征地移民安置试点方案编制工作，并召开试点方案工作细则讨论会。

11 月上旬，长江设计院编制完成《南水北调中线一期工程移民安置试点方案工作细则》。

11 月 14 日，丹江口库区及上游水污染防治和水土保持部际联席会议制度建立，并在北京召开第一次会议。

11 月 14—15 日，水源公司组织召开试点方案工作细则讨论会，会后长江设计院根据会议纪要进行修订完善，并由水源公司上报国务院南水北调办。

11 月下旬至 12 月初，河南、湖北两省移民机构先后组织召开丹江口库区移民试点工作会议。

11 月下旬至 12 月底，长江设计院赴淅川县、郧县、丹江口市库区试点村组全面开展库区试点规划外业工作。

2008年

4月，长江设计院编制完成《试点规划报告》。随后，水源公司组织召开移民试点方案专家咨询会，会后长江设计院根据意见进行修订并由水源公司上报国务院南水北调办。

4月24日，河南省出台《河南省南水北调中线一期工程总干渠两侧水源保护区划定工作实施意见》，通过划定水源保护区，防止总干渠两侧一定范围内的工业、农业、生活污染物和其他污染物进入总干渠，确保总干渠的水质安全。

10月，国务院南水北调办以国调办环移〔2008〕152号文批复《试点规划报告》，水源公司根据批复要求迅速组织实施试点搬迁工作。

10月，国务院南水北调办批准《初设规划大纲(修订)》。

10月21日，国务院第32次常务会议审议批准《可研总报告》。

10月22日，国务院南水北调办组织召开丹江口库区移民设计工作协调会，要求结合国家移民政策的调整和设计规范修订，综合考虑库区经济社会发展需要修订2007年6月完成的初步设计规划报告。据此，水源公司迅速组织长江设计院全面修订前期完成的初步设计规划报告。

10月31日，南水北调建委会召开第三次全体会议，会议决定：南水北调中线工程丹江口库区移民搬迁安置工作必须集中在2010年、2011年完成。

11月7日，河南省召开丹江口库区河南省移民试点工作全省动员会，标志着试点移民实施工作全面启动。

11月25日，湖北省召开丹江口库区湖北省移民试点工作全省动员会，标志着试点移民实施工作全面启动。

2009年

3月10日，湖北省人民政府组织召开湖北省南水北调中线工程丹江口库区移民试点工作督办会。

3月24日，河南省人民政府组织召开河南省南水北调丹江口库区移民工作会议。

5月19—25日，国务院南水北调办领导带队赴南水北调中线丹江口库区及上游地区开展环境保护和征地移民调研工作。

5月，长江设计院在征求有关省、市、县及部门意见后，编制完成《河南省实施规划工作大纲(试行)》。

6月14日，湖北省人民政府组织召开湖北省南水北调中线工程丹江口库区移民实施规划工作会议，全面部署丹江口库区移民实施规划工作。

7 月 6 日，河南省南水北调丹江口库区移民安置对接暨试点移民搬迁工作会议在郑州市召开。

7 月中旬，《中线丹江口库区及上游水土流失重点防治工程项目可行性研究报告》通过湖北省组织的专家审查。

7 月，水源公司委托长江设计院以批复的《可研总报告》为基础，补充完善 2004 年编制完成的初步设计，并编制完成《坝区初设规划补充报告》。

7 月 29 日，河南省南水北调丹江口库区大规模移民动员大会在南阳市淅川县召开，水源公司、长江设计院等相关单位受邀参会。

8 月底，河南省完成丹江口库区试点移民搬迁任务。

12 月底，湖北省完成丹江口库区试点移民搬迁任务。

四、中线水源工程移民安置与生态环境保护实施阶段（2010—2012 年）

2010 年

1 月，财政部下达丹江口库区及上游 40 个县等国家重点生态保护区转移支付资金 14 亿多元，用于南水北调中线工程丹江口库区及上游地区天然林保护工程和青海三江源所辖县区，标志着在全国重点流域中国家对南水北调工程中线水源区将率先实施生态补偿。

1 月 20 日，湖北省南水北调中线丹江口库区移民工作会议召开。

2 月，水源公司向国务院南水北调办报送经水规总院、中咨公司审查并修订后的《初步设计规划报告》。

5 月 17 日，国务院南水北调办以国调办征地〔2010〕74 号文批复修订后的《初步设计规划报告》，成果包括各类规划设计报告共 223 册，标志着河南、湖北两省移民工作正式转入全面实施阶段。

5 月，河南省移民安置指挥部以豫移指〔2010〕14 号文正式批复《河南省实施规划工作大纲》。

5 月 19—25 日，国务院南水北调办领导带队赴丹江口库区及上游地区开展环境保护和征地移民工作调研，并与河南、湖北、陕西 3 省座谈听取有关工作汇报。

6 月 10 日，河南、湖北两省南水北调中线工程丹江口库区大规模搬迁正式启动。

6 月 12 日，河南省南水北调丹江口库区第一批移民搬迁暨第二批移民安置动员大会召开。

6 月 16—17 日，全国人大常委会委员、环资委主任委员率领调研组对丹江口库区水质保护情况和调水对长江中下游影响情况进行调研，实地考察丹江口水库大坝加高工程和水库水质状况。

8月9日，国务院南水北调办印发《关于进一步做好南水北调丹江口库区移民安置有关工作的通知》。

9月4日，河南省顺利完成丹江口库区第一批移民搬迁安置任务。

9月14日，南水北调征地移民资金管理座谈会在河南省许昌市召开，各省(直辖市)南水北调办事机构、移民机构、项目法人负责同志等参加会议。

10月10日，中线水源区丹江口市城区污水处理厂试运行成功并达到一级B类排放标准。

10月26日，河南省人民政府组织召开南水北调丹江口库区第一批移民总结表彰暨第二批移民安置再动员电视电话会。

10月31日，水利部在湖北省十堰市召开丹江口库区及上游水土保持工程现场会。会议强调，做好水土保持工作对永续保持丹江口水库优良水质和促进当地经济有着重要的意义。

10月，国务院南水北调办会同环境保护部、水利部组织有关专家，赴河南、湖北、陕西3省对丹江口库区及上游水质监测建设项目实施方案论证和水资源保护区划定开展调研。

11月3—10日，国务院南水北调办、财政部等单位组成调研组，赴丹江口库区及上游河南、湖北、陕西3个省有关市县，检查生态补偿资金安排使用情况，研究完善生态补偿工作机制的措施。

11月28日，湖北省顺利完成大规模外迁移民搬迁安置任务。

12月1日，南水北调建委会第四次全体会议在北京召开。会议总结建委会第三次全体会议以来南水北调工程建设工作，研究存在的问题，部署2011年工程建设任务。

12月25日，丹江口库区及上游水污染防治和水土保持部际联席会议办公室在北京召开《丹江口库区及上游水污染防治和水土保持规划》修编大纲起草工作讨论会议，修编工作全面启动。

12月28日，湖北省组织召开湖北省南水北调中线工程丹江口水库移民外迁工作总结表彰会议。

2011年

1月21日，国务院南水北调办组织召开主任专题办公会，审议《南水北调中线一期工程丹江口水库建设征地补偿和移民安置验收管理办法》《南水北调中线一期工程丹江口水库消落区土地利用管理办法(试行)》。

3月30日，国务院南水北调办组织召开南水北调中线一期工程丹江口库区移民工作座谈会。

4 月 19 日，河南省组织召开南水北调中线一期工程丹江口库区第二批移民搬迁动员大会。

4 月，国务院南水北调办印发《关于南水北调中线一期丹江口水库建设征地移民安置工程环境保护和水土保持(环保、水保部分)初步设计报告的批复》，长江水保所据此完成报告修改。

5 月 5 日，河南省南水北调丹江口库区第二批移民搬迁启动仪式在淅川县举行。147 户 693 名移民登上开往邓州市腰店镇移民新村的客车，标志着河南省南水北调丹江口库区第二批移民大搬迁正式全面启动。

5 月，湖北省移民局委托长江水保所编制完成《南水北调中线一期工程丹江口水库建设征地湖北省移民安置环境保护和水土保持实施规划工作大纲》《南水北调中线一期工程丹江口水库建设征地湖北省移民安置环境保护和水土保持实施规划技术总成工作任务书》《南水北调中线一期工程丹江口水库建设征地湖北省移民安置环境保护和水土保持投资分解报告》《南水北调中线一期工程丹江口水库建设征地湖北省移民安置农村集中居民点生活污水处理技术指南》等技术指导性文件，并下发至 26 个移民安置县(市、区)。

6 月 15 日，湖北省移民局印发《关于开展南水北调中线工程丹江口水库外迁移民实施规划编制工作的通知》，要求安置县(市、区)收集整理资料，为编制工作做准备。

6 月 30 日，湖北省正式启动南水北调中线工程丹江口库区第一批内安移民搬迁工作。

8 月，河南省批准《南水北调中线一期工程总干渠(河南段)两侧水源保护区规划方案》。河南省境内渠道长度 731km，共划定保护区面积 3054km^2。

8 月 25 日，河南省南水北调丹江口库区第二批农村移民集中搬迁基本完成，标志着河南省丹江口库区第二批大规模农村移民集中外迁工作基本结束，移民迁安工作重点转向后续帮扶和巩固迁安成果。

10 月 8—9 日，国务院领导、南水北调建委会主任赴河南省南阳市考察工程建设、库区移民和水资源保护工作，并主持召开南水北调工程建设工作座谈会。

10 月 26 日，河南省南水北调丹江口库区社区移民搬迁完毕，标志着河南省南水北调丹江口库区外迁移民搬迁任务全面完成。

11 月，湖北省人民政府以《关于恳请解决南水北调中线工程丹江口水库内安移民点高切坡治理资金的函》向国务院南水北调办提出解决内安移民点高切坡问题的请求。

11 月底，长江设计院编制完成《农村实施规划报告》。

12 月，湖北省移民局组织召开会议，审议并通过《农村实施规划报告》。

12 月，受国务院南水北调办委托，长江设计院编制完成《南水北调中线水源工程丹江口水库提高蓄水位后地质环境灾害风险分析报告》，对库区地质灾害分布及风险性进行全面分析评估，为后续地质灾害防治工作奠定基础。

12 月 20 日，湖北省丹江口库区农村移民搬迁工作基本完成，标志着河南、湖北两省南水北调丹江口库区大规模移民搬迁基本完成。

2012 年

2 月 10 日，国务院南水北调办组织南水北调丹江口库区移民重点工作会商会，会议明确要求继续深化移民帮扶举措，推动移民生产生活发展，确保能够“搬得出、稳得住、能发展、可致富”。

3 月 1 日，南水北调建委会第五次全体会议在北京召开。国务院领导、南水北调建委会主任主持会议并讲话。

3 月 7 日，国务院领导参加十一届全国人大五次会议湖北代表团审议，强调帮助丹江口水利枢纽库区移民逐步致富，保证一泓清水北上。

3 月 17 日，湖北省人民政府召开全省南水北调丹江口库区移民内安现场会，标志着库区移民内安复建扫尾工作全面开启。

3 月，国务院南水北调办以《关于湖北省丹江口水库内安移民点高切坡治理有关问题的复函》回复湖北省人民政府关于内安移民点高切坡治理的请求，指出湖北省要高度重视、妥善处置。

4 月 6 日，国务院南水北调办组织召开南水北调丹江口库区移民规划设计及实施工作座谈会。

4 月 19 日，环境保护部和国务院南水北调办联合印发了《关于做好南水北调中线水源区县域生态环境质量考核工作的通知》，明确水源区各县（市、区）的生态环境质量考核指标和考核内容，标志着中央财政对水源区实施的重点生态功能区转移支付将根据县域生态环境质量考核结果实施奖惩。

4 月，受湖北省移民局委托，长江设计院编制完成《南水北调中线一期工程丹江口库区湖北省内安移民点高切坡防护规划设计报告》。

6 月 19 日，国务院南水北调办组织召开丹江口库区移民进度商处会。

7 月 17 日，河南省人民政府印发《关于加强我省南水北调丹江口库区移民后期帮扶的意见》，明确河南省后期帮扶工作目标及要点。

7 月，水规总院审查通过《南水北调中线一期工程丹江口库区湖北省内安移民点高切坡防护规划设计报告》，基本同意高切坡防护范围和主要防护措施。

7月，水源公司委托长江设计院承担丹江口水库地质灾害监测及防治施工图设计工作。

8月，国务院南水北调办印发《关于南水北调中线一期工程丹江口水库建设征地移民安置环境保护与水土保持(生态修复、水质监测、环境科研部分)初步设计报告的批复》。

8月22日，河南省人民政府组织召开河南省移民工作会议，安排部署南水北调丹江口水库大坝加高工程建设征地补偿和移民安置蓄水前县级自验工作。

9月18日，湖北省南水北调丹江口水库移民搬迁安置工作表彰暨帮扶发展动员大会召开。会上正式宣布，湖北省全面完成南水北调中线工程丹江口库区移民搬迁安置任务，标志着丹江口水库34.5万移民搬迁安置工作圆满结束。

9月，河南省移民办和湖北省移民局联合委托长江设计院开展丹江口水库移民安稳致富奔小康专题研究。

10月16—18日，国务院南水北调办分别在湖北、河南两省召开移民生产发展交流会，对外迁移民生产生活发展提出新的要求。

11月21日，国务院南水北调办、国家发展改革委、监察部、环境保护部、住房和城乡建设部、水利部6部委联合印发《关于印发丹江口库区及上游水污染防治和水土保持规划实施情况考核办法的通知》。该通知的出台是建立健全南水北调治污环保工作有效机制的体现，将有力推动南水北调中线水源区3省地方加大治污环保工作力度，确保水源水质安全。

五、中线水源工程移民后续帮扶与水环境保护阶段(2013—2021年)

2013年

5月，国务院南水北调办以国调办征移〔2013〕123号文发布《关于印发南水北调中线一期工程丹江口水库大坝加高工程建设征地补偿和移民安置蓄水前终验工作方案的通知》。

6月4日，国务院批复国家发展改革委、国务院南水北调办、水利部、环境保护部、住房和城乡建设部及河南、湖北、陕西3省共同编制《丹江口库区及上游水污染防治和水土保持"十二五"规划》。

6月初，河南、湖北两省陆续完成南水北调丹江口库区移民蓄水前县级自验工作。

6月，长江水保所受湖北省移民局委托，编制完成《南水北调中线一期工程丹江口水库建设征地湖北省移民安置环境保护和水土保持实施规划报告》，并通过审查。

6月，水源公司组织编写《南水北调中线水源工程丹江口水库地质灾害防治工程（首批）施工图设计》，按轻重缓急、分批实施的原则共规划设计治理工程1处、避险搬迁2处、监测预警45处。

6月，水源公司以中水源计函〔2013〕56号文委托长江设计院开展“南水北调丹江口水库建设征地移民搬迁后留置人口影响分析”“南水北调丹江口水库农村移民收支调查”两个课题研究，这是丹江口水库移民后续帮扶工作的起点。

6月底，河南、湖北两省分别完成南水北调丹江口库区移民省级初验工作，编制完成《河南省南水北调丹江口库区移民蓄水前阶段验收省级初验工作报告》《湖北省南水北调丹江口库区移民蓄水前初验报告》。

7月16—22日，国务院南水北调办先后在河南省淅川县、湖北省十堰市组织开展丹江口水库移民安置终验技术性初步验收，形成《河南省移民安置终验技术性初步验收报告》《湖北省移民安置终验技术性初步验收报告》。

7月28日，《丹江口库区及上游水污染防治和水土保持“十二五”规划》水土保持项目实施启动会议在河南省西峡县召开。

8月4—11日，国务院南水北调办先后在湖北、河南库区开展丹江口水库库底清理技术性初步验收，形成《湖北省库底清理终验技术性初步验收报告》《河南省库底清理终验技术性初步验收报告》。

8月21—22日，国务院南水北调办在湖北省丹江口市组织召开南水北调丹江口水库大坝加高工程建设征地补偿和移民安置蓄水前终验行政验收工作会议，审议并通过《南水北调丹江口水库大坝工程建设征地补偿和移民安置蓄水前终验报告》。

9月，国务院南水北调办以国调办征移〔2013〕224号文正式发布《关于印发〈南水北调丹江口水库大坝加高工程建设征地补偿和移民安置蓄水前终验报告〉的通知》，标志着南水北调丹江口水库大坝加高工程建设征地补偿和移民安置蓄水前验收工作全面完成。

11月6日，南水北调中线水质保护中心成立。该中心承担着中线水质保护技术管理层面的工作。

11月，湖北省发改委下达了郧县杨溪铺等4个乡（镇）水污染治理项目中央预算内资金4550万元，项目涉及杨溪铺、茶店、五峰3个乡（镇）污水处理工程和南化塘镇垃圾填埋场工程，总投资5250万元。

12月5日，南水北调中线渠首环境保护中心项目在淅川县启动。该项目集环境监测、监察、应急、科普和培训等功能于一体，建成后将为库区水质安全保护工作提供科学依据，对渠首生态文明建设具有重要意义。

12月9日，国务院南水北调办在武汉组织召开"南水北调丹江口水库建设征地移民搬迁后留置人口影响分析""南水北调丹江口水库农村移民收支调查"两个课题研究成果咨询会。

12月，国务院南水北调办以《关于南水北调中线工程丹江口库区湖北省内安移民点高切坡防护概算的批复》核定156个高切坡防护工程，静态总投资5.60亿元。

2014年

1月4日，国务院南水北调办会同国家发展改革委、财政部、环境保护部、住房和城乡建设部、水利部组成考核组，对河南、湖北两省2012年《丹江口库区及上游水污染防治和水土保持"十二五"规划》实施情况进行考核。

1月，水源公司委托长江设计院编制《南水北调中线一期工程丹江口库区地质灾害治理工程应急项目专题报告》。

2月8日，河南省南阳市环境监测站监测数据显示，河南省淅川县境内的丹江、灌河、淇河、滔河4条河流的水质全部达到国家Ⅱ类标准。丹江口水库水质总氮含量6年来下降了60%，高锰酸盐的含量已接近Ⅰ类标准。丹江口水库连续6年保持Ⅱ类优良水质标准，符合调水要求。

2月25日，国务院南水北调办组织召开丹江口库区移民进度商处会，安排部署2014年丹江口库区移民工作。

3月，受水源公司委托，长江设计院编制完成《丹江口库区地质灾害应急抢险项目治理工程初步设计报告》。

3月19—21日，国务院南水北调办组织检查湖北省丹江口库区内安移民工作蓄水前"回头看"活动开展情况。

3月21日，国务院南水北调办组织召开主任专题办公会，听取水源公司建管费用使用分析情况汇报。

3月26日，国务院南水北调办组织检查河南省丹江口库区内安移民"回头看"活动开展情况，调研移民生产帮扶发展情况。

4月23日，国务院南水北调办组织召开会议，研究丹江口库区移民蓄水前安全排查、国控预备费使用等有关工作。

4月，国务院南水北调办以《关于南水北调中线一期工程丹江口库区地质灾害治理工程应急项目专题报告的批复》批复《南水北调中线一期工程丹江口库区地质灾害治理工程应急项目专题报告》。

5月30日，湖北省郧县柳陂污水处理工程项目可行性研究报告获批复。该项目是在柳陂新镇区、郧阳岛各新建1座污水处理厂。

6月11日，湖北省人民政府召开全省南水北调丹江口水库移民安稳发展现场会，加强后期扶持措施、鼓足安置帮扶干劲、谋划移民产业发展。

6月21日，经国务院同意，国务院南水北调办、国家发展改革委、环境保护部、住房和城乡建设部、水利部联合印发了《关于印发丹江口库区及上游水污染防治和水土保持“十二五”规划实施考核办法的通知》。考核办法的出台进一步健全了南水北调中线水源保护工作机制，将有力地推动水源区各级地方人民政府加大治污环保工作力度，确保中线调水水质安全。

7月，长江设计院就湖北省人大代表提出的《关于尽快启动丹江口库区移民后期扶持规划编制工作的建议》编制完成课题研究初步成果，并接受湖北省领导监督检查。

7月，“2013年丹江口库区水污染防治项目工程初步设计（技术及概算）评审工作”在武汉举行，参加评审的郧县14个水污染防治项目经湖北省发改委组织的专家审查，全部通过评审。

8月，经多次讨论完善后，长江设计院编制完成《丹江口水库移民安稳致富奔小康专题研究报告》，该研究报告重点分析梳理了新政策背景下制约丹江口水库移民发展的瓶颈问题，初步论证了后续帮扶的必要性，提出了总体发展思路。

9月24—26日，国务院南水北调办赴湖北省调研丹江口水库蓄水安全和库区移民发展稳定工作情况。

10月15—16日，国务院南水北调办赴河南省调研丹江口水库蓄水安全和库区移民发展稳定工作情况。

11月4日，国务院南水北调办对河南、湖北两省2012年《丹江口库区及上游水污染防治和水土保持“十二五”规划》实施情况进行考核。南水北调中线水质保护中心和环境保护部环境规划院、长江流域水土保持监测中心站组成技术组，对河南、湖北两省自查报告进行技术核查和现场抽查。在此基础上，考核组分别在河南省淅川县、湖北省十堰市召开座谈会，与两省人民政府及相关部门交换意见，通报了考核情况，研究了下一步工作。

11月8日，河南省淅川县启动丹江口水库生态隔离带建设项目。该项目通过人工造林等方式，提高库区森林覆盖率，改善水源地生态环境。

11月，国家发展改革委以发改办地区〔2014〕2762号文明确，河南、湖北两省移民机构视轻重缓急，将非紧急地质灾害问题纳入丹江口水库蓄水影响地质灾害防治规划统一处理，紧急地质灾害问题报送水源公司。

12月12日，南水北调中线一期工程正式通水，丹江口水库移民安置蓄水前验收成果顺利通过考验。习近平总书记作出重要指示，强调南水北调工程是实现我国水资源优化配置、促进经济社会可持续发展、保障和改善民生的重大战略性基础设施，对工程建设取得的成就表示祝贺，向全体建设者和为工程建设做出贡献的广大干部群众表示慰问。

12月31日，国家主席习近平通过中国国际广播电台、中央人民广播电台、中央电视台，向数十万南水北调中线水源工程移民及相关工作者致以美好的祝愿，“12月12日，南水北调中线一期工程正式通水，沿线40多万人移民搬迁，为这个工程作出了无私奉献，我们要向他们表示敬意，希望他们在新的家园生活幸福。”这意味着经过大半个世纪的努力中国人民，以咬定青山不放松的决心再度成就了一座世界水利史上的奇迹，也实现了无数人民翘首以盼的“南水北调”和“旱涝兼治”。

2015年

1月22日，湖北省十二届人大二次会议表决通过了《湖北省水污染防治条例》。该条例规定实行水污染防治政府首长负责制，并通过列举方式明确了水污染防治工作中环保部门的统一监管职责和水利、农业等相关部门的主要职责。

4月10日，陕西省人民政府印发《汉江丹江流域水质保护行动方案(2014—2017年)》。

4月，长江水保所编制完成《南水北调中线一期工程丹江口库区水质监测站网固定式自动监测站设计变更报告》。

4月22日，国务院领导在河南省淅川县九重镇桦栎扒移民村调研时指出，要将该镇移民发展作为试点，给予重点扶持。

4月23日，国务院领导在南阳市主持召开南水北调工程建设管理座谈会时指出，要视移民为亲人，加大移民后期帮扶力度，促进移民就业创业，帮助移民增收致富，确保移民群众安居乐业。

5月，国务院南水北调办以《关于丹江口库区水质监测站网固定式水质自动监测站设计变更问题的复函》批复《南水北调中线一期工程丹江口库区水质监测站网固定式自动监测站设计变更报告》。

5月19—24日，国务院南水北调办组织国家发展改革委、财政部、环境保护部、住房和城乡建设部、水利部等6个部委考核组，对河南、湖北、陕西3个省2013年《丹江口库区及上游水污染防治和水土保持“十二五”规划》实施情况进行考核。考核组先后实地考察了陕西省汉中、安康、商洛等3个市的11个项目，河南省南阳市的6个项目，以及湖北省十堰市的3个项目，并与3个省交换了考核意见。

6月，中共中央办公厅督查室在习近平总书记湖北考察二次回访中，将丹江口水库移民问题作为督查的重要内容，提出了编制丹江口水库移民后续帮扶规划的建议。习近平总书记、国务院领导对调研报告做了重要批示。

7月8日，湖北省移民局、省发改委联合下发了《关于编制南水北调中线工程湖北省丹江口水库移民后续发展帮扶规划的通知》。

7月10日，全国政协召开中线水源地水质保护问题座谈会。国务院南水北调办与国家发展改革委、环境保护部、水利部、林业局有关负责人出席会议，与委员们交流了意见。

8月，长江设计院受湖北省移民局委托编制完成《湖北省丹江口水库农村移民主要实物指标及安置任务变化处理专题报告》。

8月28日14时39分，中线渠首丹江口水库首艘环境监测船“南阳环境监测1号”在淅川县石桥码头正式下水，标志着丹江口水库租用商业船只实施水质监测的时代成为历史。

8月29日，作为中线工程核心水源地的湖北省十堰市已全面进入取缔网箱养鱼阶段。网箱养鱼投入水库的养鱼饲料给水库溶解氧承受能力带来挑战，影响库区水质。根据计划，十堰境内约15万只网箱将逐步于2015年底前清理完毕，2014年10月底调水前是集中取缔阶段。为保障渔民利益和拆除网箱养鱼工作顺利推进，十堰各县市做好搭建融资平台等工作，为养殖户转产转业提供服务。

9月，水保所编制完成《南水北调中线一期工程丹江口库区鱼类增殖放流站设计变更报告》。

9月，河南省组织召开全省移民工作会议，安排部署南水北调丹江口水库大坝加高工程移民总体验收县级自验工作。

9月，湖北省移民局委托长江设计院编制《南水北调中线一期工程湖北省丹江口水库地质灾害防治工程紧急项目可行性研究报告》。

9月，国务院南水北调办在武汉主持召开丹江口库区移民商处会。会议传达了中央领导和国务院南水北调办领导关于丹江口水库移民后续帮扶规划工作的有关精神和指示，要求认真贯彻落实中央领导批示和中共中央办公厅湖北调研报告建议的有关精神，借鉴三峡库区经验编制丹江口水库移民后续帮扶规划。长江设计院在前阶段工作基础上，全面开展丹江口水库移民后续帮扶规划报告编制工作。

10月，国家发展改革委、财政部、国务院南水北调办批复《淅川县九重镇南水北调移民村产业发展试点工作实施方案(2016—2020年)》。

11月，受河南省移民办委托，长江设计院根据水规总院意见，编制完成《河南省丹江口水库农村移民主要实物指标及安置任务变化处理专题报告》。

12月，河南省组织有关库区移民干部开展南水北调丹江口水库大坝加高工程移民总体验收县级自验工作培训，督促各县（市、区）全力推进县级自验工作。

12月，国务院南水北调办以《关于南水北调中线一期工程丹江口库区鱼类增殖站设计变更的批复》予以批复。

12月，国务院南水北调办以“国调办征移〔2015〕173号”文发布《关于印发南水北调工程丹江口水库移民安置总体验收（终验）工作方案的通知》。

2016年

1月15日，由长江空间信息技术工程有限公司承担完成的南水北调总干渠水环境遥感监测方案编制项目通过南水北调中线干线工程建设管理局组织的验收。

2月19日，国务院南水北调办组织召开主任专题办公会，听取丹江口库区移民后续帮扶发展规划编制情况汇报。

3月24—25日，国务院南水北调办领导率调研组赴湖北省调研丹江口水库移民安置和水质保护工作。

4月22—23日，国务院领导、南水北调建委会主任在河南调研南水北调工程建设管理有关工作。

6月6日，国务院南水北调办在北京召开会议，组织河南省移民办、湖北省移民局、水源公司、长江设计院等单位，对移民搬迁后丹江口库区遗留问题和移民安稳发展面临的问题、开展后续帮扶规划的必要性等进行了深入讨论。按照本次会议精神，在前期已完成的大量工作基础上，长江设计院修改提出《南水北调中线工程丹江口水库移民遗留问题处理及后续帮扶规划》。

8月16日，河南省移民办组织召开南水北调丹江口库区移民“强村富民”暨创新社会治理观摩会，交流经验、拓展思路。

8月，湖北省移民局报请湖北省人民政府批准成立湖北省南水北调工程丹江口水库移民总体验收工作委员会。

9月8日，水源公司就丹江口大坝加高工程建管费和库区移民实施管理费审计调查情况向国务院南水北调办进行汇报。

9月23日，国务院南水北调办组织召开丹江口库区移民商促会，讨论研究库区移民工作问题并部署下一阶段工作任务。

9月底，河南、湖北两省丹江口库区移民县级自验工作全面完成，《库区移民总体验收各县（市、区）自验报告》编制完成并通过审查。

9月底，河南省移民安置指挥部编制完成《河南省南水北调丹江口库区移民安置总体验收工作大纲》《河南省南水北调丹江口库区移民安置总体验收工作实施细则》，并印发《河南省南水北调丹江口库区移民安置总体验收初验工作方案》。

10月，河南、湖北两省人民政府分别以豫政文〔2016〕166号、鄂政文〔2016〕78号文将《南水北调中线工程丹江口水库移民遗留问题处理及后续帮扶规划》呈请国务院，请求国家尽快立项审批并组织实施。其后，国家有关部委多次赴丹江口库区实地调研，两省也多次通过不同途径、方式向国家汇报反映开展丹江口水库移民后续帮扶的重要性、紧迫性。

11月16日，湖北省人民政府组织召开省验收委员会第一次会议，安排部署省级初验工作。

11月底，水源公司启动库区淹没用地手续办理工作，完成库区淹没用地手续相关材料整理和编报，并获得原国土资源部批复。

11月20日至12月10日，湖北省验收工作组通过“听、查、看、访”等方式，分别对库区、外迁安置区进行省级初验。

2017年

3月，湖北省十堰市开展农村污水处理建设运营一体化工作。该市投入资金逾8亿元(含2015年中央环保专项资金近6亿元)对808个村庄开展农村环境综合整治，涉及丹江口市、郧县和武当山特区的428个村(其中利用2015年中央环保专项资金3亿元)，以及郧西县、竹溪县、张湾区、茅箭区和十堰经济技术开发区的380个村(其中利用2016年中央环保专项资金近3亿元)。

5月2日，国务院南水北调办赴河南省调研河南省丹江口库区移民工作进展情况。

6月6—9日，国务院南水北调办赴湖北省调研湖北省丹江口库区移民稳定及定点扶贫工作进展。

6月23日，由国务院南水北调办、国家发展改革委、财政部、环境保护部、住房和城乡建设部、水利部等六部委有关领导组成的调研组到湖北省丹江口市检查《丹江口库区及上游水污染防治和水土保持“十二五”规划》实施情况。

8月15日，河南省完成南水北调丹江口库区移民总体验收省级初验工作，并编制完成《河南省南水北调丹江口库区移民总体验收省级初验工作报告》。

8月18日，丹江口水库鱼类增殖放流站正式开工建设。该工程项目由国务院南水北调办批复，旨在加强丹江口大坝加高后水库生态资源的保护，计划工期330天。

8月22日，河南省人民政府组织召开全省南水北调丹江口库区移民“强村富民”暨社会治理创新观摩会，指导丹江口库区建设发展。

9月22日，河南省人民政府移民办召开全省南水北调丹江口库区移民安置总体验收问题整改推进会，确保遗留问题限期整改到位。

10月11日，湖北省十堰市南水北调环境应急处置中心信息平台建设正式启动。该平台的实施将提高环境监管效率，为南水北调中线工程核心水源地水质安全和环境管理工作提供科技支撑。

11 月 15—17 日，国务院南水北调办赴湖北省调研南水北调丹江口水库库区移民及定点扶贫工作。

11 月，国务院南水北调办以《关于丹江口库区地质灾害防治工程紧急项目的批复》核定丹江口市 6 处地质灾害紧急项目。

11 月，南水北调建委会第八次全体会议在北京召开，国务院领导对移民后续帮扶工作提出了明确要求。要求切实加大对移民群众的帮扶力度，把该给的政策给足、该办的事情办好，全面落实相关支持政策、项目和资金。要维护移民群众合法权益，切实保障移民稳定，既要“稳得住”，也要“能致富”，确保移民群众在全面建成小康社会中不掉队。

12 月 29 日，湖北省完成南水北调丹江口库区移民总体验收省级初验工作，并编制完成《湖北省南水北调中线工程丹江口水库移民总体验收初验报告》。

2018 年

1 月，国家发展改革委、财政部、水利部复函河南、湖北两省人民政府，肯定了做好丹江口水库移民后续帮扶及相关工作具有重要意义，要求分类施策做好移民帮扶和遗留问题处理工作，建议将丹江口水库移民遗留问题处理及后续帮扶纳入既有渠道倾斜解决，同时探索其他可行的资金支持渠道。

6 月，长江水保所受湖北省移民局委托，编制完成《南水北调中线一期工程丹江口水库建设征地湖北省移民安置环境保护措施省级验收调查报告》《南水北调中线一期工程丹江口水库建设征地湖北省移民安置水土保持设施省级验收调查报告》，并通过审查。

6 月，河南、湖北两省在充分考虑政策衔接和统筹地方财力解决部分丹江口水库库区问题的基础上，围绕丹江口水库移民面临的突出问题，组织长江设计院完成《南水北调工程丹江口水库移民遗留问题处理及后续帮扶规划》修编工作。

7 月，水源公司将《丹江口库区（湖北）地质灾害防治规划》上报至水利部，并通过中咨公司审查。

7—9 月，设管中心编制完成《南水北调工程丹江口水库移民总体验收（终验）移民搬迁安置工作细则》《南水北调工程丹江口水库移民总体验收（终验）文物保护项目工作细则》，并组织对技术性验收工作人员开展培训。

8—9 月，湖北、河南两省先后以鄂政文〔2018〕40 号、豫政文〔2018〕107 号文将修编后的《南水北调工程丹江口水库移民遗留问题处理及后续帮扶规划》呈请国务院，恳请国家尽快立项实施。

8 月 13 日至 9 月 7 日，设管中心先后组织开展湖北、河南两省丹江口水库移民安置技术性验收条件符合性核查。

10 月，黄河设计公司受河南省移民办委托，编制完成《河南省南水北调丹江口库区移民安置环保设施验收报告》《河南省南水北调丹江口库区移民安置水土保持设施验收报告》，并通过审查。

10 月，水源公司将《丹江口库区（河南淅川）地质灾害防治规划（2018—2025）》上报水利部，并通过中咨公司审查。

10 月 8—23 日，设管中心组织专家组开展湖北省丹江口库区文物保护项目技术性验收及湖北省丹江口水库移民安置技术性验收工作，并形成相关验收报告。

10 月 29 日至 11 月 15 日，设管中心组织专家组开展河南省丹江口库区文物保护项目技术性验收及河南省丹江口水库移民安置技术性验收工作，并形成相关验收报告。

11 月 2 日，水源公司会同库区水质监测站网运行管理单位长江科学院，在河南省淅川县宋岗码头附近举行丹江口库区突发水污染事件应急监测演练。在该演练中，水源公司启动丹江口水库水质异常应急监测预案，调配库区水质监测站网运行管理人员、移动监测车、移动监测船、无人机，开展现场动态监测。

12 月 13—14 日，设管中心组织专家召开南水北调工程丹江口水库移民总体验收（终验）技术性初步验收会议，并形成《南水北调工程丹江口水库移民总体验收（终验）技术性验收报告》，标志着丹江口库区移民安置总体验收技术性验收通过专家组审查。

2019 年

11 月，受湖北省移民局委托，长江水保所编制完成《南水北调中线一期工程丹江口水库建设征地湖北省移民安置环境保护项目后续规划报告》，并通过专家审查。

11 月，受水源公司的委托，长江设计院编制完成《丹江口水利枢纽大坝加高工程建设项目竣工环境保护验收调查报告》《南水北调中线一期工程丹江口水库建设征地移民安置环境保护和水土保持（生态修复、水质监测、环境科研部分）竣工环境保护验收调查报告》，并通过自主验收审查。

12 月 5—7 日，水利部组织开展南水北调中线工程丹江口水库移民安置总体验收（终验）行政验收工作，审议并通过《南水北调中线工程丹江口水库移民安置总体验收（终验）报告》，标志着丹江口库区移民安置工作圆满完成任务，丹江口库区移民工作全面转向移民生活生产后续帮扶及高质量发展新阶段。

12 月，湖北省水利厅下达《关于下达南水北调中线工程丹江口水库移民安置环境保护资金的通知》，将湖北省移民安置环保专项资金全部下达相关县（市、区），用于 2011—2013 年各居民点已建成污水处理设施后续 3 年运营及维护费用支出。

2020 年

3 月，长江设计院基于 2018 年审定的《丹江口库区（湖北）地质灾害防治规划》《丹江口库区（河南淅川）地质灾害防治规划（2018—2025）》编制完成了《丹江口库区受蓄水影响地质灾害防治专题报告》。

6 月，受水源公司委托，长江设计院编制完成《丹江口水利枢纽大坝加高工程建设项目水土保持设施验收报告》，并通过自主验收审查。

2021 年

4 月 26—29 日，水利部组织专家开展丹江口大坝加高工程坝区建设征地与移民安置进行总体验收技术预验收。

5 月 14 日，习近平总书记调研河南省南阳市淅川县并主持召开推进南水北调后续工程高质量发展座谈会，强调要继续做好移民安置后续帮扶工作。

9 月 17 日，水利部组织开展南水北调中线一期丹江口水利枢纽大坝加高工程坝区建设征地与移民安置总体验收（终验）行政验收工作。验收委员会一致同意南水北调中线一期丹江口水利枢纽大坝加高工程坝区建设征地与移民安置通过总体验收。

后　记

南水北调中线工程丹江口水库移民安置工作于 2012 年 9 月完成；2013 年 8 月，通过国务院南水北调办组织的蓄水前验收；2019 年 12 月，通过水利部组织的丹江口水库移民安置总体验收（国家终验）；2020 年 5 月，丹江口水库建设征地移民安置环境保护工作通过验收。

南水北调中线工程丹江口水库移民安置通过验收，标志着中线工程丹江口水库移民安置任务全面完成，也标志着丹江口水库移民工作开启了新篇章、新征程。“搬得出、稳得住”只是南水北调工程移民工作迈出的第一步，“能发展、可致富”才是丹江口水库移民后续面临的严峻考验。丹江口水库是国家南水北调中线工程水源地、国家一级水源保护区。因而，移民能发展可致富、库区高质量发展，水库水生态空间有效保护、科学利用和规范管理，确保“一泓清水永续北上”，将成为今后相当长一段时间内的主要任务。水源公司在水利部、长江委的领导下，在河南、湖北两省，南阳、十堰两市，以及库区 6 个县（市、区）人民政府和水利、自然资源等主管部门的大力支持下，开展了卓有成效的工作。

水流产权确权试点探索的经验可复制推广。水流产权确权是加快推进生态文明建设的重要内容。2016 年 11 月，作为水利部和原国土资源部确定的全国水流产权确权 6 个试点之一，丹江口水库作为唯一一个水库型试点，地跨湖北、河南两省 6 个县（市、区）。其水资源管理涉及中央和地方多级政府，涉及水利、国土、林业、农业等多个部门。丹江口水库水流产权确权试点主要任务，是对丹江口水库水生态空间进行划界确权，着力解决水流产权所有权人职责不明确、权益不落实、使用权归属和权利义务不清晰等问题。该试点由长江委组织实施，长江设计院技术支持，水源公司等配合。2019 年 5 月，试点通过水利部、自然资源部的调研评估。评估组认为，长江委作为丹江口水库水流产权确权试点工作的责任主体，在水生态空间划界确权方面开展了大量有效的实践探索，联合河南、湖北两省各级政府和相关部门，克服诸多困难，严格按照水利部、原国土资源部 2017 年 10 月批复的《丹江口水库水流产权确权试点实施方案》，顺利完成了“调、划、确、登、管”等五项试点工作任务。试点工作成果丰富，形成的工作经验可在全国范围的大型水库水生态空间划界确权工作中推广。

政企同心护碧水，创新管理办法。水源公司作为中线水源的“哨兵”，肩负着守护水源地的重任。面对库区保护存在的矛盾，水源公司创新提出“政企同心护碧水”的库区管理——“网格化协同管理”理念。一方面，充分发挥水源公司作为企业的技术优势，利用先进的信息化技术手段，及时精准发现并反馈问题；另一方面，以“河湖长制”为依托，将库区管理网格化覆盖至乡（镇、街道）、村组最前沿，充分发挥县直相关部门、库区乡（镇、街道）在库区管护方面的属地管理优势和行政执法优势，实现库区政企协同管理的最优化，确保问题能够早发现、早制止、早处置，保障丹江口水库安全无虞。水源公司以“三互”（互信、互助、互帮）为基础，建立健全水库岸线管理保护长效机制，真正实现“1＋1＞2”的效果。政企双方开展调研座谈，往来互通有无，为共同抓好丹江口水库管理保护工作奠定了坚实的政企合作基础。管理信息化能力的提升，不仅能够及时发现问题，将问题处置在萌芽状态，还节省了大量时间成本及后续执法和整改成本。自 2021 年 3 月至 2022 年 9 月，水源公司先后与库区河南省淅川县及湖北省郧西县、丹江口市、张湾区、武当山特区、郧阳区 6 县（市、区）签订合作协议，标志着库区政企协同管理试点工作实现全覆盖，丹江口水库的保护进入高质量发展新时期。

界定水库管理和保护范围，依法行政依法管理。丹江口水库担负着向南水北调中线工程以及汉江中下游地区供水的任务，水资源保护任务十分繁重。随着经济社会的快速发展，库区经济社会发展与水源地保护矛盾逐渐显现，局部库湾库汊和支流回水区呈现富营养化趋势，水土流失、农业面源污染，以及水域陆域和消落区开发利用中的拦汊筑坝等行为依然存在，给丹江口水库水质保护工作构成新的挑战。2018—2020 年，长江委组织开展丹江口水库管理和保护范围划界工作，划定了水库管理和保护范围。在河南、湖北两省 2021 年发布丹江口水库管理和保护范围划界公告后，水源公司立即组织设计单位编制《丹江口水库管理和保护范围划界实施方案》，经长江委审定后，组织专业单位于 2022—2023 年开展了丹江口水库管理和保护范围界桩标示牌测设维护工作。该项工作包括现场查勘、管理范围界桩和保护范围标示牌位置室内预划、实地测设、后续维护等工作。开展划界工作，是贯彻落实《中华人民共和国长江保护法》和水利部要求的重要举措，是加快推进南水北调工程划界工作的重要内容，是保障丹江口水库工程安全和水生态环境安全的需要。划界工作实施后，实地起到指示管理和保护范围界线的作用，为水库管理单位依法使用管理范围内水域土地提供依据，为水行政主管部门依法行政依法管理提供依据。

开展正常蓄水影响核查，确保人民生命财产安全。丹江口水库是不完全多年调节水库，在设计条件下，其多年平均蓄满率约为 11%，这意味着平均每 10 年左右，丹江口水库才能蓄满一次。自 2013 年丹江口大坝加高后，水库先后于 2021 年 10 月 10 日 14

时、2023 年 10 月 12 日 19 时两次蓄至正常蓄水位 170m。在蓄水过程中，受水流冲刷、水体浸泡、风浪侵蚀等因素影响，库岸边坡出现坍塌现象，对居民房屋及附属设施、耕园地及专业项目等造成威胁，水源公司和湖北省、河南省水利厅及库区市、县（区、市）有关部门，以对人民生命财产高度负责的精神，及时开展调查复核工作，编制了《170m 蓄水影响分析报告》《受蓄水影响地质灾害防治专题报告》，并提出了处置费用估算。2024 年 1 月，长江委审查意见认为，目前丹江口水库受蓄水影响地质灾害和 170m 蓄水影响问题总体可控，基本同意所提出的近期处理任务，同意对复核确定的近期急需工程治理和避险搬迁点位开展下一步工作，并建议库周地方人民政府落实地质灾害防治主体责任，在蓄水和水库消落过程中加强群测群防、监测预警和应急处置工作，确保库周群众生命安全，减少财产损失。

建成数字孪生工程，赋能智慧水利。按照水利部、长江委关于数字孪生水利先行先试建设的总体部署，水源公司充分利用已建监测感知设施、综合管理平台及专业信息系统，自 2022 年 8 月起，组织长江委内 10 余个专业单位和部门，在水源公司现场开展集中办公和攻关。历时一年，建成数字孪生丹江口工程。该工程围绕防洪兴利、供水安全、大坝安全、水质安全、库区安全等核心领域，融合数字孪生汉江流域，开展了“天空地内水”一体化透彻监测感知体系，实现了各项业务的预报、预警、预演、预案“四预”功能，为水利工程带来全新的发展方式和治理方式。2024 年 3 月，该工程入选水利部 2023 年数字孪生水利建设十大样板名单和典型案例。

凡是过往，皆为序章。丹江口库区高质量发展永无止境，丹江口水库生态环境高水平保护永无止境。

展望未来，使命重大。水源公司将再接再厉，不负使命，奋力前行，再创佳绩！

图书在版编目（CIP）数据

南水北调中线水源工程征地移民安置与生态环境保护实践回顾 / 尹忠武，刘正兵主编 . -- 武汉 : 长江出版社，2025. 6. -- ISBN 978-7-5492-9957-7

Ⅰ . D632.4；X171.4

中国国家版本馆 CIP 数据核字第 2024KP7454 号

南水北调中线水源工程征地移民安置与生态环境保护实践回顾

NANSHUIBEIDIAOZHONGXIANSHUIYUANGONGCHENGZHENGDIYIMINANZHIYUSHENGTAIHUANJINGBAOHUSHIJIANHUIGU

尹忠武 刘正兵 主编

责任编辑： 郭利娜　许泽涛
装帧设计： 汪雪
出版发行： 长江出版社
地　　址： 武汉市江岸区解放大道 1863 号
邮　　编： 430010
网　　址： https://www.cjpress.cn
电　　话： 027-82926557（总编室）
027-82926806（市场营销部）
经　　销： 各地新华书店
印　　刷： 武汉市卓源印务有限公司
规　　格： 787mm×1092mm
开　　本： 16
印　　张： 30.5
字　　数： 720 千字
版　　次： 2025 年 6 月第 1 版
印　　次： 2025 年 6 月第 1 次
书　　号： ISBN 978-7-5492-9957-7
定　　价： 298.00 元

（版权所有　翻版必究　印装有误　负责调换）